BEITRÄGE
ZUR ÄLTEREN
LITERATURGESCHICHTE

Handbuch Frauenlob

Herausgegeben von

CLAUDIA LAUER
UTA STÖRMER-CAYSA

unter Mitarbeit von
Anna Sara Lahr

Universitätsverlag
WINTER
Heidelberg

Bibliografische Information der Deutschen Nationalbibliothek

Die Deutsche Nationalbibliothek verzeichnet diese Publikation
in der Deutschen Nationalbibliografie;
detaillierte bibliografische Daten sind im Internet
über *http://dnb.d-nb.de* abrufbar.

Akademie
der Wissenschaften
und der Literatur
Mainz

UMSCHLAGBILD
Das Frauenlob-Portrait in der Hs. C.
Quelle: Universitätsbibliothek Heidelberg, Große Heidelberger Liederhandschrift (Codex Manesse), Cod. Pal. germ. 848; fol. 399r

ISBN 978-3-8253-6952-1

Imprimé en Allemagne · Printed in Germany
Druck: Memminger MedienCentrum, 87700 Memmingen

Gedruckt auf umweltfreundlichem, chlorfrei gebleichtem
und alterungsbeständigem Papier.

Den Verlag erreichen Sie im Internet unter:
www.winter-verlag.de

Vorwort

Am Anfang stand ein Datum: der 29. November 1318 – der vermutliche Todestag Heinrichs von Meißen, genannt Frauenlob. Es gibt ein Grabmal des Dichters mit diesem Datum im Mainzer Dom, auch wenn es nicht das ursprüngliche ist und man nicht restlos sicher sein kann, wie dasjenige aussah, das es ersetzte. Jedenfalls: Mainzer Mediävisten sind 2018 für ein Frauenlobgedenken in der Pflicht. Aber wenn man, etwa in Vorbereitung einer Ehrung, gerade auch in Zusammenarbeit mit einem weiteren Interessentenkreis, nach Übersetzungen und nach einem Einführungsbuch über Frauenlob sucht, findet man zwar einige wenige Auswahlübertragungen in Anthologien, aber sonst sehr wenig. Die Sphären der Spezialisten und aller anderen, die für die sprachlich anspruchsvollen Texte Übersetzungen und Erläuterungen brauchen, fallen klar auseinander. So entstand die Idee eines Handbuchs, das sich in gleicher Weise fachwissenschaftlich fundiert wie interdisziplinär und vor allem auch für Studierende verständlich und anschaulich dem Werk und Wirken Frauenlobs widmet.

Wenn der Band nun vorliegt und tatsächlich die Jahreszahl des 700jährigen Todesjubiläums trägt, haben wir das der Kollegialität der Beiträgerinnen und Beiträger zu verdanken, die wussten, worauf wir uns einlassen, und die – überwiegend aus eigener Erfahrung mit solchen Aufgaben – termintreu abgegeben und schnell Korrektur gelesen haben. Auch Umbesetzungen und Abstimmungen waren nötig. Eine unschätzbare Hilfe waren uns dabei die Klarheit und die uneitle Zielorientierung der Kommunikation, und wer jetzt vielleicht weniger im Band nachzulesen ist, als uns vorschwebte, hat uns dennoch mit Gedanken und Forschungen geholfen. Darüber hinaus möchten wir auch all denjenigen herzlich danken, die uns in Mainz bei der Planung und Durchführung des Unternehmens unterstützt haben: Stephan Jolie für seine Start-Hilfe, Nico Hexkes, Marie Limbourg und Esther Menzer für ihre bibliographischen Recherchen, Mirna Kjorveziroska für ihre Korrekturen zur Drucklegung und vor allem auch Sabine Obermaier für ihre wertvolle kollegiale Unterstützung.

In besonderem Maße danken wir der Akademie der Wissenschaften und der Literatur Mainz, die uns immer ein verlässlicher Partner bei wissenschaftlichen Unternehmungen ist. Sie hat den Druckkostenzuschuss aufgebracht. Die Drucklegung war, wie wir es nicht anders kennen, beim Winter-Verlag in den besten Händen.

Dass wir Karl Stackmann, aber auch Christoph März und Gert Hübner, deren Andenken wir den Band widmen, nicht mehr um Rat und Hilfe fragen konnten, ist unendlich schade.

Mainz, im September 2018 Claudia Lauer Uta Störmer-Caysa

Inhalt

Faszination Frauenlob – Eine Einführung

Claudia Lauer, Uta Störmer-Caysa

Heinrich von Meißen, besser bekannt als ‚Frauenlob', gehört mit seinen Sangsprüchen, Minneliedern und Leichs zweifelsohne zu den größten deutschsprachigen Lyrikern des Mittelalters. Eine berühmte zeitgenössische Abbildung (Cpg 848, fol. 399r) zeigt ihn, wie er in Hermelin gekleidet über einer Schar bunt gekleideter Spielmannsleute thront und mit seinem rechten Zeigefinger auf zwei gekrönte Frauenbüsten verweist – vielleicht wird er darin bereits als Dichterfürst geehrt.[1] In jedem Falle gilt *Meister Heinrich Vrouwenlop* – wie ihn die älteste Handschrift, die Große Heidelberger Liederhandschrift C (Anfang des 14. Jahrhunderts), bezeichnet und dabei sowohl die Sinnbezüge seiner Meisterschaft als auch die seines Beinamens ‚Frauenlob' markant ins Bild bringt – bis heute als einer der eigenwilligsten und „meistumrätselten"[2] Dichter. Die komplizierte Überlieferungslage seines Werkes vom beginnenden 14. Jahrhundert bis weit ins Spätmittelalter und in die Frühe Neuzeit sowie die gedankliche Komplexität und artistische Virtuosität seines Schaffens, die im Schnittpunkt vorausgehender und nachfolgender Dichtungstraditionen hohe philosophisch-theologische Gelehrsamkeit mit versierten künstlerischen Verfahren wie beispielsweise dem ‚geblümten Stil' souverän miteinander verbindet, ja zum Teil nachgerade amalgamiert, stellen dem Interpreten komplexe Aufgaben. Der überlieferte Wortlaut ist innovativ und provokativ, wirkt vielfach aber auch hermetisch und enigmatisch – dies zeigen die lange Tradition der Frauenlobforschungen seit dem 19. Jahrhundert und die bis heute anhaltenden, immer wieder neuen Bemühungen um sein Werk: Sie dokumentieren einen, so scheint es, nicht enden wollenden Explorations- und Erkenntnisprozess, der nicht zuletzt auch als markanter Beleg für Frauenlobs besonderes Faszinationspotential gelesen werden kann.

[1] Vgl. zur Autorminiatur Frauenlobs in der Großen Heidelberger Liederhandschrift C v. a. *Codex Manesse. Die Miniaturen der Großen Heidelberger Liederhandschrift*, hg. von Ingo F. Walther und Gisela Siebert, Frankfurt a. M. 1988, S. 264; vgl. zu neueren Interpretationen des Bildes u. a. Franziska Wenzel: *Meisterschaft im Prozess. Der Lange Ton Frauenlobs – Texte und Studien. Mit einem Beitrag zu vormoderner Textualität und Autorschaft*, Berlin 2012 (*Deutsche Literatur. Studien und Quellen* 10), S. 41–43, sowie Marc Lewon: *Meister Heinrich Frauenlob und Frau Musica*, in: *Sangspruchdichtung um 1300. Akten der Tagung in Basel vom 7. bis 9. November*, hg. von Gert Hübner und Dorothea Klein, Hildesheim 2015 (*Spolia Berolinensia* 33), S. 293–306.

[2] Uwe Ruberg: *Frauenlob-Gedenken. Das Begräbnis des Dichters im Mainzer Domkreuzgang*, in: *Domblätter. Forum des Dombauvereins Mainz e. V.* 3 (2001), S. 77–83, hier S. 77.

I Fiktionen und Fakten. Frauenlobs Lebens- und Todesspuren

Wie bei fast allen mittelalterlichen Dichtern ist eine konkrete historische Verortung des Autors auch für Frauenlob schwierig. Mit Hilfe einiger historischer Bezüge, die urkundlich, anhand seiner Texte und der Dichtungen anderer fassbar werden, lassen sich jedoch Wirkungszeit und -raum eingrenzen.

Dem Namen nach vermutlich im heute sächsischen Meißen geboren, was auch durch seine mitteldeutsche Reimsprache bestätigt wird, präsentiert sich Heinrich von Meißen als ‚klassischer' fahrender Berufsdichter. Wichtiges Indiz ist dabei nicht nur eine urkundliche Nennung, nach der Herzog Heinrich von Kärnten Frauenlob 1299 eine größere Summe für den Kauf eines Pferdes gab: *ex hiis ystrioni dicto Vrowenlop pro dextrario marc. XV. iussu domini ducis Heinrici ex litteris.*[3] Nachhaltige Hinweise bieten hier auch eine Reihe von Anspielungen auf historische Personen und Ereignisse in Frauenlobs Werk selbst, besonders in seinen Sangsprüchen.[4] Sie legen dar, dass Frauenlob wohl bei einem Hoffest Rudolfs von Habsburg (römisch-deutscher König, reg. 1273–1291) zugegen war, dessen Tod 1291 Frauenlob ebenfalls beklagt, und auch 1292 bei der Schwertleite Wenzels II. von Böhmen (1271–1305) zu den Anwesenden zählte. Darüber hinaus belegen zahlreiche Preisstrophen Frauenlobs Wirken im Umfeld von größeren und kleineren Fürsten und Herren dieser Zeit. Sie zeigen den Autor in Verbindung mit König Erik von Dänemark, vermutlich Erik Menved (reg. 1286–1319), sowie mit einer ganzen Reihe norddeutscher geistlicher und weltlicher Adliger: Erzbischof Giselbert von Bremen (reg. 1273 oder 1274–1306), Graf Otto (III.?) von Ravensberg (1259–1306), Graf Gerhard von Hoya (vor 1265–1311), Fürst Wizlav (III.?) von Rügen (ca. 1260–1325), Herzog Heinrich I. (reg. um 1265–1302) oder Herzog Heinrich II. (geb. nach 1266, gest. 1329) von Mecklenburg, Graf Otto II. von Oldenburg (reg. 1272–1304) und nicht zuletzt Waldemar von Brandenburg (um 1280–1319). Diesem huldigt ein Dichter (die Weimarer Liederhandschrift F sagt: Es ist Frauenlob) in einem größer angelegten Lobpreis über fünf Strophen in Frauenlobs Langem Ton, die unter anderem auch Kenntnisse über Heinrich IV. von Breslau (reg. 1270–1290) und Otto III. von Bayern (reg. 1290–1312) dokumentieren und die vermutlich im Blick auf das berühmte Ritterfest von Rostock 1311 gedichtet wurden, wie dies speziell die vierte Strophe der Lobpentade indiziert:

Gegrüzet si der hochgeerte Waldemar
der also gar
durch pris [] <in> *ritterschefte*
[] *zeigte sine krefte,*
sin wirde und ouch sin hohen <namen>*:*   *der wart* [] *sigehefte,*
muse ie sin, die wile unde zit   *und er was bi den liuten.*

3 Vgl. LUDWIG SCHÖNACH: *Urkundliches über die Spielleute in Tirol*, in: *ZfdA* 31 (1887), S. 171–185, hier S. 175.

4 Die nachfolgenden Daten zu historischen Personen und Ereignissen richten sich nach KARL STACKMANN: *Frauenlob, (Meister) Heinrich Frauenlob; Meister Heinrich von Meißen der Frauenlob,* in: ^{2}*VL*, Bd. 2 (1980), Sp. 865–877.

Als man do [] einlif jar und drizehenhundert jar
gar offenbar
nach Cristes geburte [] zalte,
[] do sach man in walten
vor Rostoc in so hoher macht,   rilich [], ungespalten
der marggrave da von Brandenburg   liez wol sin horde biuten,

Er liez do nicht vor eren sparn,
recht alse er morgen solde varn,
in gotes scharn
den geist bewarn.
er billich fürt den adelarn
uf erden hie mit sinem † gebarn
in ritterschefte herlich, rich,   als ich iuch wil bediuten.   (GA V,16)[5]

(Gegrüßt sei der hochverehrte Waldemar, der für Ruhm im Ritterkampf seine Kraft so sehr zeigte, seine Würde und auch seinen großen Namen. Der erwies sich als siegreich und war es zwangsläufig, sobald er unter Menschen war. // Als man da vor aller Welt elf und dreizehnhundert Jahr nach Christi Geburt zählte, da sah man ihn vor Rostock in so großer, vornehmer und ungeteilter Gewalt schalten und walten. Der Markgraf von Brandenburg ließ da seine Schätze austeilen, // er ließ bei der Gelegenheit nichts zurückhalten, womit man Ehre bezeugen kann, ganz, als ob er morgen zu den göttlichen Heerscharen gehen sollte und den Geist aufgeben. Er führt mit seinem Gebaren im Ritterleben den Adler hier auf Erden mit Recht: wie ein Herr und vornehm – wie ich es euch zeigen will.)[6]

5 *Frauenlob (Heinrich von Meissen): Leichs, Sangsprüche, Lieder. 2 Teile.* Auf Grund der Vorarbeiten von Helmuth Thomas hg. von Karl Stackmann und Karl Bertau. *Bd. 1: Einleitungen, Texte; Bd. 2: Apparate, Erläuterungen*, Göttingen 1981 (*Abh. d. Akad. d. Wiss. in Göttingen, Philol.-hist. Kl. III*, 119/120) [= GA]. Die Auszeichnungen der Edition (anderer Schriftgrad für Abweichungen vom Wortlaut der Handschrift; eckige Klammern für Streichungen gegenüber der Handschrift) wurden beibehalten, damit sichtbar bleibt, dass es sich gegenüber der Handschrift um einen stark konjizierten Text handelt.

6 Wie jede Übersetzung sich aus Vorannahmen speist, so spiegelt auch diese ein Verständnis, wie es in der GA niedergelegt ist: dass Waldemar von Brandenburg in fünf zusammengehörigen Strophen gelobt wird, die in der Weimarer Liederhandschrift nacheinander stehen. So geht auch Hübner vor: Gert Hübner: *Lobblumen. Studien zur Genese und Funktion der ‚Geblümten Rede'*, Tübingen / Basel 2000 (*Bibliotheca Germanica* 41), S. 273. Stünde die Strophe allein, dann wäre an mehreren Stellen auch eine grammatisch und lexikalisch andere Auffassung möglich (z. B. *wart* in Vers 5 als Substantiv im Genitiv; Verse 10 und 11 hinsichtlich des unterstellten Rahmens von *walten* und *macht*). An der historischen Belegfunktion der Strophe ändert das nichts, vorausgesetzt, ihre Echtheit wird nicht bezweifelt; wir teilen darin die Ansicht von GA und S-GA (= *Sangsprüche in Tönen Frauenlobs. Supplement zur Göttinger Frauenlob-Ausgabe*, 2 Bde., unter Mitarbeit von Thomas Riebe und Christoph Fasbender hg. von Jens Haustein und Karl Stackmann, Göttingen 2000 [*Abh. d. Akad. d. Wiss. in Göttingen, Philol.-hist. Kl. III*, 232]). – In vielen Einzelheiten, die den genauen Wortlaut der Strophe betreffen, geriete auch eine Übersetzung nach der Fassung der Weimarer Handschrift, die der weniger konjizierenden Edition des Langen Tons von Wenzel [Anm. 1] folgte, anders; auch hier änderte sich am Zeugniswert der Strophe jedoch nichts.

Insgesamt kann so – mit der Sicherheit, die den Zuschreibungen der Strophen zugemessen werden kann – für Frauenlob ein breiter Wirkungsraum, anfangs wohl im Südosten, späterhin mit Schwerpunkten im böhmischen und vor allem norddeutschen Raum, ausgemacht werden. Zugleich lässt sich eine maßgebliche Wirkungszeit insbesondere ab den 1280/1290er Jahren ausmachen, die sich durch einige Anspielungen auf bzw. von anderen Dichtern und Sängern erhärten lässt. Fassbar sind in Frauenlobs Werk vor allem eine Totenklage auf Konrad von Würzburg (GA VIII,26), dessen Tod 1287 in den Kolmarer Annalen und im Anniversarienbuch des Basler Münsters belegt ist,[7] sowie intertextuelle Bezüge und eine anerkennende Bemerkung über Hermann Damen (GA V,8), der als wohl älterer Zeitgenosse und Sängerkonkurrent zwischen 1260/1270 und 1300/1310 ebenfalls vor allem im norddeutschen Raum greifbar ist.[8] Umgekehrt wird Frauenlob aber auch bei Heinrich von Neustadt, Arzt aus Wien und 1312 urkundlich belegt, in zwei Handschriften seines *Apollonius*-Romans als ein besonders kunstfertiger Lebender genannt,[9] und es sind nicht zuletzt auch namentlich kritische Töne zu Frauenlob, wie z. B. die Wendung des Hermann Damen gegen ein frühreifes und überhebliches *kint,* die sich auf Frauenlob beziehen lässt,[10] oder die vor allem in C und in der Kolmarer Liederhandschrift k dargebotene polemische Auseinandersetzung mit Regenbogen,[11] einem zeitgenössischen Sängerkollegen Frauenlobs, der als *cantor* 1302 urkundlich belegt ist und unter anderem wie Frauenlob über das Ritterfest von Rostock im Jahr 1311 gedichtet hat.[12]

Frauenlobs Lebensende wird mit seinem mutmaßlich letzten Gönner, Peter von Aspelt (um 1245–1320), gemeinhin in Mainz angesiedelt. Der Leibarzt und Kaplan König Rudolfs von Habsburg, der 1289 in den Dienst König Wenzels II. trat, wo er ab 1296 als dessen Kanzler fungierte und zeitgleich ab 1297 auch Bischof von Basel war, wurde 1306 Erzbischof von Mainz und behielt dieses Amt bis zu seinem Tod im Jahr 1320. Wenngleich sich über eine frühe Bekanntschaft zwischen Frauenlob und Peter von Aspelt bereits am Prager Hof König Wenzels II. nur mutmaßen lässt – nach KARL BERTAU könnte Frauenlobs *Marienleich* ursprünglich für König Wenzel und seinen Kreis bestimmt gewesen sein[13] –, bringt eine in zwei Handschriften überlieferte Zusatznotiz zur

[7] Vgl. HORST BRUNNER: *Konrad von Würzburg*, in: ²*VL*, Bd. 5 (1985), Sp. 272–304, spez. Sp. 276.

[8] Vgl. EVA KIEPE-WILLMS: *Damen, Hermann*, in: ²*VL*, Bd. 2 (1980), Sp. 36–39, spez. Sp. 36.

[9] Darauf macht v. a. aufmerksam WOLFGANG ACHNITZ: *Babylon und Jerusalem. Sinnkonstituierung im ‚Reinfried von Braunschweig' und im ‚Apollonius von Tyrlant' Heinrichs von Neustadt*, Tübingen 2002, S. 235. Der Text der Stelle nach SINGER (*Heinrichs von Neustadt ‚Apollonius von Tyrland' nach der Gothaer Handschrift. ‚Gottes Zukunft' und ‚Visio Philiberti' nach der Heidelberger Handschrift*, hg. von SAMUEL SINGER, Reprint Dublin / Zürich 1967) mit aus der textkritischen Anmerkung eingesetzter Lesart der Handschriften: „*Der Frawenlob enkunde / wie groß sein maysterschafft doch sey, / Volloben nicht dy frawen drey* […]" (v. 20124–20126). – Zu Anhaltspunkten einer Biographie Heinrichs vgl. ACHNITZ (ebd.), S. 229–239.

[10] Vgl. BURGHART WACHINGER: *Sängerkrieg. Untersuchungen zur Spruchdichtung des 13. Jahrhunderts*, München 1973 (*MTU* 42), S. 182–187 mit Texten.

[11] Vgl. ebd., S. 188f., S. 280–298.

[12] Vgl. FRIEDER SCHANZE: *Regenbogen*, in: ²*VL*, Bd. 7 (1989), Sp. 1077–1087.

[13] KARL BERTAU: *Sangverslyrik. Über Gestalt und Geschichtlichkeit mittelhochdeutscher Lyrik am Beispiel des Leichs*, Göttingen 1966 (*Palaestra* 240), S. 192–195.

ersten Strophe des Langen Tons einen signifikanten Hinweis für eine enge Beziehung zwischen dem Erzbischof und dem Dichter: Nach dieser Notiz habe Frauenlob diese Strophe an seinem Sterbebett verfasst, als ihm der Erzbischof von Mainz das Sterbesakrament erteilte.[14] Wenn es berichtet oder auch nur für wahrscheinlich gehalten wird, dass es der Erzbischof persönlich war, der Heinrich von Meißen mit dem Sakrament versah, dann weist das auf eine Ausnahmestellung und eine hohe Akzeptanz des Dichters bei seinem geistlichen Herrn und Gönner hin – zumal das Verhältnis von Sangspruchdichtern, die ebenfalls lehren zu können beanspruchten, und gebildeter Geistlichkeit durchaus auch konfliktträchtig sein konnte.[15] Und schließlich ist es wohl auch der Gunst Peters von Aspelt zu verdanken, dass Frauenlob ein Grab im Kreuzgang des Mainzer Doms erhielt – „zweifellos […] eine hohe Respektbezeugung gegenüber dem Dichter."[16] Wenngleich „kaum zu unterscheiden ist, ob Frauenlob diese Ehre allein seinem Dichterruhm oder auch einem Amt im Umkreis der erzbischöflichen Kurie verdankt",[17] wird diese außergewöhnliche Ehre jedoch bereits wenige Jahrzehnte nach Frauenlobs Tod durch Berichte über seine Grablegung bestätigt und historisch verlängert. Mitte des 14. Jahrhunderts informiert ein Zusatz in der Chronik des Mathias von Neuenburg, der vermutlich vom späteren Freisinger Bischof Albrecht von Straßburg stammt, in einem eigenen Eintrag (Fassung C mit Überschrift *De morte et sepultura Hainrici dicti Frauuenlop magni dictatoris*) über die besonderen Umstände beim Begräbnis des großen Dichters Frauenlob:

> *Anno Domini MCCCXVII, in vigilia sancti Andree sepultus est Heinricus dictus Frowenlob in Maguncia in ambitu maioris ecclesie iuxta scolas honorifice valde. Qui deportatus fuit a mulieribus ab hospicio usque in locum sepulture, et lamentaciones et querele maxime audite fuerunt ab eis propter laudes infinitas, quas imposuit omni generi femineo in dictaminibus suis. Tanta eciam ibi fuit copia vini fusa in sepulcrum suum, quod circumfluebat per totum ambitum ecclesie. Cantica canticorum dictavit Teutonice, que vulgariter dicuntur ‚Unser Frowen laich' et multa alia bona.*[18]

14 Abdruck der Notiz in GA, Bd. 2 [Anm. 5], S. 720f.

15 Das Verhältnis der Sangspruchdichter und der gebildeten Geistlichen war mit dem Aufkommen der ebenfalls mobilen Bettelordensprediger tendenziell ein Konkurrenzverhältnis, vgl. dazu HANNES KÄSTNER: Sermo Vulgaris *oder* Höfischer Sanc. *Der Wettstreit zwischen Mendikantenpredigern und Wanderdichtern um die Gunst des Laienpublikums und seine Folge für die mittelhochdeutsche Sangspruchdichtung des 13. Jahrhunderts (Am Beispiel Bertholds von Regensburg und Friedrichs von Sonnenburg)*, in: *Wechselspiele. Kommunikationsformen und Gattungsinterferenzen mittelhochdeutscher Lyrik*, hg. von PETER STROHSCHNEIDER und MICHAEL SCHILLING. Heidelberg 1996 (*GRM Beiheft* 13), S. 209–244. Es konnte sich aber umgekehrt an Höfen, insbesondere an denen geistlicher Herren, die weltliche Herrschafts- und Repräsentationsaufgaben wahrnahmen, auch ein Verhältnis der erwünschten Ergänzung herausbilden, wie es GERT HÜBNER herausgearbeitet hat: GERT HÜBNER: *Hofhochschuldozenten*, in: *Sangspruchdichtung um 1300. Akten der Tagung in Basel vom 7. bis zum 9. November 2013*, hg. von GERT HÜBNER und DOROTHEA KLEIN, Hildesheim 2015 (*Spolia Berolinensia* 33), S. 69–87.

16 RUBERG [Anm. 2], S. 79.

17 Ebd.

18 *Die Chronik des Mathias von Neuenburg. I. Fassung B und VC. II. Fassung WAU*, hg. von ADOLF HOFMEISTER, Berlin ^{2}1955, S. 312.

(Im Jahre des Herrn 1317, zur Vigil des Heiligen Andreas [= 29. November], wurde Heinrich genannt Frauenlob in Mainz im Kreuzgang der großen Kirche neben der Schule[19] unter großen Ehren begraben. Er wurde von Frauen von seiner Unterkunft bis an die Grabstätte getragen und man hörte von ihnen großes Wehklagen und Jammern wegen des grenzenlosen Lobes, das er dem gesamten weiblichen Geschlecht in seinen Dichtungen zugesprochen hatte. Dort war eine solche Menge an Wein an seiner Grabstätte ausgegossen worden, dass dieser den gesamten Kreuzgang der Kirche überströmte. Er hat ein Hohelied auf Deutsch gedichtet, das in der Volkssprache ‚*Unser Frauen laich*' heißt, und viele andere gute Dichtungen.)

Einiges spricht dafür, den Chronikbericht über Frauenlobs Begräbnisfeier als „legendarisch stilisiertes Zeugnis [zu betrachten], in [dem] Realität, Möglichkeit und Wunsch kaum voneinander zu trennen sind."[20] Auch ist die Jahresangabe zu revidieren. Denn wenngleich Frauenlobs ursprünglicher Grabstein 1774 bei Bauarbeiten am Dom zerstört wurde, bezeugen Aufnahmen der alten Inschrift aus der Zeit vor 1774 sowie der heutige Grabstein, den der Domdechant Freiherr von Fechenbach neun Jahre später in Anlehnung an den alten anfertigen ließ, als Frauenlobs Todesjahr doch ein anderes: *Anno d(omi)ni MCCC XVIII in vigilia beati Andree apostoli o(biit) Henricus Frowenlob.*[21] Heinrich von Meißen wäre nach diesem Zeugnis am 29. November 1318 in Mainz gestorben. Frauenlobs Tod und sein Begräbnis im Mainzer Dom sind dabei, fast wie bei einem Heiligen, einerseits die letzten greifbaren Tatsachen eines historischen Lebens, andererseits der Beginn der Legendenbildung: der Auftakt einer außergewöhnlichen weiteren Verehrung, die die Erinnerung an Frauenlob am Leben hält und bei der die Grenzen zwischen Fiktion und Fakten zunehmend verschwimmen. Frauenlob wird von den Meistersingern der Folgegeneration neben Dichtern wie Walther von der Vogelweide, dem Marner, Konrad von Würzburg und Heinrich von Mügeln als einer der Zwölf Alten Meister, als einer der Urheber ihrer Kunst, verehrt;[22] sein Editor KARL STACK-

[19] Die Fassung C weicht hier von *scolas* ab und bietet *scalas* ‚neben der Treppe'. Vgl. zu den abweichenden Lesarten in C und V ebd. Zum Ort der Grabstätte neben der angrenzenden Domschule vgl. auch RUBERG [Anm. 2], S. 78f.

[20] ANNETTE GEROK-REITER: *Der Mainzer Dichter Frauenlob. Narr oder Dichterfürst?*, in: *Mainz im Mittelalter*, hg. von MECHTHILD DREYER und JÖRG ROGGE, Mainz 2009, S. 131–143, hier S. 133.

[21] Vgl. JOHANN PETER SCHUNK: *Kurzgefasste historische Nachricht von der Domkirche in Mainz*, in: JOSEF LUDWIG COLMAR: *Predigt des Herrn Bischofs in Mainz, bei Gelegenheit der feierlichen Glockenweihe in der Domkirche zu Mainz den 24ten September 1809*, Mainz 1809, S. 21–40, hier S. 39. Die untere, anscheinend als Sockel gedachte Sandsteinplatte, die Frauen mit einer Bahre und einem Sarg zeigt, hat allen Indizien nach wohl nicht zu dem mittelalterlichen Grab gehört, sondern ist erst 1783, vermutlich auf Grund des Berichts aus der Chronik des Mathias von Neuenburg, hinzugefügt worden. Vgl. RUBERG [Anm. 2], S. 82.

[22] Vgl. bereits um 1350 den Namenskatalog der Zwölf Alten Meister bei Lupold Hornburg von Rotenburg und hierzu v. a. NIKOLAUS HENKEL: *Die Zwölf Alten Meister. Beobachtungen zur Entstehung eines Katalogs*, in: *PBB* 109 (1987), S. 375–389; vgl. zur Ursprungssage des Meistergesangs, die bis ins Jahr 962 reicht und nach der zwölf alte Meister von Papst und Kaiser Otto I. autorisiert und legitimiert worden seien, HORST BRUNNER: *Die alten Meister. Studien zur Überliefe-*

MANN betont: „Sein Ruhm überstrahlt bei ihnen den aller andern älteren Dichter. In seinen Tönen oder Tönen, für deren Autor er galt, ist bis ans Ende der Schulen gedichtet worden“,[23] wobei insbesondere Frauenlobs Langer Ton zu den beliebtesten unter den Meistersingern gehört. So befördert die Nachahmung nicht nur die Projektion auf die wirkliche oder vermeintliche Urheberfigur. Es entsteht im Rahmen der meisterlichen ‚Literaturgeschichtsschreibung‘ nicht zuletzt auch eine eigene ‚Biographie‘ Frauenlobs, die ihn zu einem Doktor der Theologie und zum Begründer der ersten Meistersingerschule in Mainz avancieren lässt[24] und um die sich in der Folge weitere Blüten ranken.

II Tradition und Aufbruch. Frauenlob im europäischen Kontext seiner Zeit

Wenn man sich heute den in Handschriften unter Frauenlobs Namen überlieferten Strophen nähert, begegnet man Aufzeichnungen, die noch in der Nähe der Lebenszeit des Autors entstanden und denen unter Umständen genaue Kenntnis über die Zugehörigkeit zu seinem Werk zugrunde lag, und späteren Handschriften; schon in den frühen und umso mehr in späteren Textzeugen ist die Gewissheit der Zuschreibung vom Resultat späterer Projektion nicht mehr zu trennen. Daher sind Vorsicht und Behutsamkeit geboten. Zu sehr verfließen die Konturen der Autorschaft und des Autors: Es ist aus sprachlichen, inhaltlichen oder stilistischen Gründen oft in einigen Fällen klar zu sehen, in anderen wahrscheinlich, dass hier unterschiedliche Verfasser am Werk waren. Das ist nicht ungewöhnlich, und es rührt an das grundsätzliche Problem, wie sicher man einen überlieferten Text einem bezeugten Autornamen zuordnen kann, hinter dem im günstigsten Fall auch eine historische Person sichtbar wird. Über einen Konsens der Forschung, der sich aber immer wieder verschieben kann, kommt man in den Fragen der Zuschreibung kaum hinaus. Beispielsweise geht STACKMANNs kritische Göttinger Ausgabe noch von der Möglichkeit der Zuschreibung zum Autor Heinrich von Meißen nach gestuften Echtheitskriterien aus; im Wesentlichen waren das die von HELMUTH THOMAS in seiner Berliner Dissertation *Untersuchungen zur Überlieferung der Spruchdichtung Frauenlobs* von 1939 entwickelten Kriterien. Im Unterschied dazu unternimmt neuerdings FRANZISKA WENZEL eine Ausgabe des Langen Tons nach Handschriften getrennt, indem sie jeden Spruch bei Mehrfachüberlieferung mehrfach ediert und so jeweils als handschriftliches Unikat würdigt. WENZEL unterstellt damit, dass der Weg zur Autorschaft nur bis zum Ton verantwortlich beschritten werden kann, bei der Strophe aber beim Schreiber endet.[25] Im Extrem hieße das: Frauenlob müsste es nicht zwingend als historische Figur gegeben haben, sondern die Zuschreibung könnte sich auch auf eine zeitgenössische Mode der Kunstausübung gründen, also eine Wolke der Überlieferung

rung der mittelhochdeutschen Sangspruchdichter im Spätmittelalter und in der frühen Neuzeit, München 1975 (*MTU* 54), spez. S. 12–31.

23 STACKMANN [Anm. 4], Sp. 875.

24 Vgl. JUDITH LANGE / ROBERT SCHÖLLER: *Von Frauen begraben. Zur Generierung des Frauenlob-Bildes in Mittelalter und Neuzeit, in: Rezeptionskulturen. Fünfhundert Jahre literarischer Mittelalterrezeption zwischen Kanon und Populärkultur*, hg. von MATHIAS HERWEG und STEFAN KEPPLER-TASAKI, Berlin / Boston 2012 (*Trends in Medieval Philology* 27), S. 210–225, spez. S. 214f.

25 Vgl. WENZEL [Anm. 1], S. 35–38.

benennen, deren Name mit gleichem Recht einer bezeugten oder auch einer erfundenen, zum Beispiel erdichteten, Gestalt entlehnt sein könnte.

Das ist keine abwegige Überlegung, denn es gibt nicht nur in der späteren, sondern auch in der vor Frauenlob liegenden Literaturgeschichte historische Beispiele dafür, wie eine gut gewählte Autorschaftsfiktion die Wirkung eines Corpus begünstigen kann: Dafür steht z. B. das angebliche literarische Erbe eines Dionysius vom Areopag,[26] der *Liber de causis*, der lange als aristotelisch galt,[27] oder auch der *Jüngere Titurel*, in dem sich ein unbekannter Verfasser über fast 6000 Strophen als Wolfram ausgibt, um erst gegen Ende, gleichsam, als habe er seine Fähigkeit, Wolfram ebenbürtig zu sein, nun bewiesen, aus dessen Schatten herauszutreten und sich Albrecht zu nennen.[28] An diesen drei historischen Beispielfällen lässt sich erkennen, dass das Verhältnis eines Corpus zu seinem Namengeber unterschiedlich sein kann: Aristoteles hat es, soweit man weiß, wohl gegeben, aber der Umfang und Inhalt dessen, was man ihm zuschrieb, schwankte in verschiedenen Jahrhunderten erheblich. Dionysius Areopagita ist sonst nicht als Autor bezeugt, aber es gibt eine Nebenfigur namens Dionysius in der Apostelgeschichte 17,19, in einer Erzählung, deren Schauplatz der Areopag ist. Es ist ein Lehrstück und macht gegenüber Autornamen in einem grundsätzlichen Sinne misstrauisch, wenn man erkennt, dass die Autorfiktion Dionysius Areopagita, ihr Anspruch und das zugehörige Corpus in einzelnen je nachvollziehbaren historischen Schritten entstanden sind.[29] Und in prinzipiell vergleichbarer Weise bezeugt (bei allen historischen Unterschieden) die Autorfiktion des Wolfram/Albrecht die Wirksamkeit eines Vorbilds auch in volkssprachlicher Dichtung: Wolfram von Eschenbach war, wie Anknüpfungen anderer Dichter an ihn bezeugen und wie es die Handschriften seines *Parzival* beweisen, ein sehr erfolgreicher Dichter. Aber die Endlichkeit seiner in diesem Fall wohl zu unterstellenden physischen Existenz brachte einer schier unendlichen Dichtung in Titurelstrophen, Albrechts *Jüngerem Titurel*, offenbar zumindest anfangs den Glanz seiner Autorschaft ein.

All dies ist prinzipiell für Heinrich von Meißen und den Autorschaftsnamen ‚Frauenlob' ebenfalls dem Grundsatz nach mitzudenken. Heinrich von Meißen wird es als historischen Autor wohl gegeben haben, so indizieren es die Lebens- und Todesspuren. Der Beiname ‚Frauenlob' war ein verallgemeinernder historischer Werkname, der ein

[26] Vgl. KURT RUH: *Geschichte der abendländischen Mystik. Bd. I: Die Grundlegung durch die Kirchenväter und die Mönchstheologie des 12. Jahrhunderts,* München 1990, S. 32–41.

[27] THOMAS RICKLIN: *Die* ‚Physica' *und der* ‚Liber de causis' *im 12. Jahrhundert. Zwei Studien.* Freiburg i. Ü. 1995, kommt in der Arbeit über die Übersetzung des *Liber de causis* als *Liber de expositione bonitatis purae* aus dem Arabischen durch Gerhard von Cremona zu dem Schluss, „daß der Cremonese diesen Text übersetzt hat, weil er in seinen Augen von Aristoteles stammt" (S. 95). Ebd., S. 107, beschreibt RICKLIN die weitere Wirkung des *Liber* so, dass dieser „im 13. Jahrhundert mehr und mehr als der krönende Abschluß der aristotelischen *Metaphysica* gelesen wurde."

[28] Vgl. THOMAS NEUKIRCHEN: *Die ganze* „aventiure" *und ihre* „lere". *Der „Jüngere Titurel" Albrechts als Kritik und Vervollkommnung des „Parzival" Wolframs von Eschenbach*, Heidelberg 2006, S. 10f.

[29] Vgl. RUH [Anm. 26].

zeitgenössisches Bewusstsein zuweisbarer persönlicher Autorschaft voraussetzt[30] – aber wessen? Der Verweis ist nicht genauer als der ‚Naumburger Meister' in der Kunstgeschichte, weil er andere Texte mit unter den Schirm der Urheberschaft an einem erfolgreichen, wenn nicht berühmten Text nimmt: Frauen-Lob im mittelalterlichen Sinn, das Lob ‚Unserer Lieben Frau', ist das Programm des *Marienleichs*, der von allen Frauenlob-Texten am besten überliefert ist. Die säkulare Umsetzung, d. h. die Übertragung auf das säkulare Lob der Dame, das in der neuzeitlichen Rezeption überwiegt, ist dabei nicht nur ein anachronistisches Missverständnis, weil man den Sprachgebrauch von ‚Unserer Lieben Frau' nicht mehr kennt, sondern sie wird auch gestützt durch bekannte und mehrfach überlieferte Frauenlob-Strophen, in denen Frau (*wîp*) und Dame (*vrouwe*) gegenübergestellt werden. Und so bezeichnet der Markenname ‚Frauenlob' heute denn auch ein überliefertes Werk, dessen Kern durch eine unbekannte Zahl von Vermittlungsschritten auf den historischen Autor Heinrich von Meißen zurückgeführt und dessen Peripherie immer weniger gewiss und weniger direkt auf diesen Autor bezogen werden kann. Vom Standpunkt der Zeitgenossen und der wenig Nachzeitigen, also in der ersten Hälfte des 14. Jahrhunderts, stellt sich Frauenlob für die einen als ein berühmter Mann dar, den man bekämpfen oder verehren oder um den man auch Geschichten erfinden kann. Für die anderen war ‚Frauenlob' ein Markenname für ein Bündel von Melodien und lyrischen Textstrategien, an das man nach Heinrichs Tod anschloss.[31]

Der historische Autor Heinrich von Meißen steht um 1300 mit dem Bemühen, nichtklerikalen Kulturformen einen gültigen Ausdruck zu geben und dabei möglichst schöne Brücken zur lateinischen Gelehrsamkeit zu schlagen, in Europa nicht allein. Er gehört zu einer Generation, die in der europäischen Literatur, Kunst und Gelehrsamkeit viel bewirkt hat. Dante Alighieri, der 1265 in Florenz geboren wurde, wechselt in Frauenlobs letztem Lebensjahr (1318) sein Veroneser Exil gegen ein würdigeres in Ravenna aus; er wird die im ersten Jahrzehnt des 14. Jahrhunderts begonnene *Göttliche Komödie* hier weiterdichten und 1321 sterben.[32] Marco Polo (ca. 1254–1324), der Kaufmannssohn aus Venedig, der mit Vater und Onkel zu den Mongolen und wahrscheinlich bis nach China gekommen war und darüber später eine berühmte Reisebeschreibung dik-

30 GEROK-REITER [Anm. 20], S. 134, spricht von einem Künstlernamen, was von der Person gedacht ist und wobei man sich immer hüten muss, die notorisch unsichere personelle Einheit der Strophenverursacher nicht zumindest in einem Kerngebiet schon vorauszusetzen. Ähnlich schwierig verhält es sich mit den zeitgenössischen Nennungen des Namens in polemischen Strophen, z. B. bei Herrmann Damen (vgl. WACHINGER [Anm. 10], S. 182). Da es auch erfundene Streitsituationen mit erfundenen Figuren gibt (z. B. den Wartburgkrieg mit dem Namen Klinschor), ist mit dem Namen nicht viel bewiesen, und so muss man mit Rückschlüssen auf die gewesene empirische Person vorsichtig sein. Vgl. auch SABINE OBERMAIER: *Von Nachtigallen und Handwerkern. Dichtung über Dichtung in Minnesang und Sangspruchdichtung*, Tübingen 1995 (*Hermaea* 75), S. 235–240; BEATE KELLNER: Vindelse. *Konturen von Autorschaft in Frauenlobs ‚Selbstrühmung' und im* ‚wip-vrowe'-*Streit*, in: *Autor und Autorschaft im Mittelalter. Kolloquium Meißen 1995*, hg. von ELIZABETH ANDERSEN u. a., Tübingen 1998, S. 255–276, hier bes. S. 265–276.

31 Dokumentiert in S-GA [Anm. 6].

32 Zur Vita vgl. KARLHEINZ STIERLE: *Dante Alighieri. Dichter im Exil, Dichter der Welt*, München 2014, S. 9–42.

tiert oder doch veranlasst hatte, ist wieder frei und in Venedig.[33] Der Maler Giotto di Bondone (um 1270–1337) wird schon zu Lebzeiten, wie Dante in der *Göttlichen Komödie* erwähnt (*Purgatorio*, 11. Gesang), als überragender und musterbildender Künstler wahrgenommen.[34] Meister Eckhart (1260–1328), Philosoph, Theologe und mystischer Denker, ist um die Zeit, in der Frauenlobs Leben endet, in Straßburg möglicherweise durch sein Amt in eine Beginenverfolgung verstrickt.[35] Zugleich muss, gleichsam als Gegenüber, auch Papst Johannes XXII. mitbedacht werden, der den Prozess gegen Meister Eckhart führte, an dessen Ende (nach Eckharts Tod, nämlich 1329) die Bulle *In agro dominico* eine Liste von angeblichen Irrlehren verbot.[36] Johannes könnte für Frauenlobs letzte Jahre als potentielle Gefahr und Schatten gedacht werden, auch wenn von Komplikationen hinsichtlich des rechten Glaubens in Frauenlobs Lebensgang nichts überliefert ist. Theologisch kühne Bilder in der Volkssprache hat nicht nur Eckhart, sondern auch Frauenlob hinterlassen; und für einen Sängerkomponisten mochte es, selbst wenn es ihn nicht unmittelbar betraf, eine Rolle gespielt haben, dass Johannes auch die Musikpraxis beargwöhnte und weltlichen Gesangsusus wie einen unverzeihlichen Leichtsinn darstellte.[37]

Der vorgestellten Generation, in der es Beharrer, Vollender und Frager gibt, nicht selten in einer Person, steht um 1300 auch eine neue Jugend gegenüber: Guillaume de Machaut (1300/1305–1377), einer der berühmtesten Dichter und Sänger der mittelalter-

33 Vgl. MARINA MÜNKLER: *Marco Polo. Leben und Legende*, München 2015, S. 52–54; zur Einschätzung der empirischen Basis der Angaben über China vgl. ebd., S. 113f.

34 Vgl. MICHAEL VICTOR SCHWARZ: *Giotto di Bondone,* in: *Handbuch Rhetorik der Bildenden Künste*, hg. von WOLFGANG BRASSAT, Berlin / Boston 2017, S. 207–226, zur Vita S. 207f.; MICHAEL VICTOR SCHWARZ: *Giotto*, München 2009, zum Wirken in Florenz S. 58–68.

35 Vgl. MARTINA WEHRLI-JOHNS: *Mystik und Inquisition. Die Dominikaner und die sogenannte Häresie des Freien Geistes*, in: *Deutsche Mystik im abendländischen Zusammenhang. Neu erschlossene Texte, neue methodische Ansätze, neue theoretische Konzepte*, hg. von WALTER HAUG und WOLFRAM SCHNEIDER-LASTIN, Tübingen 2000, S. 223–252, hier S. 243. Zurückhaltender und unter Hinweis auf die Parallelen zwischen Eckharts Werk und der verurteilten Schrift der 1310 in Paris hingerichteten Marguerite Porete tendenziell gegenläufig argumentiert WINFRIED TRUSEN: *Der Prozeß gegen Meister Eckhart. Vorgeschichte, Verlauf und Folgen*, Paderborn 1988, spez. S. 19–60.

36 Vgl. ebd., S. 121f.

37 Johannes verbot, allerdings erst nach Frauenlobs Tod, in der Bulle *Docta sanctorum patrum* von 1322 außerhalb relativ enger Grenzen den Gebrauch von Mehrstimmigkeit im Gottesdienst, indem er am Schluss der Bulle, die wenig schmeichelhafte Worte für bestimmte Melodieverläufe und Zusammenklänge findet, Oktave, Quinte und Quarte besonders würdigt – diejenigen Intervalle, deren Zahlenverhältnisse bei der Teilung der schwingenden Saite zahlensymbolisch semantisiert waren (Oktave: 2:1; Quinte: 3:2; Quarte: 4:3). Vgl. zum Text der Bulle mit Übersetzung FRANZ KÖRNDLE: *Liturgieverständnis an der Schwelle zur Neuzeit. Die Bulle* Docta sanctorum patrum *Papst Johannes XXII. und ihre Anwendung*, in: *Papsttum und Kirchenmusik vom Mittelalter bis zu Benedikt XVI. Positionen – Entwicklungen – Kontexte*, hg. von KLAUS PIETSCHMANN, Kassel 2012, S. 67–80, hier S. 78–80; die Abwertung der neuen Musikpraxis bezieht sich offenbar auf den Gesangsvortrag von Versdichtung. Offenbar aus theologischen und philosophischen Gründen ist die *simplicitas* (die zahlhafte Eigenschaft des *unum*) für Johannes immer überlegen, folglich bleibt die Einstimmigkeit das Ideal. Zur *simplicitas* vgl. den Text der Bulle bei KÖRNDLE, ebd., S. 80.

lichen französischen Lyrik, ist bei Frauenlobs Tod noch sehr jung – er wird 1323 in den Dienst des Luxemburgers Johann treten[38] und 1360 eine mehrstimmige Messe für Notre Dame dichten, die sich um Johannes XXII. wenig kümmert.[39] Konrad von Megenberg (1309–1374), der für sein deutschsprachiges *Buch der Natur* berühmt werden wird,[40] ist bei Frauenlobs Tod noch ein Kind und auf einer Schule in Erfurt.[41] Der Mönch von Salzburg, der Autor, dessen literarisches Werk in acht Corpushandschriften überliefert wird, ist, sofern man auf Grund dieser Überlieferungslage eine personale Mitte des Traditionsstromes annehmen darf,[42] bei Frauenlobs Tod gar nicht geboren oder noch ein Kind. Francesco Petrarca (1304–1374), der als Dichter dem philosophischen Denken wichtige Impulse gibt,[43] studiert in jugendlichem Alter ab 1316 in Montpellier, ab 1320 in Bologna Rechtswissenschaften; Giovanni Boccaccio ist fast zehn Jahre jünger und lebt in Florenz (1313–1375).[44] Die Aufbrüche dieser neuen Generation richten sich auf die Evidenz der Sinnenwelt und ihre Deutungsoffenheit. Die Denker und Künstler verlangen auf verschiedenen Feldern des Denkens und Gestaltens, zum Beispiel hinsichtlich des Natürlichen und hinsichtlich des Umgangs mit menschengemachter Geschichte, nach Überprüfung tradierter Lösungen. Dadurch konnten am ehesten solche Dichter und Autoren der vorigen Generation vorbildlich bleiben, die ebenfalls nach alternativen Verfahren und Denkmustern gesucht hatten. Da ein Sprachwechsel wie der vom Latein zur Volkssprache immer die Möglichkeit bietet, die ursprünglichen Sprachbilder hinter terminologisch verfestigten Begriffen wieder sichtbar zu machen und die Abkürzungen des Denkens, die mit Formulierungsgewohnheiten verbunden sind, wieder aufzuzeigen

[38] Vgl. FRIEDRICH WOLFZETTEL: *Guillaume de Machaut: Dichter und Welt im Zeichen der Dame Rhétorique*, in: *Literatur im Umkreis des Prager Hofs der Luxemburger*, hg. von JOACHIM HEINZLE, PETER JOHNSON und GISELA VOLLMANN-PROFE, Berlin 1994 (*Wolfram-Studien* 13), S. 42–57.

[39] Vgl. INGO HARDEN: *Epochen der Musikgeschichte. Entwicklung und Formen der europäischen Musik. Bd. 1*, Hildesheim 2007, S. 52f., S. 81–83.

[40] Vgl. *Konrad von Megenberg. Das Buch der Natur. Bd. 2. Kritischer Text nach den Handschriften*, hg. von ROBERT LUFF und GEORG STEER, Tübingen 2003. Zur wissenschaftsvermittelnden Bedeutung des Autors v. a. *Konrad von Megenberg (1309–1374). Ein spätmittelalterlicher Enzyklopädist im europäischen Kontext*, hg. von EDITH FEISTNER, Wiesbaden 2011 (*JOWG* 18), und *Konrad von Megenberg (1309–1374) und sein Werk. Das Wissen der Zeit*, hg. von CLAUDIA MÄRTL, München 2006 (*Beiheft zur Zeitschrift für bayerische Landesgeschichte, Reihe B* 31).

[41] Vgl. GEORG STEER: *Konrad von Megenberg*, in: *²VL*, Bd. 5 (1985), Sp. 221–236, hier Sp. 221.

[42] Das bedeutet freilich nicht, dass es einen mehr oder weniger konstanten biographischen Umriss zu diesen Korpora gäbe. Vgl. dazu CHRISTOPH MÄRZ: *Die weltlichen Lieder des Mönchs von Salzburg. Texte und Melodien*, Tübingen 1999, S. 3–8, und BURGHART WACHINGER: *Mönch von Salzburg*, in: *²VL*, Bd. 5 (1985), Sp. 658–670, hier S. 658–660.

[43] Vgl. KURT FLASCH: *Das philosophische Denken im Mittelalter. Von Augustin zu Machiavelli*. Stuttgart 1986, S. 495–503 (Kap. *Petrarca. Ein Philosoph des 14. Jahrhunderts*). Biographie: KARLHEINZ STIERLE: *Francesco Petrarca. Ein Intellektueller im Europa des 14. Jahrhunderts*, München 2003.

[44] Eine neuere tabellarische Vita bei VICTORIA KIRKHAM: *Chronology of Boccaccio's Life and Works*, in: *Boccaccio. A critical guide to the complete works*, hg. von VICTORIA KIRKHAM, MICHAEL SHERBERG und JANET LEVARIE SMARR, Chicago / London 2013, S. XIII–XIX. Ausführliche Biographie: CARLO GRABHER: *Giovanni Boccaccio. Leben und Werk eines Frühhumanisten*. Übers. von HORST RÜDIGER, Hamburg 1946.

und zur Disposition zu stellen, gibt es in ganz Europa Verschiebungen: Wichtige und folgenreiche Diskurse spielen sich jetzt in der Volkssprache ab.

Diese Wertschätzung volkssprachlicher Gelehrsamkeit im 14. Jahrhundert trägt (wie für Meister Eckharts Werk, dem das Verbot seiner Schriften nur bedingt geschadet hat) nach Ausweis der Frauenlobcorpora, die sich in den verschiedenen Handschriften unterscheiden, zur Begünstigung bestimmter Werkgruppen und Überlieferungsformen, aber auch zur Hochschätzung des gesamten Autorœuvres in der Tradierung bei. Die Verehrung für den Meister hat auch denjenigen Werkteilen, die eher die späte höfische Kultur, besonders die des Minneliedes, fortsetzen, in die Handschriftenkultur verholfen, so dass sie für spätere Epochen gemeinsam mit den breiter und besonders in städtischen Kontexten überlieferten Spruchdichterstrophen unter Frauenlobs Namen und seinen laientheologischen und quasimystischen Werken eine einzigartige historische Synthese dokumentieren. Diese Synthese unter dem Namen ‚Frauenlob' ist etwas literatursoziologisch, gattungsgeschichtlich und bildungshistorisch Besonderes: Heinrich von Meißen war gelehrt und drückte die Gelehrsamkeit originell in der Volkssprache aus. Zudem war Frauenlob zugleich in den Liedern ein Fortsetzer und metaphysischer Begründer des Minnesangs, dessen Strophen eine Welt imaginieren, in der der Adel über die Projektion und Selbsterzeugung des edlen Du aus dem adeligen Ich zu sprechen scheint. Und schließlich äußert sich in den Sangsprüchen auch die spezifische Autorität in lebenspraktischen Fragen, die Sangspruchdichter bereits seit dem beginnenden 13. Jahrhundert beanspruchen und die eine imaginierte Welt erzeugt, in dem der politisch und moralisch handelnde Adel den Rat anderer annimmt, also immer ein Gegenüber außerhalb seiner hat. Mit diesen drei Aspekten bietet Frauenlob eine Bündelung von Kulturkompetenzen an, die ihn für sehr unterschiedliche Rezipientengruppen interessant erscheinen lässt und die einen Teil seiner zeitgenössischen und auch der ihn überdauernden Attraktion und Faszination ausmacht.

III 700 Jahre seit Frauenlobs Tod. Anliegen und Ziele des Bandes

Anders als bei Dante, der ebenfalls verschiedene Zweige der mittelalterlichen literarischen Tradition, gelehrte und säkulare, in seinem Werk zusammenführt, ist die Forschung zu Frauenlob aus dem Kreis der Spezialisten für die gelehrten Inhalte und formalen Kunstgriffe noch kaum herausgetreten. Daran etwas zu ändern, hat dieses Handbuch sich vorgenommen. Es entsteht 2018, d. h. in dem Jahr, in dem, glaubt man den überlieferten Lebens- und Todesspuren, Heinrichs von Meißen 700. Todestag begangen wird, und setzt sich das Ziel, auf wissenschaftlichem Niveau erstmals eine umfassendere und breit rezipierbare Einführung zu Frauenlob zu bieten, die zentrale Aspekte seines Werkes verständlich und handhabbar präsentiert.

Das Handbuch bietet nach der vorliegenden Einleitung zehn Kapitel, die sich vier Bereichen im Umgang mit dem Werk und Wirken Frauenlobs widmen: erstens grundlegenden Aspekten zu Texte und Melodien, d. h. Handschriften, Überlieferung und Edition (BURGHART WACHINGER, Kap. 1) sowie den metrischen Strukturen und Melodien Frauenlobs (HORST BRUNNER, Kap. 2); zweitens den verschiedenen Gattungen und den vielfältigen lyrischen Fakturen, die Frauenlobs Gesamtwerk umfasst, Leichdichtung (JENS HAUSTEIN, Kap. 3), Sangspruchdichtung (CLAUDIA LAUER, Kap. 4) und Minnesang (ANNETTE GEROK-REITER, Kap. 5); drittens wesentlichen systematischen Aspekten, die Frauenlobs Schaffen wiederholt gattungsübergreifend prägen, der philosophisch-theologischen Gelehrsamkeit (CHRISTOPH HUBER, Kap. 6) und dem ‚geblümten Stil' (SABINE OBERMAIER, Kap. 7); sowie nicht zuletzt viertens der langanhaltenden Rezeption Frauenlobs, sowohl im spätmittelalterlichen Meistergesang (FRANZISKA WENZEL, Kap. 8) als auch in musikalischen und literarischen Werken der Neuzeit (DENNIS DISSELHOFF, Kap. 9, und MARCO LEHMANN, Kap. 10). Im Spannungsfeld von Systematik und Paradigmatik einerseits und Exemplarizität und Abstraktion andererseits möchten die einzelnen Beiträge damit nicht nur einen umfassenden und fundierten Einblick in Frauenlobs künstlerisches Schaffen und Wirken bieten. Indem sie dabei durchgängig ebenfalls Übersetzungen der komplexen und zum Teil überaus schwierigen Texte Frauenlobs bieten und zugleich durch eine Auswahl an Handschriften-Abbildungen, musikalischen Notationen und Bildern neuzeitlicher Rezeption ergänzt werden, sollen auch Verständlichkeit und Anschaulichkeit gewährleistet werden.

Das Handbuch enthält eine Auswahlbibliographie. Sie umfasst sowohl die in den Beiträgen zitierten Forschungsleistungen, in denen Frauenlob hohe Aufmerksamkeit zugemessen wird, als auch weitere für Frauenlob und die behandelten Themen einschlägige Literatur und ist (ohne den Anspruch auf Vollständigkeit) als Handreichung zum Stand der Frauenlob-Forschungen bis 2018 aufzufassen.

Das Frauenlob-Portrait in der Hs. C.
Quelle: Universitätsbibliothek Heidelberg, Große Heidelberger Liederhandschrift (Codex Manesse), Cod. Pal. germ. 848; fol. 399r.

I Texte und Melodien

1 Handschriften und Editionen

BURGHART WACHINGER

Frauenlobs Werk ist in insgesamt 23 Handschriften und zehn Fragmenten überliefert. Das klingt nach einer guten Basis für eine Edition. Tatsächlich aber ist die Überlieferungslage oft zum Verzweifeln. Das liegt an drei Gründen. Erstens sind nur ganz wenige Texte relativ breit bezeugt; dazu gehören der *Marienleich* und die Strophe GA V,1 der Göttinger Ausgabe.[1] Zweitens sind einige gute Handschriften durch Blattverluste beschädigt. Drittens – und das ist wohl der wichtigste Grund – hat Frauenlobs Erfolg dazu geführt, dass Nachahmungen seines Stils und Weiterdichtungen in seinen Tönen in die Handschriften gedrungen sind. Erst die Untersuchungen von HELMUTH THOMAS 1939 haben wenigstens für die Sangspruchdichtung eine einigermaßen verlässliche Unterscheidung von echt und unecht gebracht. Im folgenden Überblick werden die wichtigsten Handschriften und Fragmente vorgestellt, die STACKMANN in der heute maßgeblichen Göttinger Ausgabe verwertet hat. Für Literatur zu den Handschriften und Fragmenten verweise ich generell auf die Literaturangaben dieser Ausgabe und trage nur seither erschienene Literatur nach.

Die Jenaer Liederhandschrift J (Jena, Universitätsbibliothek, Ms. El. f. 101) bietet sehr verlässliche Texte.[2] Es handelt sich um eine prächtige, einzigartig großformatige Pergamenthandschrift von 56 cm Höhe und 41,7 cm Breite; das Format hat zu Spekulationen geführt über den ursprünglich ins Auge gefassten Zweck der Handschrift: Schenkung des Kaisers oder an den Kaiser oder die Möglichkeit, dass mehrere Personen gleichzeitig die Handschrift lesen konnten, was bei einer deutschsprachigen nicht-liturgischen Handschrift nur im Rahmen einer Ausbildung von Sängern sinnvoll gewesen sein könnte. Doch wissen wir nichts, und die ursprüngliche Absicht mag sich im Lauf der Herstellung verschoben haben. Die Handschrift enthält überwiegend Sangspruchdichtung und muss um 1330 entstanden sein, zweifellos im Auftrag eines sehr potenten Interessenten. Ob dies Herzog Rudolf I. von Sachsen (1298–1356) war, der in Wittenberg residierte, wo die Handschrift im 16. Jahrhundert gebunden wurde, ist unsicher. Entstanden ist sie aufgrund der mitteldeutschen Sprache mit niederdeutschen Einspreng-

[1] *Frauenlob (Heinrich von Meissen): Leichs, Sangsprüche, Lieder. 2 Teile.* Auf Grund der Vorarbeiten von HELMUTH THOMAS hg. von KARL STACKMANN und KARL BERTAU. *Bd. 1: Einleitungen, Texte; Bd. 2: Apparate, Erläuterungen*, Göttingen 1981 (*Abh. d. Akad. d. Wiss. in Göttingen, Philol.-hist. Kl. III*, 119/120) [= GA].

[2] Seit der Göttinger Ausgabe ist zu der Handschrift ein wichtiger Sammelband erschienen: *Die ‚Jenaer Liederhandschrift'. Codex – Geschichte – Umfeld*, hg. von JENS HAUSTEIN und FRANZ KÖRNDLE unter Mitwirkung von WOLFGANG BECK und CHRISTOPH FASBENDER, Berlin / New York 2010.

seln eher in einem westelbischen, vermutlich klösterlichen Skriptorium in der Altmark. Der Frauenlob-Teil enthält vier von den neun als echt geltenden Sangspruchtönen Frauenlobs, beginnend auf Blatt 103r mit dem strophenreichsten Langen Ton, in dem sich auch Strophen von Gegnern aufgezeichnet finden; eine dieser Gegenstrophen ist sogar mit dem Namen des Autors[3] bezeichnet. Es folgen der Flugton, der Grüne und der Zarte Ton. Dass andere Töne fehlen, könnte mit den Blattverlusten zusammenhängen, vielleicht aber auch damit, dass jene Töne jünger und weniger gebraucht waren. Als der Grundstock abgeschlossen war, ist den Redaktoren noch weiteres Material zu denselben Tönen zugänglich geworden. Es wurde auf den unteren Rändern nachgetragen. Im Langen Ton hat dies eine dem Grundstockschreiber sehr ähnliche Hand besorgt, die aber doch nicht mit ihm identisch ist, wohl aus einer mit dem Soester Fragment A[4] verwandten Quelle, im Zarten Ton hat ein anderer Schreiber drei Strophen nachgetragen. Heute ist die Handschrift freilich arg verstümmelt; es fehlt der Anfang und das Ende, und an mehreren Stellen gibt es Blattverluste. Vom Frauenlob-Teil ist der Anfang mit dem Autornamen verloren, und wie viel vorher fehlt, ist kaum abzuschätzen.

Wie GISELA KORNRUMPF[5] gezeigt hat, scheint Frauenlobs Werk vor allem in Nord- und Ostdeutschland gesammelt und aufgeschrieben worden zu sein, wo er auch mit Lobstrophen auf Fürsten nachweisbar ist.[6] Schon zu Frauenlobs Lebzeiten sind allerdings fünf Strophen des Grünen Tons[7] auch nach Oberdeutschland in den Grundstock der Manessischen Handschrift C (Heidelberg, Universitätsbibliothek, Cod. pal. germ. 848)[8] gedrungen, freilich unter dem falschen Namen Boppe (*Boppo*) als Anhang zu dessen eigenem Ton. Vermutlich wurde auf einer Vorstufe eine anonyme Sammlung verschiedener Sangspruchtöne an Boppes Hofton angehängt.[9] Später, um 1320, ist dann auch der Name des Dichters Frauenlob den Sammlern der Manessischen Handschrift C bekannt geworden. Die Maler und Schreiber des Grundstocks hat er nicht mehr erreicht, wohl aber den Nachtragsmaler II und den Schreiber Fs. Der Maler stellt Frauenlob als König der Spielleute dar, thronend über den Musikanten, und gibt ihm ein Wappen, das in Anspielung auf den *Marienleich* die Madonna als Königin zeigt. Ein zweites Mal stellt derselbe Nachtragsmaler ihn, deutlich im selben Gewand, auf dem Regenbogen-

3 Rumelant (von Sachsen) aus dem *wîp-vrowe*-Streit: *Der wibe name grozer ist dan vrouwen lob* (GA V,107G, v. 1).

4 Soest, Stadtarchiv, V Ee 8. 10.

5 GISELA KORNRUMPF: *Konturen der Frauenlob-Überlieferung*, in: *Wolfram-Studien* 10 (1988), S. 26–50.

6 Etwas aus diesem Rahmen fällt der einzige urkundliche Nachweis in Tirol: LUDWIG SCHÖNACH: *Urkundliches über die Spielleute in Tirol*, in: *ZfdA* 31 (1887), S. 171–185, hier S. 175.

7 Göttinger Ausgabe: VII, 34, 15, 7, 4, 6.

8 Seit der Göttinger Ausgabe: GISELA KORNRUMPF: *Heidelberger Liederhandschrift C*, in: ^{2}*VL*, Bd. 3 (1981), Sp. 584–597, dazu Nachtrag in ^{2}*VL*, Bd. 11 (2004), Sp. 601; *Die Große Heidelberger Liederhandschrift (Codex Manesse) in getreuem Textabdruck*, hg. von FRIDRICH PFAFF. Zweite, verbesserte und ergänzte Auflage bearbeitet von HELLMUT SALOWSKY mit einem Verzeichnis der Strophenanfänge und 7 Schrifttafeln, Heidelberg 1984; FRANZ-JOSEF HOLZNAGEL: *Wege in die Schriftlichkeit. Untersuchungen und Materialen zur Überlieferung der mittelhochdeutschen Lyrik*, Tübingen / Basel 1995 (*Bibliotheca Germanica* 32), S. 140–207.

9 Vgl. HEIDRUN ALEX: *Der Spruchdichter Boppe. Edition – Übersetzung – Kommentar*, Tübingen 1998 (*Hermaea* NF 82), S. 8.

Bild dar, hier im Gespräch mit dem Schmied Regenbogen, der nach einer späteren Legende sein Hauptwidersacher war. Der Schreiber Fs hat zunächst den *Marienleich* eingetragen, Frauenlobs berühmtesten Text, ausgezeichnet durch eine kleine Federzeichnung, die den Dichter als Visionär, dem die Madonna erscheint, zeigt, und in so guter Überlieferung, dass die Göttinger Ausgabe C als Leithandschrift nehmen konnte, bis zu dem Punkt, an dem die Wiener Leichhandschrift W einsetzte. Auf den *Marienleich* folgen nach einer freien Spalte 17 Strophen im Langen Ton, 10 Strophen im Kurzen Ton und 3 Strophen im Grünen Ton. Im Langen Ton gilt ein besonderes Interesse des Schreibers dem Streit mit Regenbogen: Frauenlobs (ihm möglicherweise nur untergeschobene[10]) Selbstrühmung und seine pointierte, gegen Walther von der Vogelweide gerichtete Bevorzugung des Wortes *vrouwe* gegenüber *wîp* hatten ja zu heftiger Kritik an Frauenlob geführt. Diese Kritik erscheint hier, als Ansatz einer Legendenbildung, bereits als Sängerkrieg stilisiert, in die sogar eine unechte, hier als Text Frauenlobs ausgegebene Strophe eingebaut ist, entsprechend dem Bild, das der Nachtragsmaler in der Regenbogen-Miniatur entworfen hat.

Eine wichtige Quelle ist auch die Wiener Leichhandschrift W (Wien, Österreichische Nationalbibliothek, Cod. Vind. 2701).[11] Diese Handschrift stammt wohl aus Schlesien und ist in der Mitte des 14. Jahrhunderts entstanden. Sie besteht aus drei leicht unterschiedlichen, vielleicht vorübergehend selbständigen Teilen, die aber nach Schreibsprache, Notation und wohl auch Konzeption irgendwie zusammengehören. Mit fünf Vertretern der Gattung Leich zeigt sie ein ungewöhnliches Interesse für diese musikalische Form. Auch sie ist nicht ganz vollständig erhalten. Teil I bietet Frauenlobs *Marienleich* mit Noten, der Anfang ist verloren; anschließend ist ohne Noten eine lateinische Fassung des *Marienleichs* aufgezeichnet, von der das Ende fehlt. Teil II bietet zunächst den Leich Reinmars von Zweter mit Noten, dann ohne Noten eine Strophe in Reinmars von Zweter Neuem Ehrenton; es folgen je drei Strophen von Frauenlobs Grünem Ton mit Frauenlobs Namen (nach THOMAS unecht) und von Frauenlobs Würgendrüssel ohne Frauenlobs Namen (nach THOMAS echt), jeweils die erste Strophe unter Noten. Teil III schließlich beginnt mit fünf namenlosen Strophen eines und desselben Tons, alle fünf unter Noten.[12] Es folgen Frauenlobs *Kreuzleich*, Frauenlobs *Minneleich*, der Leich des Wilden Alexander, alle unter Noten, fünf Strophen eines Minnelieds des Wilden Alexander, die erste unter Noten, und sechs Strophen des *Winsbecke* unter nicht ausgefüllten Notenlinien, die letzte unvollständig. Autornamen fehlen in diesem Teil der Handschrift völlig, so dass *Kreuzleich* und *Minneleich* nur durch das Zeugnis der späten Handschriften F und k und durch den Stil für Frauenlob gesichert sind.

[10] Vgl. JOHANNES RETTELBACH: *Abgefeimte Kunst. Frauenlobs ‚Selbstrühmung'*, in: *Lied im deutschen Mittelalter. Überlieferung, Typen, Gebrauch. Chiemsee-Colloquium 1991*, hg. von CYRIL W. EDWARDS, ERNST HELLGARDT und NORBERT H. OTT, Tübingen 1996, S. 177–193.

[11] Seit der Göttinger Ausgabe: CHRISTOPH MÄRZ: *Wiener Leichhandschrift*, in: ^{2}*VL*, Bd. 10 (1999), Sp. 1024–1026.

[12] *Repertorium der Sangsprüche und Meisterlieder des 12. bis 18. Jahrhunderts*, hg. von HORST BRUNNER und BURGHART WACHINGER unter Mitarbeit von EVA KLESATSCHKE, DIETER MERZBACHER, JOHANNES RETTELBACH und FRIEDER SCHANZE, 16 Bde., Tübingen 1986–2009 [= RSM], hier Bd. 5, Tübingen 1991, Nr. ZX 90 und 91.

Damit sind wir schon bei den unzuverlässigen Handschriften. Die wichtigste ist F (Weimar, Herzogin Anna Amalia Bibliothek, Q 564). Sie ist in oder bei Nürnberg im 3. Viertel des 15. Jahrhunderts entstanden. Durch Fehler des Buchbinders ist die Handschrift heute durcheinander geraten. Ursprünglich stand am Ende eine Serie von Reimpaarsprüchen und Fastnachtsspielen, die uns hier nicht zu interessieren hat. Der erste Teil aber enthält auf 100 von 118 Blättern vor allem eine Sammlung zu Ehren von Frauenlob; daneben gibt es noch eine Gruppe von Sangversdichtungen, die in anderen Handschriften Walther von der Vogelweide, Friedrich von Hausen, Konrad von Würzburg und anderen zugeschrieben sind. In den Überschriften aber findet sich 46 Mal Frauenlob, daneben kommt nur ein einziges Mal *regenpogen* vor. Diese Handschrift ist zwar erst im 15. Jahrhundert entstanden, es scheint allerdings, dass sie auf einer Vorlage fußt, die noch in der Mitte des 14. Jahrhunderts anzusetzen ist und die vielleicht ähnlich wie J in mitteldeutscher Sprache im niederdeutschen Sprachgebiet geschrieben war. Dennoch ist F als Zeugnis für Frauenlob von J fundamental verschieden. Während es in J, abgesehen von ein paar gegen Frauenlob gerichteten Strophen, keine Hinweise auf Unechtes gibt, sind in F zahlreiche Strophen von THOMAS mit guten Gründen als unecht ausgeschieden worden; auch von denen, die STACKMANN in die Göttinger Ausgabe übernommen hat, sind mehrere zumindest unsicher.[13] Bei den Tönen sind einige durch zusätzliche Reime dem späteren Gebrauch der Meistersinger angeglichen. Auch die Tendenz zur Mehrstrophigkeit, wie sie im Meistergesang herrscht, war in der erschließbaren Vorlage von F offenbar stärker ausgeprägt als in J; sie ist in der erhaltenen Handschrift sogar mehrfach verunklärt. Aus solchen und anderen Indizien habe ich seinerzeit vermutet, dass F auf eine Schulsammlung zurückgeht, die nach Frauenlobs Tod veranstaltet wurde und sowohl Frauenlobs Œuvre wie auch Texte von Frauenlob-Bewunderern und Frauenlob-Schülern vereinigt hat.[14] Für diese Handschrift gilt besonders, was KARL STACKMANN einmal formuliert hat, dass „es keine momentane, durch künftige Forschung noch zu behebende Verlegenheit ist, wenn wir das Echtheitsproblem als nicht restlos aufgeklärt stehen lassen müssen. Es dürfte prinzipiell unlösbar sein, und das bedeutet, wir müssen uns endgültig damit abfinden, daß sich die Texte Frauenlobs nicht mit genügender Sicherheit von denen seiner Schüler und Nachahmer unterscheiden lassen."[15] Ob meine weitergehende Vermutung Bestand hat, dass J mehr den frühen exzentrischen, provokativen und vielfach angefeindeten, F aber mehr den späteren, beruhigten und in die Sängergesellschaft integrierten Frauenlob repräsentiert, kann vielleicht künftige Forschung zeigen.

Als Schulsammlung, die auch Texte enthält, die sicher nicht von Frauenlob verfasst sind, ist F schon einen Schritt in Richtung auf die Handschriften von Meisterliedern des

[13] Vgl. BURGHART WACHINGER: *Vermutungen zu den papstkritischen Strophen in Frauenlobs ‚Würgendrüssel'*, in: *PBB* 139 (2017), S. 91–97.

[14] Vgl. BURGHART WACHINGER: *Von der Jenaer zur Weimarer Liederhandschrift. Zur Corpusüberlieferung von Frauenlobs Spruchdichtung* (1987), wieder in: BURGHART WACHINGER: *Lieder und Liederbücher. Gesammelte Aufsätze zur mittelhochdeutschen Lyrik*, Berlin u. a. 2011, S. 217–230.

[15] KARL STACKMANN: *Über die wechselseitige Abhängigkeit von Editor und Literaturhistoriker. Anmerkungen nach dem Erscheinen der Göttinger Frauenlob-Ausgabe*, in: *ZfdA* 112 (1983), S. 37–54, hier S. 48.

15. und frühen 16. Jahrhunderts gegangen, die Meisterlieder in Tönen der alten Meister von verschiedenen, meist ungenannten Verfassern sammeln.[16] Eine dieser früheren, überwiegend anonymen Handschriften und ihre Bedeutung für die Frauenlob-Überlieferung sollte ich wohl vorstellen, obwohl sie nicht ganz typisch ist: die Kolmarer Liederhandschrift k (München, Bayerische Staatsbibliothek, cgm 4997),[17] entstanden um 1460 wohl in Speyer. Untypisch ist sie, weil sie konsequent nach Tonautoren geordnet ist und weil sie in ihrem Anfangsteil auch fünf Leichs enthält, darunter auch Frauenlobs *Marienleich*. Frauenlob spielt in dieser Handschrift eine herausragende Rolle, schon mit dem pointiert an den Anfang gestellten *Marienleich*, dann sollten ursprünglich alle seine Töne folgen (eine spätere Umorganisation hat das verunklärt), freilich auch Töne, die ihm, wie in der Meisterliedtradition üblich, nur untergeschoben sind: *uberzarter don*, *gecronter rey*, *taugen hort*, *dan ton*, *frosch wyse*, *verholn don*, *gecrönter ton*, *huntwyse*, *spiegelwyse* usw. Unter den nach THOMAS authentischen Tönen fehlen nur das Streitgedicht *Minne und Welt*, der Flugton und der Kurze Ton. Um den Unterschied zu F zu zeigen, genügt es wohl, auf den Langen Ton einzugehen.[18] Er ist in der Kolmarer Handschrift mit 199 Strophen in 55 Meisterliedern vertreten, mehrere Lieder und auch einzelne Strophen kommen mehrfach vor. Wo einzelne Strophen in verschiedenen Liedzusammenhängen erscheinen, dürften sie aus einer Zeit stammen, als die Zusammenstellung mehrstrophiger Lieder noch nicht so üblich war.[19] Nur eine einzige Strophe (GA V,1) ist auch in J überliefert, vier auch in C, 13 auch in F. Zu einem einzigen Lied ist ausdrücklich ein Verfasser genannt: *Ein anders in dysem von Hans Gernspeck ein ewig wort*.[20] Trotz der Anonymität der übrigen Lieder muss man sie ganz überwiegend als nicht von Frauenlob stammend ansehen. Verfassernamen von Texten anzugeben wurde leider erst seit Hans Sachs üblich, zuerst in seiner frühen 1517/18 entstandenen Handschrift Berlin, SBB-PK, Mgq 414. Die Namen von Tonautoren aber hat man in der meisterlichen Tradition des 15. Jahrhunderts beachtet, auch wenn man anonyme Töne gern berühmten Meistern zugeschrieben hat.

Nun noch ein paar Worte zur Geschichte der Ausgaben: Erste Ansätze gab es schon früh. MELCHIOR GOLDAST hat, als er 1604 *Tirol und Fridebrant* und die Winsbeckischen Gedichte edierte, zwar in seinen sprachlichen Erläuterungen viele Autoren der Manessischen Handschrift zitiert, aus dem Frauenlob-Corpus aber nur ein paar Verse ausgerechnet aus der Strophe eines Frauenlob-Gegners.[21] Nicht viel besser ging es den beiden Schweizer Philologen JOHANN JAKOB BODMER (1698–1783) und JOHANN JAKOB BREITINGER (1701–1776). Sie veröffentlichten 1748 in ihren *Proben der alten schwåbischen Poesie des Dreyzehnten Jahrhunderts. Aus der Maneßischen Sammlung* einige

16 Vgl. FRIEDER SCHANZE: *Meisterliederhandschriften*, in: ^{2}*VL*, Bd. 6 (1987), Sp. 342–356.

17 Vgl. auch BURGHART WACHINGER: *Kolmarer Liederhandschrift*, in: ^{2}*VL*, Bd. 5 (1985), Sp. 27–39. Die Handschrift firmiert auch unter der Sigle t.

18 Vgl. auch FRANZISKA WENZEL: *Meisterschaft im Prozess. Der Lange Ton Frauenlobs – Texte und Studien*, Berlin 2012 (*Deutsche Literatur* 10).

19 Vgl. FRIEDER SCHANZE: *Meisterliche Liedkunst zwischen Heinrich von Mügeln und Hans Sachs*, 2 Bde., München 1983 (*MTU* 82/83), Bd. 1, S. 76–82.

20 RSM [Anm. 12] ^{1}Gern/1.

21 Vgl. MELCHIOR GOLDAST VON HAIMINSFELD: Paraeneticorum veterum pars I (1604), im Nachdruck hg. und mit einem Nachwort versehen von MANFRED ZIMMERMANN, Göppingen 1980 (*Litterae* 64), S. 370 (der Autor heißt hier *Heinrich von Frovvenlop*).

Texte aus dem Frauenlob-Corpus: GA V,118 (eine Gegnerstrophe aus der Polemik gegen Frauenlobs ‚Selbstrühmung') und drei Strophen im Kurzen Ton: GA XIII,45, C 53 (eine von THOMAS für unecht erklärte Strophe im Kurzen Ton)[22] und GA XIII,1. Daraus konnte man sicher keinen Eindruck von Frauenlobs Kunst und thematischer Vielfalt gewinnen.

Deutlich breiter war, was FRIEDRICH HEINRICH VON DER HAGEN (1780–1856)[23] bot in *Minnesinger. Deutsche Liederdichter des zwölften, dreizehnten und vierzehnten Jahrhunderts* (1838). Allerdings war das auch allzu breit und recht verwirrend. Der Plan zu dieser Edition reichte weit zurück bis zu AUGUST WILHELM SCHLEGELS *Vorlesungen über schöne Litteratur* von 1803/04. Bereits 1810 erwähnte VON DER HAGEN in einem Brief an WILHELM GRIMM „Frauenlobs prächtige Umdichtung des Hohen Liedes" (d. h. den *Marienleich*), die er jetzt durch RASSMANNS „Vergleichung" mit der Manessischen Handschrift (damals noch in Paris) vollständig in Händen halte.[24] Ursprünglich wollte VON DER HAGEN nur diese eine Handschrift herausgeben. Aber durch eine Planänderung nach Vertragsabschluss mit dem Verleger rückte VON DER HAGEN von diesem Ziel ab und wollte nun alle Lyrica edieren. Das führte zu Einschüben in die Manessische Handschrift (auch im Frauenlob-Corpus von Band II); im ersten Band von Teil III kam dann endlich die Jenaer Liederhandschrift J zum Zuge – freilich unter neuer Nummer nach der Folge von J, mit willkürlicher Einordnung der Nachträge dieser Handschrift und mit undeutlich markierten Ergänzungen aus der Weimarer Handschrift F. Schließlich folgte weiter hinten im ersten Band von Teil III nochmals Frauenlob aus verschiedenen Handschriften (darunter die Wiener Leichhandschrift W und nochmals die Weimarer Handschrift F), diesmal wieder mit der Nummer nach der Manessischen Handschrift. Außerdem hat VON DER HAGEN mit der gesamten älteren Forschung den Ton des Jungen Meißners, der sich von Frauenlobs Langem Ton nur durch das Fehlen von dessen vorletzter Zeile unterscheidet und wohl als Vereinfachung von dessen reimreichem Abgesang zu verstehen ist, kurzer Hand als Frauenlobs Eigentum aufgefasst.[25] Im zweiten Band von Teil III kamen dann die Lesarten „aller verglichenen Urkunden", in Teil IV endlich unter anderem „Geschichte des Lebens und der Werke aller namhaften in dieser Sammlung enthaltenen Dichter" (zu Frauenlob unter dem Namen des Jungen Meißners) und ein Handschriftenverzeichnis. 1856 und (aus urheberrechtlichen Gründen postum) 1861 folgte dann noch ein *Bildersaal altdeutscher Dichter* („vornämlich der Manesse'schen Sammlung").[26]

Nur fünf Jahre nach VON DER HAGEN erschien die Ausgabe von LUDWIG ETTMÜLLER (1802–1877), nach der Frauenlob jahrzehntelang zitiert wurde: *Heinrichs von*

[22] Abgedruckt in: *Sangsprüche in Tönen Frauenlobs. Supplement zur Göttinger Frauenlob-Ausgabe*, 2 Bde., unter Mitarbeit von THOMAS RIEBE und CHRISTOPH FASBENDER hg. von JENS HAUSTEIN und KARL STACKMANN, Göttingen 2000 (*Abh. d. Akad. d. Wiss. in Göttingen, Philol.-hist. Kl. III*, 232) [=S-GA], hier: 1. Teil, S. 324.

[23] Vgl. ECKHARD GRUNEWALD: *Friedrich Heinrich von der Hagen 1780–1856. Ein Beitrag zur Frühgeschichte der Germanistik*, Berlin / New York 1988 (*Studia Linguistica Germanica* 23), S. 185–222.

[24] VON DER HAGEN an WILHELM GRIMM, 3.9.1810; GRUNEWALD [Anm. 23], S. 188.

[25] Vgl. *Der Junge Meißner. Sangsprüche, Minnelieder, Meisterlieder*, hg. von GÜNTER PEPERKORN, München 1982 (*MTU* 79).

[26] GRUNEWALD [Anm. 23], S. 209–216, bes. S. 215.

Meissen des Frauenlobes Leiche, Sprüche, Streitgedichte und Lieder.[27] Sie versuchte, den verwirrenden Eindruck der VON DER HAGEN'schen Edition zu vermeiden, indem sie das Material strikt nach Gattungen und Tönen ordnete. Auch ETTMÜLLER hielt an der Identifizierung des Jungen Meißners mit Frauenlob fest. Über VON DER HAGEN hinaus bezog er weitere Handschriften ein, auch Meisterliederhandschriften, allerdings noch nicht die Kolmarer Handschrift. Aber er ging nur oberflächlich auf die Überlieferung ein. Die Echtheitsfrage stellte er nicht. Wo er auf Reime oder Vokabeln stieß, die ihn stutzig machten, hielt er sie für Jugendwerke. Überdies vermutete er, dass viel von Frauenlobs Werk verloren sei.

Die nächste Edition (1913) widmete sich ausschließlich einem einzigen Werk, dem *Marienleich*. LUDWIG PFANNMÜLLER hatte ursprünglich eine Gesamtausgabe geplant, wohl weil er ETTMÜLLERS Ausgabe nicht befriedigend fand. Er hat sich dann aber, frustriert von der Arbeit, nur mit der Edition des breit überlieferten Hauptwerks begnügt und als Motto über sein Vorwort einen Hesiod-Vers gesetzt, der behauptet, die Hälfte sei mehr als das Ganze. Diese Ausgabe des *Marienleichs* bedeutete durch Anmerkungen und Erläuterungen einen großen Fortschritt im Verständnis dieses Werks, vor allem durch Nachweise von Quellen und Anspielungen. Im Vorwort freilich verabschiedet sich der (1917 an Kriegsverwundungen gestorbene) Autor fast mit Widerwillen vom Gegenstand seiner Arbeit: „was die Beschäftigung mit Frauenlob durchaus nur für kürzere Zeit zuläßt, das sind die offenkundig pathologischen Züge des Dichters. Wo ehrliche Arbeit zu tun ist, da scheut niemand zurück. Wer aber kann sich Jahre hindurch das *exercitium* und *sacrificium intellectus* zumuten, sich durch forcierte Selbstentäußerung in einen Zustand zu versetzen, der ihm ermöglicht, alle Ideen und Gedankenassoziationen eines nicht völlig normalen Gehirnes nachzudenken?"[28]

Es mag sein, dass erst die Erfahrungen mit moderner Lyrik den Blick für den historischen Rang Frauenlobs freigemacht haben. Ob allerdings HELMUTH THOMAS (1906–1957) von solchen Erfahrungen her zu seinen *Untersuchungen zur Überlieferung der Spruchdichtung Frauenlobs* (1939) gekommen ist, scheint mir mehr als fraglich. Er hat wohl vor allem gesehen, dass die bisherigen spärlichen Hinweise zur Überlieferung dringend ergänzt werden mussten und dass sich damit die Frage der Echtheit als vordringlich stellte. Seine Unterscheidung von Frauenlob und dem Jungen Meißner, seine Beurteilung der Meistersinger-Überlieferung als unzuverlässig und seine Skepsis gegenüber der Weimarer Liederhandschrift F dürfen als bleibender Gewinn der Frauenlob-Forschung angesehen werden. Im Einzelnen mag man bei genauerem Studium zu anderen Auffassungen kommen; aber dieses Grundverständnis der Überlieferung darf als sicher gelten. Sein Lehrer ARTHUR HÜBNER (1885–1937) wollte ihn denn auch eine Frauenlob-Ausgabe machen lassen, aber die Schwierigkeiten waren wohl doch zu groß, auch kam der Krieg dazwischen. Auf der Basis der Vorarbeiten von HELMUTH THOMAS ist denn auch die heute maßgebliche Göttinger Ausgabe erschienen.

[27] *Heinrichs von Meissen des Frauenlobes Leiche, Sprüche, Streitgedichte und Lieder*, erläutert und hg. von LUDWIG ETTMÜLLER, Quedlinburg / Leipzig 1843 (*Bibliothek der gesammten deutschen National-Literatur I*, 16).

[28] LUDWIG PFANNMÜLLER: *Frauenlobs Marienleich*, Straßburg 1913 (*Quellen und Forschungen zur Sprach- und Culturgeschichte der germanischen Völker* 120), S. VIIf.

KARL STACKMANN hat die Unsicherheit, was als echt zu gelten habe, allerdings nicht ruhen lassen. So hat er gemeinsam mit JENS HAUSTEIN im Jahr 2000 noch ein zweibändiges Supplement zur Göttinger Ausgabe erscheinen lassen, in dem Sangsprüche in Tönen Frauenlobs aufgeführt sind, die nach ihrer Überlieferung (vor etwa 1460) als Vergleichsmaterial ediert werden.[29] Ob eine einzige Strophe dieses Supplements von Frauenlob stammt, ist fraglich; eher könnte die eine oder andere Strophe der Göttinger Ausgabe unecht sein. Aber damit sind wir wieder bei der Feststellung, dass die Grenzen von Frauenlobs authentischem Werk nicht sicher festgelegt werden können. Es mag sich um „historisch Uneinholbares“[30] handeln. Dennoch geht von sicher bezeugten Hauptwerken Frauenlobs eine Faszination aus, der dieser Band nachspüren möchte.

29 Vgl. S-GA [Anm. 22].
30 WENZEL [Anm. 18], S. 37.

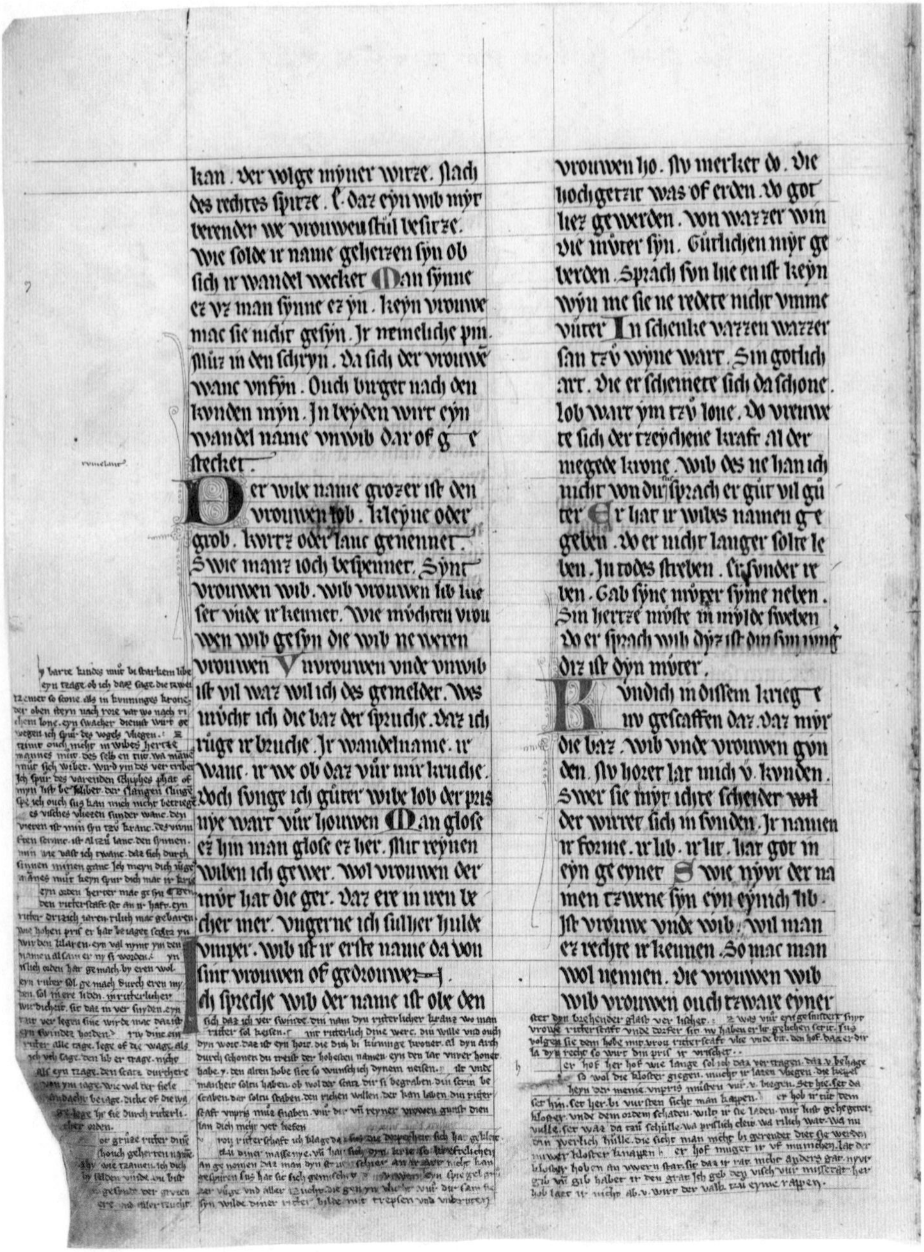

Hs. J; Strophen des Langen Tons, u. a. mit dem *wip-vrouwe*-Streit inkl. Gegenstrophe Rumelants; späterer Strophen-Nachtrag am Rand.
Jenaer Liederhandschrift, Ms. El. f. 101, fol. 104v.
Quelle: Thüringer Universitäts- und Landesbibliothek Jena (ThULB).

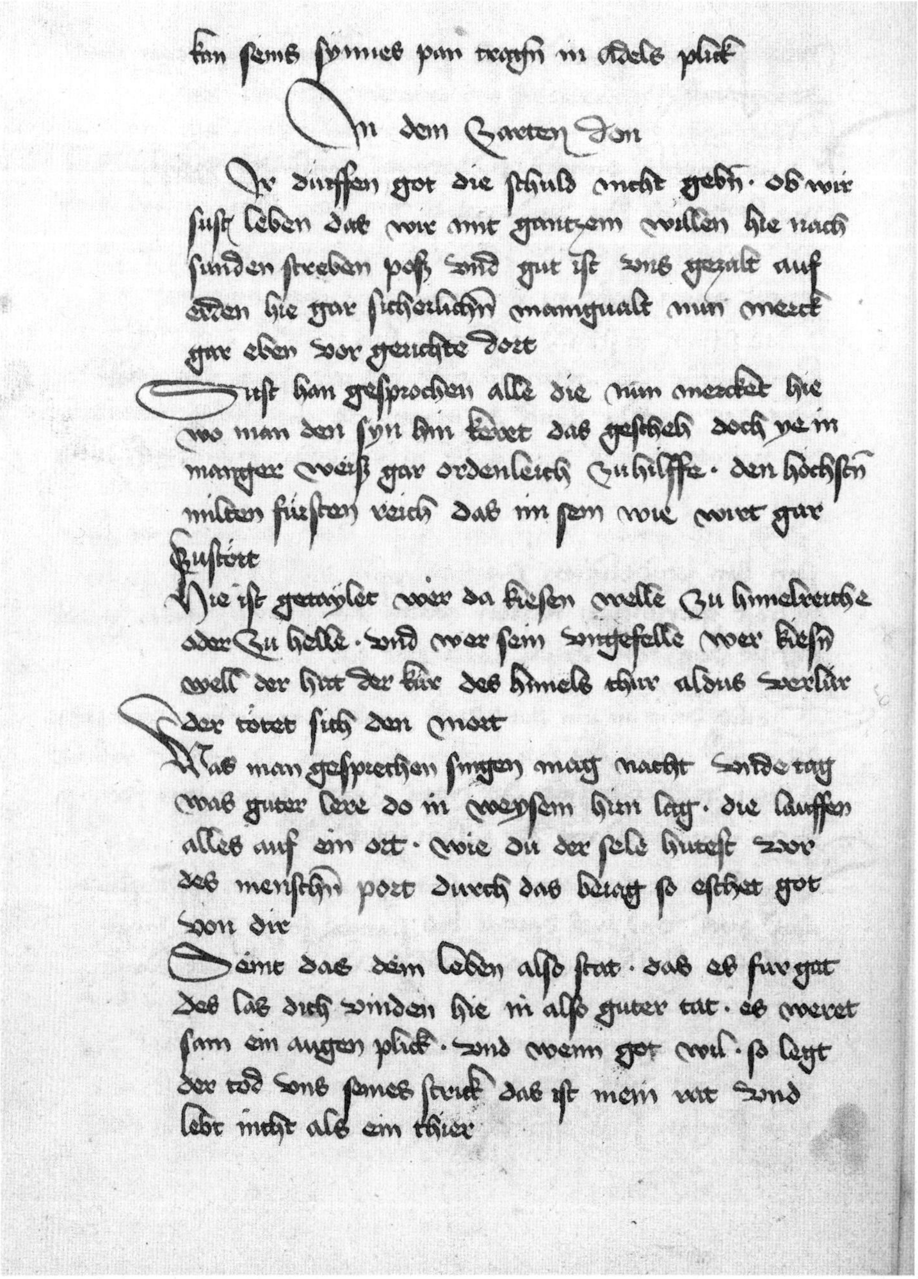
kan seins symmels pan tragen in adels plick
In dem Zarten Don
Ir durffen got die schuld nicht geben · ob wir
sust leben das wir mit gantzem willen hie nach
sunden streben pess und gut ist uns gezalt auf
erden hie gar sicherlichen manigualt nun merck
gar eben vor gerichte dort
Sust han gesprochen alle die nun mercket hie
wo man den syn hin keret das geschech doch ye in
maniger weiss gar ordenleich zu hilffe · den hochsten
milten fursten reich das im sein wie wirt gar
zustört
Hie ist geteylet wer da kiesen welle zu himelreiche
oder zu helle · und wer sein ungefelle wer kiesen
well der hat der kur des himels thür aldus verlür
der totet sich den mort
Was man gesprechen singen mag nacht und tag
was guter lere do in weyssem hirn lag · die lauffen
alles auf ein ort · wie du der sele hutest vor
des menschen port durch das betag so scheet got
von dir
Seint das dein leben also stat · das es fur gat
des las dich winden hie in also guter tat · es weret
sam ein augen plick · und wenn got wil · so legt
der tod uns seines strick das ist mein rat und
lebt nicht als ein thier

Hs. F mit GA VIII,13 und 14 im Zarten Ton sowie einem unechten Liedanfang.
Quelle: Klassik Stiftung Weimar, Herzogin Anna Amalia Bibliothek, Q564, fol. 22v.

2 Metrische Strukturen und Melodien

HORST BRUNNER

Dichtung ist stets auch Formkunst. Deshalb ist die Erforschung der metrischen Formen, der Reimtechnik, bei mittelalterlicher Sangsverslyrik auch der (nicht immer überlieferten) Melodien, ein unverzichtbarer Teil des Werkverständnisses. Dies soll in diesem Beitrag für Frauenlob gezeigt werden. Frauenlob ist einer der wenigen Autoren des deutschen Mittelalters, zu dessen Sangverslyrik die Melodien weitgehend vollständig, wenn auch in unterschiedlicher Überlieferungsqualität, auf die Nachwelt gekommen sind. Erhalten haben sich Melodien zu allen drei Leichs und zu acht der neun als echt angesehenen Spruchtöne – nicht erhalten sind die Melodien zu den sieben Minneliedern, zu einem der Spruchtöne und zum Streitgespräch *Minne und Welt.* Zum Teil ist die Überlieferung der Melodien der außerordentlichen Wertschätzung zu verdanken, die Frauenlob seit dem 15. Jahrhundert bei den städtischen Meistersingern genoss, sie hat freilich auch dazu geführt, dass ihm eine große Zahl sogenannter ‚unechter' Töne unterschoben wurde, die die neuzeitliche Forschung auszusondern hatte.

I Strophenstrukturen und Melodien der Spruchtöne

Zu den wichtigsten Kriterien der Sangspruchdichtung seit den aus dem letzten Drittel des 12. Jahrhunderts unter dem Namen Spervogel überlieferten Anfängen dieser Art von Literatur gehört, dass die von den Autoren verwendeten, als ‚Töne' bezeichneten Strophenformen und Melodien in aller Regel nicht speziell für einen einzelnen Text erfunden und nur je einmal verwendet wurden, wie dies beim Minnelied seit der Zeit um etwa 1170/80 der Fall war. Vielmehr schufen die einzelnen Spruchdichter jeweils ein Repertoire nur ihnen eigener Töne, die sie für Strophen unterschiedlichster Inhalte verwendeten. Vielfach umfasste dieses Tönerepertoire, soweit die Überlieferung ein Urteil zulässt, zwar nur einen einzigen Ton, oft jedoch eine größere Zahl. Am produktivsten waren Walther von der Vogelweide und Frauenlobs etwas älterer Zeitgenosse Meißner, die über je 20 Töne verfügten, 11 Töne schuf in der zweiten Hälfte des 15. Jahrhunderts Michel Beheim, 10 Rumelant von Sachsen, ein weiterer Zeitgenosse Frauenlobs. Frauenlob blieb mit 9 Spruchtönen nur wenig darunter. Die Töne galten als ausdrückliches Eigentum ihres Autors, als eine Art Kennmarke. Benutzung durch andere Dichter wurde gewöhnlich als unstatthaft betrachtet, gelegentlich benutzte man einen ‚fremden' Ton, um gegen dessen ‚Inhaber' zu polemisieren. Die verschiedenen Töne wurden im Übrigen unterschiedlich häufig benutzt. In der Göttinger Frauenlob-Ausgabe (GA)[1] finden sich in Frauenlobs Ton I (Langer Ton) 115 Strophen, in Ton II (Kurzer Ton) 60 Strophen, in Ton III (Grüner Ton) 43 Strophen, in Ton IV (Zarter Ton) 26 Strophen, in Ton V (Flugton) 12 Strophen, in Ton VI (Würgendrüssel) 22 Strophen, in Ton VII (Neuer Ton) 15 Strophen, in Ton VIII (Vergessener Ton) 11 Strophen, in Ton IX (Goldener Ton) 9 Strophen.[2]

Vermutlich schon im 13. Jahrhundert, sicher belegt seit dem 14. Jahrhundert, wurde es üblich, die Töne nicht nur mit dem Namen des jeweiligen Urhebers, sondern zusätzlich mit einem Eigennamen zu versehen. Die meisten Namen wurden durch die Überlieferung der Meistersinger, im 15. Jahrhundert in erster Linie durch die Kolmarer Liederhandschrift k (die auch unter der Sigle t firmiert), in manchen Fällen auch durch spätere Quellen tradiert. Die Tonnamen beziehen sich – auch im Fall Frauenlobs – auf den besonders großen oder besonders geringen Umfang (Langer Ton, Kurzer Ton), auf den artifiziellen Anspruch (Goldener Ton), vereinzelt auf die im Hinblick auf den Umfang der Melodie (Ambitus) besonders anspruchsvolle (Würgendrüssel, d. h. ‚Kehlenwürger') oder, vermutlich, auf die im Unterschied zu anderen als besonders zart empfundene Melodie (Zarter Ton), auf das Initium einer darin abgefassten Strophe (die Str. GA VII,15 beginnt: *Ich saz uf einer grüene*, daher der Name Grüner Ton); der Neue Ton könnte seinen Namen vor dem Hintergrund älterer, dem Publikum schon bekannter Töne erhalten haben. Über die Gründe für die Benennung des Vergessenen und des Flugtones kann man nur spekulieren.

I.1 Die metrischen Schemata

Vorbemerkung

Alle Töne benutzen die dreiteilige Kanzonenform AAB (wie im Spruchsang seit Walther von der Vogelweide zwingend), d. h. sie bestehen aus dem Aufgesang aus zwei metrisch-musikalisch identischen Stollen und einem davon abweichenden Abgesang. Die Verse der Spruchtöne sind in der Regel alternierend gebaut, d. h. es findet sich die regelmäßige Abfolge von Hebung und Senkung, die zusammen einen Verstakt bilden. In den im Folgenden wiedergegebenen Schemata werden zu jedem Vers die Taktzahl, die Kadenz und der zugehörige Reim vermerkt: 4 steht für einen Vers aus vier Takten (bestehend aus Hebung und Senkung) mit männlicher Kadenz (d. h. der Vers endet mit einer Hebung, wobei diese auch in zwei kurze Silben aufgespaltet sein kann) – diese Kadenz bleibt unbezeichnet; 3' steht für einen Vers aus drei Takten, der mit Senkung endet, d. h. weiblich kadenziert. Bei Langzeilen, d. h. Versen mit mehr als sechs Hebungen und regelmäßiger

1 *Frauenlob (Heinrich von Meissen): Leichs, Sangsprüche, Lieder. 2 Teile.* Auf Grund der Vorarbeiten von HELMUTH THOMAS hg. von KARL STACKMANN und KARL BERTAU. *Bd. 1: Einleitungen, Texte; Bd. 2: Apparate, Erläuterungen*, Göttingen 1981 (*Abh. d. Akad. d. Wiss. in Göttingen, Philol.-hist. Kl. III*, 119/120) [= GA].

2 Anmerkung zur Nummerierung der Töne Frauenlobs im vorliegenden Beitrag: Sie folgt der Melodieausgabe *Spruchsang. Die Melodien der Sangspruchdichter des 12. bis 15. Jahrhunderts*, hg. von HORST BRUNNER und KARL-GÜNTHER HARTMANN, Kassel u. a. 2010 (*Monumenta monodica medii aevi* 6) [= SPS]; die Nummerierung in der GA weicht davon ab: V = Langer Ton, VI = Flugton, VII = Grüner Ton, VIII = Zarter Ton, IX = Würgendrüssel, X = Vergessener Ton, XI = Neuer Ton, XII = Goldener Ton, XIII = Kurzer Ton.

Zäsur, wird die Zäsur durch einen Schrägstrich angezeigt, z. B. 4x/3’a; Verse mit mehr als sechs Hebungen ohne eine regelmäßige Zäsur heißen lange Zeilen. Auftakte bleiben unberücksichtigt. a b c… sind die Reimbuchstaben; Anreime, die am Anfang einer Verszeile stehen, werden mit Großbuchstaben (A, B, C…) angegeben. Die jeweilige Strophengliederung wird markiert durch Kommata bzw. Schrägstriche: dabei werden 1. und 2. Stollen durch Komma voneinander getrennt, zwischen Auf- und Abgesang steht Doppelstrich (//). Die Verse werden mit einem Zeilenzähler von 5 zu 5 gezählt. Am Ende der Schemata werden in Klammern die jeweilige Zeilenzahl, die Taktzahl (in eckiger Klammer dahinter die Verteilung der Takte auf Auf- und Abgesang), sowie die Zahl der Reimklänge vermerkt. Aus der Taktzahl ergibt sich der Umfang jedes einzelnen Tones, da normalerweise jeder Takt aus zwei Textsilben besteht. Je höher die Taktzahl, desto mehr Text kann im Ton ‚untergebracht‘ werden.[3]

Ton I (Langer Ton)
6a 2a 3’b 3’b 4x/3’b_5 4x/3’c, 6d 2d 3’e 3’e_{10} 4x/3’e 4/3’c ü
// 4f 4f 2f_{15} 2f 4f 4f 4x/3’c
(19 Zeilen, 83 Takte [56:27], 6 Reimklänge)

Ton II (Kurzer Ton)
4a 4b, 4a 4b // 4c_5 4d 4c 4d
(8 Zeilen, 32 Takte [16:16], 4 Reimklänge)

Ton III (Grüner Ton)
3’a 4b 3’x 4b 4c_5 5d, 3’a 4e 3’x 4e_{10} 4c 5d // 3’f 4x 3’f_{15} 3’g 4h 4h 5’g
(19 Zeilen, 72 Takte [46:26], 8 Reimklänge)

Ton IV (Zarter Ton)
4a 2a 5a 4b 6b_5 2a 3c, 4sd 2d 5d_{10} 4e 6e 2d 3c // 5’f_{15} 5’f 3’f 4g 2g 2g_{20} 3c
(21 Zeilen, 76 Takte [52:24], 7 Reimklänge)

Ton V (Flugton)
3’a 4b 2b 5b 2c_5, 3’a 4d 2d 5d 2c_{10} // 3’e 3’e 3’e 3’e 2f_{15} 5x 2f
(17 Zeilen, 53 Takte [32:21], 6 Reimklänge)

Ton VI (Würgendrüssel)
3’a 3’a 6b 5’a 4x/3c_5, 3’d 3’d 6b 5’d 4x/3c_{10} // 4x/3e 4x/4e 4x/3e 4x/3f 4x/3f_{15}
(15 Zeilen, 82 Takte [48:34], 6 Reimklänge)

Ton VII (Neuer Ton)
4’g.a 5’a 4b 3’a 5’c_5, 4’d 5’d 4b 3’a 5’c_{10} // 4f.e 4f.e 4e 4e 4e_{15} 4f 5g
(17 Zeilen, 71 Takte [42:29], 7 Reimklänge)

Ton VIII (Vergessener Ton)
5’a 5’a 4x 3’b, 5’c_5 5’c 4d 3’b // 4e 4e_{10} 3’f 6g 6g 4d 3’f_{15}
(15 Zeilen, 64 Takte [34:30], 7 Reimklänge)

Ton IX (Goldener Ton)
3’A.a 3’A.b 3’A.c 3’A.d 3B.e_5, 3’B.f 3’C.g 3’C.h 3’i 3k_{10} //
3’k.c 3’g 3’a 3’i 3’f_{15} 3’h 3’b 3e 3’d 3k_{20}
(20 Zeilen, 60 Takte [30:30], 13 Reimklänge)

Als Beispiele analysiere ich den Langen, den Goldenen und den Kurzen Ton.[4] Frauenlobs wichtigstes Formschema, der Lange Ton (Ton I), umfasst 19 Zeilen: Je 6 gehören

[3] Die folgenden Schemata sind entnommen aus Horst Brunner: *Formgeschichte der Sangspruchdichtung des 12. bis 15. Jahrhunderts*, Wiesbaden 2013 (*Imagines Medii Aevi* 34), S. 149f.

[4] Für die übrigen Töne sei verwiesen auf das Frauenlobkapitel in: ebd., S. 149–164.

den Stollen, die je 28 Takte aufweisen. 7 Zeilen bilden den Abgesang, der aber aus nur 27 Takten besteht – der Abgesang ist demnach (das ist eher ungewöhnlich) geringfügig kürzer als ein einzelner Stollen. Insgesamt umfasst der Ton 83 Takte, bietet also Raum für 166 Textsilben (abgesehen von Auftakten, die zusätzlich hinzutreten können). Die drei Strophenteile werden markant abgeschlossen: die Stollen durch je zwei Langzeilen, der Abgesang durch eine Langzeile. Die abschließenden Zeilen aller drei Strophenteile sind durch den gemeinsamen c-Reim verbunden. Die Zeilenlängen wechseln in den Stollen viermal: 6, 2, 3', 4/3'. Im Abgesang wird in der Mitte der sechsfachen Reimtirade zu Beginn die Zahl der Hebungen von 4 auf 2 vermindert – insgesamt weist der Abgesang nur drei unterschiedliche Verslängen auf, die sich mit Ausnahme des den Eindruck bestimmenden viermaligen Vierhebers auch bereits in den Stollen finden. Verslängen sind insgesamt also 2, 3', 4, 6, 4/3'. Abgesehen vom abschließenden c-Reim sind die Reime jedes Teils autochthon: in den Stollen jeweils ein Paarreim und ein Dreireim, im Abgesang die sechsfache Reimtirade. Insgesamt finden sich sechs verschiedene Reimklänge. Als Gesamteindruck kann man formulieren, dass die Stollen ein unruhiges, zerklüftetes, beinahe bizarres Bild bieten, während der Abgesang Ruhe ins Spiel bringt.

Der Ruhm des Goldenen Tons (Ton IX) basiert auf der großen (im Laufe der Rezeptionsgeschichte bei den Meistersingern[5] noch gesteigerten) Zahl der Anreime, die ihn zum anspruchsvollen Reimkunststück machen – ein Experiment, das die Nachwelt sehr beeindruckt hat.[6] Sieht man von den Anreimen ab, so erweist sich der Ton freilich als recht einfach gebaut. Er umfasst 20 Verszeilen, je 5 für die beiden Stollen, 10 für den Abgesang. Auf- und Abgesang sind genau gleich lang, so dass sich eher der Eindruck der Zwei- als der Dreiteiligkeit ergibt. Der Ton bietet mit 60 Takten etwas weniger Raum als Ton VIII (64 Takte) und etwas mehr als Ton V (53 Takte), jedoch erheblich weniger als Ton I. Verwendet werden nur zwei Verslängen: Die viermalige Abfolge 3' wird in den Stollen mit 3 abgeschlossen; im Abgesang finden sich achtmal 3', an drittletzter und an letzter Stelle dann 3. Beide Stollen sind durchgereimt – die Reimverbindung zwischen einzelnen Zeilen wird durch die Anreime bewirkt –, alle zehn Endreime der Stollen finden sich – in regelloser Folge – im Abgesang wieder, wodurch die Zweiteiligkeit weiter verstärkt wird. Der k-Reim am Schluss des 2. Stollens, mit dem der Abgesang schließt, eröffnet als Anfangsreim auch diesen 3. Teil der Kanzone, vgl. etwa: […] *da denket ir fürsten* **an**$_{10}$// **Man** *vint in aller achte*$_{11}$ *(: pfachte)* (GA XII,6).

Sieht man von hier aus auf den Kurzen Ton (Ton II), so bemerkt man sofort, dass er als untypisch für Frauenlob zu gelten hat. Frauenlob dürfte mit ihm die Hörer, die anderes von ihm gewohnt waren, verblüfft haben; die Meistersinger haben den Ton ignoriert (allerdings auch Ton V, den Flugton). Der Kurze Ton besteht aus acht durchweg männlich kadenzierenden Vierhebern – solche Verse finden sich zwar außer im Goldenen Ton in allen Spruchtönen Frauenlobs, aber nie ausschließlich. Die Stollen umfassen je zwei Zeilen, der Abgesang vier – er ist mithin genau so lang wie der Aufgesang (das ist

5 Vgl. die Schemata im *Repertorium der Sangsprüche und Meisterlieder des 12. bis 18. Jahrhunderts*, hg. von Horst Brunner und Burghart Wachinger unter Mitarbeit von Eva Klesatschke, Dieter Merzbacher, Johannes Rettelbach und Frieder Schanze, 16 Bde., Tübingen 1986–2009 [= RSM], Bd. 2/1, S. 55f.

6 Vgl. Johannes Rettelbach: *Variation – Derivation – Imitation. Untersuchungen zu den Tönen der Sangspruchdichter und Meistersinger*, Tübingen 1993 (*Frühe Neuzeit* 14), S. 102–107.

sonst nur bei Ton IX der Fall, bei Ton VIII annähernd). Der Ton besteht demnach aus 8/8//16 = 32 Takten. Auch die Reimanordnung ist schlicht und mit den anderen Tönen nicht zu vergleichen: Kreuzreime im Auf- und im Abgesang – Kreuzreime finden sich in den anderen Spruchtönen gar nicht; es gibt lediglich vier Reimklänge.

Alles in allem: Frauenlobs Töne umfassen zwischen 8 (Ton II) und 21 (Ton IV) Verszeilen. Bis auf die Abgesänge der Töne II mit 4 Zeilen und VI mit 5 Langzeilen und dem von Ton IX mit 10 Zeilen (die aus Reimgründen nötig sind) haben alle Abgesänge 7 Zeilen; die Stollen bestehen aus je 2 (Ton II) bis 7 (Ton IV) Verszeilen. Der Gesamtumfang bewegt sich zwischen 83 (Ton I) und 32 (Ton II) Takten. Nur bei Ton I und Ton IV sind die Abgesänge (geringfügig) kürzer als ein Stollen: Bei den Tönen II und IX sind Auf- und Abgesang gleich lang, bei Ton VIII annähernd gleich lang. Insgesamt begegnen – in unterschiedlicher Häufigkeit – 11 verschiedene Verslängen (2, 3, 3', 4, 4', 5, 5', 6, 4/3, 4/3', 4/4), wobei Langzeilen der Form 4/3' nur in Ton I anzutreffen sind, weitere Langzeilen, nämlich 4/3 und 4/4, gibt es nur in Ton VI. Unterschiedlich lange Verszeilen stehen häufiger in den Stollen als in den Abgesängen. In allen Tönen, außer in Ton II, finden sich sowohl männlich wie weiblich kadenzierende Verse (nur männliche Kadenzen stehen einzig in Ton II und in den Stollen des Tons IV). Die Zahl der unterschiedlichen Reimklänge erscheint relativ hoch, sie bewegt sich zwischen 10 in Ton IX, 7 in den Tönen III, IV, VII, VIII und 6 in den Tönen I, V, VI, sowie 4 in Ton II. Außer im Ton IX sind die Stollenenden stets durch Reime verbunden. Sonstige Reimverbindungen zwischen den Stollen sind sehr selten: In Ton III und V reimen die Anfangszeilen miteinander, weitere Reimverbindungen (b-Reim) gibt es nur in Ton VI und VII, in Ton II steht allerdings Kreuzreim ab/ab. In den meisten Fällen ist der Beginn des Abgesanges – ein auffallendes Merkmal der Frauenlobtöne! – durch Dreireim oder vier- bis sechsfachen Tiradenreim markiert. Durchweg miteinander verknüpft sind die Stollenenden und das Abgesangsende: entweder durch das Metrum *und* den Reim oder nur durch das Metrum. Anders als viele seiner Zeitgenossen – etwa Konrad von Würzburg, der Meißner, Rumelant von Sachsen, Hermann Damen, Regenbogen – geht Frauenlob dem 3. Stollen (der metrisch-musikalischen Wiederholung des Stollens am Abgesangsende, die vor allem durch Konrad von Würzburg weithin verbreitet wurde) grundsätzlich aus dem Weg, doch werden Verssequenzen aus den Stollen mehrmals in Abgesängen wieder aufgenommen: Der Abgesang des Tons III stellt eine metrisch erweiterte Form des Stollens dar, in den vier letzten Abgesangszeilen des Tons VIII ist der 3. Stollen nur knapp vermieden, Ton IV variiert in den letzten vier Abgesangszeilen die drei letzten Stollenzeilen, Ton V repetiert am Schluss metrisch die drei letzten Stollenzeilen.

An dieser Stelle bietet sich ein Blick auf Frauenlobs Liedtöne (GA XIV) und den Ton zu *Minne und Welt* (GA IV) an.[7] Diese Töne unterscheiden sich in einigen Punkten deutlich von den Spruchtönen: Sie sind kürzer, die meisten von ihnen sogar erheblich; Langzeilen, die sich in den beiden umfangreichsten Spruchtönen finden, fehlen; die Reimanordnung in den Stollen folgt weitgehend anderen Prinzipien. Die für die Abgesänge charakteristischen Reimhäufungen – wie bereits erwähnt, Kennzeichen vieler Frauenlobtöne – finden sich allerdings auch hier, wegen der Kürze der Töne sind sie freilich nicht so ausgeprägt. Reimkunststücke, wie sie die Spruchtöne VII und IX auszeichnen, fehlen ganz.

7 Im Detail vgl. BRUNNER [Anm. 3], S. 154–156.

Der Ton zum Streitgespräch *Minne und Welt* muss zweifellos den Liedtönen zugeordnet werden. Er bleibt mit 12 Versen und 56 Takten hinter nahezu allen Spruchtönen (mit Ausnahme des Tons II) zurück; wie die Liedtöne hat er in den Stollen durchgehenden Reim: abcd/abcd, der Abgesang besteht, wie der von Lied 7, aus zwei Reimpaaren. Es finden sich ausschließlich männliche Versarten (2, 4, 6):

6a 4b 4c 6d, $6a_5$ 4b 4c 6d // 2e $6e_{10}$ 4f 4f

(12 Zeilen, 56 Takte [40:16], 6 Reimklänge)

I.2 Die Spruchmelodien

Vorbemerkung

Das Melodieschema steht unter dem metrischen Schema. Signifikante Melodieteile werden durch kleine griechische Buchstaben bezeichnet, notengetreue oder nur wenig abweichende Wiederholungen erhalten den gleichen Buchstaben, Variationen werden durch Indizes (arabische Zahlen) kenntlich gemacht (α_1...). Deutliche Melodieeinschnitte werden durch Punkte markiert. Melodiewiederholungen sind am Wiederholungszeichen (://) zu erkennen. Bei den Angaben zu den Melodien werden Tonhöhen durch Buchstaben ausgedrückt:

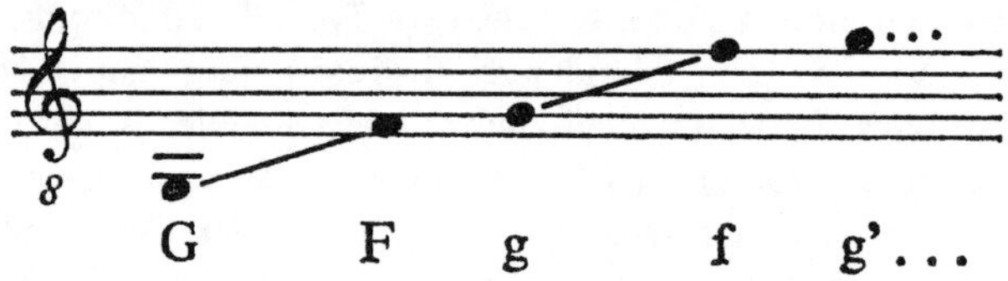

Frauenlobs Melodien sind in unterschiedlicher Autornähe und in unterschiedlicher Häufigkeit überliefert. Nicht auf die Nachwelt gekommen ist die Melodie des Kurzen Tons (Ton II), von der sich lediglich eine Aufzeichnung in nicht-diastematischen, d. h. nicht übertragbaren Neumen in Vorau, Stiftsbibliothek, Cod. 401, erhalten hat. Die älteste Schicht des 14. Jahrhunderts repräsentieren die Handschriften J, W und das Marburger Fragment Mar; hier finden sich die Töne III (Grüner Ton), IV (Zarter Ton), V (Flugton), VI (Würgendrüssel); die übrigen Töne sind in Meisterlied-Quellen des 15. Jahrhunderts überliefert, in erster Linie in k, sowie in Meistersingerhandschriften des 16. und 17. Jahrhunderts.[8] Die vier ausschließlich aus Meistersingerhandschriften bekannten Melodien sind durch ein verändertes Stilempfinden und durch häufigen Gebrauch ‚zurechtgesungen', formal vereinfacht, in den Tonumfängen reduziert und mancher für Frauenlob typischen Charakteristika beraubt. Zur Rekonstruktion der Eigenheiten der Frauenlob'schen Melodien kommen sie nur in zweiter Linie in Frage.[9] Hier gehe ich nicht weiter auf sie ein.

8 Vgl. im Einzelnen dazu SPS [Anm. 2], S. 34–117.

9 Vgl. dazu HORST BRUNNER: *Die alten Meister. Studien zu Überlieferung und Rezeption der mittelhochdeutschen Sangspruchdichter im Spätmittelalter und in der frühen Neuzeit*, München 1975 (*MTU* 54), S. 261–289, bes. S. 288f.

Als Beispiel analysiere ich die Melodie des Flugtons (Ton V).[10] Unterlegt ist die Strophe GA VI,3. Die Melodie ist in J und in Mar erhalten. Da beide Fassungen im Wesentlichen identisch sind (Mar ist allerdings nach F transponiert), beschränke ich mich bei der Analyse auf J:

3'a 4b 2b 5b $2c_5$, 3'a 4d 2d 5d $2c_{10}$ // 3'e 3'e 3'e 3'e $2f_{15}$ 5x 2f
α + β___. γ____. :// δ_____. $β_1$____. γ_______.

Die klar strukturierte Melodie steht im authentischen C-Modus (Ambitus A-d, d wird nur zweimal erreicht, H und A erscheinen lediglich als Durchgangstöne in Ligaturen). Zentral ist die Quinte C-g. Der Ton beginnt mit der mehrfachen Repetition des zentralen Tons, hier g, der in v. 1/6 sechsmal erscheint. Nach diesem Einsatz (α) wird die Melodie in v. 2/7+3/8 fortgesponnen mit einem Bogen in der Oberquinte g-d-g, der dann zur Finalis C absinkt (β). Die drei ersten Stollenzeilen bilden eine melodische Linie. V. 4/9+5/10 bestehen aus einem zweiten Melodiebogen (γ). Er geht von der Basis C aus und greift bis zur oberen Sexte a aus, um dann zur Finalis zurückzukehren, die schließlich von unten über H AH erreicht wird. Auch in dieser Linie ist die Oberquinte g der zweitwichtigste Ton. Das Stollenende wird durch raschen Abstieg markiert, ein fünftöniges Melisma, das den Tonraum der Oktave durchmisst.

Am Abgesangsbeginn wird in v. 11+12 von der Basis C-D aus die Oberquinte g erreicht; nur durch das Beharren auf der tiefen Lage (C erscheint dreimal, D sechsmal – insgesamt achtzehn Noten) grenzt sich die Melodie von der der übrigen Zeilen ab. Die restliche Abgesangsmelodie variiert Teile der Stollen. V. 13+14+15 stellen eine Variante von v. 2/7+3/8 dar: Aufstieg von g in die Oberquinte, danach Abstieg zur

[10] Hier abgedruckt nach SPS [Anm. 2], S. 55. Die übrigen Melodien sind ausführlich untersucht bei BRUNNER [Anm. 3], S. 158–164.

Finalis C; v. 15 ist eine Art Übergangsglied zum Schlussteil v. 16+17, in dem v. 4/9+5/10 weitgehend notengetreu wieder aufgegriffen werden. Somit stellen die Zeilen 13 bis 17 eine Art verkürzten 3. Stollen dar (aber eben nicht einen 3. Stollen im genauen Sinn!). Stollen- und Abgesangsbeginn sind melodisch herausgehoben und die Enden der drei Melodieteile stark aneinander angeglichen bzw. sogar (fast) identisch.

Ich fasse die Bauprinzipien der vier aus dem 14. Jahrhundert autornah überlieferten Melodien zu den Tönen III, IV, V, VI stichwortartig zusammen. In den Stollen bewegen sich alle vier Töne im Tonraum der Oktave. Durchweg durch Tonwiederholungen – im Ton VI, dem Würgendrüssel, durch die Hervorhebung des zentralen Quartintervalls g-c – betont sind die Stolleneingänge. Die Stollenmelodien sind in zwei (Ton IV = Zarter Ton, Ton V = Flugton) oder in drei Abschnitte (Ton III = Grüner Ton, Ton VI = Würgendrüssel) untergliedert. In den Tönen III und V sind die Schlüsse der Stollen durch auffällige Oktavabstiege gekennzeichnet. Die Anfänge der Abgesänge sind ebenfalls durchweg deutlich markiert, bei den Tönen III und VI bewegt sich die Melodie in einem höheren, bei den beiden anderen Tönen in einem tieferen Tonraum als sonst. Der Rest der Abgesänge verwendet durchweg Melodiematerial aus den Stollen, am Abgesangsende werden die Stollenschlüsse stets notengetreu aufgenommen: Wir haben in allen Fällen Rundkanzonen vor uns, d. h. Kanzonen, in denen am Schluss die letzte Stollenzeile wiederholt wird, bei Ton V = Flugton und Ton VI = Würgendrüssel kann man sogar (nur im Hinblick auf die Melodie!) von einem verkürzten 3. Stollen sprechen. Der Name des Tones VI geht aus von dem in eine extrem hohe Lage versetzten Beginn des Abgesangs, der den Tonraum einer Duodecime (E-c') umfasst; er wird anschließend, jeweils variiert, noch zweimal wiederholt. In den jüngeren Fassungen wurde dieser Melodieabschnitt eingeebnet, weshalb der Tonname seit dem 15. Jahrhundert sinnlos geworden war.

Exkurs: Die ‚unechten' Frauenlobtöne

Frauenlob, dem berühmtesten der Alten Meister, wurden in der Überlieferung der Meistersinger des 15. bis 18. Jahrhunderts 24 weitere Spruchtöne zugeschrieben. Sie sollen der Vollständigkeit wegen wenigstens erwähnt werden, eine umfassende Untersuchung fehlt.[11] In der Überlieferung des 16. Jahrhunderts zunächst unbekannt waren die in k überlieferte Ankelweise, der Gekrönte Reihen, die (nach J von dem Spruchdichter Kelin stammende) Hundweise (später Hundsfüßweise) und der Tannton: Diese Töne wurden gegen Ende des 16. Jahrhunderts nach einer in Augsburg angefertigten (nicht erhaltenen) Abschrift von k in Nürnberg neu rezipiert und in das Repertoire aufgenommen. Dazu kam ein Ausschnitt (der 7. Versikel) aus Frauenlobs *Marienleich* in k, der als Leichton bezeichnet wurde. Gemeinsam haben k und die Überlieferung des 16./17. Jahrhunderts: Blauer Ton (in k unter Konrad von Würzburg), Froschweise, Gekrönter Ton, Geschwinder Ton, Grundweise (in k auch als Ankers Ton überliefert), Hagenblühweise (in k Konrad von Würzburg, Kurzer oder Werter Ton), Kupferton (in k Ehren-

[11] Vgl. dazu Brunner [Anm. 9], spez. S. 107–117, S. 145f.; Rettelbach [Anm. 6], S. 282–287; Schemata in RSM [Anm. 5], Bd. 2/1, S. 52–66; die Melodien sind ediert in SPS [Anm. 2], S. 34–117.

bote, Schallweise oder Langer Ton), Leidton, Ritterweise, Spiegelton, Süßer Ton (in der Überlieferung des 16. Jahrhunderts Regenbogen zugeschrieben), Überzarter Ton, Zugweise. Nicht in k, nur in der Überlieferung des 16./17. Jahrhunderts finden sich: Blühender Ton, Geiler Ton, Goldene Radweise, Jahrweise, Später Ton, Tagweise.

II Versikelstrukturen und Melodien der Leichs

Die Großstruktur der drei Leichs Frauenlobs – *Marienleich* (GA I), *Kreuzleich* (GA II) und *Minneleich* (GA III) – ist völlig gleich. Sie bestehen durchweg aus unterschiedlichen zweifachen, vereinzelt drei- oder vierfachen, je gleichgebauten Versikeln (von lat. *versiculus* ‚Verschen'), die jeweils auf dieselbe Melodie gesungen werden (AA bzw. AAA bzw. AAAA). Genaue, eine übergeordnete Struktur bildende Wiederholungen einzelner Versikelmelodien finden sich in den Leichs Frauenlobs nicht. Man bezeichnet diese Art von Leichs, die das Bauprinzip der lateinischen Sequenz aufgreifen, als Sequenz-Typ (AA BB CC...).

Was den Umfang der Versikel angeht, bestehen zwischen den drei Leichs deutliche Unterschiede. Der längste von ihnen, der *Marienleich* (nach der Anordnung in der GA 508 Verse), besteht aus 20 Doppelversikeln, er beginnt mit einem achtzeiligen Doppelversikel (4+4), danach nehmen die Versikel im Umfang zu (angegeben ist die Zeilenzahl): 22, 14, 18, 12_{5}, 20, 16, 26 [2x], 30_{10}, 36, 38, 40, 28, 30_{15}, 26, 30, 18, 34, 36_{20}; drei- oder vierfache Versikel fehlen. Die einzelnen Versikel umfassen demnach 4, 11, 7, 9, 6, 10, 8, 13, 15, 18, 19, 20 Verse, d. h. mit Ausnahme des im Doppelversikel 9 nur metrisch, nicht melodisch wiederholten Doppelversikels 8 begegnet jede Versikelstruktur nur ein einziges Mal. Das Strukturschema lässt sich somit angeben mit: AA...TT.

Ein erheblich anderes Bild bietet der aus 22 Versikeln zusammengesetzte *Kreuzleich* (243 Verse), der ebenfalls mit einem achtzeiligen Doppelversikel (4+4) beginnt, die folgenden Versikel bleiben in engem Rahmen: 6 [2x], 10, 9 $(3+3+3)_{5}$, 10, 6, 8, 12, 8_{10}, 8, 10, 8 [2x], 18_{15}, 18, 16, 12, 14, 18_{20}, 26, 10; an fünfter Stelle erscheint ein dreifacher Versikel, deutlich ist auch hier die Zunahme der Umfänge gegen Ende. Drei- und vierversige Versikel begegnen je sechsmal, fünfversige viermal, sechsversige zweimal, neunversige dreimal, sieben-, acht- und dreizehnversige je einmal.

Schließlich der aus 33 Versikeln bestehende *Minneleich* (216 Verse), der mit einem sechszeiligen Doppelversikel (3+3) beginnt, die weiteren Versikel sind im Umfang deutlich beschränkt, ein dreifacher Versikel findet sich einmal, vierfache gegen Ende fünfmal: 6, 8, 6, 8_{5}, 8, 6 [2x], 4 $[2x]_{10}$, 6 [3x], 4, 8_{15}, 4 [2x], 12 (4+4+4), 4, 6_{20}, 8 (2+2+2+2), 8, 8 (2+2+2+2), 4 $[2x]_{25}$, 6 [2x], 12 (3+3+3+3) [2x], 8 $(2+2+2+2)_{30}$, 4, 6, 8 – die einzelnen Versikel beschränken sich hier somit auf kurze Stücke mit 2, 3, 4 Verszeilen.

Charakteristisch für viele Leichs, nicht nur die Frauenlobs, ist die gegenüber den Spruchtönen deutlich gesteigerte Vers- und Reimkunst. Ich beschränke mich hier in erster Linie auf den *Minneleich*. Er bietet geradezu ein Tableau unterschiedlicher Reimarten:

Zwölfmal finden sich Kreuzreime: a b a b (GA III,9, 10, 14, 16, 17, 19, 21, 23–25, 30, 31);
achtmal Schweifreime der dreizeiligen Form: a a b / c c b (GA III,2, 4, 7, 8, 12, 13, 28, 29);
fünfmal Schweifreime der vierzeiligen Form: a a a b / c c c b (GA III,3, 5, 6, 18, 22);
dreimal verschränkte Reime: a b c / a b c (GA III,1, 11, 20);
zweimal Tiradenreime: a a a / b b b (GA III,26 und 32);
einmal begegnet umarmender Reim: a b b a / c d d c (GA III,15);
einmal finden sich Kreuzreime mit einer eingeschobenen Waise: a/b x c / a/b x c (GA III,27).

Zu diesen Reimschemata gehören 21 unterschiedliche Zeilenarten. Die Kreuzreime sind mit folgenden Zeilenlängen verbunden: 4' 5' (GA III,9 und 30 – hier vierfacher Versikel); 4 7' (GA III,23); 5' 5' (GA III,14 und 21 – hier vierfacher Versikel); 6 5' (GA III,10); 6' 6' (GA III,31); 6 8' (GA III,24); 6 9 (GA III,19); 1/2/4' 7' (GA III,25); 7' 8 (GA III,16); 4/4 7' (GA III,17). Lediglich zwei Strophenschemata begegnen somit je zweimal: 4'a 5'b// 4'a 5'b (GA III,9 und 30), sowie 5'a 5'b//5'a 5'b (GA III,14 und 21, wobei in 21 ein vierfacher Versikel erscheint). – Bei den Schweifreimen mit zweimal drei Zeilen finden sich folgende unterschiedliche Zeilenlängen: 3' 3' 4 (GA III,12); 4 4 3' (GA III,7 und 29); 4' 4' 3' (GA III,28, vierfacher Versikel): 4 4 4 (GA III,13); 4 4 5' (GA III,2); 4' 5' 4 (GA III,8); 4 6 6 (GA III,4). Nur ein Schema begegnet zweimal: 4a 4a 3'b//4c 4c 3'b (GA III,7 und 29 – hier in einem vierfach wiederholten Versikel). – Bei den Schweifreimen mit zweimal vier Zeilen gibt es folgende Versarten: 2 2 4 4 (GA III,3 und 6): 4 4 4 3' (GA III,5 und 23); 4 4 6 5' (GA III,18 – dreifacher Versikel); ein Beispiel: 2a 2a 4a 4b//2c 2c 4c 4b (GA III,3 und 6). – Bei den verschränkten Reimen begegnen folgende Verslängen: 4 4 5' (GA III,1); 3' 2 3' (GA III,11); 5 4 4 (GA III,20); Beispiel: 3'a 3b 3'c//3'a 2b 3'c (GA III,11). – Folgende Schemata weisen Tiradenreim auf: 6a 6a 4a//6b 6b 4b (GA III,26); 7'a 4x/6'a 6'a//7a 4x/6'b 6'a (GA III,32). – Drei Strophenformen stehen für sich: 5'a 4b 4b 3'a//5'c 4d 4d 3'c (GA III,14); 2a/4'b 5'x 4c//2a/4'b 5x 4c (GA III,27); in metrischer Hinsicht herausgehoben, durch Schlagreime ausgezeichnet erscheint auch der abschließende 33. Versikel: 3'a 3'a 4'b/1'b/1'b 4'c//3'd 3'd 4'e/1'e/1'e 4'c.

In seiner Vers- und Reimkunst ist Frauenlob in den Leichs, wie zu erkennen ist, um größte Vielfalt bemüht, hier zeigt er die ganze ihm zur Verfügung stehende Artifizialität. Das bestätigt ein rascher, ganz unvollständiger Blick auf den *Marien-* und den *Kreuzleich*. Darin stehen verhältnismäßig schlichte Versikel neben höchst kompliziert gereimten. Der *Kreuzleich* beginnt mit einem einfachen kreuzgereimten Doppelversikel (GA II,1): 4a 6b 4a 6b//4c 4d 4c 6d. Bereits der folgende Doppelversikel (GA II,2) bietet Schmuckreime (Schlagreime) und bindet die beiden Teile durch den Anfangs- und den Schlussreim zusammen: 3'**a** 4'b/1'b/2'b 4**c** //3'**a** 3'e/1'e/2'b 4**c**. Weit komplizierter ist dann etwa Versikel 12: 2a/2a/1'b 2c/2c/1'b 3'b 1d/1d/1d/4d 3'b (Grundstruktur der durch Schmuckreime erweiterten Verse ist: 5'b 5'b 3'b 7d 3'b); der zweite Versikel reimt in gleicher Weise, eine Reimverbindung zwischen beiden Versikeln besteht nicht. Eine ähnliche Folge einfacher und komplizierter Versikel gibt es auch im *Marienleich*. Auch er beginnt sehr schlicht mit einem kreuzgereimten Versikel (GA I,1): 3'a 3'b 3'a 3'b//3'c 3'd 3'c 3'b. In GA I,6 begegnen neunfache Tiradenreime: 4a 4a....$4a_9$ 5'**b**//4c 4c.......$4c_{19}$ 5'**b**, beide Versikel sind durch den abschließenden b-Reim verbunden. Kompliziert stellt sich GA I,10 dar – zwischen dem hier wiedergegebenen ersten und dem zweiten Versikel gibt es keine Reimverbindung: 2’a/1’a/1b 4b 4’c 1’c/2’c 4’d$_5$ 4’d 3’e/2’e 3’e 4f 6f$_{10}$ 4f 2’g 2’g 4’e (abweichend von der Ausgabe habe ich v. 4 und 5 zu einem Vers zusammengefasst); ignoriert man die Schmuckreime, so zeigt sich eine einfache Reimstruktur aus Paar- bzw. Dreireimen. Auch der längste, der zwanzigversige Versikel GA I,13 bietet Paar- und Dreireime, auffallend ist hier das Auftreten von sieben unterschiedlichen Zeilenlängen in den Versen 1–10 (5’, 7, 4, 8, 6 2’/2’/4’, 3’), während im Mittelteil v. 11–15 nur Verse der Form 4’ begegnen; erst der Schlussteil v. 16–20 bietet dann wieder Verse unterschiedlicher Länge (4’/2’ 3’ 5’ 7’): 5’a 5’a 7b 4**c** 8b$_5$ 4d 6d 2’e/2’e/4’e 4’e 3’f$_{10}$ 4’f 4’f 4’f 4’g 4’g 4’g$_{15}$ 4’h/2’h 3’i 5’i 7’i 4**j**$_{20.}$ Die Reime c und j (hier fettgedruckt) verbinden den ersten der beiden Versikel mit dem zweiten.

III Zur Melodie des *Minneleich*s

Zu allen drei Leichs Frauenlobs sind Melodien überliefert.[12] Die Melodie zum *Kreuzleich* findet sich vollständig in W und – in autorferner Qualität – in der Meistersingerhandschrift k; die zum *Minneleich* ausschließlich in W. Die Melodie des *Marienleichs* ist zwar am häufigsten tradiert, doch – außer in k – in allen Quellen unvollständig, insgesamt ist sie lückenhaft überliefert; die Edition der Leichmelodie in der GA ist (nicht unproblematisch) zusammengesetzt aus den fragmentarischen Überlieferungen in den Handschriften K, N, Q, U, W. Im Folgenden beschränke ich mich beispielhaft auf die Melodie des *Minneleichs*.[13] Sie wurde bereits von März[14] eingehend untersucht, darauf kann ich mich im Folgenden teilweise stützen.

Zunächst eine Bemerkung zum Melodiestil des *Minneleichs*. Er ist auffallend rezitativisch, d. h. in der Regel entspricht eine Textsilbe einer einzelnen Note. Vollständig rezitativisch sind vier (Doppel-)Versikel (12, 15b, 16, 18). Melismen, d. h. Verbindungen von zwei oder mehr Noten, auf die eine einzelne Textsilbe gesungen wird, sind vergleichsweise selten, meist finden sich nur zwei- oder dreitönige Ligaturen, viertönige treten erst ab Versikel 14 mehrfach auf, fünftönige wenige Male ab Versikel 24, ein sechstöniges ein einziges Mal in Versikel 31. Mehrtönige Melismen begegnen somit zunehmend gegen Ende des Leichs. Im *Kreuzleich*, der ebenfalls in W überliefert ist, ist das ganz ähnlich; allerdings finden sich hier, wieder gegen Ende hin, auch Melismen mit sieben (in den Versikeln 17 und 22) und acht (in Versikel 19) Tönen. Anders der *Marienleich*, in dem auch fünftönige (Versikel 1, 10, 16, 19), siebentönige (Versikel 14, 18), neuntönige (Versikel 8) und elftönige (Versikel 14) Melismen begegnen. Allerdings muss man sich bewusst sein, dass in der (hier zugrundeliegenden) Edition der GA,

12 Vgl. GA I, II und III.

13 Vgl. zum *Marienleich* ausführlich und grundlegend Christoph März: *Frauenlobs Marienleich. Untersuchungen zur spätmittelalterlichen Monodie*, Erlangen 1987 (*Erlanger Studien* 69); ferner Michael Shields: *Zum melodischen Aufbau des Marienleichs*, in: *Wolfram-Studien* 10 (1988), S. 117–124. Vgl. die neuere Edition des *Marienleichs* bei Max Lütolf (Hg.): *Geistliche Gesänge des deutschen Mittelalters. Melodien und Texte handschriftlicher Überlieferung bis 1530*. Bd. 2, Kassel u. a. 2004, Nr. 220–225. Zum *Kreuzleich*: Christoph März: *Zum musikalischen Stil in Frauenlobs Kreuzleich*, in: *Wolfram-Studien* 10 (1988), S. 125–134.

14 März: *Frauenlobs Marienleich* [Anm. 13], S. 261–315.

wie schon erwähnt, Melodiefragmente aus unterschiedlichen Handschriften ‚zusammengestückelt‘ sind. Sieht man auf die W entnommenen Teile des *Marienleichs* (Versikel 15, 17, 18, 20), so bemerkt man, dass auch in den Versikeln 15 und 17 nur zwei- und dreitönige Ligaturen zu finden sind, erst in den Versikeln 18 und 20, also am Schluss, treten ausgedehntere Melismen auf (in Versikel 18 zwei siebentönige; in Versikel 20 ein fünf- und, über dem abschließenden *Amen*, ein vierzehntöniges). Es drängt sich der Verdacht auf, dass in W die Zahl der ursprünglich möglicherweise vorhandenen, von Frauenlob komponierten Melismen reduziert wurde (die Reduktion altüberlieferter Melismen ist dann um die Mitte des 15. Jahrhunderts, in k, am weitesten vorangeschritten – man muss von einem musikalischen Stilwandel ausgehen).

Die Melodie des *Minneleichs* zeigt einen klaren planvollen Aufbau. Sie lässt sich in zwei große Abschnitte mit je zwei Teilen A B/A' B' untergliedern. Die musikalischen Gestalten der Einzelteile sind, wie die Buchstabengliederung deutlich machen soll, untereinander verwandt.[15] Unterscheidungskriterien sind die benutzten Tonleitern (Skalen), die zentralen Töne und die jeweiligen Finales, d. h. Schlusstöne der einzelnen Versikel: die Melodien „ranken sich um ein Gerüst von Fixtönen“.[16]

Teil A, die Versikel 1–6+7: Die Melodien dieses Teils benutzen die Skala F-g', Zentralton ist c, daneben sind a und e von Bedeutung, Finaltöne sind c (viermal), a (zweimal), e (einmal). Von Bedeutung für die Melodiebildung ist die Terzschichtung a c e. Eine kurze Analyse des Versikels 1 zeigt dies: Die Melodie beginnt mit dem Aufstieg F-a-b-a-c (Z. 1/4), es folgt eine absteigende Zeile f-e-f-g'-ec-a-b-c (2/5), am Ende dann eine Schwebezeile um c, die über F-a dann die Finalis c erreicht. Die Versikel 3 und 5 sind durch dasselbe Initium verbunden. Versikel 7 bereitet den Übergang zum Teil B vor; benutzt wird die Skala g-f, erstmals ist nun g von Bedeutung, kadenziert wird jedoch noch auf c wie meist in den vorausgehenden Versikeln.

Teil B, die Versikel 8–13: Versikel 8 setzt den Übergang fort, der neue Zentralton g wird endgültig etabliert; benutzt wird die Quarte g-c (F kommt nur einmal als Durchgangsnote vor), Finalis ist jedoch nochmals a (das im Teil A schon zweimal in dieser Funktion vorkam). Ab Versikel 9 wird die Skala E-f verwendet (C kommt nur vereinzelt vor). Zentral- und Finalton ist jetzt ausschließlich g. Der Text setzt in Versikel 8 emphatisch ein mit der Apostrophe *O wip, du fioliner garte* (GA III,8, v. 1). Mehr als in Teil A herrscht Rezitationsstil, besonders deutlich in Versikel 10: Nach Aufstieg F E F wird in Z. 1/3 siebenmal g wiederholt, bevor die Melodie über E zum C absteigt, Z. 2/4 bringen einen Aufstieg C E F, dann wird erneut g (mit kleinen Umspielungen) repetiert, Finalis ist ebenfalls g. Versikel 13 leitet zum Teil A' über: g tritt in seiner Bedeutung zurück, herausgehoben werden nunmehr F a c, der Versikel kadenziert auf F.

Teil A', die Versikel 14–19: Versikel 14 setzt nach Sextsprung vom F im vorausgehenden Versikel zum d emphatisch in hoher Lage ein; Skala ist die Quinte b-f. Textlich entspricht das dem Einsatz des bis zum Ende dieses Teils reichenden Preises der *süze*:

[15] Zu BERTAUS Vermutung, in den Versikeln 15–19 könne „Krypto-Polyphonie“ vorliegen, vgl. KARL BERTAU: *Einige Gedanken zur poetisch-musikalischen Struktur und zu einer historischen Folgeerscheinung der Krypto-Polyphonie im ‚Minneleich‘ des Heinrich Frauenlob (ca. 1260–1318)*, in: *JOWG* 1 (1980/81), S. 139–159, besonders S. 146, S. 155–157, vgl. MÄRZ: *Frauenlobs Marienleich* [Anm. 13], S. 297–306.

[16] MÄRZ: *Frauenlobs Marienleich* [Anm. 13], S. 262.

Sie wart geheizen sie durch ganze süze (GA III,14, v. 1). Die Finalis b ist eine Art Vorhalt vor c, mit dem Versikel 15 beginnt. Im Folgenden verwendet wird die – gegenüber Teil A erweiterte – Skala C-g' (A begegnet nur vereinzelt), die wichtigsten Töne sind C D F a c, alle anderen Töne sind bedeutungslos. Finales sind C (einmal) F (dreimal) c (einmal). In den Versikeln 16, 18, 19 ist die Quarte F-C bzw. C-F von melodiebildender Bedeutung. In Versikel 15 ist der zweite Versikel bis auf das Initium vorwiegend eine Quinte tiefer notiert (Absicht oder Fehler?); in Versikel 17 differieren die Kadenzen (17a schließt auf c, 17b auf F).

Teil B', die Versikel 20–33: Der Übergang von Versikel 19 zu 20 erfolgt erneut mit Sextsprung F-d. Benutzt wird die gegenüber Teil B erweiterte Skala D-a', wichtigste Töne sind g h(b) d (ausgenommen Versikel 31: hier ist a Rezitationston), häufigster Ton ist g; als Finalis fungiert – wie in Teil B – durchweg g. In Versikel 24 und 25 enden beide jeweils gleich; in Versikel 29 differieren die Kadenzen (29a schließt auf a, 29b auf g). Melodiebildende Intervalle sind die Quarten D-g in Versikel 24 (dreimal) und Versikel 32, F-b in Versikel 27 (zweimal), d-g in Versikel 29 und die Quinten g-d in Versikel 25, 29, 30 und c-g in Versikel 28. Die Versikel 20 und 25 sind durch das gleiche Initium verbunden.

***

Das Kunstvermögen, das man Frauenlob im Hinblick auf die Inhalte seiner Texte und auf ihre sprachliche Gestaltung zuspricht, erweist sich – dies hoffe ich, deutlich gemacht zu haben – auch in der Gestaltung seiner metrischen Formen und Melodien. Die Artifizialität der Spruchtöne reizte Zeitgenossen und Nachfahren bis in das 17. Jahrhundert zur Nachahmung und zu immer wieder neuen Versuchen, sie zu übertreffen. Frauenlobs Strophenkunst blieb ein dauerhaftes Thema in der langen Geschichte des Sprychsangs und des Meistergesangs. Die Fortwirkung der Leichs blieb allerdings auf das 14. Jahrhundert beschränkt, Zeugnisse hierfür sind der in Handschrift k überlieferte, Frauenlob zu Unrecht zugeschriebene Tougenhort und der Hort des sonst unbekannten Peter von Reichenbach.

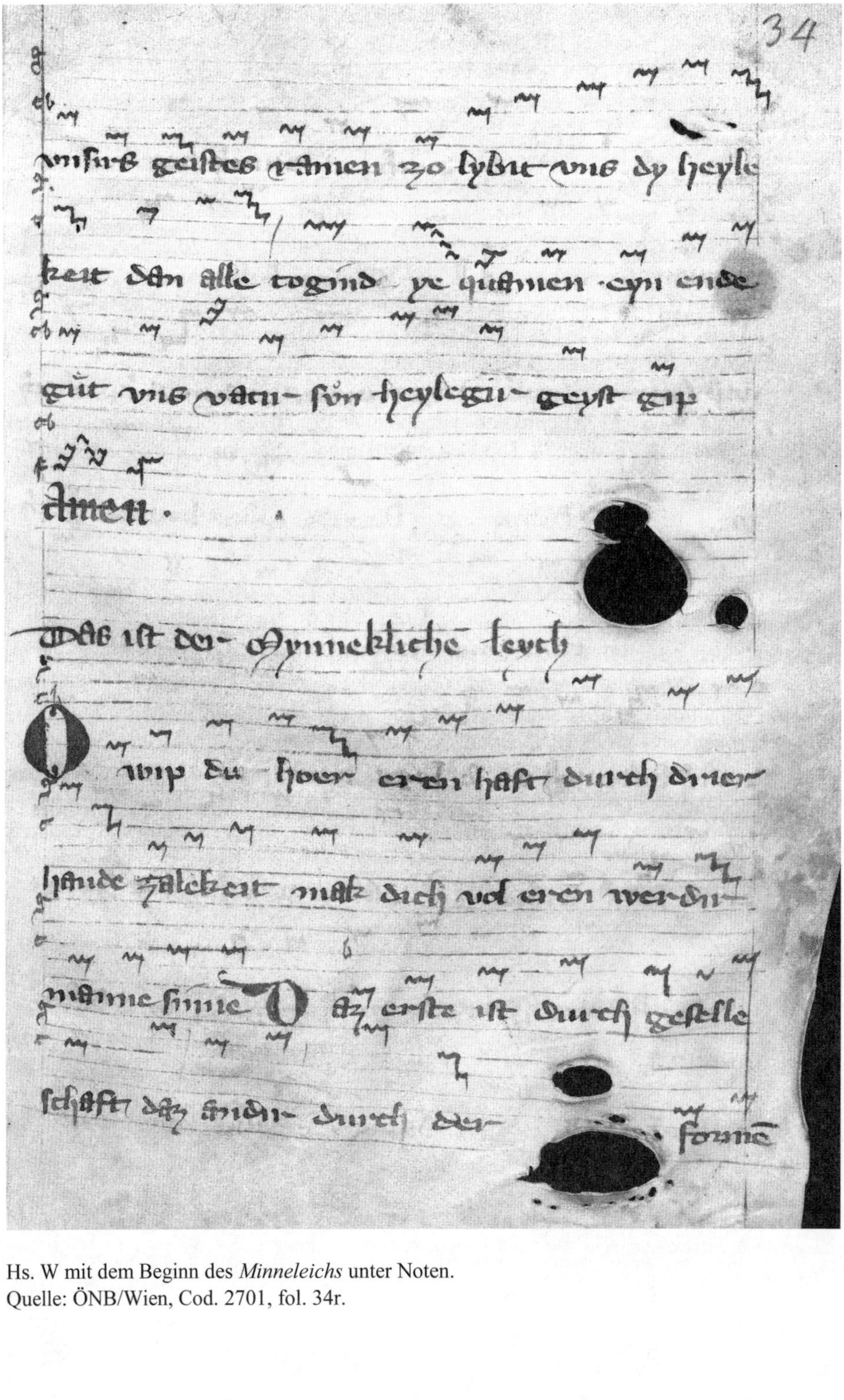

Hs. W mit dem Beginn des *Minneleichs* unter Noten.
Quelle: ÖNB/Wien, Cod. 2701, fol. 34r.

II Gattungen

3 Leichdichtung

JENS HAUSTEIN

Der Leich stellt die anspruchsvollste lyrische Großform des Mittelalters dar. Im Gegensatz zum Lied, das ganz überwiegend in Kanzonenform verfasst ist, setzt er sich aus in sich gedoppelten Versikeln zusammen und kann auf Grund seiner potentiell unabschließbaren Reihenstruktur einen erheblichen Umfang annehmen.[1] Die ausladende Form begünstigt das Stilprinzip der Aufzählung wie die Neigung zur Allegorisierung. Im Wesentlichen erscheint der Leich, eine Gattung fast nur des 13. Jahrhunderts, als Minneleich oder als religiöser Leich mit den Themen Trinität, Inkarnation und Maria. Kreuzzug, Tanz und Fürstenlob als Thema begegnen zwar, bleiben aber die Ausnahme – ebenso die Verehrung des Kreuzes wie in Frauenlobs *Kreuzleich*.

Frauenlobs drei Leichs – der *Marien-*, der *Kreuz-* und der *Minneleich* – stehen, abgesehen von zwei Leichs aus Frauenlobs Nachfolge, am Ende der Gattungsgeschichte und überbieten diese, was inhaltliche und formale Komplexität anbelangt, zugleich. Keiner der drei Leichs zeigt eine Wiederholungsstruktur von Versikelgruppen. Die größte Beachtung hat in der Überlieferung der *Marienleich* gefunden: Er ist (mindestens) 12-mal überliefert, davon 6-mal mit Melodie,[2] und er ist ins Lateinische übersetzt worden. Seine besondere Stellung zeigt sich auch darin, dass er in der Großen Heidelberger Liederhandschrift C das Frauenlob-Corpus und in der Kolmarer Liederhandschrift k den Abschnitt mit (echten und unechten) Frauenlob-Tönen eröffnet. Der *Kreuzleich* ist, wie auch die beiden anderen Leichs (der *Marienleich* allerdings ohne die Versikel 1–13), in der Wiener Leichhandschrift W (mit Melodie) überliefert, ferner in der Weimarer Liederhandschrift F und der Kolmarer Liederhandschrift k sowie zweimal fragmentarisch. Die beiden Handschriften W und F überliefern auch den *Minneleich*.

1 Vgl. JENS HAUSTEIN: *Leich*, in: ³*RL* 2 (2000), S. 397–399.

2 GISELA KORNRUMPF: *Konturen der Frauenlob-Überlieferung*, in: *Wolfram-Studien* 10 (1988), S. 26–50, spez. S. 31f.; zur lateinischen Übersetzung: UDO KÜHNE: Latinum super cantica canticorum. *Die lateinische Übertragung von Frauenlobs Marienleich,* in: *Studien zu Frauenlob und Heinrich von Mügeln. Festschrift für Karl Stackmann zum 80. Geburtstag*, hg. von JENS HAUSTEIN und RALF-HENNING STEINMETZ, Freiburg i. Ü. 2002 (*Scrinium Friburgense* 15), S. 1–14. Dass es, wie vielfach behauptet, keine tschechische Übersetzung gegeben hat, zeigt CHRISTOPH MÄRZ: *Das* Canticum boemicale *‚Otep myry' und Frauenlobs* Cantica canticorum*. Prüfung einer These*, in: ebd., S. 15–30. Zum Melodiebau: CHRISTOPH MÄRZ: *Frauenlobs Marienleich. Untersuchungen zur spätmittelalterlichen Monodie*, Erlangen 1987 (*Erlanger Studien* 69), sowie MICHAEL SHIELDS: *Zum melodischen Aufbau des Marienleichs*, in: *Wolfram-Studien* 10 (1988), S. 117–124.

Die Texte werden im Folgenden nach der Göttinger Ausgabe (GA I, II und III)[3] zitiert. Alle drei Leichs sind übersetzt.[4]

Eine kleine Forschungskontroverse hat sich an der Frage der Chronologie entzündet.[5] KARL BERTAU hat den *Marienleich* als ein am Hofe Wenzels von Böhmen entstandenes Frühwerk angesehen, das dort auch Kritik ausgelöst hat, den *Kreuzleich* als ein resignierendes (Mainzer) Spätwerk, das auf die zunehmende Bedeutung des Fronleichnamsfestes im frühen 14. Jahrhundert rekurriert.[6] Der *Minneleich* sei zur Zeit der ersten Mainzer Jahre Peters von Aspelt, dem Frauenlob gefolgt sei, gedichtet worden. BURGHART WACHINGER hat dem insofern widersprochen, als er den *Minneleich* auf Grund von Parallelen zum *wip-vrowe*-Streit zum Frühwerk um 1290 rechnet,[7] diese Position aber später relativiert.[8] Auch wenn in dieser Frage keine Sicherheit zu gewinnen ist, sind die Argumente BERTAUs nicht unplausibel. Der anschließende Überblick folgt allerdings der Reihenfolge in der GA.

I *Marienleich* (GA I)

Der *Marienleich*[9] mit seinen 20 Versikeln ist durch zwei Besonderheiten gekennzeichnet: zum einen durch die enge motivische Verknüpfung von alttestamentlichem

[3] *Frauenlob (Heinrich von Meissen): Leichs, Sangsprüche, Lieder. 2 Teile.* Auf Grund der Vorarbeiten von HELMUTH THOMAS hg. von KARL STACKMANN und KARL BERTAU. *Bd. 1: Einleitungen, Texte; Bd. 2: Apparate, Erläuterungen*, Göttingen 1981 (*Abh. d. Akad. d. Wiss. in Göttingen, Philol.-hist. Kl. III*, 119/120) [= GA].

[4] *Marienleich*: *Deutsche Lyrik des späten Mittelalters*, hg. von BURGHART WACHINGER, Frankfurt a. M. 2006 (*Bibliothek des Mittelalters* 22), S. 364–395 (mit Kommentar S. 823–874); eine englische Übersetzung (mit Untersuchung und Kommentar) bietet BARBARA NEWMAN: *Frauenlob's Song of Songs. A Medieval German Poet and His Masterpiece*, Pennsylvania 2006, S. 2–41. – *Kreuzleich*: *Gedichte 1300–1500.* Nach Handschriften und Frühdrucken in zeitlicher Folge hg. von EVA und HANSJÜRGEN KIEPE, München 1972 (*Epochen der deutschen Lyrik* 2), S. 19–29. – *Minneleich*: THOMAS BEIN: Sus hup sich ganzer liebe vrevel. *Studien zu Frauenlobs Minneleich.* Frankfurt a. M 1988, S. 59–74.

[5] Dazu KARL STACKMANN: *Frauenlob, (Meister) Heinrich Frauenlob; Meister Heinrich von Meißen der Frauenlob,* in: ²*VL*, Bd. 2 (1980), Sp. 865–877, spez. Sp. 868f.

[6] KARL HEINRICH BERTAU: *Sangverslyrik. Über Gestalt und Geschichtlichkeit mittelhochdeutscher Lyrik am Beispiel des Leichs*, Göttingen 1964 (*Palaestra* 240), S. 189–201 und die älteren Publikationen BERTAUs bei STACKMANN [Anm. 5], Literaturverzeichnis.

[7] BURGHART WACHINGER: *Sängerkrieg. Untersuchungen zur Spruchdichtung des 13. Jahrhunderts*, München 1973 (*MTU* 42), S. 241–243.

[8] BURGHART WACHINGER: *Von der Jenaer zur Weimarer Liederhandschrift. Zur Corpusüberlieferung von Frauenlobs Spruchdichtung*, in: *Philologie als Kulturwissenschaft. Studien zur Literatur und Geschichte des Mittelalters. Festschrift für Karl Stackmann zum 65. Geb.*, hg. von LUDGER GRENZMANN, HUBERT HERKOMMER und DIETER WUTTKE, Göttingen 1987, S. 193–207, spez. S. 204, Anm. 18.

[9] Zu Einzelnem vgl. LUDWIG PFANNMÜLLER: *Frauenlobs Marienleich.* Straßburg 1913 (*Quellen und Forschungen* 120) sowie die Kommentare im zweiten Band der GA [Anm. 3] und bei WACHINGER [Anm. 4]. Einen guten Überblick gibt BURGHART WACHINGER: *Frauenlobs* Cantica canticorum, in: *Literatur, Artes und Philosophie*, hg. von WALTER HAUG und BURGHART WACHINGER, Tübingen 1992 (*Fortuna vitrea* 7), S. 23–43; nun auch SEBASTIAN CÖLLEN: Gefiolierte blüte

Hohelied (Ct)[10] und neutestamentlicher Apokalypse des Johannes (Apc), zum andern durch die Tatsache, dass vom achten Versikel an Maria selbst das Wort ergreift. Zu Beginn spricht ein visionäres Ich in der Pose des Johannes auf Patmos: [...] *ich sach in dem trone / ein vrouwen, die was swanger* / [...] / *Sie wolte wesen enbunden* (GA I,1, v. 1–5) (‚ich sah auf dem Thron eine Frau, die schwanger war; sie wollte entbunden werden'). Die Stelle greift Apc 12,1f. auf. Auch im zweiten Versikel wird mit dem Motiv, dass die Schwangere bereits denjenigen sieht, den sie gebären wird, und dem des (Opfer-)Lammes auf Apc-Stellen zurückgegriffen. Von Versikel 3 an wird das Verhältnis von Sponsa und Sponsus durch Hohelied-Motivik geprägt, die gelegentlich mit Versatzstücken des Minnesangs verschränkt wird (*hin ist des winters orden*, GA I,3, v. 6; ‚der Winter ist vorüber'): [...] *din friedel rufet* [...] *dir zarten / in dem heilwin tragenden garten: / ‚kom, lieb, kom'* [...] *er wil erkosen / sich mit dir in den rosen* (GA I,3, v. 8–13; ‚dein Geliebter ruft dir, du Schöne, in dem Heil tragenden Garten zu: „Komm, Geliebte, komm". Er will sich mit dir in den Rosen unterhalten').[11] Mit dem Rückgriff auf das Hohelied war das Thema erotischer Attraktion und gegenseitiger Schönheitsversicherung vorgegeben. Im letzten Vers wird, und damit werden auch wiederum Ct und Apc miteinander verknüpft, dann die Dreiheit von Gottesmutter, Gottesgeliebter und Gottestochter benannt. Die Liebesszenerie wird bis Versikel 5 fortgesetzt. In Versikel 6 und 7(!) werden die sonst eher ekklesiologisch ausgelegten Septenare der Apc auf Maria hin gedeutet: *die siben liecht lucerne / uz diner sele liuchten sam die sterne* (GA I,7, v. 2f.; ‚die sieben hellen Leuchter leuchten aus deiner Seele wie Sterne hervor').[12] In Versikel 8 gibt es abermals eine Wendung zum Hohelied, wenn Salomon, der als dessen Verfasser gilt, zitiert wird und für die letzten beiden Verse Maria, deren Name übrigens im gesamten Leich nicht vorkommt, auffordert, selbst zu sprechen, was sie bis zum Schluss des Leichs dann tun wird. Diese beiden Verse bilden in gewisser Weise, wenn sie die Liebes-, die Mutter- und die Erlösungsthematik miteinander verbinden, die Rolle Marias in der Heilsgeschichte ab: *der schönen liebe ein muter ich, / der heilicheit ein hoffenunge nennet mich* (GA I,8, v. 25f.; ‚der reizvollen Liebe eine Mutter [bin] ich, nennt mich eine Hoffnung der Erwähltheit').

Parallel zum Anfang des Leichs mit den Worten des Visionärs (*ich sach* ...) redet vom neunten Versikel an Maria über sich selbst: *Ich bin ez die groze von der kür* (GA I,9, v. 1; ‚ich bin die Große auf Grund der Erwählung [durch Gott]'). Ich habe, so Maria, den Fluch Adams aufgehoben. In Versikel 10 hat es fast den Anschein, als rede Gott selbst mit den Worten des Liebenden aus dem Hohelied. Der Einsatz von Versikel 11, *Der smid von oberlande / warf sinen hamer in mine schoz* (GA I,11, v. 1f.; ‚Der Schmied vom Oberland warf seinen Hammer in meinen Schoß'), greift einerseits auf

kunst. *Eine kognitionslinguistisch orientierte Untersuchung zur Metaphorik in Frauenlobs Marienleich,* Diss. Uppsala 2018.

[10] Die Hohelied-Motive sind derart dominant, dass der Leich in den Handschriften W, V, E, k und in der Chronik des Matthias von Neuenburg als *Cantica canticorum* (*vrowenlobiz*) bezeichnet wird.

[11] Vgl. auch GERT HÜBNER: *Lobblumen. Studien zur Genese und Funktion der ‚Geblümten Rede'*, Tübingen / Basel 2000 (*Bibliotheca germanica* 41), S. 192.

[12] Vgl. HARTMUT FREYTAG: *Zu den Strophen 6 und 7 von Frauenlobs Marienleich*, in: *Wolfram-Studien* 10 (1988), S. 71–79.

ein Wort des Propheten Jeremia (Ier 23,29) zurück, anderseits auf die Inkarnation, durch die Maria Mutter wird (GA I,11, v. 4) und Jungfrau bleibt (GA I,11, v. 5).[13] Gerade der erste Teil des 11. Versikels wird dabei erotisch aufgeladen: Ich schlief bei dreien (Trinität) und wurde so schwanger; mein alter Geliebter küsste mich und verjüngte sich so; meine Brüste, so sagte er (mit Ct 1,1), seien süßer als Wein.[14] Eingeschoben ist auffälliger Weise ein Satz, der die mögliche Kritik am überzogenen Selbstlob zurückweist (GA I,11, v. 15f.).

Die Versikel 12–20, also bis zum Schluss, bleiben durchzogen von Hohelied-Motivik, die manchmal zu kleinen Szenerien ausgebaut, oft aber auch nur anzitiert wird. Eingeflochten sind Allusionen an den Rezipienten vertraute geistliche Literatur: die Erzählung vom Gral (*ich binz der gral*, GA I,11, v. 30), die von den 24 Alten (nach Apc 4,4 in GA I,19, v. 10) oder solche der *Physiologus*-Tradition (Löwe, Phönix und Pelikan in Versikel 12). Selbst Motive des Minnesangs (*und merket, wie der götliche minnen diep / sleich mitten in die sele min*, GA I,15, v. 17f.),[15] ja der Neidhart-Tradition (GA I,12, v. 37f.), werden mit Motiven des Inkarnationsgeschehens verbunden: Die Wächter meiner Burg wurden nicht gewahr, *wie got in mich sin kint gebar, / daz ich gebar fürbaz al dar* (GA I,15, v. 26f.), gemeint ist: ‚dass ich das Kind dann (in einem zweiten Schritt) in die Welt hinein gebar'. Gerade über das *gebar* entsteht hier, aber auch anderswo, der Eindruck einer Synchronisierung von ewigem Heilsgeschehen und einmaliger Heilsgeschichte, Maria ist gleichzeitig vor der Zeit bereits bei Gott gewesen und in einem bestimmten Moment der Geschichte seine Geliebte: *ich got*, sagt sie von sich (GA I,12, v. 33).

Was vor dem 12. Versikel nur angedeutet ist, wird ab diesem dann dominanter, vor allem in den Versikeln 16–19: die Weisheit Marias. Frauenlob greift dabei mehrfach auf die Rede der Weisheit aus Sir 24 zurück, wo die Weisheit sich selbst rühmt. Verbunden wird diese Selbstanrede der Weisheit mit naturphilosophisch-metaphysischen Gedankengängen[16] sowie Verweisen auf die Kosmologie und das mittelalterliche Wissenssystem der Sieben freien Künste. Maria sagt von sich selbst, dass sie das Messen aller Himmel sei und dass sie es sei, die die Anordnung der Sterne regle (Astronomie, GA I,17, v. 20–30), oder dass ihr die Entschlüsselung des Engelswortes gelungen sei (Dialektik, GA I,16, v. 19–21).[17] Maria, die sich in der letzten Strophe selbst edelsteinbekrönt darstellt, kann deshalb auch von sich sagen: *zwischen menscheit unde gote / sten ich rechte mitten uf der marke* (GA I,20, v. 10f.; ‚ich stehe genau auf der Grenze zwischen Gott und der Menschheit'). Als eine solche Mittlerin ist die jungfräuliche Mutter die Gottesgeliebte, aber zugleich auch diejenige, die die Ordnung dieser Welt

[13] Vgl. auch HÜBNER [Anm. 11], S. 197.

[14] Vgl. TIMOTHY R. JACKSON: *Erotische Metaphorik und geistliche Dichtung. Bemerkungen zu Frauenlobs ‚Marienleich'*, in: *Wolfram-Studien* 10 (1988), S. 80–86.

[15] Parallelen zu Frauenlobs eigenen Minneliedern arbeitet heraus SUSANNE KÖBELE: *Umbesetzungen. Zur Liebessprache in Liedern Frauenlobs*, in: *Geistliches in weltlicher und Weltliches in geistlicher Literatur des Mittelalters*, hg. von CHRISTOPH HUBER, BURGHART WACHINGER und HANS-JOACHIM ZIEGELER, Tübingen 2000, S. 213–235.

[16] Vgl. dazu den Kommentar von WACHINGER [Anm. 4].

[17] Vgl. dazu WACHINGER [Anm. 9], S. 36–42, ferner KARL HEINRICH BERTAU: *Über Themenanordnung und Bildung inhaltlicher Zusammenhänge in den religiösen Leichdichtungen des XII. Jahrhunderts*, in: *ZfdPh* 76 (1957), S. 129–149, spez. S. 143, Anm. 35.

nach Maß und Zahl regelt. In ihrer Liebe zu Gott und in seiner zu ihr sind die weltliche Liebe unter den Menschen wie die Ordnungen, die für sie maßgeblich sind, wie von einem Mantel ‚umfangen'.

Diese ‚Grenzverwischungsphantasien' kommen auch in den letzten Versen des vorletzten Versikels zum Ausdruck: *ab dem blumen min ist trostes vil entsprungen. / sünder, da birc dich hinder!* (GA I,19, v. 33f.; ‚von meiner Blume ist viel Schutz und Hilfe gekommen, dahinter verbirg dich, Sünder!'). Wer ist dieser *blume*? Christus? Oder Maria? Oder beide? Zieht man den Vers GA I,19, v. 23 heran, ist Christus gemeint. Schaut man freilich auf das Ganze des Leichs ab Versikel 8, redet Maria auch an dieser Stelle von sich selbst. Hier zeigt sich ein Charakteristikum des Leichs: Er überschüttet den Zuhörer geradezu mit einer Flut von bekannten und weniger bekannten, biblischen und traditionellen Imaginationen und allegorischen Bildern, ohne sie an irgendeiner Stelle auszulegen, weil sie ohnehin auf Maria verweisen. Gelegentlich entstehen dadurch – wohl beabsichtigte – Ambiguitäten wie hier.

KARL STACKMANN[18] hat die Frage gestellt, wer mit dem Sünder gemeint sein könnte, und hat auf Grund der dialogischen Grundstruktur des Leichs erwägend vorgeschlagen, in diesem das Ich der ersten acht Versikel zu sehen. Diesem würde dann die Rolle des „Repräsentanten der sündigen Menschheit"[19] zugewiesen, der in der Gottesmutter und Gottesgeliebten seine Helferin, ja Retterin erblickt. BURGHART WACHINGER hat eingewandt, dass die Rolle doch in erster Linie als die des Dichter-Visionärs (nicht die des Autors!) moduliert sei, und auf Walthers *Reichston* verwiesen.[20] Aber man sollte beide Positionen nicht gegeneinander ausspielen. Auch als Sprachrohr für alle bleibt der Visionär Teil des Menschengeschlechts und insofern erlösungsbedürftig.

Was gattungsgeschichtlich gesehen so innovatorisch, ja fast provokant erscheint – die Rede Marias über sich selbst –, verliert einiges an Überraschung, wenn man auf die Liturgie zu den Marienfesten schaut. Die Selbstpreisung der Weisheit nach Sir 24 ab Versikel 8 begegnet, darauf hat KURT GÄRTNER in einem wichtigen Beitrag aufmerksam gemacht, ebenfalls in den Lesungen des Offiziums der Marienfeste.[21] In Sir 24,14 beispielsweise sagt die Weisheit von sich: „Vor der Welt, von Anbeginn hat er mich geschaffen, und ich werde ewig bleiben." Sie nimmt also genau die Position ein, nämlich mit Gott eins gewesen zu sein vor der Erschaffung der Welt, die sich in Frauenlobs Leich Maria zuweist. Die Selbstaussagen der Weisheit in Sir 24 im Weiteren erinnern immer wieder an das Hohelied, so wenn sie Sir 24,20 sagt: „Denn an mich zu denken, ist süßer als Honig, und mich zu besitzen, süßer als Honigseim." Aber auch Stellen aus dem Hohelied, die abseits der Marienverehrung häufig typologisch oder ekklesiologisch

[18] KARL STACKMANN: *Frauenlob, Verführer zu ‚einer gränzenlosen Auslegung'*, in: *Wolfram-Studien* 10 (1988), S. 9–25, spez. S. 22f.

[19] Ebd., S. 23.

[20] WACHINGER [Anm. 9], S. 28.

[21] Vgl. KURT GÄRTNER: *Das Hohelied in Frauenlobs Marienleich*, in: *Wolfram-Studien* 10 (1988), S. 105–116, spez. S. 109f., S. 113f. eine Zusammenstellung der im Leich zitierten bzw. verwendeten Bibelstellen. Vgl. auch KARL STACKMANN: *Magd und Königin* (1998), in: KARL STACKMANN: *Frauenlob, Heinrich von Mügeln und ihre Nachfolger*, hg. von JENS HAUSTEIN, Göttingen 2002, S. 9–33, der S. 23, Anm. 41 die Ich-Stellen aus Prv 8 und Sir 24 zusammengetragen hat, die in den Messformularen zu den Marienfesten verwendet werden.

gedeutet werden, kommen in den Lesungen der Marienfeste vor und die Stelle Apc 12,1f. „mit dem Bild des apokalyptischen Weibes [wird] als Antiphon und Responsorium und in der Meßliturgie des Assumptionsfestes heute als Introitus gebraucht.“[22]

Die Verbindung von marianisch gedeuteten Hoheliedversen, Apokalypse-Visionen und Selbstaussagen könnte Frauenlob also in der Messliturgie zu Marienfesten vorgebildet gefunden haben. Dass auch die Musik des Leichs von der Liturgie inspiriert ist, hat man schon zuvor herausgearbeitet.[23] Der ‚Sitz im Leben‘ dieser Dichtung, ihr funktionaler Ort, könnte also, das sei mit aller Vorsicht gesagt, die an bestimmte Feiertage gebundene Marienverehrung in literarisch gebildeten Kreisen von Frauenlob-Bewunderern gewesen sein, deren Erinnerung an Bibelzitate aus der Liturgie sich in dieser Dichtung wiedergefunden hat.

Freilich gibt es auch Verschiebungen gegenüber der auch in der Liturgie zum Ausdruck kommenden gängigen Marienverehrung, die den Rang von Frauenlobs Dichtung ausmachen. Maria begegnet nämlich im Leich gerade nicht in den üblichen Funktionszuweisungen als Helferin beim Jüngsten Gericht oder in anderen Nöten, auch nicht als Mutter im Rahmen der Inkarnation, sondern als Geliebte, die auf Grund dieser Liebe ausgezeichnet ist unter den Menschen, so sehr ausgezeichnet, dass sie zwischen uns und Gott steht. Marias Funktion in der Heilsgeschichte als Mediatrix wird zurückgedrängt zugunsten ihrer Rolle als Geliebter, die sich ihres eigenen Auserwähltseins selbst vergewissert. Dem Rezipienten ist dabei weniger die allegorische Entschlüsselung aufgegeben als der Nachvollzug eines Textes, der in unvermuteter Bewegung zwischen den verschiedensten Bildbereichen wechselt, ohne sein zentrales Thema, die Liebe zwischen Sponsus und Sponsa, aus den Augen zu verlieren. Das immer neue Anläufe nehmende Sprechen über die Liebe verweist damit zugleich auf die Schwierigkeiten menschlichen Sprechens über Gott.[24]

II *Kreuzleich* (GA II)

Der *Kreuzleich*, wohl Frauenlobs ‚dunkelste‘ Dichtung,[25] besteht aus 22 Versikeln. Eine formale Besonderheit stellt der dreigeteilte Versikel 5 dar, der in verknappter, fast enigmatischer Weise von der Trinität handelt und dieses Thema so in der Form aufgreift. Über den Aufbau des Leichs insgesamt ist viel und kontrovers gehandelt worden.[26] Offenbar war – wie im *Marienleich* – eine makrostrukturelle Zweiteilung beabsichtigt, die auf mikrostruktureller Ebene immer wieder mit auf die Trinität anspielenden Dreier-

22 GÄRTNER [Anm. 21], S. 110.

23 MÄRZ: *Marienleich* [Anm. 2].

24 Vgl. STACKMANN [Anm. 21], S. 26f.

25 Kommentiert von WALTER FRIEDRICH KIRSCH: *Frauenlobs Kreuzleich*, Dillingen 1930, und im Kommentarband der GA [Anm. 3].

26 Zuletzt zusammenfassend: PETER KERN: heilvlies und selden holz. *Überlegungen zu Frauenlobs Kreuzleich*, in: *Festschrift für Walter Haug und Burghart Wachinger*, hg. von JOHANNES JANOTA u. a., Bd. 2, Tübingen 1992, S. 743–757, spez. S. 744, Anm. 5; SUSANNE KÖBELE: *Evidenz und Auslegung. Effekte bildlogischer Synchronisierung in Frauenlobs Kreuzleich*, in: *Schriftsinn und Epochalität. Zur historischen Prägnanz allegorischer und symbolischer Sinnstiftung*, hg. von BERNHARD HUSS und DAVID NELTING, Heidelberg 2017, S. 145–185, spez. S. 163.

formen verwoben ist. Auch die Melodie ist dreigeteilt aufgebaut.[27] Der erste, in den Anfangsversikeln besonders schwer verständliche Teil, der die Versikel 1–12 umfasst und mit einer gebetartigen Strophe anhebt, handelt zunächst über die Trinität vor der Zeit in ihrem Verhältnis zum Logos. Ab Versikel 7 wird Zeitlosigkeit vor der Zeit in die heilsgeschichtliche Epoche des Alten Testaments überführt, um abschließend bei der Inkarnation anzukommen. Versikel 13 stellt einerseits eine Art Zusammenfassung der Versikel 1–12 dar, anderseits aber auch einen Ausblick auf das Thema der weiteren Versikel. In bildreicher Verschränkung handeln die Versikel 14–22 vom aufeinander bezogen zu denkenden Nacheinander von Kreuzigung, Kreuzanbetung und Eucharistie, das zugleich auf Gleichzeitigkeit verweist. Der Schlussversikel ist im ersten Teil ein Gebet an das Kreuz, im zweiten an die Trinität.

An wen richtet sich der Gebetsversikel 1? An Christus, an die Trinität oder – wie CHRISTOPH MÄRZ[28] mit Blick auf das Gesamtthema gemeint hatte – an das Kreuz? SUSANNE KÖBELE hat gefragt, ob solche Festlegungen dem Text gerecht werden, und darauf verwiesen, dass ja der ganze Leich von einer „Synchronisierung von Heilsereignissen bzw. Bildebenen“[29] geprägt ist. Mit Blick auf Versikel 22 erscheint diese Einschätzung sehr plausibel, sind ja auch dort Kreuz, Christus und Trinität zusammengeführt. Versikel 2 deutet an, wie Vater und Sohn über die Inkarnation beraten, Versikel 3 thematisiert in Bildern des Fließens die *generatio* des Sohnes aus dem Vater vor der Zeit.[30] Versikel 3 und 4 sind durch ein ungewöhnliches Strophenenjambement miteinander verbunden, das die Sohn-Position besonders hervorhebt. Im Anschluss an eine David-Prophezeiung scheint der Dichter die Rede an Gott und die Trinität selbst abzugeben, die über sich sprechen. „Frauenlob imaginiert hier und in der folgenden Strophe eine innertrinitarische Unterredung, bei der sich jede Rückbindung an Raum und Zeit von selbst verbietet. Er läßt die drei Personen, die doch nur eine sind, ein Gespräch führen, das zugleich Wechselrede und Monolog ist, ein Gedanke ebenso folgerichtig wie – konsequent zu Ende gedacht – alles menschliche Vorstellungsvermögen hinter sich lassend.“[31] Der trinitarische Grundgedanke von zugleich Einheit und Getrenntsein, von Zeitlosigkeit und Zeit des Sohnes in der Inkarnation schlägt bis auf die Sprachformeln durch: […] *vaterlich persone: / mich, min, mir; sun: dich, din, dir.* […] [Geist:] *er, du; ich – uz dir in dich – iu beiden zim* [‚ich passe zu euch beiden‘]*: / drivaldic got, doch ein begin* (GA II,5, v. 1f., v. 8f.).[32] Der letzte Versikel dieses Abschnitts setzt den trinitarischen Gedanken ins Bild: Eis, Wasser und Schnee sind eines in verschiedenen Formen; ebenso der rote Apfel, sein weißes Fleisch und der schwarze Kern oder wie Docht, Feuer und Wachs oder wie Kunstverstand (*sin*, GA II,6, v. 3), Saiten und Hand, die zusammen – und nur zusammen – den Ton hervorbringen.

[27] Vgl. CHRISTOPH MÄRZ: *Zum musikalischen Stil in Frauenlobs Kreuzleich*, in: *Wolfram-Studien* 10 (1988), S. 125–132.

[28] Ebd., S. 129.

[29] KÖBELE [Anm. 26], S. 164.

[30] Vgl. CHRISTOPH HUBER: Wort sint der dinge zeichen. *Untersuchungen zum Sprachdenken der mittelhochdeutschen Spruchdichtung bis Frauenlob*, München 1977 (*MTU* 64), S. 184.

[31] STACKMANN [Anm. 18], S. 18f.

[32] Vgl. auch HUBER [Anm. 30], S. 185.

Ab Versikel 7 wird in teils parallelen Fügungen, die mit *wer* eingeleitet werden, auf alttestamentliches Geschehen zurückgegriffen: Wer rettete Jona? Wer half Daniel in der Löwengrube? Wer war der Engel, der Jesaja erschien? Wer führte das Volk Israel durch das Rote Meer? Die Antwort lautet: Das alles tat der Sohn, *der sich in enger brüste garten warf* (GA II,9, v. 12; ‚der sich in den Garten enger Brüste warf'). Dieser Verweis auf die Inkarnation wird in Versikel 10 unter Rückgriff auf alttestamentliche Marienprophezeiungen (Fell Gedeons und Gerte Aarons), aber auch durch Parallelisierung mit einem mittelalterlichen Legendenstoff fortgesetzt: Der Vater trieb den Sohn zur Mutter, wie das Einhorn zur Jungfrau eilte. Gott ist in Christus vom Felsen des Himmels heruntergefallen und erfüllte so die Vorhersagen der Propheten, hatte freilich bislang der Welt Tag und Ort seiner Geburt verheimlicht. Der Schluss von Versikel 12 und damit des ersten Teils zielt ganz auf die Inkarnation, aber auch schon darüber hinaus: Der Sohn wird in die *gruft* (GA II,12, v. 6), den Leib seiner Mutter,[33] geboren und trinkt schon auch den Todestrank, um so unsere Schuld (*bruch*, GA II,12, v. 9) am Kreuz aufzuheben. Gott wird „in sein Grab hineingeboren“,[34] Inkarnation und Kreuzigung fallen zusammen. Hier, wie im ganzen Leich, werden heilsgeschichtliche Geschehensabfolgen als gleichzeitig gedacht. Das Ende des ersten Teils verweist so auf den Beginn des zweiten Teils. Zwischen beiden steht Versikel 13:

Got spranc zu sinem vater in sin ewekeit,
dar nach so spranc er in daz wort,
der dritte sprunc was in die meit,
der vierde quam in ales wise, spise, criuze, diner hohen werdekeit,

Der fünfte in endeloser trüben varben weit,
der sechste in Salomonis hort,
des sedel, des tron was im bereit.
der sibende sprunc ist nu gemeine reinen herzen, swer si willeclichen treit.
(GA II,13, v. 1–8)

(Gott sprang aus seinem Vater in seine Ewigkeit, danach sprang er in das Wort, den dritten Sprung tat er in die Jungfrau, den vierten Sprung tat er in der Art eines Aales, dir, Kreuz und deiner Würde, zur Speise. Der fünfte [Sprung] ging in die endlos-trübe Farbe der Düsternis, der sechste in den Schatz Salomons, dessen Sitz, dessen Thron war ihm bereitet, der siebente Sprung gehört denjenigen, die bereitwillig ein reines Herz haben.)

Dass sich die Heilsgeschichte in Sprüngen ereignet, ist dem Mittelalter geläufig, die Siebenzahl ist hingegen offenbar singulär.[35] Der erste Sprung geschah in die Welt, der zweite in das Wort, der dritte in die Jungfrau (Inkarnation). Der vierte Sprung, der mit

33 So verstehe ich die Wendung mit KÖBELE [Anm. 26], S. 167f. Im *Wörterbuch zur Göttinger Frauenlob-Ausgabe*, unter Mitarbeit von JENS HAUSTEIN redigiert von KARL STACKMANN, Göttingen 1990 (*Abh. d. Akad. d. Wiss. in Göttingen, Philol.-hist. Kl. III*, 186) [= GA-Wörterbuch], S. 135, wird von der Menschennatur Christi ausgegangen.

34 KÖBELE [Anm. 26], S. 168.

35 KERN [Anm. 26], S. 744, Anm. 6.

dem merkwürdigen Bild vom Aal arbeitet, meint wohl, dass Christus am Kreuz zum einen auf die Schlange des Paradieses zurückverweist, zum anderen aber auf die uns bereitete ‚Speise' der Hostie. Der fünfte Sprung symbolisiert das *descensus*-Geschehen, der sechste zielt auf die Himmelfahrt und der siebente auf die Eucharistie. Christus ‚springt' in die Hostie, die wir mit reinem Herzen empfangen.[36] Die Heilsgeschichte, die vor der Zeit begann, ist nunmehr in der Gegenwart der Gläubigen angekommen.

Der jetzt beginnende zweite Teil des Leichs ist ganz dem Kreuz, seiner Geschichte und seiner Gegenwart in der Verehrung auf dem Altar gewidmet. Dabei wird zunächst der typologische Bezug von Paradiesbaum und Kreuz herausgestellt. Christus wand sich am Kreuz wie die Schlange am Baum, um durch sein Opfer den Zorn des Vaters zu überwinden. Der Bezug von Paradiesbaum und Kreuz wird dabei bis in die Genitivkonstruktionen hinein hergestellt: *er* [Christus] *slanc sich an des criuzes boum* (GA II,14, v. 4; ‚er schlang sich an den Baum des Kreuzes'). Dieser Zusammenhang von Paradiesbaum und Kreuz wird für das Mittelalter in der (vielgestaltigen) Kreuzholzlegende[37] erzählbar, auf die Frauenlob in Versikel 15 zurückgreift: Der todkranke Adam schickt seinen Sohn Seth ins Paradies, um einen schmerzlindernden Zweig vom Paradiesbaum zu holen, stirbt aber, bevor dieser zurückkommt. Seth pflanzt nun den Zweig auf das Grab des Vaters, wo dieser zum Baum heranwächst. Das Weitere wird stark abbreviierend nicht eigentlich erzählt, sondern eher angedeutet: Die Sibylle, hier identisch mit der Königin von Saba,[38] besucht König Salomon und identifiziert das von ihm verehrte Holz als zukünftiges Kreuz Christi. PETER KERN vermutet, dass Frauenlob an eine Version der Legende gedacht haben muss, nach der Salomon das Holz anschließend zur Verehrung im Tempel aufstellte. Der letzte Vers ‚zeigt' dann schon Christus am Kreuz: *an ez so schoz der vater siner sele bolz* (GA II,15, v. 18; ‚der Vater schoss die Pfeilspitze seiner Seele ans Kreuz'). Der Versikel 15 durchläuft also die Heilsgeschichte von Adam bis zu Christus am Kreuz, um gleich im anschließenden Versikel in der Gegenwart der Kreuz- und Hostienverehrung anzukommen. ‚Heb die Hand', so wendet sich der Text an den Priester, ‚und mache das Kreuzzeichen.' ‚Fahre von oben nach unten (wie Christus auf die Erde kam), dann führe die Bewegung nach links (was auf die Kreuzigung verweist), anschließend nach rechts (um so die Auferstehung zu symbolisieren).' Im Zeichen des Kreuzes wird so wiederum die Heilsgeschichte ‚nachvollzogen', die mit der Wandlung der Oblate in der Gegenwart endet: *durch daz got in der priester hant sich bücket* (GA II,16, v. 18; ‚wegen des Kreuzzeichens neigt sich Gott in die Hände der Priester', gemeint ist: beim Messopfer). Dieses Kreuzzeichen ähnelt einem von unten geschauten Vogel mit seinem Schnabel, den zwei Flügeln und den Schwanzfedern, der auf zum Himmel fliegt, dessen Türgriffe aufspringen.

Die sich anschließenden Versikel sind ganz der Anbetung des Kreuzes (auch als Baum) wie des Altars, auf dem das Kreuz steht, gewidmet. Gleichzeitig verweist die Bildlichkeit in einer für Frauenlob charakteristischen Verschränkung, die auf jede Form der typologischen Erläuterung verzichtet, auch auf Christus selbst: Du bist eine Weinpresse; du bist ein mächtiger Schild, mit dem derjenige, der ihn zu führen vermag, siegen wird; durch dein Obst (Christus) verging unser Leiden, du mit erhabener Speise ge-

36 STACKMANN [Anm. 18], S. 19, ihm folgend KÖBELE [Anm. 26], S. 169f.

37 Dazu KERN [Anm. 26], S. 748–755.

38 Ebd., S. 752.

deckter Tisch. Mit dir, du Königsbanner, erwarb Christus seinen Besitz, uns Menschen, zurück. – Der mariologische Aspekt der Heilsgeschichte, der ja in diesem Leich ganz zurücksteht, kommt in der Kreuzverehrung auf sehr seltsame Weise zum Tragen, indem Maria durch das auf sich verweisende Dichter-Ich mit dem Kreuz identifiziert wird: *Des cristentumes ouwe, daz / criuce ich heize ein vrouwe. / sie gebar daz lebende leben, / sie truc ein kint al unbewollen, rede ich eben, / ein liecht der sacramente wert* (GA II,19, v. 8–12; ‚Das Kreuz, die Aue des Christentums, nenne ich ‚Frau'. Sie gebar das lebendige Leben. Vollkommen unbefleckt trug sie, und ich spreche die Wahrheit, ein Kind, ein Licht der heiligen Sakramente'). Das Kreuz, Christus, Maria und das Sakrament sind miteinander simultanlogisch synchronisiert, sie sind getrennt und nicht-getrennt, sind historisch und gleichzeitig.[39] Mit Hilfe des Kreuzes können wir, so Versikel 20, von einem Ufer zum anderen gelangen und so Gottes Zorn, die Tiefe, überbrücken. Die Horizontale wird sogleich zur Vertikale: *wir clummen, criuze, an diner want hin wider an unser erbestat* (GA II,20, v. 18; ‚wir kletterten [die Hs. F hat hier das Präsens] an dir wieder an den uns ererbten Ort', nämlich in das himmlische Jerusalem). Die letzten Bilder spiegeln wiederum verschiedene Bildbereiche ineinander: Das durch Helena, die Mutter Kaiser Konstantins, im frühen 4. Jahrhundert in der Nähe von Jerusalem aufgefundene Kreuz ist zugleich der Mast auf dem Schiff, mit dem wir unbeschadet über das Meer der Sünde segeln. Am Karfreitag, so eine weitere Legende in Anlehnung an Io 5,2ff., taucht das Kreuz im Teich Bethesda auf und wandelt so das Wasser des Teiches in Heilwasser. Das Kreuz ist der Schrein seines Martyriums.

Mit dem gebetartigen 22. Versikel schließt der Leich:

Becriste, criuze, uns cristen,
daz Krist uns ruch zu vristen
daz leben, in den genisten
daz wir der fulen sünden mist geistlichen überlisten. (GA II,22, v. 1–4)

(Kreuz, *becriste* [mache uns zu Christen, versehe uns mit Christus, segne uns im Namen Christi?] uns Christen, auf dass Christus uns das [ewige] Leben bewahre, in der Hoffnung, dass wir den fauligen Sündenmist geistlich überwinden.)

Auch steht, wie im *Marienleich*, am Ende der Sünder, der auf die Rettung durch Gott-Christus angewiesen ist und die Hoffnung auf Rettung auf die Kreuzverehrung der Christen gründet.

Die Bildsprache auch dieses Leichs setzt also nicht auf Sukzession und Erklärung, auf ein Nacheinander der Heilsereignisse und die Exegese ihrer Stationen, sondern paradoxerweise auf die Gleichzeitigkeit und das Ineinander von Ereignissen und Personen, die wir immer als Folge und personale Trennung denken können. In der auf Gleich-

[39] Zu den Versikeln 17–19 und zur paradoxalen, das Kreuz als Zeichen des Todes wie des Lebens betonenden Anlage der Dichtung insgesamt vgl. BURGHART WACHINGER: *Die Passion Christi und die Literatur. Beobachtungen an den Rändern der Passionsliteratur*, in: *Die Passion Christi in Literatur und Kunst des Spätmittelalters*, hg. von WALTER HAUG und BURGHART WACHINGER, Tübingen 1993 (*Fortuna vitrea* 12), S. 1–20, spez. S. 15–19, sowie KÖBELE [Anm. 26], spez. S. 177.

zeitigkeit zielenden Bilderfolge kommt also wiederum der Frauenlob'sche Versuch zum Ausdruck, in der assoziativ erscheinenden Bildverschränkung etwas von dem aufscheinen zu lassen, was sich logischer Herleitung versagt. In der Kommunion ist, wenn Christus anwesend ist, die Zeit still gestellt.

Mit aller Vorsicht lässt sich noch eine weitere Parallele zum *Marienleich* festhalten: die Nähe zur Liturgie, in diesem Fall vorzugsweise zur Karfreitagsliturgie. Dass die musikalische Struktur des Leichs eindeutige Parallelen zur Liturgie aufweist, hat bereits CHRISTOPH MÄRZ dargelegt.[40] Aber auch auf der Ebene der Bilder zeigen sich Einflüsse: „In der Karfreitagsliturgie folgen gleich auf die Improperien die beiden Hymnen des Venantius Fortunatus, *Pange lingua* und *Vexilla regis*, deren Einfluß auf Frauenlobs Bildfügungen im *Kreuzleich* schon früher verzeichnet wurde."[41] Eine private Aufführung des *Kreuzleichs* ist auch für andere Feste denkbar – etwa Fronleichnam oder das Fest der Kreuzerhöhung am 14. September, worauf die herausgehobene Rolle der Kreuzauffindung durch Helena hinweisen könnte. Frauenlobs Kreuzfrömmigkeit zielt jedenfalls auf die bildhafte Vergegenwärtigung der Heilsgeschichte im Angesicht von Kreuz und Hostie in der Messe.

III *Minneleich* (GA III)

Der *Minneleich* mit seinen 33 Versikeln stellt im Gegensatz zu den Minneleichs des 13. Jahrhunderts keine Minneklage dar, sondern einen mit exemplarischen Figuren, Personifikationen, Allegorien arbeitenden, mit naturphilosophisch-kosmologischen Spekulationen durchsetzten und zahlensymbolisch über der Drei[42] organisierten Frauenpreis, der diesen mehrfach, wie bei Frauenlob kaum anders zu erwarten, auf eine religiöse Perspektive hin eröffnet.[43]

Schon der Versikel 1 eröffnet mit seinem Ausblick auf *drier hande selekeit* (GA III,1, v. 2), wegen derer die Frau vom Mann verehrt werden soll, eine erste Dreierreihe: *durch geselleschaft,* […], / […] *durch der formen cleit,* / […] *durch der hochsten vrouwen minne* (GA III,1, v. 3–6; ‚wegen liebenden Verbundenseins, wegen ihres schönen Äußeren, wegen der Liebe der/zur höchsten Dame'). Ausgehend von dieser dreifachen Begründung des Frauenlobs hat man immer wieder und mit unterschiedlichen Ergebnissen versucht, den Leich zu gliedern. Abgesehen von einzelnen Untergliederungen zeichnen sich drei große Blöcke ab:[44] drei Modelle der Tradition in Versikel 2–13

40 MÄRZ [Anm. 27].

41 BERTAU [Anm. 6], S. 199 mit Literatur. Vgl. auch KERN [Anm. 26], S. 757.

42 Dazu schon INGEBORG GLIER: *Der Minneleich im späten 13. Jahrhundert*, in: *Werk – Typ – Situation. Studien zu poetologischen Bedingungen in der älteren deutschen Literatur, Hugo Kuhn zum 60. Geburtstag*, hg. von INGEBORG GLIER u. a., Stuttgart 1968, S. 161–183, spez. S. 175.

43 Vgl. CHRISTOPH HUBER: gepartiret und geschrenket. *Überlegungen zu Frauenlobs Bildsprache anhand des Minneleichs*, in: HAUSTEIN / STEINMETZ [Anm. 2], S. 31–50, spez. S. 42f. (mit weiterer Literatur) gegen HÜBNER [Anm. 11], S. 385, der die geistlichen Anspielungen im Dienste eines Lobes weltlicher Liebe, ja der Ehe sieht.

44 HUBER [Anm. 43], S. 38 mit Anm. 22 (MÄRZ, BEIN, HÜBNER); RALF-HENNING STEINMETZ: *Liebe als universales Prinzip bei Frauenlob. Ein volkssprachlicher Weltentwurf in der europäischen Dichtung um 1300*, Tübingen 1994 (*MTU* 106), S. 66–69; CHRISTINA KREIBICH: *Der mit-*

(Esther, *feie* des Alanus, Hermaphrodit), die *süze*-Anapher in den Versikeln 14–21, die auf der *formen cleit* zielt, und die Explikation der drei Namen *meit*, *wip* und *vrouwe* in den Versikeln 22–33. Versikel 33 ließe sich mit Blick auf 1 als abschließender Rahmenteil ausgliedern.

Die Versikel 2–7 sind als Dialog zwischen einem (männlichen, GA III,2, v. 2) Dichter-Ich und der Allegorie des Verstandes, *Her Sin*, konzipiert. Der Aufforderung an den *Sin, nu bildet mir ein wip* (GA III,2, v. 2), folgt im dritten Versikel dessen Verweis auf die biblische Esther, die stets keusch, gehorsam und zugleich barmherzig und demütig gewesen sei. Schon Versikel 4 wechselt das Thema, wenn das Ich nach der *feie* des Alanus fragt.[45] Der etwas naiv anmutenden Frage unter anderem nach dem Kleid der Fee antwortet der Verstand kosmologisch ausgreifend und auf das Thema der Vermischung zielend, das später wieder aufgegriffen wird:

‚Die feie, die Alanus sach,
truc aller creatiuren dach
und ouch der elementen vach,
planeten mit der firme.

Den allen si besloz ir art,
complexen und ir mische vart.‘ (GA III,5, v. 1–6)

(‚Die Fee, die Alanus sah, trug ein Kleid, auf dem alle Kreaturen zu sehen waren, und auch alle Elementarzonen, die Planeten mit dem Firmament. Die Fee umschloss alle Kreaturen in ihrer Art [?], ihren Körpersäften und ihrer Mischung.‘)

Die etwas verwunderte Frage des Ich, wie es denn eine ‚normale‘ Frau mit dieser Fee vergleichen solle, beantwortet der Verstand mit dem Hinweis darauf, dass sich in dieser, ihrer Erscheinung, ihrem Verhalten und dem Begriff von ihr alle Formen der Freude zusammenflechten: *wip alle wunne tichtet* (GA III,7, v. 6; ‚die Frau bringt alle Wonne hervor‘). Damit ist der Versuch, die Frau vor dem Hintergrund des kosmologisch orientierten *natura*-Konzepts des Alanus ab Insulis zu profilieren, in ein aus höfischer Literatur bekanntes Lob der Frau als Erzeugerin aller Wonne eingemündet.[46] Versikel 8 lobt dann im Anschluss an Versikel 1 die Frau als Garten, als Magnet, als Band, das sich zwischen zwei Menschen spannt.

Der Abschnitt mit den Versikeln 9–13 stellt mit seiner bis heute nicht geklärten, wohl auch bewusst mystifizierenden (GA III,10, v. 4; GA III,13, v. 6) Selvon-Erzählung

telhochdeutsche Minneleich. Ein Beitrag zu seiner Inhaltsanalyse, Würzburg 2000 (*Würzburger Beiträge zur deutschen Philologie* 21), S. 206f.

45 Dazu ausführlich Christoph Huber: *Die Aufnahme und Verarbeitung des Alanus ab Insulis in mittelhochdeutschen Dichtungen. Untersuchungen zu Thomasin von Zerklære, Gottfried von Straßburg, Frauenlob, Heinrich von Neustadt, Heinrich von St. Gallen, Heinrich von Mügeln und Johannes von Tepl*, München 1988 (*MTU* 89), S. 136–199 und Bein [Anm. 4], S. 104–151. Beins Kommentar ist grundsätzlich zu vergleichen.

46 Hübner [Anm. 11], S. 355f. u. ö.

die „spektakulärste Passage“[47] des Leichs dar. Der Visionär, so wird berichtet, sah einen Hermaphroditen, bestehend je zur Hälfte aus einer Jungfrau/Frau und einem Mann. Dieses ‚dritte‘ Wesen (die *forme*, GA III,11, v. 1) trug in der weiblichen Hand statt wie üblich ‚kalt‘ und ‚feucht‘ die Elementarqualitäten ‚kalt‘ und ‚trocken‘, in der männlichen Hand statt ‚warm‘ und ‚trocken‘ die Qualitäten ‚warm‘ und ‚feucht‘. Die Gestalt ist also schon auf der Ebene der Qualitäten ein ‚Mischwesen‘. Wenn nun der Hermaphrodit auf den Geschlechtssinn (*bröde sinne*, GA III,12, v. 1) trifft, wirft er dorthin den *twalm* (GA III,12, v. 3; ‚betäubenden Dunst‘)[48] der Geschlechtslust. Augenblicklich entsteht *ganzer liebe vrevel* (GA III,13, v. 1; ‚Kühnheit vollkommener Liebe‘) und werden von der *forme* alle vier Qualitäten miteinander vermischt. Wenn Esthers „vermittelnde Funktion sich über sozialethische Tugenden als Analogie abzeichnet“[49] und die *natura* als Analogie-Allegorie der Frau alle menschlichen Eigenschaften in sich beschließt, dann steht der Hermaphrodit allegorisch für die Entstehung der Geschlechtslust dann, wenn er ‚Bereitwilligkeit‘ findet. Mit dieser dreifachen Voraussetzung des jetzt anhebenden Frauenlobs ist der erste Teil des Leichs beendet.

Der zweite und der dritte Teil (ab Versikel 22) sind durch drei anaphorische Abschnitte (*noch süzer*-Abschnitt in Versikel 14–19; *wer kan*-Abschnitt in Versikel 23–26 und *wa lit*-Abschnitt in Versikel 30–32), die den drei Exempla des ersten Teils entsprechen, miteinander verbunden, aber immer wieder auch über die Motiventsprechungen des Verbindens und des Hervorbringens als Vermögen der Frau. Auf Grund ihrer *süze* wurde die Frau ‚sie‘ genannt, so heißt es einigermaßen rätselhaft in Versikel 14. Da die *geiste* (Geister wie Selvon?) über die Frau Süßes sagen, sollen auch wir Männer all unsere Aufmerksamkeit auf ihr Lob verwenden. Hier wie anderswo scheint auch stets die Ebene poetologischer Selbstreflexion durch, beginnt doch das Dichter-Ich nun ein ‚geblümtes‘ Lob der Frau. Die *noch süzer*-Vergleiche zielen auf ganz unterschiedliche Seins- und Traditionsbereiche.[50] Neben alltäglich-lebensweltliche Erfahrungen aufgreifenden Vergleichen (‚noch süßer als ein Regen in der Dürre‘, GA III,6, v. 3; ‚noch süßer als für den Kämpfer die Siegeskrone‘, GA III,18, v. 12) stehen *Physiologus*-Vergleiche (Löwe, Einhorn, Phönix, Pelikan, Salamander), die auf Grund ihrer Tradition stets auch religiöse Konnotation evozieren, oder eher Empirisch-Naturkundliches (‚noch süßer als für den Maulwurf die Erde‘, GA III,18, v. 5f.; ‚noch süßer als dem Vöglein die Herrlichkeit des Morgens‘, GA III,18, v. 8). Die *noch süzer*-Reihe findet ihren Abschluss in Versikel 19: Süßer als alles ist der Freudentag, an dem das Bild der Frau in das Herz des Mannes einzieht: *wie gar durchsüzet und durchsenftet und durchliuchtet ist ir lieblich zeigen* (GA III,19, v. 4; ‚wie gar durchsüßt und *durchsenftet* [ganz und gar sanft gemacht] und durchstrahlt ist ihre körperliche Erscheinung‘). Ihr Anblick lässt uns den der Engel vergessen; wo die Frau sich auf die Hetzjagd begibt, haben Lust und Liebe geschworen, Fallstricke zu legen. – Am Ende von Versikel 21 und damit am Übergang

47 Ebd., S. 355. Zu Einzelnem BEIN [Anm. 4], S. 163–205, und STEINMETZ [Anm. 44], S. 75–148.

48 Dazu ausführlich STEINMETZ [Anm. 44], S. 112–126, der *twalm* vor dem Hintergrund medizinischer Literatur als *spiritus* oder *ventositas*, männliche Erektion und Ejakulation, versteht.

49 HUBER [Anm. 43], S. 39.

50 Neben dem Kommentar von BEIN [Anm. 4] vgl. HÜBNER [Anm. 11], S. 362–373, und HUBER [Anm. 43], S. 44–48.

zum dritten Teil werden die drei *genende* (GA III,21, v. 6; ‚Bezeichnungen‘) der Frau aufgelistet: *Meit, wip und vrouwe* (GA III,21, v. 5), wobei die *meit* etwas lieblos und kurz noch in zwei Versen (nur) als Anfang der höchsten Liebesbrände (*der hohsten minne brende*, GA III,21, v. 8) abgehandelt wird.

Der dritte Teil hebt dann mit der berühmten (pseudo-)etymologischen Definition des Begriffs *wip* an:

Wip schribet sich mit drin buchstaben:
w wunne wil zu diute haben,
i irdisch in im hat begraben,
p paradies gesprochen. (GA III,22, v. 1–4)

(Der Begriff ‚wip‘ setzt sich aus drei Buchstaben zusammen: w bedeutet ‚Wonne‘, i enthält das Wort ‚irdisch‘ in sich, p drückt ‚Paradies‘ aus.)

In den Versikeln 23–26 wird mit den *wer kan*-Fragen auf die einerseits das (erotisch aufgewühlte?) Gemüt der Männer besänftigende Fähigkeit der Frau gezielt, anderseits darauf, dass die Frau den Mann zu mutigen (erotischen?) Taten anreizen kann:[51]

Wer kann werden man vüren uf der eren plan
mit gewelbet phellelvarwes mundes kusses bieten?

Wer treit sunder weit aller tugent ganzes kleit?
wer kann süzen wechsel schenken, ein sich eines nieten? (GA III,25, v. 1–4)

(Wer kann einen edlen Mann auf den Platz der Ehre führen mit dem Anbieten eines Kusses von einem purpurfarbenen, gewölbten Mund? Wer trägt ein vollkommenes Kleid der Tugend ohne jede Beimischung von Schlechtigkeit? Wer kann süßen Austausch schenken, ein Erfreuen am jeweils anderen?)

Die Fragereihe kommt am Ende von Versikel 26 zur Ruhe: *wip, bistuz? ja* (GA III,26, v. 5; ‚Frau, bist du das? Ja‘). Wer beantwortet eigentlich die Frage des Dichter-Ich? Dieses selbst oder gewissermaßen stellvertretend eine der gelobten Frauen?

Die Versikel 27–29 stellen eine Art Einleitung zur die *vrouwe* lobenden *wa lit*-Reihe der Versikel 30–32 dar. Mit Versikel 28 glaubt man sich in die Zeit des traditionellen Minnesangs (*der alten norme*, GA III,28, v. 2) zurückversetzt, in dem das Vermögen der Damen gelobt wurde, die Männer zu mutigem Verhalten in der *tjost* (GA III,28, v. 5) anzuregen. Unmittelbar auf die *wa lit*-Reihe hin führt dann ein Konrads von Würzburg *Goldener Schmiede* entlehnter Unfähigkeitstopos, der geradezu zum Widerspruch reizen soll:

Mins herzen grunt, mins sinnes kamer,
min zunge wirke, ob lobes hamer
ist weich gein der metalle,

[51] Zu den erotischen Konnotationen HÜBNER [Anm. 11], S. 373–379.

Da vrouwen lop sich wirket abe:
doch lise ich nach der alden nabe,
wa lopspise in enphalle. (GA III,29, v. 7–12)

(Mein Herz, mein Verstand und meine Zunge sollen tätig sein, auch wenn der Hammer [meines] Lobes zu weich ist zur Bearbeitung des Metalls, von dem das Frauenlob herrührt. Trotzdem gehe ich, wo immer den alten Dichtern etwas an ‚Lobspeise' [was dem Lob zur Nahrung dient] entfällt, hinter ihrem Wagen aufsammelnd her.)

Der Anfang der *wa lit*-Reihe scheint mit seinem Frauenlob wiederum die Tradition des Minnesangs zu evozieren – *Wa lit hort der höchsten ere, / wa lit glestic rubin richer güte?* (GA III,30, v. 5f.; ‚Wo liegt der Schatz höchsten Ansehens, wo liegt der glänzende Rubin großer Güte?') Aber das Ende der Reihe hält eine Überraschung bereit, so dass man trotz der „Verbeugung vor der Tradition" zu der Auffassung gelangen muss, „daß hier neuer Wein in alte Schläuche gegossen wird":[52] *wa lit genade und rechter e geselleschaft* […]*?* (GA III,32, v. 5; ‚wo gibt es Entgegenkommen und das liebende Verbundensein in der Ehe?') Diese letzte, die Tradition des Frauenlobs auf die Vorstellung der Ehe hin durchbrechende Frage beantwortet die Frau selbst: *ja, in mins herzen schrine!* (GA III,32, v. 6; ‚ja, [dieses und alles andere, was bisher in der *wa lit*-Reihe aufgelistet wurde, liegt] in meinem Herzen.') Aus dieser Schlussperspektive bekommt das *geselleschaft* des ersten Versikels eine ganz neue Konnotation: Es meint dann jenseits der höfischen Tradition des geselligen Beisammenseins das Sich-Verbinden von Mann und Frau in der Ehe, in der die Frau als Gebärerin ihre Funktion findet.

Fragen gibt der letzte Versikel auf:

Sit vrouwen pris solch wirde
treit in lobes girde
gepartiret und geschrenket, gelenket, gedenket:
wie gar durchsüzet und geheret
Waz hat sie dann bespunnen
unzellicher wunnen
in erenricher hute mit vrute, die gute,
durch die man alle vrouwen eret! (GA III,33, v. 1–8)

(Da der Frauenpreis im aufgeteilten, verschränkten und gebogenen Bestreben nach Ansehen solche Würde hat, bedenkt [hingegen]: was hat sie, ganz und gar durchsüßt und geehrt, unter ehrenvoller Aufsicht und mit Weisheit an unzähligen Freuden umfasst, sie, die Gute, um derentwillen man alle Frau verehrt?)

[52] Ebd., S. 383.

Wenn hier, wie die Übersetzung nahelegt,[53] das ‚alte' Frauenlob mit seinem Streben nach Ansehen auch durch die Frauen selbst abgesetzt wird von dem Lob der ‚höchsten' Frau, dann ergibt sich auch eine Beziehung zu *der hochsten vrouwen minne* des ersten Versikels: Die Frau als Ehefrau und Gebärerin hat, könnte man meinen, ihr Vorbild (auch an Demut) in der Gottesmutter selbst. Das ist freilich nur eine Verstehensmöglichkeit, die nachdrücklich KARL STACKMANN vertreten hat, der ausgehend von der Esther-Typologie den mariologischen Aspekt des Leichs betont.[54] Für GERT HÜBNER hingegen zielt trotz aller mariologischen Allusionen der zweite Teil des letzten Versikels wie auch der erste auf die Minne: „Insofern ist mit *der vrouwen hochste Minne* jene hohe Minne gemeint, die im Rahmen der Ehe der Weitergabe des Lebens dient [...]. Alle drei Preisgründe, die der [erste] Versikel nennt, implizieren jeweils alle drei Programmpunkte des *Minneleichs*: Hohe Minne als Sexualität, Ehe, Zeugung; die Frau als Harmonie-, Glück- und Lebenstifterin."[55] Entsprechend ist mit der Einen im Schlussversikel nicht die Geliebte oder aber Maria oder beide gemeinsam gemeint, sondern die *Minne* selbst: „Um der ungezählten Wonnen der neu konzipierten Minne willen ehrt man die Frauen. Man ehrt sie gemäß dieser Konzeption auch als Mutter [...]."[56]

Mit Bezug auf SUSANNE KÖBELE hat CHRISTOPH HUBER[57] gegen diese ‚Vereindeutigung' Widerspruch erhoben, die Frauenlobs Poetik nicht gerecht werde. Nicht nur bei ihm, aber wohl gerade bei Frauenlob ist mit Eindeutigkeit wenig gewonnen. Die Allusionen – und das auch, obwohl (oder gerade weil?) Maria im ganzen Leich kein einziges Mal genannt wird – eröffnen einen mehrschichtigen Bedeutungsraum, dem Gleichzeitigkeit und Gleichwertigkeit zukommt. Kategoriale Entscheidungen führen nicht auf die poetische Qualität des Textes, sondern überdecken diese. Wie Typologien nicht ausgeführt und Bilder nicht erklärt werden, so werden auch Sinnschichten nicht vereindeutigt. In Maria verehrt wird (auch) die Frau als Mutter, in der Mutter auch die Gottesmutter – beide ‚Leserichtungen' lässt Frauenlobs *Minneleich* zu, ja fordert sie geradezu.

***

Auch wenn die drei Leichs thematisch unterschiedlich ausgerichtet sind, ergeben sich doch auf struktureller und poetologischer Ebene auch Parallelen. Makrostrukturell sind, betont man für den *Minneleich* den Einschnitt nach Versikel 13 stärker als hier geschehen, alle drei Leichs zweigeteilt. Geprägt sind alle drei Leichs durch Sprecherwechsel, besonders auffällig im *Marienleich*; im *Kreuzleich* kommt die Trinität zu Wort, im *Minneleich* reden Dichter-Ich und *her Sin* miteinander. Die Anreden oder Personenverweise am Anfang oder Ende sind ambig-schillernd: Wer ist der Sünder des *Marienleichs*? An wen richtet sich Versikel 1 des *Kreuzleichs*? Wer ist die höchste Frau des *Minneleichs*? Die makrostrukturelle Zweiteilung wird immer wieder verbunden mit

[53] Vgl. dazu GA II [Anm. 3], S. 704, und die entsprechenden Einträge im GA-Wörterbuch [Anm. 33].

[54] STACKMANN [Anm. 18], S. 15–17; siehe auch schon BERTAU [Anm. 6], S. 187f.

[55] HÜBNER [Anm. 11], S. 385 und oben Anm. 43.

[56] Ebd., S. 387. Zu weiteren Positionen in dieser Frage siehe HUBER [Anm. 43], S. 42f., Anm. 31–33.

[57] Ebd., S. 42f.

einer strukturellen, aber auch thematisierten und sprachlich realisierten Dreiheit: Maria ist Mutter, Geliebte, Tochter; die Trinität redet sich selbst an; in der Frau verehren wir Jungfrau, Frau und Mutter. Alle drei Leichs sind durchzogen von Dreierformeln: *Cypressus, cedrus, palmenboum* (GA II,17, v. 1). In keinem der drei Leichs wird Maria namentlich erwähnt und ist doch, akzeptiert man den Marienbezug im *Minneleich*, in allen drei ‚anwesend', am ungewöhnlichsten im *Kreuzleich* als Kreuz.

Frauenlob greift gern auf die literarische Tradition im weitesten Sinne zurück, auf Biblisches, Legendarisches, auf den Minnesang und anderes, oft nur andeutend und abbreviierend. Diese Bildfelder wechseln sich ab mit solchen kosmologischen, naturkundlichen (*Physiologus*) oder gelehrten Wissens. Eher ‚erzählende', szenische Passagen gehen unvermittelt in metaphernreiche, bildhafte Abschnitte über, die auch das motivisch (Gott warf seinen Hammer in Marias Schoß oder Christus als Aal am Kreuz) oder sprachlich (Wortneuschöpfungen, Reime) Außergewöhnliche nicht scheuen und die (allegorische) Auslegung verweigern. Verbunden mit solcher fast enigmatischen Bildlichkeit, die das Getrennte zusammenzieht, ist immer wieder eine Synchronisierung von Zeitebenen, in der das Vergangene auch das Gegenwärtige ist. Die ‚Denkbewegung' in Frauenlobs Leichs ist nie linear, sondern vor- und zurückgreifend, unvermittelt springend und zielt so auf die Präsenz des Früheren im Hier und Jetzt. Mit dieser das Vorstellungsvermögen beanspruchenden ‚Vergegenwärtigungsdichtung' ist Frauenlob in der Tat ein „Verführer zu einer gränzenlosen Auslegung"[58] geworden.

[58] So der Titel von KARL STACKMANNS Aufsatz über die drei Leichs [Anm. 18].

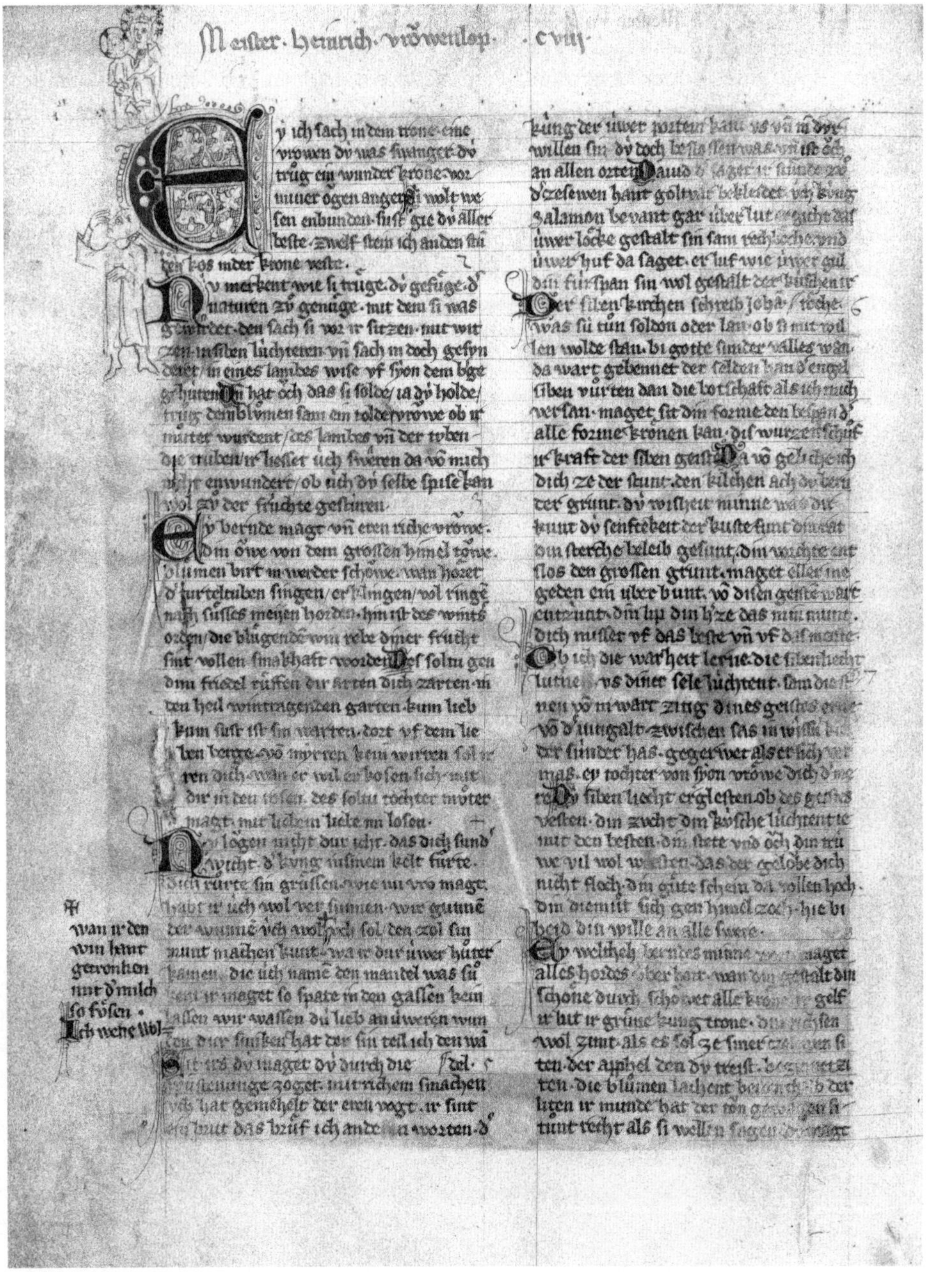

Hs. C; Anfang des *Marienleichs* mit Federzeichnung, die Frauenlob als Madonnen-Visionär zeigt. Quelle: Universitätsbibliothek Heidelberg, Große Heidelberger Liederhandschrift (Codex Manesse), Cod. Pal. germ. 848, fol. 399v.

4 Sangspruchdichtung

CLAUDIA LAUER

Frauenlob gilt als der bedeutendste Sangspruchdichter um 1300. Bereits zu Lebzeiten – so indizieren es die breite handschriftliche Überlieferung, die Grablegung im Mainzer Dom und der früh einsetzende Nachruhm – mit großem Ansehen ausgestattet, erweist er sich traditionell zugleich auch als einer der schwierigsten: Die artistische Kühnheit, gedankliche Komplexität und virtuose Form seines Schaffens faszinieren und provozieren in gleichem Maße nicht nur Zeitgenossen, sondern fordern auch bis heute seine Rezipienten wie bei kaum einem anderen Sangspruchdichter heraus. Während die Forschung des 19. und frühen 20. Jahrhunderts in Frauenlob einen nachwaltherschen Epigonen sah und sich „von der Unverschämtheit im Ausdruck [...] über bodenlose Anmaßung und unvorstellbare Frechheit“[1] zum Teil oft abschätzig geäußert hat, ist diese weitgehend negative Sichtweise im Laufe des 20. Jahrhunderts schrittweise dekomponiert worden. Speziell die Arbeiten von HELMUTH THOMAS, KARL BERTAU, KARL STACKMANN und BURGHART WACHINGER, die methodisch neu ansetzen, indem sie verstärkt die Überlieferung, aber auch das literarische Verständnis der Sänger als *meister* mit einbeziehen, haben hier zu einer Rehabilitierung Frauenlobs beigetragen, und diesem wird in der Sangspruchforschung heute einhellig ein besonderer literaturgeschichtlicher Stellenwert zugesprochen:

> Über den Kanon der Sangspruchdichter und damit über das Ende der Sangspruchdichtung gibt es in der Forschung einen unausgesprochenen Konsens. Praktisch enden die meisten Untersuchungen mit Frauenlob und Regenbogen, wobei der erstere gelegentlich als eine Art Fluchtpunkt der Sangspruchentwicklung dargestellt wird. Noch einmal erscheint in seinen Strophen die ganze Breite spruchmeisterlichen Singens und alle Tendenzen, die in der Gattung angelegt sind, kommen bei ihm zu einer letzten Konsequenz.[2]

Im weiteren Blick auf die gesamte historische Reihe des Sangspruchs und die erste Überlieferungsphase mittelhochdeutscher Lyrik (bis 1330/1350) haben mittlerweile zahlreiche Einzeluntersuchungen zu Frauenlobs Sangspruchstrophen sowie vermehrte systematische Untersuchungen zur Gattung selbst dazu beigetragen, Frauenlobs Sang-

[1] ALEXANDER HILDEBRAND: ûz kezzels grunde gât mîn kunst. *Zu Frauenlob 165,7,* in: *Euphorion* 61 (1967), S. 400–406, hier S. 400. Vgl. hier auch die umfangreiche Sammlung an Urteilen der Forschung des 19. und 20. Jahrhunderts, S. 400–404, die insbesondere Frauenlobs sogenannte ‚Selbstrühmung‘ evoziert hat.

[2] HELMUT TERVOOREN: *Sangspruchdichtung*. 2., durchgesehene Aufl. Stuttgart / Weimar 2001 (*Sammlung Metzler* 293), S. 127.

spruch-Œuvre nicht nur als einen ‚End- und Höhepunkt' der Gattung anzusehen. Sie legen es vor allem auch nahe, Frauenlob – ähnlich wie Walther von der Vogelweide – als „Fortsetzer" und „Ausnahmefigur"[3] zugleich zu begreifen: als einen Autor, dessen sangspruchdichterisches Profil unter gattungs- und überlieferungsgeschichtlichen Gesichtspunkten herausragt, dessen außergewöhnlich breites und langes Wirken aber auch – das belegen Arbeiten zu Frauenlobs handschriftlicher Überlieferung bis in den Meistergesang – ein prägnantes Produkt seiner Rezipienten und Nachfolger ist.

Frauenlobs Sangspruchdichtung blickt auf eine mehr als hundertjährige Dichtungstradition. Ausgehend von vor- und subliterarischen Kleinformen des Spruchs betritt in der zweiten Hälfte des 12. Jahrhunderts mit den Werken, die die Kleine und Große Heidelberger Liederhandschrift (A, C) sowie die Jenaer Liederhandschrift (J) unter den Namen Spervogel und Junger Spervogel überliefern, neben dem Minnesang die zweite große lyrische Gattung des Mittelalters die Bühne, die sich von Anfang an signifikant von ihrer ‚Schwestergattung' unterscheidet. Als volkssprachliche Kunst fahrender Berufssänger, die den öffentlichen und höfischen Diskurs *ze hove und an der strâzen* (Walther von der Vogelweide, Cormeau 76,II, v. 12)[4] aufnehmen und im Spannungsfeld vielfältiger Interessen und materieller Abhängigkeiten von Gönnern und Publikum stehen, vereint die Sangspruchdichtung mit weltlichen Lehren, religiöser Unterweisung, Herrenlob und -tadel sowie Klagen über das Sängerschicksal von Beginn an nicht nur ein breites stoffliches und thematisches Spektrum. Damit Sänger mit dieser Kunst Gehör finden, Ansehen erlangen und ihren Lebensunterhalt verdienen können, kristallisieren sich auch besondere Gattungskonstituenten heraus. Als Ratgeber, Lehrer und Sachwalter mittelalterlicher weltlicher und geistlicher Werte, als Sprachrohr der Herren und des Volkes sowie letztlich Verteidiger und Fürsprecher der eigenen Kunst profilieren und legitimieren namhafte einzelne Sangspruchdichter wie Walther von der Vogelweide, aber auch das breite Feld seiner größeren und kleineren Nachfolger (Reinmar von Zweter, Friedrich von Sonnenburg, Marner, Meißner, Boppe, Rumelant von Sachsen und andere) erfolgreich eine eigene Gattung, die ab der Mitte des 13. Jahrhunderts auch ein spezifisch eigenes Kunst- und Künstlerverständnis ausprägt: die *meisterschaft* als „großes Leitbild",[5] in dem sich dichterisches Können, vorbildliche moralische und christliche Haltung, Wissen und Bildung mit „dem herkömmlichen Spruchdichter-Ideal geistlich-moralischer-politischer *wîsheit*"[6] vereinigen und das im Ausstellen von Kunstfertigkeit und Gelehrsamkeit immer wieder implizit wie explizit proklamiert und zur Schau getragen wird.

Als wichtigste Zeugnisse für Frauenlobs Sangspruchdichtung gelten die Große Heidelberger Liederhandschrift (C), die Jenaer Liederhandschrift (J), die Weimarer Liederhandschrift (F) und die Kolmarer Liederhandschrift (k), die als Corpushandschriften unter der breiten, bis ins 16. Jahrhundert reichenden Überlieferung herausragen. Die Über-

[3] Ebd., S. 113.

[4] Zitiert nach: *Walther von der Vogelweide. Leich, Lieder, Sangsprüche.* 14., völlig neubearbeitete Auflage der Ausgabe KARL LACHMANNS mit Beiträgen von THOMAS BEIN und HORST BRUNNER, hg. von CHRISTOPH CORMEAU, Berlin / New York 1996 [= Cormeau].

[5] BURGHART WACHINGER: *Sängerkrieg. Untersuchungen zur Spruchdichtung des 13. Jahrhunderts*, München 1973 (*MTU* 42), S. 309.

[6] Ebd.

lieferungslage erweist sich in diesem Zusammenhang allerdings insofern als schwierig, als dass es bereits früh im 14. Jahrhundert Nachahmer gab, die es erschweren, die Frage der ‚Echtheit' von Frauenlobs Strophen zu beantworten, und zahlreiche Strophen und einzelne Töne mit F erst spät im 15. Jahrhundert belegt sind. Mit der Göttinger Ausgabe (GA), der eine kritische Revision der Untersuchungen von HELMUTH THOMAS zur Echtheit zugrunde liegt, und dem Supplement der Göttinger Ausgabe (S-GA), das auch die von THOMAS für unecht erklärten Sangsprüche und zahlreiche weitere ediert, deren Überlieferung vor der Kolmarer Handschrift einsetzt, aber auch mit der Herausgabe des *Repertoriums der Sangsprüche und Meisterlieder des 12. bis 18. Jahrhunderts* (RSM), das eine vollständige Erfassung der Frauenlob zugeschriebenen Strophen und Töne anhand der heute bekannten Handschriften und alten Drucke bietet,[7] liegt mittlerweile eine relativ sichere Text- und Überlieferungskenntnis vor, auf deren Basis sich Frauenlobs sangspruchdichterisches Profil genauer konturieren lässt.

I *Minne und Welt*

Das 21-strophige Streitgedicht *Minne und Welt*, in dem sich die beiden Personifikationen *Minne* und *Werlt* über ihren Vorrang streiten, nimmt im Rahmen von Frauenlobs Sangspruchdichtung „eine gewisse Sonderstellung"[8] ein. Bis auf die erste Strophe nurmehr spät, anonym und zum Teil korrumpiert in F überliefert,[9] bietet es einen „in überlieferungshistorischer und gattungspoetologischer, philosophie- und theologiegeschichtlicher Hinsicht rätselhaften Text",[10] dessen Echtheit vereinzelt bezweifelt wurde, heute aber weitgehend als gesichert gilt.

[7] *Frauenlob (Heinrich von Meissen): Leichs, Sangsprüche, Lieder. 2 Teile.* Auf Grund der Vorarbeiten von HELMUTH THOMAS hg. von KARL STACKMANN und KARL BERTAU. *Bd. 1: Einleitungen, Texte; Bd. 2: Apparate, Erläuterungen*, Göttingen 1981 (*Abh. d. Akad. d. Wiss. in Göttingen, Philol.-hist. Kl. III*, 119/120) [= GA]; *Sangsprüche in Tönen Frauenlobs. Supplement zur Göttinger Frauenlob-Ausgabe*, 2 Bde., unter Mitarbeit von THOMAS RIEBE und CHRISTOPH FASBENDER hg. von JENS HAUSTEIN und KARL STACKMANN, Göttingen 2000 (*Abh. d. Akad. d. Wiss. in Göttingen, Philol.-hist. Kl. III*, 232) [= S-GA]; *Repertorium der Sangsprüche und Meisterlieder des 12. bis 18. Jahrhunderts*, hg. von HORST BRUNNER und BURGHART WACHINGER unter Mitarbeit von EVA KLESATSCHKE, DIETER MERZBACHER, JOHANNES RETTELBACH und FRIEDER SCHANZE, 16 Bde., Tübingen 1986–2009 [= RSM].

[8] JENS HAUSTEIN: *Heinrich von Meißen (Frauenlob)*, in: *Sangspruchdichtung. Ein Handbuch*, hg. von DOROTHEA KLEIN, JENS HAUSTEIN und HORST BRUNNER in Verbindung mit HOLGER RUNOW, Berlin / Boston (im Druck/erscheint 2018).

[9] Vgl. zur schwierigen Überlieferungssituation bereits HELMUT DE BOOR: *Frauenlobs Streitgespräch zwischen Minne und Welt*, in: *PBB* 85 (1963), S. 383–409.

[10] SUSANNE KÖBELE: *Frauenlobs ‚Minne und Welt'. Paradoxe Effekte literarischer Säkularisierung*, in: *Literarische Säkularisierung im Mittelalter*, hg. von SUSANNE KÖBELE und BRUNO QUAST, Berlin 2017 (*Beiträge zu einer kulturwissenschaftlichen Mediävistik* 4), S. 221–258, hier S. 231.

Ich han der Minne und ouch der Werlte craft gewegen,
nu dünket mich, daz ich enmag
ir beider keine wis entbern.
ich weiz doch wol, welche unter in zwein me wirden hat.

Lieb und lust der Minnen amtes müzen pflegen,
die wirken allez, daz der tag
erliuchtet. [] *alle ding begern*
geminnert und gemeret sin nach Minne rat,

Wurm, vogel, visch [], *tier,*
wurz unde crut, stein unde holz, die han ir gir.
sus Minne ez allez wirken kan:
sich, Werlt, des wis ir untertan. (GA IV,1)

(Ich habe die Kraft der Minne und der Welt gewogen. / Nun scheint es mir, dass ich sie beide / in keiner Weise entbehren kann. / Aber ich weiß, welche der beiden größere Würde besitzt. / Liebe und Lust müssen im Auftrag der Minne handeln. / Sie wirken alles, was der Tag / beleuchtet. Alle Dinge wollen / nach [ihrer] Ausstattung mit Minne vermindert oder vermehrt sein. / Kriechtiere, Vögel, Fische, Säugetiere, / Wurzeln und Kräuter, Steine und Holz haben nach ihr Verlangen. / So kann Minne es alles wirken: / Sieh, Welt, deshalb sei ihr untertan.)

Ich wil der Werlte unfuge nimmer tag gejehen.
sie hat so williglichen lon
an manigen enden mir gegeben,
daz herze und mut, sin unde lip durchwirmet wart.

Wie möchte immer mir von ir baz sin geschehen?
so wil ich von ir singen schon
und wil ouch in ir dienste leben.
die Werlt [] *gab mir so liep ein wip,* [] *nie süzer art*

Ist worden kunt,
des danke ich diner wirdikeit, du bernder grunt.
du zierest, als [] *din art gebot,*
nu laze, Minne, mich ane not. (GA IV,2)

(Ich will der Welt niemals Unziemlichkeit unterstellen. / Sie hat mir so bereitwillig / vielfältigen Lohn gewährt, / dass Herz und Sinn, Geist und Körper ganz von Wärme durchdrungen wurden. / Wie könnte mir von ihr je Besseres widerfahren sein? / So will ich von ihr schön singen / und auch in ihrem Dienst leben. / Die Welt gab mir eine so liebenswerte Frau, dass man keine süßere / je sah: / das danke ich deiner Würde, du fruchtbarer [wörtlich: tragender] Grund. / Du [jetzt wohl adressiert an die Minne] schmückst, wie Deine Art es gebot, / erspar mir aber, Minne, Leid.)[11]

11 Übersetzung in Anlehnung an KÖBELE [Anm. 10], S. 236, Anm. 51.

Der Streit wird initiiert durch zwei Strophen, in denen sich ein sangspruchdichterisch räsonierendes (GA IV,1) und ein minnesängerisches Ich (GA IV,2) gegenübertreten. Bereits in der ersten Strophe führt das Ich das grundlegende Dilemma ein: Minne und Welt sind gleichermaßen unentbehrlich. Daraufhin spricht es der Minne aufgrund von deren *craft* und Wirken in der Welt die höhere *wirde* zu und fordert die Welt auf, sich jener unterzuordnen. Dies gibt den Anstoß für Strophe 2, in der der Wert der Welt gegenübergestellt wird: ihr erfreuliches Wirken mit dem Lohn, den sie durch eine schöne Frau gibt und für die das (minnesängerische) Ich schön singen und in deren Dienst leben will. Im Sinne einer Exposition werden damit die beiden ‚Gegnerinnen' Minne und Welt vorgestellt. Und auch wenn – im Muster eines bereits im Vorfeld entschiedenen Streits – der Minne ein gewisser Vorrang über die Welt zugesprochen wird, zeigen sich von Beginn an Überschneidungen: keine Welt ohne die Wirkmacht der Minne (GA IV,1) und keine Minne ohne die Wirkmacht der Welt (GA IV,2) – eine logische Aufeinanderbezogenheit im Dissens der beiden Gegnerinnen, die mit dem folgenden personifizierten Auftreten von *Minne* und *Werlt* diskursiv weiter ausgefaltet wird.

Konsequent auf das (minnesängerische) Ich reagierend, reklamiert die *Minne* alle Verdienste an der Frau für sich – die ‚süße' Wirkung des Begehrens und die geschlechtliche Vereinigungskraft, die zwei *libe* und zwei *herzen* zu einer *lust* zusammenschließt (GA IV,3) – und es setzt eine alternierende Folge von Rede und Gegenrede ein,[12] in deren Verlauf *Minne* und *Werlt* jeweils eine Strophe lang ihre Vorzüge und die negativen Aspekte der Gegnerin herausstellen. In einem ersten Durchlauf ist dies auf die Selbstbehauptung als ‚oberste Prinzipien' ausgerichtet: Die *Werlt* als *ursprinc* bzw. *anefanc* (GA IV,4, v. 2) alles von Gott Geschaffenen, der Ort, an dem sich die Inkarnation vollzog, und derjenige, an dem die *Minne* allenfalls wirkt; die *Minne* als *schaffer* und *bote der ersten sache* (GA IV,5, v. 3f.), als Verbindungsglied zwischen Gott und seinem Sohn und, eins mit Gott, universelles Wirkprinzip zwischen den Menschen. Was hier im Horizont von geistlicher Schöpfungslehre bzw. Christologie, neuplatonischer Kosmologie und aristotelischer Metaphysik bzw. Logik ausgehandelt wird und unentschieden bleibt, konzentriert sich ab GA IV,11 stärker auf ethische Dimensionen: Die *Minne* rühmt sich, sie sei eins mit *maze* und *bescheidenheit* (GA IV,11, v. 1f.) und *schaffer aller tugent* (GA IV,15, v. 11). Aufgerufen wird so die Ebene höfischer (Verhaltens-)Ethik, die mit zwei von der *Werlt* ins Spiel gebrachten negativen Liebesbeispielen aus der höfischen Literatur (Gahmuret, der Vater Parzivals, der im gleichnamigen Roman Wolframs von Eschenbach im Minnekampf stirbt, GA IV,12) und der antiken Mythologie (Paris, dessen Entführung Helenas Troja den Untergang brachte, GA IV,14) nicht nur zu einer Auseinandersetzung über Vergänglichkeit und Tod führt. Im Spannungsfeld christlicher Ewigkeits- und Schöpfungstheologie sowie naturphilosophisch angereicherter und höfisch gefärbter Argumente kulminiert dies auch in anschaulichen Negativbildern der beiden Gegnerinnen: die *Minne*, aus der Sicht der *Werlt*, als nackter und blinder Amor / Cupido mit Fackel und Pfeil (GA IV,16) und die *Werlt*, aus der Sicht der *Minne*, als eine

12 Anzumerken ist, dass dieser Wechsel vor allem auch ein philologisches Produkt ist, indem die Strophen IV,9 und 10 mit IV,14 getauscht wurden. Die GA schließt sich hier der Anordnung an, die insbesondere DE BOOR [Anm. 9] und BARBARA VÖLKER: *Die Gestalt der* vrouwe *und die Auffassung der* minne *in den Dichtungen Frauenlobs*, Tübingen 1966, S. 247–274, unabhängig voneinander vorgeschlagen haben.

von Nattern und Würmern zerfressene Frau, wie sie bereits Walther von der Vogelweide, aber auch Konrad von Würzburg vorgezeichnet haben, und die von Geburt bis zum Tod nurmehr übel mit Schmerzen (be-)lohne (GA IV,17 und 19). Den Abschluss bilden zwei finale Selbstbehauptungen: zum einen die der *Werlt*, die die *Minne* zu einem ‚Instrument' Gottes degradiert und deren törichte und blinde Art mundtot zu machen sucht (GA IV,20), zum anderen die der *Minne* (GA IV,21). In vehementer Abwehr des Vorwurfs, wertlos und töricht zu sein, vertritt sie ein auf Gott ausgerichtetes Naturprinzip, distanziert sich gegenüber weltlichen Lastern aller Art und spricht, abschließend, das Urteil: *sust hast du, Werlt, verlorn din strit* (deshalb hast du, Welt, deinen Wettkampf verloren, GA IV,21, v. 12).

Frauenlob knüpft mit *Minne und Welt* an verschiedene gattungstypische Traditionen an (dialogische Auseinandersetzungen über die Minne, volkssprachlich-lateinische Streitgespräche, akademische Praktiken der *disputatio*), die auf der Formebene innovativ „amalgamiert" werden.[13] Darüber hinaus überspannt er die ambivalente *Werlt*-Figur mit einem neuplatonischen *Natura*-Konzept, das sich auch auf die *Minne*-Figur auswirkt.[14] Damit verbindet sich nicht nur zentrales theologisch-naturphilosophisches Gedankengut aus Frauenlobs Gesamtwerk. Ergebnis ist insgesamt auch eine „rhetorische Faktur", deren enges Aufeinanderbezogensein theologischer, kosmologischer, moralischer und literarischer Diskurse einen in gleicher Weise vielschichtigen wie vieldeutigen Status von *Minne* und *Werlt* generiert, der im Verlauf der argumentativen Auseinandersetzung beständig zu Umperspektivierungen und Überschneidungen führt und damit wiederholt über das traditionelle Modell eines hierarchischen Rangstreits hinausgeht.[15]

II Sangspruchstrophen

Neben *Minne und Welt* gelten neun weitere Töne als ‚echt', die Frauenlobs Sangspruch-Œuvre im ‚klassischen' Sinne bieten: Langer Ton (GA V), Flugton (GA VI), Grüner Ton (GA VII), Zarter Ton (GA VIII), Würgendrüssel (GA IX), Vergessener Ton (GA X), Neuer Ton (GA XI), Goldener Ton (GA XII) und Kurzer Ton (GA XIII). Wenngleich diese Tonanzahl im Vergleich zu älteren Sangspruchdichtern wie Walther von der Vogelweide oder auch dem Meißner deutlich geringer ist, versammelt sich hier mit rund 320 Strophen nicht nur ein beachtliches Corpus, sondern auch das gesamte bekannte Thementableau der Sangspruchdichtung: Weltliches und Religiös-Geistliches, Politisch-Aktuelles sowie Aspekte der eigenen Kunst.

13 Vgl. KÖBELE [Anm. 10], S. 232, Zitat S. 233.

14 Vgl. vor allem CHRISTOPH HUBER: *Die Aufnahme und Verarbeitung des Alanus ab Insulis in mittelhochdeutschen Dichtungen. Untersuchungen zu Thomasin von Zerklaere, Gottfried von Straßburg, Frauenlob, Heinrich von Neustadt, Heinrich von St. Gallen, Heinrich von Mügeln und Johannes von Tepl*, Zürich / München 1988 (*MTU* 89), sowie, HUBERS Ergebnisse aufgreifend und weiter ausführend, auch RALF-HENNING STEINMETZ: *Liebe als universales Prinzip bei Frauenlob. Ein volkssprachlicher Weltentwurf in der europäischen Dichtung um 1300*, Tübingen 1994 (*MTU* 106), S. 9–57.

15 Vgl. KÖBELE [Anm. 10], S. 232f., Zitat S. 232.

II.1 Weltliches

Frauenlobs weltliche Strophen, die den größten Anteil ausmachen, umfassen die traditionellen thematischen Felder des Lobens und Lehrens: Lohnheische, Fürsten- und Herrenpreis sowie allgemeine und höfisch-ständisch akzentuierte Didaxe, die auch Belehrungen über Minne und Frauen miteinschließt.

Die konventionelle Heische, mit der die Sangspruchdichter von Anfang an unmittelbar auf ihre prekären sozialen Lebensumstände rekurrieren und um Lohn bitten, fehlt bei Frauenlob z. B. mit der Akzentuierung der *milte* (GA VI,8), aber auch *wirt-gast*-Thematiken (vgl. GA X,8–9) und der Auseinandersetzung mit *wandelberen* und *kargen* Herren (GA V,48; GA XIII,21–23) nicht völlig, tritt allerdings in den Hintergrund. Auch weisen die in diesem Zusammenhang für die Sangspruchdichtung typischen Gönnerpreis-Strophen, die in ihrer Funktion pragmatisch auf das sogenannte *guot-umbe-êre-nemen*, das Singen im Austausch für Entlohnung und Anerkennung, ausgerichtet sind, markante Verschiebungen auf. Greifbar sind eine ganze Reihe von Lobsprüchen, die Frauenlob in der Verbindung mit adligen Herren seiner Zeit zeigen: Strophen auf norddeutsche geistliche und weltliche Adlige im Langen Ton, Bischof Giselbrecht von Bremen (GA V,7), Graf Otto von Ravensberg (GA V,8), Gerhart von der Hoye (GA V,9), Fürst Wizlav von Rügen (GA V,10), Herzog Heinrich von Mecklenburg (GA V,11), Graf Otto von Altenburg (GA V,12), Markgraf Waldemar von Brandenburg (GA V,13–17) sowie eine Strophenfolge auf König Erik von Dänemark im Neuen Ton (XI,1–2). Sämtliche dieser Strophen sind inhaltlich „so gut wie ganz von der *gerenden*-Thematik frei".[16] Stattdessen rückt mit dem sogenannten ‚Geblümten Stil' eine besondere künstlerische Darstellungsform in den Vordergrund. Dabei wählt Frauenlob im Rahmen dieser verschiedenen Strophen für die jeweils angesprochenen Gönner nicht nur unterschiedliche Bildspender (Natur, Textil-, Bau- und Metallhandwerk) und eine Vielfalt an stilistisch-rhetorischen Verfahren, die die kunstvolle Gemachtheit des Lobes unterstreichen.[17] Vor dem Hintergrund der Logik, dass sich die Qualität des Gelobten durch die Qualität der sprachlichen Ausdrucksweise abbildet, kristallisiert sich hier – angelegt bereits bei Walther von der Vogelweide – auch ein markantes künstlerisch-artistisches Selbstbewusstsein heraus. Ergebnis ist zum einen – nicht zuletzt forciert durch den Aspekt der Sängerkonkurrenz[18] – eine deutliche Verschiebung von der Ich-Rolle des abhängigen fahrenden Sängers hin zu einer Sänger-Rolle, die sich „nicht mehr über [die] Position innerhalb des Sänger-Gönner-Verhältnisses, sondern über [...] Kompetenz definiert."[19] Damit

[16] HAUSTEIN [Anm. 8].

[17] Vgl. KARL STACKMANN: Redebluomen. *Zu einigen Fürstenpreis-Strophen Frauenlobs und zum Problem des geblümten Stils* [1975], wieder in: *Mittelalterliche Texte als Aufgabe. Kleine Schriften I*, hg. von JENS HAUSTEIN, Göttingen 1997, S. 298–317.

[18] Vgl. JAN CÖLLN: *Fürstenlob und Sängerkonkurrenz. Rhetorische Strategien der Sangspruchkommunikation bei Hermann Damen und Frauenlob*, in: *Sangspruchdichtung um 1300. Akten der Tagung in Basel vom 7. bis 9. November 2013*, hg. von GERT HÜBNER und DOROTHEA KLEIN, Hildesheim 2015 (*Spolia Berolinensia* 33), S. 197–232.

[19] SABINE OBERMAIER: *Von Nachtigallen und Handwerkern. ‚Dichtung über Dichtung' in Minnesang und Sangspruchdichtung*, Tübingen 1995 (*Hermaea* 75), S. 252.

verbunden ist zum anderen auch eine besondere künstlerische Selbstreferentialität.[20] So verkehrt sich z. B. das Verhältnis von Sänger und Gönner, wenn Frauenlob wie im Preis auf Herzog Heinrich von Mecklenburg am Ende zeigt, wem dieser sein Lob zu verdanken habe: *Ein kranz, den ere geblümet hat, / ein krone tugentlicher tat / und ouch ein wat, / der ieslich nat / zu prisene und zu lobene stat /* [...] */ daz ist von Mekelenburc her Heinrich, dem ich schalle* (Ein Kranz, den Ehre zum Blühen gebracht hat, eine Krone tugendhafter Tat, und auch eine Kleidung, an der jegliche Naht preiswürdig und lobenswert ist [...] das ist Heinrich von Mecklenburg, den ich lobpreise, GA V,11, v. 13–19). Zudem rückt die eigene Kunst in den Vordergrund und spielen sich „verschiedene Modelle künstlerischer Autorschaft"[21] ein, wie dies exemplarisch die Eingangsstrophe eines 5-strophigen Preislieds auf Markgraf Waldemar von Brandenburg zeigt, die in F überliefert und vermutlich im Blick auf das Ritterfest von Rostock 1311 gedichtet wurde:

Ja tun ich als ein wercman, der sin winkelmaz
ane unterlaz
zu sinen werken richtet,
[] *uz der fuge tichtet*
die höhe und lenge: wit und breit, alse ist ez geschichtet;
und swenne er hat daz winkelrecht nach sinem willen gezirket,

Darnach er danne wirket, als man wirken kan.
nu merket an,
ich forme, ich model, ich mizze:
wie gerne ich mich flizze
eins lobes, daz hat so hoch ein name, daz ich sin nicht vergizze!
ez höhet, lenget, breitet sich, sin nennen niendert lirket.

Ez ist gekrönet, guldin, glanz,
gespiegelt, luter, sunder schranz,
materjen ganz,
milte als ein cranz
ez zafet, zieret sinen swanz:
froun Eren diener Vivianz
ist Waldemar, der fürste stolz, sin lob noch wunder wirket. (GA V,13)

[20] Vgl. Christoph Huber: *Herrscherlob und literarische Autoreferenz*, in: *Literarische Interessenbildung im Mittelalter*, hg. von Joachim Heinzle, Stuttgart / Weimar 1993 (*Germanistische Symposien. Berichtsbände* 14), S. 452–473; Jens Haustein: *Autopoietische Freiheiten im Herrscherlob. Zur deutschen Lyrik des 13. Jahrhunderts*, in: *Poetica* 29 (1997), S. 94–113; Gert Hübner: *Lobblumen. Studien zur Genese und Funktion der ‚Geblümten Rede'*, Tübingen / Basel 2000 (*Bibliotheca Germanica* 41), spez. S. 219–279.

[21] Dorothea Klein: Poeta artifex *und andere Formen auktorialer Selbstinszenierung im Sangspruch Frauenlobs*, in: *Sangspruchdichtung zwischen Reinmar von Zweter, Oswald von Wolkenstein und Michel Beheim. Beiträge der internationalen und interdisziplinären Tagung vom 30. September bis 3. Oktober 2015 in Brixen veranstaltet von der Oswald-von-Wolkenstein-Gesellschaft in Verbindung mit dem Lehrstuhl für Deutsche Sprache und Literatur des Mittelalters der Universität Augsburg*, hg. von Horst Brunner und Freimut Löser, Wiesbaden 2017 (*JOWG* 21), S. 241–259, S. 241.

(Ja, ich mache es wie ein Baumeister, der sein Winkelmaß / ständig / an seine Werke anlegt, / dichtet, wie es passt, / nach Höhe und Länge: weit und breit, so ist es aufgeschichtet. / Und wenn er den rechten Winkel nach seinem Willen abgemessen hat, / schafft er danach, wie man schaffen kann. / Nun passt auf: / Ich forme, ich modelliere, ich vermesse: / wie gern befleißigte ich mich / eines Lobes, das ein so hoher Name hat, dass [auch] ich es nicht vergessen will! / Es höht, längt, breitet sich, sein Nennen stottert nie. / Es ist gekrönt, golden, glänzend, / spiegelnd rein, ohne Bruch, / ein Stück. / Freigebigkeit schmückt es wie ein Kranz, / ziert seine Herrlichkeit: / Ein Diener der Frau Ehre, ein Vivianz / ist Waldemar, der stolze Fürst, sein Lob wird noch Wunderbares bewirken.)

Frauenlobs Eingangsstrophe der Lobpentade auf den Markgrafen Waldemar von Brandenburg setzt mit einer prononcierten Ich-Rede des Sängers ein und widmet sich fast ausschließlich dem Produktionsverfahren des Lobpreisens selbst. Dabei entfaltet der Sänger im Bild eines Baumeisters, der zunächst die Voraussetzungen des Werkes prüft (Winkel, Maße, Proportionen) und diese dann, wenn sie seinem Willen entsprechen, ausführt, auf breitem Raum die Technik und Kunstfertigkeit des Dichtens, so dass die konkrete Funktion der Strophe, der Lobpreis auf Waldemar, fast gänzlich in den Hintergrund rückt. Darüber hinaus erzeugt das Sänger-Ich mit dem bildhaften Vergleich zwischen Baumeister und Dichter ein besonderes Bedeutungsfeld: Einerseits evoziert der Vergleich zwischen Hausbau und Dichtung eine Vorstellung, die in der lateinischen Poetik erstmals explizit bei Galfrid von Vinsauf (*Poetria nova*, um 1200) erscheint,[22] andererseits ruft der mittelhochdeutsche Ausdruck *wercman*, so belegt es z. B. die *Frühmittelhochdeutsche Genesis* (v. 108), die biblisch gut bezeugte Vorstellung vom Baumeister Gott und eine Analogie zwischen Herrscher- und Gottespreis auf. Und in dieser Spannung zwischen „den beiden mehr angedeuteten als ausgeführten Analogien, hier: Baumeister/Dichter, dort: Herrscher/Gott, ergibt sich im Ganzen ein [...] spezifisch kreativer Anspruch des dichterischen Textes“[23] – ein Lob, das zusammen mit dem schon vorhandenen Ruhm, so die Aussicht am Ende, ausdrücklich *noch wunder wirket* (GA V,13, v. 19). Wenngleich nicht explizit gemacht, aber doch gedanklich zugelassen, imitiert der Sänger als *poeta artifex* so nicht nur Gott, den *deus artifex*. In ausgesprochener „Kühnheit“[24] tritt der Sänger auch in Analogie zum Schöpfergott und wird vom „*poeta artifex*

22 Vgl. Galfrid von Vinsauf: Poetria nova, in: *Les Arts poétiques du XIIe et XIIIe siècle*, hg. von EDMOND FARAL, Paris 1924, S. 194–262, spez. v. 43–49: *Si quis habet fundare domum, non currit ad actum / Impetuosa manus: intrinseca linea cordis / Praemetitur opus, seriemque sub ordine certo / Interior praescribit homo, totamque figurat / Ante manus cordis quam corporis; et status ejus / Est prius archetypus quam sensibilis. Ipsa poesis / Spectet in hoc speculo quae lex sit danda poetis.* (Wenn jemand ein Haus zu bauen hat, dann eilt nicht die ungestüme Hand zur Tat: Das innere Maß des Herzens misst das Werk zuerst im Voraus, das Innere des Menschen schreibt sich die Abfolge in einer bestimmten Ordnung vor und konzipiert sie vollständig mit der Hand des Herzens, bevor die Hand des Körpers ihr folgt. Das Werk existiert zuerst als Archetypus und danach erst als physische Realität. So möge auch die Dichtung selbst sich in diesem Spiegel betrachten und erkennen, auf welches Gesetz die Dichter verpflichtet werden müssten; eigene Übersetzung.)

23 CHRISTIAN KIENING: *Literarische Schöpfung im Mittelalter*, Göttingen 2015, S. 26.

24 Ebd.

[...] zum *poeta creator.*“[25] In dieser Form ‚auktorialer Selbstinszenierung‘ und auf dem damit verbundenen Weg zu „autonome[m] Sängerstatus und Kreativität“,[26] der sich variiert auch in anderen Fürstenpreisstrophen zeigt, ist kaum ein anderer Sangspruchdichter „so weit gegangen“[27] wie Frauenlob.

Die weiteren weltlichen Strophen versammeln das breite Feld der Didaxe, wie sie seit den Anfängen der Sangspruchdichtung präsent ist und mit der Rolle des Ratgebers und Lehrers im Laufe des 13. Jahrhunderts nachgerade zum Markenzeichen *par excellence* der Sangspruchdichter avanciert. Neben einigen Alters- und Jugendbelehrungen und einer Reihe von Hofkritiken und Ständelehren sind bei Frauenlob mehrheitlich vor allem Fürsten- und Herrenlehren, Thematisierungen der alten (Ritter-)Werte und Strophen über Minne und Frauen vertreten. Frauenlobs Lehren bieten dabei inhaltlich auf weiten Strecken Konventionelles. Zugleich zeigen sich spezifische Akzente in der Darstellung: ähnlich wie in *Minne und Welt* eine gewisse Vorliebe für Personifikationen (vgl. z. B. *her Bart* GA V,27–29; *her Hof* GA V,33–37, GA VII,31; *Vrou Ritterschaft* GA V,32; *Vrou Ere* GA VII,16), eine Neigung zu preziös-gelehrten *bîspeln*, wie sie auch bei Frauenlobs Vorgängern ab der Mitte des 13. Jahrhunderts fassbar ist (vgl. z. B. den Rat der Tarsilla GA V,18; Alexanders Paradiesfahrt GA V,19; Alexander und das Giftmädchen GA V,20; Midas und die Eselsohren GA V,24; Amazonenstaat GA V,26 oder der Vulkan Ätna GA XIII,27) sowie im Sinne meisterlicher Geltungsbehauptung eine wiederholte ‚Dunkelheit‘ in der Sprache, indem „z. B. ausgesuchte Bildlichkeiten, Verfremdungen von Sprichwörtern, assoziative Sprünge und eine zum Teil schwer verständliche Wortwahl und Syntax ein kohärentes Verstehen der lehrhaften Sprüche und Spruchreihen erschweren.“[28] Hierzu gesellt sich in den Strophen über Minne und Frauen (Ermahnungen, Beschreibungen der Minne und des Minneprozesses, Frauenpreis) ein gewisser ‚rationaler‘ Zug. Frauenlob kennt die Formen, die zur Eingrenzung werthafter Liebe von seinen Vorgängern eingeschlagen wurden (Walther von der Vogelweide, Reinmar von Zweter, der Junge Meißner und Konrad von Würzburg).[29] Zugleich zeigt sich die Tendenz, in der „Gewichtung und de[m] Ausbau von Argumentationen, d[er] Kombination verschiedener Begründungsstrategien und schließlich [der] Nutzung der selbstreferentiellen Dimensionen der laudativen Rede“[30] traditionell bekannte textuelle Strategien und Darstellungsverfahren umfassender und systematisierter als zuvor zu nutzen und

[25] Klein [Anm. 21], S. 255.

[26] Ebd., S. 241.

[27] Haustein [Anm. 20], S. 105.

[28] Vgl. Burghart Wachinger: *Spruchreihen im Lied*, in: *Dichtung und Didaxe. Lehrhaftes Sprechen in der deutschen Literatur des Mittelalters*, hg. von Henrike Lähnemann und Sandra Linden, Berlin / New York 2009, S. 327–344. Vgl. zum Versuch, die komplexen und zum Teil stark vernetzten Wortsemantiken in Frauenlobs didaktischen Strophen aus linguistischer Sicht zu beschreiben, vor allem Mark V. Felker: *A topography of Virtue. Heinrich Frauenlob's didactics*, Göppingen 1983.

[29] Vgl. grundlegend Margreth Egidi: *Textuelle Verfahrensweisen in Minnespruchstrophen von Reinmar von Zweter bis Frauenlob*, in: *GRM* 48 (1998), S. 405–433, und Margreth Egidi: *Höfische Liebe. Entwürfe der Sangspruchdichtung: Literarische Verfahrensweisen von Reinmar von Zweter bis Frauenlob*, Heidelberg 2002 (*GRM Beiheft* 17).

[30] Ebd., S. 346.

der sprachlichen Organisation der Texte und dem differenzierten Sprechen über die höfische Liebe einen größeren Stellenwert als seine Vorgänger einzuräumen.

Neben dieser darstellerischen Aufbereitung konventioneller Inhalte im Spannungsfeld zwischen Evidentem und Dunklem, Verrätselung und rationaler Präzisierung sticht inhaltlich eine verstärkte Rezeption philosophisch-theologischen Wissens hervor, die sich im Kern vor allem auf die *Natura*-Vorstellungen des Alanus ab Insulis und der sogenannten Schule von Chartres bezieht.[31] Deutlich wird dies in Sangspruchstrophen über Frau Welt als natürlich-kosmologische Instanz,[32] aber auch an einer engen Verbindung von Ethik und Naturphilosophie, wenn Grundbegriffe der Wertelehre, wie z. B. die *êre* (GA V,59–61), „aus dem geschöpflichen Urzustand des Menschen und der Veränderung der menschlichen Natur durch den Sündenfall"[33] abgeleitet werden. In diesem Zusammenhang zeigt sich ebenfalls ein stärkerer Zug zu „begrifflicher Klärung und Theoretisierung der Morallehre",[34] wie dies ab der Mitte des 13. Jahrhunderts in der Sangspruchdichtung präsent ist. Fassbar sind nicht nur zahlreiche Erörterungen von Tugend- und Ordnungsbegriffen (z. B. *mâze*, GA V,90–92; *triuwe*, GA V,93–95; *reht*, GA V,22; *gewalt*, GA V,97–98; *gelücke*, GA V,51–53, 62, 88–89, GA VII,16). Auch wird im Bemühen um eine angemessene Begrifflichkeit die Sprache vermehrt selbst zum Gegenstand. Dies führt punktuell zu Wortspielen (z. B. GA V,50: *gut/gut*) sowie zu expliziteren sprachtheoretischen Reflexionen:

Wort sint der dinge zeichen, sam der meister gicht.
da von muz icht
ligen in der worte ringe,
daz sich ie dem dinge
gelichen muz an lut, an art oder an dem urspringe,
wan ieslich ding sin nam tut melt: sus prüf ich daz besunder,

Daz ieslich [] tugent ie nach ir tat genennet ist,
nach listic list,
die rechticheit nach rechte.
sus man vürbaz vlechte
ie nach ir tat der tugent ir namen. schande und ir geslechte
hegen ouch ir recht ie nach ir tat. hie bi so wird ich munder

Und var uf einen vindelse:
hochvart ist uf der tugende le
ein blünder kle,
den nimmer me
versalwet keiner schanden sne:
ir nam tut melt nach hoher e,
ir art und ouch ir hohez adel. daz nemt nicht vür ein wunder. (GA V,38)

[31] Vgl. hierzu grundlegend HUBER [Anm. 14].

[32] Vgl. MARTIN BARTEL: Sin lib, sin gut mir blibet. *Frauenlob, Frau Welt und seine Alanus-Rezeption im Sangspruch VII,30*, in: *ZfdA* 143 (2014), S. 166–182.

[33] HUBER [Anm. 14], S. 187.

[34] CHRISTOPH HUBER: Wort sint der dinge zeichen. *Untersuchungen zum Sprachdenken der mittelhochdeutschen Spruchdichtung bis Frauenlob*, München 1977 (*MTU* 64), S. 79.

(Worte sind die Zeichen der Dinge, wie der Meister sagt. / Deshalb muss etwas / in der Gestalt der Wörter liegen, / das jeweils dem Ding / an Laut, Art oder Herkunft gleichen muss, / denn sein Name zeigt ein jedes Ding an, so überprüfe ich es einzeln. / Dass jede Tugend immer nach ihrer Tat benannt wird, / nach klug die Klugheit, / die Gerechtigkeit nach dem Rechten. / So möge man immer weiter / der Tugend ihre Namen je mit ihrer Tat verflechten. Die Schande und ihr Geschlecht / besitzen ihr Recht auch immer nach ihrer Tat. Dabei werde ich munter / und fahre hinaus auf einen ‚Finde-See‘: / *hochvart* ist auf dem Hügel der Tugenden immer / ein blühender Klee, / den nie ein Schnee der Schanden fahl werden lässt. / Ihr Name verkündet die Ausrichtung am Hohen, / ihre Wesensart und auch ihren hohen Rang. Das soll Euch nicht wundern.)[35]

Die Eingangsstrophe eines in J überlieferten 4-strophigen Bars zur *hochvart* liest sich als prägnantes Beispiel eines philosophisch-theologisch geprägten „Sprachdenkens“.[36] Ausgangspunkt ist gleich zu Beginn (GA V,38, v. 1–6) der Grundgedanke einer *wort-dinc-* bzw. *nomen-res*-Korrespondenz, wie sie seit Aristoteles geläufig ist, und die Etymologie als ein Verfahren, das nach dem Ursprung von Wörtern, ihren Entstehungsursachen und -bedingungen fragt und so in eine ursprüngliche Wortschicht vordringen kann. Augustinus' Zeichendefinition, aber auch etymologisches Fachwissen seiner Zeit mit aufnehmend,[37] führt der Sänger vor, dass die Entsprechung von *art* und *dinc* auch auf der Ebene natürlicher und arbiträrer Zeichen zu erklären ist, und verbindet dies ab GA V,38, v. 7 mit dem Gedanken der Entsprechung des Namens der *tugent* und des Handelns: Die Namen der Tugenden korrespondieren mit den jeweiligen Taten. Und weil die Namen den Dingen ebenso wie die Tugenden den Taten entsprechen, ergibt sich ab GA V,38, v. 13 auch die Etymologie der *hochvart* „als eine (ethische) Ableitung der Sache“:[38] *hochvart* wird im Gegensatz zur üblichen negativen Semantik von lat. *superbia* (Hochmut) zu einer Tugend – ihr Name bezeichnet gemäß ihrer *vart* die Ausrichtung am Hohen und offenbart ihre vollkommene Art und ihr *hohez adel*. Demonstriert wird damit meisterlich-gelehrtes Können im etymologischen Auffinden von Worten. Die Umsemantisierung von *hochvart* weist diesem Können aber auch das etymologische Erfinden von Worten zu – ein traditionell bekannter Komplementäraspekt, den Frauenlob (wohl) auch selbst mit dem Wort *vindelse* zum Ausdruck bringt: eine „Anspielung auf *vunt*, ‚Vorgefundenes‘“ und Verbindung „der *vunt*-Thematik mit dem schon antiken Bild von dem auf dem Meer der Dichtkunst schiffenden Dichter“.[39] Wenngleich hier *vindelse* als „Gelegenheitsdichtung, die eine ganze Allegorie in ein Wort rafft; das Suchen des Dich-

[35] Übersetzung in Anlehnung an: UTA STÖRMER-CAYSA: *Vier Strophen über* hochvart *im Frauenlobnachtrag der Jenaer Liederhandschrift*, in: *Abhandlungen der Geistes- und Sozialwissenschaftlichen Klasse, Akademie der Wissenschaften und der Literatur Mainz 2018*, Nr. 3, Stuttgart 2018 (im Druck).

[36] HUBER [Anm. 34], S. 127.

[37] Vgl. zu den möglichen lateinischen Äquivalenten für die einzelnen Begriffe, die Frauenlob gebraucht, sowie zu den Quellenbereichen, aus denen die sprachtheoretischen Anschauungen stammen, ebd., S. 134–167.

[38] FRANZISKA WENZEL: *Meisterschaft im Prozess. Der Lange Ton Frauenlobs – Texte und Studien. Mit einem Beitrag zu vormoderner Textualität und Autorschaft*, Berlin 2012 (*Deutsche Literatur. Studien und Quellen* 10), S. 177.

[39] HUBER [Anm. 34], S. 157f.

ters nach formalen oder inhaltlichen Funden unter dem Hinausfahren zum Schiffen auf einen See begriffen",[40] in seinem Status als Einmalbeleg (*hapax legomenon*) und in seiner Annahme als Wortneuschöpfung umstritten ist,[41] ist Frauenlobs reflektierter und erfinderischer Umgang mit Worten generell kaum zu bestreiten, wie dies auch zahlreiche andere sprachliche Neuschöpfungen in seinem Werk belegen.[42] Die sprachtheoretischen Reflexionen, die den Vorspann der vier Strophen über den Begriff *hochvart* bilden, verschieben so gesehen also nicht nur die traditionelle sangspruchdichterliche Rolle des Ratgebers und Lehrers hin zu einem *philosophus* und ‚Sprachgelehrten'. Frauenlob hebt damit insgesamt auch die Ansätze der Sangspruchdichtung des 13. Jahrhunderts „auf ein neues theoretisches Niveau":[43] „Hier hatte zwar Reinmar von Zweter [...] vorgearbeitet, aber ein ausgeprägtes Begriffsbewusstsein präsentiert erst Frauenlob."[44]

II.2 Religiös-Geistliches

Ich sihe dich, schepfer aller schepfenunge, got.
heil, Sabaoth,
trost bernde himelspise,
herzen andacht wise
mir, mannabrot, du lebende kost,   die der alte grise
wol vierzic jar mit willen bot   der Israhelis diete.

Vür alle ding almechtic, künic, der mich geschuf,
min sünden ruf
dich, vater, sun, anschriet.
warer got gedriet,
din ewicheit genade mir.   süzez vleisch gewiet
hie vor mir ein lebendez brot   sich mir zu genaden erbiete.

Ein ewic hoch gesegenter list,
der ie was got und immer ist,
hilf, schepfer, Krist,
der zit, der vrist,
daz mich dins geistes mitewist
twa von der kranken sünden mist.
hilf, lebender got, daz sich min leben   eins guten endes niete.   (GA V,1)

[40] *Wörterbuch zur Göttinger Frauenlob-Ausgabe*, unter Mitarbeit von JENS HAUSTEIN redigiert von KARL STACKMANN, Göttingen 1990 (*Abh. d. Akad. d. Wiss. in Göttingen, Philol.-hist. Kl. III*, 186) [= GA-Wörterbuch], S. 424.

[41] Vgl. zur detaillierten philologischen Auseinandersetzung mit dem Wort *vindelsê* insbesondere STÖRMER-CAYSA [Anm. 35].

[42] Vgl. hierzu demnächst BIRGIT HERBERS: hingelinc *oder* wolgelinc*? Von Schwierigkeiten mit Frauenlob im Wörterbuch*, in: *Fragen zu Frauenlob. Mainzer Frauenlob-Gespräche, Wintersemester 2018/2019* Mainz (in Vorbereitung).

[43] HUBER [Anm. 34], S. 4.

[44] TERVOOREN [Anm. 2], S. 127.

> (Ich sehe dich, Schöpfer aller Schöpfung, Gott. / Mein Heil, Herr Zeboath, / Trost gebende Himmelsspeise, / zeig Herzensandacht / mir, du Mannabrot, du lebende Nahrung, die der Alte, Greise / dem Volk Israel wohl vierzig Jahre lang gern anbot. / Allmächtiger über allen Dingen, König, der mich schuf, / meine Sünden rufen, / schreien zu dir, Vater, Sohn. / Wahrer Gott in dreien, / deine Ewigkeit sei mir gnädig. Süßes Fleisch, geweiht / hier vor mir ein lebendiges Brot schenke sich mir zu Gnaden. / Du ewig hoch gesegnete Weisheit, / die immer Gott war und sein wird, / hilf, Schöpfer, Christus, / der Zeit, der Frist, / dass deines Geistes Beistand mich / wasche rein vom Mist der niedrigen Sünden. / Hilf, lebender Gott, dass mein Leben ein gutes Ende nimmt.)[45]

Die eucharistische Strophe aus dem Langem Ton, die in sieben Handschriften (J, B, G, H, k, o, t) und damit „breiter [...] als jede andere Strophe Frauenlobs“[46] bezeugt ist, ist in G und o mit einer markanten zusätzlichen Bemerkung versehen:

> Amen. Dieses letzte Gebet zum Leib unseres Herrn hat gemacht Meister Heinrich Frauenlob in Erwartung seines Todes, als ihm der Erzbischof von Mainz den Leib Gottes mit seinen Händen gab, und er hat es gesprochen, den heiligen Leib vor Augen. Und an Ort und Stelle haben der erwähnte Erzbischof von Mainz und mit ihm 26 Bischöfe jeder vierzig Tage Ablass gewährt einem jeden, der dieses Gebet andächtig spricht.[47]

Auch wenn diese Notiz zur Sterbeszene Frauenlobs – ähnlich wie der Bericht zu dessen Grablegung im Kreuzgang des Mainzer Doms – wohl einer früh einsetzenden Legendenbildung um die außergewöhnliche Gestalt des Dichters geschuldet ist,[48] wird Frauenlob als Verfasser der Strophe nicht bezweifelt und diese reiht sich in eine Gruppe von religiös-geistlichen Sangspruchstrophen ein, die im Verhältnis zur weltlichen Thematik weniger dominant und auf einige Töne beschränkt sind (neben dem Langen Ton vor allem noch im Flugton, Grünen Ton, Vergessenen Ton und Goldenen Ton).

Frauenlobs Beschäftigung mit religiösen, geistlichen und theologischen Themen setzt ein Sprechen fort, das den Sangspruchdichtern wie die Rolle des Ratgebers und Lehrers gesellschaftlich nicht gegeben war, dessen „Berechtigung [...] als Lehrer in geistlichen Dingen aufzutreten“ jedoch bemerkenswerter Weise von Beginn an „nicht in

45 Übersetzung in Anlehnung an: *Deutsche Lyrik des Spätmittelalters*, hg. von BURGHART WACHINGER, Frankfurt a. M. 2006 (*Bibliothek des Mittelalters* 22), S. 394f.

46 Ebd., S. 873.

47 Übersetzung der Notiz ebd. Abdruck der Notiz in GA [Anm. 7], Bd. 2, S. 720f.

48 Vgl. auch CHRISTOPH FASBENDER: *‚Frauenlobs Sterbegebet‘ in Johanns von Neumarkt Privatgebetsammlung*, in: *Studien zu Frauenlob und Heinrich von Mügeln. Festschrift für Karl Stackmann zum 80. Geburtstag*, hg. von JENS HAUSTEIN und RALF-HENNING STEINMETZ, Freiburg i. Ü. 2002 (*Scrinium Friburgense* 15), S. 125–144, sowie zu einem jüngeren Reimpaargedicht, das u. a. mit *frawenlobs beichte* überschrieben ist, GÜNTER PEPERKORN: Frawenlobs beichte. *Zur Rezeption einer Sangspruchstrophe in deutschen Privatgebeten des 14. Jahrhunderts*, in: *PBB* 105 (1983), S. 232–250. Vgl. zu einer ausführlicheren Behandlung von GA V,1 im Rahmen von Johanns von Neumarkt Gebetssammlung v. a. auch demnächst KATHRIN CHLENCH-PRIBER: *Die Gebete Johanns von Neumarkt und die deutschsprachige Gebetbuchkultur des Spätmittelalters*, Habil. masch. Bern 2016 [erscheint in den *MTU*], S. 227–234.

Zweifel“[49] gezogen wurde. Konkurrieren die Sangspruchdichter hier in der ersten Hälfte des 13. Jahrhunderts, sozialhistorisch betrachtet, insbesondere mit fahrenden Mendikanten- und Bußpredigern, nehmen sie ab der Mitte des 13. Jahrhunderts zunehmend auch gelehrtes religiöses Wissen mit auf, was sie „nicht mehr mit dem Prediger, sondern mit dem Theologen“[50] in Konkurrenz bringt. Frauenlob greift hier mit Trinität, Inkarnation, Sünde / Erlösung, Maria oder auch dem Verhältnis Gottes zur Natur die zentralen Themen auf, die die geistlichen Sangspruchstrophen in der zweiten Hälfte des 13. Jahrhunderts bestimmen. Dabei bietet er zum einen inhaltlich Konventionelles, das im Duktus des Belehrens, Ermahnens, In-Erinnerung-Rufens, Bittens und Preisens religiöses und geistliches Grundwissen repetiert, dabei aber auch – ähnlich wie in den weltlichen Strophen – vermehrt auf ästhetisch-künstlerische Aufbereitung und Darstellung setzt. So lassen sich z. B. in einem Gebet an Maria (GA V,2) die zahlreichen Epitheta, mit denen diese angesprochen wird (*muter gotes*, *tochter*, *lebende brut*, *trut*, *dirne in gotes gunst*, *vrouwe*, *himelmeit*), die umfassende Aufzählung ihrer ‚Lebensstationen‘ (Verkündigung durch den Engel Gabriel, übernatürliche Empfängnis, Erinnerung an die *urstende* Christi, Himmelfahrt, Aufnahme Marias in den Himmel) sowie ihre Verehrung als Helferin (*adiutrix*) der sündigen Menschen und Vermittlerin (*mediatrix*) zwischen Irdischem und Himmlischem, ohne Schwierigkeiten in das Repertoire an Traditionstopoi der mariologischen Literatur einordnen, wie sie die im 13. Jahrhundert reich entwickelte volkssprachige Mariendichtung kennt. Die Art und Weise der „Zusammenstellung, die Großkomposition und die sprachlich-ästhetische Umsetzung ideeller Zusammenhänge ist jedoch Frauenlob eigen“[51] und zeigt sich auch in weiteren Strophen auf Maria (vgl. z. B. GA IX,*1–*3). Zum anderen lassen sich im Anschluss an frühere Sangspruchdichter, wie z. B. den Meißner, Rumelant von Sachsen oder Konrad von Würzburg, eine inhaltlich stärkere Behandlung komplizierter Theologumena und Erweiterungen um Elemente der spekulativen Theologie erkennen, wie sie vor allem im Falle von Trinität und Inkarnation naheliegen und die den eigenen Erkenntnisanspruch als *meister* unterstreichen: „Nicht nur der Kenner moralischer Lehrsätze gilt als *meister*, auch derjenige, der in die Geheimnisse der Theologie und des Glaubens eingeweiht ist.“[52] Im Unterschied zu seinen Vorgängern reichert Frauenlob diese geistlichen Strophen vermehrt durch naturphilosophisches Wissen und um den Bereich der Naturkunde an. So spielt beispielsweise die Überwindung bzw. Bezwingung der *nature* durch das Wunder der Inkarnation eine wichtige Rolle, die „durch einen überlegenen Einsatz von Mustern aus der chartrensischen Kosmologie“[53] gelingt (vgl. GA VI,1–2), und behandelt eine Strophe, die auch unter dem Namen Boppe überliefert ist, die Lehre von den zwei Naturen Christi – der

[49] KLAUS GRUBMÜLLER: *Autorität und* meisterschaft. *Zur Fundierung geistlicher Rede in der deutschen Spruchdichtung des 13. Jahrhunderts*, in: *Literarische und religiöse Kommunikation in Mittelalter und Früher Neuzeit. DFG-Symposion 2006*, hg. von PETER STROHSCHNEIDER, Berlin / New York 2009, S. 689–711, hier S. 704.

[50] Ebd., S. 708.

[51] THOMAS BEIN: *Frauenlob: Maria,* muter gotes, in: *Gedichte und Interpretationen. Mittelalter*, hg. von HELMUT TERVOOREN, Stuttgart 1993, S. 425–440, hier S. 438.

[52] KARL STACKMANN: *Der Spruchdichter Heinrich von Mügeln. Vorstudien zur Erkenntnis seiner Individualität*, Heidelberg 1958, S. 95.

[53] HUBER [Anm. 14], S. 166.

göttlichen und der menschlichen – über die Auslegung des Vogels *vellica* (GA VII,*7), die naturphilosophischer Gelehrsamkeit folgt und, „sofern der Vogel selbst eine Erfindung Frauenlobs ist, [...] ein freies Schalten mit der ‚Physiologus'-Tradition [zeigt]".[54] Auch lässt sich für Frauenlob eine prägnante Vorliebe fassen, inhaltlich komplexe Sachverhalte vor allem auch sprachlich kompliziert auszudrücken, d. h. stärker noch als in den weltlichen Strophen das meisterliche Geltungspotential „änigmatischen Sprechens"[55] zu nutzen. Fassbar ist dies z. B. im Rahmen „seiner ausgedehnten und differenzierten Trinitätsspekulation, die die seines literarischen Vorgängers [Konrad von Würzburg] bei weitem übertrifft",[56] und an einer formal kunstvoll gebauten Strophe im Grünen Ton, die in C ebenfalls unter dem Namen Boppe überliefert ist (GA VII,6): Sie beginnt wie ein Rätsel und entwickelt die trinitarische Formel in einem Zahlenspiel (eins, zwei, drei), wobei letztlich „die Frage, die sich aus der Drei-Einheit Gottes und seiner Menschwerdung ergibt, [...] nur hin und her gewendet [wird], ohne eindeutig beantwortet zu werden, am Ende steht der Anruf an den unbegreifbaren *got wunderer.*"[57] Ersichtlich wird dies zudem in drei weiteren Strophen im Grünen Ton, die die Existenz Marias im göttlichen Heilsplan, die Inkarnation und die Überwindung der Natur behandeln (GA VII,1–3). Während die erste Strophe (GA VII,1) mit einer Spiegelmetapher „auf kleinstem Raum die Bildvorstellungen des Werdens [multipliziert]" und „einen Bildkomplex an[zettelt], der den kosmischen Schaffensprozess weiterverfolgt und in ein Minnemodell überleitet",[58] beschreibt die zweite Strophe (GA VII,2) einen *heilige[n] gotes tempel* und dessen Inneres in einer Art „Raumallegorie",[59] deren Bestandteile die zentralen Themen (Erlösungsratschluss, Erwählung Marias, Inkarnation gegen die *nature*, Trinität, Passion, Eucharistie) dicht in Beziehung miteinander setzt.[60] Ausgehend von der Allmacht Gottes erweitert die dritte Strophe (GA VII,3) schließlich die trinitarische Drei zur Vier, um dann göttliches Wesen und die Vergänglichkeit der Natur einander entgegen zu setzen: *Wan got sie* [die Natur] *bestunt selbvierde, / er ein und ouch sin ewicheit / und sin majestas, wirde. / dar zu so half die reine, / Maria, vleisches bleiche vri: / sie spielt uz ein personen dri. / vier mochten me dan nature alterseine* (Deshalb trat Gott ihr [der Natur] zu viert entgegen, er und auch seine Ewigkeit und seine Majestät, seine

54 STEPHAN ROSMER: *Die Tradition des geistlichen Sangspruchs und seine Gestalt um 1300*, in: HÜBNER / KLEIN [Anm. 18], S. 307–330, hier S. 328.

55 TOBIAS BULANG: wie ich die gotes tougen der werlte gar betiute. *Geltungspotentiale änigmatischen Sprechens in der Sangspruchdichtung*, in: *Geltung der Literatur. Formen ihrer Autorisierung und Legitimierung im Mittelalter*, hg. von BEATE KELLNER, PETER STROHSCHNEIDER und FRANZISKA WENZEL, Berlin 2005 (*PhStQu* 190), S. 43–62.

56 PETER KERN: *Trinität, Maria, Inkarnation. Studien zur Thematik der deutschen Dichtung des späteren Mittelalters*, Bonn / Berlin 1971 (*PhStQu* 55), S. 228.

57 Ebd., S. 198.

58 HUBER [Anm. 14], S. 162.

59 ROSMER [Anm. 54], S. 329.

60 Vgl. ebd. und zu GA VII,1–2 unter eucharistischer Perspektive auch SUSANNE FRITSCH: *Körper – Korpus – Korporale. Zur Eucharistie bei Frauenlob*, in: *ZfdPh* 119 (2000), Sonderheft, S. 222–236.

Würde. Dabei half die Reine, Maria, frei von fleischlicher Blässe: Sie spaltete das eine in drei Personen auf.[61] Vier vermochten mehr als die Natur alleine, GA VII,3, v. 13–19).

Ähnliche weitere Strophen und Strophenreihen sind in der Forschung bislang kaum eingehender behandelt. Eventuell knüpft Frauenlob hier an Rumelant von Sachsen an, der ebenfalls „die Wunder und die – letztlich unergründlichen – Geheimnisse von Schöpfer, Schöpfung, Trinität und Inkarnation sprachlich in einer Weise beschrieben [hat], die nicht für jeden nachvollziehbar war".[62] Im Vergleich mit seinen Vorgängern und Zeitgenossen muss für Frauenlob allerdings festgestellt werden, dass der Grad der Zunahme an theologischem und naturphilosophischem Wissen ebenso auffallend hoch ist wie der Grad forcierter *obscuritas*, was „ein Novum"[63] darstellt. Entsprechend zeigen sich in den Strophen nicht nur wiederholt thematische Verschiebungen, indem über die vermehrte Einbindung naturphilosophischen Wissens Kosmologisches oder auch die Elementenlehre in den Vordergrund rückt (vgl. z. B. GA VII,*12,*13). Insbesondere das Zusammenspiel von komplizierten theologisch-philosophischen Wissensbeständen und änigmatischer künstlerischer Darstellung lanciert hier auch eine sangspruchdichterische Statusaufwertung, die sich als eine außergewöhnliche „Demonstration sowohl von Deutungsbedürftigkeit als auch von Deutungskompetenz"[64] liest: „Ohne tatsächlich spekulative Theologie zu betreiben, konnte der Sangspruchdichter die prinzipielle Undurchdringlichkeit des Glaubensgeheimnisses und seine relative Erklärbarkeit in den Grenzen des menschlichen Erkenntnisvermögens evozieren",[65] was, gerade bei Frauenlob, das traditionelle sangspruchdichterliche Profil eines christlichen Predigers deutlich in das eines meisterlich gelehrten Theologen verschiebt.

II.3 Politisch-Aktuelles

Einen besonderen Bereich innerhalb von Frauenlobs Sangspruchdichtung bildet die ‚politische Dichtung', die mit Walther von der Vogelweide, ihrem „Schöpfer",[66] Ende des 12. Jahrhunderts erstmals Eingang in die Gattung gefunden hat. Politisch-aktuelle Strophen bilden bei Frauenlob den wohl kleinsten Anteil und sind – bis auf eine in C unter dem Namen Boppe überlieferte Strophe gegen den 1223 durch päpstliche Sanktionierung der Regel anerkannten Orden der Franziskaner (GA VII,*34) – fast ausschließlich spät in F überliefert. Denkbar ist, dass die „wichtigsten Handschriften J und C oder deren Vorlagen diese Thematik zurückgedrängt haben, denkbar aber auch, dass Frauenlob sich meist von solchen Themen ferngehalten hat".[67]

[61] Nach GA [Anm. 7], Bd. 2, S. 866, könnte *uz ein* ‚auseinander', wie es J überliefert, eine Gelegenheitsdichtung sein. „Gemeint wäre dann: Sie trennte die Personen (nämlich durch Herauslösung des Sohnes), wobei mitzudenken wäre, dass die drei göttlichen Personen nach der Glaubenslehre untrennbar sind."

[62] Rosmer [Anm. 54], S. 329.

[63] Ebd.

[64] Gert Hübner: *Hofhochschuldozenten*, in: Hübner / Klein [Anm. 18], S. 69–87, hier S. 77.

[65] Ebd.

[66] *Mittelhochdeutsche Sangspruchdichtung des 13. Jahrhunderts. Mittelhochdeutsch / Neuhochdeutsch*, hg. von Theodor Nolte und Volker Schupp, Stuttgart 2011, S. 480.

[67] Wachinger [Anm. 45], S. 888f.

Frauenlobs politische Strophen bleiben oft im Grundsätzlichen, so dass eine „Bestimmung seiner aktuellen politischen Lyrik schwierig und in manchen Fällen nicht ohne gewisse Willkür möglich“[68] ist. Neben einem Lob der Toten, das im Preis König Rudolfs I. (gest. 1291) und Herzog Heinrichs IV. von Breslau (gest. 1290) mündet (GA V,79–81), stehen mehrheitlich kirchenkritische Strophen im Zentrum, die sich auf das Verhältnis von Reich und Kirche beziehen. So werden im Zarten Ton Macht, Reichtum, Kriegszüge und Illoyalität der *pfaffenfürsten* angeprangert und mit ‚Warnrufen‘ an den deutschen König (*her Adelarn, her künic*) verbunden (GA VIII,12–14). Zudem findet sich insbesondere im Würgendrüsselton ein breiter Zyklus von neun antikurialen Strophen (GA IX,11–19), in denen die weltlichen Anmaßungen von Kirche und Papst, die Simonie Roms und die Rechtsverletzungen der Geistlichkeit angeklagt werden und zum Teil mit konkreten Ratschlägen an den König zur Festigkeit gegen kuriale Ansprüche verbunden sind (vgl. GA IX,17 an Ludwig von Bayern).[69] Gattungshistorisch betrachtet knüpft Frauenlob damit an Walther von der Vogelweide und Reinmar von Zweter an, die sich mit ihren Strophen Anfang des 13. Jahrhunderts erstmals in die (staufischen) Auseinandersetzungen im Verhältnis von *regnum* und *sacerdotium*, der weltlichen und geistlichen Gewalt, eingeschaltet und hier vor allem kirchenkritische Topoi der mittellateinischen Lyrik genutzt haben (Lüge, Habgier und allgemein sündhaftes Verhalten des Klerus, Versagen des Papstes und der Kirche gegenüber den *pauperes* etc.). Anders als bei Walther finden sich bei Frauenlob keine herausragenden ‚Ich-Inszenierungen‘ wie dessen berühmte Posen im *Reichston* oder die fingierte Rede als Papst in den sogenannten *Opferstockstrophen*. Vielmehr überwiegt – im Anschluss an Reinmar von Zweter, aber z. B. auch an den Marner und den Meißner – der objektive Sprechduktus eines Sachwalters politischer Ordnungs- und Wertvorstellungen. Dabei argumentiert Frauenlob, programmatischer als seine Sängerkollegen, immer wieder vom Recht her. So erinnert er Kirche und Reich an die *rechte*, die sich aus der bekannten Zwei-Schwerter-Lehre ableiten (vgl. GA IX,12), und pointiert dies mit einer auch außerliterarisch nicht häufig bezeugten Personifizierung der beiden Gewalten durch die Apostel Petrus (geistliche Macht) und Paulus (weltliche Macht).[70] Auch mahnt er den Papst in einer Ausführung des traditionellen Bildes vom Schiff der Kirche, bei dem Gier, Hass und Neid das Steuer übernommen haben, an das Kirchenrecht (GA IX,15) und werden z. B. im Rahmen eines fiktiven Streits die drei Rechte von *Nature*, *Geistlich Orden* und *Werlt* miteinander konfrontiert und die abstrakte Rechtstypologie politisch-aktuell zugespitzt (GA IX,16).

In diese kirchenkritische Sicht reihen sich zwei weitere Strophen im Goldenen Ton ein. Während GA XII,7, stark verderbt, eine bissig-humorvolle (?) Verfluchung des

[68] ULRICH MÜLLER: *Untersuchungen zur politischen Lyrik des deutschen Mittelalters*, Göppingen 1974 (*GAG* 55/56), S. 164.

[69] Vgl. zur Diskussion dieser Strophen vor allem BURGHART WACHINGER: *Vermutungen zu den papstkritischen Strophen in Frauenlobs ‚Würgendrüssel‘*, in: *PBB* 139, S. 91–97.

[70] WACHINGER [Anm. 45], S. 890, merkt an, dass die „Lehre von den zwei Schwertern, dem weltlichen und dem geistlichen, […] in den mittelalterlichen Auseinandersetzungen zwischen Kaiser und Papsttum eine wichtige Rolle [spielte] und [...] von beiden Seiten gemäß eigenen Interessen modifiziert und interpretiert [wurde]. Daß das eine Schwert Petrus, das andere Johannes verliehen worden sei, scheint [jedoch] nicht allzu häufig bezeugt zu sein, im gleichen Sinne wie hier finde ich es nur in einer Glosse zum *Sachsenspiegel* nachgewiesen.“

streitsüchtigen, nicht *rechte* (GA XII,7, v. 4) folgenden *Pitius* (?) enthält, dessen Nähe zu den Königen diese stinken lässt (*pfu, phi, du stenkest in*, GA XII,7, v. 10), bietet GA XII,9 eine Polemik gegen die geistlichen Kurfürsten, die ebenfalls durch rechtspolitisches Wissen auffällt:

Daz riche uz siben münden
maz ie sin kür mit kreften:
da laz den Beheim schenken,
waz tut dann der von Pfalze,
her truchseze eren vol?

Der marschalc ist von Sachsen;
sol sin ein kamerere
wol Brandenburc, der herre;
richt Mainz in tiutschen landen,
des riches kanzeler.

Der Kölner bischof denke,
waz im zu Walchen were:
wes kanzelt er hie friunden?
Trier, laz uz dinen handen
des riches caplan wachsen,
daz rat ich nicht zu verre.
secht, pfaffen meisterscheften,
wer künic wesen sol!
‚ez walze, swar ez walze'.
des jahet ir mit ger. (GA XII,9)

(Das Reich bestimmte aus sieben Mündern / von je her machtvoll seine Wahl: / Dort lass den Böhmen schenken, / was tut dann der von der Pfalz, / Herr Truchsess voller Ehren? / Der Marschall ist der von Sachsen; / ein guter Kämmerer soll / der Brandenburger Herr sein; / Mainz, sprich Recht in deutschen Landen, / [du,] Kanzler des Reiches. / Der Kölner Bischof soll daran denken, / was ihn bei den Welschen erwartet: / Warum stellt er hier Freunden [auch: Verwandten] Urkunden aus? / Trier, lass aus deinen Händen / den Kaplan des Reiches zum Vorschein kommen, / das rate ich als Naheliegendes. / Ihr obersten Pfaffen, seht [zu], / wer König sein soll! / ‚Es kommt, wie es kommt'. / Das sagtet ihr mit Gier.)

Die Strophe, die deutliche Parallelen zu Reinmars von Zweter sogenannter *Kurfürstenstrophe* (Roethe 240)[71] aufweist, zählt zunächst preisend die sieben Kurfürsten auf und bestimmt diese – erst die vier weltlichen, dann die drei geistlichen – in Form direkter und indirekter Imperative über ihre Erzämter, was am Schluss in einer Aufforderung an die geistlichen Kurfürsten zur Königswahl mündet, auf die der Sänger im Bild vom Rad

[71] *Die Gedichte Reinmars von Zweter*, hg. von GUSTAV ROETHE, Leipzig 1887 (Nachdruck Amsterdam 1966) [= Roethe].

bzw. der Kugel der Fortuna (*walzen* = drehen, rollen) die Antwort erhält: „Es kommt, wie es kommt."

Deutlicher als Reinmar, aber auch andere Sangspruchdichter, die sich insbesondere in der unruhigen Phase des Interregnums (in der Zeit zwischen der Absetzung Friedrichs II. 1245 bzw. dessen Tod 1250 und der Wahl Rudolfs I. von Habsburg 1273) kritisch mit Königswahl und Kurfürsten auseinandergesetzt haben, kontrastiert Frauenlob hier Erzamt und Amtsverständnis der Erzbischöfe. So wird der Mainzer in seiner Funktion als Urkundender und weltlicher Verantwortlicher des Reiches angesprochen. Der Kölner wird an sein Kanzleramt in Italien erinnert und der Trierer soll die Kaplanwürde für das Reich zum Vorschein bringen. Interpretiert man diese Aufforderung an den Trierer, seine Kaplanwürde zur Erzkanzlerwürde ‚auswachsen' zu lassen, als Anspielung auf dessen Hofamt, werden damit alle drei geistlichen Kurfürsten über ihr Erzamt charakterisiert, das ihnen Verantwortung gegenüber Krone und Reich zuschreibt. Umso eklatanter erscheint der Kontrast zu ihrer eigenen Aussage, die der Sänger mit Hilfe des rhetorischen Stilmittels der *sermocinatio* präsentiert: Als *pfaffen meisterscheften* (GA XII,9, v. 17), als oberste geistliche Vertreter, erklären sie in bildlichem Bezug zur Fortuna als wandelbarer Schicksalsgöttin und mit eigenem (weltlichem) Interesse (*mit ger*), dass dies nicht in ihrer Hand liege, womit sich das anfängliche *lop* in ein *zwîvellop* verwandelt. Auf welche Wahl sich Frauenlobs Strophe bezieht, ist dabei unklar. Die Erfahrung von Manipulation und Fehlverhalten der geistlichen Kurfürsten trifft für alle Wahlen zu Lebzeiten Frauenlobs in der Zeit zwischen dem Tod Rudolfs I. von Habsburg 1291 und der Wahl König Ludwigs des Bayern 1314 zu.[72] Aufgrund der Apostrophe an den Trierer Erzbischof sowie der Nichterwähnung des Trierer Erzamtes lässt sich vermuten, dass es sich um die Zeit vor der Wahl Heinrichs VII. von 1308 handelt,[73] bei der sich die Erzbischöfe lange vorher ihre Stimme kaufen ließen und vor allem der Trierer Erzbischof Balduin unter massivem Druck gegen den anfänglichen Widerstand der weltlichen Fürsten schließlich die Wahl seines Bruders durchsetzte. Wenngleich sich dies aber nur vermuten lässt und damit über die Interessen, die sich mit der Strophe verbinden, nurmehr spekuliert werden kann, liest sich die Strophe doch als zielgerichtete Kritik an der Verantwortlichkeit der geistlichen Kurfürsten gegenüber dem Reich. Im Verbund mit den anderen politischen Strophen Frauenlobs unterstreicht sie die „fortwährende Virulenz der kirchenpolitischen Thematik in der nachwaltherschen Spruchdichtung".[74] Zugleich zeigt sie, wie es Frauenlob auch ohne den Einsatz gängiger kirchenkritischer Topoi und bekannter Argumentationsmuster allein über die Kontrastierung von Amtsrecht bzw. -pflicht einerseits und Amtsverständnis andererseits gelingt, die geistlichen Kurfürsten in ihrer weltlichen Einstellung bloßzustellen: ein exponierter Angriff auf die

[72] So rühmte sich z. B. der Mainzer Erzbischof Gerhard II. von Eppstein 1300 öffentlich als vielfacher ‚Königsmacher' und auch Erzbischof Peter von Aspelt, der nachweislich letzte Gönner Frauenlobs, spielt bei zwei Königswahlen (1308 und 1314) eine herausragende Rolle. Vgl. BRUNO GEBHARD: *Handbuch der deutschen Geschichte, Bd. 1: Frühzeit und Mittelalter*, in Verbindung mit FRIEDRICH BAETHGEN u. a. hg. von HERBERT GRUNDMANN, Stuttgart [8]1954, S. 409, S. 414–416 und S. 427–429.

[73] Vgl. MÜLLER [Anm. 68], S. 165.

[74] ALBRECHT DRÖSE: *Antikuriale Polemik in der nachwaltherschen Sangspruchdichtung: Reinmar von Zweter, der Marner, Frauenlob*, in: BRUNNER / LÖSER [Anm. 21], S. 31–46, hier S. 43.

höchste weltliche Funktion der geistlichen Würdenträger im eigenen Land, dessen durchaus gegebene politische Brisanz allerdings im Dunkeln bleiben muss.

II.4 Kunst und Künstler

Wiederum größeren Raum nimmt in Frauenlobs Sangspruch-Œuvre ein vierter Bereich ein: Strophen, die die eigene meisterliche *kunst* und das Verhältnis der Künstler untereinander zum Gegenstand haben – eine Thematik, die in der Sangspruchdichtung seit Walther von der Vogelweide etabliert ist, verstärkt jedoch in der zweiten Hälfte des 13. Jahrhunderts hervortritt und explizit die Legitimierung und Profilierung der Sangspruchdichter als *meister* widerspiegelt.

Neben Tendenzen zur Selbstbezüglichkeit, wie sie bei Frauenlob insbesondere in den Fürstenpreisstrophen zu poetologischer Selbstreflexion und zur Ausbildung eines künstlerischen Selbstverständnisses führen können, finden sich zahlreiche Strophen, die das Verhältnis von Herren und Künstler bzw. die Rolle des Künstlers in der Gesellschaft thematisieren. Wie bereits seine Vorgänger unterstreicht Frauenlob hier die Rolle des Sängers als Ratgeber bzw. die Funktion des Rates (vgl. z. B. GA V,73–76; GA V,82–85; GA VIII,8; GA XII,4) und betont seine Funktion als Lobsänger bzw. die des Lobs (vgl. z. B. GA V,41; GA XIII,1–3; 15–17). Zugleich spricht Frauenlob die *herren* im engeren Sinne auch als Kunstverständige an. Dabei implizieren gerade diese Strophen auch Auseinandersetzungen mit der Kunst der ‚alten Meister', was mit kunstspezifischen Reflexionen über das sprachliche Einkleiden alter *materje* (vgl. GA XIII,5–7),[75] aber auch – ähnlich wie in den weltlichen und religiös-geistlichen Strophen – mit einer Einbindung naturphilosophischen Wissens einhergehen kann:

Es jehen die sehenes blinden,
die hochsten meister sin gewesen
an kunst, an lesen,
nieman müge in ir sinnes wirze jesen:
die sint betrogen.

Prüft regen mit den winden:
die han hiute also groze kraft
von gotes haft
als über zwei tusent jare. meisterschaft
si dar gebogen.

Der hohen wisheit spriezen
kan nimmer me voldiezen:
ie me man schepfet ir vliezen,
ie me mac mans geniezen.
swem nature gibet,
der schepfet hiure als einer vert.
gotes wille das wibet. (GA VI,12)

[75] Vgl. zur performativen Pointe dieser Strophe als Kunstschelte v. a. MICHAEL BALDZUHN: *Die Aufführung als Argument. Zur Funktionalisierung sängerischer Präsenz in Frauenlob GA XIII,5 und einigen verwandten Sangsprüchen*, in: HAUSTEIN / STEINMETZ [Anm. 48], S. 81–102.

(Es sagen, die nicht sehen können, / die größten Meister seien früher gewesen / in Kunst, in Gelehrsamkeit; / niemand vermöge die Würze ihres Geistes [oder: Verstandes] ihnen nachzubrauen. / Die sind im Irrtum. / Seht doch den Regen und die Winde an: / Die haben heute soviel Kraft / durch Gottes Ordnung / wie nach zweitausend Jahren. Meisterschaft / muss dem Vergleich sich beugen. / Der hohen Weisheit Wachsen / wird nie verklingen. Je mehr man schöpft aus ihrem Strömen, / umso mehr kann man davon genießen. / Wem's die Natur gewährt, / der schöpft in diesem Jahr soviel wie ein anderer im vorigen. / Das wirkt der Wille Gottes.)[76]

Frauenlobs Strophe, die J im Flugton überliefert, setzt mit einer Behauptung ein, dass die höchsten Meister, die sich durch Können (*kunst*), Gelehrsamkeit (*lesen*) und Sinnverständnis (*sin*) auszeichnen, der Vergangenheit angehören und niemand mehr *in ir sinnes wirzes jesen* (GA VI,12, v. 4), d. h. am ‚Gärungs- und Reifeprozess ihrer dichterischen Erfindungskraft'[77] partizipieren könne. Gegen diese Behauptung, die den gegenwärtigen Sängern den Status von Epigonen zuweist und die sowohl durch die Bezeichnung der ‚Blindsichtigen' negativ eingeführt als auch explizit verurteilt wird (*die sint betrogen,* GA VI,12, v. 5), wird im zweiten Stollen (GA VI,12, v. 6–10) die Kunst in Analogie zu den von Gott geregelten Naturvorgängen Regen und Wind gesetzt, die das „teleologische Modell von Reife und Verfall", aber auch „die Vorstellung eines künstlichen Reifeprozesses [...] zugunsten der Selbstursprünglichkeit natürlicher Prozesse"[78] abweist. Der Abgesang nimmt dann die Naturphänomene mittels eines auffälligen Vierfachreims (*spriezen – voldiezen – vliezen – geniezen*) noch einmal neu auf: Es ist die Weisheit, deren Quell unerschöpflich und umso reichhaltiger ist, je mehr man daraus schöpft. Und über einen erneuten Wechsel zur *nature* (GA VI,12, v. 15) lenkt die Strophe im letzten Vers die Argumentation auf Gott zurück: *gotes wille das wibet* (GA VI,12, v. 17). Im Zentrum der Strophe steht so eine betonte (Selbst-)Verteidigung gegen den zugesprochenen Wert eines Epigonen: Ganz nach dem von Gott gewollten natürlichen Prozess regeneriert sich die dichterische Kreativität „mit je neuer Kraft: unableitbar und unausschöpfbar".[79] Zugleich entfaltet sich im Agon mit den ‚alten Meistern' – ähnlich wie in den Fürstenpreisstrophen (s. o.) – ein besonderes Verständnis künstlerischer Autorschaft: ein „von neuplatonischen Emanationsgedanken gespeistes Modell von Kunst, Inspiration und künstlerischer Produktion",[80] das „das Schaffen des ‚Künstlers' [...] in die vielfältig verzweigte, aber einheitlich strukturierte Hierarchie der Schöpfungsmächte ein[]fügt"[81] und mit dem Frauenlob „im volkssprachlichen Umfeld wieder vereinzelt da[steht]".[82]

[76] Übersetzung in Anlehnung an WACHINGER [Anm. 45], S. 407.

[77] Vgl. den Kommentar STACKMANNS in GA [Anm. 7], Bd. 2, S. 857: „Das Gären der Bierwürze ist Bild für das Heranreifen zur *meisterschaft*."

[78] KÖBELE [Anm. 10], S. 254.

[79] Ebd.

[80] BEATE KELLNER: Vindelse. *Konturen von Autorschaft in Frauenlobs ‚Selbstrühmung' und im ‚*wip-frouwe-*Streit'*, in: *Autor und Autorschaft im Mittelalter*, hg. von ELIZABETH ANDERSEN, ANNE SIMON und PETER STROHSCHNEIDER, Tübingen 1998, S. 255–276, hier S. 260.

[81] HUBER [Anm. 14], S. 196.

[82] Ebd.

Explizit agonalen Prinzipien unterliegen und folgen die Strophen, die sich direkt mit künstlerischen Konkurrenten auseinandersetzen. Neben traditionellen Polemiken und Verteidigungen gegen „Schmeichler, böse Ratgeber und andere finstere Typen, die die anständigen Leute vom Hof verdrängen“[83] (vgl. z. B. GA V,72; GA VIII,6–7; GA X,11 und GA XIII,24), rückt bei Frauenlob insbesondere der „Streit um literarische Geltung“[84] in den Vordergrund, der sich ab der zweiten Hälfte des 13. Jahrhunderts als „Rangstreit um die *meisterschaft*“[85] zwischen Sängerkollegen etabliert hat. Konzentriert sich dies gattungsgeschichtlich betrachtet zunächst auf artistische Kompetenz und moralische Integrität (vgl. z. B. Walthers Angriff gegen einen Sängerkollegen namens *Volcnant*, aber auch die berühmte Polemik des Marners gegen Reinmar von Zweter als Lügner und *doenediep* im Sinne eines „Lied- und Kunstverderbers“[86]), gewinnen ab der Mitte des 13. Jahrhunderts – so verdeutlichen es z. B. die Polemiken vom Meißner und von Rumelant von Sachsen gegen den Marner oder ebenso das ironische Lob von Konrad von Würzburg auf den Meißner – auch Wissen und Gelehrsamkeit an Bedeutung, indem der „Anspruch auf Wissenschaftlichkeit [zu einem] wichtige[n] Kriterium für die Frage nach dem Rang eines Dichters [avanciert]: Der gelehrtere Dichter ist auch der bessere Dichter.“[87] Frauenlob knüpft hier an, wobei agonale Aspekte noch einmal größeren Raum einnehmen. Erkennbar ist dies nicht nur an direkten Auseinandersetzungen mit alten *meistern*, wie z. B. an der Parodie von Walthers *Reichston* (GA VII,15)[88] oder der Totenklage auf Konrad von Würzburg (GA VIII,26), die im Rückgriff auf gelehrte Wissensbestände und den ‚Geblümten Stil‘ die Kunst des gepriesenen Vorbilds zu übertreffen sucht. Deutlich wird dies insbesondere auch an einem inhaltlich und strukturell zusammengehörigen Strophenkomplex im Langen Ton, der Frauenlob im Netz eines künstlerischen Streits mit zeitgenössischen Gegnern zeigt und den die Forschung seit Ettmüller[89] und vor allem mit Wachinger[90] in zwei thematische Bereiche unterteilt: den sogenannten ‚*wip-vrouwe*-Streit‘ und die Polemiken um Frauenlobs ‚Selbstrühmung‘.[91]

Thema des ‚*wip-vrouwe*-Streits‘, auf den insbesondere J das Schwergewicht legt (GA V,102–113), ist die Frage, welches der angemessene und höchste Ehrenname für

83 Wachinger [Anm. 5], S. 117.

84 Ebd., S. 303.

85 Ebd., S. 111.

86 Jens Haustein: *Marner-Studien*, Tübingen 1995 (*MTU* 109), S. 22.

87 Obermaier [Anm. 19], S. 213.

88 Vgl. hierzu vor allem Karl Stackmann: *Drei Kleinigkeiten zu Frauenlob*, in: *PBB* 111 (1989), S. 240–251, und Franziska Wenzel: *Souveränität in der Sangspruchdichtung: intertextuelle und intradiskursive Phänomene bei Walther und Frauenlob*, in: Hübner / Klein [Anm. 18], S. 167–194.

89 Vgl. *Heinrichs von Meissen des Frauenlobs Leiche, Sprüche, Streitgedichte und Lieder*, erläutert und hg. von Ludwig Ettmüller, Quedlinburg / Leipzig 1843 (*Bibliothek der gesammten deutschen National-Literatur* 16), S. 150–172.

90 Vgl. Wachinger [Anm. 5], S. 188–269.

91 Die GA bietet die Strophen in einer Art Mischung von Wachingers systematischer Anordnung und einer weitgehend überlieferungsnahen Reihenfolge. Die Strophen der Gegner sind mit aufgenommen und mit ‚G‘ als Gegnerstrophen markiert.

die Frau ist.[92] Literarischer Hintergrund ist die von Walther von der Vogelweide aufgeworfene Unterscheidung und proklamierte Vorrangstellung der Geschlechtsbezeichnung *wip* vor der Standesbezeichnung *vrouwe* (*wîp muoz iemer sîn der wîbe hohste name, / und tiuret baz denne vrowe, als ich ez erkenne,* Cormeau II,25,IV, v. 1f.), die auch bei späteren Dichtern im 13. Jahrhundert (z. B. Reinmar von Zweter, der Meißner, Ulrich von Liechtenstein), „sehr bekannt war“[93] und hier in einer Art Gelehrtendisputation verhandelt wird. Argumentativ prägend für die Strophen Frauenlobs ist die systematische Zusammenführung verschiedener ethisch-moralischer und religiös-geistlicher Preisargumente und -kriterien für die Frau (Repräsentantin höfischer Werte, Liebespartnerin, Gebärerin und Geschlechtsgenossin der Gottesmutter Maria) und eine dezidiert sprachreflektorische Auseinandersetzung mit den Begriffen *maget*, *wip* und *vrouwe*, die am *namen* ansetzt und physiologische Eigenschaften mit etymologischen Argumentationen verbindet (lateinisch, volkssprachlich). Dies führt nicht nur zu definitorischen Abgrenzungen, sondern auch zu einer neuen Definition von *vrouwe*, die mit moralischen, theologischen und mariologischen Argumenten abgesichert wird: *vrouwe* ist das höchste Prädikat der Frau, da es die Freude der sinnlichen Erfüllung (*vro*) und den Schmerz der Geburt (*we*) in sich vereint (vgl. vor allem GA V,103 und 111). Damit steht die *vrouwe* (*parens*) nicht nur über der *maget* (*virgo*), sondern eben auch über dem *wip* (*deflorata*): Im Gegensatz zu *wip*, deren Namen Frauenlob wie im *Minneleich* über das Akronym *Wunne Irdisch Paradis* (GA V,102, v. 11) deutet, ist *vrouwe* ein *name, der al ir art mit einem nennen decket* (GA V,106, v. 6). In der Auseinandersetzung und Weiterentwicklung einer Reihe von Gegenargumenten, die J zum Teil Regenbogen und Rumelant von Sachsen zuschreibt und die sich an Frauenlobs *namen*-Reflexion sowie an dessen Assoziations- und Begründungsfeldern argumentationslogisch, theologisch-biblisch, sprachtheoretisch und moraltheologisch abarbeiten (GA V,107G–110G), legitimieren sich insgesamt nicht nur Frauenlobs semantische Codierung des *vrouwe*-Begriffs und eine gegenüber Walther von der Vogelweide veränderte Hierarchisierung von *wip* und *vrouwe.* Im Rahmen eines dichten Netzes an Argumenten, Querverweisen, Responsionen und intertextuellen Bezügen[94] prolanciert der Streit so auch eine „zentrale poetologische Auseinandersetzung mit Walther, die auf ein anderes, neues Programm des Singens“[95] und eine Verteidigung des „Lebens- und Kunstprogramm[s]“[96] zielt, das in Frauenlobs eigenem Künstlernamen liegt: die Definition und Ausführung des *vrouwenlop* als „Gipfel des allgemeinen Lobs des weiblichen Geschlechts und [...] höchstes künstlerisches Programm zugleich“.[97]

Einen betonten Rangstreit um *meisterschaft* bietet letztlich ebenfalls eine Strophengruppe, die sich überlieferungsgeschichtlich mit dem *wip-vrouwe*-Streit verbindet: die Polemiken um Frauenlobs berühmt-berüchtigte ‚Selbstrühmung‘.

92 Auch C weist vereinzelt auf diesen Streit hin. In späteren Überlieferungszeugen wie z. B. F fehlen die Gegenstrophen und nähern sich die Strophen insgesamt einem allgemeineren Frauenpreis an.

93 WACHINGER [Anm. 5], S. 234.

94 Vgl. hierzu vor allem EGIDI: *Höfische Liebe* [Anm. 29], S. 216–337.

95 KELLNER [Anm. 80], S. 256.

96 WACHINGER [Anm. 5], S. 187.

97 Ebd., S. 200.

Swaz ie gesang Reimar und der von Eschenbach,
swaz ie gesprach
der von der Vogelweide,
mit [] vergoltem kleide
ich, Vrouwenlob, vergulde ir sang,   als ich iuch bescheide.
sie han gesungen von dem feim,   den grunt han sie verlazen.

Uz kezzels grunde gat min kunst, so gicht min munt.
ich tun iu kunt
mit worten und mit dönen
[] ane sunderhönen:
noch solte man mins sanges schrin   gar rilichen krönen.
sie han gevarn den smalen stig   bi künsterichen strazen.

Swer ie gesang und singet noch
– bi grünem holze ein fulez bloch –,
so bin ichz doch
ir meister noch.
der sinne trage ich ouch ein joch,
dar zu bin ich der künste ein koch.
min wort, min döne traten nie   uz rechter sinne sazen. (GA V,115)

(Was jemals Reinmar gesungen hat und der von Eschenbach, / was je gedichtet hat / der von der Vogelweide, / mit einem golddurchwirkten Kleid / vergolde ich, Frauenlob, ihren Gesang, wie ich es Euch erklären will. / Sie haben von dem Schaum gesungen, den Boden haben sie verlassen. / Meine Kunst schöpft vom Boden des Kessels, so behaupte ich. / Ich tue Euch kund / mit Worten und mit Melodien, / ganz ohne (besonderen) Spott: / Man sollte dereinst dem Schrein meines Gesanges die Krone aufsetzen, voller Pracht. / Jene haben einen schmalen Stieg betreten, es gibt auch kunstvoll ausgebaute Straßen. / Wer auch immer jemals gesungen hat und noch heute singt / – neben grünem Holz ein fauler Klotz –, / so bin ich es doch, / der sie immer noch als Meister überragt. / Auch gehe ich im Joch des Kunstverstandes einher / und bin außerdem ein Koch der Künste. / Meine Worte, meine Melodien traten nie aus dem Gehege rechten Kunstverstandes.)

Das „unverhüllte[] und ausführliche[] Selbstlob“,[98] das C überliefert, bildet in markanter Weise den Dreh- und Angelpunkt einer ganzen Reihe von Strophen, die sich polemisch mit Frauenlobs Kunst und Künstlerschaft auseinandersetzen. Auch wenn sich in Rechnung stellen lässt, dass diese ‚Selbstrühmung‘ Frauenlob persiflierend in den Mund gelegt wurde,[99] bezeugt die Strophe doch den Selbstanspruch, den man Frauenlob zumindest unterstellt. Offensiv, so zeigt sich, beansprucht das Sänger-Ich gleich im ersten Stollen (GA V,115, v. 1–6) den Vorrang vor den drei alten Meistern Reinmar (von Zweter), Wolfram von Eschenbach und Walther von der Vogelweide, die als die berühmtes-

98 WACHINGER [Anm. 5], S. 252.

99 Vgl. hierzu JOHANNES RETTELBACH: *Abgefeimte Kunst. Frauenlobs ‚Selbstrühmung‘*, in: *Lied im deutschen Mittelalter. Chiemsee-Colloquium 1991*, hg. von CYRIL W. EDWARDS, ERNST HELLGARDT und NORBERT H. OTT, Tübingen 1996, S. 177–193.

ten Teilnehmer des sogenannten *Wartburgkrieges* gelten, und tritt in einer „sonst in der Sangspruchdichtung unbekannten Direktheit“[100] (*ich, Vrouwenlob*) als ihr Verbesserer auf: Mit Hilfe traditioneller Metaphern für das Dichten, Schneiderei (*kleid*) und Schmiede (*vergulden*), akzentuiert das Ich, dass seine künstlerische Weiterverarbeitung der bereits vorhandenen Dichtung diese in ihrem Wert erhöhe, und es deutet über das Gegensatzpaar *feim – grunt* (GA V,115, v. 6) auch darauf hin, dass diese Überbietung insbesondere in deren Vertiefung liege. Den Gedankengang im Bild des *kezzels* (GA V,115, v. 7), von dessen Grund seine *kunst* ausgehe, fortführend, bringt der zweite Stollen (GA V,115, v. 7–12) eine weitere Begründung für den erneut proklamierten Anspruch auf den ‚krönenden‘ (GA V,115, v. 11) ersten Rang: Die Fähigkeit zur Verbreiterung in rhetorisch-artistischer Hinsicht, die die gegenüber der Poetik vollzogene Umsemantisierung des Gegensatzpaares *smaler stig – künsteriche strazen* indiziert.[101] Der Abgesang (GA V,115, v. 13–19) weitet den Anspruch schließlich auf die gesamte Tradition lebender und toter Sänger aus (*Swer ie gesang und singet noch,* GA V,115, v. 13). Begründet wird diese Absolutheit mit rechter intellektueller Kompetenz (*sinne*) und – im Bild des Kochs – mit rhetorisch-artistischen Fähigkeiten (*wort, döne*). Darüber hinaus wird die Kunst über das Gegensatzpaar *grünes holz – fulez bloch* (GA V,115, v. 14) in einen Naturprozess eingegliedert, das im Bild naturgemäßen Werdens und Vergehens das Lebendige gegen das Absterbende stellt und so am Ende auch gleich noch einmal doppelt den krönenden ersten Rang des Sängers begründet: einerseits in Anlehnung an die Argumentation von GA VI,12 (s. o.) als naturgemäßen „Vorrang des Jüngeren“,[102] d. h. des im Gegensatz zu den anderen im Hier und Jetzt der Gegenwart sprechenden *meisters*, andererseits aber auch in pointierter eigener Abgrenzung bzw. Abkoppelung vom natürlichen Prozess, indem im Sinne einer Zimmermann-Metapher, die sich in die verschiedenen inserierten Handwerksbilder (Textil-, Metall-, Kochhandwerk) einreiht, eben gerade das abgelagerte Holz das Bessere ist.

Das offene Eigenlob, mit dem sich das Sänger-Ich hier zum „unübertroffenen Sangesmeister“[103] stilisiert, ist in der mittelalterlichen Literatur einzigartig.[104] Ob Persiflage, d. h. eine Frauenlob in polemisch-verspottender Absicht in den Mund gelegte Strophe eines meisterlichen Sängerkollegen, oder ernsthafte ‚Herausforderungsstrophe‘, wie dies vor allem C durch einen Strophenkomplex inszeniert, der durch Beischriften alternierend Meister Heinrich und Regenbogen zugeschrieben wird – Frauenlobs fassbarer Anspruch und das damit verbundene *superbia*-Implikat haben in hohem Maße provoziert. Greifbar werden in C, aber auch in J zahlreiche Gegnerstrophen, die zum Teil mit wörtlichen Anspielungen auf Frauenlobs ‚Selbstrühmung‘ reagieren (GA V,116G–

100 TERVOOREN [Anm. 2], S. 128.

101 Auf den Unterschied des Wege-Bildes zu dem in der Poetik geläufigen, in dem *via* für die kunstvollere und *strata* für die einfachere und öfter benutzte Möglichkeit steht, hat bereits WACHINGER [Anm. 5], S. 251, verwiesen.

102 OBERMAIER [Anm. 19], S. 239.

103 TERVOOREN [Anm. 2], S. 128.

104 Vgl. WACHINGER [Anm. 5], S. 253: „Sonst sind Äußerungen nur Elemente in einem größeren Zusammenhang, Mittel zur Hervorhebung oder Rechtfertigung der Aussage. [...] Bei Frauenlob aber ist das Rühmen der eigenen *kunst* einziges Thema der ganzen Strophe, d. h. hier des ganzen Gedichts.“

121G). Angriffspunkt ist dabei nicht nur Frauenlobs Erhebung über die toten *meister*, die mit scharfer kämpferischer Rhetorik verteidigt werden (vgl. GA V,116G, in C Regenbogen zugeschrieben). Im Zentrum der Polemik stehen auch zentrale Charakteristika von Frauenlobs Sangspruchdichtung generell: sein Stil, der in markanter Weise parodiert und „als ein verschrobenes, unverständliches Kauderwelsch gescholten und verspottet wird“[105] (GA V,117G, in C Regenbogen zugeschrieben), sein Singen, dessen *döne* und *wort* als *törschez singen* abgewiesen werden (GA V,118G), sein programmatischer Name, dessen Recht ihm in einem „mehr als nur spöttelnde[n] Spiel“[106] mit den Begriffen *vrowe* und *lob* streitig gemacht wird (GA V,119G, in J Rumelant zugeschrieben), sein ‚Geblümter Stil‘, der unter anderem auch mit polemisch-parodistischen Zitaten aus seinem Werk verspottet wird (GA V,120G) und schließlich die ‚Dunkelheit‘ und Schwerverständlichkeit seiner Rede (GA V, 121G). Wenngleich die Polemiken insgesamt „im wesentlichen auf der Stufe [bleiben], die schon die vorige Generation erreicht hatte“[107] – Angriffe in Bezug auf moralische Integrität, artistische Kompetenz und gelehrtes Wissen, aber auch explizite Beleidigungen, Verfluchungen oder verspottende Spielereien mit dem Namen des Gegners –, heben sie sich doch in dreierlei Hinsicht noch einmal von dem bisher Bekannten ab. Fassbar ist erstens eine explizite Stilpolemik und -parodie, die es im „ganzen Bereich meisterlicher Spruchdichtung [...] nur im Umkreis Frauenlobs [gibt]“.[108] Speziell erscheint zweitens die besondere Gereiztheit im Ausdruck, mit der Frauenlob zum Teil angegangen wird (*gum* / ‚Großmaul‘, *giemolf* / ‚den Rachen aufsperrender Wolf‘, *narre* / ‚Narr‘, *tore* / ‚Tor‘, GA V,116G; oder auch *din torensin mit affenheit niur narren win dir schenket* / ‚Dein äffischer Torensinn schenkt dir nur Narrenwein ein‘, GA V,119G) und das damit verbundene zornige Auftrumpfen und Profilieren, das „einen neuen, in die Zukunft weisenden Ton“[109] hin zu den Liedtypen des Fürwurfs und des Straflieds im Meistergesang, der Inszenierung streitender Meistersinger vor Kunstrichtern (*merker*), trägt. Schließlich ist es drittens die Summe, d. h. die beachtliche Anzahl an Polemiken, die mit Frauenlob verbunden sind und die sich durch eine Ermahnung von Hermann Damen an ein ‚frühreifes‘ *kint* (HMS III, S. 167f.),[110] aber auch andere mögliche Gegnerstrophen in Frauenlobs Werk (vgl. GA VII,41G(?) und 42G(?)) weiter ergänzen lassen: In der Zeit zwischen 1280 und 1320, das belegen umfassendere Studien, „konzentriert sich so gut wie alle Polemik um Frauenlob“.[111] Frauenlobs Kunst und künstlerischer Anspruch, so scheint es, haben die Zeitgenossen also in gleicher Weise fasziniert wie abgestoßen. Und dies auch in einem bis-

105 Ebd., S. 267.
106 Ebd., S. 261.
107 Ebd., S. 315.
108 Ebd., S. 314.
109 Ebd., S. 315.
110 *Minnesinger. Deutsche Liederdichter des zwölften, dreizehnten und vierzehnten Jahrhunderts, aus allen bekannten Handschriften und früheren Drucken gesammelt und berichtigt, mit den Lesarten derselben, Geschichten des Lebens der Dichter und ihrer Werke, Sangweisen der Lieder, Reimverzeichnis der Anfänge, und Abbildungen sämmtlicher Handschriften*, hg. von FRIEDRICH HEINRICH VON DER HAGEN. 4 Bde., Leipzig 1838–1856, ND Aalen 1962/63 [= HMS]. Der Text von Hermann Damen ist auch bei WACHINGER [Anm. 5], S. 182–187 abgedruckt und kritisch kommentiert.
111 Ebd., S. 313.

lang weitgehend unerreichten Maß. Kaum ein anderer Sangspruchdichter hat nachweislich fassbar in dieser Art und Weise provoziert und polarisiert: auf der einen Seite „Frauenlob, der Dichterfürst, der selbst in lateinkundigen Kreisen als *Vulgaris eloquencie princeps,* als Meister volkssprachlicher Redekunst, bezeichnet wurde, und [auf der anderen Seite] Frauenlob, der quacksalbernde Narr".[112]

III Resümee

Frauenlobs Sangspruchdichtung in den Jahrzehnten vor und nach 1300, so lässt sich resümieren, fällt in eine außergewöhnlich produktive Zeit, die als eine „Art Sattelzeit"[113] für die nachfolgende lange Wirkmacht der Gattung angesehen werden kann. Ausgehend vom zeitgenössischen Selbstverständnis der Sangspruchdichter als *meister* bietet Frauenlob die gesamte thematische Breite sangspruchdichterischen Singens. Dabei erweisen sich seine Strophen, die sich durchgängig an ein höfisches Publikum richten, auf der einen Seite in ihren Inhalten „erstaunlich traditionell".[114] Auf der anderen Seite suchen sie thematisch und darstellerisch betont „das Ausgefallene und Verdunkelte".[115] Fassbar werden dabei wiederholt inhaltliche und formal-ästhetische Selektions- und Verdichtungsprozesse, die gepaart mit einem forcierten agonalen Zug prononciert auf hohes bzw. höheres Wissen sowie auf hohe bzw. höhere sprachliche Raffinesse setzen. Inszeniert wird damit, so lässt sich sagen, nicht nur eine große Kraft, die auf eine Überbietung meisterlicher Traditionen und Zeitgenossen zielt. Die ausgewiesene Gelehrsamkeit (Philosophie, Theologie, Kosmologie) und manieristische Ästhetik (ausgefallene Rhetorik, eigenwillige Syntax, kapriziöse Metaphorik), mit der Frauenlob das Konzept der *meisterschaft* (weiter-)verfolgt, bringen auch eine besondere artistische Hermetizität mit sich, die die Kompetenz des Verstehens aufruft und mithin auch die Zugehörigkeit zur ‚meisterlichen Gruppe' steuert: eine Art literarischer ‚Expertenkultur', die einerseits, exkludierend, kontemporär und *à la longue* Unverständnis und (Aus-)Schluss induziert, andererseits aber auch, inkludierend, ein integratives Potential von Teilhabechancen entfaltet, das exklusive Zugehörigkeit sichert und, so bezeugen es die frauenlobischen Weiter- und Nachdichtungen im städtischen Meistergesang, mit zu einem neuen erfolgreichen Modell literarischer Institutionalisierung führt. Auch wenn Frauenlob vieles von dem aufgreift, was seine älteren Sangspruchkollegen bereits etabliert haben, und sich sein Autorprofil in den verschiedenen Handschriften in ihren jeweils spezifischen Akzentuierungen, d. h. in ihrer je anderen Auswahl und Organisation der Strophen und Strophenreihen, mithin deutlich unterscheidet,[116] setzt er damit insgesamt doch noch

[112] ANNETTE GEROK-REITER: *Der Mainzer Dichter Frauenlob. Narr oder Dichterfürst?*, in: *Mainz im Mittelalter*, hg. von MECHTHILD DREYER und JÖRG ROGGE, Mainz 2009, S. 131–143, hier S. 137.

[113] GERT HÜBNER / DOROTHEA KLEIN: *Vorwort*, in: HÜBNER / KLEIN [Anm. 18], S. VII–XIII, hier S. VII.

[114] HAUSTEIN [Anm. 8].

[115] Ebd.

[116] Vgl. hierzu vor allem BURGHART WACHINGER: *Von der Jenaer zur Weimarer Liederhandschrift*, in: *Philologie als Kulturwissenschaft. Studien zur Literatur und Geschichte des Mittelal-*

einmal umfassender und systematischer als bislang an den Grundsäulen des *meister*-Verständnisses an. Wie kaum ein anderer Sangspruchdichter vor ihm macht er gezielt und nachgerade wortwörtlich die Bedeutungen des Begriffs *meisterschaft* zum Programm: ‚höchste Gelehrsamkeit (Kunst)', ‚große Kraft' und ‚Überlegenheit'[117] prägen die Signaturen seines Schaffens, das damit – gerade auch in dieser gedanklichen und künstlerischen Durchdringung des meisterlichen (Begriffs-)Verständnis – mit zu den bedeutendsten Leistungen in der Geschichte des Sangspruchs zählen darf.

ters. Festschrift für Karl Stackmann zum 65. Geburtstag, hg. von LUDGER GRENZMANN, HUBERT HERKOMMER und DIETER WUTTKE, Göttingen 1987, S. 193–207, und WENZEL [Anm. 38].

[117] Vgl. MATTHIAS LEXER: *Mittelhochdeutsches Handwörterbuch*. Zugleich als Supplement und alphabetischer Index zum Mittelhochdeutschen Wörterbuch von BENECKE-MÜLLER-ZARNCKE. ND der Ausg. Leipzig 1872–1878 mit einer Einleitung von KURT GÄRTNER, 3 Bde., Stuttgart 1992, Bd. 1, Sp. 2088.

Hs. C; Frauenlob (rechts) im Streitgespräch mit Regenbogen (links).
Quelle: Universitätsbibliothek Heidelberg, Große Heidelberger Liederhandschrift (Codex Manesse), Cod. Pal. germ. 848; fol. 381r.

5 Minnelieder

ANNETTE GEROK-REITER

I Überlieferung, Forschung, Kontextualisierung

Innerhalb der Überlieferung Frauenlobs nehmen seine Lieder eine marginale Stellung ein. Neben den drei Leichs und 448 Spruchstrophen führt LUDWIG ETTMÜLLER 13 Minnelieder an.[1] HELMUTH THOMAS reduziert in seinen Untersuchungen auf 316 Spruchstrophen und sieben Minnelieder, die er als ‚echt' einschätzt.[2] Hieran schließt sich die Ausgabe von KARL BERTAU und KARL STACKMANN an.[3] Und auch SUSANNE KÖBELE rekurriert in der bisher einzigen Monographie, die sich ausschließlich den Liedern widmet, auf diese Auswahl.[4] Fast verschwindend erscheint somit der Umfang der Minnelieder, vermittelt lediglich in den beiden Überlieferungszeugen F und m, angesichts der hohen Produktivität Frauenlobs. Umso wichtiger ist es, nicht von vornherein von der quantitativen Marginalität auf eine grundsätzlich geringe Wertschätzung des Autors der lyrischen Subgattung des Minnesangs gegenüber zu schließen oder eine prinzipiell weniger artifizielle Ausgestaltung der Lieder zu erwarten.

Die quantitativ randständige Position der Lieder und damit verbunden ein offensichtlich reduziertes literaturwissenschaftliches Interesse haben jedoch lange Zeit die Forschung geprägt. Für frühe Positionen mag etwa das Urteil von JÖRG SCHÄFER stehen, der die Lieder unter dem übergreifenden Thema „Minne" knapp einbezieht[5] und zum Schluss kommt, die Lieder seien durch einen „humorlose[n] Mangel an Selbstdistanz" geprägt und würden die „Tradition larmoyant übersteigern".[6] Im Verfasserlexikon von 1980 führt STACKMANN zu den Minneliedern nur an: „F[rauenlob] hält sich mit sei-

[1] *Heinrichs von Meissen des Frauenlobes Leiche, Sprüche, Streitgedichte und Lieder*, erläutert und hg. von LUDWIG ETTMÜLLER, Quedlinburg / Leipzig 1843 (*Bibliothek der gesammten deutschen National-Literatur* 16), S. 246–264.

[2] HELMUTH THOMAS: *Untersuchungen zur Überlieferung der Spruchdichtung Frauenlobs*, Leipzig 1939 (*Palaestra* 217), S. 98, Anm. 193 sowie S. 231.

[3] *Frauenlob (Heinrich von Meissen): Leichs, Sangsprüche, Lieder. 2 Teile*. Auf Grund der Vorarbeiten von HELMUTH THOMAS hg. von KARL STACKMANN und KARL BERTAU. *Bd. 1: Einleitungen, Texte; Bd. 2: Apparate, Erläuterungen*, Göttingen 1981 (*Abh. d. Akad. d. Wiss. in Göttingen, Philol.-hist. Kl. III*, 119/120) [= GA], S. 561–574.

[4] SUSANNE KÖBELE: *Frauenlobs Lieder. Parameter einer literarhistorischen Standortbestimmung*, Tübingen / Basel 2003 (*Bibliotheca Germanica* 43), zur Begründung vgl. S. 34–37.

[5] JÖRG SCHÄFER: *Walther von der Vogelweide und Frauenlob. Beispiele klassischer und manieristischer Lyrik im Mittelalter*, Tübingen 1966 (*Hermaea. Germanistische Forschungen* NF 18), insbes. S. 204–214.

[6] Ebd., S. 212f.

ner Lieddichtung in den Grenzen der klassischen Sehnsuchtsminne. Hauptthema ist das Leid des Minners, der nichts besitzt als das Bild der Geliebten, wie es ihm die Augen ins Herz gesenkt haben."[7] BURGHART WACHINGER war einer der ersten, der Frauenlobs Lieder im Vergleich mit den Liedern König Wenzels von Böhmen intensiver analysierte und zu einem prägnanten Ergebnis kam: Es lasse sich vor Frauenlob „kein Text deutscher Sprache" finden, „der so ausschließlich und radikal die Konsequenzen der hohen Minne für das Ich durchdenkt".[8] Zeitgleich analysiert MANFRED EIKELMANN Lied 4 und hält als „bemerkenswert" fest, dass mit dem häufigen Auftreten des Todesmotives ebendort „wie sonst kaum im Minnesang [...] eine Grenzerfahrung ganz ins Zentrum der Minne gerückt wird".[9]

Diese Einschätzungen dürften – unterstützt durch die Göttinger Frauenlob-Ausgabe, ein zunehmendes Forschungsinteresse am spätmittelalterlichen Minnelied des 13. und 14. Jahrhunderts seit dem Ende der 80er Jahre sowie durch die Diskussion um das Stilphänomen des *blüemens* – mit dazu beigetragen haben, dass sich der Forschungstenor änderte: So attestiert EVA B. SCHEER in ihrer 1990 erschienenen Untersuchung zur Thematisierung des „Sehens" im Minnesang den Liedern Frauenlobs „eine spezifische Eigenheit", indem erst bei Frauenlob die Differenz zwischen realer Wahrnehmung und Imagination „zum Problem" werde.[10] RALF-HENNING STEINMETZ streift in seiner Monographie zur „Liebe als universale[m] Prinzip bei Frauenlob" von 1994 die Lieder zwar nur, spricht ihnen jedoch „Ansätze zu Neuerungen" zu, die er vor allem in der Tendenz einer „Subjektivierung" des Minneerlebens sieht.[11] Der ‚Aufmerksamkeitsschub' für die Eigenart der Lieder schlägt sich denn auch in den seit den 90er Jahren zunehmenden Spezialuntersuchungen nieder, die gleichwohl überschaubar bleiben: Neben EIKELMANN widmen sich nun auch SCHEER und STEINMETZ Lied 4.[12] GERT HÜBNER geht in seiner umfassenden Studie zu den spätmittelalterlichen „Lobblumen" ausführlicher auf Frauenlobs Metapherngebrauch in den Liedern 3 und 6 ein[13] und MARGRETH EGIDI

7 KARL STACKMANN: *Frauenlob, (Meister) Heinrich Frauenlob; Meister Heinrich von Meißen der Frauenlob,* in: ²*VL*, Bd. 2 (1980), Sp. 865–877, hier Sp. 873.

8 Die Analyse wurde präsentiert auf dem Cambridger Frauenlob-Colloquium von 1986: BURGHART WACHINGER: *Hohe Minne um 1300. Zu den Liedern Frauenlobs und König Wenzels von Böhmen*, in: *Wolfram-Studien* 10 (1988), S. 135–150, hier S. 148f.

9 MANFRED EIKELMANN: Ahi, wie blüt der anger miner ougen. *Todesmotivik und Sprachgestalt in Frauenlobs Lied 4*, in: *Wolfram-Studien* 10 (1988), S. 169–178, hier S. 178.

10 EVA B. SCHEER: Daz geschach mir durch ein schouwen. *Wahrnehmung durch Sehen in ausgewählten Texten des deutschen Minnesangs bis zu Frauenlob*, Frankfurt a. M. u. a. 1990, S. 238.

11 RALF-HENNING STEINMETZ: *Liebe als universales Prinzip bei Frauenlob. Ein volkssprachlicher Weltentwurf in der europäischen Dichtung um 1300*, Tübingen 1994 (*MTU* 106) S. 2 und S. 159, Anm. 24.

12 EVA B. SCHEER: Ja muz ich sunder riuwe sin. *Zu Frauenlobs Lied 4*, in: Ja muz ich sunder riuwe sin. *Festschrift für Karl Stackmann zum 15. Februar 1990*, hg. von WOLFGANG DINKELACKER, LUDGER GRENZMANN und WERNER HÖVER, Göttingen 1990, S. 170–179; RALF-HENNING STEINMETZ: *Weltlich-geistliche Tierallegorese in Frauenlobs Lied 4*, in: *Archiv für das Studium der neueren Sprachen und Literaturen* 153 (2001/2), S. 260–279.

13 GERT HÜBNER: *Lobblumen. Studien zur Genese und Funktion der ‚Geblümten Rede'*, Tübingen / Basel 2000 (*Bibliotheca Germanica* 41), S. 293–301.

erläutert Strukturähnlichkeiten und -differenzen in der Inszenierungsweise von Sangsprüchen und Frauenlobs Lied 3.[14]

Grundsätzlich verändert sich die Forschungssituation jedoch erst mit SUSANNE KÖBELEs reichhaltiger Monographie von 2003, die sich, nach vorbereitenden Einzelaufsätzen von ihr,[15] allen sieben Liedern in ausführlichen und umfassenden Interpretationen zuwendet. KÖBELE erweitert dabei die Perspektiven der Liedanalysen erheblich. Zum einen bezieht sie die Frage von Überlieferungsprofil oder individuellem Autorprofil in ihre Überlegungen ein. Zum anderen analysiert sie die Lieder in der Spannung „weltlicher und geistlicher Autorschaft Frauenlobs“,[16] was dazu führt, dass sie nicht nur die Lieder auf die zeitgenössischen philosophisch-theologischen Traditionen hin durchsichtig macht, sondern auch enge Verbindungen der Lieder zu den weiteren Dichtungen Frauenlobs, insbesondere zur Leichdichtung, aufzeigt. Damit werden die Lieder kulturell und intertextuell neu situiert. Und schließlich kontextualisiert sie die Lieder darüber hinaus in expliziten, subtil durchgeführten Vergleichen insbesondere mit den Dichtungen Neifens und Konrads von Würzburg, um in minutiösen Detailbeobachtungen gemeinsame Traditionen, vor allem aber auch differente Umsetzungen derselben ausfindig zu machen. Aus dem vielschichtigen Panorama der Bezüge kommt sie zu einer „literarhistorischen Standortbestimmung“ Frauenlobs, die sich über die Ambivalenzen der Semantiken, Inhalte und Strukturen zwischen religiösen und säkularen, funktionalen und autonomen, körperlichen und spirituellen Positionen, d. h. über „interne Spannungen [...] und Übergangsphänomene“ bestimmt.[17] Den Grund für die Ambivalenz der Positionen, die zur Veränderung „vertraute[r] Minnesang-Leitwörter und -Motive“ führe, sieht KÖBELE – gleichsam übergeordnet – in der Partizipation der Lieder am Konzept einer ‚universalen Minne‘, zu der die „Unaufgelöstheit ihrer immanenten und transzendenten Geltung“ gehöre.[18] In der Darstellung dieser Unaufgelöstheit kulminiere der „‚Denktypus Frauenlob‘“.[19] Vor allem aber lasse Frauenlob „die Sprache verändert zurück“.[20]

[14] MARGRETH EGIDI: *Poetik der Unterscheidung. Zu Frauenlobs Liedern*, in: *Studien zu Frauenlob und Heinrich von Mügeln. Festschrift für Karl Stackmann zum 80. Geburtstag*, hg. von JENS HAUSTEIN und RALF-HENNING STEINMETZ, Freiburg i. Ü. 2002 (*Scrinium Friburgense* 15), S. 103–123.

[15] SUSANNE KÖBELE: *‚Reine‘ Abstraktion? Spekulative Tendenzen in Frauenlobs Lied 1*, in: *ZfdA* 123 (1994), S. 377–408; SUSANNE KÖBELE: *Der Liedautor Frauenlob. Poetologische und überlieferungsgeschichtliche Überlegungen*, in: *Autor und Autorschaft im Mittelalter. Kolloquium Meißen 1995*, hg. von ELIZABETH ANDERSEN u. a., Tübingen 1998, S. 277–298; SUSANNE KÖBELE: *Umbesetzungen. Zur Liebessprache in Liedern Frauenlobs*, in: *Geistliches in weltlicher und Weltliches in geistlicher Literatur des Mittelalters*, hg. von CHRISTOPH HUBER, BURGHART WACHINGER und JOCHEN ZIEGELER, Tübingen 2000, S. 213–235.

[16] KÖBELE [Anm. 4], S. 39.

[17] Ebd., S. 242.

[18] Ebd.

[19] Ebd., S. 240.

[20] Ebd., S. 251. KÖBELEs Monographie hat sich, wie MICHAEL STOLZ (*Susanne Köbele. Frauenlobs Lieder [Rezension]*, in: *ZfdA* 137 [2008], S. 401–408, hier S. 408) prognostizierte, als „Markstein nicht nur der Frauenlobforschung“ etabliert. Jede nachfolgende Auseinandersetzung mit den Liedern kann gewinnbringend auf die hier dargebotenen Erkenntnisse aufbauen. Weitere

Dies gelte, so KÖBELE, auch und gerade für den Liedautor Frauenlob. Und daran, so darf man hinzufügen, ändert auch die geringe Überlieferungsquantität der Lieder nichts.

II Tradition – Innovation

Die folgenden Darlegungen müssen notwendig gegenüber KÖBELEs differenzierten Ausführungen einen engeren Ansatz wählen. Die sieben Lieder, die auch im Folgenden die Textgrundlage bleiben, sollen somit nicht unter der Perspektive eines durchgehend pluralen Einfluss- und Bezugsnetzes, wie es bei KÖBELE eindrücklich nachzulesen ist, zur Sprache kommen, sondern unter der einen systematisch ansetzenden Leitfrage: Inwieweit stehen Frauenlobs Lieder dem tradierten Ich-Lied der Hohen Minne nahe? Anhand von drei Liedern soll die Verschiedenheit der Antworten, die die Lieder Frauenlobs bieten, aufgezeigt werden.

Der Liedtypus des Ich-Liedes der Hohen Minne etabliert sich im deutschen Sprachraum gegen Ende des 12. Jahrhunderts. Er erreicht spätestens mit Reinmar dem Alten, Heinrich von Morungen oder Walther von der Vogelweide ein hochkomplexes Format, das sein Fortwirken in der Sänger-Tradition sichert und seine Rezeption innerhalb der Handschriftenüberlieferung lange Zeit entscheidend (mit-)bestimmt. In den großen Liederhandschriften A, B und C stellt er die dominante Liedform dar, was wenig über den ursprünglichen Bestand und dessen Verbreitung, jedoch viel über die Traditionsweitergabe und vor allem die Vorlieben der Rezipienten aussagt.[21] Wenngleich Frauenlob ein Jahrhundert später als seine ‚klassischen' Kollegen schreibt, steht er zweifelsfrei in dieser Tradition. So stellen seine Lieder die leidvolle Klage um eine unerreichbare Dame ins Zentrum und greifen formal durchgehend zurück auf die Kanzonenstrophe mit erstem und zweitem Stollen sowie Abgesang, was in der Kombination von Thema und Form in der Regel auf eben diesen Liedtypus hinweist. Welche konkreten Lieder dieses Typus der vorausgegangenen Tradition Frauenlob gehört oder gelesen haben könnte, lässt sich zwar punktuell, kaum aber umfassend und definitiv ermitteln. Zweifelsfrei aber dürfte die Grundstruktur des Liedtypus in ihrer Anlage ihm gut bekannt und Movens der Traditionsbildung und Auseinandersetzung gewesen sein. Diese Grundstruktur ist sicherlich als abstraktes übergreifendes Modell ein heuristisches Konstrukt späterer Forschungsgenerationen, denn die Minnekanzone ist in ihren Ausprägungen von Anfang an kein Einheitstypus, sondern tritt höchst unterschiedlich in Erscheinung, die Bedingungen ihrer Möglichkeit immer bereits mitbedenkend, auslotend und zum Teil auch durchbrechend.[22] Gleichwohl dürften jedoch bereits die praktizierenden Sänger nicht nur einen Liedtypus nach dem Vorbild eines Morungen, eines Reinmar oder eines Wal-

Forschungsstandpunkte führe ich nach Bedarf im Rahmen der folgenden Diskussionen an, ohne einen vollständigen Forschungsüberblick bieten zu wollen.

21 HELMUT TERVOOREN: *Gattungen und Gattungsentwicklung in mittelhochdeutscher Lyrik*, in: HELMUT TERVOOREN: *Gedichte und Interpretationen. Mittelalter*, Stuttgart 1994, S. 11–39.

22 Diese Vielfalt betont insbesondere BEATE KELLNER: *Spiel der Liebe im Minnesang*, Paderborn 2018.

ther aufgegriffen haben, sondern sich durchaus eines Merkmalsbündels[23] als Konstituens dieses Typus bewusst gewesen sein.

Dieses Merkmalsbündel ist in der prinzipiellen Konstellation einfach, lässt sich jedoch in den Kombinationsmöglichkeiten seiner internen Bezüge – optional – hochkomplex entfalten.[24] Zentral ist ein dreifaches Spannungsgefüge.[25] Zum einen geht es um die Spannung innerhalb der Dreieckskonstellation von konstitutiv erfolglosem Werber, der ebenso konstitutiv unerreichbaren Dame und der Gesellschaft, die Werbung und Unerreichbarkeit observiert. Verhandelt wird hier erotisches Begehren über Distanzrelationen.[26] Zum anderen geht es um die Spannung innerhalb der Dreieckskonstellation von Sänger, *summum bonum* und zuhörendem Auditorium. Auf dieser Ebene hat der Sänger seine Minneklage zugleich als Preis höfischer Werte sichtbar zu machen, Werte, für die die Dame die Projektionsfläche bietet. Verhandelt wird auf dieser zweiten Ebene, ob der Verwandlungsprozess von Leid in Gesang überzeugend gelingt. Durch den Gesang als „Kontaktmedium"[27] können dabei die Distanzrelationen der ersten Ebene zur Dame, vor allem aber zur zuhörenden Gesellschaft aufgefangen, gegebenenfalls sogar überbrückt werden. Zugleich wird jedoch vielfach – gegenstrebig – die Virtualität des suggerierten Geschehens der ersten Ebene ausgestellt und / oder es kommen poetolo-

23 GERT HÜBNER geht noch weiter und spricht statt von einem ‚Merkmalsbündel' von einem „Konzept". Das erscheint mir zu rational-vorgängig, im Prinzip ist HÜBNERS Gedankengang jedoch zuzustimmen. Vgl. GERT HÜBNER: *Frauenpreis. Studien zur Funktion der laudativen Rede in der mittelhochdeutschen Minnekanzone*, 2 Bde., Baden-Baden 1996 (*Saecula spiritalia* 34/35): „Hohe Minne ergibt sich als Konzept [...] auf der Basis der Gattungstradition aus der Interaktion von Textdaten, die Schlußfolgerungen nahelegen, und einem Publikum, das Schlußfolgerungen zieht. In einem schwer definierbaren Umfang ist das Konzept jedoch fest" (S. 25). Der „Rezipient" – Hörer / Leser wie, so ist zu ergänzen, der später dichtende Autor – „muß deshalb die Modellwelt des Minnesangs und die ‚Grammatik' der Kanzone kennen, in diesem Sinn über eine spezifische poetologische Kompetenz verfügen" (S. 31f.).

24 Das Regelwerk des Ich-Liedes der Hohen Minne und ihrer Spielarten ist vielfach beschrieben worden. Grundlegend: HÜBNER [Anm. 23], S. 25–34; HARALD HAFERLAND: *Hohe Minne. Zur Beschreibung der Minnekanzone*, Berlin 2000; MANUEL BRAUN: *Spiel – Kunst – Autonomie. Minnesang jenseits der Pragma-Paradigmen*. Habil. [masch.] München 2007, S. 114–158; KELLNER [Anm. 22].

25 Die Beschreibung durch Spannungsebenen entwickelt ANNETTE GEROK-REITER: *Sprachspiel und Differenz. Zur Textur von Minnesangs Ende in Frauenlobs Lied 6*, in: *Texte zum Sprechen bringen. Philologie und Interpretation. Festschrift für Paul Sappler*, hg. von CHRISTIANE ACKERMANN und ULRICH BARTON, Tübingen 2009, S. 89–105, hier S. 90f.

26 Zur Betonung des Raumaspekts siehe insbes. STEPHAN FUCHS-JOLIE: ungeheuer oben. *Semantisierte Räume und Raummetaphorik im Minnesang*, in: *Außen und Innen. Räume in ihrer Symbolik im Mittelalter*, hg. von NIKOLAUS STAUBACH und VERA JOHANTERWAGE, Frankfurt a. M. / Bern 2007 (*Tradition – Reform – Innovation. Studien zur Modernität des Mittelalters* 14), S. 25–42, sowie den grundsätzlichen Aufriss des Sammelbandes: *Raum und Zeit im Minnesang*, hg. von ANNETTE GEROK-REITER, ANNA SARA LAHR und SIMONE LEIDINGER, Heidelberg 2018 [erscheint in den *Studien zur historischen Poetik*, im Druck].

27 Dazu grundlegend: HARTMUT BLEUMER: *Das Echo des Bildes. Narration und poetische Emergenz bei Heinrich von Morungen*, in: *ZfdPh* 129 (2010), S. 321–345, hier S. 327.

gische Reflexionen zum Zuge.[28] Drittens geht es um die Spannung zwischen den beiden Ebenen von Werbung und Gesang, die ich verschiedentlich mit den Begriffen von ‚Handlungsebene' und ‚poetologischer Reflexionsebene' zu fassen suchte[29] und aus deren Bezug sich – offen nach beiden Seiten – allererst die ästhetisch je anders zu bestimmende Konfiguration des jeweiligen Liedes ergibt.[30] Diese Konfiguration hat die Gesellschaft mit Kunstverstand zu beurteilen. Kunstverstand heißt dabei, insbesondere in der historischen Perspektive von Liedern „vor dem Zeitalter der Literatur",[31] zum einen Sachverstand für die artistische ‚Gemachtheit' und Stimmigkeit der Darbietung, zum anderen Sachverstand für die repräsentative Dimension eines angemessenen Sprechens im sozial verantworteten Diskursraum Minne.

Es ließe sich die Geschichte des Minnesangs über die Aktivierung bzw. Nicht-Aktivierung dieser drei Ebenen und ihres Zusammenspiels beschreiben. Festzuhalten bleibt für Frauenlob, dass er, zeitlich gesehen, am Ende einer Traditionsentfaltung angesiedelt ist, bei der alle Facetten dieses Liedtypus, sei es in Richtung der Leidexplikation, des formalen *ornatus* oder der Anspannungen und Brüche innerhalb der Ebenen bzw. über diese hinweg, bereits ausgereizt erscheinen. Umso mehr stellt sich die Frage, was einen solch reflektierten und ambitionierten Autor wie Frauenlob an der Umsetzung gerade dieser Gattung innerhalb seines lyrischen Typentableaus gereizt haben mag. Die Antworten sollen anhand der Fokussierung von drei Liedern erfolgen, den Liedern – nach der Zählung der Göttinger Ausgabe – 2, 3 und 7. Geboten werden dabei keine umfassenden Interpretationen, vielmehr wird bei jeder Analyse jeweils ein spezifischer Aspekt ins Zentrum gestellt. Das so erfasste Spektrum der Aspekte soll, so der Anspruch, die Variationsbreite der Lieder in ihren Ansätzen und Perspektiven paradigmatisch repräsentieren. Von vornherein ist jedoch anzumerken, dass die jeweils schwerpunktmäßig herausgearbeiteten Aspekte des einzelnen Liedes bei den anderen Liedern keineswegs gänzlich ausgeschlossen sind, sondern in unterschiedlichen Gewichtungen und Mischungsverhältnissen mitschwingen.

[28] Jan-Dirk Müller: *Die Fiktion höfischer Liebe und die Fiktionalität des Minnesangs*, in: *Text und Handeln. Zum kommunikativen Ort von Minnesang und antiker Lyrik*, hg. von Albrecht Hausmann, Heidelberg 2004, S. 47–64; Jan-Dirk Müller: *Literarische und andere Spiele. Zum Fiktionalitätsproblem in vormoderner Literatur*, in: *Poetica* 36 (2004), S. 281–311.

[29] Gerok-Reiter [Anm. 25], S. 90f. Entsprechend: Annette Gerok-Reiter: *Unort Minne. Raumdekonstruktionen als Neukonzeptualiserung der Minne im späthöfischen Sang*, in: *Unorte. Spielarten einer verlorenen Verortung. Kulturwissenschaftliche Perspektiven*, hg. von Matthias Däumer, Annette Gerok-Reiter und Friedemann Kreuder, Bielefeld 2010 (*Mainzer Historische Kulturwissenschaften* 3), S. 75–106, hier S. 78f.

[30] Zur Notwendigkeit der historisierenden Adaption des Ästhetikbegriffs siehe: Annette Gerok-Reiter und Jörg Robert: *Reflexionsfiguren der Künste in der Vormoderne. Ansätze – Fragestellungen – Perspektiven*, in: *Reflexionsfiguren der Künste in der Vormoderne*, hg. von Annette Gerok-Reiter u. a., Heidelberg 2018 (*Beihefte zur GRM*) [im Druck].

[31] Christian Kiening: *Zwischen Körper und Schrift. Texte vor dem Zeitalter der Literatur*, Frankfurt a. M. 2003.

III ‚Zitatanspielungen' und Anspielungskombinationen

Frauenlobs Lied 2 (GA XIV,6–10)[32]

Ouwe, herzelicher leide,
die ich sender tragen muz.

Ouwe, liechter ougenweide,
wanne wirt mir sorgen buz?

Wanne sol din roter munt mich lachen an
unde sprechen: ‚selig man,
swaz du wilt, daz si getan'? (GA XIV,6)

Ja meine ich den munt so losen,
an dem al min trösten liget.

Sprechet alle, rote rosen,
daz ein munt mit roten [] siget.

Baz dem munde zeme ein liljenwizez ja
dann ein nein von jamer blu.
daz wort machet min jugent gra. (GA XIV,7)

Minne, kanst du freude borgen?
des gihe ich dir niemer tac.

Swem du lachest gein dem morgen,
zwar dem wirt din afterslag.

Diner lüste rosen hegen scharfen dorn,
leit ist liebem zu geborn:
solchen wucher treit din korn. (GA XIV,8)

Minne, wiltu solchen jamer
uf mich erben mine zit?

Diner lüste selden amer
mir da kleine stiure git.

Nie dem herren Iwein wirs kein maget tete,
wan die schöne vrou Lunete
half: des leben da trost an hete.[33] (GA XIV,9)

[32] Alle Textstellen zitiert nach GA [Anm. 3]. Übersetzung von Lied 2: A. G.-R. Zur Liedüberlieferung von Lied 2 vgl. KÖBELE [Anm. 4], S. 59; zur Interpretation: ebd., S. 58–75.
[33] Zur Problematik der Textstelle vgl. KÖBELE [Anm. 4], S. 63, Anm. 151.

Ach, solt ich den apfel teilen,
den Paris der Minne gab,

Zwar, du müstest jamer seilen,
solte ich dadurch in min grab.

Pallas oder Juno müsten halden ir:
so reche ich min leide an dir,
die du hast geerbet mir. (GA XIV,10)

(GA XIV,6: O weh, wegen des Herzeleides, / das ich, Sehnsuchtsvoller, tragen muss. / O weh, wegen der glanzvollen Augenweide, / wann werde ich von Sorgen befreit? / Wann wird dein roter Mund mich anlachen / und sprechen: Glückseliger Mann, / was immer du willst, das sei getan?
GA XIV,7: Ja, ich meine den so lieblichen Mund, / von dem mein ganzer Trost abhängt. / Sprecht alle, ihr roten Rosen, / dass ein Mund in all seiner Röte obsiegt! / Besser stünde dem Mund ein lilienweißes ‚Ja' an / als ein jammerblaues ‚Nein': / Das Wort macht meine Jugend grau.
GA XIV,8: Minne, kannst du Freude verleihen? / Dies spreche ich dir niemals mehr zu. / Wem auch immer du am Morgen dein Lachen schenkst, / wirklich, dem wird sogleich ein Nackenschlag zuteil. / Deiner Lüste Rosen hegen scharfen Dorn, / Leid wird immer mit Liebem geboren: / Solchen Ertrag bringt dein Korn hervor.
GA XIV,9: Minne, willst du solchen Jammer / mir vererben, solange ich lebe? / Deiner Lüste glückseliges Ambra / gewährt mir da überhaupt keine Hilfe. / Niemals hat eine Jungfrau den Herrn Iwein schlechter behandelt (als mich), / denn (ihm) half die schöne Dame Lunete: / dessen Leben fand darin Trost.
GA XIV,10: Ach, könnte ich den Apfel (aus)teilen, / den Paris der Minne gab, / wirklich, du müsstest (dann) endlos an Jammer gebunden sein, / sollte ich dadurch (auch) in mein Grab. / Pallas oder Juno müssten ihn (je) für sich erhalten: / So räche ich meine Leiden an dir, / die du mir vererbt hast.[34])

Frauenlobs Lied 2 fällt innerhalb seiner Lieder durch eine besonders einfache Form auf: Der Aufgesang wird durch zwei zweizeilige Stollen im Kreuzreim gebildet. Der ledig-

[34] Die Strophe bietet mehrere Schwierigkeiten: zu *jamer seilen* vgl. den Kommentar von STACKMANN in: GA [Anm. 3], S. 1027: „*seilen,* ‚Seile drehen' [im Sinn von: immer weiter verlängern, A. G-R.]; es scheint sich um den frühesten Beleg für dies Verbum zu handeln". UTA STÖRMER-CAYSA schlägt vor, *seilen* im Sinn von ‚fesseln' zu verstehen; KÖBELE [Anm. 4], S. 64, diskutiert dies ebenfalls und übersetzt (S. 60): „du müßtest (dann) den Jammer an die Leine nehmen". Ich meine, das auch diese Version im Kontext der Rache, auf die die Strophe hinausläuft, nur heißen kann: ‚der Jammer wird in jedem Fall dein Begleiter'. Ebenso schwierig ist Vers 5: Hier folge ich wiederum der GA [Anm. 3], S. 1027: „*müsten,* als *müste in* zu verstehen. *ir*, reflex. Dativ". Die Pointe wäre so: Der (aus)geteilte Apfel geht nicht mehr an die Minne, sondern je an *Pallas* oder *Juno*, damit entzieht der Werber der Dame die Grundlage der Überhöhung, was zu ihrem Jammer führt. Denkbar wäre aber auch die Lesart, dass das Ich den Apfel selbst der Minne und d. h. nun seiner Minnedame gibt, weshalb auch sie dann mit dem Jammer der Minne verbunden würde, worin die Rache besteht. *Pallas* oder *Juno* müssten dann, für sie / vor ihr (der Minne) stillhalten, erhalten also den Apfel wieder nicht. Dann bleibt aber die Grabmetaphorik unklar. Ich folge daher in der Interpretation der ersten Variante.

lich drei Zeilen umfassende Abgesang ist durch nur einen Reim gekennzeichnet. Bis auf die fünfte Zeile hat man es mit vierhebigen Versen zu tun. Der Wechsel von weiblich voller und voller Kadenz im Aufgesang weicht im Abgesang einer Abfolge von vollen Kadenzen, die keine Variation kennt. Die Kanzonenform ist somit in nahezu einfachster Weise realisiert.

Auch in seiner inhaltlichen Gestaltung scheint Lied 2 der typischen Minneklage des Ich-Liedes der Hohen Minne zu entsprechen.[35] Ohne Umschweife steht sofort das zentrale Thema, das Leid des sehnenden Werbers (*sender*, GA XIV,6, v. 2), im Zentrum: *Ouwe, herzelicher leide* (GA XIV,6, v. 1). Erwartungsgemäß wird das Leid sofort an die Dame rückgebunden, die als *liechte*[] *ougenweide* (GA XIV,6, v. 3) die Verantwortung trägt und Abhilfe vom Leid bewirken soll (*wanne wirt mir sorgen buz?* GA XIV,6, v. 4), indem sie dem Liebenden ein Lachen schenkt und auf seine Wünsche eingeht (GA XIV,6, v. 6f.). Die zweite Strophe wiederholt das Anliegen, fokussiert dabei den Mund der Dame, der durch seine überbordende Röte (GA XIV,7, v. 1 und v. 3f.) erotisches Begehren weckt, zugleich auch trösten könne (GA XIV,7, v. 2). Dafür müsse er aber nicht ‚nein', sondern ‚ja' sprechen (GA XIV,7, v. 6). Die dritte Strophe rückt darauf jedoch die Unmöglichkeit der Erfüllung ins Zentrum, denn die maßgebliche Minne verbinde regelhaft Liebe mit Leid (GA XIV,8, v. 6). Hierin bestehe der *wucher* (GA XIV,8, v. 7) der Minne. Insofern setzt sich die Minneklage in der vierten Strophe konsequent fort: Beim *jamer* des Ich ist kein Ende abzusehen (*Minne, wiltu solchen jamer / uf mich erben mine zit?* GA XIV,9, v. 1f.). Ihrer *luste selden amer* (GA XIV,9, v. 3f.) werde dem Ich nicht zuteil, das somit nirgends Trost sieht. So müsse es noch trauriger sein als Iwein. Einzig der Gedanke der Rache an der Minne (GA XIV,10, v. 6) kann noch befriedigen, auch wenn das Ich dann sein Ziel erst recht nicht erreiche und, so vermittelt die Rede vom *grab* (GA XIV,10, v. 4), sterben müsse: Die für die Minneklage obligate Leidinszenierung wird konsequent durchgezogen.

Gestaltet ist das Lied mit Hilfe eines Sets an Motiven, das topische Naturelemente (*ougenweide* GA XIV,6, v. 3, *rosen* GA XIV,7, v. 3; GA XIV,8, v 5; *liljen* GA XIV,7, v. 5; *dorn* GA XIV,8, v. 5; *korn* GA XIV,8, v. 7) mit dem ebenso bekannten Bildfeld des Mundes, das Erotik und das Sprechen umfasst, kombiniert (GA XIV,6, v. 5; GA XIV,7, v. 1; GA XIV,7, v. 4; GA XIV,7, v. 5; *lüste* GA XIV, 9,v. 3; *lachen* GA XIV,6, v. 5; GA XIV,8, v. 3; *sprechen, jehen* GA XIV,6, v. 6; GA XIV,7, v. 3; GA XIV,8, v. 2; *wort* GA XIV,7, v. 7). Verschiedene Farben komplementieren das konventionelle Tableau, insbesondere die Farbe Rot taucht – wenig überraschend – wiederholt auf (*rot* GA XIV,6, v. 5; GA XIV,7, v. 3; GA XIV,7, v. 4; *liljenwiz* GA XIV,7,v. 5; *bla* GA XIV,7, v. 6; *gra* GA XIV,7, v. 7) und schließlich wird das Ganze noch mit literarischen Vergleichen zu Hartmanns von Aue *Iwein* und der antiken Mythologie ausgeschmückt.

Der Klagegestus dieses Liedes ist somit, wie KÖBELE hervorhebt, „hochkonventionalisiert".[36] Dem damit verbundenen „Spannungsverlust", wie er sich paradigmatisch im „Rosen-Lilien-Topos" zeige, werde jedoch durch „Variationsanstrengung" entgegengewirkt; hierzu zählt KÖBELE etwa die Farbpalette, die das eher ungewöhnliche Blau mitführt, die grammatisch unterschiedliche lexikalische Ausgestaltung der Röte, den

[35] Vgl. KÖBELE [Anm. 4], S. 60: „Auf den ersten Blick wirkt dieses Lied wie eine konventionelle Minneklage, kommt es doch mit wenigen Versatzstücken aus."

[36] Ebd., S. 65.

Wechsel in der Anrede von der Geliebten über die Rosen bis hin zur personifizierten Minne oder die Akzentuierung durch den „Minnesang-unüblichen *lust*-Begriff".[37] Auch die *Iwein*-Anspielung oder der Einbezug des Parisurteils könnten in diesem Sinn als „Variationsanstrengung" verstanden werden. Insgesamt aber bleibe es bei „[h]ochrepetitiven Strukturen", die einerseits über weite Strecken durch ein „Neifen-Vokabular geprägt" seien, sich jedoch zugleich davon abhöben, indem das „Neifen-Vokabular" „remetaphorisiert, neukombiniert, grammatisch variiert, in neue Kontexte eingebettet" werde; durch diese Nähe bei gleichzeitiger Differenz komme es zu einer „Lösung von automatisierten Verstehensprozessen".[38]

Von hier aus ist weiter zu überlegen, ob die Distanz zu den minnesangtypischen Topoi und den an sie gebundenen ‚Automatisierungen' des Verstehens auch in anderer Hinsicht noch greifbar wird. Denn die von KÖBELE in Bezug auf Neifens Natureingang nachgewiesene Versatzstücktechnik Frauenlobs, der aus dem Gesamtzusammenhang punktuell Motive und Semantiken auswählt, herauslöst und neu kombiniert, lässt sich auch in diachroner Hinsicht erkennen. So „häuft" das Lied nicht nur „bekanntes, bekanntestes Material", das sich in diesem Fall von Neifen herleitet,[39] sondern auch eines, das sich aus dem gesamten vorgängigen Minnesang zu speisen scheint. Neben die topische Semantik (*herzelicher leide*, *ougenweide* oder *rosen*) treten dabei auch spezifischere Anklänge an einzelne Lieder, insbesondere von Walther von der Vogelweide und Heinrich von Morungen.

So könnte der rote Mund in Verbindung mit dem Motiv des Lachens auf Walthers *Mailied* zurückverweisen:[40] Ebendort finden sich in lexikalischer und semantischer Nähe nicht nur einzelne Wendungen, wie der Wunsch nach Befreiung von *sorgen* (Walther: *Scheidet, frouwe, mich von sorgen*, L 52,15 – Frauenlob: *wanne wirt mir sorgen buz?* GA XIV,6, v. 4) oder das ‚Borgen der Freude' (Walther: *oder ich muoz an froiden borgen*, L 52,17 – Frauenlob: *Minne, kanst du freude borgen?* GA XIV,8, v. 1), sondern auch die zentralen Motive des roten Mundes und seines Lachens (Walther: *Rôter munt, wie dû dich swachest, / lâ dîn lachen sîn! / scham dich, daz dû mich an lachest /* [...] */ ist daz wol getân?* L 51,37–40 – Frauenlob: *Wanne sol din roter munt mich lachen an / unde sprechen: ‚selig man, / swaz du wilt, daz si getan'?* GA XIV,6, v. 5–7). Ähnlich den Transpositionen, die Frauenlob gegenüber Neifen vornimmt, wird jedoch weder die Gesamtstruktur des Walther'schen Liedes noch dessen Anbindung an den Mai bzw. den Natureingang mitvollzogen. Es bleibt bei Anspielungen, angedeuteten Zitaten, die erkannt werden wollen, sich zugleich jedoch in der Fragmentierung verschleiern.

[37] Ebd., S. 61–63.

[38] Ebd., S. 65–67. KÖBELE vergleicht darüber hinaus aus dem zeitgenössischen Spektrum mit Wenzel von Böhmen und Düring (S. 68–70) sowie Heinrich Hetzbold von Weißensee (S. 72) und Heinrich von Mügeln (S. 73–75).

[39] Ebd., S. 65.

[40] Die Zitate der Lieder Walthers folgen der Ausgabe: *Walther von der Vogelweide. Werke. Gesamtausgabe. Bd. 2: Liedlyrik. Mittelhochdeutsch / Neuhochdeutsch*. Hg., übersetzt und kommentiert von GÜNTHER SCHWEIKLE. 2., verbesserte und erweiterte Aufl. hg. von RICARDA BAUSCHKE-HARTUNG, Stuttgart 2011.

Ein weiterer Strang führt zu Morungen. So könnte bereits das Adjektiv *liecht* an Morungens Faszination am Hellen, Glänzenden, Strahlenden erinnern,[41] ebenso begegnet auch bei Morungen mehrfach das Motiv des roten Mundes.[42] Vielleicht ließe sich auch im anaphorischen *Ouwe* und der möglicherweise dezenten Tageliedanspielung in GA XIV,8, v. 3 ein Bezug zu Morungens Tagelied MF 143,22 erkennen; über einen solchen Bezug gewönne im Rekurs auf das erotisch aufgeladene *wîz* des *lîbes* (MF 143,25) der Geliebten in Morungens Tagelied die bei Frauenlob inhaltlich kaum nachzuvollziehende Formulierung *liljenwizes ja* (GA XIV,7, v. 5) Plausibilität. Und rekurriert nicht die in Frauenlobs Lied thematisierte Alternative von *nein* und *ja* (GA XIV,7, v. 5f.) auf Morungens Lied MF 137,17, das – wohl parodistisch – das *wort* (MF 137,19) hervorhebt, das vor dem Liebestod retten könnte, nicht *neinâ nein* (MF 137,21f.), sondern *jâ, jâ, jâ, jâ* [...] (MF 137,24f.)? Die Forderung des Liebenden an die Dame, das Leid zu wenden – *ein wort du spræche wider mich: / verkêre daz, du sælic wîp!* (MF 137,19f.) –, wäre dann, überkreuz mit der Walther'schen Anspielung, bei Frauenlob wiederaufgenommen als imaginierte Antwort nun der Dame: *‚selig man, / swaz du wilt, daz si getan'* (GA XIV,6, v. 6f.).

Das Grabmotiv in GA XIV,10, v. 4 findet sich prominent bei Morungen MF 129,38, eine Referenz, die in ihrem konkreten Bezug zu diesem Lied dadurch gestärkt wird, dass darüber hinaus weitere fast parallele Formulierungen zwischen den Liedern auffallen. Bei Morungen *lach*[]*t* die Dame zwar nicht *gein dem morgen* (GA XIV,8, v. 3) wie bei Frauenlob, aber sie *luhtet gegen dem liehten morgen* (MF 129,20f.), ebenso muss sie trösten, da *diu liebe und diu leide* zusammenwirken (MF 129,33–35); ähnlich heißt es bei Frauenlob: *leit ist liebem zu geborn* (GA XIV,8, v. 6). GA XIV,10, v. 1f. greift wie Morungen MF 136,25 das Parisurteil durch den verschenkten Apfel auf, indem hier wie dort mit dem Gedanken gespielt wird, der Apfel wäre noch *unvergeben* (MF 137,14[a]) und man könne Alternativen der Vergabe realisieren.[43] Und schließlich verweisen das Motiv der Rache (GA XIV,10, v. 6), des Alters bzw. Todes (GA XIV,10, v. 4) und des Vererbens des Leides (GA XIV,9, v. 1f. und GA XIV,10, v. 7) auf Morungen MF 124,32 sowie auf Walther L 72,31.

In diesem Reigen der Anspielungen, die in ihrer Summe und Konzentration auf einzelne Lieder nicht nur topisches Material aufrufen, sondern offenbar darüber hinaus konkrete Liedrekurrenzen bedeuten, reiht sich dann auch neben den mythischen Remi-

[41] Vgl. KÖBELE [Anm. 4], S. 71f.: „Bei Frauenlob erkennen wir [...] eine faszinierte Morungen-Rezeption." – *Liecht* ist zweifelsohne eine Leitvokabel bei Morungen. Beispiele in Auswahl: MF 126,24f., MF 123,1–3, MF 134,36, MF 140,15f. In Verbindung mit *ougenweide* erscheint die Vokabel jedoch bei Morungen nicht. – Alle Zitate aus *Minnesangs Frühling* folgen der Ausgabe: *Des Minnesangs Frühling.* Unter Benutzung der Ausgaben von KARL LACHMANN und MORIZ HAUPT, FRIEDRICH VOGT und CARL VON KRAUS hg. von HUGO MOSER und HELMUT TERVOOREN. *Bd. 1: Texte.* 38., erneut revidierte Auflage, mit einem Anhang: Das Budapester und Kremsmünsterer Fragment, Stuttgart 1988.

[42] Z. B. MF 130,29, MF 137,16, zusammen mit dem Motiv des Lachens MF 139,8, MF 145,16, MF 147,24.

[43] Vgl. weitere Beispiele für das Auftauchen der Parisfigur im Minnesang bei KÖBELE [Anm. 4], S. 64, Anm. 155.

niszenzen der Verweis auf Iwein und Lunete zwanglos ein.[44] Auch Romanfiguren werden gleichsam in das Geflecht aus offenen und versteckteren ‚Zitatanspielungen'[45] mühelos hineingewoben.

Folgt man dieser Lesart, so würde sich Frauenlobs Eigenart in diesem Lied nicht nur in den inhaltlichen Transformationen und Ambiguisierungen vorgegebenen Materials erkennen lassen, sondern bereits zuvor in einem versatzstückartigen Aufgreifen von unterschiedlichsten Traditionsangeboten, die kombinatorisch zusammengefügt werden. Offeriert sich das Lied somit auf den ersten Blick als traditionelles Minneleidlied, so auf den zweiten als artifizielles Spiel mit Rekurrenzen auf die Tradition, die nicht das Leid, sondern die literarische Kennerschaft des Autors ausstellen, ja bei dieser Lesart das Leid im Vexierspiel der Bezüge distanzierend überschreiben und aufheben. Plausibel wird dadurch, dass die konkrete Dame als Bezugspunkt in diesem Lied nicht mehr wirklich greifbar wird und der Bezug zur Gesellschaft intratextuell völlig ausfällt, d. h. sich nurmehr über das gemeinsame Auskosten der literarischen Anspielungen entfalten kann – im Sinne eines spielerischen Prüfens: von wem ist was?[46] Selbst die auffallend einfache Kanzonenform in Lied 2 ließe sich dann als ironisierende Anspielung und damit Distanzsignal gegenüber dem tradierten Typus verstehen, der, so suggeriert es Lied 2, zumindest zur Zeit Frauenlobs über ein topisches Baukastensystem an Vokabular und Motiven nicht mehr hinauskommen kann. Von dieser Distanzierung her gesehen erscheint es wohl auch konsequent, dass der Preisapfel des Werbers nicht mehr an die Minne oder gar die besungene Dame gehen soll, sondern an *Pallas*, die Göttin der Strategie, des Handwerks und der Kunst, oder an *Juno* (GA XIV,10, v. 5), die Schutzherrin der Ehe. In einer Zeit, in der, wie Lied 2 performativ vorführt, die tradierte Minnesprache ohne eigenen Impetus nur noch handwerklich gut gemachte Collage von Zitaten und Anspielungen quer durch die Traditionen sein kann – die Referenz an *Pallas* –, verliert auch das alte Minnemodell seine Glaubwürdigkeit auf allen drei Ebenen der Grundstruktur. Deshalb ist die Minne des ‚klassischen' Ich-Liedes der Hohen Minne, so gesehen, aufzugeben – die Referenz an *Juno*. Die Alternative kann einzig darin bestehen, eine ‚andere' Sprache zu finden, die Glück oder Leid authentischer zu fassen vermag, als es

44 Bezüge auf Romanfiguren begegnen in der Lyrik relativ selten, im Durchschnitt deutlich gehäuft in Frauenlobs Œuvre bzw. der ihm zugeschriebenen Überlieferung, so das Ergebnis der Suche unter den Lexemen ‚Erec', ‚Iwein', ‚Parzival', ‚Tristan' in der Mittelhochdeutschen Begriffsdatenbank. Vgl. zum Phänomen der „Interfiguralität" detailliert: TIMO REUVEKAMP-FELBER: *Literarische Formen im Dialog. Figuren der matière de Bretagne als narrative Chiffren der volkssprachigen Lyrik des Mittelalters*, in: *Lyrische Narrationen – narrative Lyrik. Gattungsinterferenzen in der mittelalterlichen Literatur*, hg. von HARTMUT BLEUMER und CAROLINE EMMELIUS, Berlin 2011 (*Trends in Medieval Philology* 16), S. 243–270; Zitat S. 246; zur Frequenz der Namen der *matière de Bretagne* bei Frauenlob siehe S. 248, Anm. 16.

45 Der Begriff ‚Zitat' kann nur mit Vorsicht angewandt werden, da vielfach keine wortgetreue Identität vorliegt. Gleichwohl gehen die Anspielungen über bloß topische Motivübernahme deutlich hinaus. Der Begriff ‚Zitatanspielungen' soll diese Zwischenposition deutlich machen. Zum Problem vgl. bereits KÖBELE [Anm. 4], S. 67, Anm. 162.

46 Ähnliche Wissensstrukturen finden sich auch in Lied 4, das die literarischen Anspielungen allerdings durch gelehrte Tierallegorese bzw. -vergleiche ersetzt. Die Frage ist dann nicht mehr: von wem ist was?, sondern: was bedeutet was?, bezogen insbesondere auf die „geistliche Substruktur von Lied 4"; vgl. insbes. STEINMETZ [Anm. 12], S. 266.

die bisherige Tradition anbietet. Wie eine solche ‚andere' Sprache in Auseinandersetzung mit der Tradition aussehen könnte, demonstrieren auf je eigene Weise die Lieder 3 und 7.

IV Motivfragmentierung und -überblendung

Frauenlobs Lied 3 (GA XIV,11–15)[47]

Ich muz unter wilen borgen
[] vröude, der ich nicht [] enmeine,
durch die liute, daz sie nicht verdrieze min.

Daz muz ich darnach besorgen:
swenn ich bi mir bin aleine,
so tut swere mich mit senden leiden in.

Daz komt allez von der süzen.
ach, wer sol mir swere büzen,
sit sie mich nicht mag gegrüzen,
die mir immer muz vor allen frouwen sin? (GA XIV,11)

Mir wart anders nicht der wunne,
wan daz ich der lüste garten
sach in spilnder ougenweide vor mir stan.

Ob ich mich da wol versunne?
[] zwar ich brach [] der blumen zarten:
die muste ich dem herzen und dem mute lan.

Merket, waz die blume were:
stetez leit mit sender swere.
der min mut vur selden lere,
nicht han ich dem garten leides me getan. (GA XIV,12)

Ich sach obe dem garten glesten
mir zwo sunnen durch min herze,
sam sie mit mir wolden lachen immer me.

[47] Übersetzung von Burghart Wachinger, in: *Deutsche Lyrik des späten Mittelalters*, hg. von Burghart Wachinger, Frankfurt a. M. 2006 (*Bibliothek des Mittelalters* 22), S. 416–421. Zur Überlieferung: ebd., S. 894; die Faszinationskraft des Liedes bezeugen die inzwischen zahlreichen Interpretationen, u. a.: Wachinger [Anm. 8], S. 144–146; Scheer [Anm. 10], S. 184–199; Köbele: *Liedautor* [Anm. 15], S. 285–287; Hübner [Anm. 13], S. 298–301; Egidi [Anm. 14], S. 115–123; Köbele [Anm. 4], S. 75–90; Gerok-Reiter [Anm. 29]. Ich folge weitgehend meiner Interpretation ebd., die auf die vorausgegangenen Analysen aufbaut.

Liljen, rosen obe den vesten
bluten uz so zartem erze,
do wart mir gegeben daz kummer tragende we.

[] *Daz geschach mir durch ein schouwen:*
süze grüze sach ich touwen
in den wunnebernden ouwen.
ach, müste ich den garten schouwen aber als e. (GA XIV,13)

Minne, daz sint dine schulde,
sol ich durch ein angesichte
immer in so kummer tragenden sorgen sin:

Zwar daz were [] *ein ungedulde.*
Minne, hast du recht gerichte,
so la durch dine güte vuge werden schin,

So daz ich mich [] *müze erkosen*
[] *mit der süzen, zarten, losen,*
die sich in mins herzen closen
hat verwieret als in gold ein liecht rubin. (GA XIV,14)

Wil die liebe mit der lüste
nemen an sich ein vollez flizen,
we den mannen, in der herze sie sich legen.

Stetez werben ane unküste,
dem mag Minne nicht verwizen;
solche vuge rechte liebe solte hegen.[48]

Sol aber ane lon beliben
steter dienest lieben wiben,
we den frouwen, die [] *getriben*
solch unfuge, gein ir vriunden sich erwegen. (GA XIV,15)

(GA XIV,11: Ich muß zuweilen Freude borgen, / nach der mir nicht zumute ist, / nur daß ich den Leuten nicht zuwider werde. / Das muß ich dann mit Angst entgelten: / Wenn ich bei mir alleine bin, / so schließt Schwermut mich mit Sehnsuchtsleiden ein. / Das kommt alles von der Lieben. / Ach, wer wird mir Schwermut heilen, / da mich die nicht grüßen will, / die mir immer über allen Frauen stehen wird?
GA XIV,12: Andre Freude hab ich nicht erfahren, / als daß ich den Garten des Verlangens / vor mir stehen sah als glänzende Augenfreude. / Ob ich da wohl zur Besinnung kam? / Ja, ich pflückte von der zarten Blume, / die mußt ich dem Herzen und Gemüt erlauben. / Hört, was die Blume war: / Stetes Leid und Last des

[48] In GA XIV,15, v. 6 übernehme ich die Konjektur von WACHINGER [Anm. 47], S. 420.

Sehnens, / ohne die ich nie mehr leben konnte. / Mehr hab ich dem Garten nicht zuleid getan.
GA XIV,13: Ich sah über dem Garten leuchten / mir zwei Sonnen durch mein Herz, / so als wollten sie sich immer mit mir freuen. / Lilien und Rosen blühten überm Schutzwall / aus ganz zartem Erz. / Da traf mich der kummerschwere Schmerz. / Es widerfuhr mir durch ein Schauen: / Süße Grüße sah ich als Tau sich senken / in den freudebringenden Auen. / Ach, dürfte ich den Garten wieder schauen wie damals!
GA XIV,14: Minne, es ist deine Schuld, / wenn ich wegen eines Anblicks / immer in so kummerschweren Ängsten sein muß. / Das wäre doch nicht zu ertragen. / Minne, wenn du gerecht richtest, / dann, bei deiner Güte, laß erscheinen, was sein sollte, / daß ich zu vertrautem Reden komme / mit ihr, der Lieben, Zarten, der Anmutigen, / die sich in die Klause meines Herzens / eingefaßt hat wie in Gold ein leuchtender Rubin.
GA XIV,15: Wenn die Liebe und das Verlangen / sich zu vollem Fleiß entschließen, / wehe den Männern, denen sie ins Herz sich legen. / Stetes Werben ohne Falschheit, / daran findet Minne nichts zu tadeln; / so ein Verhalten sollte rechte Liebe pflegen. / Wenn aber ohne Lohn bleiben soll / beständiger Dienst für geliebte Frauen, / wehe den Frauen, die solch Unverhalten / treiben, daß sie gegen ihre Freunde streiten.)

Die erste Strophe baut sich zunächst vertraut über die gängige Dreieckskonstellation der ‚Handlungsebene‘ auf: Ein Ich kennzeichnet sich als freudlos (GA XIV,11, v. 2) und klagt voller *swere* sein Leid (GA XIV,11, v. 6). Dieses wird auf die Dame zurückgeführt (*Daz komt allez von der süzen* GA XIV,11, v. 7), die ihn *nicht mag gegrüzen* (GA XIV,11, v. 9), obwohl sie ihm mehr bedeutet als alle Frauen (GA XIV,11, v. 10). Gleichzeitig wird auf die zweite Ebene des Gesangs und seiner Qualität angespielt: Das Ich soll, statt in der Klage zu verharren, *vröude borgen* (GA XIV,11, v. 1f.), so verlangt es offenbar die zuhörende Gesellschaft (*durch die liute* GA XIV,11, v. 3), da die Gesellschaft sonst des Gesanges wie des Sängers überdrüssig werden könnte. In aller Kürze erfolgt somit in den ersten drei Versen ein topischer Aufriss der Minnekanzone. GA XIV,11, v. 5: *swenn ich bi mir bin aleine*, führt jedoch – opponierend – aus dieser traditionellen und zugleich öffentlichen Konstellation heraus und in einen ‚Leidensraum‘, eine ‚Leidensklausur‘ hinein. Dieser Rückzug wird zur Voraussetzung einer gegenstrebigen Imaginations-Bewegung, die sich in der Form eines Erinnerungsbildes bzw. einer Wunschvision[49] entfaltet, an der die Gesellschaft nur noch durch den Bericht des Ich, quasi von fern, teilhat.[50]

Entworfen wird im Folgenden über Elemente der Hoheliedallegorese ein *locus amoenus* als „Ort erfüllter Liebesbegegnung“:[51] *der lüste garten* (GA XIV,12, v. 2) ist gekennzeichnet durch *blume[n]* (GA XIV,12, v. 5 und v. 7), blühende *[l]iljen, rosen* (GA XIV,13, v. 4), *sunnen* (GA XIV,13, v. 2), Tau und *ouwen* (GA XIV,13, v. 8f.). Er spendet *wunne* (GA XIV,12, v. 1), seine *wunnebernde[n] ouwen* (GA XIV,13, v. 9) sind eine *ougenweide* (GA XIV,12, v. 3): wieder topisches Material. Und auch eine solche

49 Ob Erinnerung, Vision, Traum oder Wunsch diskutieren Egidi [Anm. 14], S. 116–117; Köbele [Anm. 4], S. 79. Insgesamt lässt sich hier keine eindeutige Festlegung vornehmen.
50 Die einzige direkte Ansprache erfolgt in GA XIV,12, v. 7: *Merket* […].
51 Egidi [Anm. 14], S. 117.

„Imaginationsblase“, wie sie Frauenlob hier entwirft, gehört zu den Verfahren bereits des klassischen Minnesangs, wie jüngst HARALD HAFERLAND beschrieben hat.[52] Entscheidend ist jedoch, dass die aufgerufenen Topoi und die im Lied zum Teil mitgegebene Deutung sich keineswegs zu einer eindeutigen Allegorese zusammenschließen.[53] Denn einerseits werden die Elemente von Hoheliedallegorese und *locus amoenus* nur fragmentarisch geboten, andererseits kommt es zu Irritationen, die Raumordnung und Referenzebene betreffen.

So irritiert bereits, dass die Raumregie in sich ambig bleibt. Denn das Ich nimmt den Garten einerseits als Gegenüber wahr, andererseits befindet es sich handelnd im Garten. Betont wird zunächst das Gegenüber:[54] Den ‚Garten des Verlangens‘ sieht das Ich *vor* sich *stan* (GA XIV,12, v. 3). Zwar ‚pflückt‘ es eine Blume, aber in dieser Lesart ist die Blume nur Metapher für Leid und Schwere (GA XIV,12, v. 8) des unerfüllten Sehnens, daher wird sie der Obhut von *herze* und *mut* überlassen (GA XIV,12, v. 6). Darauf verfolgt das Ich das imaginierte Gartenbild dann wie eine Bildfläche in der Leserichtung von oben nach unten: oben die *sunnen* (GA XIV,13, v. 2), dann *[l]iljen, rosen obe den vesten* (GA XIV,12, v. 4), schließlich die *wunnebernden ouwen*. Oder handelt es sich, basierend auf der hyperbolischen Metaphorik der gleißenden Sonnen, der Lilien und Rosen, des ‚zarten‘ Erzes um die unerhörte Schau des *hortus conclusus*, der wiederum Sinnbild Mariens ist? Changiert die Metaphorik hier ins Religiöse? Oder offenbart sich der Garten in dieser Perspektive nicht als ‚Bild‘ und nicht als ‚Raum‘, sondern als Metapher für die Dame und zugleich für Maria als unerreichbares Ziel des Begehrens (GA XIV,12, v. 1–3)?[55]

Doch ebenso wird suggeriert, dass das Ich in den Garten hineingelangt, es sieht, dieser zweiten Lesart zufolge, sich selbst als erinnertes oder geschautes Ich in ihm, agiert

[52] HARALD HAFERLAND: *Raumsprünge und Zeitblasen bei Morungen (besonders in den Liedern MF 129,14ff.; MF 139,19ff.; MF 145,1ff.)*, in: GEROK-REITER / LAHR / LEIDINGER [Anm. 26], [im Druck]. Es ließe sich hier auch von ‚Sprossräumen‘ sprechen, so GEROK-REITER [Anm. 29], S. 84. Der Begriff der ‚Sprossräume‘ rekurriert auf UTA STÖRMER-CAYSA: *Grundstrukturen mittelalterlicher Erzählungen. Raum und Zeit im höfischen Roman*, Berlin / New York 2007, hier S. 70–76; gemeint sind Räume, die „bei Bedarf plötzlich aus dem Text“ hervorgehen und auch wieder verschwinden (S. 71).

[53] Hierfür plädiert GERT HÜBNER: *Susanne Köbele: Frauenlobs Lieder [Rezension]*, in: *ZfdPh* 125 (2006), S. 459–464, hier S. 462, Anm. 3.

[54] Die „Schau der Schönheit aus der Distanz heraus“ betont auch EGIDI [Anm. 14], S. 117.

[55] Vgl. zu dieser Mehrdeutigkeit: KÖBELE [Anm. 4], S. 80 und 84–90; ANNETTE GEROK-REITER: *Maria als Reflexionsfigur zwischen Religion, Minnediskurs und Ästhetik. Semantische Traversalen im Werk Frauenlobs*, in: *Religiöses Wissen im vormodernen Europa. Schöpfung – Mutterschaft – Passion*, hg. von RENATE DÜRR u. a., Paderborn 2018 [im Druck]. In der Metaphorik des *Marienleichs* treten ebenfalls derartige Überblendungen auf; vgl. dazu BURGHART WACHINGER: *Frauenlobs* Cantica canticorum, in: *Literatur, Artes und Philosophie*, hg. von WALTER HAUG und BURGHART WACHINGER, Tübingen 1992 (*Fortuna Vitrea* 7), S. 23–43. Für die Verschränkungen von religiöser und weltlicher Sphäre als Spezifikum der Sprache Frauenlobs haben insbesondere die Arbeiten von KÖBELE den Blick geöffnet; vgl. zuletzt SUSANNE KÖBELE: *Frauenlobs ‚Minne und Welt‘. Paradoxe Effekte literarischer Säkularisierung*, in: *Literarische Säkularisierung im Mittelalter*, hg. von SUSANNE KÖBELE und BRUNO QUAST, Berlin 2014 (*Literatur – Theorie – Geschichte. Beiträge zu einer kulturwissenschaftlichen Mediävistik* 4), S. 221–258.

besitzergreifend und nun mit deutlich sexueller Konnotation: Es habe in dem Garten *der blumen zarten* (GA XIV,12, v. 5) ‚gebrochen', daraus sei das ‚selige Leid' entstanden (GA XIV,12, v. 8f.), ein Geschehen, das dann – in der folgenden Strophe – nochmals in einer erotisch hochaufgeladenen Bildsprache rekapituliert und entfaltet wird: Das Ich sieht, in den Garten der Lüste eingedrungen, über dem Garten *zwo sunnen*, die Augen der Geliebten (?), die ihm ins Herz leuchten und ein ekstatisches Erleben auslösen (*sam sie mit mir lachen wolden immer me* GA XIV,13, v. 1–3). Es sieht *[l]iljen, rosen obe den vesten* (GA XIV,12, v. 4): Wangen, Mund, Brüste? Die lustvolle Erlösung: *do wart mir gegeben daz kummer tragende we. / […] / süze grüze sach ich touwen / in den wunnebernden ouwen* (GA XIV,13, v. 6–9).

Werden hier zwei Allegoresen durchgeführt, um Alternativen anzubieten? Distanziertes Sehen (vgl. *sach* GA XIV,12, v. 3; GA XIV,13, v. 1) oder Sexualmetaphorik, marianische Schau oder erotische Erfüllung, außen oder innen, Schmerz oder Lust – Widersprüche, die im Verlauf der zweiten und dritten Strophen nicht aufgelöst, sondern unablässig genährt werden. Geht es um ein Übereinanderblenden? Oder um ständig wechselnde Perspektiven? Denn auch so ließe es sich sehen: Auf das Sehen von außen (GA XIV,12, v. 1–3) folgt die Innenraumperspektive (GA XIV,12, v. 4–6), von dort wieder ein Außenkontakt und -urteil (*Merket, waz die blume were* […] GA XIV,12, v. 7–10), das jedoch erneut in eine Introspektion umschlägt (*glesten* […] *durch min herze* GA XIV,13, v. 1f.) usw. Markiert wird somit durch die topische Motivik der bekannte Raum eines *locus amoenus* und zugleich *hortus conclusus*, der jedoch durch die changierende Überblendung von Erotik und zugleich religiöser Anreicherung sowie durch das sprunghafte Umschlagen von Innen und Außen, von Schau und Erfahrung, von Betrachtung und Handlung weder als realer noch als topischer Raum gewohnten Wahrnehmungs- und Darstellungsordnungen zu entsprechen scheint. Aufgrund der „Bild-Bruchstücke"[56] wird die „für Allegorien charakteristische Homogenität"[57] gerade nicht erreicht, die Bildsprache bleibt zumindest doppeldeutig und damit fragwürdig. Eben deshalb entsteht auch keine eindeutige Auslegungsperspektive, vielmehr erscheinen die Angebote widersprüchlich, zersplittert, im Miteinander heterogen.

Die Unruhe der Umsprünge übertrifft dabei die von HAFERLAND angeführten Beispiele bei Morungen, ja geht selbst über die wechselnden Ansätze von Morungens *Narzisslied* hinaus.[58] Lanciert wird die Inkonsistenz einer Wahrnehmungseinheit auch durch ein gleichsam multipliziertes und dissoziiertes Ich, das die Irritation weiter verstärkt. Das Ich ist Produzent der Vision / Erinnerung und zugleich deren Akteur. Als Akteur dissoziiert es in ein Handlungs-Ich, das die Blume *brach* (GA XIV,12, v. 5), aber auch in *herz* und *mut*, denen die gebrochene Blume überlassen wird (GA XIV,12, v. 6). Und selbst der Gegenblick der Dame: *Ich sach obe dem garten glesten / mir zwo sunnen durch min herze* (GA XIV,13, v. 1f.), der ekstatisch Erfüllung verheißt: *sam sie* [die *sunnen*] *mit mir wolden lachen immer me* (GA XIV,13, v. 3), kommt über den Vergleichsmodus (*sam*) nicht hinaus und erlaubt eben deshalb auch keine Stillstellung der Bewegung, kein Ausruhen im Glück.

[56] EGIDI [Anm. 14], S. 118.
[57] Ebd.
[58] Selbst Morungens *Narzisslied* (MF 145,1) verläuft zumindest innerhalb der Strophen tendenziell konsistent; vgl. HAFERLAND [Anm. 52].

Worauf zielt diese auffallende Verunklarung des Raumes, die Dissoziation des Ich und die damit verbundene Auflösung einer ‚ordentlichen' Allegorese in der zweiten und dritten Strophe des Liedes? Was Frauenlob entwirft, ist ein Raum, der sich durchaus aus konventionellen Einzelelementen speist, doch diese nicht in einer eindeutigen Auslegung zusammenführt; ein Raum, in dem die Dreieckskonstellation der Grundstruktur aufgerufen und zugleich in Widersprüchen aufgehoben ist; ein Raum, der nur in der Transgression jeder fixierenden Allegorese gedacht werden kann.

Das ist der Grund, weshalb dem Erinnerungs- bzw. Visionsraum der zweiten und dritten Strophe ein ebenso ekstatisches wie anarchisches Potential eignet. Und ebendieses tritt nun als eigentliches Signum der Minne hervor. D. h. mit dem gegenüber der Dreieckskonstellation der Grundstruktur veränderten Raum hat sich auch die „Struktur der Liebe" verändert.[59] Denn Minne erscheint nicht mehr aufgespannt im hierarchisch geordneten Bezugsfeld von Werbendem und Dame unter regulierendem Einschluss der Gesellschaft, sondern Minne ist dann Minne, so artikuliert Frauenlobs Lied 3, wenn sie einen Raum eröffnet, in dem Schau und Gegenblick, Ich-Behauptung und Ich-Dissoziation, Verlangen und Erfüllung, *wunne* und *we, lachen immer me* und *stetez leit*, Präsenz und Imagination, Innen und Außen haltlos ineinander wechseln. Dargestellt ist damit eine Minne, die aus den gewohnten Raum- und Deutungsschemata hinausführt.[60] Erst jenseits der rechten Ordnung, der *vuge* (vgl. GA XIV,14, v. 6; GA XIV,15, v. 6 und GA XIV,15, v. 10 [*unfuge*]), gewinnt eine solche Minne ihre auszeichnende Qualität und ihre Authentizität. Das Regulativ der Dreieckskonstellation, wie es der Grundtypus des Ich-Liedes bietet, scheint damit überschritten.

Umso mehr ist jedoch festzuhalten, dass sich nach diesen Transgressionen auf verschiedenen Ebenen ein deutlicher Umschwung artikuliert, den man als ‚Registerwechsel' bezeichnen kann.[61] Tonangebend bleibt zwar auch in der vierten Strophe ein von der Minne betroffenes Ich. Doch es gibt den instabilen Erinnerungs- bzw. Visionsraum dieser neuen *minne* auf, indem es sich an die personifizierte Minne wendet, die in Form der vertrauten Personifikation nun ein gleichsam stabiles Gegenüber indiziert. In der zweifachen Anrede an sie (GA XIV,14, v. 1 und v. 5) festigt sich die Grenze zwischen Innen und Außen wieder. Konsequent soll nun auch wieder die *vuge* (GA XIV,14, v. 6 und GA XIV,15, v. 6), die rechte und tradierte Ordnung der *minne*, die zuvor in den Perspektivumbrüchen der Innen-Außen-Wahrnehmung und der Dissoziation des Ich ihren Wert verloren hatte, wieder in Erscheinung treten. Und ebenso konsequent wird jetzt ein neuer, diesmal klar konturierter Raumtopos der Hohen Minne aufgerufen: die in der Herzensklause bewahrte Geliebte (*die sich in mins herzen closen / hat verwieret*, GA XIV,14, v. 9f.). Die vertraute Rhetorik setzt sich konsequent in der letzten Strophe fort. Mit Hilfe des Dienst-Lohn-Bezuges wird, wie gewohnt, die Relation von *mannen* und *frouwen* (GA XIV,15, v. 7f.) eingeholt und damit auch die Position der Gesellschaft

[59] EGIDI [Anm. 14], S. 123.

[60] Sie befindet sich in diesem Sinn an einem „Unort", vgl. GEROK-REITER [Anm. 29], S. 96f.

[61] Zum Begriff vgl. SUSANNE KÖBELE: *Registerwechsel. Wiedererzählen, bibelepisch (Der* Saelden Hort, *Die Erlösung, Lutwins Adam und Eva)*, in: *Inkulturation. Strategien bibelepischen Schreibens in Mittelalter und Früher Neuzeit*, hg. von BRUNO QUAST und SUSANNE SPRECKELMEIER unter Mitarbeit von FRIDTJOF BIGALKE, Berlin / Boston 2017 (*Literatur – Theorie – Geschichte* 12), S. 167–202, hier S. 174–176.

wieder aktiviert (GA XIV,15, v. 3 und v. 9). Doch auch diese offensichtliche Rückkehr zur Grundstruktur des Ich-Liedes der Hohen Minne erfährt nochmals eine Überschreibung. So löst sich die Rede des betroffenen Ich, das als betroffenes konstitutiv das Ich-Lied der Hohen Minne bedingt und organisiert, schließlich ganz auf, indem in der letzten Strophe ein „Wechsel zur [...] spruchmeisterlichen Sprechhaltung" erfolgt.[62] Allgemeine Statements, Ermahnungen in der Haltung spruchmeisterlicher Didaxe: das *volle flizen* der *liebe* und der *lüste* (GA XIV,15, v. 1f.) beruhigt sich in einer eingehegten *vuge* der Liebe, die jedoch offensichtlich mit der Rückkehr in eine standardisierte Liebessprache genau das verliert, was die entgrenzende Raum- und Ichsemantik verbürgte: die Authentizität des betroffenen Ich.[63]

Dieser Wechsel in der Sprechhaltung, der sich mit der vierten Strophe bis zum Ende vollzieht, bedeutet jedoch nicht eine Revision der vorausgegangenen Freisetzungen, eine Absage an die *minne* als Undeutbares und Ungreifbares, sondern lenkt gerade durch die krassen Wechsel in der Sprechhaltung den Blick auf die Art und Weise der Vermittlung einer Minne, die unbeheimatet sein lässt, wie es in Lied 6 heißt.[64] Damit wäre die zweite Ebene, die Gesangs- und poetologische Reflexionsebene des tradierten Konzepts, aufgerufen, jedoch nicht in der Simultanspannung des traditionellen Ich-Liedes der Hohen Minne, sondern aufgelöst in eine Sukzession, die die Struktur des traditionellen Liedtypus aushebelt: Das Lied erscheint, von hier aus gesehen, in zwei Sprechweisen unterschieden, die mit dem jeweiligen Minnekonzept zugleich zwei unterschiedliche Arten von Minne verhandeln. Aufgezeigt wird dabei nicht nur die Verschiedenheit der Sprechweisen. Aufgezeigt wird im performativen Vollzug zugleich, wie sich die Sprechweisen in ihrer Wertigkeit gegenseitig bedingen und schattieren: Vor dem Hintergrund der normativen Konstellation mit ihrem konservativen Vokabular, die ganz zu Anfang aufscheint, können sich die Sonderposition des isolierten Ich und die fragmentierte, zugleich poetisch aufgeladene Sprache seiner imaginären Minneschau allererst abzeichnen. Vor der Ekstase der noch in der Fragmentierung bildmächtigen Minneschau müssen dann wiederum die Rückkehr in das ‚Normalmaß' der Emotionen und schließlich das Unterlaufen jeglicher Emphase in der spruchmeisterlichen Didaxe als Entleerung erscheinen, als Präsentation von Worthülsen, deren Gültigkeit ohne weiterführende Kraft erscheint und somit zur Diskussion stehen muss. Alter und neuer Gesang der Hohen Minne stehen damit in hartem Kontrast zueinander. Doch sie bleiben um des Kontrasts willen aufeinander angewiesen.

62 EGIDI [Anm. 14], S. 122.

63 Vgl. zur Funktion der veränderten Sprechhaltung: WACHINGER [Anm. 8], S. 145f.; EGIDI [Anm. 14], S. 122f.; KÖBELE [Anm. 4], S. 81.

64 Frauenlobs Lied 6 (GA XIV,28, v. 1f.): *Ich suchte mich, / da vant ich min da heime nicht.*

V Situationsinversionen und -radikalisierungen

Frauenlobs Lied 7 (GA XIV,31–35)[65]

[] *War wilt du, selig wip? wie ist dir also gach?*
waz wiltu suchen in so sendem herzen?
du vindest da niur trüben mut.

Hilf, Minne, hilf mir uz der lieben ummevach,
sie bringet mir ir kummer tragenden smerzen.
,du hast nu spate daz behut,

Wan sie ist so creftig ingezoget,
sie hat gehuset und wil sin ein erbevoget
nach minem mute in diner brust,
ez si gewin, ez si verlust.' (GA XIV,31)

La stan, la stan! du wilt mich töten, Minne zart,
tust du mir nicht din tröstlich helfe zu stiure
gein der vil süzen, claren [] wert.

,Nein zwar, des mag nicht sin, sie ist also bewart:
din mut, din herze helfen der gehiuren
und wellen nicht, wan swes sie gert.'

Hat sie besezzen al min leben?
,ja zwar, ez ist ir williglichen ufgegeben.'
wie tun ich danne, Minne, ouwe?
,sie hat gesiget, swie ez dir erge.' (GA XIV,32)

Ich han gedacht, wie du mir helfest, Minne, wol:
hat sie besezzen gar mins herzen erbe,
hilf mir ouch in ir herze dort.

,Daz wil ich werben baz, wan ich von rechte sol.
da enzwischen hüte, daz sie dich icht verderbe.
ir herze ist [] stete uf allen ort.

Bringe ich dich tougenlichen dar,
so hüte, daz die liebe din icht werde gewar.
ervert sie dich, sie tut dir leit
mit miner werden arebeit.' (GA XIV,33)

[65] Übersetzung: A. G.-R. Die Textgrundlage in GA XIV,34, v. 10 ist ungesichert; die Übersetzung verfährt hier sinngemäß. Zur Liedüberlieferung von Lied 7 vgl. Köbele [Anm. 4], S. 120, Anm. 318; zur Interpretation: Wachinger [Anm. 8], S. 147f.; Scheer [Anm. 10], S. 200–207; Köbele [Anm. 4], S. 117–128.

Vil süzer minnen vrucht volvar und ende mir:
kom ich der lieben in ir herzen closen,
enruche nicht, swaz mir geschicht.

‚Ich vüre dich zühtiglichen durch die ougen ir.‘
mag aber ich mit der lieben mich erkosen?
‚daz wil ich leider sprechen nicht.‘

Mag aber ich min gewaltig sin?
‚nein zware, du bist ganzlich ir und bist nicht din.‘
wol hin, ich wil ir eigen wesen,
ez si der tot, ez si genesen. (GA XIV,34)

Nu dar! nu wie sol ich [] gebaren, Minne, owi?
‚toben soltu mit dir selber tougenlichen,
alsam du sist von sinnen komen.‘

Ouwe, so fürchte ich, daz die liebe [] mir entvlie.
‚ich schaffe, daz sie dir nicht mag entwichen.‘
ja wol mich, wol, [] du wilt mir fromen.

‚Ja zwar, sie muz enpfinden we.‘
nein, zarte Minne, daz an ir daz nicht erge!
la mich den kummer eine tragen.
ir sterben tete mich erslagen. (GA XIV,35)

(GA XIV,31: Wohin willst du, selige Frau? Warum hast du es so eilig? / Was willst du in so liebeswundem Herzen suchen? / Du findest da nichts als Niedergeschlagenheit. / Hilf, Minne, hilf mir aus der Umklammerung der Lieben, / sie bringt mir ihre leidvollen Schmerzen. / ‚Du sorgst nun zu spät, dich davor zu behüten, / denn sie ist [bereits] machtvoll [dort] eingezogen, / sie hat sich ein Zuhause eingerichtet und will in deiner Brust Erbvogt sein – nach meinem Willen, / es sei Gewinn, es sei Verlust.‘
GA XIV,32: Hör auf, hör auf! Du wirst mich töten, liebe Minne, / wenn du mir nicht deine tröstliche Hilfe beisteuerst / gegenüber der überaus Süßen, Strahlenden, Wertvollen. / ‚Nein, wirklich, das kann nicht gelingen, [denn] sie ist so geschützt: / Dein Sinn [selbst], dein Herz helfen der Wunderbaren / und wollen nichts anderes, als was sie begehrt.‘ / Hat sie mein ganzes Leben in Besitz genommen? / ‚Ja, fürwahr, es ist ihr mit ganzem Willen übereignet.‘ / Was soll ich dann tun, Minne, o weh? / ‚Sie hat gesiegt, wie immer es dir auch ergehen möge.‘
GA XIV,33: Ich habe nachgedacht, wie du mir gut helfen könntest, Minne: / Wenn sie mein Herz mit all seiner Erbschaft in Besitz genommen hat, / so hilf mir auch in ihr Herz dort. / ‚Darum will ich mich bemühen mehr, als ich von Rechts wegen darf. / Hüte dich inzwischen davor, dass sie dich nicht ins Verderben reißt. / Ihr Herz ist absolut beharrlich. / Bringe ich dich heimlich dorthin, / so schütze dich davor, dass die Liebe deiner nicht gewahr wird. / Erfährt sie etwas von dir, so wird sie dir Leid antun / mit meinen beachtlichen Qualen.‘
GA XIV,34: Die Frucht süßester Minne vollziehe und vollende sich an mir: / Gelange ich zur Lieben in die Klause ihres Herzens, / so kümmert’s mich nicht, was

dann mit mir geschieht. / ,Ich führe dich mit Anstand durch ihre Augen.' / Kann ich mich dann mit der Lieben unterhalten? / ,Das kann ich leider nicht versprechen.' / Habe ich mich dann in meiner Gewalt? / ,Nein, fürwahr, du bist ganz und gar ihr übereignet und nicht dir.' / Wohl auf, ich will ihr eigen sein, / es sei der Tod, es sei die Rettung.
GA XIV,35: Nun dorthin! Wie soll ich mich nun verhalten, Minne, o weh? / ,Toben sollst du mit dir selbst im Innersten, / als wenn du von Sinnen gekommen wärest.' / O weh, so fürchte ich, dass mir die Liebe entflieht. / ,Ich veranlasse, dass sie dir nicht entweichen kann.' / Ja, das ist gut für mich, gut, du wirst mir helfen. / ,Ja, wirklich, sie wird [dann auch] Schmerz empfinden.' / Nein, liebe Minne, das darf nicht sein! / Lass mich das Leid alleine tragen. / Ihr Tod würde mir das Leben nehmen.)

Lied 7 beginnt im Sinn der traditionellen Minnekanzone erwartungsgemäß mit der Anrede der Geliebten als *selig wip* (GA XIV,31, v. 1). Doch die dreifachen Fragen, gleich zu Anfang Schlag auf Schlag hintereinander folgend, wohin die Geliebte wolle, warum sie so zielstrebig sei und was sie im Herzen des Liebenden suche, zeigen das Ich in höchster ,Alarmbereitschaft'. Dabei wird eine Inversionsbewegung suggeriert, die ins Herz führt, wo nur Niedergeschlagenheit zu finden sei (GA XIV,31, v. 3), denn die Geliebte verursache (dort) nichts als leidvollen Schmerz (GA XIV,31, v. 5). Die räumliche Bildlogik aufnehmend, wird diese Inbesitznahme des Innersten des Ich als *ummevach* bezeichnet, als Umfangen, das offenbar als bedrängend und gefährdend erfahren wird. So erfolgt in diesem Lied schon in Vers 4 der Hilfeanruf an die personifizierte Minne, der in Lied 3 erst in der vierten Strophe erfolgte. Der gedoppelte Imperativ *Hilf, Minne, hilf mir uz der lieben ummevach* (GA XIV,31, v. 4) steigert zusätzlich die Dramatik. Doch anstatt eine Lösung anzubieten, bestätigt die Minne die definitive Okkupierung des Herzens durch die Dame, der Hilferuf komme zu spät, die Geliebte sei kraftvoll eingezogen, habe sich bereits niedergelassen und herrsche dort als *erbevoget* (GA XIV,31, v. 8) auf Gedeih und Verderb – und dies ganz im Sinn der personifizierten Minne. Die Distanzpositionen sind hiermit von Anfang an aufgegeben. Die Dame herrscht im Inneren des Ich, das Ich erscheint hilf- und schutzlos. Denn die Minne, die die ausbalancierende dritte Position der Gesellschaft übernehmen könnte, hat sich auf die Seite der Geliebten geschlagen. Von Anfang an implodiert die Dreieckskonstellation.

In der zweiten Strophe verschärft sich das Vokabular und damit die Radikalität der Situation mit ihrer internen Gewalt. Zwar wird die Geliebte nun konform als *süze*[], *clare*[] (GA XIV,32, v. 3) bezeichnet. Doch die Verweigerung der personifizierten Minne, dem Ich zu helfen, droht dieses zu *töten* (GA XIV,32, v. 1) und verstärkt nurmehr dessen Hilferuf (GA XIV,32, v. 1f.). Die Minne aber erklärt darauf jede Hilfeleistung als aussichtslos, da *mut* und *herze* des Ich selbst die Geliebte bei ihrer Inbesitznahme (GA XIV,32, v. 7) unterstützen, weshalb die Geliebte in jedem Fall in diesem ,Kampf' Siegerin bleibe (GA XIV,32, v. 10): Ursache und Wirkung werden so unlösbar ineinandergeschoben. Der schwierigste Feind des Ich, das in unterschiedliche Akteure dissoziiert, ist es selbst.

Als Ausweg imaginiert das Ich in der dritten Strophe nun die Umkehrung der Bewegung, das Eindringen von sich in das Herz der Dame. Auch hierbei soll die Minne helfen. Die Minne ist dazu durchaus bereit, warnt aber, dass dieses Eindringen ebenso ins Verderben führen könne, ein Verderben, das wiederum von der Geliebten ausgeht (*daz sie dich icht verderbe*, GA XIV,33, v. 5) und wiederum die Unterstützung der Minne erfährt (*sie tut dir leit / mit miner werden arebeit*, GA XIV,33, v. 9f.). Gleichwohl willigt das Ich in diese Gefahr ein, was auch immer mit ihm geschehen werde (GA XIV,34, v. 1–3). Und es bestätigt die Bereitschaft der völligen Aufgabe seiner selbst dreifach: Es akzeptiert, sich mit der Liebsten aller Voraussicht nach nicht unterhalten zu können, die Herrschaft über sich ganz an sie abzugeben und ihr *eigen* (GA XIV,34, v. 9) zu werden. Diese bedingungslose Bereitschaft, sich der Geliebten auszuliefern, veranschaulicht abschließend der Vers: *ez si der tot, ez si genesen* (GA XIV,34, v. 10). Er erinnert an die Worte aus Gottfrieds *Tristan*, mit denen der Protagonist dort die Wirkung des überwältigenden Minnetranks bekräftigt und zugleich die überwältigende Macht von außen in eine eigene Entscheidung transformiert.[66] In jedem Fall führt die Inversion der Geliebten in das Ich zum selben Ergebnis wie die Inversion des Ich in die Dame. Diese Identität in der Bewegung wie im Leid könnte an die vielfach belegte Liebesformel erinnern: *du in mir, ich in dir* oder *du bist min, ich bin din.*[67] Doch nicht das Gleichgewicht harmonischer Übereinstimmung ist nun Resultat, sondern, wie die Minne in der fünften Strophe dem Ich attestiert, ein *toben* [...] */ alsam du sist von sinnen komen* (GA XIV,35, v. 2f.). Dieses Toben, das sich zunächst nur gegen das Ich selbst zu richten scheint, bezieht jedoch auch die Geliebte ein, deren Flucht die Minne zu verhindern verspricht.[68] Damit wird das Motiv des bedrängenden Umfassens nun paritätisch auf die Dame übertragen. Erreicht würde somit mit dem ersten Vers des Abgesangs die ersehnte Einheit und Übereinstimmung – diese jedoch in der radikalen Form des Liebestobens, im Von-Sinnen-Sein, im Schmerz: *Ja zwar, sie muz enpfinden we* (GA XIV,35, v. 7). Im Moment, in dem Einheit im geteilten Schmerz erreichbar sein könnte, zieht das Ich jedoch sein transgressives Spiel zurück: Es revidiert seinen Wunsch: *nein, zarte Minne, das an ir daz nicht erge!* (GA XIV,35, v. 8), dividiert – mit Anklängen an Walthers *Saget mir ieman, waz ist minne* (L 69,1) – den gemeinsamen Schmerz auseinander: *la mich den kummer eine tragen* (GA XIV,35, v. 9) und kontert ‚klassisch' mit Anklängen an Reinmar (MF 158,28: *stirbet sî, so bin ich tôt*): *ir sterben tete mich erslagen* (GA

[66] *ez wære tôt oder leben: / ez hât mir sanfte vergeben* (v. 12495f.). Ähnlich im Prolog: *dem lebene sî mîn leben ergeben, / der werlt wil ich gewerldet wesen, / mit ir verderben oder genesen* (v. 64–66). Zitiert nach: *Gottfried von Straßburg. Tristan und Isold*, hg. von Walter Haug und Günter Scholz. Mit dem Text des Thomas, hg., übersetzt und kommentiert von Walter Haug, 2 Bde., Berlin 2011 (*Bibliothek des Mittelalters* 10/11); vgl. zur ersten Stelle und seinen differenten Deutungsmöglichkeiten den ausführlichen Kommentar ebd., Bd. 2, S. 548–551.

[67] Vgl. die Belege bei Friedrich Ohly: *Du bist mein, ich bin dein – du in mir, ich in dir – ich du, du ich*, in: *Kritische Bewahrung. Beiträge zur deutschen Philologie. Festschrift für Werner Schröder zum 60. Geburtstag*, hg. von Ernst-Joachim Schmidt, Berlin 1974, S. 371–415.

[68] Dabei ist bezeichnend, dass die Handschriften F und m den Bezugspunkt des Tobens vertauschen, denn gleich welche Besetzung gewählt wird, tritt eine destruktive Asymmetrie auf: *mit dir selber* (F), *mit der selben* (m). Köbele [Anm. 4], S. 122, weist darauf hin, dass die Personalpronomina hier insgesamt Schwierigkeiten bedeuten: „Von den sich häufenden Personal-, Possessiv- und Reflexivpronomen ist die Überlieferung offensichtlich irritiert." Wachinger [Anm. 8], S. 148, Anm. 18, folgt Handschrift m.

XIV,35, v. 10), eine Revocatio, die an Walthers ‚Widerruf' – mit umgekehrten Vorzeichen[69] – unweigerlich erinnern muss.

Gerade vor dem Hintergrund des Walther'schen Liedes (L 69,1) wird die Eigenart von Frauenlobs Lied 7 jedoch besonders deutlich: Beide Lieder zielen auf den Anspruch einer beide Partner gleichermaßen betreffenden Minne, d. h. auf die Aufhebung der Einseitigkeit. Walther inszeniert diese Zielrichtung jedoch weitgehend über ein Spiel mit rhetorischen Fragen, mit Thesen und rationaler Argumentation als gesellschaftliche Diskussion über richtiges und falsches Lieben. Frauenlobs Lied präsentiert diese Zielrichtung vollkommen anders. Einheit soll erzwungen werden als notwendige Erlösung aus unhaltbarem Leid: Performativ wird daher die Ausgesetztheit des Ich, die Überwältigung durch die Minneerfahrung, die Aufgabe jeder rationalen Bewältigung eingeholt in dem Wechsel der Perspektiven, den Ausrufen, den unablässigen Fragen und Antworten, die auf Auflösung und Ausgleich drängen. Dargestellt wird ein ‚kreiselnder' Schlagabtausch von Ich und Minne, der in der dramatischen Verzweiflung den Anspruch auf Einheit und gegenseitige Erfüllung zwar wachhält, zugleich jedoch umso deutlicher zeigt, dass der Redewechsel gerade nicht an ein Ziel, sondern nur immer tiefer in die Aporie einer Minne führt, deren höchster Gewinn im Selbstverlust besteht. Diese absolute Ausweglosigkeit wird noch dadurch gesteigert, dass die personifizierte Minne, der Tradition nach optional auch und gerade „distanzierende Instanz",[70] hier als unabdingbare Parteigängerin des Leidens, der *passio* erscheint.

Doch nicht nur die argumentative Haltung des Spruchdichters, die bei Walthers Ausgleichsforderung in L 69,1 deutlich zu greifen ist, ist in der Performanz des dynamisch-dramatischen Dialoges in Frauenlobs Lied 7 aufgehoben, sondern ebenso die Ebenenstruktur des Ich-Lieds der Hohen Minne. Denn eine Werbung findet im strengen Sinn des Wortes nicht mehr statt, ebenso wenig tritt hier der Sänger in seiner Potenz als ‚Wortmacher' auf poetologischer Metaebene auf (vgl. Walther: *sterbet si mich, sô ist si tot* L 73,16). Lanciert wird vielmehr ein Zugriff, der die bisherigen Ansätze der Introspektion, die sich in der Tradition durchaus bereits finden, nun zum ausschließlich fokussierten Thema macht und die Gewalt der Minneokkupation durchkonjugiert. Das Herz des Ich bzw. der Geliebten wird so für den Rezipienten zur offengelegten Schaubühne, auf der das Ich, die Geliebte sowie die Minne in einem Akt aggressiver Transgression agieren: Es entsteht ein ‚Psychogramm', in dem Liebe, Übergriff und Selbstaufgabe in dramatischer Performanz gleichgesetzt werden. Distanz kommt nur dem Publikum zu, das nicht als Regulativ der Handlung wie in der traditionellen Minnekanzone und auch nicht als Kunstkenner wie etwa in Frauenlobs Lied 2 angesprochen ist, sondern nun völlig ‚außen vor' steht[71] und so gleichsam zum Voyeur einer zermürbenden Bewegung zwischen Selbstrettung und Selbstverlust wird.

In dieser zermürbenden Bewegung taucht das alte Minneparadox wieder auf, nun aber in neuer – auf das Ich konzentrierter – Modellierung. Vor diesem Hintergrund zeigt sich, dass die scheinbare Revocatio des Schlusses zugleich konsequente Weiterführung des nunmehr auf das Ich konzentrierten Widerspruchs ist: So lassen sich die drei letzten

[69] Das Sänger-Ich bei Walther kehrt zur Betroffenheit und zum Ausgesetztsein zurück, bei Frauenlob zur ‚Entdramatisierung'.

[70] Köbele [Anm. 4], S. 118.

[71] So ist auch hier nun, im Gegensatz zu Lied 3, jegliche Anrede an die Gesellschaft getilgt.

Verse auch lesen als konsequente Fortsetzung des Selbstverlusts, indem auch noch der letzte Rest an Hoffnung auf Gegenseitigkeit, die Einheit im Liebesschmerz, aufgegeben wird. Darin aber beweist sich letztlich eine grenzenlose Liebe, die die Walther'schen Positionen der Gegenseitigkeit (L 69,1) ebenso wie der Selbstbehauptung im Sang (wie sie etwa in L 73,16 zum Ausdruck kommt) als mögliche Lösungen zurückweist. Dies erscheint in der inhaltlichen Aussage, verstärkt durch die Reinmar-Reminiszenz, extrem konservativ. Doch zurück bleibt ein Ich, das die Liebeserfüllung nicht um der Ehre der Geliebten willen zurückweist (vgl. Reinmar MF 165,10ff.), sondern weil es der Dame ein sie selbst betreffendes ‚Emotions-Toben' nicht zumuten möchte. Diese Rücksicht auf die Dame reißt jedoch zuletzt die Distanz zu ihr wieder neu auf, macht sie unüberbrückbar. Zurück bleibt ein Ich, das sich nicht in souveräner Selbstentsagung behauptet, sondern – analytisch scharf gezeichnet – aus der Kreiselbewegung des Selbstverlusts in keiner Weise herauskommen kann, ein Ich, ausweglos in sich selbst gefangen, ein Ich, das sich auch kaum mehr über die Kontaktkategorie des Gesangs mit der Gesellschaft im allgemeinen Repräsentationsanspruch verbinden kann, denn der Gesang ist zur intimen Seelenschau geworden. Das Ich, das hier spricht, nutzt die Denkfiguren der Tradition und kehrt doch nicht in das alte Fahrwasser zurück, denn der sezierende Verlauf der vorausgegangenen Strophen und Verse hat den traditionellen Schluss bereits umbesetzt.

VI Spielarten und Grenzgänge der Hohen Minne

Wie hat sich Frauenlob dem Liedtypus des Ich-Liedes der Hohen Minne gestellt? Es ist hervorzuheben, dass die ausgewählten Lieder zunächst einmal sehr unterschiedliche Verfahren der Adaption und Transformation zeigen und dass dabei auch Nähe und Ferne zum ‚Grundmodell' unterschiedlich austariert werden. An Lied 2 ließ sich zeigen, dass Frauenlob den Liedtypus des Ich-Liedes der Hohen Minne über weite Strecken in den konventionellen Bahnen aufgreift und durchspielt. Das Grundproblem, die Lexik, die Motive knüpfen dabei deutlich an Vorgaben der historischen wie zeitgenössischen Minnesangdiskussion an. Die Vorgaben werden – über ihr topisches Potential hinaus – zudem in direkten Rekurrenzen auf konkrete Lieder oder Autoren aufgegriffen, d. h. reminiszenzhaft ‚zitiert', reproduziert, modelliert. Dieses Verfahren der zitathaften Anspielungen tritt besonders deutlich in Lied 2 zutage, ist aber keineswegs nur ihm eigen. Auch für Lied 3 hebt WACHINGER z. B. „zitatartige Anklänge" an Walther hervor (L 47,36ff.).[72] Lied 7 lässt Bezüge zu Reinmar, Walther und Gottfrieds *Tristan* erkennen. Auch in den anderen Liedern sind entsprechende Rekurrenzen, einmal mehr, einmal weniger verdichtet, auszumachen. Frauenlob stellt sich mit dem Verfahren der konkreten Lied-, Motiv- oder sogar Formulierungsanspielungen zweifellos in die lange Tradition lyrischen Sprechens seit dem Ende des 12. Jahrhunderts. Er weist sich als deren virtuoser Kenner aus, indem er das Repertoire in vielfältigen Anspielungen und wohl auch konkreten Liedbezügen ‚zitiert',[73] als Material nutzt und neu kombiniert. Den Aspekt der ‚Materialverarbeitung' hat BEATE KELLNER nicht nur in Bezug auf die Frauenlob zugeschriebene ‚Selbstrühmung' herausgearbeitet, sondern ihn als grundlegendes poeti-

72 WACHINGER [Anm. 47], S. 894.
73 Vgl. Anm. 45.

sches und poetologisches Movens diskutiert: „Das sich artikulierende Sprecher-Ich bearbeitet, nutzt, verwandelt, ja verbraucht die Werke der anderen wie ein Koch seine Zutaten, ein Schneider seinen Stoff und auch ein Goldschmied oder Alchimist sein Metall.“[74] Frauenlob wird damit in seinen Liedern einerseits zum Hüter der Tradition der Minnekanzone. Doch zugleich zeigt die collagenhafte Häufung der Bezüge in Lied 2 auch eine Distanz, die sich als Kritik nicht an der Tradition, wohl aber an einem unreflektierten formalen Weiter(be)spielen des Repertoires lesen lässt, ohne dass die Authentizität und Emphase der vorausgegangenen Liedautoren noch eingeholt werden könnte. Alternativen werden in diesem Lied jedoch nicht aufgezeigt.

Dies ist anders in Lied 3. Es rekurriert zwar ebenso auf einen konventionellen ‚Rahmen‘, auch die aufgerufene Hoheliedallegorese, ja selbst die Technik der Raum- und Zeitblasen knüpfen an vorausgegangene Inszenierungsformen, Verfahrensweisen und Metaphernadaptionen an. Gleichwohl eröffnet es über das im ersten Teil des Liedes greifbar werdende Verfahren der Motivfragmentierung und -überlagerung neue Aussageoptionen. Das Verfahren der Motivfragmentierung und -überlagerung führt zu Deutungsvalenzen der entstehenden Imaginationsräume, so dass die Allegorese nicht zu einem schlüssigen Ende kommt, sondern gleichsam zwischen ambigen Metaphern hin- und herschwingt. Mit den Mitteln des Blümers treibt Frauenlob damit einen Keil zwischen Bild und Bedeutung, ein Verfahren, das jedoch im ersten Teil des Liedes gerade nicht in formaler Rhetorik endet, sondern die religiöse Sprache der Minne amalgamiert und von deren Emphase profitiert. Auch dieses Verfahren, das insbesondere SUSANNE KÖBELE wiederholt herausgearbeitet hat,[75] ist nicht auf Lied 3 beschränkt. Besonders prägnant zeigt es sich etwa auch in Frauenlobs Lied 4 in Bezug auf die Tierallegoresen.[76] Die Lieder schließen damit an „poetische Verfahren“ insbesondere der Leichdichtungen an, für die CHRISTOPH HUBER die Begriffe des *Minneleichs gepartiret und geschrenket* (GA III,33, v. 3) geltend gemacht hat.[77] In jedem Fall zeigte sich in Lied 3, dass die Motivfragmentierungen und -überblendungen auf diese Weise das tradierte Konzept der Minne selbst verändern. Die Minne, so inszeniert, droht sich aus dem Regelspiel der drei Ebenen zu verabschieden, sich erst im *ungehiuren*, einem Unort, freizusetzen und damit an die Grenze des Sagbaren vorzustoßen. Doch damit endet das Lied keineswegs. Der Registerwechsel im zweiten Teil des Liedes versucht vielmehr, in vertrautes Gelände zurückzuführen. Doch genau damit zeigt der zweite Teil keine Lösung auf der Ebene der Erfahrung, sondern offeriert die Rückführung als ‚Befriedungstechnik‘ qua sprachlich repetitiver Konvention, die sich als solche ausstellt und deren Füllung mit authentischer Erfahrung ebenso wie in Lied 2 aussteht. Die Rückkehr in das bekannte Rep-

[74] Vgl. BEATE KELLNER: Vindelse. *Konturen von Autorschaft in Frauenlobs ‚Selbstrühmung‘ und im ‚wip-frouwe-Streit‘*, in: *Autor und Autorschaft im Mittelalter*, hg. von ELIZABETH ANDERSEN u. a., Tübingen 1998, S. 255–276, hier S. 268.

[75] Vgl. Anm. 55.

[76] Vgl. insbes. STEINMETZ [Anm. 12].

[77] CHRISTOPH HUBER: gepartiret und geschrenket. *Überlegungen zu Frauenlobs Bildsprache anhand des Minneleichs*, in: *Studien zu Frauenlob und Heinrich von Mügeln. Festschrift für Karl Stackmann zum 80. Geburtstag*, hg. von JENS HAUSTEIN und RALF-HENNING STEINMETZ, Freiburg i. Ü. 2002 (*Scrinium Friburgense* 15), S. 31–50, hier S. 50: „In einem analytischen Akt erscheinen die Sinnschichten dieser Sprache *gepartiret*. Sie verteilen sich deutlich nach traditionellen Mustern. Anderseits wird das Getrennte *geschrenket*, über seine Analogie in eins geflochten.“

ertoire weltlich-höfischer Minnesangsprache wird somit – und dies ist anders als in Lied 2 – prozessual-performativ vorgeführt. Alte und neue Arten der Minneartikulation und -erfahrung sind damit strukturell hintereinandergestellt und werden in der so demonstrierten Differenz zur Diskussion freigegeben.

Lied 7 zeigt einen nochmals anderen Zugang. Nicht zitathafte Anspielungen, nicht Motivfragmentierungen prägen das Lied, vielmehr setzt das Verfahren nun an der Struktur der Dreieckskonstellationen und ihrer positionellen Festlegungen an. Auch hier lassen sich die Fortschreibungen des impliziten Problempotentials des Grundmodells deutlich fassen. Denn die immer schon angespannten Distanzrelationen, die kaum je symmetrisch zu denken waren,[78] geraten nun gänzlich aus dem Maß und implodieren von vornherein. So kommt es zu einer radikalisierten Fokussierung und Problematisierung der Ich-Position, zu Ich-Introspektionen in einer sezierenden Seelen- und Leidensschau. Auch dieses Verfahren ist als neuer Versuch der sprachlichen Authentisierung der Minnepassion zu verstehen. Lied 6 und – verstärkt in internen Dissoziationsbewegungen – etwa Lied 1 zeigen verwandte Verfahrensweisen. Das Leidmotiv des tradierten Liedes erscheint hier als Psychogramm einer zermürbenden Selbstaufgabe des Ich, das – mit Anleihen an geistliche Erfahrungs- und Ausdrucksfiguren – erst im völligen Verlust Erfüllung finden kann.[79] Das Verfahren der Inversion, wie es an Lied 7 aufgezeigt werden konnte, droht jedoch das tradierte Minnemodell aufzuheben. So fragt WACHINGER zu Recht, „ob hier überhaupt noch von hoher Minne die Rede ist. Es fehlt das Motiv des Dienens um Minnelohn, es fehlt der Bezug auf die Gesellschaft, es fehlt hier sogar fast völlig der Gedanke, daß die Dame trotz allem den höchsten Wert, das höchste Glück für das Ich bedeutet."[80]

Frauenlob erweist sich – folgt man den Beispielen – somit als Virtuose im Umgang mit dem Ich-Lied der Hohen Minne und dies auf zwei Ebenen: derjenigen der differenzierten Verfahren im Umgang mit dem Leid-, Motiv- und Strukturrepertoire der Gattung und derjenigen der Diskussion über die Möglichkeit oder Unmöglichkeit, sich sinnvoll in diese Tradition zu stellen. So lassen sich einerseits dezidierte Anknüpfungen an den traditionellen Liedtypus in allen drei Liedern deutlich erkennen. Frauenlobs Lieder bleiben in die vorgängigen und zeitgenössischen Traditionen eingelassen und sie stellen dies auch aus. Gleichwohl gehen die Lieder in der Tradition nicht auf. Sie setzen sich vielmehr auf verschiedenen Ebenen und durch differenzierende Verfahrensweisen mit der Tradition deutlich auseinander und vielfach auch von ihr ab. Die ‚Collage' von Lied 2 erweist sich daher einerseits als Adaption tradierter Motive, Metaphoriken und Semantiken, ja selbst spezifischer Lieder und Autoren. Die artifizielle Reihung und Kombination der Anspielungen ist jedoch zugleich das Resultat der Distanz. In Lied 3

78 Aufgrund der angelegten Asymmetrien behandelt der Minnesang auch vielfach subkutan Verletzung und Gewalt, vgl. etwa BEATE KELLNER: *Gewalt und Minne. Zu Wahrnehmung, Körperkonzept und Ich-Rolle im Liedcorpus Heinrichs von Morungen*, in: *PBB* 119 (1997), S. 33–66; ANNETTE GEROK-REITER: *Versehrtheit: Formen und Funktionen eines Motivs in der frühen Lyrik*, in: *Verletzungen und Unversehrtheit in der deutschsprachigen Literatur des Mittelalters. XXIV. Anglo-German Colloquium vom 2.–6. September 2015 in Saarbrücken*, hg. von SARAH BOWDEN, NINE MIEDEMA und STEPHEN MOSSMANN [im Druck].

79 KÖBELE [Anm. 4], S. 217–240.

80 WACHINGER [Anm. 8], S. 148.

nutzt Frauenlob die Virtuosität im Bedienen unterschiedlicher Sprachregister. So fragmentiert und überblendet er einerseits bekanntes Motivmaterial, destabilisiert Räume und Ich-Gewissheiten und ambiguisiert Sinnhorizonte im Zuge einer ekstatischen Minneerfahrung. Andererseits kehrt er reflexiv ins überlieferte Motiv- und Sprachrepertoire des tradierten Minnesangs zurück. In der syntagmatischen Abfolge von Erfahrungs- und reflexiver Gesangsebene spielt er die an sich konstitutiven Simultanebenen des Sangs gegeneinander aus. Lied 7 erweist sich als Leidensschauraum nicht der Minne, sondern des Ich. Es erscheint von der Dreieckskonstellation des historischen Grundtypus noch radikaler entfernt. Am ehesten gelangt wohl hier ein „neues [Minne-]Grundmodell zum Durchbruch“.[81]

Überblickt man diese Spielarten der Verfahrensweise sowie der Adaption bzw. Distanzierung des tradierten Minnemodells, so wird in den Liedern vor allem die Varietät deutlich, mit der Frauenlob den Liedtypus des Ich-Liedes der Hohen Minne aufgreift und gestaltet. Vor diesem Hintergrund erweist sich in den diskutierten Liedern das Festhalten an der Konvention gleichsam als unabdingbarer Kontrapost, der die metaphorischen, sprachlichen, gedanklichen Aufschwünge und Ausbrüche allererst zu erlauben, zu forcieren, auch wieder zu beruhigen oder gänzlich freizusetzen vermag.

Aus dem Sachverhalt, dass die Lieder auf die Frage nach ihrer Rückbindung an die Tradition sehr unterschiedliche Antworten geben, lässt sich zuletzt zweierlei schließen. Zum einen zeigen das Spiel mit den Traditionen, die Diversität der Verfahren sowie die Radikalisierung segmentierter Positionen die literarhistorische Schwellenposition Frauenlobs zwischen einem ‚noch‘ und einem ‚nicht mehr‘ in Bezug auf die Gültigkeit des klassischen Minneliedes. Es geht um die Sagbarkeit eines Endes, das doch zugleich zum nochmaligen Aufbruch wird, um die Bestätigung der *alten meister* und im selben Atemzug um die Distanzierung von ihnen. Frauenlob *verguldet* deren *kunst*, darf man der dem Dichter zugeschriebenen ‚Selbstrühmung‘ folgen (GA V,115), indem er die alte Kunst als ‚Material‘ „nutzt, vereinnahmt und verbraucht“, um hieraus sein eigenes Singen zum Teil spielerisch-distanziert, zum Teil in lyrischen Psychogrammen neu zu begründen.[82]

Zum anderen lässt sich von hier aus die strittige Meinung der Forschung in Bezug auf das Innovationspotential von Frauenlobs Liedern besser begreifen. Die Lieder stellen, dies sollte deutlich geworden sein, unterschiedlich strukturierte „Kippfiguren“[83] in Bezug auf die Tradition dar. Je nachdem, aus welcher Richtung man schaut, wird man Frauenlobs Lieder eher als konventionell oder eher als innovativ beurteilen. Entscheidend ist dabei wohl vor allem zu sehen, dass und wie eben diese Möglichkeit der Doppelperspektive in seinen Liedern selbst angelegt ist. Im ‚Dass‘ der Doppelperspektive

[81] KÖBELE [Anm. 4], S. 251.

[82] KELLNER [Anm. 74], S. 260: So entstehe ein „Verfahren, das sich grundlegend unterscheidet von einem bewundernd-distanzierten, vom Interesse des Sammelns und Archivierens geleiteten Blick eines Epigonen auf die Klassiker“.

[83] Vgl. zur Anwendung dieses der Wahrnehmungspsychologie entnommenen Begriffs MARION OSWALD: Vor miner augen anger *(1,4). Schauräume und Kippfiguren in Frauenlobs Marienleich. Eine Skizze*, in: *Imagination und Deixis. Studien zur Wahrnehmung im Mittelalter*, hg. von KATHRYN STARKEY und HORST WENZEL, Stuttgart 2007, S. 127–140, hier insbes. S. 139, Anm. 47. Sie bezieht den Begriff auf den „mehrdimensionalen instabilen Sinnesraum“, der durch die ineinander gespiegelten „Bildfelder und Figurationen“ entsteht (S. 138). Ich übertrage ihn auf die Ebene der Traditionsverarbeitung des Ich-Liedes der Hohen Minne zwischen Nähe und Distanz.

offenbart sich der zeitgebundene Standpunkt der Lieder am Ende einer langen Minnesangtradition. Im ‚Wie‘ der Verfahren zwischen Nähe und Ferne, Traditionsanschluss und -umbruch liegt ihr je spezifischer ästhetischer Reiz.

III Systematische Aspekte

6 Frauenlob als Theologe und Philosoph

CHRISTOPH HUBER

Lassen sich Dichter als Philosophen oder gar Theologen verstehen und beurteilen, obwohl sie nicht ‚vom Fach' sind? Man ist aus heutiger Sicht geneigt, das zu verneinen. Anderseits gibt es in der Geschichte der Literatur fließende Übergänge und Überlappungen zwischen der Dichtung und den verschiedenen Welterklärungs-Disziplinen. Dafür sprechen ganz grundsätzlich die archaische Rolle des Dichters als religiöse Instanz und die poetische Struktur von zahlreichen kanonischen Büchern der Schriftreligionen, aber auch von Philosophien. Im Mittelalter wird in der säkularen Wissensliteratur und dem theologischen Fachschrifttum auf der einen Seite keine deutliche Grenze gezogen zu rhetorisch-poetisch gestalteten Textgattungen auf der anderen Seite. Nachdem man (trotz anderweitiger Voten) dem Mittelalter das Konzept der ‚ästhetischen Autonomie' noch nicht zuweisen kann[1] – es bildet sich auf dem Weg ins neuzeitliche Denken allmählich heraus –, sind alle Texte pragmatisch auf ihren Gebrauch hin angelegt. Das gilt auch für die performative Existenzform der lyrischen, epischen und natürlich dramatischen Gattungen, die, auf ihre Darbietung in der ‚Aufführung' hin konzipiert und doch schriftlich archiviert, die typische ‚semiorale' Qualität der Schriftkultur ausmachen. Besonders deutlich ist das bei der geistlichen Dichtung, die lateinisch oder später deutsch für den liturgischen Gebrauch im Gottesdienst zur Verfügung stehen kann.

I Gelehrsamkeit und Meisterschaft

In diesem Artikel ist das skizzierte Spannungsfeld für den mittelhochdeutschen Sangspruch bzw. die Großform des Leichs bei einem ihrer markantesten und problematischsten Repräsentanten, Heinrich von Meißen (Frauenlob), auszuloten.[2] Gattungsgeschichtlich markiert Frauenlob den Höhepunkt und gewissermaßen Endpunkt einer Entwicklung, die sich seit dem 13. Jahrhundert mit der Aufnahme fachspezifischer gelehrter Inhalte vollzieht. Nach Frauenlob und auf seinen Schultern führt Heinrich von Mügeln die Gattung zu andersartigen, wohl vergleichbar komplexen Lösungen, die in der späteren Geschichte des Meistersangs ihren kreativen Nachhall finden. Diese historischen Kontinuitäten werden in dem vorliegenden Band in anderen Beiträgen dargestellt. Zunächst

[1] BEATE KELLNER: *Meisterschaft. Konrad von Würzburg – Heinrich von Mügeln*, in: *Interartifizialität. Die Diskussion der Künste in der mittelalterlichen Literatur*, hg. von SUSANNE BÜRKLE und URSULA PETERS, Berlin 2009 (*ZfdPh* 128, Sonderheft), S. 137–162, hier S. 137f., in Bezug auf die Ermächtigungsgesten und passim.

[2] Frauenlobs Lieder werden in diesem Beitrag ausgespart.

wollen wir noch einen Blick auf den Gang der Frauenlob-Forschung werfen, um den Wandel ihrer Untersuchungsziele in Bezug auf unser Thema festzuhalten.

In den frühen Arbeiten seit dem 19. Jahrhundert wurde versucht, in den Autoren-Corpora Elemente gelehrten Wissens nachzuweisen, um so die Sänger nach ihrer „Gelehrsamkeit" einzustufen.[3] Den behandelten Themen konnte man nur wenig poetischen Reiz abgewinnen, Unzulänglichkeiten und Missverständnisse wurden aufgelistet. Die mehr oder weniger profunde klerikale Bildung galt als Abgrenzungskriterium der Sänger untereinander, die mit ihren Kenntnissen prunkten und sich in Sängerkriegen bekämpften, um Konkurrenten auszustechen und so an den Höfen besser anzukommen.

Einen Einschnitt bedeutete die Edition des enzyklopädischen Spruchwerks Heinrichs von Mügeln durch KARL STACKMANN (1959), der sich auf diesem Umweg dem allein schon durch seinen Umfang imponierenden, bis dahin nur in der Ausgabe LUDWIG ETTMÜLLERS (1843) vorliegenden Œuvre Frauenlobs näherte.[4] Das Erscheinen der Maßstäbe setzenden Edition wurde eskortiert von den Untersuchungen KARL STACKMANNS (1958) und JOHANNES KIBELKAS (1963), die den Wissenshorizont und das Selbstverständnis des späten Sangspruchs in einer bis dato nicht gekannten Intensität erschlossen.[5] Die kommentierte Frauenlob-Ausgabe folgte dann 1981 auf der Basis der von HELMUTH THOMAS (1939) geleisteten Vorarbeiten, welche für den Überlieferungsbe-

3 Vgl. die Anmerkungen in ETTMÜLLERS Ausgabe: *Heinrichs von Meissen, des Frauenlobes, Leiche, Sprüche, Streitgedichte und Lieder*, erläutert u. hg. von LUDWIG ETTMÜLLER, Quedlinburg / Leipzig 1843 (*Bibliothek der gesammten deutschen National-Literatur* 16), ND Amsterdam 1966. Vgl. JOSEPH KRON: *Frauenlobs Gelehrsamkeit. Beiträge zu seinem Verständnis*, Diss. Straßburg 1906. KRON beurteilt Frauenlobs Gelehrsamkeit grundsätzlich positiv („[...] einem anmutigen Produkt gelehrter Bildung begegnet man", S. 12). Er orientiert sich vor allem an der Theologie des Thomas von Aquin und der Philosophie des Aristoteles. Einschlägige Materialien schätzt er als Reminiszenzen, nicht als direkte Quellen ein und verortet das Bildungsniveau „in der Dom- und Klosterschule" (S. 67, ohne Nachweise). HEINRICH LÜTCKE: *Studien zur Philosophie der Meistersänger. Gedankengang und Terminologie*, Berlin 1911 (*Palaestra* 107), sucht anhand einer abstrakten Gliederung („Idealismus", „Kosmologie" usw.) inhaltliche Zusammenhänge zu rekonstruieren. LUDWIG PFANNMÜLLER: *Frauenlobs Marienleich*, Straßburg 1913 (*Quellen und Forschungen* 120), spricht bei beachtlicher Erweiterung des Quellenhorizontes von einer „bizarren, abstrusen, oft lächerlich wirkenden Gelehrsamkeit" (S. 27). Später noch PETER HELLMICH: *Die Gelehrsamkeit in der mittelhochdeutschen Spruchdichtung*, Diss. (masch.) Tübingen 1951; BRUNHILDE PETER: *Die theologisch-philosophische Gedankenwelt des Heinrich Frauenlob*, Speyer 1957 (*Quellen u. Abh. zur mittelrheinischen Kirchengeschichte* 2). Symptomatisch ist PETERS Vorgehen anhand abstrakter Themen, Stichwörter, Motive, zu denen sie Belege sammelt.

4 ETTMÜLLER [Anm. 3]. *Die kleineren Dichtungen Heinrichs von Mügeln. Erste Abteilung: Die Spruchsammlung des Göttinger Cod. Philos. 21*, hg. von KARL STACKMANN, 2 Bde., Berlin 1959 (*DTM* 50/51). *Frauenlob (Heinrich von Meissen): Leichs, Sangsprüche, Lieder. 2 Teile.* Auf Grund der Vorarbeiten von HELMUTH THOMAS hg. von KARL STACKMANN und KARL BERTAU. *Bd. 1: Einleitungen, Texte; Bd. 2: Apparate, Erläuterungen*, Göttingen 1981 (*Abh. d. Akad. d. Wiss. in Göttingen, Philol.-hist. Kl. III*, 119/120) [= GA].

5 KARL STACKMANN: *Der Spruchdichter Heinrich von Mügeln. Vorstudien zur Erkenntnis seiner Individualität*, Heidelberg 1958 (*Probleme der Dichtung* 3); JOHANNES KIBELKA: der ware meister. *Denkstile und Bauformen in der Dichtung Heinrichs von Mügeln*, Berlin 1963 (*PhStQu* 13).

stand eine gestaffelte Echtheit von sicher zu zweifelhaft bis unecht ermittelt hatten.[6] Der weiteren Erschließung der Texte der Göttinger Ausgabe (GA) wie auch lexikographischen Interessen diente das Frauenlob-Wörterbuch (STACKMANN / HAUSTEIN 1990).[7] Die als unecht eingestuften Sangsprüche in Tönen Frauenlobs erschienen mit Kommentar als Supplement 2000 (STACKMANN / HAUSTEIN).[8] Dieser langwierige und aufwendige Prozess der Edition und Materialerschließung, der als wissenschaftliche Leistung größten Respekt verdient, muss hier rekapituliert werden, damit der Perspektivenwechsel der neueren Forschung nachvollzogen werden kann. Zudem ist für die Beurteilung der parallel verlaufenden literaturwissenschaftlichen Bearbeitung der Texte Frauenlobs und seines Umkreises der jeweilige Stand ihrer philologischen Bereitstellung ein unverzichtbares Orientierungskriterium.

So könnte nach gut 150 Jahren wissenschaftlicher Anstrengung die Göttinger Frauenlob-Ausgabe mit ihren gestaffelten Echtheits-Zuweisungen, mit ihren textkritischen Apparaten und ihren umfassenden Kommentierungen den Dichter und sein Werk als ein Monument von statischer Größe erscheinen lassen. Freilich hat STACKMANN aus dem hypothetischen Charakter vieler Vorentscheidungen und der Vorläufigkeit des erreichten Erkenntnisstandes, d. h. aus der Prozesshaftigkeit dieser Edition, selbst nie einen Hehl gemacht. Unter dem Eindruck der spezifisch mittelalterlichen Varianz der Überlieferung hat sich indes in den letzten Jahren der Anschein des Statischen radikal aufgeweicht. Die an modernen Verhältnissen orientierten literaturwissenschaftlichen Konzepte von ‚Autor' und ‚Text' waren historisch-systematisch zu modifizieren. Das gleiche gilt für die oben angepeilten, sangspruchspezifischen Größen des ‚Wissens' und der ‚Kunst'. Hier wurde, um der literarischen Spezifik gelehrter und formal anspruchsvoller Dichtung seit dem 13. Jahrhundert gerecht zu werden, von verschiedenen Autoren ein Konzept der literarischen ‚Meisterschaft' modelliert.

An metapoetischen Texten Konrads von Würzburg und Heinrichs von Mügeln rekonstruierte BEATE KELLNER (2009)[9] einen an Bildmodelle aus den *Artes liberales* angelehnten *kunst*-Begriff, der das rein Handwerkliche übersteigt, aber mit neuzeitlicher Autonomie wenig zu tun hat. Bei autarken Zügen des aus sich selbst heraus schaffenden Dichters bleibt dieser gebunden an ihn übergreifende kreative Prozesse, die zu den theo-

[6] Eine katalogisierende Bestandsaufnahme der gesamten Gattungstradition wurde ab 1986 mit dem von FRIEDER SCHANZE und BURGHART WACHINGER bearbeiteten *Repertorium der Sangsprüche und Meisterlieder* zunächst für den älteren Sangspruch, zu dem auch Frauenlob zählt, und dann in weiteren Bänden der Forschung zur Verfügung gestellt: *Repertorium der Sangsprüche und Meisterlieder des 12. bis 18. Jahrhunderts*, hg. von HORST BRUNNER und BURGHART WACHINGER unter Mitarbeit von EVA KLESATSCHKE, DIETER MERZBACHER, JOHANNES RETTELBACH und FRIEDER SCHANZE, 16 Bde., Tübingen 1986–2009 [= RSM], hier *Bd. 3: Katalog der Texte. Älterer Teil*, Tübingen 1986 [Frauenlob].

[7] *Wörterbuch zur Göttinger Frauenlob-Ausgabe*, unter Mitarbeit von JENS HAUSTEIN redigiert von KARL STACKMANN, Göttingen 1990 (*Abh. d. Akad. d. Wiss. in Göttingen, Philol.-hist. Kl. III*, 186) [= GA-Wörterbuch].

[8] *Sangsprüche in Tönen Frauenlobs. Supplement zur Göttinger Frauenlob-Ausgabe*, 2 Bde., unter Mitarbeit von THOMAS RIEBE und CHRISTOPH FASBENDER hg. von JENS HAUSTEIN und KARL STACKMANN, Göttingen 2000 (*Abh. d. Akad. d. Wiss. in Göttingen, Philol.-hist. Kl. III*, 232) [= S-GA].

[9] KELLNER [Anm. 1].

logischen Konzepten von Weltschöpfung und Inkarnation analog gedacht werden. Er bleibt gebunden an Literaturtraditionen, die er im Wettstreit mit seinen Kollegen zu aktualisieren und zu erneuern sucht. Inhaltliche Elemente und formales Können, das diese Elemente transformiert, finden sich zusammen in dem Begriff der ‚Meisterschaft'. Die in diesem Aufsatz umschiffte Literarästhetik Frauenlobs hatte KELLNER bereits 1995 anhand einer Analyse der in der Überlieferung variierenden Fassungen des *wip-vrowe*-Streits ins Auge gefasst.[10]

Vom prekären Status religiöser Rede im Sangspruch ausgehend, steuert KLAUS GRUBMÜLLER (2009) das Meisterschaftskonzept als integrative Kategorie an.[11] Was autorisiert den Spruchsänger, geistliches Wissen als Laie, und zwar literarisch geformt in der Volkssprache, zu vermitteln? Warum und für wen verfasst er Gebete, Paraphrasen des *Vaterunser* und des *Ave Maria*, memoriert er die 10 Gebote oder lässt sich aus über die Prädestination oder die Jungfrauengeburt, wenn er dabei als Rivale der Priester und Fachtheologen gesehen werden kann? Die deutschen Spruchdichter „entwickeln aus diesem Dilemma das Konzept der *meisterschaft*, in dem sie durch breit fundierte Kenntnisse und aufwendige künstlerische Gestaltungsmittel Kompetenz demonstrieren".[12] Dieses Konzept „breitet sich langsam aus und tritt in Konkurrenz zur Wiederholung des unbefragt und allgemein Gültigen".[13] In seinen Beispielen spannt GRUBMÜLLER einen Bogen von Sängern wie Reinmar von Zweter bis ins 14. und frühe 15. Jahrhundert (Muskatblut).

Die hier ebenfalls ausgesparte Zentralfigur Frauenlob steht im Fokus der Untersuchungen von FRANZISKA WENZEL.[14] Deren Habilitationsschrift (2012) widmet sich den Sprüchen in Frauenlobs Langem Ton (GA V) in der Form, wie sie in der Überlieferung

10 BEATE KELLNER: Vindelse. *Konturen von Autorschaft in Frauenlobs ‚Selbstrühmung' und im ‚*wip-vrowe-*Streit'*, in: *Autor und Autorschaft im Mittelalter. Kolloquium Meissen 1995*, hg. von ELIZABETH ANDERSEN, ANNE SIMON und PETER STROHSCHNEIDER, Tübingen 1998, S. 255–276. Die Strophe GA VI,12 lasse den Dichter „an der aus der göttlichen Weisheit stammenden unaufhörlichen Emanation der Kunst [...] teilhaben" (S. 260).

11 KLAUS GRUBMÜLLER: *Autorität und Meisterschaft. Zur Fundierung geistlicher Rede in der deutschen Spruchdichtung des 13. Jahrhunderts*, in: *Literarische und religiöse Kommunikation in Mittelalter und Früher Neuzeit. DFG-Symposion 2006*, hg. von PETER STROHSCHNEIDER, Berlin u. a. 2009, S. 689–711.

12 Ebd., S. 690. GERT HÜBNER bezeichnet diese gelehrten Sänger pointiert als „Hofhochschuldozenten". GERT HÜBNER: *Hofhochschuldozenten*, in: *Sangspruchdichtung um 1300. Akten der Tagung in Basel vom 7. bis 9. November 2013*, hg. von GERT HÜBNER und DOROTHEA KLEIN, Hildesheim 2015 (*Spolia Berolinensia* 33), S. 69–87. Bei der ständischen Inferiorität der Spruchsänger „bot sich als kompensatorische Selbstbehauptung ein Rekurs auf dasjenige kulturelle Konzept an, dem die lateinischen Gelehrten seit dem 12. Jahrhundert einen ähnlich hohen Wert zuschrieben wie die Adligen der Abstammung: dem Wissen" (S. 69).

13 GRUBMÜLLER [Anm. 11], S. 711.

14 FRANZISKA WENZEL: *‚Meisterschaft' und Transgression. Studie zur Spruchdichtung am Beispiel des Langen Tons der Frauenlob-Überlieferung*, in: *Das fremde Schöne. Dimensionen des Ästhetischen in der Literatur des Mittelalters*, hg. von MANUEL BRAUN und CHRISTOPHER YOUNG, Berlin / New York 2007 (*Trends in Medieval Philology* 12), S. 309–334; FRANZISKA WENZEL: *Meisterschaft im Prozess. Der Lange Ton Frauenlobs – Texte und Studien. Mit einem Beitrag zu vormoderner Textualität und Autorschaft*, Berlin 2012 (*Deutsche Literatur. Studien und Quellen* 10).

existieren, ohne nach der Echtheit des Liedgutes zu fragen. Der Ansatz eines individuellen Autors wird aufgegeben, an seine Stelle tritt das, was die Handschriften als ‚frauenlobisch' erkennen, wenn sie die Strophen in den Langen Ton einordnen. Der Text der Strophen wird folgerichtig nicht als statisch verstanden und nicht in einer bestimmten editorischen Rekonstruktion verortet, sondern in die Abfolge sämtlicher aufeinander folgenden Varianten verlagert. Wissen, das hier literarisch bearbeitet in Erscheinung tritt, wird nach Art und Erscheinungsform in einer Doppelthese beschrieben. Sie besagt, dass es nur „vulgarisiert und nur rudimentär zu greifen ist und dass epistemologische und poetologische Facetten in den Texten unmittelbar miteinander verschränkt sind".[15] Die Wissenspartikel seien somit „nicht direkt aus zeitgenössischen wissensgeschichtlichen Kontexten ab[zu]leiten".[16] Sie entzögen sich der Feststellung konkreter Abhängigkeiten und Einflüsse, eine Rezeptionsform, die zuerst KIBELKA (1963)[17] plausibel gemacht hat. Die volkssprachlichen Texte „partizipieren" vielmehr „an kontextuellem Wissen"; sie „integrieren unterschiedliche Elemente der sie kontextuell flankierenden Diskurse".[18] Den Aspekt der Verflechtung unterschiedlicher Diskurse, die betont heterogen und unhierarchisiert definiert werden, arbeitet WENZEL diskurs- und kontexttheoretisch breiter aus und erfasst dabei auch wissenssoziologische Bedingungen.[19] Zur Konzeptualisierung der Verarbeitung des so ausgehobenen Wissens führt die Verfasserin die Kategorie der „Transgression" ein.[20]

WENZELs literaturtheoretische Neubestimmungen sind auf ihr Projekt, die Erschließung von Frauenlobs Langem Ton in seinem Überlieferungsbefund, perfekt zugeschnitten und dürfen als Fortschritt für die Frauenlob-Philologie verbucht werden, in der gewisse Dimensionen nur auf diese Weise adäquat erschlossen werden können. Anderseits bleibt zu bedenken, dass man gerade Heinrich von Meissen, von dem immerhin ein Sterbedatum und sogar eine Grabstelle überliefert sind, nicht nur als entpersonalisierte Größe der Überlieferung angehen sollte. Wenn WENZEL die Frauenlob-Überlieferung als Prozess begreift, setzt dieser in der ältesten Phase bei der Handschrift C ganz nahe an der Lebenszeit eines Verfassers an. Außerdem wendet sich WENZEL fast ausschließlich dem Corpus einer Strophenform zu und blendet dabei die „großen und deutlich umrissenen Texte", die Leichs, das Streitgespräch *Minne und Welt* und verschiedene profil-

15 WENZEL: *Transgression* [Anm. 14], S. 312.

16 Ebd., S. 316.

17 KIBELKA [Anm. 5].

18 WENZEL: *Transgression* [Anm. 14], S. 317.

19 Ausführungen in WENZEL: *Prozess* [Anm. 14], S. 21–29. „Einerseits haben wir die konturierten, relativ festen diskursiven Formationen, die offiziell institutionalisiert sind, wie die Diskurse der Kirche, der Schule und der Universität (Artes-Wissen, Geographie, Geschichte, Medizin, Recht usf.), andererseits sind es sozial instabilere diskursive Formationen, wie eben jene der volkssprachlichen Literatur, die mit den sie flankierenden diskursiven Formationen des Ethisch-Didaktischen, des Anthropologischen, des Höfischen, des Künstlerischen stark vernetzt sind." Die Texte bilden so ein „Netzwerk flexibler Einheiten" (S. 25). Vgl. auch WENZEL: *Transgression* [Anm. 14], S. 317.

20 Ebd., S. 316–318; Terminus nach GERHARD NEUMANN (2003), ebd. S. 318 mit Anm. 24. Vgl. WENZEL: *Prozess* [Anm. 14], S. 28. Als Kategorien der Textanalyse werden beispielsweise die Techniken der „Selektion, Verkürzung und Ausweitung" genannt oder „Formen der Modifikation, Umbesetzung, ja Umkodierung des Wissens", WENZEL: *Transgression* [Anm. 14], S. 317.

bildende Spruchstrophen, planvoll aus.[21] Frauenlob ist aber eine Faszinationsfigur mit historischen Umrissen. So wird man gerade die Differenzqualitäten, die sich mit Frauenlobs Namen auf verschiedenen Stufen der Überlieferung verbinden, beachten und analytisch zu schärfen suchen. Individualisierbare Quellen, die auf die Gedichte einwirken und individuell verarbeitet werden, sollten nicht vernachlässigt werden. Die Traditionskette Konrad von Würzburg – Frauenlob – Heinrich von Mügeln ist keine anonyme, und das lateinische Bildungswissen beschränkt sich bei diesen Autoren nicht allein auf Generalisiertes und Fragmentarisches. Anderseits gelten die von WENZEL und anderen herausgearbeiteten Hintergrundbedingungen in einem breiteren Feld sich kreuzender Diskurse auch für Frauenlob, besonders wenn wir nach Philosophischem und Theologischem jenseits der Ordnungen des zeitgenössischen klerikalen Wissenschaftsbetriebs Ausschau halten.

II Grenzfall *Marienleich*

Den spezifisch ‚frauenlobischen' Problemen unserer Fragestellung wenden wir uns zuerst anhand des *Marienleichs* (GA I) zu, der die mittelalterliche wie die moderne Rezeption mit erheblichen Schwierigkeiten konfrontiert. Seine wissenschaftliche Erschließung ist eng mit der skizzierten Editionsgeschichte verbunden. Derzeit liegen vier durchgängige Kommentierungen vor: Zunächst PFANNMÜLLERs umfangeiche, Neuland betretende Anmerkungen (1913)[22] und STACKMANNs die Forschung resümierender Kommentar zur Göttinger Ausgabe (1981).[23] Auf dem Text der Ausgabe bauen auf mit einer englischen bzw. deutschen Gesamtübersetzung die Kommentare von BARBARA NEWMAN[24] und BURGHART WACHINGER[25] (beide 2006), die den Forschungsverlauf bis in die jüngste Zeit resümieren und produktiv weiterführen. Aufs Ganze gesehen kann man feststellen, dass die philologischen Anstrengungen seit PFANNMÜLLER, der Frauenlob seinerzeit noch „Unzulänglichkeiten von Stil und Mensch" attestierte (§ 2, S. 13–18), Schritt für Schritt eine weitgehende Konsistenz des extrem dunklen Gedichts bestätigt haben, und dies, obwohl zahlreiche Stellen sich einer Aufschlüsselung bis heute widersetzen.

Der 20 Versikel umfassende Leich gliedert sich in zwei große Teile mit unterschiedlichen Sprecherrollen.[26] Im ersten redet die Stimme eines Visionärs, der am Übergang

21 Vgl. ebd., S. 311.

22 PFANNMÜLLER [Anm. 3].

23 GA [Anm. 4]. Ergänzungen in KARL STACKMANN: *Frauenlob (Heinrich von Meissen) – eine Bilanz*, in: *Göttingische gelehrte Anzeigen* 244 (1992), S. 96–143 [mit Auswertung der Rezensionen der GA und der Folgeforschung], wieder in: KARL STACKMANN: *Frauenlob, Heinrich von Mügeln und ihre Nachfolger*, hg. von JENS HAUSTEIN, Göttingen 2002, S. 34–89.

24 BARBARA NEWMAN: *Frauenlob's Song of Songs. A medieval German Poet and His Masterpiece. With the critical text of Karl Stackmann and a musical performance on CD by the Ensemble Sequentia*, Pennsylvania 2006.

25 *Deutsche Lyrik des späten Mittelalters*, hg. von BURGHART WACHINGER, Frankfurt a. M. 2006 (*Bibliothek des Mittelalters* 22), S. 364–395 (Text mit Übersetzung); S. 823–871 (Kommentar).

26 Zur Großgliederung, die inzwischen Konsens der Forschung ist, grundlegend KARL BERTAU: *Über Themenanordnung und Bildung inhaltlicher Zusammenhänge in den religiösen Leichdichtungen des XIII. Jahrhunderts*, in: *ZfdPh* 76 (1957), S. 129–149, hier S. 141.

von Versikel 8 zu 9 der geschauten weiblichen Instanz selbst das Wort erteilt. Dieser erste Teil ließe sich, wenn er nicht gar so lang wäre, als Prolog oder Einleitung klassifizieren, denn er exponiert das Thema und liefert Angaben zu den wichtigsten Quellen. Auch die Umrisse einer regieführenden Verfasserinstanz zeichnen sich ab. Zuerst betritt die biblische Figur des Apokalyptischen Weibes die Bühne (Versikel 1–2; Apc 16,1).[27] Sodann eröffnet sich in einer Montage von Anspielungen die frühlingshafte Liebesszenerie des Hohenliedes (Versikel 2–5; zunächst Cant 2,11, dann weitere Exzerpte). Nebenbei fließen auch Schriftstellen aus den Psalmen und den Propheten ein. Als erste Eigennamen tauchen im 5. Versikel David und Salomon auf. Die Wendungen ‚David sagt(e)…' (GA I,5, v. 7) und ‚Salomon befand…' (GA I,5, v. 8) haben die Form von Zitaten.[28] Nimmt man hierzu Johannes (GA I,7, v. 1), der sich im Prolog der Apokalypse an sieben Gemeinden (*kirchen*, GA I,6, v. 1) wandte (*schreip*; ‚schrieb'), so werden hier als Hauptquellen die Psalmen Davids und die ihm zugeschriebenen Weisheitsbücher,[29] das Hohelied Salomons und die Apokalypse des Johannes aufgerufen. Der 8. Versikel erreicht es in einem langen Anlauf, dass die angeredete Frau – *ei, welch ein lebendez* (C *berndes*) *minne wort* (GA I,8, v. 1; ‚Ei, welch ein lebendes [C schwangeres oder gebärendes] Wort der Minne')[30] – dann selbst das Wort ergreift. Mit dem Auftritt eines Sprecher-Ichs, das bei der Wortübergabe an Maria durchaus auktorial eingreift, der Exposition von zwei Szenen, die später wiederaufgenommen und weitergesponnen werden, und der Nennung der Quellen-Autoritäten werden prologtypische Punkte bedient.[31]

Zugleich präsentiert sich das Gedicht von vorn herein als eine Art Metatext, gewoben aus durchweg frei behandelten lateinischen Prätexten, die in ihrer volkssprachlichen Übersetzung und Bearbeitung ungewohnt daher kommen. Mit den Schriftstellen wird zudem die Fracht ihrer theologischen Ausdeutung transportiert, und Kenntnisse von beidem hatte wohl ein verständiges Publikum mitzubringen. Obwohl die Namen Maria und Christus (sonst *Crist* oder *Jesus Crist*) im gesamten Leich nicht fallen, muss den Hörern von vorn herein klar gewesen sein, dass sich der Text um Maria als Hauptthema dreht, und dass die ganze Welt der Bilder und Argumente letztlich mariologisch verstanden werden soll. Aber auch dann bleiben die Bezüge schwierig. Ein Beispiel: Wenn die geschaute Frau und Sprecherin des zweiten Teils als ‚schwangeres oder gebärendes Wort der Liebe' angeredet wird (GA I,8, v. 1, s. o.), ist das in seiner genauen Bedeutung

27 Die Zusammenstellung der wichtigsten Bibelzitate lässt sich nachverfolgen an den Tabellen bei KURT GÄRTNER: *Das Hohelied in Frauenlobs Marienleich*, in: *Wolfram-Studien* 10 (1988), S. 105–116, hier S. 113–116.

28 Ein weiteres Mal Salomon in GA I,8, v. 14f.: *Künic Salomon,* […] *der giht.*

29 Der Anteil der Psalmen am Zitatenfundus ist geringer, vgl. GÄRTNER [Anm. 27], S. 114.

30 Ich zitiere ohne STACKMANNS diakritische Zeichen und füge bei Bedarf Varianten ein. Wo ich die Interpunktion ändere, weise ich darauf hin.

31 In der Rede der Dame wird später noch Augustinus als Quellen-Autorität genannt: *Ich binz die groze gotes stat / von der sant Augustin so vil gesprochen hat* (GA I,15, v. 3f.; ‚Ich bin der große ‚Gottesstaat', von dem der Hl. Augustinus so viel gesprochen hat'). Der Verweis auf das Werk *De civitate Dei* wird überlagert von möglichen Anspielungen auf die Gottesstadt, das Neue Jerusalem der Apokalypse (Apoc 21,2); auch ein Psalmvers von den Wohnungen Gottes (Ps 87,3) wurde in Betracht gezogen (PFANNMÜLLER [Anm. 3], S. 21, dort Zählung Ps 86,3; GA [Anm. 4], S. 643). Die übrigen Namensnennungen in der Rede der Dame sind nicht als Zitierungen lesbar, sondern formulieren Größen, mit denen sich die Dame identifiziert.

schwer einzugrenzen. Dass auf Marias Zustimmung beim Engelsgruß angespielt werden könnte, konkretisiert sich ein wenig durch die folgende Anrede ‚Jungfrau' (GA I,8, v. 2, *meit, alles hordes überhort*; ‚Jungfrau, jeden Schatz übersteigender Überschatz'). Anderseits klingt auch das Umfeld der *Verbum*-Theologie an, das als Alternative eine Anrede an Christus suggeriert. Die Verschiebung der Instanzen von Maria zu Christus und umgekehrt, die im Folgenden immer wieder begegnet und für Irritationen sorgt, ist aber an dieser frühen Stelle des Leichs noch nicht eingeübt. Wie soll ein Publikum den Bedeutungsradius der rätselhaft verdichteten Anrede rekonstruieren? Die Passage eilt weiter und leitet für diejenigen, die es erkennen können, in die Inszenierung einer Marienkrönung im Himmel, sozusagen in das letzte Kapitel der Marien-Vita, über (GA I,8, v. 3–13).

Auf das Apokalyptische Weib und die Braut des Hohenliedes projiziert der Leich noch mindestens zwei weitere Verkörperungen des Weiblichen. So ist die Konstruktion des ganzen zweiten Hauptteils, der in der Selbstrühmung der Frauengestalt besteht, dem alttestamentlichen, fiktiv Salomon als Verfasser zugeschriebenen Buch *Ecclesiasticus* (*Jesus Sirach*), Kap. 24 nachgebildet.[32] In Anspielungen wird aber darüber hinaus der ganze Block der vier Weisheits-Bücher ausgeschöpft.[33] Am Ende des ‚Prologs' deutet die zweite Nennung von *Künic Salomon* als *der wisheit selch* (GA I,8, v. 14; *selch* unklar[34]) genau in diese Richtung, auch wenn zuerst noch eine Hohelied-Allusion entfaltet wird. Die ersten Worte aus dem Mund der Sprecherin (GA I,8, v. 25f.) modulieren dann aber bereits Wendungen aus *Sirach*,[35] und der Beginn ihrer Selbstpreisung im 9. Versikel zitiert die ‚Weisheit Salomons':[36] *Attingit ergo a fine usque ad finem fortiter et disponit omnia suaviter* (Sap 8,1; ‚Sie reicht also von Ende zu Ende mit Kraft und ordnet alles mit Sanftheit'). Frauenlobs Sprecherin wendet das Bibelwort so: *Ich bin ez die groze von der kür / min wille ist kreftig und ouch mür* (GA I,9, v. 1f.; ‚Ich bin es, die große Erwählte, mein Wille[37] ist kraftvoll, aber auch weich'). Den Rezipienten muss zunächst unklar sein, was diese Bestimmungen für die Rolle der Instanz zu bedeuten haben. Das ‚Weisheits'-Buch charakterisiert jedenfalls so die exemplarische tugendhafte Frau, hier aber redet eine von Gott Erwählte. Erst allmählich heben sich im Laufe der Frauenrede die Umrisse der göttlichen *Sapientia* heraus, die als Schöpfungsmacht noch vor der Erschaffung der Welt in Aktion tritt und in der christlichen Exegese typologisch auf Maria ausgelegt wird. Wenn wir der semantischen Fülle der zwei angeführten Verse

32 Maria als Ich-Sprecherin ist im Marienlob ungewöhnlich. Die Kommentierung verweist in diesem Punkt auch auf das *Rheinische Marienlob*, wo der Dichter Maria das Wort für eine Klage über die Passion (Typus ‚Marienklagen') übergibt (NEWMAN [Anm. 24], S. 184).

33 *Sprüche Salomos*, *Prediger Salomo*, apokryph: *Weisheit Salomos*, *Jesus Sirach*. Die Entlehnungslisten von GÄRTNER [Anm. 27], S. 115, erschließen nicht das ganze Spektrum.

34 GA-Wörterbuch [Anm. 7], S. 317.

35 Zu GA I,8, v. 25 Stellennachweis schon bei PFANNMÜLLER [Anm. 3], S. 56; danach GA [Anm. 4], S. 625; WACHINGER [Anm. 25], S. 837.

36 PFANNMÜLLER [Anm. 3], S. 88; GA [Anm. 4], S. 626; NEWMAN [Anm. 24], S. 184f. mit Verweis auf liturgische Referenzen; WACHINGER [Anm. 25] lässt den Verweis aus.

37 Welche Rolle dabei der *wille* als Seelenkraft spielen könnte, rückt PFANNMÜLLER [Anm. 3], S. 85, in die theologische Diskussion des 13. Jahrhunderts, doch ist WACHINGER [Anm. 25] Recht zu geben, dass damit „die spezifisch mariologische Bedeutung von *wille* [...] noch nicht erklärt" sei (S. 837).

vertrauen wollen, können wir hier vorausblickend festhalten: Bereits mit den ersten Ich-Aussagen der Sprecherin verschwimmen die Zuständigkeiten und Tätigkeiten, die sich im Inkarnationsprozess vom Schöpfer auf die Mutter Christi und den inkarnierten Gottessohn verteilen. In der großen Erwählten aktualisiert sich der Schöpfer-,Wille' Gottes, der sich einmal kraftvoll erweist, einmal schwach wie in Marias demütiger Einwilligung in die Ankündigung des Engels und später in der Passion Christi. Die Figur der *Sapientia* erhält besonders an den Stellen der Rühmung Konturen, wo Marias Rolle an die Weltschöpfung und die bereits vor der Zeit von Gott geplante Inkarnation angeschlossen wird.

Ferner lagert sich auf die Tätigkeit einer weiblich gedachten göttlichen Schöpfungsmacht das säkulare kosmologische Modell der personifizierten Natur. Ein solches wird, im Text früh, in der Weltzeit spät, eingeführt, wenn es von der schwangeren Apokalyptischen Frau heißt: *Nu merket, / wie sie trüge, / die gefüge, / der naturen zu genüge, / mit dem sie was gebürdet* (GA I,2, v. 1–5;[38] ,Nun merkt auf, wie sie trug, die Gehorsame, um dem Gesetz der Natur zu genügen, den, mit dem sie beladen war'). Eine Personifikation zeichnet sich aber erst viel später in Versikel 17 ab. Im Rahmen der Passage 16–18 stellt sich die Sprecherin in Fachtermini vor, die einen Durchlauf durch das Wissenschaftssystem der *Artes liberales* vollführen. Den Inhalten der Astronomie ist ein spezifisch kosmologischer Abschnitt vorgeschaltet (GA I,17, v. 1–15), der beschreibt, wie die permanente Mischung der Elemente die Veränderungen im Kosmos bewirkt, den Zerfall des Alten (*corruptio*) mit der Genese des Neuen (*generatio*) kompensiert. Die Sprecherin macht sich zum Prinzip, das dieses ständige Erneuern, dieses ,Gebären' im Kosmos verantwortet: *werden und unwerden brechen / mit geburt, ob ich sol sprechen, / daz ich der bin ein beginne* (GA I,17, v. 7–9; ,der Prozess von Werden und Vergehen[39] bricht mit der Geburt hervor. So ist es, wenn ich sagen darf, dass ich von ihnen ein Anfang bin / ihnen den Anstoß gebe'). Der nächste Satz reichert die Vorstellung vom unablässigen Gebären des Kosmos weiter an: *swie des geistes worchtlich minne / mit der liebe und mit der lüste / enget, witet ane unküste: / ich binz aller formen forme, / abgenommen nach des innern sinnes norme* (GA I,17, v. 10–14; ,wie des Geistes schöpferische Liebe mit den Kräften der Liebe und der Lust sich ausdehnt und zusammenzieht, ohne verfälschende Entartung, so bin ich die Form aller Formen, abgenommen nach der Richtschnur des inneren Sinnes'). Diese Aussage verschränkt gleich mehrere Gedanken zu einem theoretischen Konglomerat, das es aufzudröseln gilt. Da ist eine Wirkkraft des Geistes zitiert, die zugleich Liebe ist; außerdem ist die Rede von Freude und Lust, welche die kosmische Bewegung der Expansion und der Kontraktion bewirken. Die dunkle Bestimmung *ane unküste* wird mit ,ohne Falschheit, ohne falsche Absicht' übersetzt;[40] dazu wird nachgetragen, dass *nature* in den ethischen Bereich hineinreicht und zugleich mit der Sphäre der Materie zu tun hat.[41]

38 Interpunktionsänderung; Komma nach Vers 4; der Vers 5 ist ebenso auf den vorausgehenden wie auf den folgenden Satzteil zu beziehen.

39 Die Deutung von *unwerden* ist umstritten, vgl. GA [Anm. 4], S. 649; WACHINGER [Anm. 25], S. 858f. („Die wohl schwierigste Stelle der ganzen Passage", S. 858).

40 GA-Wörterbuch [Anm. 7], siehe *unkust*, S. 394f.

41 *Zwar ich binz aller tugent nature / und der materien nachgebure* (GA I,17, v. 16f.; ,Fürwahr, ich bin das Naturprinzip aller Tugend und der Materie benachbart').

Den einschlägigen denkgeschichtlichen Hintergrund dieser schwer befrachteten Passage fasst WACHINGER so zusammen: Es handelt sich hier um eine „Gruppe von Denkern und Dichtern der ersten Hälfte des 12. Jahrhunderts, die in näherer oder fernerer Beziehung zur Kathedralschule von Chartres standen. Ihnen ging es darum, im Rahmen eines christlich verstandenen neuplatonischen Weltmodells die Wirkungsmodi der Schöpferkraft Gottes in und durch Ideen / Formen und Materie und die Stellung des Menschen zu Natur und Gott zu begreifen."[42] In diesem philosophischen Kontext können wir die Elemente der Aussage so explizieren:

– *Des geistes worchtlich minne* zitiert das chartrensische Theorem, das Platons Weltseele (die *anima mundi*) mit dem christlichen Heiligen Geist gleichsetzt und als den Kosmos durchwaltendes Liebesprinzip begreift.[43]

– Das bei Frauenlob öfter eingesetzte terminologische Paar *liebe* und *lust* ist hier der Weltseele unterstellt; in anderen Kontexten wirken die beiden als Beauftragte der personifizierten Natur, besonders im Minnebereich.[44]

– Die von Alanus ab Insulis prominent ausgestaltete Personifikation der *Natura* hat Frauenlob sicher gekannt, da er sie im *Minneleich* direkt zitiert (GA III,4, v. 2). Auch sie dürfte hier im *Marienleich* als personifizierte Schöpfungsinstanz eine Folie bilden. Ihre Perspektivierung auf die Gottesmutter ist dabei eine Erweiterung, die Frauenlob selbständig einbringt.

– Typisch chartrensisch ist das Theorem einer ‚Entartung' der ursprünglich guten Natur,[45] im Gegensatz zum Apokalyptischen Weib und der Geliebten des Hohenliedes bleiben allerdings die biblische *Sapientia* und die schöpferischen Naturinstanzen blassere Figuren. Sie werden meist abstrakt in diversen Funktionen aufgerufen und erhalten nicht die volle szenisch-visuelle Plastizität.

Im Fluchtpunkt der Evokationen von Weiblichkeit, die der Leich übereinander lagert, steht Maria. Welche Fülle an mariologischen Bildern und Bezügen in den Text einfließt, lässt sich den Kommentaren entnehmen. Typologische Präfigurationen Marias im Alten Testament,[46] sinntragende Pflanzen und Tiere (z. B. aus dem *Physiologus*),[47]

[42] WACHINGER [Anm. 25], S. 856. Vgl. NEWMAN [Anm. 24], S. 104–109.

[43] CHRISTOPH HUBER: *Die Aufnahme und Verarbeitung des Alanus ab Insulis in mittelhochdeutschen Dichtungen. Untersuchungen zu Thomasin von Zerklaere, Gottfried von Straßburg, Frauenlob, Heinrich von Neustadt, Heinrich von St. Gallen, Heinrich von Mügeln und Johannes von Tepl*, München 1988 (*MTU* 89), S. 174f.; RALF-HENNING STEINMETZ: *Liebe als universales Prinzip bei Frauenlob. Ein volkssprachlicher Weltentwurf in der europäischen Dichtung um 1300*, Tübingen 1994 (*MTU* 106), S. 37–50.

[44] THOMAS BEIN: Liep unde lust. *Beobachtungen zu einem Minneprinzip Frauenlobs unter besonderer Berücksichtigung von VII, 38–40*, in: *Wolfram-Studien* 10 (1988), S. 159–168; CHRISTOPH HUBER: *Frauenlob zum Minneprozeß*, in: ebd., S. 151–158.

[45] Vgl. zur gestörten Natur HUBER [Anm. 43], S. 148–152.

[46] Vgl. *Die patriarchen sahen min figuren, / sie sprechen von mir, daz in der naturen / so schönez noch so reinez in al der werlte würde nie* (GA I,13, v. 21–23; ‚Die Patriarchen sahen meine [typologische] *figura*. Man sagt, dass es in der Natur etwas so Schönes und Reines im ganzen Weltall nicht gegeben habe'). Der zweite Teil des Satzes im Präsens gleitet unklar zu den naturkundlichen Deutungen hinüber. Im selben Halbversikel noch: *swaz die propheten alle kunden, / ir wort, ir rede sie uf mich bunden* (GA I,13, v. 33f.; Interpunktion der GA mit WACHINGER

Edelsteine,[48] die Künste sind in einem breiten mariologischen Traditionsstrom anonymisiert verfügbar in der Art, wie das die oben besprochenen Arbeiten zum vernakulären Meisterschaftkonzept postuliert haben. Besonders in der lateinischen, aber auch volkssprachlichen Mariendichtung, womöglich auch in der christlichen Frömmigkeitspraxis konnte sich der Dichter anregen lassen. Für einen lebensweltlichen Kontext sprechen die Verbindungen zur Liturgie. Dass die Melodie des *Marienleichs* einen zweieinhalbfachen Durchgang durch die Modi der acht Kirchentonarten vollführt, hat SHIELDS aufgedeckt.[49] Stellenweise lässt sich nachweisen, dass lateinische Prätexte des Leichs in die Perikopen und in die Predigten zu Marienfesten eingegangen sind.[50]

Was aber verdankt der Dichter an Materialien und Anregungen der deutschen Literatur? Neben den Prunkstücken der Leich-Tradition bei Walther von der Vogelweide und Reinmar von Zweter hat ihn in erster Linie das virtuose Marienlob *Die Goldene Schmiede* (Sigle GSchm) des Konrad von Würzburg nachweislich beeindruckt. Ihm hat Frauenlob eine Totenklage gewidmet, welche die *kunst* des Vorgängers mit allen Registern dunkler Metaphorik preist (GA VIII,26). So muss für ein besonders ausgefallenes Mariensymbol *Die Goldene Schmiede* die Vorlage geliefert haben. „Das Hermelin, eine Wieselart, beißt nach mittelalterlicher Auffassung den Basilisk […] zu Tode" und wird „gedeutet auf Christus als Überwinder des Satans."[51] In kunstgerechter Auslegung gibt Konrad diesem Symbol die mariologische Zuspitzung: *bi dir bezeichnet ist diu wisel / diu daz hermelin gebar, / daz den slangen eitervar / ze tode an siner crefte beiz* (GSchm, v. 160–163; ‚Dich symbolisiert das Wiesel [mhd. weiblich!], welches das Hermelin gebar, das der eitergelben Schlange die Kraft raubte und sie zu Tode biss'). Die Allegorese wird mit leichten Abwandlungen noch weitere 12 Verse fortgesponnen. Frauenlob legt diese Bezüge Maria als Selbstaussagen in den Mund und dreht bei fast

[Anm. 24] geändert: ‚Was auch die Propheten alle verkünden [d. h., es ist noch heute gültig; oder verkündeten?], – ihre Worte und ihre Rede bezogen sie eng auf mich').

47 Zur Naturdeutung allgemein GA I,13, v. 22f., vgl. Anm. 46. Naturphänomene mit einer *Physiologus*-Reihe in Versikel GA I,12; vgl. auch GA I,9, v. 14 und Weiteres.

48 GA I,8, v. 16–18; Reihe der 12 Edelsteine der Himmelsstadt in dem abschließenden Versikel GA I,20, dazu den Eröffnungsversikel GA I,1, v. 8.

49 MICHAEL SHIELDS: *Zum melodischen Aufbau des Marienleichs*, in: *Wolfram-Studien* 10 (1988), S. 117–124.

50 HARTMUT FREYTAG: *Zu den Strophen 6 und 7 von Frauenlobs Marienleich*, in: *Wolfram-Studien* 10 (1988), S. 71–79, macht für die Strophen 6 und 7 Verbindungen zur Liturgie des Fests Mariae Verkündigung plausibel (S. 76f.). Zu Bauform und Liturgie vgl. BURGHART WACHINGER: *Frauenlobs* Cantica Canticorum, in: *Literatur, Artes und Philosophie*, hg. von WALTER HAUG und BURGHART WACHINGER, Tübingen 1992 (*Fortuna Vitrea* 7), S. 23–43, wieder in: BURGHART WACHINGER: *Lieder und Liederbücher. Gesammelte Aufsätze zur mittelhochdeutschen Lyrik*, Berlin / New York 2011, S. 195–215, hier S. 197f. (mit Forschung). Vgl. KARL STACKMANN: *Magd und Königin. Deutsche Mariendichtung des Mittelalters*, Göttingen 1998 (*Bursfelder Universitätsreden* 7), wieder in: STACKMANN [Anm. 23], S. 9–33. Eine Liste der *Sapientia*-Texte aus den alttestamentlichen Weisheitsbüchern in der Messliturgie der Marienfeste ebd., S. 23, Anm. 41. Zum liturgischen Gebrauch lateinischer Prätexte NEWMAN [Anm. 24], S. 97–104. Dass diese Texte im lateinischen Kleriker-Ritus und nicht im volkssprachlichen Gottesdienst zu Hause sind, ebd., S. 98. Überlegungen, wie Frauenlob, der keiner klerikalen Gruppe zugehörte, damit in Berührung gekommen sein konnte, ebd., S. 98 u. S. 103f.

51 WACHINGER [Anm. 25], S. 838, mit weiterführender Literatur.

gleichem Wortmaterial die Reihenfolge um: *Den slangen beiz min harm, ich wisel* (GA I,9, v. 14; ‚Die Schlange biss mein Hermelin, ich Wiesel'). Die extreme Verkürzung in dieser Version – es folgt nach diesem Vers gleich das nächste komplizierte Bild – macht ein unmittelbares Verständnis fast unmöglich. Die Verschiebung des Basilisken zur Schlange wird übernommen, das Beißen des Hermelins aber nicht eindeutig als Töten gekennzeichnet, die Mutterschaft des Wiesels wird in der Possessiv-Relation (*min harm*) verschleiert. Wer die Bestandteile der Allegorie und ihre Exegese in der *Goldenen Schmiede* kennt, wird die *Marienleich*-Stelle poetischer finden als Konrads etwas pedantische Auslegung.

Nun lässt sich auch für die anschließende Passage, an der die Interpreten herum gerätselt haben, bei Konrad wenigstens zum Teil ein Schlüssel finden.[52] Die Dame des *Marienleichs* erklärt änigmatisch: *min süzer touwig morgenrisel / durchbrach des herten fluches kisel. / min wünschelrute sunder zwisel / streich abe der swarzen helle misel* (GA I,9, v. 15–18; ‚Mein süßes, tauiges, morgendliches Wasserrieseln durchbrach den harten Kiesel des Fluchs. Meine Wünschelrute, die sich nicht gabelt, strich ab den schwarzen Aussatz der Hölle'). Konrads *Goldene Schmiede* wendet sich an Maria mit folgenden Worten: *du bist die wünschelgerte / da mite uz eime steine / wart ein wazzer reine / geslagen in der wüeste. / vil manec herze müeste / dürre an dem gelouben sin, / würd ez niht von dem troste din / genetzet und erfiuhtet* (GSchm, v. 664–671; ‚Du bist die Wünschelrute, mit der aus einem Stein reines Wasser in der Wüste geschlagen wurde. Sehr viele Herzen müssten in ihrem Glauben verdorren, wenn sie nicht durch deine Hilfe benetzt und befeuchtet würden'). Die Erwähnung der Wüste, in der aus dem Felsen Wasser geschlagen wurde, macht Moses und seine Errettung der Israeliten als alttestamentliche Vorlage der mariologischen Szene identifizierbar (Exod 17,5f.). Hier setzt Konrads Auslegung an zwei Punkten an. Maria wird einerseits mit der Wünschelrute identifiziert, die das Wasser rinnen lässt, anderseits aber auch mit dem Wasser selbst, das die Menschen erquickt. Frauenlob verteilt diese Deutungen auf zwei verrätselte Bilder, in denen Konrads Reihenfolge wiederum vertauscht ist. Er beginnt mit dem Wasser, das aus dem Felsen sprudelt, und schickt die Wünschelrute in einer anderen, ihr völlig fremden Funktion hinterher. Dabei strebt er statt einer tropologisch auf die Situation der Glaubenden zielenden Auslegung eine heilsgeschichtliche an. ‚Mein' Wasser (statt ‚ich', mit der charakteristischen Verschiebung des Personalpronomens zum Possessivpronomen) sprengte den Stein des Fluches, des Sündenfalls, wie die Erwähnung von Adams *fluch* weiter unten (GA I,9, v. 23) präzisiert. Als Wünschelrute reinigt Maria von der Krankheit der Hölle, eben den Folgen des Sündenfalles, ohne dass dabei das Schicksal der Einzelseele in den Blick kommt. Wenn man Konrad mit seiner doppelten Exegese als Anregung für den Frauenlob-Text ansetzen darf, nimmt der Nachfolger in diesem Fall eine Aufsplitterung und komplizierende Erweiterung des Bildes sowie eine Deutungsverschiebung vor.[53]

So kann man im einzelnen Fall sehr nahe an Frauenlobs Quellen und die kreative Arbeit des Dichters mit ihnen herankommen. Wir haben mit unseren Beobachtungen

[52] Nachweis bei NEWMAN [Anm. 24], S. 185.

[53] Das ungewöhnliche Kompositum *morgenrisel* könnte dann von den in der *Goldenen Schmiede* folgenden Vorstellungen des Morgens angeregt sein. Vgl. *so der tac uf dringet hie* (v. 675) und die konventionelle Anrede *vil liehtez morgenrot* (v. 682).

bereits die Frage nach der literarischen Transformation bzw. „Transgression" (WENZEL) von Frauenlobs Vorgaben berührt.[54] Äußerste Verkürzung und die Montage von neuen Bedeutungsfeldern auf bereits komplexe Kontexte sind typische Verfahren; jede verbreiternde und verdeutlichende Amplifikation liegt fern. Der Effekt ist ein Maximum an Verrätselung, die den üblichen rational gesteuerten hermeneutischen Prozess zuspitzt, ja überspringt. Wenn der Exeget nicht im Voraus weiß, was der Text zitiert und wie seine Auslegung zu verlaufen hat, bleibt er chancenlos. Auch das Tempo und die Sprunghaftigkeit, mit denen die Bilder und die abstrakteren Vorstellungen aufeinander folgen, tragen zu diesem Eindruck bei. Gleichzeitig zeichnet sich in dem Versikel GA I,9, v. 14ff. schon ab, dass trotz aller Irritationen, sozusagen im Subtext der Inszenierung, weiterreichende thematische Zusammenhänge aufgebaut werden. Auf die Vorstellung, dass Maria (?) als Wünschelrute den Aussatz der Hölle, der an der Menschheit klebt, gleichsam abschabt, folgt ein zunächst unverständliches Bild: *do wart gerötet sunder prisel / der palme, dem min grüzen quam* (GA I,9, v. 19f.; ‚Da wurde ohne Farbstoff die Palme gerötet, der mein Grüßen galt'). Die idealen Rezipienten wissen, dass Marias heilsgeschichtliches Wirken über ihre Rolle in der Inkarnation und dann die Taten bzw. das Leiden Christi erfolgt. Die Palme ist ein altes Symbol für den Sieg Christi am Kreuz, das die Kreuzholzlegende und anderes mit dieser Pflanze verknüpft. Der *Kreuzleich* speist diesen Kontext ebenfalls kurz, aber doch etwas ausführlicher ein.[55] Die vom Reim geforderte seltene Wendung *sunder prisel* deutet wohl auf die ungewöhnliche Färbung durch das Blut des Erlösers. Und nun bewegt sich die Erlösungschronologie rückwärts. Marias Gegengruß beim Engelsgruß blitzt auf, weiter schweift der Blick zurück in die Anfänge der Menschheitsgeschichte. Die Sprecherin richtet das Wort an Adam, der in seiner ursprünglichen prälapsalen Würde angeredet wird, und bittet ihn, selbst zu erzählen: *sprich, edeler, wiser friund Adam, / wie min gesuch / den dinen fluch / brachte in unruch* (GA I,9, v. 21–24; ‚Sprich edler, weiser Freund [und Verwandter] Adam! Erzähle, wie mein Gewinn deinen Fluch in Vergessenheit brachte!'). Damit wird das Thema von Sündenfall und Erlösung, das die Auslegung der Exodus-Szene vom Wasser aus dem Felsen schlagenden Moses und schon die Wiesel-Metapher grundierte, im Nachhinein eingespielt. Die Vorstellung schweift vom Erlösungsgedanken in die Anfänge der Menschheitsgeschichte zurück.

Auch gebildete Hörer dürften diese Zusammenhänge kaum auf Anhieb verstanden haben, selbst wenn man das Grundthema des Leichs als bekannt voraussetzt. Das gilt besonders für die Technik, Chronologien umzudrehen und den Schlüssel erst am Ende einer Textsequenz zu reichen. Als Rezeptionsmodus des *Marienleichs* wird man daher nicht nur das Hören im Vortrag, sondern auch ein meditierendes Textstudium durch

54 WENZEL: *Transgression* [Anm. 14], S. 316–318. Vgl. Anm. 20.

55 *Kreuzleich* GA II,17: *Cypressus, cedrus, palmenboum* usw. Zur Kreuzholzlegende PETER KERN: *Trinität, Maria, Inkarnation. Studien zur Thematik der deutschen Dichtung des späten Mittelalters*, Berlin 1971 (*PhStQu* 55), S. 24–26; PETER KERN: heilvlies und selden holz. *Überlegungen zu Frauenlobs Kreuzleich*, in: *Festschrift Walter Haug und Burghart Wachinger*, hg. von JOHANNES JANOTA u. a., Tübingen 1992, Bd. 2, S. 743–757, hier S. 748–755; BURGHART WACHINGER: *Die Passion Christi und die Literatur. Beobachtungen an den Rändern der Passionsliteratur*, in: *Die Passion Christi in Literatur und Kunst des Spätmittelalters*, hg. von WALTER HAUG und BURGHART WACHINGER, Tübingen 1993, S. 1–20, hier S. 15–17.

Lesen einfordern müssen. Es ist da auf Voten der neueren Forschung zu verweisen, die auch für andere, einfachere Sangspruchlyrik (das Minnelied könnte man anschließen) von vornherein auch eine Vermittlung über die Schrift erwägen.[56] Anders als in schwierigen kosmologischen Strophen oder auf ein Schriftbild angewiesenen Rätselstrophen geht es bei Frauenlob nicht um ein präzises, korrektes Verständnis oder die einzig richtige Lösung eines Rätsels, sondern um den Horizont einer „gränzenlosen Auslegung" (Goethe, Noten und Abhandlungen zum *West-östlichen Divan*), wie das KARL STACKMANN formuliert hat.[57]

Die hermeneutische Entschlüsselung des dunklen Paradigmas an einer Einzelstelle lässt nun auch danach fragen, ob und wie der Leich Sinnzusammenhänge über weitere Textstrecken hin aufbaut. Offensichtlich funktioniert die Technik der raschen Übergänge und der Verflechtung der Teile durch sprachliche, motivliche, inhaltliche Elemente im Kleinen wie auch im Großen. Leitworte fungieren als Verbindungsfäden zwischen den Teilen.[58] Das Webe- oder Flechtwerk-Verfahren prägt auch die Abfolge der großen Szenen aus der Apokalypse oder dem Hohenlied. Das Apokalyptische Weib vertritt ein endzeitliches Stadium der Marien-Instanz, während die Salomonische *Sapientia* den Stand einer präkonzipierten, noch nicht ins Sein getretenen Welt wiedergibt. Dagegen ist die chartrensische *Natura*, die vor allem als Weberin auftritt, für den immanenten Weltlauf zuständig. Das theologische Muster der Typologie spiegelt nach dem Steigerungsprinzip die Ereignisse des Alten und die des Neuen Testaments je neu ineinander und schließt damit die Zeitläufte kurz. Nachdem dies alles ineinander verschachtelt wird, ist es für den textlichen Ablauf des Leichs charakteristisch, dass Zeitstufen nicht der Reihe nach aufgerollt werden, sondern oft rückläufig auftreten oder simultan nebeneinander stehen. Das Gedicht erschafft so einen eigentümlich mehrdimensionalen Zeitraum, eine Gleichzeitigkeit oder Zeitenthobenheit, innerhalb derer sich das Syntagma des Textes frei nach allen Richtungen bewegt. Zu Recht hat WACHINGER angemerkt, dass von der menschlichen Maria nur wenig erzählt wird. „So ist vom Erdenleben Marias, von ihrer Kindheit und Verlobung, ihrem Mit-Leiden mit Christus, von Marias Tod und Himmelfahrt, von ihren zahlreichen Wundertaten seither und von ihrer Fürbitte beim Jüngsten Gericht wenig die Rede." Es gehe nämlich „primär um ein konstatierendes Preisen, ein ausschmückendes Umkreisen des objektiven Wunders der Inkarnation

56 Vgl. HOLGER RUNOW: Hât ieman sin sô snellen… *Rezeptionsbedingungen des Sangspruchs um 1300 zwischen Mündlichkeit und Schriftlichkeit*, in: HÜBNER / KLEIN [Anm. 12], S. 89–108. Im Zusammenhang mit älteren schwer verständlichen astronomischen Sprüchen verweist RUNOW mit Vorgängern auf den Unverzageten GA II,1, v. 10: *sanc mac man schrîben unde lesen*; bestimmte Sprachspielereien wie der ABC-Spruch des Meissners brauchen für die Sinnerschließung unverzichtbar die Leserezeption (vgl. ebd., S. 100).

57 KARL STACKMANN: *Frauenlob, Verführer zu ‚einer gränzenlosen Auslegung'*, in: *Wolfram-Studien* 10 (1988), S. 9–25, zur Stelle S. 9–11; wieder in: KARL STACKMANN: *Mittelalterliche Texte als Aufgabe. Kleine Schriften I*, hg. von JENS HAUSTEIN, Göttingen 1997, S. 282–297.

58 Zum Beispiel die Leitwort-Verklammerung zwischen den Versikeln 2 und 3: Lamm GA I,2, v. 10 – GA I,2, v. 17; Blume GA I,2, v. 15 – GA I,3, v. 3; Taube GA I,2, v. 17 – GA I,3, v. 4 (*turteltuben*); Traube GA I,2, v. 17 – GA I,3, v. 7 (*winrebe*); Frucht GA I,2, v. 22 – GA I,3, v. 7 und zahlreiche weiter ausgreifende Vernetzungen.

und der objektiven Herrlichkeit Gottes und Marias."[59] Trotzdem wird diese dominante Gleichzeitigkeit auch von diachronen Strukturen durchquert.

Eine wichtige syntagmatische Struktur des Leichs bildet die Liebesgeschichte zwischen Gott und Maria in einer Kette von Episoden, die das Gleiche je neu erzählen. Dabei wechseln bruchstückhafte Andeutungen mit kohärenteren Szenen ab, für die in erster Linie das Hohelied die Vorlagen liefert. Als Endperspektive scheint die Krönung Marias im Himmel auf. Die beiden Hauptteile des Leichs bilden dabei eine Art doppelten Durchlauf. Nach zwei mehr statischen, die Figur der Apokalyptischen Frau entfaltenden Versikeln erzählen drei Versikel (GA I,3–5) Liebesszenen nach dem Hohelied. Maria selbst ist der *locus amoenus*, in den der *friedel* (GA I,3, v. 8) die Geliebte zum Liebesspiel herbeiruft. Die Werbung aus der Ferne verwandelt sich in eine Szene, in welcher der König das Mädchen in einen Weinkeller führt und dabei seine Gunst gewinnt (GA I,4, v. 3f., *dich rurte / sin grüzen*; ‚Dich berührte sein werbender Gruß'). Nach zwei *Cantica*-Stellen (3,2f. und 5,7) greift nun eine Gruppe von Wächtern das Mädchen zu später Stunde in den Gassen der Stadt auf, um ihm den Mantel zu rauben; die kaum verhüllte gewaltsame Defloration wird auf die Beteiligung der versammelten Trinität hin gedeutet (GA I,4, v. 17f.). Der 5. Versikel dürfte eine höfische Brautwerbung skizzieren: Mit der Jungfrau, die durch die Wüste zog – die einzige Stelle des Gedichts, an der sie als *brut* (GA I,5, v. 2; ‚Braut') bezeichnet wird –, hat sich *der eren voget* (GA I,5, v. 2) vermählt. Das Modell, das beispielsweise das frühmittelhochdeutsche Gedicht *Die Hochzeit* ausmalt, wird hier aber sofort umgedreht. Nun ist es der männliche Partner, der durch die verschlossenen Pforten der Braut nach Gutdünken aus- und eingeht. Erneut schiebt sich die Apokalypse in den Vordergrund, bis gegen Schluss des ersten Kursus unter dem Gesang der Engel eine Marienkrönung in amöner Landschaft abrollt (GA I,8, v. 3–13).

Der zweite Durchgang häuft noch die Liebesszenen und verstärkt womöglich ihre Erotik. Im 9. Versikel begegnet die Freundin ihrem Freund am Fenster ihrer Klausentür, lässt sich von seiner Hand berühren und trinkt von dieser den Tau wie Honig. Sie kehrt die Richtung um mit den schlichten Worten: *do quam ich heim* (GA I,9, v. 11). In der folgenden Szene erklärt sie sich noch zu jung für die Liebe, da ohne Brüste (*bar brüste*, GA I,10, v. 19, nach Cant 8,8), aber der Liebhaber schläfert sie ein, um ihr beizuwohnen und dabei das Naturgesetz zu brechen. Den Akt der Schwängerung formuliert ein aggressives Bild, das seit jeher die Aufmerksamkeit der Interpreten auf sich gezogen hat: *Der smid von oberlande / warf sinen hamer in mine schoz* (GA I,11, v. 1f.; ‚Der Schmied aus dem Oberland warf seinen Hammer in meinen Schoß').[60] Dramatisch und

[59] WACHINGER [Anm. 50], S. 196.

[60] Ausführlich zur vergleichenden Motivgeschichte RUDOLF KRAYER: *Frauenlob und die Natur-Allegorese. Motivgeschichtliche Untersuchungen*, Heidelberg 1960, hier S. 124–128. Nach älteren Anbindungen an die germanische Mythologie bzw. den Volkglauben sucht KRAYER den Anschluss an den *deus faber* des Alanus ab Insulis. Anders TOBIAS KEMPER: Der smit von oberlande. *Zu Frauenlobs Marienleich 11,1f.*, in: *PBB* 121 (1999), S. 201–213. KEMPER rekurriert auf die gut belegbare mittelalterliche Vorstellung von Gott als Schmied im Anschluss an die Exegese von Mat 13,55. Das Element des Hammerwurfs belegt er weniger stringent; dass der Hammer ausgerechnet in den *schoz* (GA I,15, v. 2) der Sprecherin geworfen wurde, berücksichtigt er nicht. Dazu WACHINGER [Anm. 25]: „Wieweit die Sexualsymbolik, die dem modernen Leser wohl zuerst in die Augen springt, Frauenlob bewußt geworden ist, mag offenbleiben; immerhin hat er sich sonst

sexuell eindeutig umschreibt die Strophe die Schwängerung der Braut, welche Jungfrau bleibt und sich gegen moralische Vorwürfe verwahrt: *doch hoffe ich, daz ez ieman missevalle* (GA I,11, v. 16; ‚doch hoffe ich, dass niemand Anstoß daran nimmt'). Aus dem bewegten Bilderreigen stechen noch einige Liebesszenen hervor, von denen jede eine Ausdeutung auf ihren (theologischen?) Sinngehalt verdienen würde. Einmal ist die Rede von einer Liebschaft, die dem Vater hintertragen wird, den Sohn ins Exil zwingt, von wo aus er sein Erbe zurückerobern muss (GA I,15, v. 9–14); einmal von einem Minnedieb, der die Burgwächter überlistet und die Geliebte schwanger zurücklässt (GA I,15, v. 16–27); einmal von einer Traumvision vom Beischlaf unter einem Apfelbaum (GA I,18, v. 14–18). Anders lautet die Version eines *hübsches meres* (GA I,19, v. 1; ‚einer höfischen Erzählung'), in welcher der Sohn eines alten Gärtners auftritt, der (der Vater? der Sohn?) in seinem Garten durch Pfropfen einen Baum veredelt, an dem er sterben wird (GA I,19, v. 2–4); aber die angekündigte Geschichte, die natürlich auf die von Gott präkonzipierte Erlösung am Kreuz verweist, bricht sofort wieder ab. Den zweiten Kursus beschließt ein Arrangement, in dem die Sprecherin das Firmament überstiegen (GA I,20, v. 3, *der himel höhe han ich überclummen*; ‚der Sphären Höhe habe ich überklommen'), wie eine Arche Noah das Meer der Weltgeschichte durchschwommen (GA I,20, v. 8f.), die irdische Existenz wie einen Nebel, ja wie den von den Wächtern geraubten Mantel abgestreift hat (GA I,20, v. 28f.) und in ihre Apotheose die ganze Menschheit mit hinein nimmt (GA I,20, v. 30–36). Das Syntagma des Leichs entrollt auf diese Weise Stationen einer Universalgeschichte des Heils, die gleichwohl in all ihren Phasen simultan gegenwärtig gedacht sind.

Trotz der Fülle der aus der Tradition übernommenen Materialien, die den Text als Klitterung aus Mariologie, Erlösungstheologie und *Artes*-Wissen, auch von Elementen aus der Brautmystik,[61] erscheinen lassen könnten, bietet der *Marienleich* Frauenlobs als Ganzes mehr als die Summe seiner Teile. Als originell kann die Kombination und Überblendung der geistlichen und weltlichen Modelle von Weiblichkeit gelten, die auf die Figur Marias zulaufen. In der vernakulären Sprachform wird der lateinisch-theologischen und philosophischen Terminologie die Tendenz zur Definiertheit genommen. Der fluide, teils verschwommene Charakter des deutschen Ausdrucks kann aber auch als Gewinn verbucht werden.[62] Zweifellos gelingt es dem Dichter, durch gehäufte paradigmatische Verknüpfungen auf allen Ebenen des Textes, vom Einzelwort und seinen Synonymen bis zum Arrangement der Szenen, einen dichten Assoziationsstrom zu generieren. Die Sinnerwartung ist derart aufgeladen, dass, wie ich meine, trotz der hohen Anforderungen an Metrik und Reim, kaum ein poetisch abträglicher Formzwang auszumachen ist. Auch Wendungen, die kolloquial oder flapsig daher kommen, erhalten im

vor kühnen erotischen Bildern nicht gescheut" (S. 842). GERT HÜBNER: *Lobblumen. Studien zur Genese und Funktion der ‚Geblümten Rede'*, Tübingen / Basel 2000 (*Bibliotheca Germanica* 41), S. 197–199, denkt an den Lobhammer in Konrads *Goldener Schmiede* und versucht eine weit hergeholte autopoetische Lesart. Vgl. NEWMAN [Anm. 24], S. 188f.

61 Ein Überblick, ausgehend von der Hohelied-Kommentierung, mit Schwerpunkt auf Mechthild von Magdeburg bei NEWMAN [Anm. 24], S. 114–122.

62 WACHINGER [Anm. 50], S. 214.

Kontext ihr Gewicht.[63] Anderseits gelingt es, auf knappstem Raum visuelle und szenische Präsenz zu stiften. Ihre Tiefe erhält die Aussage vor allem durch die Mehrsinnigkeit nach den Verfahren der mittelalterlichen Hermeneutik und durch die Überlagerung leicht variierender Paradigmen. Es ist hier auf die spezifische Gestaltung der Metaphorik zu verweisen, die SUSANNE KÖBELE in erster Linie an den Liedern Frauenlobs aufgewiesen hat, die aber besonders auch für den *Minneleich* gilt. KÖBELE beschreibt Uneindeutigkeiten und Interferenzen in der metaphorischen Struktur als „Umbesetzungen".[64] Statt rhetorischer bzw. allegorischer Zweischichtigkeit erkennt sie die doppelte Valenz von Bild- und Bedeutungsebene und ein nicht abgrenzbares Gleiten zwischen geistlichen und säkularen Referenzsystemen, man kann auch sagen, zwischen Theologie und Philosophie. Im Syntagma werden bei gleichen Grundgedanken, z. B. in der Liebesgeschichte zwischen Gott und Maria, vielfältige Varianten als narrative Reskripte angeboten. Eine provokante Bildmodellierung und die oxymorale Form der Aussagen werden an eine prekäre Grenze getrieben.

So wurde in der Forschung die Frage nach der heterodoxen oder, härter gesagt, häretischen Qualität des Leichs aufgeworfen und tendenziell verneint.[65] Das Problem hat indes durchweg mit einem zugespitzten Platonismus in der gedanklichen Grundstruktur des Gedichts zu tun. Ich verweise auf drei neuralgische, theologisch ‚gefährliche' Problempunkte. WACHINGER legte den Finger auf Frauenlobs Nähe zur chartrensischen Gleichsetzung der Platonischen Weltseele (*anima mundi*) mit dem christlichen Heiligen Geist, die exponiert von Wilhelm von Conches und Abaelard vertreten und auf dem Konzil von Sens (1141) als häretisch verurteilt wurde.[66] Wenn in GA I,17, v. 10 *des geistes worchtlich minne* (‚des Geistes schöpferische Liebe') für die kosmische Bewegung verantwortlich gemacht wird, „scheint sich Frauenlob eher vorzustellen, daß der Heilige Geist als Weltseele durch Maria hindurch ins Werden und Vergehen der Weltdinge hineinwirkt. […] Hat Frauenlob gewußt, daß er sich am Rande der Ketzerei bewegte?"[67]

Nicht ohne Brisanz ist ferner die oben skizzierte Ausgestaltung der Liebesgeschichte zwischen Gott und Maria.[68] Theologisch orthodox wird die ganze Trinität an der Inkarnation beteiligt, so ist Marias Verhältnis gleichzeitig zu drei Personen lateinisch-theologisch wie mittelhochdeutsch zu belegen.[69] Es kommt aber viel darauf an, wie stark die Narration das Verbotene dieser Polygamie ausmalt. Auch die inzestuösen Anklänge bei

[63] Z. B. *da von mich / niht enwundert* (GA I,2, v. 19f.); *als ich mich versan* (GA I,6, v. 7); *des wart mir baz / waz wirret daz?* (GA I,9, v. 12f.); *doch hoffe ich, daz ez ieman missevalle* (GA I,11, v. 16); *ob ich sol sprechen* (GA I,17, v. 8) u. Ä. – Ich sehe das anders als ältere Kritiker, etwa PFANNMÜLLER [Anm. 3]: „Niederungen von Phrase und Banalität" (S. 13), „störendes Füllmaterial" (S. 27).

[64] SUSANNE KÖBELE: *Umbesetzungen*, in: *Geistliches in weltlicher und Weltliches in geistlicher Literatur des Mittelalters*, hg. von CHRISTOPH HUBER u. a., Tübingen 2000, S. 213–235, hier bes. S. 215, dann passim. Vgl. unten Anm. 149.

[65] WACHINGER [Anm. 50], S. 211–213; NEWMAN [Anm. 24], S. 106 u. S 120.

[66] Vgl. Anm. 43.

[67] WACHINGER [Anm. 50], S. 211.

[68] TIMOTHY R. JACKSON: *Erotische Metaphorik und geistliche Dichtung. Bemerkungen zu Frauenlobs ‚Marienleich'*, in: *Wolfram-Studien* 10 (1988), S. 80–86.

[69] KERN [Anm. 55], Kap. II., bes. S. 104–127. Vgl. NEWMAN [Anm. 24], S. 192f.

der Multiplikation und Verwirrung der Verwandtschaftsverhältnisse sind vorgezeichnet und spielen mit dem Reiz des Transgressiven.[70] Frauenlob legt noch mehrfach eins drauf, wenn er romaneske Konstellationen verbotener Liebe einblendet.

Ein dritter theologisch heikler Komplex ist angesprochen mit der Divinisation der Gottesmutter, die das Gedicht so weit wie möglich treibt. Die theologische Diskussion der Zeit liebt es, zu erkunden, wie weit sie Maria an Gott heranrücken kann. In Extremfällen verwischt sie die Grenze der Wesensbestimmungen und Zuständigkeiten, bis die Reformation lautstark Einhalt gebietet.[71] Bei Frauenlob hat es System, wenn er Marias Wirken in die Sphäre Gottes hinein verlängert. Die göttliche Instanz der *Sapientia* wird ja nicht nur als Modell oder Vorbild Marias hingestellt, sondern die Sprecherin identifiziert sich damit, und sie übernimmt explizit die Verantwortung für den heilsgeschichtlichen Prozess. In der Passage GA I,12, v. 36–38 kommt es zu einem regelrechten Rollentausch zwischen Mutter und Sohn, wenn die Sprecherin die Stationen des Erdenlebens Christi für sich requiriert. Der Satz, *ich wart, ich leit, ich brach den tot, ich warb, als ich do solde* (GA I,12, v. 36; ‚ich wurde [geboren], ich litt, ich brach den Tod, ich tat, wie ich musste') ist am ehesten auf den inkarnierten Erlöser zu beziehen.[72] Der Ablauf wird noch fortgesetzt: *ich fur, ich quam, ich Adelheit, der tugende ein ar. / er leit do nicht, min Engelmar* (GA I,12, v. 37f.; in Bezug auf den *descensus* Christi und seine Rückkehr ist fortzufahren: ‚Ich fuhr [in die Unterwelt] und kam wieder zurück, ich Adelheit, ein Adler an Kraft. Er litt da nicht, mein Engelmar'). Die provozierende Rollenvertauschung lässt sich dann behaupten, wenn man Maria mit der menschlichen Natur Christi assimiliert und dessen göttliche Natur von den Veränderungen des Menschlichen ausnimmt. Dass beide in dieser Verteilung aber in das Kostüm eines dörperlichen Liebespaares gesteckt werden, dessen Namen etymologisch geistliche Bedeutungen suggerieren, treibt die Verschiebung der Sphären noch weiter.[73] Vergleichbares ereignet sich mit der Übertragung der christologischen *Physiologus*-Bilder auf sie selbst: Sie, Maria, ist die Stimme des sein Junges vom Tod erweckenden Löwen; sie ist die Glut, in der sich der Phönix verjüngt, und das Blut des nährenden Pelikans (GA I,12, v. 14–19).[74]

[70] Vgl. KERN [Anm. 55], S. 89–92 (Maria als Tochter, Mutter, Braut).

[71] Skizze bei STACKMANN [Anm. 50], S. 10f.; zu Luther S. 9 u. S. 31f.

[72] Mit WACHINGER [Anm. 50], S. 212f. Die Interpreten sind sich in der Zuweisung der Stationen an Christus nicht einig. So sucht z. B. HÜBNER [Anm. 60], S. 200, Anm. 123, nach PFANNMÜLLER den Anschluss an Stationen des Marienlebens, was insgesamt nicht aufgeht. Einige Stationen des Christus-Lebens könnten auch als Spiegelung im Marienleben gelesen werden. Die Partizipation Marias an der Passion ihres Sohnes klingt im Leich mehrfach an, z. B. in der Anrede des Visionärs GA I,4, v. 17f.; sie hat einen Ort in der Liste von ‚Mariae sieben Schmerzen'.

[73] Die Namen stammen aus der dörperlichen Minnesangtradition (Adelheit beim Tannhäuser, Engelmar bei Neidhart), vgl. PFANNMÜLLER [Anm. 3], S. 102 mit älterer Literatur; siehe auch die neueren Kommentare zur Stelle. WACHINGER [Anm. 25] spricht vom „Effekt eines tändelnden Namenversteckspiels" (S. 848). Sollte Frauenlob auch den Standesunterschied im Minnesangmodell, der die dörperlichen Varianten auf prekäre Weise prägt, semantisch einbringen? Überlieferungsbefund und editorische Eingriffe verunsichern das Verständnis der Stelle bzw. entgrenzen es.

[74] Diese Verschiebung zeichnet sich in den Übertragungen zahlreicher christologischer Symbole auf Maria ab. Vgl. ANSELM SALZER: *Die Sinnbilder und Beiworte Mariens in der deutschen Lite-*

In den gewagtesten Aussagen versetzt sich die Sprecherin direkt in die göttliche Rolle: *ich binz der tron, dem nie entweich / die gotheit, sit got in mich sleich* (GA I,12,v. 30f.; ‚Ich bin der Thron, dem nie die Gottheit entwich, nachdem Gott in mich hineinglitt‘). Es wurde bemerkt, dass mit *gotheit* das göttliche Wesen (*divinitas*) von *got* selbst (*deus*) abgegrenzt sein könnte, wobei Maria dieses Wesen erst mit der Inkarnation erhalten hätte.[75] Aber es geht weiter: *min schar gar clar var: / ich got, sie got, er got, daz ich vor nieman spar* (GA I,12, v. 32f.; ‚Meine Schar soll strahlend daher kommen. Ich Gott, sie Gott, er Gott, das verheimliche ich niemandem‘). Die pronominalen Bezüge hängen weitgehend in der Luft. Was meint ‚meine Schar‘? Die Trinität, aber wirkend in Maria? ‚Ich Gott‘ – spricht so die Trinität oder eine ihrer Personen? ‚Sie Gott‘ – eine weibliche Gottheit, womöglich in der Person Marias?[76] ‚Er Gott‘ – so in der Perspektive von Maria auf Christus? In einer anderen Richtung betreiben die Divinisierung die Szenen der Marienkrönung an den Schlusspunkten des ersten und vor allem des zweiten Durchlaufs: *alsust ich menschlich gotlich wart, / ja gotlich menschlich, daz hat er getichen* (GA I,20, v. 30f.; ‚So wurde ich menschlich-göttlich, ja göttlich-menschlich, das hat er bewirkt‘). Orthodox kann eine derartige Verbindung von göttlicher und menschlicher Natur nur von Christus selbst ausgesagt werden und nicht von seiner Mutter. Wie immer, die verstreuten Passagen suggerieren die Divinisierung Marias.[77]

Dass Frauenlob in seinen Formulierungen systematisch Grenzen der theologischen Spekulation ausreizt und überschreitet, legen die Anzahl und die breite Streuung der einschlägigen Stellen nahe. Dass er das vor den Ohren (und Augen) seiner hochgebildeten geistlichen Gönner im Vortrag ausagiert, gibt diesen Extravaganzen eine besondere Pointe. Ich möchte die eigenwillige, auch im modernen Wortsinn ‚transgressive‘ Leistung Frauenlobs im *Marienleich* dahingehend zuspitzen, dass gegenüber dem theologischen Thema des Gedichts der philosophische Referenzrahmen letztendlich die Oberhand gewinnt. Das religiöse Thema und das geistliche Anliegen werden unter Entgren-

ratur und lateinischen Hymnenpoesie des Mittelalters. Mit Berücksichtigung der patristischen Literatur, Darmstadt 1967 (Nach den Separatabdrucken aus Programmen 1886–1894), Register zu den Stichwörtern Löwe, Phönix, Pelikan und anderen.

[75] Zu GA I,12, v. 30 PFANNMÜLLER [Anm. 3], S. 101f.; GA [Anm. 4], S. 635; NEWMAN [Anm. 24], S. 194; WACHINGER [Anm. 25], S. 847.

[76] Anders versteht GA I,12, v. 33 WACHINGER [Anm. 50], S. 212f., Anm. 33: Rückbezug des *sie* (v. 33) auf die *schar* (v. 32), gemeint seien die „24 Alten“. Entsprechend sein Kommentar, WACHINGER [Anm. 25], S. 847: „Maria und der himmlische Hofstaat sind eins in Gott.“ Dagegen auch NEWMAN [Anm. 24], S. 195. Das Gesamtverständnis der Passage hängt ab von Überlieferungsvarianten und editorischen Entscheidungen; ich folge hier der GA.

[77] Vgl. allgemein RAPHAËL-LOUIS OECHSLIN: *Divinisation*, in: *Dictionnaire de spiritualité ascétique et mystique*, Bd. 3, Paris 1957, Sp. 1370–1459, hier IV. *Moyen Age*, Sp. 1399–1475. Zu Maria den Artikel *Aufnahme Marias in den Himmel*, in: *Lexikon für Theologie und Kirche*, 3., völlig neu bearb. Aufl., hg. von WALTER KASPER u. a., Bd. 1, Freiburg i. Br. u. a. 1993 (2006), Sp. 1216–1221. Vgl. BARBARA NEWMAN: *God and the Goddesses. Vision, Poetry, and Belief in the Middle Ages*, Philadelphia 2003, Kapitel *Divinizing the Virgin: The Marian Trinity in Art*, S. 254–273. In der Frauenlob-Literatur STEINMETZ [Anm. 43], S. 145f., hier in Bezug auf die ähnlich formulierende Selvon-Passage des *Minneleichs* (GA III,11, v. 6). In demselben Kontext SVEN LIMBECK: *Rebis. Bilder vom Hermaphroditen als Medien alchemischer Erkenntnis*, in: *Sexuologie* 24 (2017), S. 125–138, hier S. 131–135.

zung und Auflösung einer klaren Fachterminologie in ein platonistisches Gesamtmodell eingepasst, welches Heilsgeschichte als emanatorischen Prozess umdeutet. Poetische Verfahren ermöglichen es, innerhalb dieses Prozesses nach Belieben rückwärts und vorwärts zu schweifen und den Vorgängen immer neue Aspekte der Deutung abzugewinnen. Diese Bewegung entfaltet der Prozess des Gedichtes selbst.

Der *Marienleich* ist zweifellos ein „Grenzfall geistlicher Dichtung im Mittelalter".[78] Er bindet zugleich die zentralen Themen des überlieferten Frauenlob-Œuvres (mit seinen unscharfen Rändern) ein. Wir gehen im Folgenden eine knappe Liste dieser Themen entlang und skizzieren ihr Auftauchen an den wichtigsten Belegstellen, ohne uns in tiefergehende Einzelinterpretationen einzulassen.

III Erlösungstheologie – Gebete – Naturphilosophie

III.1 Erlösungstheologie

Nächst dem *Marienleich* wird diese am detailliertesten im *Kreuzleich* (GA II)[79] ausgebreitet, wobei eine Chronologie der Texte nicht festlegbar ist. Das Maß und die Radikalität der Transformierung der literarischen Tradition, auch im Blick auf das übrige Œuvre, würde am ehesten für eine späte Datierung des *Marienleichs* sprechen. Der *Kreuzleich* ist aber, abgesehen von offensichtlichen stilistischen Entsprechungen, auch thematisch eng verzahnt mit dem Mariengedicht. Vor allem beschreibt er dieselbe heilsgeschichtliche Gesamtbewegung, freilich mit spezifischen Unterschieden. Der *Kreuzleich* rollt den Weg Gottes ins Werden (GA II,1), die Geschichte seines Ausflusses in die Welt, von Gott selbst her auf. Die ersten 6 Versikel beschreiben das Heraustreten (die *processio*) der trinitarischen Personen, zuerst des Sohnes (GA II,2–4), dann des Heiligen Geistes (GA II,5–6). Der Dialog zwischen Vater und Sohn in GA II,4 erweitert sich zu einem Dreigespräch (GA II,5). Formal wird dort das trinitarische Thema durch die dreifache (sonst immer nur zweifache) Wiederholung einer Strophe angezeigt, die zudem aus drei Versen besteht. Wenn dort die Trinität in den grammatischen Personen (ich, du, er) versinnbildlicht wird, greift der Verfasser, wie NEWMANN nachweist, direkt oder vermittelt auf Abaelard zurück.[80] Die Stelle wirft neues Licht auf das Spiel mit den

[78] WACHINGER [Anm. 50], S. 213.

[79] Interpretierender Gesamt-Durchlauf neuerdings bei SUSANNE KÖBELE: *Evidenz und Auslegung. Effekte bildlogischer Synchronisierung in Frauenlobs Kreuzleich*, in: *Schriftsinn und Epochalität. Zur historischen Prägnanz allegorischer und symbolischer Sinnstiftung*, hg. von BERNHARD HUSS und DAVID NELTING, Heidelberg 2017, S. 145–185.

[80] NEWMAN [Anm. 24], S. 81f. Die Referenz findet in der Forschung wenig Beachtung, daher sei die ausführlichere Abaelard-Stelle hier wiedergegeben. Sie findet sich in *Petri Abaelardi opera theologica III, Theologia ‚Summi Boni'. Theologia ‚Scholarium'*, hg. von ELIGIUS M. BUYTAERT und CONSTANT J. MEWS, Turnholti 1987 (*CCCM* 13). Theologia ‚Summi Boni', Kap. V,108f.: *Ne mireris in eadem diuina substantia tres personas distingui* […], *cum etiam secundum grammaticam institutionem eundem hominem tres personas esse concedamus, primam uidelicet secundum hoc quod loquitur, et secundam in eo quod ad ipsum sermo dirigitur, necnon et terciam cum de ipso alter ad alterum loquitur.* […] *Preterea, sicut in grammatica cum dicitur tres personas determinate intellegimus loquentem et ad quem loquitur et de quo loquitur, ut supra*

Personalpronomen im *Marienleich* (vgl. oben zu GA I,12, v. 33). Setzen wir auch dort die Verteilung der ersten Person auf den Vater, der zweiten auf den Sohn und der dritten auf den Geist voraus, fällt das ‚Sie' aus dem Rahmen. Die zweite Person ist als Femininum statt auf Christus nur auf seine Mutter beziehbar, die bei der Inkarnation für die ganze ‚Schar' der Trinität (GA I,12, v. 32) als Thron Gottes fungiert.

Der *Kreuzleich* fährt mit einer Doppelstrophe fort, die nun konventionelle Trinitätsbilder[81] reiht (GA II,6) und auf den Erlösungsentschluss Gottes vor aller Zeit zuläuft; anders als bei den gefallenen Engeln wollte er sich des Menschen annehmen. Der Versikel endet mit einem merkwürdigen Satz: *manna din witze uns buchen* (GA II,6, v. 10; ‚Deine Klugheit backte uns Manna'). Der Hinweis auf die Manna-Speisung leitet die folgende Reihe ein, welche die helfende Präsenz Gottes in prophetischen Visionen und historischen Ereignissen des Alten Testaments beschreibt (GA II,7–9). Wenn die Manna-Speisung aber für ‚uns', den Sprecher des Leichs und sein Publikum erfolgte, wird vorausgreifend bereits vom eucharistischen Brot in der Gegenwart der Gläubigen gesprochen. Dieses Jetzt scheint immer wieder durch in den folgenden Inkarnationsstrophen, die sich durch ein Enjambement von GA II,9, v. 11f. über GA II,10–12 erstrecken und auf Schritt und Tritt mariologische Signale setzen.

Die Fortschreibung der erlösungsgeschichtlichen Ereignisse bis in die performative Gegenwart des Leichs ist eine grundlegende Struktur des Textes. Sie trägt zum Verständnis des gelenkartigen Versikels GA II,13 wie auch GA II,16 bei. Der Versikel GA II,13 fasst die Gesamtbewegung des Leichs im Modell von sieben ‚Sprüngen Christi' zusammen.[82] Die in der Tradition wechselnde Zahl der Sprünge endet sonst mit der Rückkehr Christi in den Himmel, anders bei Frauenlob:[83] *der sibende sprunc ist nu gemeine reinen herzen, swer sie willeclichen treit* (GA II,13, v. 8; ‚Der siebte Sprung ist

meminimus, ita cum dicimus in diuinitate tres esse personas, determinate intelligi conuenit patrem et filium et spiritum sanctum (S. 153; ‚Wundere dich nicht, dass in der einen Substanz Gottes drei Personen unterschieden werden [...], nachdem wir auch nach der Lehre der Grammatik dem gleichen Menschen drei [grammatische] Personen zugestehen, die erste unter dem Aspekt, dass er spricht, die zweite unter dem, dass an ihn das Gespräch gerichtet wird, die dritte, wenn von ihm jemand zu einem anderen spricht. […] Wie wir also in der Grammatik drei Personen voneinander abgrenzen, die sprechende, die, zu der gesprochen wird, und die, über die gesprochen wird, wie wir das oben dargestellt haben, so müssen wir, wenn wir sagen, es gebe in der Gottheit drei verschiedene Personen, darunter den Vater, den Sohn und den Heiligen Geist verstehen' [Übersetzung von mir]). Parallelstelle in der *Theologia scholarium*, ebd., S. 460. In der älteren Literatur wurde dies als Erfindung Frauenlobs eingestuft, vgl. CHRISTOPH HUBER: Wort sint der dinge zeichen. *Untersuchungen zum Sprachdenken der mittelhochdeutschen Spruchdichtung bis Frauenlob*, München 1977 (*MTU* 64), hier S. 185 mit Anm. 229. Als besondere Nähe zu Abaelards am Begriff der *persona* entwickeltem Theorem ist zu verbuchen, dass Frauenlob explizit die *vaterlich persone* (GA II,5, v. 1) anspricht und sprechen lässt.

[81] Zur Eis/Wasser/Schnee-Analogie (GA II,6, v. 1) vgl. KERN [Anm. 55], S. 152–155; zur Apfel-Analogie (GA II,6, v. 2) mit Varianten ebd., S. 144f.; zur Musik-Analogie (GA II,6, v. 3; Instrument, Hand, Ton) ebd., S. 171–174 („Harfengleichnis"); zur Feuer/Licht-Analogie (GA II,6, v. 4 am Beispiel der Kerze) ebd., S. 155–163 mit Varianten. Siehe auch NEWMAN [Anm. 24], S. 82 („popular preaching").

[82] Schon bei PFANNMÜLLER [Anm. 3], S. 115f. Vgl. GA [Anm. 4], S. 667; NEWMAN [Anm. 24], S. 83.

[83] In den Vergleichstexten nicht nachgewiesen (vgl. Anm. 81).

jetzt reinen Herzen gemeinsam, wenn sie willentlich so in der Brust getragen werden', d. h. wenn die Menschen ihrerseits auch rein sein wollen und ihr Herz Gott öffnen). Damit dürfte erneut auf den Kommunionempfang angespielt sein, das bestätigt sich durch die parallel angelegte Interpretation des Kreuzzeichens (GA II,16). Die Bewegungen der Hand von oben nach unten und von links nach rechts bedeuten vertikal die *processio* der trinitarischen Personen, horizontal den Weg Christi von der Inkarnation bis zur Himmelfahrt. Das Zeichen kann den Menschen, die sich darum bemühen, den Himmel öffnen. Das wird zuletzt auf den kultischen Gebrauch des Kreuzzeichens bezogen: *durch daz got in der priester hant sich bücket* (GA II,16, v. 18; ,Deshalb bückt sich Gott nieder in die Hand der Priester'). Unentschieden bleibt es, ob damit der Segen des Priesters allgemein angesprochen wird oder die in der Messe vorgeschriebenen Segnungen der Hostie oder deren Verwandlung, was sich dann mit den anderen eucharistischen Stellen des Gedichts vernetzen würde.

Der zweite Teil ist ganz dem Kreuz als zentralem Thema gewidmet. In einer auch für den *Marienleich* typischen Flechttechnik werden drei Stränge ineinander gewoben:

1. Historisches: Stationen der Heilsgeschichte (Tod Christi, Auferstehung, Grablegung, *descensus* und Himmelfahrt),[84] die Kreuzholzlegende[85] und die Kreuzauffindung durch Helena;[86]
2. Symbolisches: Bilder von der Funktion des Kreuzes (Presse, Schild, Amboss usw.), typologische Szenen und anderes;
3. Liturgisches: die Bedeutung des Kreuzzeichens und der Eucharistie für die Gläubigen in der Gegenwart. Konsequent endet der Leich mit einem Gebet um ein christliches Leben und Sterben.[87]

Wie der *Marienleich* zeichnet somit der *Kreuzleich* den universalen erlösungsgeschichtlichen Bogen, aber in der Sicht eines männlich getönten Gottesbildes. Wie dort liefert die Emanation das Grundmodell für die Entfaltung Gottes in der Trinität und deren Eingehen in die endliche Welt.[88] Dabei wird aber die Grenze von Transzendenz und Immanenz grundsätzlich gewahrt. Die Bilderwelt und das Archiv der Argumente bleiben enger der christlichen Orthodoxie verhaftet. Auf eine eigentümliche Personifikation des Kreuzes als weibliche Instanz müssen wir hier zurückkommen: ... *daz criuze ich heize ein vrouwe. / sie gebar daz lebende leben, / sie truc ein kint al unbewollen, rede ich eben, / ein liecht der sacramente wert* (GA II,19, v. 8–12; ,Das Kreuz nenne ich eine Frau bzw. Herrin. Sie gebar das lebendige Leben, sie trug ein Kind ganz unbefleckt,

[84] Zentral GA II,14 mit dem typologischen Schlangenbild, das den Sündenfall und die eherne Schlange des Moses verquickt, dort schon Grablegung und *descensus*; wiederaufgenommen in GA II,19, v. 20 und v. 21.

[85] GA II,15; GA II,17, v. 1f.

[86] GA II,21, v. 1.

[87] *Becriste, criuze, uns cristen* (GA II,22, v. 1; ,Mache zu Christen, Kreuz, uns Christen!'); Schlusswendung: *ein ende gut uns vater, sun, heileger geist gip! Amen* (GA II,22, v. 10; ,ein gutes Ende gib uns Vater, Sohn, Heiliger Geist! Amen').

[88] Vgl. den Anfang GA II,1, v. 1f.: *Wie wunder wernder süze ursprinc* [bz. Vater] / *ho swebendes vluzzes nam* [bz. Sohn]; bei der Inkarnationsdarstellung zu Gideons Fell: *vorbedenken schuf daz giezen* (GA II,10, v. 8; ,Vorausplanen [Präkonzeption] bewirkte diesen Ausfluss').

wenn ich das recht rede, ein Licht der edlen Sakramente').[89] Dass aus der Seitenwunde des Gekreuzigten die Sakramente fließen, ist theologische Tradition. Der Sprecher aber legt darüber noch als entschiedene Setzung (*ich heize,* GA II,19, v. 9) das Bild der unbefleckten Gottesmutter und gibt zu erkennen, dass er das für gewagt hält (*rede ich eben*, GA II,19, v. 11). Diese Stelle schlägt eine Brücke zum anders verfahrenden *Marienleich*, wo immer dieser in der Werk-Chronologie zu stehen hat.

Vom *Marienleich* setzt sich ferner ab das literarische Zeitkonzept. Die Weltzeit der Erlösung strebt zielgerichtet auf die Situation des Christen in der Gegenwart zu. Eschatologisches bleibt ausgespart und wird nur am Rande als individuelle Eschatologie beim Sterben des Christen mitgedacht. Sieht man von den meist impliziten Vorausdeutungen vom Alten auf das Neue Testament und den wenigen zeitlichen Rückgriffen (bis ins Paradies bei der Kreuzholzlegende) ab, so wahrt der Text in seinem Aufbau einen chronologischen Ablauf.[90] Das erleichtert das Verständnis des Syntagmas gegenüber dem sprunghaften und ständig in alle Zeitdimensionen ausgreifenden *Marienleich*. Die Dunkelheit nistet auf anderen Textebenen umso hartnäckiger.

Einige Strophengruppen des Spruchwerkes lassen sich den herausgearbeiteten erlösungsgeschichtlichen Linien zuordnen und setzen je unterschiedliche Akzente. Zwei in J zusammenhängend erhaltene Strophen des Flugtons (GA VI,1–2) konzentrieren sich auf Gottes Eintritt in die immanente Welt, in der mit der Erschaffung des Menschen und der Genealogie Davids die Inkarnation möglich wird. So beginnt GA VI,1 mit einem Preis: *David, lob dime stamme* (,David, Lob sei deinem Stamm'). Maria wird nicht genannt, nur angespielt, und wenn es heißt *Got mit des geistes tjüste* [konjiziert] / *den sun warf under ir brüste* (GA VI,1, v. 11f.; ,Gott warf in einer Tjost des Geistes den Sohn unter ihre Brust', metonymisch für den Schoß), so bezieht sich das Pronomen *ir* auf die *menscheit* (GA VI,1, v. 9) und nur indirekt auf Maria. Das Ende der Strophe richtet sich konsequent an Christus: *hilf, zarte vrucht* (GA VI,1, v. 17; ,Hilf, geliebte Frucht'). Der folgende Spruch GA VI,2 umkreist den Gedanken, wie das Werk der Trinität das Gesetz der Natur, vor allem im Wirken der vier Elemente, suspendiert. Die Bemerkung *Der kunst mich da verdriuzet* (GA VI,2, v. 11; ,Der Kunst werde ich da überdrüssig', etwa: ich kann sie nicht gebrauchen) weist auf ein Versagen der Wissenschaft bei diesem Thema; selbstreflexiv kündigt der Dichter eine Grenze für sein Sprechen an. Sogleich lässt

[89] Vgl. RUTH FINCKH: Minor Mundus Homo. *Studien zur Mikrokosmos-Idee in der mittelalterlichen Literatur*, Göttingen 1999 (*Palaestra* 306), Kapitel 8: *Der Gürtel der Elemente: Frauenlob*, S. 379–421. „Auch das Kreuz wird damit zum Träger der ,weiblichen' Fruchtbarkeit und Erneuerungskraft, die den Tod nicht auslöschen, wohl aber seine Endgültigkeit überwinden kann. Christus selbst spielt bei all dem eine vorwiegend passive Rolle; er ist nicht so sehr selbst der Erlöser, als der Fokus eines kosmischen Erlösungsprozesses" (S. 419). Letztere These scheint mir nicht haltbar für den *Kreuzleich* als Ganzes, der Universalgeschichte aus dem trinitarischen Prozess heraus entwickelt und in der Passion Christi erfüllt sieht.

[90] Andere Interpretationen machen auch im *Kreuzleich* eine simultanzeitliche Anlage stark, vgl. KÖBELE [Anm. 79]. Grundsätzlich stellt KÖBELE das Prinzip der Gleichzeitigkeit im christlichen Zeituniversum und auch in der Bibelhermeneutik heraus (*simul sunt consideranda*). Das prägt natürlich auch die Synchronisierungseffekte in Frauenlobs *Kreuzleich*. Gegenläufig hat jedoch auch das Syntagma der Heilsgeschichte seine Geltung. KÖBELE: „Es ging mir um die Fälle, die die Differenzlogik – das heißt hermeneutische Nachträglichkeit – des Zweiebenenmodells von Zeichenrede zurücknehmen zugunsten einer Entdifferenzierung" (S. 184).

er aber als erläuterndes Nebenthema die Lehrmeinung einfließen, dass auch die menschliche Seele am Naturprozess vorbei direkt aus dem Geist Gottes kommt: *sel wirt, wile sie got giuzet, / sel, die zen dingen spriuzet, / nature al da zervliuzet: / got geist was ie* (GA VI,2, v. 12–15; ‚Die Seele entsteht, während sie Gott eingießt, als Seele, die den Dingen zuwächst. Da zerfließt die Natur [etwa: setzt aus mit ihrem Fluss]. Gott war immer schon Geist, oder umgekehrt: der Geist war immer schon göttlich').

In spezifischer Blickverengung, aber theoretisch vergleichbar ausgerichtet, stellt die zusammenhängend überlieferte Gruppe GA X,1–3 das ‚Ankommen' Christi in der Welt dar: *Der ersten sache zukunft, die si gegrüzet* (GA X,1, v. 1; ‚Der ersten Wirkursache [*primae causae*] Ankunft [*adventus*] sei gegrüßt'). Abstrakt wird für Christus als den Vertreter des transzendenten Gottes, welcher als *prima causa* wirkt (trinitarische Wendungen bleiben dabei außen vor!), über das konkrete ‚Ave' des Engelsgrußes der Eintritt in den endlichen Naturkosmos hergeleitet. *Wol uns der zukunft Jesu Crist! / die erste ursache er doch ist / gar aller creatiuren.*[91] */ Er wart gewirket in vier elementen craft, / der al ir art in gab mit siner meisterschaft. / got mensche wart, nature brach. / wer mochte in des gestiuren?* (GA X,1, v. 9–15; ‚Wohl uns durch die Ankunft Jesu Christi! Er ist ja die *prima causa* aller Geschöpfe. Er wurde gewoben durch die Kraft der vier Elemente. Gott wurde Mensch und brach das Gesetz der Natur. Wer gab ihm dazu die Macht?'). Die nächste Strophe (GA X,2) umkreist detaillierter die Entmachtung der personifizierten Natur und verknüpft mit dem Bruch der natürlichen Ordnung die Thematik des Sündenfalls. Den bis hier dominierenden Modellen erteilt die Strophe GA X,3 eine Absage, wenn sie einsetzt: *Sache und nature lazen wir den künsten / und sprechen lob der maget mit vernünsten* (GA X,3, v. 1f.; ‚Kausalität und Naturgesetz überlassen wir jetzt den Wissenschaften und sprechen Lob der Jungfrau, allerdings ein vernünftiges Lob'). Die Kategorienlehre und die Naturphilosophie als Disziplinen werden hiermit beiseitegeschoben zugunsten eines Marienlobs, das gleichwohl wieder Elemente des naturkundlichen Diskurses in sich aufsaugt.[92]

Etwas anders füllt den theoretischen Bogen die nicht konsistent überlieferte Gruppe GA VII,1–3 auf. Sie lenkt vom Einfließen Gottes in die Welt (Spiegelsymbol, GA VII,1, v. 2) über die Erschaffung des Menschen (GA VII,1, v. 3) und die zum Naturprinzip gegenläufige Rolle Marias (GA VII,1, v. 7–15) sofort weiter auf das Thema der Eucharistie. Die ganze Strophe GA VII,2 entfaltet eine Tempel-Allegorie mit der Hostie auf dem kreuzanalogen Altar.[93] Die dritte Strophe hingegen erweitert die jenseitig-geistige Trinität durch die Person Marias zur Quaternität und lässt diese über die Natur als Einzelinstanz siegen: *vier mochten me dan nature alterseine* (GA VII,3, v. 19; ‚Vier

[91] Ich setze nach Vers 11 Punkt (GA Komma), ebenso Interpunktionsänderungen nach Vers 12 und Vers 13.

[92] Vgl. die Wissenschaftslehre im *Marienleich*, hier die Versikel GA I,16 und 17.

[93] Zu Maria als Wohnstatt und Tempel Gottes KERN [Anm. 55], S. 128–135. Zu GA VII,1 und 2 SUSANNE FRITSCH: *Körper – Korpus – Korporale. Zur Eucharistie bei Frauenlob*, in: *ZfdPh* 119 (2000), Sonderheft: *Neue Forschungen zur mittelhochdeutschen Sangspruchdichtung*, hg. von HORST BRUNNER und HELMUT TERVOOREN, S. 222–236, hier S. 227–235. Zu Spruch GA VII,1 DIETLIND GADE: *Wissen – Glaube – Dichtung. Kosmologie und Astronomie in der meisterlichen Lieddichtung des vierzehnten und fünfzehnten Jahrhunderts*, Tübingen 2005 (*MTU* 130), S. 325–330.

vermochten mehr als die Natur allein'). Der Vergleich mit dem Gedankengang im *Kreuzleich* und in dem (noch komplexer verknüpfenden) *Marienleich* macht das universalgeschichtliche Konzept sichtbar, das auch dem Spruchwerk zugrunde liegt und unterschiedliche Akzentuierungen gestattet.

III.2 Gebete

Frauenlob unterbricht seine erlösungsgeschichtlichen Digressionen immer wieder durch performative Signale, wie Gruß, Bitte, Gebet, und ruft damit den literarischen Ablauf als hier und jetzt sich ereignenden Prozess ins Bewusstsein. Das trifft zu für die geistlichen Leichs wie anhängige Texte des Spruchwerkes. In zwei Strophen greift er die in der Gattung traditionell gepflegte Form des Gebetes direkt auf (GA V,1 und 2).[94] Das in den Ausgaben das Spruchwerk eröffnende Eucharistiegebet (GA V,1)[95] ist der am häufigsten überlieferte Spruch Frauenlobs überhaupt. Dies erklärt sich bei einer nur doppelten Corpus-Überlieferung (J, H) und der Ton-Überlieferung in k durch die Aufnahme der Strophe in metrisch leicht reduzierter Form in die Prosa-Gebete Johanns von Neumarkt und damit in die volkssprachliche Gebetbuch-Überlieferung (4 Handschriften).[96] Dort wird der Spruch in Beischriften auch als Sterbegebet Frauenlobs bezeichnet, welches durch den Erzbischof von Mainz und weitere Bischöfe mit Ablass-Funktion ausgestattet worden sei.[97] Im Kontext der Gebete Johanns, die auf eine ursprüngliche Überlieferung in thematisch zusammenhängenden Faszikeln oder Heftchen zurückreichen, lässt sich als Gebrauch die Vor- oder Nachbereitung des Kommunionempfangs annehmen.[98]

Dass dieses Gebet von Frauenlob beim Empfang des Sakraments auf dem Sterbebett spontan verfasst und dann tradiert worden wäre, ist kaum denkbar. Trotz wiederholter Hinweise auf die Eucharistie als Speise möchte ich die (fiktive) Gebetssituation nicht

[94] Auf die prekäre Realisierung der Gebets-Handlung in Form eines meisterschaftlichen Kunstgebetes hat GRUBMÜLLER [Anm. 11] hingewiesen.

[95] ETTMÜLLER [Anm. 3], Sprüche 1, S. 32. Zur Überlieferung CHRISTOPH FASBENDER: *‚Frauenlobs Sterbegebet' in Johanns von Neumarkt Privatgebetssammlung*, in: *Studien zu Frauenlob und Heinrich von Mügeln. Festschrift für Karl Stackmann zum 80. Geburtstag*, hg. von JENS HAUSTEIN und HENNING STEINMETZ, Freiburg i. Ü. 2002 (*Scrinium Friburgense* 15), S. 125–144, hier S. 138–140. FASBENDER spricht Frauenlob die Strophe ab (S. 139). Die Strophe GA V,1 ist in k zu einem Dreierbar erweitert. Ausgabe: S-GA [Anm. 8], Bd. 1, Nr. V, 228, S.116f. Alle 3 k-Strophen bei WENZEL: *Transgression* [Anm. 14], S. 330f.; wieder WENZEL: *Prozess* [Anm. 14], S. 471f.

[96] Zur Überlieferungshäufigkeit s. die Tabelle in GA, Bd. 1, S. 162. Zur Rezeption bei Johann von Neumarkt FASBENDER [Anm. 95]. Ausführlich und gattungsgeschichtlich grundlegend jetzt KATHRIN CHLENCH-PRIBER: *Die Gebete Johanns von Neumarkt und die deutschsprachige Gebetbuchkultur des Spätmittelalters*, Habil. masch. Bern 2016 [erscheint in den *MTU*], S. 226–233. Bei Johann von Neumarkt findet sich außer dem Frauenlob-Spruch auch ein weiteres, sekundär aus diesem abgeleitetes Prosa-Gebet (*Schriften Johanns von Neumarkt. Vierter Teil: Gebete des Hofkanzlers und des Prager Kulturkreises*, hg. von JOSEPH KLAPPER, Berlin 1935, Nr. 63); vgl. CHLENCH-PRIBER, S. 270.

[97] Mit Literatur FASBENDER [Anm. 95], S. 125–127 u. passim.

[98] CHLENCH-PRIBER [Anm. 96], S. 232: „Gebet vor einer konkreten oder imaginierten Abendmahlsfeier".

auf den Abendmahlsempfang festlegen.[99] Zu deutlich wird mit dem Einsatz der Strophe die visuelle Hostien-Verehrung als Thema angeschlagen: *Ich sihe dich, schepfer aller schepfenunge, got* (GA V,1, v. 1; ‚Ich sehe dich, Schöpfer alles Geschaffenen, Gott'). Frauenlob folgt hier einer Frömmigkeits-Strömung, die seit dem 13. Jahrhundert der Elevation der Hostie in der Messe, ihrer Ausstellung zur Verehrung und auch der öffentlichen Präsentation bei den Umzügen des Fronleichnamsfestes gesteigerte Bedeutung zumisst.[100] Der weitere Ablauf der Strophe ergibt sich aus der Gebetsstruktur: Die Sprecherstimme bittet um Andacht des Herzens (Stollen I), sie artikuliert ihr Sündenbewusstsein und fleht um Gnade (Stollen II) und bittet schließlich um Sündenvergebung in individuell-eschatologischer Perspektive: *hilf, lebender got, daz sich min leben eins guten endes niete* (GA V,1, v. 19; ‚Hilf, lebendiger Gott, dass mein Leben ein gutes Ende erreicht'). Die Bildlichkeit im Großen (typologischer Hinweis auf die alttestamentliche Manna-Speisung während des vierzig Jahre dauernden Zuges der Juden, GA V,1, v. 5f.) wie im Detail (z. B. *sünden mist*, GA V,1, v. 18) ist traditionell. Von einer sangspruchmeisterlichen ‚Selbstermächtigung' bei der kunstvollen Behandlung des Themas kann dabei kaum gesprochen werden.[101]

Bemerkenswert ist allerdings, wie im Brot, dem eucharistischen Leib Christi, die Präsenz des ganzen trinitarischen Gottes verehrt wird.[102] So richtet sich die erste Anrufung des schauenden Beters an Gott Vater als den Schöpfer aller Schöpfung. Die Person des Sohnes und die Trinität werden erst in Vers 9f. eingeführt. Zweimal betont ein Asyndeton die Einheit von Vater und Sohn (*vater, sun*, GA V,1, v. 9; *hilf schepfer, krist*, GA V,1, v. 15) bis auch explizit der Geist in Verschränkung mit diesen genannt wird. Das Possessivpronomen im Singular, *dins geistes mitewist* (GA V,1, v. 18; ‚die Gegenwart deines Geistes'), bezieht sich syntaktisch zurück auf *schepfer, Krist* (GA V,1, v. 17), also auf beide Personen, Vater und Sohn. In der Forschung wurde auf die Überlagerung der Zeitstufen hingewiesen, welche die Ewigkeit Gottes, die alttestamentliche Geschichte, das Altarssakrament und die Perspektive des Gläubigen mit Sündenvergebung und individueller Eschatologie umgreifen.[103] Mit dem guten Ende des Sünders ist der Spruch, der mit der Weltschöpfung beginnt, an seinem Ende angelangt. Damit scheinen als Hintergrund die Verknüpfungen des *Kreuzleichs* und seiner Paralleltexte auch hier auf. Wenn der Ablauf des Textes auf einer anderen Ebene einen performativen Bogen von der Gewinnung innerer Andacht zum erregten Bekenntnis der Sündhaftigkeit (*anschriet*, GA V,1, v. 9) und zur Bitte um Vergebung und um ein gutes Lebensende beschreibt, ist dies weniger der Kunstfertigkeit Frauenlobs als einer in der Gattung ‚Gebet' angelegten Psychagogie zuzuschreiben.[104]

99 Ebd., S. 270f.

100 Vgl. Hans Bernd Meyer: *Eucharistieverehrung*, in: *Lexikon für Theologie und Kirche* [Anm. 77], Bd. 3 (2006), Sp. 964f. mit einführender Literatur.

101 Wenzel: *Prozess* [Anm. 14]: Die Strophe demonstriere „die poetologische Arbeit an den Grenzen religiöser und literarischer Rede" (S. 160). Es werde „die Aufgabe der Interpretation in die Hand des Rezipienten gelegt, der sich von der Erfahrung des Gebets berühren lassen oder aber die Ermächtigung des spruchdichterischen Ichs nachvollziehen kann" (ebd.).

102 Auch im *Kreuzleich* und den Paralleltexten des Spruchwerks.

103 Wenzel: *Transgression* [Anm. 14], vergleicht die Fassung der Kolmarer Liederhandschrift k mit zwei Erweiterungsstrophen (k 70–71), die sich auf Maria als Fürbitterin berufen (S. 330–334).

104 Chlench-Priber [Anm. 96], S. 113–120 u. ö.

Der zweite Gebetstext in Frauenlobs Spruch-Œuvre richtet sich an Maria (GA V,2). Angesprochen in trinitarischen Bezügen,[105] wird Maria an fünf ihrer traditionell sieben Freuden erinnert (Gruß des Engels, Geburt Christi, Darstellung im Tempel, Auferstehung, Himmelfahrt).[106] Doch schiebt Frauenlob nach der dritten Freude, d. h. chronologisch an der richtigen Stelle, die Erinnerung an die Passion ein (GA V,2, v. 11–13). Auf diese Weise wird auch hier ein Prozess im Innern des Beters angestoßen. Im Anschluss an Marias Tränen bittet er um eigene Tränen der Reue und bereitet so die Gebetswendung am Strophenschluss vor: *der aller fröuden wis gemant: hilf mir von sünden pine* (GA V,2, v. 19; ‚An all diese Freuden sei erinnert, hilf mir, der Strafe für meine Sünden zu entkommen‘). Es ist zu beachten, dass Maria damit nicht die Rolle der Sündenvergeberin, sondern lediglich die einer Helferin zum Heil (*adiutrix*) erfüllt, und zwar bei der Befreiung von den schmerzlichen Sündenfolgen.[107]

III.3 Naturphilosophie und Minnetheorie

Einen hauptsächlich säkularen naturphilosophischen Diskurs entwickelt am breitesten wieder ein Leich. Der *Minneleich* steuert ein allgemeines Frauenlob an und entwirft zunächst in der Form eines inneren Dialoges des Dichters mit seinem personifizierten Verstand (*Her Sin*, GA III,2, v. 1) drei Bilder des Weiblichen. Ein erster Vorschlag, die biblische Esther, wird schnell zurückgestellt (GA III,3). Als nächstes regt der *Sin* die dichterische Phantasie an und lässt diese die ‚feenhafte‘ *Natura* fingieren, die Alanus ab Insulis in seinem allegorisch-philosophischen Gedicht *Die Klage der Natur* (*Planctus Naturae*, um 1170) ausufernd beschrieben hat (GA III,4–5).[108] Sie wird dort als machtvolle Stellvertreterin Gottes und *domina mundi*[109] in einem Kleid vorgestellt, auf dem der gesamte Kosmos abgebildet ist. Als dritte Phantasmagorie wird die Vision eines gewissen Selvon zitiert. Dieser erblickt ein mannweibliches Wesen, von dessen Händen wie Rauchwolken die ‚Komplexionen‘ herabhängen, das heißt die Kombination von je zwei primären Qualitäten aus der Reihe trocken, feucht, kalt, warm, die den vier Elementen zugeschrieben werden und die den Zusammenhalt der Elemente untereinander garantieren.[110] Das Wesen wird schließlich als ‚Kraft der Minne‘ bezeichnet, es erfüllt seine

[105] GA V,2, v. 1: *Maria, muter gotes* (bezogen auf den Sohn), *tochter* (im Verhältnis zum Vater), *lebende brut* (des Heiligen Geistes). Zur Trias Tochter-Mutter-Braut KERN [Anm. 55], S. 89f.

[106] GA, S. 723.

[107] Im Unterschied zur Bitte an die Trinität in GA V,1, v. 17f., *der kranken sünden mist* abzuwaschen.

[108] KRAYER [Anm. 60]; mit älterer Literatur HUBER [Anm. 43]; THOMAS BEIN: Sus hup sich ganzer liebe vrevel. *Studien zu Frauenlobs Minneleich*, Frankfurt a. M. u. a. 1988. Die Einzeluntersuchungen zu den Versikeln können als durchgehender Kommentar gelesen werden. STEINMETZ [Anm. 43]. Überblick zur chartrensischen *Natura* mit Ikonographie bei NEWMAN [Anm. 77], S. 51–86.

[109] HUBER [Anm. 43], S. 142–144.

[110] Dies, indem jeweils eine Eigenschaft mit einer Eigenschaft des nächstliegenden Elements gemeinsam ist (die sog. *syzygia*): Die Erde verbindet die Qualitäten trocken und kalt, das Wasser kalt und feucht, die Luft feucht und warm, das Feuer warm und trocken; mit letzterem grenzt es an das Element Erde an.

Funktion bei der Entstehung von Liebe, indem es die Blicke beider Partner wie bei einem chemischen Vorgang verflicht und verschmilzt.

Eine Autorität namens Selvon wurde bislang nicht nachgewiesen; das unter seinem wohl fiktiven Namen Mitgeteilte wird jedenfalls als Geheimwissen gekennzeichnet, von dem der Dichter selbst nicht alles preisgibt (GA III,10, v. 4 und GA III,13, v. 6). Dagegen konnten die Inhalte der Vision in der wissenschaftlichen Tradition ein Stück weit eingekreist werden. Das in der höfischen Literatur geläufige Motiv von der Liebesentstehung durch den Blick wird hier mit einer Sehtheorie unterfüttert, die das platonische Modell von einem aktiv vom Auge ausgesandten Sehstrahl mit der hippokratischen Lehre von den Körpersäften verbindet, welche als Pneuma mit dem Blick nach außen treten, sei es als ausgeglichenes Säftegemisch oder als verderbliche Ausdünstung (böser Blick).[111] Diese in der antiken und mittelalterlichen Medizin tradierten Auffassungen wurden auch in der Schule von Chartres gelehrt.[112] Sie erlauben es im Anschluss an die Temperamenten-Lehre, die Wirkung des Blickes insoweit zu individualisieren, als bei den Partnern Gleiches mit Gleichem zusammentreffen muss (vgl. GA III,12, v. 3).

In seiner Doppelgeschlechtlichkeit ähnelt das in der Mitte zweigeteilte Wesen dem in der Alchemie auftauchenden Hermaphroditen oder Rebis, der aber in Text- und Bildzeugnissen nicht vor dem späten 14. Jahrhundert zu belegen ist.[113] Ob Frauenlob sein Wissen aus einer früheren alchimistischen Tradition oder gemeinsamen Quellen schöpfte, und dann aus welchen, ist unklar.[114] Mit ihren Attributen und in ihrer Funktionsbestimmung scheint die Gestalt eine Eigenkreation des Dichters zu sein, dem es bei einer Physiologie des Liebesbeginns durch den Blick auf die Beteiligung beider Geschlechter ankommt. Die Verschränkung wird dadurch verstärkt, dass die weibliche Seite die spezifische Komplexion des Männlichen trägt und die männliche ihrerseits die Verbindung der weiblichen Elementarqualitäten.[115] Dabei geht es aber um eine Physiologie der Blicke und nicht um die geschlechtliche Vereinigung, die als Ziel des geweckten Verlangens in der Zukunft liegt. Umso bemerkenswerter ist es, wenn sich die Figur letztendlich doch weiblich als die ‚Kraft der Minne' darstellt.

Der zweite Hauptteil des Gedichts denkt vom Liebesbeginn aus weiter, aber nunmehr anhand einer begrifflichen Triade (ab GA III,21, v. 5).[116] Diese nennt die drei Namen bzw. Wesensformen des Weiblichen *maget*, *wip* und *vrowe*, die Frauenlob in seinem Spruchwerk, vor allem im *wip-vrowe*-Streitgedicht, neu definiert hat. Auch sie bauen, indem sie die Jungfrau, die Frau mit der Erfahrung des Geschlechtsverkehrs und

111 ‚Sendetheorie' gegenüber der aristotelischen ‚Empfangstheorie', dazu BERNHARD D. HAAGE: *Selvons ‚visio'*, in: *Medizin in Geschichte, Philologie und Ethnologie. Festschrift Gundolf Keil*, hg. von DOMINIK GROẞ und MONIKA REININGER, Würzburg 2003, S. 245–255, hier S. 248.

112 Zu Wilhelm von Conches und dem anonymen Kompendium *De spiritu et anima liber unus* vgl. ebd., S. 250.

113 BEIN [Anm. 108], S. 163–181. Kürzlich mit ausführlichen Literaturangaben LIMBECK [Anm. 77], zur schriftlichen und bildlichen alchimistischen Tradition S. 129–131.

114 BEIN [Anm. 108], S. 188f, rechnet mit nicht erhaltenen Vorstufen der Alchemie; STEINMETZ [Anm. 43], S. 81–83, will eher auf antike medizinische Quellen zurückgreifen; LIMBECK [Anm. 77], S. 134b, sucht Frauenlobs Quellen in der aristotelischen Meteorologie.

115 BEIN [Anm. 108], S. 184–198.

116 Ab GA III,21. Die Anaphernkette GA III,14–19 und eine anschließende Übergangspassage könnten auch als zweiter Teil gerechnet werden.

die Mutter voneinander abheben, auf physiologischen Unterscheidungen auf und heben vor allem die Freude und Lust spendenden Eigenschaften hervor, um aber dann auf ethische Werte zuzustreben. In der Tradition höfischer Minne führt die Frau den liebenden Mann durch ihre erotische Attraktivität auf den Weg der Tugend und ist selbst ein Inbegriff ethischer Vollkommenheit: *Wer kan werden man vüren uf der eren plan / mit gewelbet phellelvarwes mundes kusses bieten? / Wer treit sunder weit aller tugent ganzes kleit?* (GA III,25, v. 1–3; ‚Wer kann einen edlen Mann auf das Turnierfeld der Ehre führen mit dem Angebot eines Kusses aus vollem, scharlachrotem Mund? Wer trägt ohne jede Bosheit ein makelloses Kleid aller Tugenden?') In drei anaphorischen Reihen breitet der Leich konkrete Aspekte des Weiblichen aus und landet im Schlussversikel schließlich bei einem Lob der Frau, das von den ersten Worten an als Zielperspektive angesteuert war.

Wie Frauenlob die triadisch vorgeführten Konzepte des Weiblichen systematisch vermittelt, muss vor allem für die drei bildlichen Evokationen des ersten Teils geklärt werden. Als Thema scheint mir die naturphilosophische Referenzebene an erster Stelle zu stehen. Denn die liebesbegründende Minnekraft ist eindeutig dem Naturwirken untergeordnet und nimmt dabei eine dem hierarchischen Modell des Alanus vergleichbare Position ein.[117] Eine geistliche Übernatur wird zu Anfang mit Esther, die in der Tradition als Präfiguration Marias geläufig ist, in diesem Text zurückgestellt. Marienanspielungen scheinen zwar immer wieder durch, z. B. in den geistlich aufgeladenen Tiervergleichen (GA III,25, v. 17–18) oder dem Wort *wîp* als *gebenedîter schre* (GA III,22, v. 6; ‚gebenedeiter Ruf'),[118] aber sie werden nicht explizit gemacht. Auch in der Anspielung der Schlussverse wird das Mariologische in einen Bereich jenseits des aktuellen Themas verwiesen. Nach der Feststellung der Würde des Frauenpreises nimmt sich der abschließende Ausruf, der sich auch als Frage lesen lässt, wie eine *praeteritio* und als Hinweis auf Weiteres aus: *Waz hat sie dann bespunnen / unzellicher wunnen / in erenricher hute mit vrute die gute, / durch die man alle vrouwen eret!* (GA III,33, v. 5–8); ‚[Wenn schon der Frauenpreis eine solche Würde hat, vgl. ebd. v. 1–4], was hat dann sie an unzähligen [unerzählbaren] Wonnen ‚umsponnen',[119] unter Wahrung ihrer Ehre, die Tatkräftige, die Vollkommene, um derentwillen man alle Frauen ehrt!' Die Referenz auf Maria lässt sich hier kaum abweisen,[120] ja sie gibt der Argumentation des Leichs gerade ihre anderweitige Verortung.

Wenn wir auch das Spruchwerk beiziehen, tritt die Kohärenz des *Minneleichs* noch deutlicher hervor. Zum einen sind hier Strophen oder Strophenteile von Bedeutung, die sich zur kosmischen Natur äußern. Die personifizierte Natur wird in ihrem Bereich als

[117] Zum Instanzensystem bei Alanus und Frauenlob vgl. HUBER [Anm. 43], S. 426 und S. 428.

[118] Anklang an das *Ave Maria* (*benedicta tu in mulieribus*; ‚Du bist gebenedeit/gepriesen unter den Frauen').

[119] GA-Wörterbuch [Anm. 7], S. 30: *bespinnen*, „umspinnen, umfassen"; Hinweis auf *Marienleich* GA I,6, v. 8: *meit, sit din forme* [bz. Natur; abstraktes Leitwort auch im *Minneleich*] *den bespan, / der alle forme tirmen kan* (‚Jungfrau, da dein formgebendes Prinzip den umspann, der jede Form erschaffen kann').

[120] HÜBNER [Anm. 60], S. 386f., tendiert dazu, Maria auszuklammern. Vgl. CHRISTOPH HUBER: gepartiret und geschrenket. *Überlegungen zu Frauenlobs Bildsprache anhand des Minneleichs*, in: HAUSTEIN / STEINMETZ [Anm. 95], S. 31–50, hier S. 35–37.

souveräne Herrscherin gezeigt, die den gesamten Raum des Universums beherrscht (GA VII,*5).[121] Dabei ist sie dem Gebot Gottes unterstellt.[122] Einschränkend wird aber gesagt, dass der Mensch sie verletzte[123] und Gott sie außer Kraft setzte,[124] was auf Sündenfall und Inkarnation anspielt. Das Thema vom ‚Verbleichen' der Natur, ihrem ‚Bruch', kann metaphorisch auf knappstem Raum eingespielt werden und schlägt die Brücke zur heilsgeschichtlichen Thematik.[125]

In anderer Richtung setzt sich das Räsonnement des *Minneleichs* in den Minnesprüchen fort, deren Verständnis MARGRETH EGIDI auf dem Hintergrund der Sangspruchtradition entscheidend gefördert hat.[126] Sie konnte zeigen, wie Frauenlob auf ältere literarische Themen und Techniken zurückgreift, um sie mit zeitgenössischen wissenschaftlichen Theorien aufzufüllen und in neuen poetischen Formen komplexer darzubieten. Die einschlägigen Strophen und Strophengruppen setzen den Fokus entweder mehr auf Minnespekulationen (GA VII,38–40; GA VIII,15), mehr auf die Belehrung von Liebenden (GA VI,9–11; GA VII,38–40) oder den allgemeinen Frauenpreis (GA VII,35–37; GA VIII,16–18; 19–21). Diese Schwerpunkte treten auch in Verbindungen auf und wandern so durch die performativen Register. Eine zentrale Rolle spielt das im *Minneleich* angesprochene Modell der minnegenerierenden Blicke. Die Strophen GA VII,38–40[127] richten sich an ein jugendliches Publikum (*Den jungen ich entstricke*, GA VII,38, v. 1; ‚Für die Jungen drösle ich auf'). Dem Mann werden drei *lose blicke* (GA VII,38, v. 4; ‚kühne, freizügige Blicke') empfohlen, einer, ob ihm an Ihr nichts missfällt, einer, ob auch kein Aufpasser zusieht, und – beim dritten Blick schweigt sich der Ratgeber aus. Er empfiehlt, nicht locker zu lassen und heimliche Worte zu wechseln, dann vergilt Sie diesen Blick, und wechselseitige Blicke und Gesten (heimliches Zueinander-Neigen) werden ausgetauscht. Bei diesen Verflechtungen hat der Zunder der Minne Funken geschlagen, ganz ohne negative Empfindungen. *Liebe* und *lust* (vgl. GA VII,39, v. 12)[128] treten mächtig hervor; *der minnen craft muz sich also beginnen* (GA VII,39, v. 19; ‚So

[121] Vgl. HUBER [Anm. 43], S. 143f.

[122] Im 2. Stollen von GA VII,3, v. 7–11: *Wa wont natur in hefte, / sit si aller dinge walten hat! / mit gote, durch got, in gote / sie tirmet, swaz er tirmen lat, / uz sime bote quam sie nie tac* (‚Unter welchem Gesetz wohnt Natur, nachdem sie doch über alle Dinge herrscht! Mit Gott, durch Gott, in Gott wirkt sie, was dieser sie wirken lässt. Aus seinem Gebot kam sie keinen einzigen Tag').

[123] So schließt GA VII,*5, v. 19: *sie trübet nicht, wan menschen lust unreine* (‚Nichts trübt sie, außer die unreine Lust des Menschen'). *Lust* als Naturkraft ist für Frauenlob im naturphilosophischen Kontext prinzipiell positiv besetzt, daher liegt der Akzent auf *unreine*, die Rede ist von sündiger Lust.

[124] So das Hauptthema von GA VII,3.

[125] Vgl. *der naturen gilwe* (GA VII,1, v. 15). Komplexe bildliche Verdichtung in GA X,2, v. 9–11: *Naturen lust gab apfels bruch, / nature brach naturen spruch, / sol ich nature melden?* (‚Lust der Natur gab Bruch des Apfels, Natur [selbst] brach den Spruch der Natur, muss ich Natur anzeigen?') Die Stelle verbindet das Pflücken des Apfels durch Eva mit dem Bruch des Naturgesetzes. Die Abspaltung des positiven natürlichen Begehrens in eine sündhafte Variante wird hier verkürzend dem Naturbereich selbst zugeordnet. Vgl. Anm. 45.

[126] MARGRETH EGIDI: *Höfische Liebe. Entwürfe der Sangspruchdichtung. Literarische Verfahrensweisen von Reinmar von Zweter bis Frauenlob*, Heidelberg 2002 (*GRM-Beiheft* 17).

[127] Analyse ebd., S. 160–170.

[128] Zur terminologischen Konstanz des Wortpaares BEIN [Anm. 44].

muss die Kraft der Minne anheben'). Nachgetragen wird noch die Voraussetzung, dass Gleich zu Gleich kommen (*simile simili*) und dass das Verhältnis heimlich bleiben muss (GA VII,40, v. 1–6). Erst jetzt setzen auch schmerzliche Gefühle ein, aber die Scham möge weichen, und ein vorsichtiger Zeichentausch vom Herzen über die Augen kann die Beziehung verstetigen.[129]

Die Strophe GA VIII,15[130] hält sich, vom *visus* zum *colloquium* und zum *osculum* weiterschreitend, beim Tausch verliebter Küsse auf und verweist auf die kommenden inneren Konflikte, die vor dem Herrscher *Amor* (GA VIII,15, v. 18) ausgefochten werden.[131] In ihren Auswertungen stellt EGIDI fest, dass Frauenlob über die naturphilosophische und sexualpsychologische Beschreibung des Blicktausches und über eine pragmatische Verhaltensdidaxe[132] hinaus ethische Normierungen durchsetzt. Er eröffnet einen intimen, nur dem Paar zugänglichen Innenraum, in welchem die Einheit und Gleichwertigkeit des weiblichen und männlichen Partners herrscht und in dem die bejahte sexuelle Lust als Ausgangs- und Zielpunkt werthafter Liebe wirksam ist.[133]

Besondere formale Probleme stellen die Frauenpreis-Strophen, die ein einziges Thema obstinat umkreisen, eben das Lob des *wibes*.[134] Schon der ältere Sangspruch verfährt einerseits durch anaphorische Akkumulation, anderseits durch metaphorische Verknüpfung. Frauenlob gelingt es, subtile inhaltliche Einheiten zu organisieren, „in denen der Gegenstand in seinen verschiedenen Einzelaspekten und zugleich seiner Einheit erfaßt wird."[135] Nehmen wir etwa die Gruppe GA VII,35–37. Die *wa* (,wo?')-Anapher in Strophe 35 leitet von den beglückenden Erfahrungen bei der Entzündung des Liebesfeuers (sofort mit der Perspektive von Wortwechsel und Vereinigung) auf eine Liebesethik über: *wa gruntfest aller selikeit, / wa muter aller eren, / wa swester der bescheidenheit, / der maze ein bruder wol behut, / ein vater wise an volbedachtem sin?* (GA VII,35, v. 8–12; ,Wo das Fundament aller Beglückung? Wo die Mutter aller Ehren? Wo die Schwester des Unterscheidungsvermögens? Wo der Mäßigung ein Bruder, ein Vater, weise in seinem tiefsinnigen Verstand?') Die personifizierenden Metaphern übergreifen in ihrer Reihe männliche und weibliche Verwandtschaftsverhältnisse. Es schließen sich typische Männertugenden an mit ritterlichem Mut, Tapferkeit, Freigiebigkeit; ferner Scham, Anstand und überhaupt *tugende craft* (GA VII,35, v. 17; ,die Fülle der Tugend / die Fähigkeit zur Tugend'). Als Pointe wird am Strophenende die Antwort auf die ge-

129 Ohne den physiologischen Hintergrund kommt eine Blick-Didaxe im Kurzen Ton aus (GA XIII,49–50). Theoretischer Rahmen ist hier die Reflexion auf die Zeichenhaftigkeit von Gebärden. Vgl. EGIDI [Anm. 126], S. 118–120.

130 Ebd., S. 170–180.

131 Wenn EGIDI (ebd.), S. 180, von einem „Selbstwiderspruch" der Liebe spricht, trifft das auf die Gefühlswelt der Liebenden zu; das Nacheinander eines leidfreien Liebes-Stimulus, dem im Konflikt mit äußeren Widerständen eine aus Lust und Schmerz gemischte Gefühlswelt unter der Herrschaft Amors folgt, die aber trotzdem werthaft bleibt, scheint konzeptuell zu überwiegen. Zu einem in den verschiedenen Werkkontexten weitgehend homogenen Modell der Minneentstehung HUBER [Anm. 44].

132 In diesem Sinne deutlich die Männerlehre GA VI,9–11. Vgl. EGIDI [Anm. 126], S. 107–118; Blick-Didaxe auch in GA XIII,49–50 (und nahestehenden Strophen), ebd., S. 118–120.

133 Ebd. passim.

134 Ebd., Kap. 4.2., S. 216–245. Anschließend eine Analyse des *wip-vrouwe*-Streits.

135 Ebd., S. 217.

stellte Frage gegeben: *wip, din vil süze meisterschaft / daz allez kan, des sie gelobt din bilde* (GA VII,35, v. 18f.; ‚Frau, dein so süßes Schöpfertum vermag das alles, drum sei gelobt deine Erscheinung'). In der Wie-Frage der Strophe GA VII,36 überwiegt die Umformung negativer Affekte zu positiven, bis im Abgesang der Strophe die Fragestruktur verlassen wird und ein Emanationsstrom durch die vier Elemente vom Feuer (der Sonne) durch die Luft und durch das Wasser in Tau und Regen ins Herz des Mannes (an der Stelle der Erde) gezeichnet wird. *ja, wibes nam, der wunsch ist dir gerichte* (GA VII,36, v. 19; ‚Ja, Name ‚Frau', die Vollkommenheit steht dir zur Verfügung' oder näher an der wörtlichen Semantik und mit Richtungswechsel: ‚Ja, Inbegriff der Frau, alles, was man [der Mann] wünscht, richtet sich auf dich'). Beide Strophen unterfüttern somit das Prinzip der Reihung mit tiefer liegenden inhaltlichen Kontexten.

Hier nehmen auch die anscheinend beliebig häufenden Lobaspekte an den übergreifenden Konzepten des Frauenlob'schen Gedankenkosmos teil. In der Gruppe GA VIII,15–17 folgt auf eine Anaphernkette in Strophe 15 eine Begründung des Frauenlobs mit der bekannten etymologisierenden Unterscheidung der Namen *wip*[136] und *vrowe.*[137] Der Abgesang fügt dem das Motiv vom liebesbegründenden Blickwechsel an und eine Mahnung an den Mann zum Frauenpreis. Die nur fragmentarisch erhaltene Strophe GA VIII,*18 evoziert den naturphilosophischen Rahmen mit der Formung der Materie und der Verflechtung der Elemente durch die Instanz der Natur. Von hier aus folgt der Schritt zur Schöpfungsgeschichte: *Lop si dir Adam, durch din bein, / von dem erschein / uns wibes bilde!* (GA VIII,*18, v. 8–10; ‚Lob sei dir, Adam, durch deine Rippe, aus der uns die Gestalt der Frau erschien.') Zutreffend konstatiert EGIDI, dass damit „der weltliche Gehalt nicht durch den religiösen überformt wird" und dass der Frauenpreis im Fahrwasser der höfischen Tradition keine „klerikalen Eheauffassungen transportiert".[138] Die Erscheinung des Weiblichen reicht aber, wie die Strophe entwickelt, vor Adam zurück, ja sie ist als Prinzip des Gebärens selbst die Voraussetzung seiner Erschaffung. Auch hier zeichnet sich eine androgyne Einheit ab, die in die Bewegung der Universalschöpfung der Teilung der Geschlechter vorausgeht. Schließlich nimmt es nicht Wunder, dass auch eine Anspielungsebene auf Maria als Medium der Inkarnation aufblitzt.[139]

Nicht in unserem Blickfeld befand sich bislang eine weitere, teils konnotativ, teils direkt angesprochene Thematik. Die dritte Strophe der erwähnten Gruppe GA VII,35–37 erläutert mit der anaphorischen Wodurch-Frage die Herkunft von Freude in der Welt. Dabei webt sie in dichter Folge Hinweise auf die Kunst der Musik ein (GA VII,37, v. 3–6). Die Fährte wird im zweiten Stollen zugunsten einer Stände-Reihe verlassen. Woher die Geistlichen und die Ritter mit ihren Turnieren? *Wadurch ist pris und meisterschaft? / wadurch ist pfifen und gesanc? / wadurch ist zuht in tugenden schon geziert? / Wadurch sint prises döne?* (GA VII,37, v. 10–13; ‚Wodurch gibt es Preis und Meister-

[136] GA VIII,17, v. 7: *wunne, irdisch paradis* (‚Wonne, irdisches Paradies') für die Frau als Geschlechtspartnerin.

[137] GA VIII,17, v. 9: *vro, we da bi* (‚Froh, Weh zugleich') für die Frau als Mutter.

[138] EGIDI [Anm. 126], S. 237f.

[139] GA VIII,*19, v. 12 und Folgeverse; mit Verweis auf die Einhorn-Allegorie schließt die Strophe: *got nam zu dir die vlucht* (GA VIII,*19, v. 21; ‚Gott floh zu dir [in deinen Schoß]'). Vgl. EGIDI [Anm. 126], S. 239–241.

schaft? Wodurch gibt es Pfeifen und Gesang? Wodurch ist Anstand unter den Tugenden schön geschmückt? Wodurch gibt es die Töne des Lobs?‘). Als Grund und Ziel all dieser Werte (Doppelaspekt des *wadurch*) fungiert natürlich die zu preisende Frau, aber die besondere Pointe liegt darin, dass die versammelte Werthaftigkeit ihren Ausdruck in den Künsten findet und die Anaphernreihe auf die Selbstreflexion von Lobdichtung hinausläuft. Vom Turnier leitet die Strophe also über zum Thema der Meisterschaft des Gesangs, die sich – so ist die Brücke zu schlagen – ebenfalls kompetitiv in Dichterwettkämpfen erprobt. Damit ordnet die Strophe den Dichtersänger in die Ständeordnung und dahinter in die Prozesse der großen Weltschöpfung ein.

IV Antagonismus der Schöpfungsinstanzen

In einer resümierenden Perspektive können wir hier den 21-strophigen Streit zwischen Minne und Welt anschließen (GA IV). Das Gedicht, eines der groß angelegten Werke Frauenlobs, greift die wichtigsten Punkte seiner Gedankenwelt auf und gibt ihnen eine spezifische antagonistische Perspektive. In zwei Strophen exponiert die Stimme des Dichters die Auseinandersetzung: *Ich han der Minne und ouch der Werlte craft gewegen / nu dünket mich, daz ich enmag / ir beider keine wis entbern. / ich weiz doch wol, welche unter in zwein me wirden hat* (GA IV,1, v. 1–4; ‚Ich habe der Minne und auch der Welt Kraft auf die Waage gelegt. Nun scheint es mir, dass ich die beiden unter keinen Umständen entbehren kann. Ich weiß aber ganz genau, welche von den zweien mehr Würde hat‘). Die streitenden Parteien werden vorgestellt, zuerst die *Minne*, der nach dem Muster eines vorentschiedenen Streits von vorn herein der Vorrang zugesprochen wird, dann die *Werlt.* Anschließend kehren die Kontrahentinnen jeweils eine Strophe lang ihre Vorzüge und die Schattenseiten der Gegnerin heraus, bis das Streitgespräch mit einem Votum der *Minne* für ihren Sieg ziemlich abrupt endet.

Die Ausgangslage und der Ablauf der Auseinandersetzung machen es der Interpretation nicht leicht. Eine besondere Schwierigkeit liegt in der mehrschichtigen Konzeption der gegnerischen Instanzen. Einerseits repräsentieren sie in der Literatur der Volkssprache etablierte Größen, die eine kontroverse Werthaftigkeit und ein reiches Diskussionspotential aus dieser ihrer Vergangenheit mitbringen. Zusätzlich werden sie unterlegt mit lateinisch-philosophischen Theoremen und, damit nicht genug, bereits deren planvoller Umprägung in Frauenlobs Gedichten. Erst die Verbindung dieser drei ineinander verschränkten Semantiken kann ein Verständnis des Textes eröffnen.

Der Vorspruch des Dichters setzt die *Minne*-Instanz mit dem Lustprinzip der Liebe (verkörpert in dem Begriffspaar von *liebe* und *lust*) zunächst eng an, gibt diesem aber sofort eine umfassende Reichweite. Die Kraft des Begehrens bewegt die ganze Welt (GA IV,1, v. 7f., *alle ding begern / geminnert und gemeret sin nach Minne rat*; ‚Alle Dinge verlangen nach Minderung und Mehrung, wozu sie die Minne treibt‘). Das gilt für den gesamten Kosmos mit seinen Tierarten (*wurm, vogel, visch, tier* [Säugetiere], GA IV,1, v. 9), den Pflanzen unter und über der Erde (*wurz unde crut,* GA IV,1, v. 10) und sogar die übrige organische und anorganische Natur (*stein unde holz*, ebd.). Der *Werlt* hingegen dient der Dichter mit seinem Gesang, denn sie hat ihm als Lohn die geliebte Frau geschenkt. Auch hier weitet sich die Optik, wenn die *Werlt* als *bernder grunt* (GA IV,2, v. 10; ‚Grundlage des Gebärens‘) und als geordnete Schönheit (so die Grundbedeutung von ‚Kosmos') betitelt wird (GA IV,2, v. 11: *du zierest, als din art gebot*; ‚Du schmückst aus, wie es dein Wesen gebot'). Die Definitionen der zwei Mächte sind in dieser Form nicht ausgewogen, und sie überlappen sich auf dem Feld der Liebe. Trotz der Überordnung der *Minne* scheint die Welt dem Sänger näher zu stehen, und mit dem rückhaltlosen Bekenntnis zum Weltdienst bezieht er eine prekäre, anfechtbare Position.[140]

Nach dieser Exposition äußern sich die streitenden Instanzen zu ihrer Wirkungsmacht, ihrer *craft*, auch ihrem *amt* oder ihrer *kunst*. Beide treten sie auf als Schöpfungsinstanzen und als Grundkräfte des Gebärens; beide können sie die Würde beanspruchen, ihr Amt von Gott herzuleiten und in seinem Auftrag konstruktiv und ‚gut' zu wirken. Mit zwei Hauptargumenten begründet die *Minne* ihre Überlegenheit:

1. Sie erklärt sich bereits in der zweiten Wortmeldung (Strophe 5) als eins mit Gott selbst: *er ist ouch ich und ich bin er* (GA IV,5, v. 11; ‚Er ist auch [zugleich?, in gewisser Hinsicht?] ich, und ich bin er'). Diese verstiegen erscheinende Behauptung erhält ihre Berechtigung durch Frauenlobs Gleichsetzung des kosmischen Minneprinzips mit der platonischen *anima mundi*, die von den Chartrensern mit der dritten göttlichen Person, dem Heiligen Geist, identifiziert wurde.[141]

2. Damit hängt zusammen der Anspruch der *Minne* auf Ewigkeit (Strophe 13). Zwar will sich auch die *Werlt* an Gottes Ewigkeit herantasten, wenn sie sagt: *Ich* [...] *nam in gotes ewikeit / den ursprinc und den anefanc* (GA IV,4, v. 1f.; ‚Ich nahm in Gottes Ewigkeit den Ursprung und den [zeitlichen] Anfang'), aber gerade dadurch weist sie sich als sekundäres Geschöpf Gottes aus. Die *Werlt* nimmt den Platz ein, den in der Philosophie der Schule von Chartres die kosmisch immanente Natur (*Natura*) besetzt.[142] Während aber die Philosophen, voran Alanus ab Insulis, die terminologische Abgrenzung der Funktions- und Machtbereiche anstreben, geht es in Frauenlobs Verteilung gerade um die Überlappung der Zuständigkeiten, und das verleiht dem Streitgedicht seine innere Dynamik.[143]

Der argumentative Schlagabtausch soll hier nicht in allen Schritten nachvollzogen werden. Großen Wert legt die *Werlt* auf die räumliche Erstreckung ihres Machtbereichs, auf den die *Minne* für ihre Tätigkeit angewiesen ist: *Du* [...] *bist / ein wirkerinne uf miner stift,* [...] */ du nimst din wesen uz mir in dich* (GA IV,4, v. 9–12; ‚Du wirkst in meinem Ordnungs- und Rechtsbereich, du nimmst dein Existieren aus mir in dich [etwa: du

[140] Zu den mittelhochdeutschen Polemiken um die Würde der *Werlt* vgl. BURGHART WACHINGER: *Sängerkrieg. Untersuchungen zur Spruchdichung des 13. Jahrhunderts*, München 1973 (*MTU* 42), Kap. 6: *Anonymus gegen Friedrich von Sonnenburg*, S. 139–150. Zum ambivalenten Hintergrund des *contemptus mundi* MANFRED KERN: *Weltflucht. Poesie und Poetik der Vergänglichkeit in der weltlichen Dichtung des 12. bis 15. Jahrhunderts*, Berlin / New York 2009 (*Quellen und Forschungen zur Literatur und Kulturgeschichte* 54 [288]). Eine radikale Ambivalenz von Weltzuwendung und Weltabkehr beschreibt für Frauenlobs Streitgespräch SUSANNE KÖBELE: *Frauenlobs ‚Minne und Welt'. Paradoxe Effekte literarischer Säkularisierung*, in: *Literarische Säkularisierung im Mittelalter*, hg. von SUSANNE KÖBELE und BRUNO QUAST, Berlin 2014 (*Literatur – Theorie – Geschichte. Beiträge zu einer kulturwissenschaftlichen Mediävistik* 4), S. 221–258.

[141] Wie Anm. 43.

[142] Wie Anm. 108.

[143] Vgl. die Schemata bei HUBER [Anm. 42], S. 425–428.

existierst aus mir heraus]').[144] Anderseits muss sie versuchen, einen Keil zwischen die *Minne* und Gott zu treiben: *die ware minne und din geschicht / sint ungelich,* [...] *und dir gebürt / Nicht wan der nam* (GA IV,6, v. 7–9; ,Die wahre Minne und deine Tätigkeit sind nicht dasselbe, und dir steht nichts als der Name ,Minne' zu'). Einen defizienten Seinsstatus sucht die *Werlt* in dieser Strophe der *Minne* durch den Vergleich mit dem illusionären Spiegelbild und dem Regenbogen zu unterschieben.

Dagegen wird die *Minne* nicht müde, ihre Identität mit Gott zu beteuern. Nach der frühen Selbstdefinition oben (GA IV,5, v. 11) entscheidet sie kurzerhand den Streit: *Din rede nicht scheit / got unde mich: wir bliben ein, die schrift daz seit* (GA IV,21, v. 9f.; ,Deine Rede trennt nicht Gott und mich. Wir bleiben eines, die Bibel[145] sagt das'). Weiter lässt sie eine Affinität zum geistigen Prinzip der Seele anklingen.[146] Schließlich geht es ihr um die Werthaftigkeit der Liebe in der Tradition des höfischen Minne-Diskurses, und zu dieser Liebe gehört auch die Sexualität, die als Ursprung und Ziel der Personenliebe, vom Blickkontakt bis zur Erfüllung ihre Rolle spielt. Dieser in zahlreichen Spruchstrophen traktierte Bereich wird bereits in der Rede des Dichters (Strophe 1) eingeführt und steht im Zentrum der ersten Selbstdarstellung der *Minne* (Strophe 3). An anderer Stelle lokalisiert die *Minne* in bemerkenswerter Überdehnung die Kraft des Begehrens auf drei ontologisch differenten Ebenen, die nur im Begriff der schöpferischen *anima mundi* zusammen gedacht werden können: *ob ich drivaltig si, daz nim in dinen mut: / Zu himel zwischen Crist und sines vater rat, / hie zwischen man und wibes gir, / daz dritte ich dir nicht sliezen wil, / daz ist an aller frucht. der drlch mir wirde tut* (GA IV,9, v. 4–8; ,Ob ich dreifaltig bin, das bedenke in deinem Sinn: Im Himmel beim Rat Christi mit seinem Vater [gemeint ist wohl der vorzeitliche Schöpfungsrat Gottes, an dem die *Minne* als Heiliger Geist beteiligt ist]; hier auf Erden beim Begehren zwischen Mann und Frau; auch das Dritte will ich dir nicht vorenthalten, es findet sich bei jeder Frucht. Diese Dreiheit verleiht mir Würde'). Das spannend hinausgeschobene Dritte dürfte sich auf den außermenschlichen Naturbereich beziehen; ferner klingt möglicherweise auch eine geistige Fruchtbarkeit an, die in der nächsten Rede der *Minne* in Strophe 11 zum Tragen kommt.

In dieser Strophe setzt sich die Ebene des ethischen Diskurses durch, der weite Strecken des Streitgesprächs besetzt. Grundsätzlich präsentiert sich die Instanz wie in der höfischen Minnetheorie als *schaffer aller tugent* (GA IV,15, v. 11; zum Thema die ganze Strophe 15). Trinitarisch faltet das die Strophe 11 auf: *Ich Minne minne maze, maze minnet mich, / bescheidenheit ist unser frucht* (GA IV,11, v. 1f.; ,Ich Minne minne das Maß, das Maß minnt mich, / Unterscheidung ist die Frucht aus uns beiden'). Ob und

144 Als Raum der vier Elemente verwaltet die *Werlt* auch das materielle Prinzip, das in Kombination mit dem aristotelischen Formprinzip das konkret Existierende ausmacht. Die *Werlt* ist also nicht auf Materie in ihrer Abstraktion festzulegen, sondern setzt in ihren Erscheinungen immer bereits geformte Materie voraus: *Werlt forme mit materjen hat* (GA IV,6, v. 5; ,Die Welt hat Form mit [auf der Grundlage von] Materie'). Als Problem stellt sich hier implizit die Frage: Woher bezieht die Minne ihre Form?

145 GA [Anm. 4] zur Stelle, S. 719, zit. 1 Joh. 4, 7f.: *Charissimi, diligamus nos invicem, quia charitas ex Deo est;* [...] *Qui non diligit non novit Deum, quoniam Deus charitas est.*

146 GA IV,7, v. 3f.; vgl. zur Eingießung der ,Seele' im naturphilosophischen Spruch GA VI,2, v. 12–14.

wie sich eine Analogie zur göttlichen Trinität vertiefen ließe, ist in der fragmentarisch überlieferten Strophe nicht erkennbar; der Text suggeriert, dass das Dreierschema auch nur ornamental und spielerisch eingesetzt sein könnte. Nun versucht die *Werlt*, über das Thema ‚Liebe' ihre Gegnerin in die Ecke der sündigen Lust zu drängen; als Exempel zerstörerischer und sündhafter Liebe nennt sie aus dem Literaturkanon die Figuren Gachmuret, den bindungslosen, im Minnekampf getöteten Vater Parzivals (Strophe 12), und Paris, den Auslöser des Trojanischen Krieges (Strophe 14). Dagegen wehrt sich die *Minne* ihrerseits in betont höfisch gefärbten Argumenten (Strophe 15). Die Standpunkte aber driften immer weiter auseinander. Als Zerrbilder werden von den streitenden Damen der nackte und blinde Amor mit Fackel und Pfeil (Strophe 16) und die schlimme Frau Welt, die von den Schmerzen der Geburt bis zu den Schmerzen des Todes nur übel lohnt (Strophe 19), an die Wand gemalt. In ihrem abschließenden Votum distanziert sich die *Minne* kategorisch von Lastern aller Arten und vertritt ein auf Gott ausgerichtetes werthaftes Naturprinzip, das über den immanenten *mundus* hinaus weist und wohl die ethische Bewährung mit einbezieht: *wan swer in got sin liebe leit, / alsam er der natur gebot, / des sele ist selig und ouch lib und ere gesunt* (GA IV,21, v. 2–4; ‚Denn wer auf Gott seine Liebe stellt, so wie er es der Natur gebot, dessen Seele ist selig [irdisch: glückselig?], und er ist an Leib und Ehre gesund').

Die zwei Schöpfungsinstanzen haben im Verlauf des Gesprächs an Profil gewonnen, aber sie lassen sich, wie wir sehen können, nicht auf gängige Oppositionen reduzieren. Es agieren ja beide auf dem Feld der weltlich-natürlichen Liebe, auf dem sich die Diskurse kreuzen. Die Gegensätze immanent–transzendent oder diesseitig–jenseitig versagen als relevante Trennkriterien; ebenso wenig greifen die Oppositionen materiell–geistig, wertfrei–ethisch werthaft oder weltlich–geistlich.[147] Rückblickend ist abzusehen, dass die religiöse Argumentation nur am Rande der Auseinandersetzung und nicht in spezifisch theologischen Gedankengängen stattfindet. Die Trinität bleibt nur ein Hintergrundmotiv, die Menschwerdung Gottes klingt nur einmal kurz an, ausgerechnet als Pluspunkt auf das Konto der *Werlt.*[148] Insgesamt wird vor allem mit physischen, metaphysischen und ethischen Kategorien gekämpft. Das Streitgedicht zwischen *Minne* und *Werlt* ist ein philosophischer Entwurf auf der Grundlage der naturspekulativen Unterscheidungen der Chartrenser, aber der Fokus hat sich verschoben. Nehmen wir zum Vergleich den *Planctus Naturae* und den *Anticlaudianus* des Alanus ab Insulis! Hier zeichnen quasi-mythologische allegorische Fabeln den Verlauf von Fall und Wiederherstellung der menschlichen Natur. Das Streitgedicht verweigert den geschichtlichen Rahmen. Insofern klammert es auch anders als in den Leichs und in vielen Sprüchen das

[147] Für KÖBELE [Anm. 140], S. 230, ist „Frauenlob ein symptomatischer und hochrangiger Autor, dessen Œuvre von einem universalen (= entdifferenzierten) und zugleich hochdifferenzierten Minnekonzept aus quer durch die Gattungen den Kontrast weltlich-geistlich relativiert".

[148] GA IV,4, v. 6–8: *got selber in min erbe spranc / und wolte sich nimmer forme wern / und nimt für gut noch hiute, daz er wirt min schaz* (‚Gott selbst sprang [Hinweis auf die ‚Sprünge' Christi, vgl. Anm. 82] in meinen ererbten Rechtsbereich und wollte sich der Formung [im Sinne des aristotelischen Formbegriffs] nicht verweigern. Er befindet es noch heute für gut, dass er mein Schatz wird'). Letzteres umschreibt die immer noch stattfindende Verwandlung im eucharistischen Brot. Anderseits dürfte die trinitarisch daherkommende Aufspaltung der *Minne* in drei Tugenden (s. o. GA IV,11, v. 1) ornamental sein und vom theologischen zum ethischen Diskurs überwechseln.

Emanationsmodell mit seiner Metaphorik des Fließens aus. In einer tendenziell synchronen Analyse beschreibt es die Funktions- und Ämterverteilung der Instanzen auf dem prinzipiell werthaften Feld der Liebe, auf welchem konkurrierende Ordnungen in- und nebeneinander einen harmonisch gelingenden Lebensentwurf garantieren sollen. Universalgeschichte schreibt Frauenlob in anderen Gedichten.

V Ergebnisse und Ausblick

Unser Durchgang durch die lyrischen Werkgruppen wollte herausarbeiten, dass trotz der anspruchsvollen, vielfach experimentierenden deutschen Terminologie und der demzufolge häufig entstellenden handschriftlichen Tradierung der Gedichte dem Œuvre eine bis zu einem gewissen Grad konsistente spekulative Ordnung zugrunde liegt.[149] Frauenlob verfügt über tatsächlich außergewöhnliche Kenntnisse aus dem Fundus der Wissenschaften seiner Zeit. Sein souveräner Umgang mit diesen Materialien, an denen er bald mehr die religiöse, bald mehr die säkulare Seite herauskehrt, zeigen ihn als einen philosophisch wie theologisch versierten Dichter, der seine Eigenwilligkeit nie verleugnet. An wichtigen poetischen Verfahren, die letztendlich die semantische Entgrenzung und transgressive Sinnbildung betreiben,[150] möchte ich die folgenden nennen: Frauenlob bevorzugt es in der Makrostruktur seiner Dichtung, abstrakte und bildhafte Einheiten aufeinander zu projizieren und komplex zu verschmelzen. Er generiert so mehrschichtige Sinnkomplexe, die sich von der traditionellen Staffelung der Schriftsinne und den Amalgamen aus vernetzten Bibelstellen unterscheiden. Nicht von ungefähr fordert der Dichter im *Minneleich* seinen *sin* (GA III,2, v. 1) und seine *fantasie*[] (GA III,4, v. 1) zur schöpferischen Arbeit auf. Dem entspricht komplementär ein besonders die Mikrostruktur der Texte prägendes Verfahren, das mit begrifflicher oder bildlich-metaphorischer Kompilation Vieldeutigkeit, man könnte auch sagen Transparenz, herstellt. Diesem Ziel arbeiten eine verschwimmende Syntax und die Vertauschung gewohnter Reihenfolgen zu. Die gewagtesten Experimente finden sich hierzu im *Marienleich*. Das Ergebnis ist Frauenlobs berüchtigte Dunkelheit, welche die Rezipienten gleichermaßen fesselt wie abstößt. Diese Ambivalenz bezeugen für die mittelalterliche Rezeption die

149 WACHINGER [Anm. 25], S. 857, äußert sich zu Frauenlobs Aufnahme der Philosophie der Chartrenser skeptisch: „Ob sich allerdings alle Aussagen in ein stimmiges System fügen, scheint mir fraglich." Diese Skepsis ist nachvollziehbar. Den systematischen Charakter von Frauenlobs Philosophemen sehe ich in terminologischen, auch bildhaften Rekurrenzen angezeigt, aber schließlich in einer gedanklichen Tiefenstruktur der Texte aufgehoben. Die poetische Oberfläche bleibt demgegenüber schillernd und elusiv.

150 Die spezifisch frauenlobische Entgrenzung der Semantik beschreibt exemplarisch SUSANNE KÖBELE: *Frauenlobs Lieder. Parameter einer literarhistorischen Standortbestimmung*, Tübingen / Basel 2003 (*Bibliotheca Germanica* 43), S. 85–87; S. 135–137 [*Marienleich*, *Kreuzleich*]. Vgl. MARION OSWALD: Vor miner augen anger *(I, 4): Schauräume und Kippfiguren in Frauenlobs Marienleich. Eine Skizze*, in: *Imagination und Deixis. Studien zur Wahrnehmung im Mittelalter*, hg. von KATHRYN STARKEY und HORST WENZEL, Stuttgart 2007, S. 127–140. OSWALD zieht Vergleiche zur Kunstgeschichte und notiert Verfahren „durchaus auch in vergleichbarer Komplexität wie bei Frauenlob – schon in der älteren Marienexegetik" (S. 135, Anm. 29). Dieser Spur sollte man nachgehen.

Polemik neben der bewundernden Nachfolge, welche die Grenzen eines authentischen Corpus verschwimmen lassen. Eine Dichtung wie die Frauenlobs bedarf der aktiven Aufnahme, welche die Anstrengung der Entschlüsselung nicht scheut und die Entscheidung zur semantischen Konkretion wagt, daneben aber auch verschiedene Möglichkeiten des Verstehens gelten lässt. Hat sich eine Lektüre etabliert, fordert diese auch schon eine dekonstruierende Gegenlektüre heraus.

Mit diesen rudimentären Bemerkungen möchte ich natürlich einer umfassenden Stilanalyse nicht vorgreifen. In der Form der *praeteritio* seien abschließend noch zwei Themenkomplexe genannt, die an meine Ausführungen anzuschließen wären. Frauenlobs Neufassung der traditionellen ethischen Leitbegriffe und überhaupt die philosophisch-theologische Grundlegung seiner Ethik könnten an verschiedenen Stellen der hier besprochenen Texte angesetzt und im Spruch-Corpus weiter vertieft werden. Ich zitiere dazu die Sprecherin des *Marienleichs*: *Zwar ich binz aller tugent nature / und der materjen nachgebure* (GA I,17, v. 16f.; ‚Fürwahr, ich bin das Naturprinzip aller Tugend und der Materie benachbart'). Die Stelle folgt auf den Paragraphen zur kosmischen Mischung der Elemente und die in diesem Leich deutlichste Anspielung auf die *anima mundi* als *des geistes worchtlich minne* (GA I,17, v. 10). Ein zweiter in meinem Beitrag nicht systematisch erkundeter Themenkomplex betrifft Frauenlobs Literaturtheorie. Nach ihrer Rolle als Naturprinzip der Tugend erhebt die Sprecherin einen weiteren Anspruch auf Kreativität: *swaz ich in dem sinne mure, / speher bilde ich vil behure* (GA I,17, v. 18f.; ‚Was ich auch in meinem Sinn erbaue, mit vielen kunstvollen Bildern errege ich Wohlgefallen'[151]). Das lässt sich von der die Schöpfung planenden göttlichen *Sapientia* sagen oder von der Weltseele, von der innerweltlichen Natur oder von der Gottesmutter – warum sollte die Wendung nicht auch die Brücke zum bildschöpfenden Künstler schlagen?

[151] Das GA-Wörterbuch [Anm. 7], S. 23, übersetzt ‚erwerben, gewinnen' und erwägt außerdem ein ‚*gehiure* machen'. An Letzeres hält sich WACHINGER [Anm. 25], S. 861, und deutet: „macht die Abbilder, die konkreten geschaffenen Dinge, *gehiure* ‚wohlgefällig', weil sie auf ihren Ursprung zurückweisen".

7 Frauenlob und der ‚Geblümte Stil'

SABINE OBERMAIER

im Gedenken an Gert Hübner

Auch wenn, wie JAN DIRK MÜLLER formuliert, „die Bestimmung dessen, was *blüemen* und ein ‚geblümter Stil' ist, immer unsicherer geworden"[1] ist: Unstrittig scheint seine – wie auch immer zu bestimmende – Relation zum rhetorischen Fachterminus *flores* ‚Blumen' zu sein, mit dem die lateinischen Poetiken des Mittelalters die *colores rhetorici* (wörtlich: die ‚rhetorischen Farben', gemeint: die Tropen und Figuren) gelegentlich auch bezeichnen. Daher spricht man heute von ‚Geblümter Rede'– wie GERT HÜBNER das Phänomen lieber genannt sehen will – im Zusammenhang mit deutschsprachigen Texten oder auch nur Textpassagen aus dem 13. und 14. Jahrhundert, „die in dichter und auffälliger Weise mit rhet[orischen] Figuren ausgestattet sind".[2]

I Ein erstes Beispiel: *Geviolierte blüte kunst* (GA VIII,26)

Frauenlobs Totenklage auf Konrad von Würzburg (gest. 1287), in der ein ‚Blümer' über einen ‚Blümer' und das ‚Blümen' ‚blümt', eignet sich besonders gut als Einstieg in unser Thema; ich zitiere nach der Göttinger Ausgabe[3] (alternative Lesart in geschweifter Klammer):

[1] JAN-DIRK MÜLLER: schîn *und Verwandtes. Zum Problem der ‚Ästhetisierung' in Konrads von Würzburg Trojanerkrieg. (Mit einem Nachwort zu Terminologie-Problemen der Mediävistik)*, in: *Im Wortfeld des Textes. Worthistorische Beiträge zu den Bezeichnungen von Rede und Schrift im Mittelalter*, hg. von GERD DICKE, MANFRED EIKELMANN und BURKHARD HASEBRINK, Berlin / New York 2006 (*Trends in Medieval Studies* 10), S. 287–307, hier S. 287f.

[2] GERT HÜBNER: *Geblümte Rede*, in: *Metzler Lexikon Literatur. Begriffe und Definitionen*. Begr. von GÜNTHER und IRMGARD SCHWEIKLE, hg. von DIETER BURDORF, CHRISTOPH FASBENDER und BURKHARD MOENNIGHOFF, Stuttgart [3]2007, S. 226. Vgl. MÜLLER [Anm. 1], S. 288 („Minimalkonsens", siehe dazu auch mein Fazit).

[3] *Frauenlob (Heinrich von Meissen): Leichs, Sangsprüche, Lieder. 2 Teile*. Auf Grund der Vorarbeiten von HELMUTH THOMAS hg. von KARL STACKMANN und KARL BERTAU. *Bd. 1: Einleitungen, Texte; Bd. 2: Apparate, Erläuterungen*, Göttingen 1981 (*Abh. d. Akad. d. Wiss. in Göttingen, Philol.-hist. Kl. III*, 119/120) [= GA].

Geviolierte blüte kunst,
dins brunnen dunst
und din geröset flammenriche brunst,
die hete wurzelhaftez obez
gewidemet: in dem boume künste riches lobes
hielt [] *wipfels gunst*
sin list, durchliljet kurc.

Durchsternet was sins sinnes himel,
glanz, als ein vimel {Hs.: wymel [,]}
durchkernet. luter golt nach wunsches stimel
was al sin blut, geveimt uf lob,
gevult [] <*mit*> *margariten nicht zu kleine und grob;*
sins silbers schimel
gab gimmen velsen schurc.

Ach, kunst ist tot! nu klage [], *armonie,*
planeten tirmen klage, nicht verzie
polus jamers drie.
genade im, süze trinitat,
maget rein, entfat,
ich meine Conrad,
den helt von Wirzeburc. (GA VIII,26)

Der nur in der Jenaer Handschrift überlieferte Sangspruch ist in Frauenlobs ‚Zartem Ton' verfasst. Auch wenn Frauenlob die Melodie und das metrische Schema dieser Kanzonenstrophe damit nicht eigens für die Totenklage entwickelt hat und bei weitem nicht alle Texte in diesem Ton ‚geblümt' sind, so kommt doch das ambitionierte Reimschema (aaabbac dddeedc fffgggc) dem auch formal hohen Anspruch ‚geblümter' Dichtkunst sehr entgegen. Was den Text aber zu einem Paradebeispiel ‚Geblümter Rede' macht, ist die ihm eigene Sprachartistik, die in lexikalischer Exzentrik, syntaktischen Uneindeutigkeiten sowie einer sich verselbständigenden, vor radikalen Bildbrüchen nicht zurückscheuenden und somit eher unanschaulich zu nennenden Bildsprache ihren Ausdruck findet und die sich damit kaum adäquat ins Neuhochdeutsche übersetzen lässt. Ich habe mich daher für eine Form der Übertragung entschieden, die versucht, die Konturen des ‚Außergewöhnlichen' in der Gegenwartssprache nachempfindbar zu machen, und das, was damit inhaltlich gemeint sein dürfte, in Form eines Kommentars nachzureichen. Bei meiner Übertragung bleibe ich nicht sklavisch im gleichen Sprachbereich wie Frauenlob, denn ich bin überzeugt, dass, würde Frauenlob heute dichten, er sehr wahrscheinlich auch das Englische und nicht nur Lateinisches und Romanisches in sein Dichten integriert hätte:

Kunst, Blüte du, Veilchen-*made*,
deiner Quelle feuchter Nebel
und dein rosenflammig Brand
haben gute Wurzelfrucht
gestiftet: Im Baum kunstmächt'gen Lobes
hat inne Wipfels Gunst
sein Können: Lilien über Lilien, exquisit.

Stern über Stern ziert seines Kunstsinns Himmel,
glänzend, (fest) wie ein *Kuneus* (= ‚[Eisen-]Keil‘) {Hs.: glimmerglänzend},
Kern über Kern. Pures Gold nach Wunsches *stimulus*
war all sein Blühen, *affiniert* zu Lob,
voller Perlen, nicht zu zierlich, nicht zu plump.
Seinem Silberweißschimmel
gab Gemmen der Gegen-Felsen-Stoß.

Ach, Kunst ist tot! Nun klage, *harmonia caelorum*,
klagen möge der Planeten Orbit, entzieht euch nicht,
Himmels*polus*, dieser Trauer-Drei.
Sei ihm gnädig, *sweet trinity*, Jungfrau ohne Makel, empfangt ihn,
ich meine Konrad,
den *Star* von Würzburg.

Schon die Apostrophe an die personifizierte *kunst* im ersten Vers wirft (nicht nur syntaktische) Fragen auf:[4] Ist *kunst* hier zweiter Nominativ (so EVA KIEPE: „Kunst, du veilchengeschmückte Blüte") oder Genitivattribut zu *blüte* (so HELMUT DE BOOR: „Du veilchenverzierte Blüte der Kunst" sowie BURGHART WACHINGER, der hier die Stilfigur der Enallage [= syntaktische Zuordnung eines Wortes zu einem Wort, auf das es sich logisch nicht bezieht] ansetzt: „Du veilchenhafte Blüte, Kunst")? Oder muss man die Anrede mit dem *Wörterbuch zur Göttinger Frauenlob-Ausgabe* umschreiben mit „Kunst, die wie Veilchen blüht"? Wie man es dreht und wendet: Keine der vorgeschlagenen Übersetzungen (auch nicht meine eigene) vermag Frauenlobs Gelegenheitsbildung in all ihren Implikationen adäquat wiederzugeben. Denn Frauenlob greift hier bewusst – und bewusst variierend – die marianisch grundierte Bildsprache auf, die Konrad von Würzburg im Prolog zu seinem ‚geblümten‘ Marienpreisgedicht *Die Goldene Schmiede* für seine poetologische Selbstreflexion gewählt hat: Ein Dichter, der Maria ein *schäpelin / sol blüemen unde flechten* (GSchm, v. 62f.;[5] ‚der vorhat, Maria einen Kranz [= ein ehrendes Lob] [mit Worten] zu flechten und mit [rhetorischen] Blumen zu schmücken‘),

[4] Konsultierte Übersetzungen: *Epochen der deutschen Lyrik 1300–1500*, hg. von EVA und HANSJÜRGEN KIEPE, München 1982, S. 35; *Mittelalter. Texte und Zeugnisse*. Bd. 1.1, hg. von HELMUT DE BOOR, München 1988, S. 693; *Deutsche Lyrik des späten Mittelalters*, hg. von BURGHART WACHINGER, Berlin 2010, S. 410f.; außerdem benutzt: *Wörterbuch zur Göttinger Frauenlob-Ausgabe*, unter Mitarbeit von JENS HAUSTEIN redigiert von KARL STACKMANN, Göttingen 1990 (*Abh. d. Akad. d. Wiss. in Göttingen, Philol.-hist. Kl. III*, 186) [= GA-Wörterbuch].

[5] Benutzte Ausgabe: Konrad von Würzburg: *Die Goldene Schmiede*, hg. von EDWARD SCHRÖDER, Göttingen 1926, ^{2}1969 [=GSchm]. In das Typoskript der von KARL BERTAU begonnenen Neu-Edition habe ich leider keine Einsicht nehmen dürfen.

der möge zusehen, *daz er mit roeselehten / sprüchen ez floriere, / und allenthalben ziere / mit violinen worten* (GSchm, v. 64–67; ‚dass er es mit rosenroter Rede blüme und es überall schmücke mit veilchenblauen Worten‘). Frauenlob wendet sich also hier direkt an die Kunst, die Konrad in seinem Marienlob in aller (veilchengemäßen) Bescheidenheit, doch mit allem Aufgebot rhetorischer Blumen und Farben zur Vollendung gebracht hat.

Der sich hier anschließende Bildbruch – die *brunst* (das ‚Brennen‘) im Kontext der Baum- und Blumenbildlichkeit – irritiert, zeigt aber auch, wie anders Frauenlob hier denkt, nämlich in Kategorien der Elementenlehre:[6] Über *brunne*, *dunst*, *brunst* und *wurzel* dürften die vier Elemente mit ihren jeweiligen Primärqualitäten aufgerufen sein, nämlich Wasser (feucht/kalt), Luft (feucht/heiß), Feuer (trocken/heiß) und Erde (trocken/kalt), d. h. die Kunst hat im Falle Konrads für ideale Bedingungen gesorgt; und das Ergebnis (‚die wurzelgestärkte Frucht‘) verbindet Oben und Unten, Himmel und Erde. Deshalb hat Konrads *list* (sein ‚Wissen und Können‘) den Spitzenplatz (die ‚Gunst des Wipfels‘) im ‚kunstreichen Lobbaum‘ inne, wobei das Attribut *durchliljet kurc* (bei KIEPE noch durch Komma getrennt) am sinnvollsten auf Konrads Kunst zu beziehen sein dürfte. Nach dem Veilchen und der Rose ist mit der Lilie nun das dritte der Blumensymbole benannt, die zentrale Marienprädikate sind: In laudativer Absicht werden damit Eigenschaften Marias (Demut, Schönheit und Reinheit) als rhetorische ‚Blumen‘ auf Konrad und seine Dichtkunst übertragen.

Im zweiten Stollen erscheinen die Katachresen noch potenziert. Frauenlob stülpt – nach dem „Prinzip der Bildmehrheit für die gleiche Bedeutung“ wie dem der „Bedeutungsmehrheit für Bilder des gleichen Bildbereichs“[7] – Sprachbild über Sprachbild, so dass man in Hinblick auf die Deutung der Verse über ein allgemeines ‚Konrad ist ein hervorragender Dichter‘ kaum hinauskommt, ohne im Metaphorischen stecken zu bleiben – dies möglicherweise auch deswegen, weil sich über den *sin* (den ‚Kunstverstand‘) und die künstlerische Arbeit des Dichters (die man, rhetorisch formuliert, als *inventio* ‚Auffindung‘, *dispositio* ‚Gliederung‘ und *elocutio* ‚sprachliche Ausgestaltung‘ fassen kann) nur in Metaphern sprechen lässt, so wie wir auch heute noch von ‚glänzender‘ Rhetorik und ‚Perlen‘ der Dichtkunst schwärmen. Die kühne Überblendung von Natur-, Goldläuterungs- und Goldschmiede-, Schmuck- und Bergwerks-Metaphern imitiert hier – und dies in überbietender Manier – Konrads Engführung von Marien- und Dichtungsmetaphorik. Es ist allerdings zu überlegen, ob nicht das handschriftliche *wymel* der Konjektur KARL STACKMANNs in (bergmanns-)fachsprachliches *vimel* (‚Eisenkeil‘) vorzuziehen und mit WACHINGER im Anschluss an nhd. *wimmeln* als ‚Glimmer‘ (zu *glanz*) zu deuten ist; allerdings würde ich im Unterschied zu WACHINGER *durchkernet* nicht zu *luter golt* ziehen, sondern für sich stehen lassen, womit – zusammen mit *durchsternet* – traditionelle Mariensymbolik (etwa Konrads ‚Meer-/Morgen-Stern‘ und der ‚Mandel-Kern‘) aufgerufen wäre (und dies in Korrespondenz zu ‚Perle‘ und ‚Edelstein‘ wie auch zu ‚Veilchen‘, ‚Rose‘ und ‚Lilie‘ aus dem ersten Stollen), so dass die Aussage dahinge-

[6] So bereits GERT HÜBNER: *Lobblumen. Studien zur Genese und Funktion der ‚Geblümten Rede‘*, Tübingen / Basel 2000 (*Bibliotheca Germanica* 41), S. 71.

[7] KARL STACKMANN: Redebluomen. *Zu einigen Fürstenpreis-Strophen Frauenlobs und zum Problem des geblümten Stils* (1975), wieder in: KARL STACKMANN: *Mittelalterliche Texte als Aufgabe. Kleine Schriften I*, hg. von JENS HAUSTEIN, Göttingen 1997, S. 298–317, hier S. 307.

hend präzisiert werden könnte, dass Konrads Geist und Dichten ganz von Maria durchdrungen ist.

Im Abgesang wird die Rede vergleichsweise schmucklos: Aufgefordert werden – sämtlich personifiziert – die Harmonie der Himmelssphären, die Planetenbahnen und der Himmelspol, also der gesamte Himmelskosmos, mit in die Klage über den Tod der Kunst, mit dem der Tod Konrads hier gleichgesetzt wird, einzustimmen. Die *süze* (d. h. heilversprechende) Trinität wird gebeten, Konrad gnädig zu sein, und an Maria geht die Bitte, ihn, den Marienpreisdichter, in Empfang zu nehmen, wobei die Nennung des gepriesenen Dichters (der hier als *helt*, also gleichsam als ‚Ausnahme-Mensch‘ tituliert wird) erst – dies ein Kniff vieler Lobreden – ganz zum Schluss der Strophe erfolgt und sogar noch durch entsprechenden Reimklang hervorgehoben wird.

Gegenüber älteren Positionen, die Frauenlob noch „Verschrobenheit und Strudelköpfigkeit“, wenn nicht gar Wahnsinn attestiert haben (so z. B. PFANNMÜLLER),[8] hat STACKMANN deutlich gemacht, dass die nicht nur hier zu beobachtende „Autarkie der Bildsprache“ als ein „Grundproblem der Frauenlob-Philologie“ ernst zu nehmen und dass sie im Zusammenhang mit dem ‚Geblümten Stil‘ zu sehen ist.[9]

II Der ‚Geblümte Stil‘ – Eine kleine Forschungsgeschichte

In aller Kürze seien hier – in Anschluss an GERT HÜBNER[10] – die zentralen Stationen der Forschungsgeschichte zum ‚Geblümten Stil‘ umrissen. Eingeführt hat diesen (nie unumstrittenen) Terminus GUSTAV EHRISMANN 1897 im Rahmen seiner *Minneburg*-Untersuchungen als – und darin folgen ihm OTTO MORDHORST (1911) und noch HELMUT DE BOOR (1962) – Begriff zur Kennzeichnung eines „epigonalen Epochenstil[s]“.[11] Dagegen vertritt HENNIG BRINKMANN (1928) die These, der ‚Geblümte Stil‘ sei „nichts als *ornatus difficilis* in deutscher Sprache“,[12] was viel Widerspruch provoziert hat, so etwa sehr differenziert bei JOHANNES KIBELKA (1963), und was seit ULRICH MÖLKs Studien zum *Trobar clus* (1968) als endgültig widerlegt gelten dürfte.[13] Eine entscheidende Wende in der Bewertung der Formkunst späthöfischer Autoren bringen HUGO KUHNs

8 LUDWIG PFANNMÜLLER: *Frauenlobs Marienleich*, Straßburg 1913 (*Quellen und Forschungen zur Sprach- und Culturgeschichte der germanischen Völker* 120), S. 17 (Zitat) und S. VIII.

9 KARL STACKMANN: *Bild und Bedeutung bei Frauenlob*, in: *FMSt* 6 (1972), S. 441–460, hier S. 459 (erstes Zitat) und S. 444 (zweites Zitat); vgl. STACKMANN [Anm. 7], S. 317–318.

10 GERT HÜBNER: *Die ‚geblümte Rede‘. Zur Theorie und Praxis einer poetischen Technik im späteren Mittelalter*, in: *JOWG* 12 (2000), S. 175–184; HÜBNER [Anm. 6].

11 So nach HÜBNER [Anm. 10], S. 175; GUSTAV EHRISMANN: *Untersuchungen über das mhd. Gedicht von der Minneburg*, in: *PBB* 22 (1897), S. 257–341, hier S. 341 u. S. 322; OTTO MORDHORST: *Egen von Bamberg und ‚die geblümte Rede‘*, Ebering / Berlin 1911; HELMUT DE BOOR: *Die deutsche Literatur im späten Mittelalter. Zerfall und Neubeginn. Erster Teil. 1250–1350*, München 1962, [5]1997, Kap. IX.4, S. 398–404.

12 HENNIG BRINKMANN: *Zu Wesen und Form mittelalterlicher Dichtung*, Halle 1928, ND Darmstadt 1979, S. 100.

13 JOHANNES KIBELKA: Der ware meister. *Denkstile und Bauformen in der Dichtung Heinrichs von Mügeln*, Berlin 1963; ULRICH MÖLK: Trobar clus, trobar leu*: Studien zur Dichtungstheorie der Trobadors*, München 1968, spez. S. 177–199.

Studien zum Schwäbischen Minnesang (1952) und KARL STACKMANNs Mügeln-Studien (1958), die den Blick für das ‚Blümen' als poetische Praxis öffnen, was zu weiteren Untersuchungen, die sich den Bild-Bedeutungs-Relationen bei verschiedenen ‚Blümern' im Detail widmen, angeregt hat (ich nenne hier stellvertretend die Arbeiten von REGINA GRENZMANN zur *Goldenen Schmiede* Konrads von Würzburg und von MICHAEL STOLZ zum *Tum* Heinrichs von Mügeln).[14] Die beiden groß angelegten, linguistischen Zugriffen verpflichteten Studien zum ‚Geblümten Stil' von KURT NYHOLM (1971) und FRIEDER SCHÜLEIN (1976) sind in ihren Ergebnissen allerdings ernüchternd: NYHOLMs Vergleich der vier großen ‚blümenden' Marienpreisdichtungen (Konrads *Goldener Schmiede*, Albrechts *Marienlob*, Frauenlobs *Marienleich* und Mügelns *Tum*) führt zu dem Fazit, dass „bei den vier Dichtern keineswegs ein einheitlicher Stilwille vorherrscht, der uns dazu berechtigen würde, von dem geblümten Stil als von einem Epochenstil oder auch einer Epochenstilrichtung zu sprechen".[15] SCHÜLEIN, der seine Begriffsanalyse statistisch zu untermauern sucht, spricht schließlich sogar von der „Unmöglichkeit einer Beschreibung des ‚geblümten Stils'".[16]

Es ist das Verdienst GERT HÜBNERs (2000), Begriff und Phänomen erneut in den Fokus der wissenschaftlichen Aufmerksamkeit gerückt zu haben, indem er zwischen den skeptischen Positionen NYHOLMs und SCHÜLEINs und dem Ansatz STACKMANNs zu vermitteln sucht. HÜBNERs Einschränkung auf das ‚Lobblümen' – womit die ‚Geblümte Rede' lediglich als „eine funktionale Formulierungstechnik laudativer und vituperativer Rede" erscheint, die „freilich in einer bestimmten Zeit von bestimmten Autoren benutzt wurde"[17] – erfasst zwar einen wichtigen Teilaspekt des Phänomens, dürfte aber insgesamt zu eng sein. So bleibt eine umfassende und allseits überzeugende Theorie des ‚Geblümten Stils' – wie bereits 1950 von HANS PYRITZ gefordert[18] – noch immer ein Desiderat, auch wenn sich gegenwärtig einige wegweisende Positionen abzeichnen: In erhellenden Vergleichen zu Mügeln gelingen SUSANNE KÖBELE (2003) minutiöse Analysen der bildhaften Sprachverwendung in Frauenlobs Minneliedern (mit Ausblicken auf die Marienlyrik).[19] JAN-DIRK MÜLLER (2006) macht dagegen auf inner-konradische Differenzen des ‚Blümens' in geistlicher Marienpreislyrik und weltlichem Erzählen aufmerksam und reflektiert dabei Bedingungen für die (Neu-)Konturierung des Terminus.[20] Für

[14] HUGO KUHN: *Minnesangs Wende*, Tübingen 1952, ^{2}1967; KARL STACKMANN: *Der Spruchdichter Heinrich von Mügeln. Vorstudien zur Erkenntnis seiner Individualität*, Heidelberg 1958; vgl. KARL STACKMANN: Rhetoricae artis practica fontalisque medulla. *Zu Theorie und Praxis des Blümens bei Heinrich von Mügeln* (1955), wieder in: STACKMANN [Anm. 7], S. 318–324; STACKMANN [Anm. 7] und [Anm. 9]; REGINA RENATE GRENZMANN: *Studien zur bildhaften Sprache in der ‚Goldenen Schmiede' Konrads von Würzburg*, Göttingen 1978; MICHAEL STOLZ: *Tum-Studien. Zur dichterischen Gestaltung im Marienpreis Heinrichs von Mügeln*, Bern 1996.

[15] KURT NYHOLM: *Studien zum sogenannten Geblümten Stil*, Åbo 1971, S. 71, vgl. S. 123; eine kritische Erwiderung dazu bei STACKMANN [Anm. 7], spez. S. 300f. u. S. 317.

[16] FRIEDER SCHÜLEIN: *Zur Theorie und Praxis des Blümens. Untersuchungen zur Sprachästhetik in der deutschen Literatur des 13.–15. Jahrhunderts*, Bern u. a. 1976, S. 167.

[17] HÜBNER [Anm. 6], S. 443 (erstes Zitat); HÜBNER [Anm. 10], S. 180 (zweites Zitat).

[18] So in seiner Einleitung zu *Die Minneburg*, hg. von HANS PYRITZ, Berlin 1950, S. LXXIf.

[19] SUSANNE KÖBELE: *Frauenlobs Lieder. Parameter einer literarhistorischen Standortbestimmung*, Tübingen / Basel 2003 (*Bibliotheca Germanica* 43).

[20] MÜLLER [Anm. 1], S. 304–307.

BEATE KELLNER (2009) ist das *blüemen* „als poetologischer Begriff“ und in Relation zu *meisterschaft* zu verstehen.[21] Neu überdacht wird auch das Verhältnis des ‚Geblümten Stils‘ zum *dolce stil novo* (so bei KÖBELE) wie überhaupt zu Ästhetizismus und Manierismus (so bei MÜLLER); und so kann ULRICH ERNST (2015) den ‚Geblümten Stil‘ wieder als eine ‚Stiltendenz‘ in die von ihm nachgezeichnete Geschichte der „Rhetorisierten Literatur“ einordnen.[22] SEBASTIAN CÖLLEN (2018) möchte dagegen lieber von ‚Dunklem Stil‘ als von ‚Geblümtem Stil‘ sprechen (obgleich er sich dessen bewusst ist, dass die beiden Termini nicht gegeneinander austauschbar sind);[23] sein kognitionslinguistischer Ansatz hat zum Ziel, ein genaueres Verständnis davon zu vermitteln, wie Frauenlobs Metaphern Bedeutung konstituieren. Wie diese jüngste Arbeit zeigt,[24] hat die Kontroverse um HÜBNERs ‚Lobblumen‘ der Debatte um Frauenlobs Stil neuen Schwung gegeben, indem sie zu einer Debatte um das Problem der Historizität des Metaphernverständnisses erweitert wurde, deren letztes Wort noch nicht gesprochen ist.

III Beispiele: Wo Frauenlob von *blüemen* spricht (besonders GA XI,1 und GA I,19)

Unterschiedlich bewertet wird, was Frauenlob selbst unter *blüemen* versteht. Während NYHOLM eine strikt terminologische Verwendung des Verbs *blüemen* bei Frauenlob ebenso wenig gegeben sieht wie bei Konrad von Würzburg und Albrecht,[25] geht HÜBNER davon aus, dass Frauenlob, Konrad und der *Lohengrin*-Autor mit der Bezeichnung *blüemen* die „Verwendung metaphorischer Ausdrucksformen mit vorzugsweise hyperbolischer Bedeutung in amplifikatorischer Funktion in laudativen Kontexten“ fassen, welche in seiner Arbeit „Lobblumen“ heißen.[26] Dagegen hatte bereits SCHÜLEIN konstatiert: „In seiner [Frauenlobs] Dichtung scheinen sämtliche Tendenzen, welche das ‚blümen‘ als Gesamtklasse sprachästhetischer Möglichkeiten konstituiert, enthalten.“[27]

Gemäß HÜBNERs detaillierten Untersuchungen zum Gebrauch des Wortes *blüemen* bei den von ihm untersuchten Dichtern des 13. und 14. Jahrhunderts lassen sich folgende Wortbedeutungen von *blüemen* unterscheiden:

1. eigentlich: ‚mit Blumen schmücken‘
2. uneigentlich:
   2.1. nicht auf Sprachliches bezogen: ‚schmücken, auszeichnen, überbieten, krönen‘

[21] BEATE KELLNER: *Meisterschaft: Konrad von Würzburg – Heinrich von Mügeln*, in: *Interartifizialität. Die Diskussion der Künste in der mittelalterlichen Literatur*, hg. von SUSANNE BÜRKLE, Berlin 2009, S. 137–162, hier S. 162.

[22] ULRICH ERNST: *Rhetorisierte Literatur*, in: *Handbuch Literarische Rhetorik*, hg. von RÜDIGER ZYMNER, Berlin / New York 2015, S. 21–93, hier S. 46–48.

[23] SEBASTIAN CÖLLEN: Gefiolierte blüte kunst. *Eine kognitionslinguistisch orientierte Untersuchung zur Metaphorik in Frauenlobs* Marienleich. Diss. Upsala 2018. Online verfügbar unter: http://urn.kb.se/resolve?urn=urn:nbn:se:uu:diva-347182, hier S. 25f.

[24] Ebd., Kap. 1.4, S. 29–41 (Forschungsbericht).

[25] NYHOLM [Anm. 15], S. 123.

[26] HÜBNER [Anm. 6], S. 442.

[27] SCHÜLEIN [Anm. 16], S. 154 (Herv. i. Orig.).

2.2. auf Sprachliches bezogen:

2.2.1. *geblüemet* untechnisch (ohne rhetorische Kategorien im Kontext): ‚auserlesen‘ (oft für rhetorische Interpretation offen)

2.2.2. technisch (mit weiteren rhetorischen Kategorien im Kontext):

2.2.2.1. im Sinn der Schulrhetorik: ‚mit *flores rhetorici* ornieren‘

2.2.2.2. rhetorischer Terminus für höfische Praxis: ‚hyperbolische Metaphorik in laudativer Funktion einsetzen‘[28]

Die „technische“ Bedeutung macht HÜBNER in Hinblick auf Frauenlob nur für drei Textstellen tatsächlich geltend:[29] GA XI,1, v. 9 (in Bedeutung 2.2.2.2.), GA XIII,7, v. 3 (in Bedeutung 2.2.2.1.) und GA VIII,26 (reklamiert für Bedeutung 2.2.2.2., bezogen auf *fiolieren*). Es bleibt somit nur die Einleitungspassage zum Fürstenpreisgedicht auf vermutlich Erik VI. von Dänemark (GA XI,1), wo die von HÜBNER im Sinne der ‚Lobblumen‘ spezifizierte Bedeutung bei Frauenlob überhaupt vorkommt:

Ich will des sinnes lie florieren
mit roselechten worten, schon probieren
mit redeblumen sunder frist.
hilf, violvar volzieren
ein lob, daz hat sich also wit gebreitet,

[…]
er darf durchgrunthaftiger list,
swer ez so spehe sol blümen,
wan ez in biunde ist gar schon geleitet. (GA XI,1, v. 1–10)

(Ich habe die Absicht, die Laube des Verstandes [= das Haupt] mit röselichen [= rosenfarbenen] Worten zu florieren, sie auf schöne Weise mit Redeblumen auszurüsten,[30] ohne Aufschub. Hilf [angesprochen ist die *kunst*], vollkommen veilchenfarbig auszuschmücken ein Lob, das sich so weit bekannt gemacht hat.
[…] Jeder, der sich verpflichtet fühlt, es [= das Lob] so kunstvoll zu *blümen*, bedarf einer Kunst, die den Grund [der Kunst] ganz und gar erfasst, denn seine Zweige sind bereits über [des Lob-Empfängers] Grundstück ausgebreitet.[31])

[28] HÜBNER [Anm. 6], S. 88.

[29] Ebd., S. 65–72.

[30] Ich folge hier dem Übersetzungsvorschlag ebd., S. 66, Anm. 100 (gegen STACKMANNS ‚dartun, beweisen‘).

[31] Für *leiten* gibt LEXERS Handwörterbuch die Verbindung *eine linden leiten* mit der Bedeutung ‚die zweige derselben nach einer bestimmten richtung biegen, damit sie dort schatten geben‘ an (mit Verweis auf *Parzival*, v. 185, 28); ich denke, dass Frauenlob hier damit das Bild von der ‚Laube‘ weiterspinnt. In der Deutung von *biunde* folge ich dem GA-Kommentar zur Stelle.

Der Kontext dieser Sangspruchstrophe wartet mit mehreren rhetorisch affizierten Wendungen auf, so dass eine ‚rhetorische‘ Bedeutung des Wortes *blüemen* tatsächlich naheliegt. Ob aber der Lob-Bezug von Strophe und Formulierung schon genügt, die laudative Funktion dem Wort *blüemen* selbst einzuschreiben, da wäre ich doch skeptisch; denn der Lob-Kontext hindert HÜBNER auch nicht daran, für den Vers *Ein kranz, den ere geblümet hat* (GA V,11, v. 13: ‚Ein Kranz, den Wertschätzung mit Blumen geschmückt hat‘) aus der ‚Lobblume‘ auf Heinrich von Mecklenburg oder für den Vers *din werdez pfat / durchblümet stat* (GA V,81 v. 15f.: ‚dein wertvoller Pfad [im Sinne von ‚der Pfad deines Wertes‘] steht gänzlich mit Blumen geschmückt da‘) aus der Totenklage um Herzog Heinrich IV. von Breslau die wörtliche Bedeutung anzusetzen.[32] Bei der wörtlichen Bedeutung wäre vermutlich noch die folgende, von HÜBNER übersehene Stelle einzuordnen: GA I,10, v. 8: *min gazzen sint geblümet*, m. E. aber gerade nicht GA I,19, v. 23 – mit dieser Stelle ebenfalls aus dem *Marienleich* macht es sich HÜBNER doch zu leicht, wenn er hier für *blüemen* nur die wörtliche Bedeutung annimmt, ich zitiere die Passage im Folgenden daher ganz:

> *Nu streuwet mir die blumen in min klosen,*
> *bestecket mich mit liljen und mit rosen!*
> *er blume von mir blume wolde entspriezen,*
> *und daz was in der zit, daz sich die blumen schouwen liezen.*
> *die stat hiez Blume, da der blume zu mir blume warf sich in der blumen zit,*
> *und mit dem blumen han ich mich geblümet wit.* (GA I,19, v. 18–23)

> (Nun streut mir die Blumen in meine Klause, / besteckt mich mit Lilien und mit Rosen! / Er Blume aus mir Blume wollte sprießen, / und das geschah zu der Zeit, als sich die Blumen sehen ließen [= zu Mariä Verkündigung am 25. März]. / Die Stätte hieß Blume [= Etymologie von Nazareth], da die Blume sich zu mir Blume warf zur Blumenzeit, / und mit dieser Blume habe ich mich weitherum geblümt [= geschmückt]).

Dieses „bravoura play“ aus *figura etymologica* (*blume* – *geblümet*) und Polyptoton (mit dem Substantiv *blume* in verschiedenen Flexionsformen), das aber wohl in lateinischer Tradition vorgeprägt ist,[33] kann mit BARBARA NEWMAN nicht nur als „notable feature of the *geblümter* Stil“, sondern in der Tat als „self-referential“ bezeichnet werden;[34] und insofern geht WACHINGER – wenn auch vielleicht wiederum zu einseitig – fraglos davon aus, dass Frauenlob das Verb *blüemen* an dieser Stelle als rhetorischen Terminus verwendet.[35] M. E. greifen hier viele Bedeutungen von *bluome* und *blüemen* ineinander:

[32] HÜBNER [Anm. 6], S. 69, Anm. 110.

[33] Zu möglichen Vorbildern siehe WACHINGER [Anm. 4], S. 865f.

[34] BARBARA NEWMAN: *Frauenlob's Songs of Songs. A Medieval German Poet and His Masterpiece*, Pennsylvania 2006, S. 212. Zur heilsgeschichtlichen Dimension der ‚Durchblümung‘ siehe SUSANNE KÖBELE: *Verheißung als Erfüllung. Zur Transformation prophetischer Autorschaft um 1300*, in: *Prophetie und Autorschaft: Charisma, Heilsversprechen und Gefährdung*, hg. von CHRISTEL MEIER und MARTINA WAGNER-EGELHAAF, Berlin 2014, S. 169–196, hier S. 193.

[35] WACHINGER [Anm. 4], S. 866: „Die Geburt der Blume Christus verschafft Maria weithin Lob.“

die konkrete ‚Blume' und das konkrete ‚mit Blumen schmücken', die ‚Blume' im übertragenen Sinne als ‚das Ausgezeichnete / Auszeichnende' und das ‚blümen' im Sinne von ‚auszeichnen', aber auch die rhetorische ‚Blume' und das rhetorische ‚mit Ornatus versehen' – diese semantische Mehrdeutigkeit, ja die Simultaneität von wörtlicher und rhetorischer Bedeutung dürfte von Frauenlob durchaus beabsichtigt sein.

Eine letzte Gruppe von Belegen ordnet HÜBNER der Bedeutung ‚schmücken, auszeichnen' zu und ist damit genauer als das *Frauenlob-Wörterbuch*, das nur zwischen einer allgemeinen und einer rhetorischen Verwendung der Gesamtbedeutung ‚mit Blumen schmücken, schmücken, verherrlichen' unterscheidet:[36] So umschreibt das Epitheton *durchblümet* in GA I,17, v. 15, die Ausgezeichnetheit Marias als *aller formen forme* (‚als Urbild aller Urbilder'); in GA V,101, v. 11 benennt das *blüemen* den Vorgang der Auszeichnung von *vrouwen site* (‚der Lebensart von Damen') durch die Minne. Nur die Bezeichnung *ein gefioliertez wip* (GA XIII,58, v. 7) scheint mir mehr zu bedeuten als nur eine ‚ausgezeichnete' Frau; ich würde es wiedergeben als ‚eine veilchenhafte, heißt: mariengleiche, veilchenbescheidene Frau'.

Wir sehen: Bei Frauenlob wird das Wort *blüemen* in seinem ganzen Bedeutungsspektrum und in seiner ganzen Vieldeutigkeit verwendet; eine Festlegung der Bezeichnung *blüemen* auf den ‚technisch-laudativen' Bereich kann ich in Frauenlobs Wortgebrauch nicht erkennen.

IV Frauenlob und die Geschichte des ‚Blümens'

Ob nun Rudolf von Ems (EHRISMANN) oder Konrad von Würzburg (MORDHORST) am Anfang der Geschichte des ‚Blümens' stehen oder ob das ‚Blümen' nicht doch schon mit Gottfried von Straßburg und Wolfram von Eschenbach beginnt oder ob im Kontext des Minnesangs Burkhard von Hohenfels (KUHN) oder gar – sozusagen *avant la lettre* – Heinrich von Morungen (HÜBNER) der Titel des ersten (Lob-)Blümers gebührt: Für unser Thema ist das nicht relevant. Dass „wir es bei den ‚blümenden' Spruchdichtern seit etwa 1270 mit den Angehörigen einer literarischen Schule zu tun haben, als deren Hauptvertreter man Frauenlob und Konrad benennen kann",[37] wird heute niemand mehr behaupten wollen; doch war und ist Frauenlobs Zugehörigkeit zu den ‚Blümern' seit jeher unstrittig. Auch die Haupttraditionslinien scheinen im Falle Frauenlobs klar zu sein: Fraglos ein zentrales Vorbild für den ‚Blümer' Frauenlob ist – wie Spruch GA VIII,26 eindeutig bezeugt – der von ihm hoch gerühmte Konrad von Würzburg und dessen *Goldene Schmiede*. Nachweislich beeinflusst ist Frauenlob aber auch, insbesondere in den ‚geblümten' Fürstenpreisstrophen, durch Hermann Damen (der selbst jedoch nicht eigentlich ‚Blümer' ist) und durch Albrecht, den Verfasser des *Jüngeren Titurel*, wie auch dessen Vorbild Wolfram von Eschenbach. Ohne Frage hat Frauenlob selbst wiederum – neben Konrad von Würzburg – auf den ‚Blümer' Heinrich von Mügeln gewirkt.

Nicht mehr ganz so einhellig konsonant ist die Forschung bei der Frage, welche der Dichtungen Frauenlobs – neben der Totenklage auf Konrad von Würzburg (GA VIII,26), dem *Minneleich* (GA III) sowie den Einleitungspassagen zu einigen Fürsten-

[36] GA-Wörterbuch [Anm. 4], Sp. 41a.
[37] STACKMANN [Anm. 7], S. 315.

preisstrophen (GA V,7–11; V,*12; V,13–17; XI,1–2) – überhaupt ‚geblümt‘ sind. Insbesondere bei Frauenlobs *Marienleich* gehen die Meinungen auseinander: Für STACKMANN repräsentiert der *Marienleich* die „dunkle Spielart des Geblümten Stils“;[38] NYHOLM spricht in Hinblick auf die Marienpreisdichtungen der ‚Blümer‘ von „extreme[r] Blümung“,[39] KÖBELE von „Frauenlobs ‚durch und durch geblümte[r]‘ Maria“;[40] dagegen gesteht HÜBNER – bedingt durch seinen engen ‚Lobblumen‘-Begriff – dem ‚Blümen‘ in Frauenlobs *Marienleich* „nur eine Nebenrolle“ zu.[41] Für HÜBNER bilden die Versikel 11–12 „die einzige wirklich ‚geblümte‘ Passage des Marienleichs“, wenn auch eine ganz besondere: „Maria blümt ihr eigenes Lob.“[42] Die Beschränkung auf „Lobblumen“ grenzt auch HÜBNERs Analysen von Frauenlobs Minne-Dichtungen (Minnelieder, Minnesprüche und *Minneleich*) auf ganz wenige, meist frauenpreisende Passagen ein.[43] Selbst wenn man HÜBNER in der Beschränkung auf laudative Kontexte nicht folgen mag, es gilt: Wie jeder ‚Blümer‘, so ‚blümt‘ auch Frauenlob nicht immer.

Die für dieses Handbuch nun relevante Frage, ob es so etwas gibt wie ein für Frauenlob spezifisches ‚Blümen‘, wollen wir uns an einer entsprechenden Beispielreihe vergegenwärtigen.

V Eine kleine Beispielreihe: Frauenlobs Tier-‚Blumen‘ in *Marienleich,* Minnesang und *Minneleich*

Der Blick auf Frauenlobs Umgang mit Formen der Tierallegorese eignet sich gut, um seine Art des ‚Blümens‘ mit der anderer ‚Blümer‘, namentlich Konrads von Würzburg und Heinrichs von Mügeln, zu vergleichen; auch lassen sich damit Unterschiede innerhalb von Frauenlobs eigenen Dichtungen greifen.

V.1 Radikale Reduktion: *min harm, ich wisel* (GA I,9)

Ich beginne mit Konrads Bild von Maria als dem Wiesel, welches das den Basilisken tötende Hermelin gebiert (GSchm, v. 156–165), womit in der tierallegorischen Tradition auf Christi Sieg über den Teufel referiert wird.[44] Allerdings werden hier Eigenschaften, die sonst dem Wiesel selbst zugeschrieben werden, auf das Hermelin übertragen, welches „als eine Art Wieselalbino“ (d. h. als ein ‚weißes‘ und damit besonders ‚reines‘ Wiesel) erscheint:[45]

38 KARL STACKMANN: *Magd und Königin. Deutsche Mariendichtung des Mittelalters*, Göttingen 1988, S. 13.
39 NYHOLM [Anm. 15], S. 20.
40 KÖBELE [Anm. 34], S. 195.
41 HÜBNER [Anm. 10], S. 181.
42 HÜBNER [Anm. 6], S. 200.
43 Ebd., Kap. 8.
44 Dazu grundlegend DIETRICH SCHMIDTKE: *Geistliche Tierinterpretation in der deutschsprachigen Literatur des Mittelalters (1100–1500)*. 2 Bde., Diss. Berlin 1968, hier Bd. I, S. 305.
45 Ebd., Bd. II, S. 602f., Anm. 955.

bi dir bezeichent ist diu wisel
diu daz hermelin gebar,
daz den slangen eitervar
ze tode an siner krefte beiz,
und sinen bluotvarwen sweiz
rerte durch ir beider sturm. (GSchm, v. 160–165)

(Für dich [= Maria] ist ein Symbol das Wiesel, / welches dieses Hermelin gebar, / das die giftige Schlange / zu Tode biss und ihr damit ihre Kraft nahm / und das seinen blutfarbenen Schweiß / vergoss ihres beider Kampfes wegen.)

Konrad setzt Wiesel und Maria nicht nur in ein explizites Analogieverhältnis (*bi dir bezeichent ist*), sondern bietet auch eine die Tier-Proprietät beschreibende Mini-Narratio samt einer angedeuteten Auslegung auf den Sieg über den *hellebasiliscus* (GSchm, v. 156), also den Teufel, durch das *himelharm* (GSchm, v. 172, das ,Himmelshermelin' Christus) durch seinen Tod am Kreuz (vgl. auch GSchm, v. 156–159, 166–181). Dagegen kondensiert Frauenlob das Bild in einen einzigen Vers:

Den slangen beiz min harm, ich *wisel.* (GA I, 9, v. 14)

(Die Schlange [= den Teufel] biss mein Hermelin, ich Wiesel.)

Ob Konrad die direkte Vorlage für Marias Selbst-Identifikation mit dem Wiesel in Frauenlobs *Marienleich* bildet, was gut denkbar ist,[46] ist für unsere Frage unerheblich, und auch, dass Frauenlob aus Konrads *du*-Anrede des gläubigen Preisenden eine *ich*-Rede der sich selbst preisenden Maria macht. Viel wichtiger ist: Frauenlob verkürzt die Mini-Narratio auf ihr absolutes Minimum, nämlich das – damit semantisch uneindeutigere – Verb (*beiz*). Er überführt die Mutter-Kind-Relation zwischen Maria/Wiesel und Christus/Hermelin in eine mehrdeutige Possessivkonstruktion (*min harm*).[47] Und das explizite Analogie-Verhältnis Maria/Wiesel wird – bleibt man bei STACKMANNs Konjektur – zu einem Identität suggerierenden verblosen Nebeneinander von Subjektpronomen und Tier-Bild (*ich wisel*), wodurch die Trennung von *significans* (Bezeichnendem) und *significatum* (Bezeichnetem) aufgehoben erscheint,[48] will man nicht gar *wisel* als das Verb selbst auffassen im Sinne von ,ich wiesele, heißt: ich verhalte mich wie ein Wiesel' – ein Verfahren, das Frauenlob z. B. in Versikel 20 auch mit den Edelsteinnamen praktiziert, die hier z. T. in Adjektive und Verben transformiert erscheinen (z. B. *jachandine* von *jachant* ,Hyazinth', *granatin* von *grânât* ,Granat', *topasieren* von *topâze* ,Topas'

[46] Vorsichtiger HARTMUT FREYTAG: *Beobachtungen zu Konrads von Würzburg ,Goldener Schmiede' und Frauenlobs Marienleich*, in: *JOWG* 5 (1988/89), S. 181–193, hier S. 185. Ein dezidiertes Votum für Konrad als Vorlage dagegen in dem Beitrag von CHRISTOPH HUBER in diesem Band.

[47] CÖLLEN [Anm. 23], S. 214, vereindeutigt die Possessivkonstruktion m. E. unzulässig auf die Verwandtschaftskorrelation.

[48] FREYTAG [Anm. 46], S. 184f.

oder *calcedonete* von *calzedôn* ‚Achat‘). Bei dieser verbalen Lesart wäre Maria dann selbst als Überwinderin des Teufels aktiv. Was vom tierallegorischen Gehalt bleibt, ist aber in beiden Fällen kaum mehr als eine Andeutung, eine Anspielung auf die zugrunde gelegte Analogie.[49] Noch verknappter wäre sie beim eigenwilligen Kompositum *hermelwisel* – einer Lesart, die ein Teil der Handschriften hier aufweist und die (denkt man von Konrad her) Maria und Christus in einem extravaganten Neologismus zu einem einzigen Tier zusammenfügen würde, was im Kontext von Frauenlobs Mariologie (vgl. GA I,12, v. 33: *ich got, sie got, er got*) so absurd gar nicht wäre.

V.2 Kühne Metaphern statt Allegorese: Die *stimme* des Löwen, das *blut* des Pelikans (GA I,12)

Frauenlob verfährt aber nicht immer ganz so hermetisch. Bei den aus der *Physiologus*-Tradition gewonnenen tierallegorischen Marienprädikaten im ‚lobblümenden‘ Versikel 12 greift Frauenlob auf das bewährte *tu es*-Schema zurück, das er hier markant zum *ich binz*-Schema modifiziert:

ich binz die stimme, † do der alte leo lut
die sinen kint uf von des alten † todes flut.
ich binz die glut,
da der alte fenix inne sich erjungen wolte.
ich binz des edelen tiuren pelikanes blut
und han daz allez wol behut. (GA I,12, v. 14–19)

(Ich bin die Stimme dort, wo der alte Löwe / seine Kinder aus der Flut des alten Todes (laut) herausgebrüllt hat [zu mhd. *lüejen* ‚brüllen‘]. / Ich bin die Glut, / in der sich der alte Phönix zu verjüngen suchte. / Ich bin das Blut des edlen, seltenen Pelikans / und habe das alles gut [in mir] behütet.)

Die hier verwendeten Tierbilder sind – wie auch schon das Hermelin-Bild – eigentlich rein christologisch und nur für denjenigen aufzulösen, der mit der *Physiologus*-Tradition vertraut ist, die hier in aller Kürze rekapituliert sei:[50] Der Löwenvater erweckt seine tot geborenen Kinder nach drei Tagen mit seinem Brüllen zum Leben; dies wird meist auf Christi Schrei am Kreuz und Christi Auferstehung gedeutet. Der alt gewordene Phönix verbrennt sich und entsteht aus seiner Asche neu; dies wird als ein Bild für die Auf-

[49] Vgl. STACKMANN [Anm. 9], S. 459: dass „die Bilder immer nur in skizzenhaft andeutender Form vorhanden sind“. Auch JENS PFEIFFER: *Dunkelheit und Licht.* ‚Obscuritas‘ *als hermeneutisches Problem und poetische Chance*, in: *Literaturwissenschaftliches Jahrbuch* 20 (2009), S. 9–42, hier S. 41, sieht in Frauenlobs Verfahren eine „Umkehrung des exegetischen Prinzips der Explikation“, indem er vermutet, dass es „Frauenlobs vornehmliches Bestreben“ sei, „seine Poesie so ineinanderzufalten, dass der in wörtlicher Bedeutung ‚implizite‘ Sinn (wenn überhaupt) nur unter großen interpretatorischen Anstrengungen entborgen werden kann.“

[50] Grundlegend: SCHMIDTKE [Anm. 44], S. 332f. (Löwe), S. 377–379 (Phönix) und S. 367–369 (Pelikan).

erstehung gelesen. Der Pelikan schenkt seinen getöteten Jungen mit seinem eigenen Blut wieder das Leben; dies wird auf Christi Erlösungstod ausgelegt.

Alle diese Bilder funktionieren als Marienprädikate nur, wenn Maria metonymisch zu den Tierbildern in Bezug gesetzt wird – dieses Problem lösen die Marien-,Blümer' jeweils signifikant anders: Konrad von Würzburg apostrophiert Maria als *des lewen muoter* (GSchm, v. 502; ,Mutter des Löwen'), Frauenlob dagegen macht sie zu des Löwen *stimme*. Konrad bezeichnet Maria als *ein fiur des lebetagen* (GSchm, v. 364; ,Feuer des Lebens'), in dem sich der Phönix verjüngt, und ergänzt dies wenige Verse später noch um die Anrede als *lebendez himelholz* (GSchm, v. 376; ,lebendes Himmelsholz'), mit dem Gott das ,Feuer' seines (Heiligen) Geistes entzündet habe. Bei Frauenlob wird Maria dagegen ganz konkret und nicht mehr nur allegorisch mit der *glut* ineins gesetzt. Und wo Konrad empfiehlt, man solle Maria *für daz himelnest / bezeichenlichen immer han* (GSchm, v. 468f.; ,auf ewig als Himmelsnest auslegen'), wo der (sich mit seinem Blut für seine Kinder opfernde) Pelikan aus- und einfliegt, identifiziert Frauenlob Maria mit dem *blut* des Pelikans. Die Prädikate Marias als ,Blut' des Pelikans und als ,Stimme' des Löwen dürften dabei tatsächlich „Erfindungen Frauenlobs"[51] sein. Wo sich schon Konrad nicht mit schlichter Gefäßmetaphorik zufrieden gibt, da gelingen Frauenlob weitaus kühnere Bilder, die zugleich eine präzisere Exegese des Heilsgeschehens ermöglichen: Maria ist nicht mehr nur Gefäß Christi (*und han daz allez wol behut*), sondern zugleich – als ,Stimme' des Löwen, als ,Blut' des Pelikans und als ,Glut', in der sich der Phönix verbrennt – das wesentliche Instrument (!) Gottes bei der Erlösung der Menschen durch die Auferstehung Christi.[52] Wohl deshalb übernimmt Heinrich von Mügeln in seinem *Tum* Frauenlobs Modifikationen, die er aber „im Rückgriff auf Konrad entscheidend umformuliert":[53] Maria ist nunmehr *das milde blut* des Pelikans (Stckm 128, v. 1; ,das Blut der Barmherzigkeit');[54] und der Phönix verbrennt sich in ihrer *küsche flamm* (Stckm 130, v. 3; ,in der Flamme [ihrer] Keuschheit'). Damit bindet Mügeln Marias Teilhabe-Status am Erlösungsgeschehen wieder an allegorische Denkmuster zurück, d. h. Frauenlobs kühne Metaphorik wird zwar zu exegetischer Präzisierung genutzt, dabei aber, indem sie zur Allegorie zurückgeführt wird, gleichzeitig ,gezähmt'. In diesem Sinne wird bei Mügeln auch die Stimme des Löwen (Stckm 127, v. 11) darauf reduziert, dass sie *iren welfen leben schafft* (Stckm 127, v. 12).

V.3 Klang- und Sinn-Explosionen – Exkurs: *wort sint der dinge zeichen* (GA V,38)

Nicht zu unterschätzen ist außerdem die gegenüber Konrad von Würzburg noch gesteigerte ,Klang-Faszination': So bildet in Versikel 9 des *Marienleich* der an Konrad angelehnte, ihn gleichzeitig überbietende Reim *wisel:morgenrisel* (GA I,9, v. 14f.; bei Konrad nur *risel:wisel*) den Auftakt zu einer Klangkaskade „mit unüberhörbarer Lust am raren, exklusiven Reim, *wisel:risel:kisel:zwisel:misel:prisel*".[55] Und in Versikel 12 wird

[51] WACHINGER [Anm. 4], S. 845 (zu GA XII,14f.) und S. 846 (zu GA XII,18f.).

[52] So auch ebd., S. 845.

[53] KÖBELE [Anm. 19], S. 149, gegen STOLZ [Anm. 14], S. 224–248.

[54] *Die kleineren Dichtungen Heinrichs von Mügeln. Erste Abteilung: Die Spruchsammlung des Göttinger Cod. Philos. 21*, 1. Teilband, hg. von KARL STACKMANN, Berlin 1959 [= Stckm].

[55] KÖBELE [Anm. 34], S. 189.

die „vertikale Reimachse ab V. 13 *tut:lut:flut:glut:blut:behut*" ergänzt durch „eine horizontale (die Binnenreime in: *mut, gut, frut, tut*)".[56] Dass es dabei nicht um reines Klang-Geklingel geht, sollte uns Frauenlobs Sinn für semantisch-syntaktische Mehrdeutigkeiten lehren, wie er sich z. B. am Wort *lut* (GA I,12, v. 14) schön zeigen lässt: STACKMANN hat die Form in seinem Kommentar als Form des Verbs *lüejen* ‚brüllen' identifiziert, was bei allen sprachlichen Schwierigkeiten, die der Vers bietet, sicher richtig ist; aber klanglich schwingt natürlich auch das Adjektiv *lut* ‚hell tönend, laut' wie auch das gleichlautende Substantiv mit (*lut*, ‚Laut, Ton, Stimme, Schrei'), und damit erhält die Verbform zusätzliche Tiefe.

Frauenlobs sehr bewusster Umgang mit dem Klang und dem Sinn von Sprache verdankt sich – so bin ich überzeugt – seinem gemäßigt realistischen Sprachdenken,[57] wie es zu Beginn der Einleitungsstrophe zu seinem *hochvart*-Bar GA V,38 explizit zum Ausdruck kommt:

Wort sind der dinge zeichen, sam der meister giht.
da von muz icht
ligen in der worte ringe,
daz sich ie dem dinge
gelichen muz an lut, an art   oder an dem urspringe,
wan ieslich ding sin nam tut melt: [...] (GA V,38, v. 1–6)

(Wörter sind der Dinge Zeichen, wie der Meister [wohl: Aristoteles] sagt. Deshalb muss in der Wörter Ring etwas von dem liegen, das jeweils dem Ding zwingend gleicht in Klang, Wesensart und Ursprung, denn ein jedes Ding [= Objekt] gibt preis sein Name [= Subjekt]: […].)

Der Wortlaut der Strophe ist nur zum Teil gesichert und die Bedeutung von *ringe* auch kaum eindeutig zu fassen.[58] Auch lässt sich keine direkte lateinische Quelle für Frauenlobs Begriffstrias *lut* (lat. *vox*, *sonus*), *art* (lat. *natura*, *genus*, *species*, am wahrscheinlichsten: *proprietas*) und *ursprinc* (lat. *origo*) ausmachen, weshalb sich der sprachtheoretische Hintergrund (Wortableitungsgrammatik und/oder Etymologie) nicht genauer präzisieren lässt.[59] Dennoch: Zweifellos zeugt die Strophe von einem Sprachverständnis, für das der Bezug zur außersprachlichen von Gott geschaffenen Welt ganz zentral

56 Ebd., S. 190.

57 Dazu grundlegend CHRISTOPH HUBER: Wort sint der dinge zeichen. *Untersuchungen zum Sprachdenken der mittelhochdeutschen Spruchdichtung bis Frauenlob*, Zürich / München 1977 (*MTU* 64), S. 25: „Das Universalienproblem steht in den betreffenden Texten nie unmittelbar zur Debatte. Realismus-Denken kommt zum Ausdruck in einer Allgemeinheit, wie sie dem ganzen Mittelalter eigen ist."

58 Zu Textherstellung und Deutung demnächst UTA STÖRMER-CAYSA: *Vier Strophen über* hochvart *im Frauenlobnachtrag der Jenaer Liederhandschrift*, in: *Abhandlungen der Geistes- und Sozialwissenschaftlichen Klasse, Akademie der Wissenschaften und der Literatur Mainz* 2018, Nr. 3, Stuttgart 2018 (im Druck). Ältere Deutungen von *rinc* bei HUBER [Anm. 57], S. 149f.; STÖRMER-CAYSA denkt dagegen an *ringe* im Sinne von ‚Leichtigkeit', was sie als Metapher für die *species intelligibilis* interpretiert (Typoskript, S. 13).

59 HUBER [Anm. 57], S. 142f.

ist und das davon ausgeht, dass „das Wort für das Ding Zeichen und Erkenntniszugang ist“,[60] genauer: dass „in dem Begriff ein mentales Abbild des Dinges steckt, das auf verschiedene Weise abbildlich geworden sein kann“.[61] Und: Frauenlobs ‚Blümen‘ ist Teil dieses auf ein universales Weltverständnis abzielenden Sprachdenkens.

V.4 Syntaktische Paradoxierung: *Sie tut mir als daz pantel – ich singe als der swan* (GA Lied 4)

Frauenlobs Tier-Bilder in Lied 4 sind im Unterschied zu den Gleichsetzungen und Genitivmetonymien im *Marienleich* explizite Vergleiche (im Folgenden mit [!] markiert):

Sie tut mir als [!] *daz pantel bi den tieren:*
dem volgens durch süzen smac in bitterliche not.

Ir spilndez angesichte [] *kann si zieren,*
der schöne freuwe ich mich, die freude treit den tot.

Ich mag nicht volliglichen gesehen
in so trost gebende schöne, † ez en*müze geschehen* []†
ein vallen, als [!] *des aren kint der sunnen brehen*
durch weichen blic tut sterben.
*sol*ch *verderben*
git sie mir, des muz ich jehen. (GA XIV,18)

Ja singe ich als [!] *der swan, der* [] *gein dem ende*
so süzen sang gewinnet, ein *swin*endez *f*ro.

Sie tut mir als [!] dem *venix, den sin brende*
in lust verbrennen, min gemüte lebet also.
[…] (GA XIV,19, v. 1–4)

Queme uz ir süzen munde ein wort geflozzen,
daz tete mich von todes banden komen wider.

Recht als [!] *der* lewe, *der in des todes slozzen*
sin welf erschriet, daz sie lebendig werden sider,

So mag sie mich erquicken wol. […] (GA XIV,20, v. 1–5)

(Sie handelt an mir, wie der Panther an den Tieren: dem folgen sie wegen seines betörenden Duftes in bitteres Leid. Ihr funkelndes Antlitz vermag sie zu schmücken. An der Schönheit freue ich mich, die Freude trägt den Tod in sich.
Ich kann in solch Zuversicht schenkende Schönheit nicht vollständig blicken, es sei denn, es müsse mit einem Fallen einhergehen, wie des Adlers Kind der Sonne

[60] Ebd., S. 144.
[61] STÖRMER-CAYSA [Anm. 58], S. 13f.

Glänzen tötet, weil es dem Anblick der Sonne nicht standhält. Derartiges Verderben schenkt sie mir, davon muss ich sprechen.
Fürwahr, ich singe wie der Schwan, der gegen Lebensende so süßen Sang gewinnt, ein dahinschwindendes Froh. Sie handelt an mir wie an dem Phönix, den seine Brände in Lust verbrennen, mein Herz lebt genauso. [...]
Käme aus ihrem Mund ein Wort geflossen; das könnte mich aus des Todes Banden zurückholen. Genau so wie der Löwe, der seine vom Tod fest umarmten Jungen anbrüllt, damit sie wieder lebendig werden, so vermag sie mich gut lebendig zu machen.)

KÖBELE hat bereits gezeigt, wie – ganz im Gegensatz zu den Tierbildern in den Liedern 4 (Stckm 393–395), 6 (Stckm 399–401) und 7 (Stckm 402–404) Heinrichs von Mügeln, die vermutlich direkt auf Frauenlobs Lied 4 reagieren und wo die Tiere immer eindeutig auf das Ich als Subjekt zu beziehen sind – bei Frauenlob die Subjekt-Objekt-Bezüge ständig wechseln: „*Sie* behandelt *mich* wie der Panther. *Ich* blicke wie das Adlerkind in die Sonne, so tut *sie mir*. *Ich* singe wie der sterbende Schwan. *Sie* bewirkt bei *mir*, daß *ich* wie der Phönix verbrenne. *Sie* soll *mich* wie der Löwe seine Jungen lebendig machen.“[62] Damit erscheint das lyrische Ich „sprachlich als Objekt eines Handelns [...], dessen Subjekt er ist“.[63] Paradox ist damit nicht nur die „tödliche *und* erlösende Wirkung des Anblicks der Geliebten“,[64] sondern auch die *ich*-*sie*-Relation.

Ein ‚Lobblümen‘ im Sinne HÜBNERs ist das wohl sicher nicht (er geht in seiner Arbeit auf dieses Lied auch nicht eigens ein). Unübersehbar erscheinen die Tierstrophen aus Lied 4 deutlich weniger enigmatisch als die Tierpassagen aus dem *Marienleich*, was daran liegen dürfte, dass das *tertium comparationis*, also hier die Proprietät des Tieres, stets explizit mit genannt wird. Doch sowohl in Lied 4 als auch im *Marienleich* bleibt eine explizite (geistliche) Sinnebene der Tier-Bilder konsequent ausgespart (gleichwohl ist sie mitzudenken)[65] – ganz im Gegensatz zu den Tierbildern bei Heinrich von Mügeln, wo „die Bildebene jeweils konsequent auf eine Sinnebene verweist“.[66] Trotz expliziter Vergleichsstruktur versteht man die Tier-‚Blumen‘ aus Frauenlobs Minnelied nur bedingt besser, dies hat – wie KÖBELE bereits gezeigt hat – auch noch einen anderen Grund: „sogar einfache Vergleiche paradoxiert er syntaktisch“.[67] Und in dieser Neigung zum Paradox, die sich auch in seiner Vorliebe für paradoxe Kopulativkomposita (wie z. B. *vatermuter* und *mutervater* in GA I,12, v. 34) zeigt, ist Frauenlob dann doch wieder ganz ‚Blümer‘.

62 KÖBELE [Anm. 19], S. 151f. (Herv. i. Orig. fett); vgl. S. 153: „Bei Mügeln sind die genannten Tiere konsequent auf das sprechende Ich bezogen.“

63 Ebd., S. 161; vgl. ebd., S. 152: „‚Sie mich mit mir selber‘ das ist die wiederkehrende, auch in diesem Fall über die harmlos wirkenden Tiervergleiche durchgespielte grammatische Konstellation Frauenlobs“.

64 Ebd., S. 150.

65 Dazu RALF-HENNING STEINMETZ: *Weltlich-geistliche Tierallegorese in Frauenlobs Lied 4*, in: *Archiv für das Studium der neueren Sprachen und Literaturen* 153 (2001), H. 2, S. 260–279.

66 KÖBELE [Anm. 19], S. 151.

67 Ebd., S. 158.

V.5 Semantische Paradoxierung: *Noch süzer dan des lewen welf ir vater quickendiger gelf* (GA III,17–18)

Die zwölf Tiervergleiche im priamelartigen „Süßigkeitsreigen“[68] in Frauenlobs *Minneleich* sind dagegen nahezu alle syntaktisch ganz parallel gebaut:

Noch süzer dan des lewen welf ir vater quickendiger gelf,
noch süzer dan ein stolze meit in vluht dem eingehürne,
Noch süzer dan dem adelar in siner muze ein brunne clar,
noch süzer dan dem fenice sin wandel nach der bürne, (GA III,17)

Noch süzer dan der honigtrage
der blüte honicsaffec nage,
noch süzer dan dem salamander viures *wage,*
noch süzer dan der luft dem *gamalione,*

Noch süzer dan der erden zins
dem moltwerfe und sins ordens vlins,
noch süzer dan dem hering *dünke wazzers glins,*
noch süzer dan dem *vogelin morgens vrone,*

Noch süzer dan dem lebartin
dri roubes gernde sprünge sin,
noch süzer dan dem pantier *tut sins ruches fin,*
noch süzer dan dem kempfen siges crone, (GA III,18)

Noch *süzer ist der formelicher vröuden tag,*
der dir uz wibes bilde bliczet durch din ougen in dins herzen eigen.
(GA III,19, v. 1f.)

Hier eine Übertragung, die versucht, die syntaktischen Eigenheiten der Frauenlob'schen Diktion beizubehalten, auch wenn dadurch kein glatter neuhochdeutscher Text entsteht:

Noch süßer als den Löwenjungen ihres Vaters belebender Schrei,
noch süßer als eine hochsinnige Jungfrau auf seiner Flucht dem Einhorn.
Noch süßer als dem Adler in seiner Mauser eine Quelle klar,
noch süßer als dem Phönix seine Verwandlung nach dem Verbrennen,

Noch süßer als der Honigträgerin
das an der Blüte honigsaftiges Nagen,
noch süßer als dem Salamander des Feuers Bewegung,
noch süßer als die Luft dem Chamäleon,
Noch süßer als der Erde Zins
dem Maulwurf und der harte Kiesel seines Standes [= seiner Art],
noch süßer als dem Hering der Glanz des Wassers dünkt,
noch süßer als dem Vöglein die herrliche Fron des Morgens,

[68] THOMAS BEIN: Sus hup sich ganzer liebe vrevel. *Studien zu Frauenlobs Minneleich*, Frankfurt a. M. u. a. 1988, S. 216.

Noch süßer als dem Leoparden
seine drei Raub begehrenden Sprünge,
noch süßer als dem Panther sein feiner Duft tut,
noch süßer als dem Kämpfer die Siegeskrone,

Noch süßer ist der Tag urbildlicher Freuden,
der dir aus dem Abbild der Frau durch deine Augen in das Eigentum deines Herzens blitzt.

Der gesamte Abschnitt, der neben den Tiervergleichen noch Vergleiche mit anderen Bildspendern (aus Philosophie, Natur, Musik) enthält, zeichnet sich nach HÜBNER aus durch „die poetische Technik des Lobblümens: Die amplifikatorische Reihe hyperbolischer Überbietungsvergleiche, die syntaktische Hyperstrukturierung und die Anapher sorgen für ein geblümtes Paradestück.“[69] Strukturiert ist die Passage nach dem Muster: ‚Noch *süzer dan* diesem oder jenem Tier diese oder jene Tier-Proprietät [in diesem oder jenem Kontext] ist *daz wip* dem *menlich sin* (d. h. ‚der Gesamtheit der Verstandes- und Wahrnehmungskräfte des Mannes‘, die in GA III,20, v. 4, explizit angesprochen wird)‘.[70] Dies suggeriert eine syntaktische Klarheit, wenn nicht gar Über-Klarheit, die allerdings durch hochkomplexe semantische Ambivalenzen konterkariert wird – Ambivalenzen, die gerade durch das Changieren zwischen naturkundlichem Literalsinn, geistlicher Tierallegorese und höfischer Liebes-Topik[71] entstehen und die sich deshalb auch nur dem Leser erschließen, der all diese Traditionen kennt und mit bedenkt. Ich kann dies hier nur in aller Kürze andeuten: Die ersten vier Tiere verbindet ihre heilsgeschichtliche Erlösungs-, Inkarnations- und Auferstehungssemantik, doch während das Löwen- wie auch das Adlerbild der Frau erquickende, ja erlösungsgleiche und verjüngende Funktionen attribuieren, so akzentuieren das Einhorn- und das Phönixbild unterschwellig eher den potentiellen Preis dafür: (Minne-)Gefangenschaft und Tod bzw. Ich-Verlust im Liebesbrand.[72] Im zweiten Tier-Versikel durchschreitet Frauenlob den Kosmos der Tierarten, wobei im Mittelpunkt eine Reihe von vier Tieren steht, die traditionell den vier Elementen als ihren natürlichen Lebensräumen zugeordnet werden: Salamander – Feuer, Chamäleon – Luft, Maulwurf – Erde, Hering – Wasser.[73] Doch auch hier gibt es Formulierungen, die stutzig machen: Warum *kommt* dem Hering der Glanz des Wasser nur ‚süß‘ *vor*? Mit BEIN vermute ich, dass Frauenlob damit auf eine nur *scheinbare* Süße des Wasserglanzes verweist, da das Licht, das den Hering ködert, zum

[69] HÜBNER [Anm. 6], S. 372.

[70] BEIN [Anm. 68], S. 222. Genauer CHRISTOPH HUBER: gepartiret und geschrenket. *Überlegungen zu Frauenlobs Bildsprache anhand des Minneleichs*, in: *Studien zu Frauenlob und Heinrich von Mügeln. Festschrift für Karl Stackmann zum 80. Geburtstag*, hg. von JENS HAUSTEIN und RALF-HENNING STEINMETZ, Freiburg i. Ü. 2002, S. 31–50, hier S. 40: „das, was lichtförmig durch sie [die Frau] hindurchgeht, was sie als formgebendes Freudentageslicht […] dem Mann in ihrer diaphanen körperlichen Erscheinung mitteilt“.

[71] HÜBNER [Anm. 6], S. 368.

[72] Vgl. BEIN [Anm. 68], S. 243f.

[73] Vgl. z. B. Freidank: *Bescheidenheit*, hg. von HEINRICH ERNST BEZZENBERGER, ND Aalen 1962, S. 167, Nr. 109, v. 14–21 (weitere Belege für die Geläufigkeit der Zuordnungen im GA-Kommentar, S. 696, zur Stelle).

Tod des Fisches führt.[74] Und: Welchen *zins* gibt (oder eher: verlangt) die Erde vom Maulwurf und was ist der *vlins* (der ‚harte Stein') seines Standes? Hier vermute ich, dass auf die sprichwörtliche Blindheit des Maulwurfs (wie des Liebenden) angespielt wird. Auch in dieser Vierergruppe gibt es also zwei Tiere, denen die ‚Süße' ihres Lebenselementes ambivalent erscheinen muss. Eingerahmt wird diese Tiergruppe durch die Biene, die ihre Freude am Honig mit ihrer Mühe und Arbeit (*trage* und *nage*) bezahlen muss, und durch den Vogel, der den Anbruch des Morgens mit gesanglichem *vrone*-Dienst zu belohnen hat. Auch der Leoparden- und der Panthervergleich sind unterschiedlich zu akzentuieren: *süze* sind dem Leoparden seine drei Sprünge nur, wenn sie ihm auch tatsächlich zur Beute verhelfen, *süze* ist für den Panther sein Duft, weil er ihm zu reicher Beute verhilft, was jedoch die anderen Tiere ins Verderben stürzt. Frauenlob denkt in diesen Bildern die topische Freude-Leid-Ambivalenz von Minne und Frau als dem „Urbild aller Freuden"[75] radikal zu Ende: In der hier gefeierten *süeze* ist – das legen die Tierbilder frei – die Opposition von freudvollem, lebensspendendem Heil und leidvollem, todbringendem Unglück aufgehoben.

Es ist erhellend, sich im Vergleich dazu noch einmal Mügelns Lied 4 vorzunehmen, das auch ein Reflex auf diese *Minneleich*-Passage sein dürfte, auch hier „Frauenlob-Spezifisches freilich gerade zurücknehmend".[76] Ich zitiere die Passagen, die Frauenlobs Elemente-Tiere betreffen:

Set, wie den salamander für
rett vor dem tode ungehür: sus mich din stür,
mins lebens amm für alle wib besunder.

ich leb dins trostes sunder wan
recht sam der luft gamalion, mins herzen span
entflammet ist von diner güte zunder. (Lied 4, Str. I, Stckm 393, v. 1–6)

[…]
Sich junget in diner tugent glut
min herze sam der fenix tut, in flammen frut
der sich erquicket, in des himels touwe
[…] (Lied 4, Str. II, Stckm 394, v. 1–3)

(Seht, wie den Salamander Feuer rettet vor dem schrecklichen Tod: so [rettet] mich deine Hilfe, Du vor allen Frauen auserwählte Amme meines Lebens.
Wirklich, ich lebe von deinem Trost genau so wie von der Luft das Chamäleon, meines Herzens Span ist von deiner Güte Zunder entflammt.
[…] In deiner Tugend Glut verjüngt sich mein Herz wie es der Phönix tut; dieser erquickt sich in der Flammen Schönheit, im Himmelstau […].)

[74] BEIN [Anm. 68], S. 253.
[75] Ebd., S. 260.
[76] KÖBELE [Anm. 19], S. 149.

Als viertes Tier nennt Mügeln den Tiger (Str. III, Stckm 395, v. 4–6), nicht wie Frauenlob in guter Tradition den Hering; der Zusammenhang Tiere – Elemente ist für Mügeln hier nicht mehr der entscheidende. Neben der für Mügeln charakteristischen Allegorisierung mittels Genitivmetapher, die Bild- und Bedeutungsebene stets sauber trennt, lässt sich hier noch ein anderer Unterschied zu Frauenlob beobachten: Auch Mügeln arbeitet mit Oppositionen;[77] während aber bei Frauenlob die Oppositionen dem Bild auf einer Semantik-Ebene implizit eingeschrieben sind, verschiebt Mügeln sie auf eine explizite Syntax-Ebene, indem er die Bildgegensätze, wie z. B. Tod/Leben, Luft/Feuer, Flamme/Tau als jeweils gleichberechtigte Satzglieder nebeneinander stellt. Auf die erlösende Kraft der Minnedame fällt damit kein Schatten mehr. Die Distanz zwischen Frauenlobs und Mügelns ‚Blümen‘ könnte größer nicht sein.

VI Frauenlob als ‚Blümer‘ – Ein Fazit

Unser kleiner kursorischer Durchgang durch Frauenlobs ‚geblümte‘ Welt hat uns, so denke ich, gezeigt, dass ‚Geblümter Stil‘ vielleicht doch mehr ist als ein „Sammelbegriff für vielerlei Formen von – intuitiv als auffällig wahrgenommener – Abweichung von Alltagsrede und einem als *proprie* definierten Sprachgebrauch“, wie JAN-DIRK MÜLLER den „Minimalkonsens“ zu umreißen sucht.[78] Ich fasse daher meine Ergebnisse in folgenden sieben Thesen zusammen:

1. ‚Blümen‘ ist nicht gleich ‚Blümen‘, das heißt: Jeder ‚Blümer‘ ‚blümt‘ anders – nur würde ich daraus nicht wie NYHOLM und SCHÜLEIN schlussfolgern wollen, dass es so etwas wie den ‚Geblümten Stil‘ gar nicht gibt, sondern ich vermute eher, dass das Ringen um Exzeptionalität und Originalität als ein unabdingbares Merkmal zum ‚Blümen‘ dazugehört[79] – ebenso wie der stete und bei allen untersuchten Autoren zu konstatierende Wille zur Überbietung und gegebenenfalls Korrektur der eigenen Vorgänger.

2. ‚Blümen‘ ist nicht gleich ‚Blümen‘, das heißt auch: Ein ‚Blümer‘ ‚blümt‘ nicht immer gleich. Die Gründe dafür können in unterschiedlichen Gattungsansprüchen liegen (wie dies MÜLLER für Konrads *Trojanerkrieg* im Vergleich zu Konrads *Goldener Schmiede* gezeigt hat). Allerdings vermute ich auch hier, dass dieses Immer-wieder-neu-Ausloten verschiedener Ausdrucksformen ebenfalls ein Charakteristikum des ‚Geblümten Stils‘ selbst sein dürfte; denn die Unterschiede, die für Frauenlobs Tier-‚Blumen‘ zu konstatieren sind, lassen sich m. E. gerade nicht auf Gattungsunterschiede zurückführen (dafür verbindet sie zu viel).

3. Auch dürfte – und dies wird in der neueren Forschung ebenfalls schon mehrfach gesehen – deutlich geworden sein: ‚Blümen‘ ist nicht gleich ‚Lobblümen‘, oder anders gesagt: ‚Blümen‘ ist mehr als ‚Lobblümen‘. Zwar sind laudative Kontexte zentrale An-

[77] Nach KÖBELE (ebd.), S. 153, sind bei Mügeln „Oppositionen auf der Bildebene das textgenerierende Prinzip. [...] Für Mügeln scheint ein hauptsächlicher ästhetischer Reiz in der ungewöhnlich überzogenen Bildspanne zu liegen, in der Kombination möglichst entfernter Bildspenderbereiche.“

[78] MÜLLER [Anm. 1], S. 288.

[79] Ähnlich bereits STACKMANN [Anm. 7], S. 312.

wendungsbereiche für ‚Geblümte Rede' (wie HÜBNER richtig erkannt hat), aber sie ist nicht auf laudative Kontexte beschränkt.

4. ‚Blümen' ist – gerade weil ‚Blümer' auch nicht immer ‚blümen' – immer auch Resultat eines Willens zum ‚Blümen', wie dies MÜLLER schon beobachtet hat: „‚Geblümte Rede' zeichnet sich durch die bewusste und bewusst ausgestellte Verwendung ihrer Mittel aus."[80]

5. Und: ‚Blümen' umgreift – davon geht auch MÜLLERs Mininmalkonsens im Grunde schon aus – weit mehr als nur den rhetorischen Schmuck. Gerade Frauenlob beschränkt seine Extravaganzen nicht auf die Anwendung rhetorischer Mittel, sondern bricht diese auf, spielt mit ihnen, erfindet sie neu, ergänzt sie durch Neologismen und Experimente auf Grammatik-Ebene.

6. Doch von Frauenlob aus gedacht würde ich auch sagen: ‚Blümen' ist nicht nur eine sprachliche Praktik, eine poetische Technik, sondern auch eine Denkform,[81] die tief im Sprachdenken ihrer Autoren verwurzelt ist und die die Reflexion über Sprache im Sprachgebrauch mit einschließt. In diesem Sinne hat MARION OSWALD schon darauf hingewiesen, „dass Frauenlob eigens vorführt, wie und in welchem Ausmaß sich Sprachzeichen an die Grenze ihrer Repräsentationsfunktion treiben lassen",[82] wenn er nicht gar die ‚Repräsentationsfunktion' als solche aufzuheben sucht.

7. Aus These 1 und 6 folgt schließlich auch, dass es tatsächlich so etwas gibt wie ein für Frauenlob spezifisches ‚Blümen'. So verzichtet Frauenlob – im Unterschied zu Konrad von Würzburg und Heinrich von Mügeln – nahezu programmatisch auf Formulierungen, die Bild und Bedeutung in ein explizites Verhältnis der Analogie setzen, wie er überhaupt sprachliche Bilder so verzahnt und addiert und gleichzeitig auf das Äußerste reduziert, ja subtrahiert, so dass kaum mehr als eine vage Andeutung bleibt.[83] Selbst dort, wo sich explizite Vergleichsstrukturen finden, bleiben diese ganz auf der Bild-Ebene; und auf diese Weise transformiert Frauenlob geläufige Allegorien in kühne Metaphern. Seine zentrale Denk- und Sprachfigur ist das Paradox;[84] sie prägt nicht nur seinen exzentrisch-experimentellen Umgang mit Sprache auf Laut-, Wort-, Satz- und Bedeutungsebene, sondern auch ganz grundsätzlich sein ‚Blümen', das als ein ‚Blümen' gefasst werden kann, in dem selbst noch der Gegensatz zwischen *significans* und *significatum*, zwischen Bild und Bedeutung aufgehoben erscheint. KÖBELE hat für die

[80] MÜLLER [Anm. 1], S. 288.

[81] Vgl. ebd., S. 293, wo MÜLLER von Konrads *Goldener Schmiede* aus denkt: ‚Blümen' „ist nie als ein bloß elokutionelles Phänomen zu erfassen [...]; *blüemen* ist ein stilistischer Gestus der Rede vom Heiligen – und seiner sprachlichen Unerreichbarkeit." In eine ähnliche Richtung weist m. E. auch HUBER [Anm. 70], S. 47.

[82] MARION OSWALD: Vor miner augen anger *(1,4): Schauräume und Kippfiguren in Frauenlobs Marienleich. Eine Skizze*, in: *Imagination und Deixis. Studien zur Wahrnehmung im Mittelalter*, hg. von KATHRYN STARKEY und HORST WENZEL, Stuttgart 2007, S. 127–140, hier S. 137.

[83] Dazu grundlegend schon STACKMANN [Anm. 9], S. 459.

[84] KÖBELE [Anm. 19], S. 202: „Die Denk- und Sprachfigur des Paradox ist bei Frauenlob als bestimmendes Strukturprinzip auf mehreren Ebenen wirksam. Seine Liedpoetik läßt sich als implizite Poetik des Paradox beschreiben." So auch HUBER [Anm. 70], S. 47.

„Frauenlob-spezifische Gleichzeitigkeit von Bildebene und Bedeutungsebene“ den Begriff ‚Umbesetzungen‘ geprägt.[85]

***

Ich bin mir durchaus bewusst, dass man gegen die Vereinnahmung durch den eigenen Gegenstand nie ganz gefeit ist, dennoch wage ich abschließend zu behaupten, dass Frauenlob – im Vergleich zu Konrad von Würzburg und Heinrich von Mügeln, deren Leistungen auf dem Feld des ‚Geblümten Stils‘ jedoch damit keineswegs geschmälert werden sollen – mit seiner ‚Poetik des bild- und bedeutungssimultanen Blümens‘ der profilierteste und radikalste ‚Blümer‘ sein dürfte.

[85] SUSANNE KÖBELE: *Umbesetzungen. Zur Liebessprache in Liedern Frauenlobs*, in: *Geistliches in weltlicher und Weltliches in geistlicher Literatur des Mittelalters*, hg. von CHRISTOPH HUBER, BURGHART WACHINGER und HANS-JOACHIM ZIEGELER, Tübingen 2000, S. 213–235, hier S. 215.

Hs. J; Anfang des Zarten Tons (GA VIII,1) unter Noten und der Beginn der Totenklage auf Konrad von Würzburg (GA VIII,26).
Jenaer Liederhandschrift, Ms. El. f. 101, fol. 110v.
Quelle: Thüringer Universitäts- und Landesbibliothek Jena (ThULB).

IV Rezeption

8 Frauenlob und der Meistergesang

Franziska Wenzel

I Frauenlobüberlieferung

Das in Tönen überlieferte Textcorpus, welches in der Überlieferung mit dem Namen Frauenlob verbunden ist, umfasst Strophen vom frühen 14. Jahrhundert bis in die Barockzeit hinein. Die Überlieferung echter Töne endet im 15. Jahrhundert. Der Name Frauenlob steht insofern für Strophen und Strophenverbünde, die zur Phase der Sangspruchdichtung gerechnet werden. Dies dokumentiert die Göttinger Frauenlob-Ausgabe (GA)[1] eindringlich: Sie bietet rund 320 Strophen in neun Tönen, die dem Autor gehören (Langer Ton, Flugton, Grüner Ton, Zarter Ton, Würgendrüssel, Vergessener Ton, Neuer Ton, Goldener Ton und Kurzer Ton). Strophen in Tönen des Meisters, deren Überlieferung vor 1460 einsetzte, repräsentieren in der Regel eine Phase meisterlicher Dichtkunst,[2] für die sich die Autorschaft Frauenlobs nicht mehr unproblematisch behaupten lässt, die aber dennoch das Bild Frauenlobs prägen.

Die üblich gewordene Fremdtonverwendung griff besonders stark bei Tönen der sogenannten alten und verehrten Meister,[3] zu denen Frauenlob gehörte, sodass Strophen

[1] *Frauenlob (Heinrich von Meissen): Leichs, Sangsprüche, Lieder. 2 Teile.* Auf Grund der Vorarbeiten von Helmuth Thomas hg. von Karl Stackmann und Karl Bertau. *Bd. 1: Einleitungen, Texte; Bd. 2: Apparate, Erläuterungen*, Göttingen 1981 (*Abh. d. Akad. d. Wiss. in Göttingen, Philol.-hist. Kl. III*, 119/120) [= GA].

[2] Der Begriff „meisterliche Dichtung" zuerst bei Frieder Schanze: *Meisterliche Liedkunst zwischen Heinrich von Mügeln und Hans Sachs*, 2 Bde., München / Zürich 1983/84, Bd. 1, S. 1–11, hier S. 9. Die gattungsgeschichtliche Nähe von Sangspruch und Meistergesang zuletzt bei Uta Dehnert: *Freiheit, Ordnung und Gemeinwohl. Reformatorische Einflüsse im Meisterlied von Hans Sachs*, Tübingen 2017 (*Spätmittelalter, Humanismus, Reformation* 102), S. 96. Dort auch Hinweise auf Vermittlungsversuche der Forschung, die späte Sangspruchdichtung zwischen Heinrich von Mügeln und Hans Sachs – in ihrer Übergängigkeit zum Meistergesang – als ‚meisterliche Liedkunst' auszuweisen. Dazu ebenfalls Johannes Rettelbach: *Sangspruchdichtung zwischen Frauenlob und Heinrich von Mügeln – eine Skizze*, in: *Studien zu Frauenlob und Heinrich von Mügeln. Festschrift für Karl Stackmann zum 80. Geburtstag*, hg. von Jens Haustein und Ralf-Henning Steinmetz, Freiburg i. Ü. 2002 (*Scrinium Friburgense* 15), S. 145–174, hier S. 146, der die sozialgeschichtlichen Probleme, die gattungsgeschichtlichen Fragen und die überlieferungsgeschichtlichen Facetten anhand der Sangspruchdichtung zwischen Frauenlob und Heinrich von Mügeln genauer erörtert.

[3] Zur Rezeption der Sangspruchdichter als sogenannte ‚alte Meister' durch die Meistersinger vgl. umfassend Horst Brunner: *Die alten Meister. Studien zu Überlieferung und Rezeption der mittelhochdeutschen Sangspruchdichter im Spätmittelalter und in der frühen Neuzeit*, München 1975 (*MTU* 54).

nicht ausgewiesener Textautoren nicht mehr sicher von denen Frauenlobs zu unterscheiden sind. Das Supplement zur Göttinger Frauenlob-Ausgabe (S-GA)[4] schließt mit etwa 500 Strophen in sogenannten echten Frauenlobtönen, die nicht in die Göttinger Ausgabe eingegangen sind – jeweils mit Verweis auf die Parallelüberlieferung –, die Lücke zwischen der Sangspruchdichtung Frauenlobs und dem Meistergesang.[5] Insgesamt bieten die beiden Ausgaben eine repräsentative Anzahl an Strophen in ihrem jeweiligen Überlieferungskontext, sodass die Frauenlobtöne und der Umgang mit den Tönen Frauenlobs durch die meisterlichen Nachahmer in den Blick rücken. Auf diese Weise ergibt sich nicht nur ein genaueres Bild vom Umgang mit den Tönen Frauenlobs, es lassen sich auch die thematische Ausrichtung der Töne und deren Verschiebungen einsehen, die nicht nur einem anderen Gebrauch und einem sich wandelnden Interesse, sondern auch historisch-epistemologischen Veränderungen geschuldet sind. Ausdruck dafür sind die Meisterliederhandschriften des 15. Jahrhunderts, die Strophen in Tönen Frauenlobs in der neuen Form des Bars tradieren. Mit der Mehrstrophigkeit verbunden (häufig sind 3er-, 5er- und 7er-Bare) ist eine Neukontextualisierung der alten Strophen, aber auch eine thematische Umfunktionalisierung, die den Interessen der Auftraggeber und Schreiber entsprechend gestaltet ist.

Das Frauenlobcorpus der Kolmarer Meisterliederhandschrift k aus der zweiten Hälfte des 15. Jahrhunderts repräsentiert diesen Zustand der Barbildung und Inkludierung alten Strophenmaterials. Es umfasst neben Strophen in den bekannten Tönen (exklusive Flugton und Kurzer Ton) 24 weitere Töne, die auf Frauenlob übertragen wurden (z. B. Überzarter Ton, Froschweise, Hundweise, Spiegelweise, Ritterweise, Zugweise).[6] Nicht nur konnte in Tönen der alten Meister gedichtet werden, Frauenlob wurden unproblematisch weitere Töne zugewiesen. Solche Formen der Erweiterung dokumentieren letztlich eine Entfernung vom biographischen Autor hinter der Überlieferung, und sie dokumentieren zugleich die in meisterlicher Dichtkunst und Meistergesang üblich gewordene Verfügbarkeit der Töne sowie einen damit verbundenen autorfernen Umgang mit der Tonautorschaft.

[4] *Sangsprüche in Tönen Frauenlobs. Supplement zur Göttinger Frauenlob-Ausgabe*, 2 Bde., unter Mitarbeit von THOMAS RIEBE und CHRISTOPH FASBENDER hg. von JENS HAUSTEIN und KARL STACKMANN, Göttingen 2000 (*Abh. d. Akad. d. Wiss. in Göttingen, Philol.-hist. Kl. III*, 232) [= S-GA]

[5] Vgl. die wichtige Monographie von MICHAEL BALDZUHN: *Vom Sangspruch zum Meisterlied. Untersuchungen zu einem literarischen Traditionszusammenhang auf der Grundlage der Kolmarer Liederhandschrift*, Tübingen 2002 (*MTU* 120), welche den Weg vom sogenannten einstrophigen Sangspruch des 13. Jahrhunderts zum bargebundenen Meistergesang des 15./16. Jahrhunderts genau nachzeichnet, um u. a. die Brüche im Rahmen dieser Traditionslinie zu erhellen.

[6] BALDZUHN, ebd., S. 501, bestimmt k als konservative, schriftlich konzipierte und stark der Gattung des Sangspruchs verhaftete Handschrift, die auf einer Vielzahl alter schmaler Faszikel beruht und dieses Material den formalen Anforderungen der Barbildung anpasst.

II Textautor und Tonautor

Die Herausgeber der Göttinger Frauenlob-Ausgabe (GA) waren den editionsphilologischen Bemühungen von HELMUTH THOMAS aus dem frühen 20. Jahrhundert verpflichtet und infolgedessen richtete sich ihr Interesse zunächst auf den Autor und dessen Werk. Doch die breite und auch zerstreute Überlieferung von Tönen und Strophen, die Frauenlob zugeschrieben wurden, erschwerte eine Abgrenzung zwischen Autor und Nachahmern bzw. denen, die die Töne Frauenlobs weiternutzten, sodass Echtheitsfragen für die Frauenlobüberlieferung keine letztgültigen Antworten finden konnten.[7] Die damit verbundene konzeptionelle Schwierigkeit ist formalen Kriterien geschuldet. Sind die Corpora in der Großen Heidelberger Liederhandschrift C (angelegt um 1300) noch nach Autoren geordnet, so ist bereits in der Jenaer Liederhandschrift J (erstes Drittel 14. Jahrhundert) die Tonautorschaft das zentrale Abgrenzungskriterium, sodass eine Identität von Text und Tonautorschaft nicht mehr eindeutig behauptet werden kann. Zudem geht die zeitlich weitreichende Frauenlobüberlieferung mit Veränderungen der Strophengefüge einher; die Dominanz der Einzelstrophe schwindet auf dem Weg zum Meistergesang und alte Strophen konnten mit neuen zum Bar zusammentreten, was wiederum bedeutet, dass eine Zuordnung der Textensemble zu einem bestimmten Autor nicht sicher möglich ist.[8]

Mit einem solch fundamentalen Abstand zwischen Autor und Überlieferung umzugehen, erforderte eine Perspektivverschiebung im Rahmen der Forschung. All jene überlieferten Strophen und Bare müssen in den Blick genommen werden, welche zu einem Frauenlobton bzw. einem Ton in Frauenlobs Namen gehören. Für ein historisches Verständnis Frauenlobs sind demnach alle Strophen relevant, die als „frauenlobisch"[9] wahrgenommen wurden; Text- und Tonautorschaft rücken eng zusammen, insofern ein Autor-Werk-Gefüge nicht mehr zweifelsfrei konturierbar ist.[10]

Mit dem Kriterium der Tonautorschaft anstelle des Kriteriums der Autorschaft nimmt man eine historische Perspektive ein, die strenggenommen keinen Blick mehr auf den Autor vor der Überlieferung ermöglicht. Allerdings gelingt es durch eine solche Ausrichtung, dasjenige, was die Frauenlobische Manier ausmacht, und dasjenige, was davon tradiert wird zwischen Stabilität und Wandel und damit zwischen ‚Frauenlob und Meistergesang', zu erfassen. In der Überlieferungsfülle ist es vor allem der spezifische Meisterschaftsanspruch, der als eine der Konstanten gelten kann, die das Frauenlob-Bild in der Verschränkung von Episteme und Poesis, in der Verknüpfung von Wissenspräsentation, Kunstfertigkeit, persuasiver Argumentation und rhetorischer Gestaltung am

[7] KARL STACKMANN: *Über die wechselseitige Abhängigkeit von Editor und Literaturhistoriker. Anmerkungen nach dem Erscheinen der Göttinger Frauenlob-Ausgabe*, in: *ZfdA* 112 (1983), S. 37–54.

[8] KARL STACKMANN betont in der Einleitung zur GA [Anm. 1], S. 167, dass „nicht genau festzustellen ist, wann und wo sich in unserer Überlieferung die Ablösung der Dichtung in Frauenlobscher Manier vom Dichter Frauenlob vollzieht".

[9] SUSANNE KÖBELE: *Frauenlobs Lieder. Parameter einer literarhistorischen Standortbestimmung*, Tübingen / Basel 2003 (*Bibliotheca Germanica* 43), S. 15, S. 33.

[10] Zur Relation von Autorschaft und Tonautorschaft im Blick auf Frauenlob vgl. FRANZISKA WENZEL: *Meisterschaft im Prozess. Der Lange Ton Frauenlobs – Texte und Studien*, Berlin 2012 (*Deutsche Literatur. Studien und Quellen* 10), S. 13–52.

deutlichsten prägt. Im Blick auf das überlieferte Material ist davon auszugehen, dass sich der Meisterschaftsanspruch zwischen Frauenlob und dem Meistergesang verschiebt und sich das Frauenlob-Bild wandelt.[11] Diese Veränderung ist nur im Blick auf die überlieferten Strophenverbünde der frühen und späten Überlieferungszeugen zu sehen und wird im vierten Abschnitt an zwei Tönen vorgeführt.

III Tonautorschaft und Meisterschaft in der frühen Frauenlobüberlieferung

Meisterschaft meint im Rahmen der spàthöfischen Sangspruchdichtung zunächst Könnerschaft; ein dichterisch herausragendes, überlegenes und valorisierendes Vermögen, welches nicht in erster Instanz und ausschließlich für Gelehrsamkeit steht.[12] Ein solches meisterliches Können lässt sich über die argumentativen Verfahren und entsprechende persuasive Strategien erfassen, aber auch über die Art der Darstellung, die Stilniveaus wie Kürze (*brevitas*), Klarheit (*perspicuitas*) oder den Redeschmuck (*ornatus*) und die Angemessenheit der Rede (*aptum*). Meisterschaft zeigt sich neben dem artistischen Vermögen in einem explizit formulierten literarischen Anspruch, der in Abgrenzung von oder in der „Tradition der Erneuerer"[13] stehen kann, zu denen die Epiker, allen voran Gottfried von Straßburg, Wolfram von Eschenbach und Konrad von Würzburg, zählen. Artistische Meisterschaft steht aber auch für unterschiedliche Formen handwerklicher Fertigkeit, ein entsprechendes ‚Herstellungswissen', die Reflexion dieses Wissens und dessen sprachartistische Umsetzung im Rahmen der Dichtkunst. Sodann ist artistischer Meisterschaft die „Logik agonaler Überbietung" eingeschrieben, die mit der Bestätigung oder der Abgrenzung von Kunsttradition und Konkurrenz als Teil der literarischen Selbstbeschreibung gelten muss.[14] Diese Facette artistischer Meisterschaft, die ein Wis-

[11] Dazu JENS HAUSTEIN: *Zu Formen und Funktionen stofflicher Konventionalität in Sangspruchdichtung und Meistergesang*, in: *Literatur und Wandmalerei II. Konventionalität und Konversation. Burgdorfer Colloquium 2001*, hg. von ECKART CONRAD LUTZ, JOHANNA THALI und RENÉ WETZEL, Tübingen 2005, S. 85–93, und BURGHART WACHINGER: *Sangspruchdichtung und frühe Meisterliedkunst*, in: *Sangspruchdichtung. Gattungskonstitutionen und Gattungsinterferenzen im europäischen Kontext. Internationales Symposium Würzburg, 15.–18. Februar 2006*, hg. von TRUDE EHLERT, DOROTHEA KLEIN und ELISABETH SCHMID, Tübingen 2007, S. 17–33.

[12] Repräsentativ hierfür ist die sogenannte Selbstrühmungsstrophe Frauenlobs (GA V,115). Die Forschung zum *meister*-Begriff und zum Meister-Diskurs ist zuletzt umfassend und kritisch diskutiert worden von SUSANNE BÜRKLE: *Meister-Diskurs in der volkssprachlichen Literatur um 1200. Handwerkliche Kompetenz und artistische Valorisierung*, in: *Literarischer Stil. Anglo-deutsches Colloquium Düsseldorf 2011*, hg. von ELIZABETH A. ANDERSEN, Berlin / Boston 2015, S. 119–139. BÜRKLE betont, dass bereits bei Gottfried von Straßburg Meisterschaft „artes-übergreifende" Könnerschaft meint (S. 126). Die dem lateinischen Begriff *magister* inhärenten Bedeutungen ‚Lehrer, Verfasser, Gelehrter' lassen sich nicht adäquat auf die Kategorie der Meisterschaft, so wie sie für die Zeit Frauenlobs greift, übertragen; vgl. KURT GÄRTNER: *Zu den mittelhochdeutschen Bezeichnungen für den Verfasser literarischer Werke*, in: *Autor und Autorschaft im Mittelalter. Anglo-deutsches Colloquium Meißen 1995*, hg. von ELIZABETH A. ANDERSEN u. a., Tübingen 1998, S. 38–45.

[13] JOHANNES KIBELKA: der ware meister. *Denkstile und Bauformen in der Dichtung Heinrichs von Mügeln*, Berlin 1963 (*PhStQu* 13), S. 353.

[14] Zitat und Argument bei BÜRKLE [Anm. 122], S. 139.

sensgefälle zwischen den Konkurrenten einzieht, kann neben expliziter Polemik auch durch didaktische Rollen wie die des Lehrers, Ratgebers, Richters oder Priesters repräsentiert werden.

Literarische Könnerschaft in Auseinandersetzung mit und in Abhängigkeit von weltlichem und geistlichem Wissen, von literarischer und rhetorischer Tradition wird in der höfischen Literatur und dann auch in der Sangspruchdichtung diskursiv entfaltet. Die Frauenlob-Corpora der frühen Hauptüberlieferungszeugen, der Großen Heidelberger Liederhandschrift C und der Jenaer Liederhandschrift J, entfalten frauenlobische Meisterschaft im Sinne literarischer Könnerschaft immer wieder auch sprachbildlich. In Umschreibungen der Sprachwerkzeuge wie Schmiedehammer, Kochlöffel und Zunge wird der Meisterschaftsanspruch anschaulich, ebenso durch konkretisierende Tätigkeiten wie Aufschließen, Durchwaten, Lösen, Messen, Raten, Reiten, Schöpfen, Überfliegen, Zählen oder Pflücken, Auflesen, Sammeln und Zusammenfügen. So bündeln sich im semantisch weiten Feld des Meisterschaftsdiskurses eine Fülle praxeologischer Vorstellungen der Könnerschaft zwischen Bearbeitung, Geschicklichkeit und Schöpfung, zu denen topische Formen der Wissensvermittlung wie Tugend- und Morallehre, Verhaltensunterweisung sowie Herrscher- und Frauenpanegyrik hinzukommen.

Frauenlobische Meisterschaft konkretisiert sich über die Töne, die formal und semantisch ein bestimmtes literarisches Vermögen indizieren, das unter dem sprechenden und vorbildgebenden Label ‚Frauenlob' steht. Die Frauenlob-Töne der vier Hauptüberlieferungszeugen C, J, F und k bieten kein einheitliches Gefüge, sie sind in der Strophenfügung distinkt. Die Unterschiede zwischen den strophischen Gefügen indizieren einerseits Aspekte des Wandels der Handschriftenproduktion und andererseits stehen sie für einen sich wandelnden Gebrauch, eine sich wandelnde Funktionalisierung der Strophen: In ihrem Nebeneinander führen sie letztlich den Wandel der als frauenlobisch geltenden Manier vor Augen.

So dokumentiert der folgende Überblick zunächst die Ordnung der Toncorpora in den frühen Hauptüberlieferungszeugen, in der Großen Heidelberger Liederhandschrift C und in der Jenaer Liederhandschrift J, bevor in einem zweiten Schritt die beiden späteren Überlieferungszeugen besprochen werden.

C vereint nach dem *Marienleich*[15] im Langen, Kurzen und Grünen Ton insgesamt 30 Strophen und bündelt diese Strophen fortlaufend unter der Autorsigle ‚Meister Heinrich Frauenlob'. Das Lob der Mutter Gottes, welches das Corpus eröffnet, ist nicht nur höchstes Frauenlob, es wirft in seiner formalen, klanglichen und semantischen Exorbitanz ein Licht auf das sich anschließende Spruchcorpus. Die Tönedifferenz spielt für das C-Corpus eine nachgeordnete Rolle, sind doch die Strophen fortlaufend eingetragen und nur durch die strophische Form, die Initialen und Notazeichen überhaupt voneinander abgrenzbar. In den 16 Strophen des Langen Tons ist insgesamt ein Sängerstreit zwischen einem Meister und Regenbogen in Szene gesetzt, indiziert durch eine Reihe von Sprecherbeischriften. Die Strophenfolge bildet dabei drei distinkte Schwerpunkte aus: Auf einen Streit um die Meisterschaft folgen ein Streit um den Vorrang von Weib oder Frau und Überlegungen zum Komplex richtigen höfischen Verhaltens. Meisterschaft ist in diesem agonalen Rahmen höchste sprachliche Virtuosität und argumentative Könner-

[15] Stellvertretend für die Forschung zum *Marienleich* CHRISTOPH MÄRZ: *Frauenlobs Marienleich. Studien zur spätmittelalterlichen Monodie*, Erlangen 1987 (*Erlanger Studien* 69).

schaft im agonalen Abgleich mit anderen Meistern. Doch ist sie eben auch gekennzeichnet durch implizite und im Streit explizite Rangzuweisungen, die die zeitgenössischen Sänger und die alten Meister (Walther, Wolfram und Reinmar) gegenüber Frauenlob in eine hierarchisch nachgeordnete Position rücken. Legitimation erfährt dieser Anspruch auf höchste Meisterschaft zunächst durch die Anordnung der Strophen nach dem *Marienleich*.

Frauenlob ist derjenige Meister unter den Meistern, der zum Marienlob als dem höchsten Frauenlob befähigt ist. Im Rahmen des Streits sind es immer wieder metaphorische Umschreibungen des künstlerischen Produktionsprozesses, wenn vom Kochen, Brauen, Durchgründen oder Fliegen die Rede ist, durch die die besondere dichterische Befähigung lebendig und anschaulich gestaltet ist: Die Meisterschaft Frauenlobs wird von der Kunst des Erneuerns, welche im Anschluss an die Tradition steht, abgesetzt und im Sinne eines eigenwilligen Neuanfangs entworfen, der umformend, unerwartet mischend und auch verwirrend im Blick auf die Erwartung der Anderen sein kann, sodass die Gegner Dunkelheit kritisieren und den Bedarf einer Übersetzung anmahnen.

Im Frauenlobcorpus von C wird dieser verwirrende neue Anspruch hernach ergänzt durch längere Partien der Wissenspräsentation und Unterweisung: An die monologischen Überlegungen des Meisters über die Modalitäten richtigen Verhaltens schließen zehn moralisierende Ratgeberstrophen im Kurzen Ton an, die vor allem das Verhalten der Frauen beleuchten und eine Fülle topischen Wissens zu höfischen Verhaltensformen präsentieren (*gebâren*, *scham*, *zuht*, *muot*, *guot*, *tugent*). Der Meisterschaftsanspruch wird aus dem Vermögen des Verstandes abgeleitet, dem ein *unbesinter man* (GA XIII,24, v. 4 = C 57) nicht beikommen kann, sodass sich die frauenlobische Manier auch im Kurzen Ton als rangstiftende Kompetenz zeigt. Die drei das Corpus beschließenden Strophen im Grünen Ton präsentieren mit dem Wunder der Inkarnation und Erlösung geistliches Wissen. Vergleichende und metaphorische Rede markieren hier den Versuch, dem Wunder durch Verlebendigung und Detaillierung zur Anschaulichkeit zu verhelfen. Meisterschaft zeigt sich jenseits eines agonalen Konflikts als artifizielle Sprachkompetenz. Aufs Ganze gesehen ist das Corpus so angelegt, dass sich der Sängerstreit und die Ratgeberpartien letztlich im Bett der heilsgeschichtlichen Wunder lesen lassen.

Möglicherweise kann das als eine zum Frauenlob-Bild passende adäquate Rezeption der Redaktoren und Schreiber verstanden werden, die mit einer Besonderheit des frauenlobischen Stils vertraut waren, mit der Spezifik des metaphorischen Verfahrens. Zwei Beispiele mögen das veranschaulichen. Zunächst die ersten beiden Strophen im Langen Ton: Marienlob (C 31) und sogenannte Selbstrühmungsstrophe (C 32). Mit diesem Strophenpaar werden nicht nur Geltungsansprüche auf die Selbststilisierung des artifiziellen Vermögens im Streit der Meister übertragen. Ein Spezifikum der frauenlobischen Manier liegt in irritierenden Bedeutungsverschiebungen, wenn Motive wie etwa die Schreinmetapher aus dem geistlichen Kontext in den weltlichen wandern: Die Schreinmetapher steht im Marienlob für das Herz (GA V,114 = C 31, v. 12: *we us dem herzen schrine*),[16] aus dem heraus das Ich die Schmerzen Mariens (nach)empfindet. In der

16 Für die Argumentation folge ich der Strophenfolge von C und zitiere die C-Strophen nach dem Abdruck der GA [Anm. 1]. Nur an dieser Stelle (C 31, v. 12) nehme ich die Emendation zurück: C hat hier *we]* und die Herausgeber der GA bessern zu *wecke*.

Selbstrühmungsstrophe (GA V,115 = C 32) verweist die Schreinmetapher dann auf das schöpferische Vermögen des Sängers: [...] *mins sanges schrin* [...] (GA V,115, v. 11), dem höchstes Lob gezollt werden solle: [...] *rilichen krönen* (GA V,115, v. 11). Durch die aufgegriffene Schreinmetapher wirkt nun das Lob Mariens in den weltlichen Kontext hinein, sodass die Selbstrühmung zwischen Marien- und Selbstlob changiert und der Meisterschaftsanspruch auf artifizielles Vermögen und zugleich auf andächtige Kontemplation zurückführbar ist.[17]

Dass diese beiden Themenkomplexe immer wieder intrikat verschränkt sind, lässt sich auch am Übergang von Kurzem und Grünem Ton ablesen, von Rätselstrophe (C 57) und Trinitätsstrophe (C 58): C 57 (= GA XIII,24) beginnt mit einem Verbot, welches sich auf einen das Maß überschreitenden Drang des Wissenserwerbs bezieht, und mündet in ein metaphorisch verrätseltes Ende, das asymmetrische Umwandlungsprozesse in der Natur und im Spiel ostendiert (GA XIII,24, v. 5: *wirt apfelmus uz bonenblut*?; v. 7: *trif dri, so gilte ich dir die zwei*). Ein über die ausgestellten Asymmetrien hinausgehender Sinn ist nicht sofort zu haben. Mit dem Wechsel zum Grünen Ton geht dann auch ein thematischer Wechsel vom weltlichen in den geistlichen Bereich einher, denn im Anschluss (C 58 = GA VII,7) werden göttliche und menschliche Natur als im Tod distinkte dargestellt (GA VII,7, v. 13f.: *die menscheit starb, so daz der tot / die gotheit nie berurte*). Zugleich ist die Rede davon, dass die Trinität den Schmerz des Todes gemeinsam umgreift (GA VII,7, v. 18f.: *daz vater, sun, geist was ein stric, / und* [] *nicht wan einer leit jamers pic*). Beide Behauptungen führen zum Paradox der Dreieinigkeit. Doch auch bei dieser die Tongrenze überschreitenden Strophenfolge in C schlägt das weltliche Thema im geistlichen durch, wenn über das Motiv der Dreizahl und über die ostendierten Asymmetrien ein Analogon zwischen weltlichen und geistlichen Themen aufgebaut wird. Infolgedessen wirkt das Verbot des Wissenwollens (GA XIII,24 = C 57, v. 1–4: *Swer me wil wizzen, dann er weiz* / [...] *ist ein unbesinter man*) ebenfalls in das geistliche Thema hinein, sodass die folgenden theologischen Reflexionen dem weltlichen Meister gerade nicht unangemessen sind, weil sie, das ist die logische Konsequenz, auf den Verstand des Meisters zurückgeführt werden müssen.

Aufs Ganze gesehen arbeiten die Strophen der drei Töne in C einem relativ einheitlichen Frauenlob-Bild artifizieller Meisterschaft zu, in das sich der Sonderstatus des Langen Tons mit seiner Überbietungs- und Abgrenzungslogik gut einbindet.

Die Jenaer Liederhandschrift J bietet eine Sammlung von 88 Strophen, doch sind diese nicht unter einer Autorsigle wie in C vereint. Es sind mit dem Langen Ton, dem Flugton, dem Zarten und dem Grünen Ton vier Toncorpora, die zwar aufeinander folgen, doch durch die eingetragenen jeweils eröffnenden Melodien formal voneinander getrennt erscheinen. Das Ordnungsprinzip in J ist die Tonautorschaft.[18] Im Blick auf den

[17] Das Verfahren ist bei SUSANNE KÖBELE eindrücklich beschrieben, vgl. SUSANNE KÖBELE: *Umbesetzungen. Zur Liebessprache in Liedern Frauenlobs*, in: *Geistliches in weltlicher und Weltliches in geistlicher Literatur des Mittelalters*, hg. von CHRISTOPH HUBER, BURGHART WACHINGER und HANS-JOACHIM ZIEGELER, Tübingen 2000, S. 213–235.

[18] Vgl. BURGHART WACHINGER: *Jenaer Liederhandschrift*, in: ^{2}*VL*, Bd. 11 (2004), Sp. 757, sowie den Sammelband zur Jenaer Liederhandschrift *Die ‚Jenaer Liederhandschrift'. Codex – Geschichte – Umfeld,* hg. von JENS HAUSTEIN und FRANZ KÖRNDLE unter Mitwirkung von WOLFGANG BECK und CHRISTOPH FASBENDER, Berlin u. a. 2010.

Langen Ton ist das Konvolut in Haupteintrag und Nachtrag unterteilt, doch hat eindeutig der Ton das Sammelinteresse motiviert. Im Haupteintrag finden sich Strophen, die den weisen Sangspruchdichter präsentieren, der Minne und höfisches Verhalten auf die menschlichen, rechtlichen und göttlichen Prämissen hin befragt und diese Frage exemplarisch erörtert durch den Bezug zu historischen Figuren und deren Geschichten. Eine zweite Kompetenz gilt der Begriffsreflexion und der Panegyrik, hier wie in C in Abgrenzung von anderen Meistern. Im Rahmen sprachtheoretisch und (pseudo-)etymologisch ausgerichteter Überlegungen, die auf die Unterscheidung der Namen *wip* und *vrouwe* bzw. die Abgrenzung vom Begriff *unwip* zielen, zeigt sich die Könnerschaft klar als sprachreflexives Vermögen.[19] Und zugleich wird diese Kompetenz flankiert von polemischen Anwürfen gegen ein falsches einseitiges Frauenlob. Obgleich die Argumentation panegyrisch ist, denn ein ausgeprägtes Herrscherlob verbindet sich mit dem Frauenlob, so tritt doch zugleich der Gegenstand des Lobs hinter Reflexion und Rhetorisierung und damit hinter die literarische Kompetenz zurück.

Der Nachtrag rückt erneut die Unterscheidung der drei weiblichen Seinsformen *maget*, *wip* und *vrouwe* sowie ihre (pseudo-)etymologische und heilsgeschichtliche Herleitung in den Vordergrund. Zugleich stehen aber auch im Nachtrag die eigenen künstlerischen Möglichkeiten in Rede, die an eine ontologische Entsprechung von Sein und Handeln, von menschlicher Art und lobenswertem Verhalten geknüpft werden. Als schlagendes Beispiel führt Frauenlob die empirische Basis einer hohen Gesinnung ins Feld: Indem er den Begriff *hôchvart* (pseudo-)etymologisch herleitet und ihn praxeologisch rückzubinden versteht, zeigt sich auch im Nachtrag die anschauliche sprachartistische Virtuosität als Spezifikum der entfalteten Meisterschaft.

Die drei auf den Langen Ton folgenden Töne, der Flugton, der Grüne Ton und der Zarte Ton, rücken den Habitus des Ratgebens ins Zentrum, verbunden mit der Präsentation und Reflexion gnomischen Wissens; Agonalität spielt nur noch unterschwellig eine Rolle. Die zwölf Strophen des Flugtons (J 54–65) konturieren ein Bild der frauenlobischen Manier, das den Spruchdichter als weltlichen Ratgeber und gottesfürchtigen, natürlich begabten Sprachartisten präsentiert. Im ersten und dritten Teil finden sich Verhaltens- und Morallehre mit einem Schwerpunkt auf der rechten Minne, im Mittelteil (J 58–60) Trinitäts- und Gotteslob. Die Verknüpfung ruht ganz auf einer sprachartistischen Ebene, insofern zum Beispiel geschmecktes Leid im Munde des Mannes und die Metapher des Schmiedens miteinander verknüpft sind. Im interartifiziellen Kontaktfeld ‚Konrad von Würzburg / *Goldene Schmiede*' sind es die Sprachwerkzeuge, die das Lob Mariens schmieden. Frauenlob greift auf den Bedeutungsspielraum dieser Kunstmetapher zurück und zugleich auf das Liebe-Leid-Paradigma des Hohen Sangs, wenn er den Ursprung der Kunstproduktion auf eine sinnliche Ebene verlegt: Nur derjenige, der *bitter* (GA VI,4, v. 2 = J 57, v. 2) geschmeckt habe, könne *süze kraft* (v. 4) schmieden. Er verbindet im Spielraum metaphorischer Rede weltlichen und geistlichen Gegenstand, noch bevor überhaupt vom Wunder der Trinität gesprochen wird. Ganz topisch betont Frauenlob die Unmöglichkeit, die *dri forme* (GA VI,2, v. 1 = J 59, v. 1) mit seinem künstlerischen Vermögen erfassen zu können: *der kunst mich da verdriuzet* (GA VI,2,

[19] Stellvertretend für die Forschung zur Begriffsreflexion, dem sogenannten *namen*-Denken, CHRISTOPH HUBER: Wort sint der dinge zeichen. *Untersuchungen zum Sprachdenken der mittelhochdeutschen Spruchdichtung bis Frauenlob*, Zürich / München 1977 (*MTU* 64).

v. 11), nur um das Wunder der Inkarnation dann doch in einer sprachlich wunderbaren Fügung zu umreißen: *sus sluc ein kint in siner muter sin vater / zu tode hie* (GA VI,2, v. 16). Der bereits implizite Geltungsanspruch wird im Anschluss mit einer agonalen Wendung gegen die Verfechter der alten Meister explizit: Frauenlob stellt sich nicht in deren Schatten, sondern folgt der sich in der Natur zeigenden und wahrnehmbaren *meisterschaft* Gottes (GA VI,12, v. 9 = J 60, v. 9). Statt auf Buchwissen ruht die Kunst Frauenlobs damit implizit auch auf naturkundlichem Erfahrungswissen auf: *Prüft regen mit den winden* (GA VI,12, v. 6). Diese Wendung spitzt sich dann weiter zu, insofern des Spruchdichters künstlerisches Vermögen eine Gabe der Natur selbst ist: *swem nature gibet* (GA VI,12, v. 15). Legitimation für diese Behauptung holt sich Frauenlob mit einer Letztbegründung: All dies bewirkt Gottes Wille – *gotes wille daz wibet* (GA VI,12, v. 17).

Die Tendenz der Rechtfertigung des eigenen Vermögens über das Wirken Gottes, respektive der Trinität und Marias, tritt auch in den fünfzehn Strophen des Grünen Tons (J 66–80) hervor. Frauenlobische Meisterschaft zeigt sich bereits zu Beginn in der besonderen argumentativen Strategie der Strophen: Das Wissen um Gottes Allmacht ruht allein in der Ewigkeit und dennoch stellt Frauenlob das Wunder göttlichen Wirkens dar (implizites Selbstlob), indem er die trinitarische Kraft auf die Natur überträgt, doch nicht auf der Ebene der Inhalte, sondern auf der der syntaktischen Konstruktion: *mit gote, durch got, in gote / si tirmet, swaz er tirmen lat* (GA VII,3, v. 9f. = J 66, v. 9f.). Und auch im Grünen Ton verschiebt Frauenlob das zentrale Argument weiter. Er übertrifft die eigene Aussage im impliziten Lob einer Quaternität: *vier mochten me dan nature alterseine* (GA VII,3, v. 19). Mit der Bitte um göttliche Unterstützung geht dann im Grünen Ton ein Lob der letzten Sache, ein Lob göttlichen Wirkens in allen Dingen, einher. Dessen metaphorische Zeichnung des Verknotens, Zerteilens und Wachsens (J 67f. = GA VII,4 und VII,9) nähert das Wirken der Letztinstanz einem im Entstehen begriffenen, sich in alle Richtungen und überall ausdehnenden Myzels an. Vor diesem Hintergrund denkt der Spruchdichter (J 70–75) über den Lauf der Welt in Relation zu Besitz und Gott nach und wählt dafür einen intertextuell starken Bezug zum ersten Reichsspruch Walthers von der Vogelweide,[20] der den Geltungsanspruch der Ratschläge einmal mehr unterstreicht: *Ich saz uf einer grüne / und dachte maniger hande dinc, / wie ich die werlt behielde / und ouch gein gote nicht wurde linc.* (GA VII,15, v. 1–4 = J 70, v. 1–4).[21]

Die argumentative Struktur der Strophen im Grünen Ton nimmt ihren Ausgangspunkt bei anschaulichen Vergleichen (J 68 = GA VII,9 und J 71 = GA VII,11), bei exemplarischen Erzählungen (J 72 = GA VII,16) oder auch bei sentenzhaften Sätzen

[20] *Ich saz ûf eime steine / [...] / dô dâht ich mir vil ange / wes man zer welte solte leben* [...]. (Cormeau 2,I, v. 1–19). Zitiert wird hier nach folgender Ausgabe: *Walther von der Vogelweide. Leich, Lieder, Sangsprüche.* 14., völlig neubearbeitete Auflage der Ausgabe KARL LACHMANNS mit Beiträgen von THOMAS BEIN und HORST BRUNNER, hg. von CHRISTOPH CORMEAU, Berlin / New York 1996 [= Cormeau].

[21] Dazu FRANZISKA WENZEL: *Souveränität in der Sangspruchdichtung. Intertextuelle und intradiskursive Phänomene bei Walther und Frauenlob*, in: *Sangspruchdichtung um 1300. Akten der Tagung in Basel vom 7. bis 9. November 2013*, hg. von GERT HÜBNER und DOROTHEA KLEIN, Hildesheim u.a. 2015 (*Spolia Berolinensia* 33), S. 167–194.

(J 73f. = GA VII,17f.), die alle ein persuasives Ziel haben: vom richtigen Verhalten im Blick auf Gottes wunderbare Schöpfungsmacht zu überzeugen. Der Effekt anschaulicher, exemplarischer und sentenzhafter Rede stärkt die Herleitung allen rechten Tuns aus Gott. Zudem werden die präsentierten Lebensweisheiten wiederholt von Gebeten des Sprechers flankiert (J 67 = GA VII,4; J 76f. = GA VII,1f.) und damit aus einer frömmigkeitspraktischen Handlung heraus legitimiert; das Wirken Gottes ist auch im abschließenden dreistrophigen Sängerstreit (J 78–80 = GA VII,41–43) greifbar, insofern die zu erwartende Agonalität in ein versöhnliches, lobendes Miteinander umgemünzt ist.

Die acht Folgestrophen im Zarten Ton (J 81–88) zeigen dann ein Meisterschaftsbild, dessen gnomischer Duktus ganz auf *mâze* und angemessenes Verhalten in allen Lebensbereichen (Hof, Minne, Lebensalter, Ritterschaft) gerichtet ist.

Hinsichtlich der Perspektivierung von Meisterschaft bietet der Lange Ton von C und J ein relativ stabiles Frauenlob-Bild: das des kompetenten, wissenden, den eigenen Wert betonenden Gnomikers und Panegyrikers, der sich über Marienlob, Frauenlob und dessen Begrifflichkeiten definiert, auch wenn die Darstellungsweise different ist. Denn wenn der Meisterschaftsanspruch in C im Langen Ton vordergründig agonal vermittelt wird, so ist es in J die sprachlich-rhetorische Virtuosität, anhand derer sich Meisterschaft zeigt.

Beobachtbar ist zugleich auch, dass das frühe Frauenlob-Bild, so wie es durch C und J repräsentiert wird, hinsichtlich seiner Gegenstände tendenziell tondifferent ist: Das Frauenlob, das Namen-Denken (Begriffsreflexion), die Agonalität der Meister im Sängerstreit und die Reflexion des eigenen künstlerischen Vermögens gehören vor allem dem Langen Ton. J hat forcierter und direkter als C die Tendenz, in den Tönen selbst aus dem Gebet und der Präsentation religiösen Wissens (Fragen der Trinität und Quaternität sowie der Inkarnation) Legitimationspotential für den impliziten oder expliziten Meisterschaftsanspruch zu schöpfen.

Insgesamt lässt sich behaupten, dass die Töne der frühen Überlieferung in der Summe ein konkretes Frauenlob-Bild konturierten, das mit dem 15. Jahrhundert einen beinahe normativen Charakter gewinnt. Infolgedessen wurde die Vorstellung von der frauenlobischen Manier in einer Weise konventionell für den Meistergesang, dass sich wohl ohne größere Hürden Frauenlobtöne benutzen, weitere Töne erfinden und dem Bild einpassen ließen – jedenfalls so, dass die überindividuelle Geltung des Bildes unhinterfragt auf die erfundenen Strophen und Töne übergehen konnte.[22]

In den sogenannten echten Tönen bietet die durch C und J repräsentierte frühe Überlieferung nur etwa 20 % der Strophenmenge, die sich in den beiden Meisterliederhandschriften F und k findet. Beim Langen Ton sind es etwas mehr, etwa 25 % der späten Überlieferungsmenge, beim Grünen Ton sind es nur 10 %. Aus quantitativer Sicht lässt sich folgern, dass die Attraktivität der Töne mit der meisterlichen Dichtung zunahm.

[22] Anders verhält es sich mit topischen Motiven aus den beiden lyrischen Gattungen, die die Sangspruchdichter der spathöfischen Zeit zwischen Konrad von Würzburg und Frauenlob genutzt haben. Diese Motive rufen zwar normative Geltung auf, doch sind sie dennoch frei verfügbar und werden gegenüber der Tradition oftmals neu kontextualisiert oder dem eigenen poetologischen Entwurf eingepasst. Das trifft beispielsweise für den Einsatz des Natureingangs bei Konrad von Würzburg, Frauenlob und Heinrich von Mügeln zu, vgl. KÖBELE [Anm. 9], S. 47–116.

Vor dem Hintergrund dieses Aufschwungs stellt sich die Frage, ob die Stabilität der frauenlobischen Manier dafür verantwortlich zeichnet oder ob Modifikationen im Sinne von Nivellierung und Erweiterung vorkamen, die der Stabilität keinen Abbruch getan haben.

IV Artifizielle Meisterschaft im Langen und im Grünen Ton der beiden Meisterliederhandschriften F und k

Die Meisterliederhandschriften F und k überliefern echte und k auch unechte Frauenlobtöne, von denen ich nur die echten in den Blick nehme. Mit dem Langen und dem Grünen Ton rücke ich im Folgenden zwei der breit überlieferten Töne in den Vordergrund. F vereint Strophen in allen neun echten Tönen (Goldener Ton, Neuer Ton, Würgendrüssel, Zarter, Langer, Grüner und Vergessener Ton, Flugton und Kurzer Ton); k hingegen kennt nur sieben echte Töne (den Langen Ton, den Würgendrüssel, den Goldenen, den Vergessenen, den Neuen, den Grünen und den Zarten Ton).[23]

Für den Langen Ton in den beiden Meisterliederhandschriften lässt sich insgesamt sagen, dass die frauenlobische Manier der Meisterschaft eine Veränderung erfährt. In F gilt das Interesse immer wieder den Bedingungen richtigen versus falschen Verhaltens, respektive den Bedingungen angemessenen Dichtens und Lobens. Verhaltensqualitäten wie *muot* und *mâze* erfahren in F durch die Relationierung mit dem göttlich gegebenen freien Willen eine Detaillierung: Meisterschaft selbst wird in Analogie dazu einer Verhaltensqualität angenähert und mit der richtigen Einschätzung eigener Fähigkeiten und ihrer angemessenen Umsetzung verknüpft; sie erhält ihre Rechtfertigung nicht mehr über einen erhobenen Anspruch (Eigenlob) in Abgrenzung zu anderen Meistern. Das artifizielle Können ist in F dem rationalen Vermögen integriert und dem freien Willen verpflichtet. Die agonalen Qualitäten und auch das zentrale Lob der Frauen sind hinter einen deutlich reflexiven und Könnerschaft differenzierenden Gestus gerückt, der das frühe Frauenlob-Bild klar modifiziert.

Die 39 Strophen im Grünen Ton der Meisterliederhandschrift F bieten gegenüber C, J und k ein eigenständiges Bild. Sie knüpfen an die Tendenzen von J an, insofern einerseits agonale Momente kaum mehr eine Rolle spielen, andererseits die rationale Kompetenz des Spruchdichters und das Naturthema beibehalten und ausgebaut werden: Beinahe kontemplativ wird das Wirken Gottes in der Welt, der Natur, im Menschen und allem Wesenhaften nachgezeichnet, sodass sich auf dieser Grundlage alles Reden und Ratgeben schlüssig ergibt. Die thematische Gestaltung des Grünen Tons lehnt sich recht deutlich an die Alanus-Rezeption an[24] und man kann Meisterschaft vor allem als gelehrte Kompetenz greifen: Göttliches und weibliches Wirken werden der chartrensischen *natura* angenähert (F 173–175 = GA VII,3; VII,5; VII,1). Ihr Wirken kann in der Welt, in allen Dingen und im Menschen wesenhaft werden (F 177–180 = GA VII,9–11). Es ist

[23] Vgl. die genaue Übersicht der Tonfolgen inklusive der Einschübe untergeschobener bzw. fremder Töne in der GA [Anm. 1], Teil 1, S. 43f. (F) und S. 105–112 (k).

[24] Umfassend zur Alanus-Rezeption Frauenlobs CHRISTOPH HUBER: *Die Aufnahme und Verarbeitung des Alanus ab Insulis in mittelhochdeutschen Dichtungen. Untersuchungen zu Thomasin von Zerclaere, Gottfried von Straßburg, Frauenlob, Heinrich von Neustadt, Heinrich von St. Gallen, Heinrich von Mügeln und Johannes von Tepl*, München / Zürich 1988 (*MTU* 89), S. 136–199.

analog zur Zeit (F 176 = GA VII,8) wie ein Drittes, das doch ein Ganzes und ein Zerfließendes ist. Der Temperamentenlehre entsprechend (F 181 = GA VII,113) geht es um ein Gleichgewicht der Kräfte, um ein gutes Mischungsverhältnis in der Natur, im Menschen und im menschlichen Verhalten (F 182–184 = GA VII,18; VII,17; VII,19). Infolgedessen ist der Rat für Fürsten, junge Leute und Liebende einer, der darauf zielt, Fehlhandlungen und Fehleinschätzungen zu meiden, *mâze*, *zuht*, Freigebigkeit und *muot* zu favorisieren und das innere Feuer nie erlöschen zu lassen. Analogien zum Phönix, zur Wesenheit und zur *art* verleihen den Unterweisungen Plastizität. Diese Analogien greifen Geltung schöpfend auf verbindliches Buch- und Erfahrungswissen zurück: Genannt werden a) der Phönix, der sich aus dem Feuer ernährt, gemeint ist das Christussymbol der *Physiologus*-Tradition (vgl. F 174 = GA VII,7); b) die Wesenheit, welche die Dreiheit verbindet (vgl. F 178 = GA VII,10; F 208 = GA VII,4) und c) der *art*, dem jeder Stand verpflichtet ist (vgl. F 183 = GA VII,17).

F formt die frauenlobische Manier im Langen und im Grünen Ton nicht im Sinne einer Nivellierung. Die Handschrift, welche die Strophen bereits thematisch gruppiert, ohne bereits Bare namentlich auszuweisen, bietet eine Rationalisierung dessen an, was Könnerschaft ausmacht: Die *ratio*, einerseits gottgelenkt, andererseits epistemologisch fundiert, wird neben dem freien von Gott gegebenen Willen zur Basis des artifiziellen Vermögens und des menschlichen Verhaltens im Allgemeinen erhoben. Der valorisierende Gestus, der auf der Agonalität der Meister beruht, spielt kaum mehr eine Rolle für das, was sich als frauenlobische Manier zeigt.

Schaut man vor diesem Hintergrund auf k, werden die formalen und inhaltlichen Unterschiede rasch deutlich. Zum einen ist das Prinzip der Barbildung zur Gänze umgesetzt, die Bare sind formal als voneinander abgegrenzte markiert, und ein konzeptionelles Gefüge wie in C oder partiell auch noch in J ist nicht mehr vorhanden.[25] Zum anderen zeigt sich 150 Jahre nach C und J ein von der Frömmigkeitspraxis der Zeit überformtes Frauenlob-Bild. Maria ist die Referenzgröße eines Großteils der 199 Strophen im Langen Ton von k. Marienlob, Mariengebet, Marienleben und Mariendogmen in Relation zum Geheimnis der Trinität und zur Heilsgeschichte aus der Sicht des menschgewordenen Gottes werden immer wieder von einem lehrenden, nachgerade predigenden Spruchdichter-Ich präsentiert, das Priester, Fürsten, Ritter, Damen und auch Maria selbst nahetritt, um sie an ihre Aufgaben in einer gottesfürchtigen, sündhaften Welt zu erinnern. Insofern zeigt sich frauenlobische Meisterschaft auch hier als Form der Überlegenheit. Einige Rätsel, meist biblischen, respektive heilsgeschichtlichen Inhalts, knüpfen an diese Tendenz an, insofern das meisterliche Können als ein verrätselndes und zugleich Knoten lösendes im Vordergrund steht.

Die konventionelle Tendenz in k, jedenfalls auf der Gegenstandsebene, zeigt sich im omnipräsenten Frauenlob, das allerdings nobilitiert als Marienlob konturiert wird; sie zeigt sich in der Umformung des agonalen Meisterkonflikts, der meist als Rätsel und Rätsellösung gestaltet ist, gerichtet auf die frömmigkeitspraktische Deutung biblischen Wissens sowie die christliche Aufgabe der Heilssicherung. Wenn man hinsichtlich der frauenlobischen Manier im Langen Ton in k von Nivellierung sprechen möchte, dann im Blick auf die Kernkompetenz Frauenlobs: das exorbitante Lob der Frau. Dieses Lob

[25] Zur Kolmarer Meisterliederhandschrift umfassend BALDZUHN [Anm. 5], zum Prinzip der Barbildung spez. S. 137–141.

ist beinahe durchgängig instrumentalisiert für Predigt und Christenlehre, auch wenn sich dahinter noch immer ein Anspruch auf meisterliche Argumentationsfähigkeit greifen lässt.

In den 61 auf 18 Bare aufgeteilten Strophen im Grünen Ton von k ist beinahe jede Argumentation, ob Wissenspräsentation oder Lehre, analog zum Langen Ton auf das Wirken der Trinität, das Wirken Gottes, seines Sohnes und Marias Mediatrixfunktion hin angelegt. Weltliche Themen wie die Kritik von Untreue und Hochmut sind in der Regel, noch im Barverbund, von einer Bitte um göttlichen oder marianischen Beistand begleitet. Das einzige Rätsel im Grünen Ton, das Frauenlob in den Mund gelegt ist und das von Regenbogen gelöst wird, ist gleichfalls einem Heilswunder gewidmet. In einem einzigen der Bare (k 25–27) gewinnt das meisterliche Ich etwas mehr Kontur. Doch der auf die Dichtkunst und die Meisterschaft bezogene *vanitas*-Gedanke begründet nur einmal mehr die Tendenz von k: den allgegenwärtigen Drang zu Heilssicherung und Gebet.

Im Grünen Ton stehen die Abkehr von der Welt und die Hinwendung zum Gottesdienst im Fokus. Entsprechend funktionalisiert ist auch das sogenannte Sterbegebet Frauenlobs. Dieser Tendenz nach lässt sich das Frauenlob-Bild im Grünen Ton als ein Altersbild verallgemeinern, welches ganz im Blick auf das Gebet entwickelt wurde.

Die Kolmarer Meisterliederhandschrift nivelliert die frauenlobische Manier, weil weder der Wettkampf der Meister, noch Selbstrühmung und Rangstreit, noch Begriffs- und weltliche Verhaltensreflexion eine zentrale Rolle spielen. Auch wenn der Lange Ton sechs Bare (21 von 199 Strophen) enthält, die Rätsel und Rätsellösungen bzw. auf Strophen verteilte agonale Konflikte bieten, so sind deren Gegenstände und Deutungen überwiegend biblischer und theologischer Natur, etwa mit der Johannesvision, mit Fragen rund um Gott als Schöpfer und die Glaubensrichtungen.[26] Insgesamt sind es der Habitus des Gebets, der Predigt und des Marienlobs, die den Darstellungsduktus im Corpus des Langen Tons immer wieder repräsentieren. Geschöpft wird aus einem frömmigkeitspraktischen, einem heilsgeschichtlichen und partiell auch theologischen Wissensfundus, dessen Umsetzung jedoch an keiner Stelle provokant gezeichnet ist oder irritiert. Die Umsetzung ist im Sinne religiöser Moralvorstellungen instrumentalisiert, welche auf die Christenheit, den Klerus und auf Maria übertragen werden. Letztlich zeigt sich die frauenlobische Manier ganz von der Selbstbestimmtheit abgekoppelt und der marianischen Gnade überantwortet.

[26] *Repertorium der Sangsprüche und Meisterlieder des 12.–18. Jahrhunderts, Bd. 5: Katalog der Texte. Älterer Teil Q–Z*, bearbeitet von Frieder Schanze und Burghart Wachinger, hg. von Horst Brunner und Burghart Wachinger, Tübingen 1991 [=RSM], gibt einen Überblick über die sechs Rätsel: [1]Frau/2/507a – 3er-Bar: überschrieben mit *ein ander par usz appockalipsim*; [1]Frau/2/508 – Strophenpaar: Rätsel vom Tier mit den zehn Hörnern und den sieben Häuptern (Johannesvision); [1]Frau/2/509a – 3er-Bar: überschrieben mit *ein byspyl und irat* (Rätsel von der Schmiede und ihrem Meister; [1]Frau/2/513 – 3er-Bar: überschrieben mit *ein strafliet gein eim tummen senger*; [1]Frau/2/517a – 5er-Bar: überschrieben mit *dis ist ein furwurff, daz ist ein reitzunge uff gesa<n>g* (Fürwurf und Rätsel mit Herausforderung der anderen Sänger, sollen Knoten lösen, Rätsel vom Tier mit den fünf Beinen und den drei Augen – das sind die drei Glaubensrichtungen); [1]Frau/2/528 – 5er-Bar: überschrieben mit *ein furwort*.

V Stabilität und Wandel des Frauenlob-Bildes im Grünen Ton zwischen Sangspruchdichtung und Meistergesang

V.1 Überblick über die formale und inhaltliche Ausrichtung des Grünen Tons auf dem Weg zum Meistergesang

Die folgende Tabelle bietet eine Übersicht über die Strophen im Grünen Ton zwischen früher (14. Jahrhundert) und später (15. und 16. Jahrhundert) Überlieferung. Sie dokumentiert die Fülle der überlieferten Strophen, die Verfügbarkeit früh bezeugter Strophen im Rahmen der späteren Barbildung, die thematische Varianz und ein anhaltendes Interesse vor allem an heilsgeschichtlichen Themen.

Die Hauptüberlieferungszeugen C, J, F und k sind der besseren Übersicht wegen durch Fettung der horizontalen Zeilentrennung hervorgehoben; die Siglierung der Handschriften (erste Spalte) stimmt mit dem Supplement überein, exklusive C, J, F und k; die einzelnen Handschriften werden zeitlich eingeordnet und wenn nötig mit einer knappen Inhaltsangabe versehen; die Reihung der Handschriften entspricht der ungefähren Chronologie.

Die Angabe der Strophenzahl erfolgt nach Strophen und Baren (zweite Spalte): Überliefert eine Handschrift mehrere Bare, dann sind diese getrennt gelistet, doch steht die Gesamtstrophenzahl vor dem ersten Bar der jeweiligen Handschrift und die Barangabe ist eingeklammert.

Die Strophenzählung (dritte Spalte) entspricht bei den Hauptüberlieferungszeugen der Reihenfolge, die die Strophen in den Handschriften innehaben; einzelne Strophen sind durch Semikolon voneinander getrennt. Da in k auch altbezeugte Strophen (ediert in der GA) und neue Strophen (ediert im Supplement) zu Baren zusammengetreten sind, werden die Strophen zwar fortlaufend gezählt, die Bare jedoch der Übersichtlichkeit halber nicht mehr durch Semikolon, sondern durch runde Klammern (...) ausgewiesen; ist ein Bar nicht im Supplement enthalten, wird auf das RSM verwiesen.

Die vierte Spalte bietet eine thematisch orientierte Inhaltsübersicht, die sich bei den Baren in k nach den Bareinheiten richtet.

Unikale oder parallele Überlieferung wird in der fünften Spalte angezeigt; gelistet sind die Handschriften, die parallel überlieferte Strophen oder Bare haben.

Überlieferungszeuge	Strophen-anzahl	Zählung nach GA VII (Grüner Ton)	Inhalt	Parallelüberlieferungen in
C, Manessische Liederhandschrift, frühes 14. Jhd.	3	VII,7; VII,1; VII,2	Inkarnation und Erlösung	J, F, k
J, Jenaer Liederhandschrift, frühes 14. Jhd.	15	VII,3f.; VII 9; VII,14f.; VII,11; VII,7; VII,17–19; VII,1f.; VII,41–43	gnomisches Wissen um Gottes Wirken und Maria, Relation zum menschlichen Tun, Gebet, Sängerstreit	C, F, k
Wn1, Wiener Leichhandschrift, 14. Jhd., drei Teile: Leichs, Lieder, Spruchstrophen	3er-Bar	VII,201A1–3	Sterbegebet Frauenlobs	k, Bn3, Kh1
Bs1, Sangspruchdichtung, um 1430	3er-Bar	VII,203, v. 1–3	Naturkundliches	Einfachüberlieferung
F, Weimarer Meisterliederhandschrift, zweite Hälfte 15. Jhd.	39 (ein integriertes 3er-Bar)	VII,3; VII,5; VII,1; VII,8–13; VII,18; VII,17; VII,19; VII,15; VII,20–23; VII,14; VII, 24–26; VII,208, v. 1–3; VII,37; VII,35f.; VII,27–30; VII,38–40; VII,7; VII,4; VII,31–33	gnomisches Wissen um Gottes Wirken in der Welt; Relation zu menschlichem Verhalten, eigenem und weiblichem Verhalten; Frauenlob; *laudatio temporis acti*, Zeitkritik, Verhaltensratschläge, Gottes Kraft	C, J, k, Mü3
Wn2, Liebhard Eghenvelders Liederbuch, 1431–1466	3er-Bar	VII,202, v. 1–3	Weisheitslehre	Wn3, Bn3

Wn3, geistliche Prosa, Rezepte, Lieder; Mitte 15. Jhd.	3er-Bar	VII,202,1–3	Weisheitslehre	Wn2, Bn3
Wn4, Mondsee-Wiener Liederhandschrift, 2. Hälfte 15. Jhd.: Meisterlieder im 2. Teil	12er-Bar	VII,207,1–12	Sündenfall und Erlösung	Einfachüberlieferung
k, Kolmarer Meisterlieder-handschrift, um 1460	61 (18 Bare, darunter 3er-Bare, 5er-Bare und 7er-Bare)	(VII,212A,1–3); ([1]Frau/4/501,1–5); (VII,211A, 1–3; VII,6; VII,2; VII,7; VII,1); (VII,213A,1–3); (VII,35–37); ([1]Frau/4/505,1–3); (VII,214,1–3); (VII,201,1–3); (VII,215A,1–3); (VII,204B,1–3); ([1]Frau/4/510,1–3); (VII,216A,1–2; VII,15); (VII,1; VII,4; VII,2); (VII,213A,1–3); (VII,213B,1–3); (VII,208,1–3); (VII,206,1–3; VII,42); ([1]Frau/4/517,1–3)	Prophezeiung der Jungfrauengeburt (3er-Bar); Johannesvision (5er-Bar); geistliche Strophen (7er-Bar); Mariengebet (3er-Bar); Preislied auf Frau / *wîp* (3er-Bar); Spaziergangsallegorie (3er-Bar); *memento mori* (3 Strr.); Sterbegebet Frauenlobs (3er-Bar); Sängerstreit zwischen Frauenlob und Regenbogen (3er-Bar); Typologie Adam / Christus (3er-Bar); Heilstaten Christi (3er-Bar); über Treue und Untreue (3er-Bar); Marias Präexistenz und Inkarnation (3er-Bar); Mariengebet (2 Fassungen à 3 Strr.); Spaziergangsallegorie (3er-Bar); Rätselwettstreit zwischen Frauenlob und Regenbogen (4er-Bar); Schelte der Hoffart und Gebet (3er-Bar)	Mü6, Mü3, Mü8, Nb1, Tr1, Bn3, Br2, Hb2, Hb6, Hb7, Kr2, Kh1, F, Wn1

Mü6, Sammlung von 36 Meisterliedern, um 1460	10 (7er-Bar)	(VII,211B, 1–3; VII,2; VII,6; VII,7; VII,1)	Geistliche Strophen (4–7 echt, 1–3 neu)	k
Mü6	(3er-Bar)	VII,210,1–3	Marienlob	Einfachüberlieferung
Mü3, geistliche Prosa, Gebete und Meisterlieder; 15. Jhd.	9 (3er-Bar)	(VII,2; VII,204A,1–3; VII,4)	Glaubensgeheimnisse (Trinität, Inkarnation, Kreuzestod, Höllenfahrt, Eucharistie)	zwei echte Strophen (VII,2; VII,4) werden durch Mittelstrophe zum 3er-Bar ergänzt; Mittelstrophe parallel in k, dort ergänzt um zwei neue Strophen
Mü3	(3er-Bar)	VII,205,1–3	Allegorisches zu Inkarnation und Erlösung	Einfachüberlieferung
Mü3	(3er-Bar)	VII,206,1–3	Rätselwettstreit, zielt auf Gott als einen Hort	k fügt 3er-Bar 4. Strophe (GA VII,42) hinzu, BARTSCH rekonstruiert einen Streit zwischen Frauenlob und Regenbogen
Kr2, Donaueschinger Liederhandschrift, 1489/90: im 2. Teil Meisterlieder-sammlung	3er-Bar	VII,212A,1–3	Prophezeiung der Jungfrauengeburt	15. Jhd.: Hb6, Mü8, Tr1 16. Jhd.: Bn3, Br2, Hb7

Tr1, von Jacob von Alzey geschriebene Rezept-sammlung und Sammlung von 38 Meisterliedern, um 1490/1500	5er-Bar	VII,212B	Prophezeiung der Jungfrauengeburt	15. Jhd.: Hb6, Kr2, Mü8 16. Jhd.: Bn3, Br2, Hb7
Hb6, Sammlung von 150 Meisterliedern, um 1500	14 (3er-Bar)	VII,215B,1–3	Sängerstreit zwischen Frauenlob und Regenbogen	k
Hb6	(3er-Bar)	VII,216B,1–3	Personifikationsallegorie: Thema Treue / Untreue	1. Strophe parallel zur 2. in k, hier 2 neue Strophen hinzugefügt
Hb6	(5er-Bar)	VII,212B,1–5	Prophezeiung der Jungfrauengeburt	
Hb6	(3er-Bar)	VII,214,1–3	*memento mori*	Nb1, k
Mü8, Wiltener Handschrift, Sammlung von 166 Meister-liedern, um 1500	5er-Bar	VII,212B,1–5	Prophezeiung der Jungfrauengeburt	15. Jhd.: Hb6, Kr2, Tr1 16. Jhd.: Bn3, Br2, Hb7
Kh1, Sammlung kabbalistischer und medizinischer Texte, Anfang 16. Jhd.	6er-Bar	VII,201,1–6	Sterbegebet Frauenlobs	k, Bn3, Wn1

Bn3, von Hans Sachs geschriebene Meisterlieder-sammlung, 1517/18	11 (5er-Bar)	VII,212B,1–5	Prophezeiung der Jungfrauengeburt	
Bn3	(3er-Bar)	VII,202,1–3	Weisheitslehre	Wn2, Wn3
Bn3	(3er-Bar)	VII,201,1–3	Sterbegebet Frauenlobs	k, kh1, Wn1
Nb1, Valentin Holls Handschrift, geistliche Prosa, Kleinliteratur, Narrenschiff; 1524–26	7er-Bar	VII,214,1–7	*memento mori* zwischen Strophe 1 und 2/3, 4 weitere Strophen eingeschoben	Hb6
Hb7, Meisterlieder-sammlung, 1532/33	3er-Bar	VII,212A,1–3	Prophezeiung der Jungfrauengeburt	
Br2, von Wolf Bauttner geschriebene Meisterlieder-sammlung, um 1600	5er-Bar	VII,212B,1–5	Prophezeiung der Jungfrauengeburt	

V.2 Exemplarische Erörterung des Strophen- und Bargebrauchs im Grünen Ton auf dem Weg zum Meistergesang

Thematisch anschlussfähige Einzelstrophen innerhalb der frühen Überlieferung erleichtern das Hinzufügen weiterer Strophen bei einer späteren Tradierung im Barverbund. Ich möchte das zuerst anhand der Strophe GA VII,2 zeigen. Diese Strophe findet sich in C und J mit einer weiteren Strophe zum Strophenpaar verbunden (J 67f. und C 59f.) und sie wird später in drei Handschriften des 15. Jahrhunderts, in k, Mü6 und Mü3, im Barverbund überliefert. Die GA ediert das Strophenpaar am Anfang des Grünen Tons.

Got, sit din ewic immer
in spiegels spriezen hat geperlt
menschlicher formen zunder,
e daz geviert in habe die Werlt,
do schein liecht durch din sigenunft
mit voller macht uz ganzer süzicheit

Der megedliche zimmer.
in zuckersüzen smackes bradem
mit geisticheit gewidemet,
durchtrechtic wart der gotlich gadem
driglestic vunkenricher kunft.
entzündet was ir brust, die got besneit.

Sin veterlich gehilwe
mit süzicheit die brucht betwanc
an der naturen gilwe.
er grub sin oblatisen:
sich selben lam, des vane ist rot;
sus wart ein brustlich osterbrot.
mit inricheit, hilf, meit, daz brot uns spisen. (GA VII,1)

(Gott, weil dein ewiges Immer die Ursache der menschlichen Form im Spiegel der Vorsehung vollendet hergestellt hat, und ehe die Welt, darauf stolz, ihn haben sollte, leuchtete von deiner Sieghaftigkeit urgewaltig und in ganzer Süße
die jungfräuliche Wohnung. Im zuckersüßen Dunst des Duftes, ausgestattet mit der Brautgabe des Geistigen, wurde sie von der dreifach glänzenden, funkensprühenden Ankunft zum Tragen bestimmt. Ihre Brust, die Gott gestaltete, wurde entzündet.
Sein väterliches Gewölk bezwang den Gesetzesbruch in der fahlen Natur[1] mit Süßigkeit. Er prägte seine Hostienform ein: Lamm seiner selbst, dessen Fahne rot ist; so entstand ein brechbares Osterbrot. Jungfrau hilf, damit wir das Brot mit Andacht essen.)

[1] Gemeint ist Eva als Figuration Mariens.

Der heilige gotes tempel,
da in sin geist gewidemet was,
der was alsus gezieret:
da hete die ware minne ein blas
entzündet, daz gab solchen schin,
die sunne klar muz dabi dinster wesen.

Da mitten stunt ein stempel
an einem sarke schon erhaben,–
der sarc was rot ein marmel,
der stempel guldin, wol gegraben,–
vor mitten uf *des sarkes schrin*
ein corporal, als ich ez han gelesen,

Gefüget in dri valden.
da inne lac daz lebende brot,
manna ganz, ungespalden.
waz in dem stempel stünde?
ein tau mit lammes blute rot,
dem holze gelich, daran den tot
gotes sun erwarb. er starb vri aller sünde. (GA VII,2)

(Der heilige Tempel Gottes, in den sein Geist als Brautgabe gegeben war, war folgendermaßen geschmückt: die wahre Minne hatte dort eine Fackel entzündet, die ein solches Licht verbreitete, dass selbst die klare Sonne dagegen finster erscheinen muss.
In der Mitte stand ein Sarkophag mit einem schönen, aufrecht stehenden Relief – der Sarkophag war von rotem Marmor, das Relief golden und gut gearbeitet – Mittig auf dem Behältnis des Schreins lag, wie ich gelesen habe,
ein dreifach gefaltetes Corporale.[2] Darin lag das lebendige Brot, ungeteiltes, vollkommenes Manna. Womit war das Relief versehen? Mit einem lammblutroten Tau,[3] das dem Kreuzholz gleicht, an dem Gottes Sohn frei von aller Sünde den Tod litt.)

Auch wenn jede der beiden Strophen für sich genommen sinnbildend ist, können sie durch das die Strophengrenze überschreitende Thema im Zusammenhang gelesen werden, insofern sich beide Strophen auf das eucharistische Geschehen beziehen: Bevor sich das Spruchdichter-Ich am Ende der ersten Strophe im Duktus des Gebets an Maria wendet (GA VII,1, v. 19: [...] *hilf meit, daz brot uns spisen*), beginnt das Gebet mit einer Wendung an Gott (GA VII,1, v. 1: *Got, sit din ewic immer*). Es muss nicht eigens betont werden, dass der Gebetsmodus eine Klammer um die Strophenaussage legt. Doch zu welchem Zweck? Zunächst: Das betende Ich ist ein Wissender, der zwischen Eröffnung und Marienbitte das von Gott und Maria bewirkte Wunder der Inkarnation präsentiert. Die Wissenspräsentation ist damit funktional abhängig vom Beten als einem Modus der

2 Das Corporale ist ein Tuch auf dem Altar; Kelch und Hostie stehen darauf und können mit dessen Enden zugedeckt werden.

3 Griechischer Buchstabe: Symbol des dreiarmigen Kreuzes.

Überbrückung irdischer Grenzen, durch den die Rede über die Paradoxie des Wunderbaren legitimiert wird. Auch in dieser ‚echten' Frauenlobstrophe finden sich Facetten der normativen frauenlobischen Manier auf der Ebene der sprachlichen Konturierung des Wunderbaren: Gegenstand ist die Unvereinbarkeit der Zeitlosigkeit göttlicher Ewigkeit und des prozesshaften Vorgangs der Menschwerdung. Das damit implizite Vergehen von Zeit wird metaphorisch zum Schillern gebracht, wenn die Inkarnation als ein Spiegeln gefasst ist (GA VII,1, v. 1–7). Wenn dann in einer argumentativen *conclusio* göttliche Einheit, Inkarnation und Erlösung vollends in eins gesetzt werden, verschiebt sich die Zeitproblematik ins Zirkuläre: *er grub sin oblatisen: / sich selben lam, des vane ist rot; / sus wart ein brustlich osterbrot* (GA VII,1, v. 16–18). Dieser Paradoxierung folgt die abschließende Gebetsbitte (*hilf meit*), welche das eucharistische Geschehen in den Blick rückt.

In der zweiten Strophe (GA VII,2) werden dann die Wunder von Inkarnation, Kreuztod und Gottes Anwesenheit im Altarsakrament herausgestellt. Durch detaillierte Beschreibung der vom Sprecher-Ich wahrgenommenen Lichtentfaltung, der Gegenstände und ihrer Farbgebung wird die Szene im Kircheninnenraum und am Altar als Erfahrung konkret. Doch zugleich geriert sich der Sprecher als Buchgelehrter, der davon gelesen habe: *vor mitten uf des sarkes schrin / ein corporal, als ich ez han gelesen* (GA VII,2, v. 11f.). Mit der Legitimität des Buchwissens im Hintergrund ist der Sprecher in der Lage, geistliche Paradoxien frei von Anmaßung auszusprechen (*daz lebende brot*, GA VII,2, v. 14; *manna ganz, ungespalden*, GA VII,2, v. 15; oder zu metaphorisieren: *tau mit lammes blute rot*, GA VII,2, v. 17).

Das Strophenpaar bietet theologisches und frömmigkeitspraktisches Wissen um Trinität, Inkarnation und Eucharistie und es veranschaulicht dieses Wissen zugleich. In metaphorischen und detaillierenden Passagen nähert sich das abstrakte Wissen einer Erfahrung an, sodass dem Adressaten der Strophen das Unvorstellbare nahe gebracht wird und es ihm zugleich als ein mit ihm in Verbindung stehender lebendiger Teil der christlichen Praxis erscheint, denn Maria ist die im unmittelbar gesprochenen Gebet gewonnene Mediatrix, die der christlichen Gemeinschaft die Erlösung im Abendmahl zukommen lässt.

Die frauenlobische Manier zeigt sich insbesondere in der virtuosen rhetorischen Gestaltung dieser beiden Strophen, dem Umgang mit stilistischen Mitteln der Persuasion (metaphorische Rede, Detaillierung, Emotionalisierung durch Konkretion und Nähe im Wir-Gebet). Das Spruchdichter-Ich markiert sich zwar unter der Hand als weiser Gnomiker, doch ist weder etwas vom agonalen noch auch vom selbstrühmenden Duktus des Frauenlob-Bildes zu finden. Es sind einerseits der Darstellungsmodus des Gebets und andererseits das Jahrhunderte lang faszinierende Thema des göttlich Wunderbaren, das in der praktizierten Frömmigkeit sinnlich konkret erfahren werden kann, die GA VII,1 und GA VII,2 zu tradierfähigen Strophen Frauenlobs werden ließen.

In der Kolmarer Meisterliederhandschrift sind beide Strophen Teil eines 7er-Bars geistlicher Strophen. Ein 3er-Bar (S-GA VII,211A) wurde mit den alten Frauenlobstrophen GA VII,6; VII,2; VII,7 und VII,1 zusammengebunden und damit um zwei weitere um 1460 frei verfügbare Frauenlobstrophen ergänzt. Thema des frömmigkeitspraktischen Bars ist das Sakrament der Eucharistie: Das eröffnende 3er-Bar ostendiert die im Modus des Gebets gehaltene Bitte, die christliche Gemeinschaft beim Praktizieren heilssichernder Handlungen zu unterstützen. GA VII,6 betont im Anschluss das Wunder der

Trinität als Ursprung aller Wunder, arbeitet das Inkarnationswunder in den Details aus und schließt mit der Bitte an den Allmächtigen, der gläubigen Gemeinschaft einen Platz im Himmel zu sichern. Dann bietet GA VII,2 die sehr konkrete Darstellung von Inkarnation und Eucharistie als Veranschaulichung für die christliche Gemeinschaft. GA VII,7 greift die Phönixallegorie aus dem *Physiologus* auf, um die Paradoxie von lebendigem Gott und menschgewordenem und gestorbenem Christus zu veranschaulichen. GA VII,1 entfaltet das Wunder der Dreieinigkeit und der Inkarnation in seiner zeitlosen Zeitlichkeit, indem Trinität, Inkarnation und Erlösung jenseits der Zeit in eins gesetzt werden, und es schließt mit einer Hilfsbitte an Maria. Es zeigt sich auch hier, dass die Kombination der Strophen noch immer so gewählt ist, dass Konkretion, Veranschaulichung und Paradoxierung nebeneinander stehen können, insofern sie ihr Recht wohl aus dem umfänglichen eröffnenden Gebet zu ziehen vermögen.

Ein zweites Mal findet sich dieses 7er-Bar in einer Sammlung von 36 Meisterliedern (cgm 1080 = Mü6). Die Varianz gegenüber k liegt in der Reihenfolge der Strophen, insofern die ersten beiden altbezeugten Strophen vertauscht sind: Auf das eröffnende 3er-Bar folgen GA VII,2; VII,6; VII,7; VII,1. Diese Reihenfolge lässt der Bitte um Unterstützung beim Praktizieren heilswirksamer Handlungen (3er-Bar) die Veranschaulichung von Inkarnation und Eucharistie am Altar folgen (GA VII,2), nimmt danach Abstand im Verweis auf die Paradoxien von Trinität und Inkarnation (GA VII,6f.), um zuletzt die zeitenthobene Durchdringung von Trinität, Inkarnation und Erlösung auf die frömmigkeitspraktische akute Bitte um marianische Unterstützung hin zu öffnen (GA VII,1). Die Bitte dient als rahmendes Element für die vier altbezeugten Strophen.

Die Schlüssigkeit der Argumentation innerhalb dieses 7er-Bars könnte auf eine konzeptionelle Reihung zurückgehen, die k nicht identisch eignet. Doch eines ist im Blick auf beide Bare evident: Alte Frauenlobstrophen passen sich der frömmigkeitspraktischen Ausrichtung der Bare in den Meisterliedersammlungen des 15. Jahrhunderts ohne Schwierigkeiten ein, wenn sie thematisch kompatibel sind und wenn das meisterliche Ich als betendes und / oder theologisches Wissen präsentierendes bereits konturiert war.

Diese Tendenz lässt sich mit einer anderen Neukontextualisierung von GA VII,2 aus dem 15. Jahrhundert bekräftigen. Der cgm 351 (Mü3) bietet in seinem zweiten Teil eine Reihe von Meisterliedern, zu denen ein 3er-Bar gehört, welches zwei altbezeugte Strophen mit einer neuen Strophe zum Bar verknüpft.

I.
Der heilige gotes tempel,
da in sin geist gewidemet was,
der was alsus gezieret:
da hete die ware minne ein blas
entzündet, daz gab solchen schin,
die sunne klar muz dabi dinster wesen.

Da mitten stunt ein stempel
an einem sarke schon erhaben,–
der sarc was rot ein marmel,
der stempel guldin, wol gegraben,–
vor mitten uf *des sarkes schrin*
ein corporal, als ich ez han gelesen,

Gefüget in dri valden.
da inne lac daz lebende brot,
manna ganz, ungespalden.
waz in dem stempel stünde?
ein tau mit lammes blute rot,
dem holze gelich, daran den tot
gotes sun erwarb. er starb vri aller sünde. (GA VII,2)

II.
Lebt iemant *in dem wane,*
daz got der marter nicht enlit
menschlichen hie auf erden,
in dem gelauben pin ich *nit,*
wan got, der hat uns hie erlost,
sein zarter leip wart jemerlich verseret.

Wer ist gelaubens ane,
das sich got wandel in ein prot,
verflucht ist der untreue.
man sol im tun unrechten tot
und sol in seczen auf ein rost,
daz er den ungelauben nicht enmeret.

Mein wenen, daz ist kleine:
ich glaub, daz got auf erden hie kam
von einer maget reine
so gar on allen schmerczen.
er kam von ir on alles mail,
dar an lag unser hochstes hail.
gelaubet mir, got en*pfing die tauf, ob scherczen.* (S-GA VII,204A2)

(Falls jemand glaubt, dass der menschgewordene Gott hier auf Erden nicht gemartert wurde, ich bin nicht diesen Glaubens, denn Gott hat uns hier erlöst und sein zarter Leib wurde leidvoll versehrt.
Wer nicht glaubt, dass Gott sich in Brot wandelt, der Treulose sei verflucht. Man soll ihn wie einen Missetäter töten und soll ihn rösten, damit er den Unglauben nicht mehrt.
Mein Glaube ist genau: Ich glaube, dass Gott durch eine reine Jungfrau hierher auf die Erde kam, die völlig schmerzfrei gebar, rein und gänzlich unbefleckt. Davon hing unser ganzes Heil ab. Glaubt mir, ich scherze nicht: Gott wurde getauft.)

III.
Got – vater, sun mit geiste –
lob, erenpris! gebenedit
bistu. genade ich suche.
der la mich, herre, sin gezwit
von *diner gotelichen art*
[] *durch den gedanc, der di*n *geschefte zilt.*

Sus trite ich an daz meiste:
von eime, uz eim der dritte entsproz
und was nicht deste junger.
ein wesen durch die drien vloz,
ein ewicheit was unde wart,
dri forme in einer substantie gotheit hilt.

Diz wunder daz hat krefte:
got vur zur helle, der lib was tot
und *lac in grabes hefte,*
und *wurden doch nie gescheiden.*
gevlochten uz, gestricket in,
ane ende und ane beginnes schin:
sus gilte ich tjost gein juden und gein heiden. (GA VII,4)

(Gott – Vater, Sohn und heiliger Geist – Lob und Ehre! Du bist gepriesen. Ich bitte um Gnade. Durch sie lass mich, Herr, veredelt werden mit deiner göttlichen Natur, wegen des Nachdenkens, das deinen Willen ausführt.
In solcher Weise gehe ich an das Höchste heran: von Einem, aus Einem entsprang der Dritte und war deshalb nicht jünger. Ein Sein durchfloss alle drei, Ewigkeit war und wurde, die Gottheit umschloss drei Formen in einer Substanz.
Dieses Wunder ist voller Stärke. Gott fuhr zur Hölle, sein Leib war tot und verblieb im Gefängnis des Grabes, und war doch eins mit ihm. Ausgeflochten, innen verstrickt, ohne Ende und ohne sichtbaren Anfang: auf diese Weise tjostiere ich gegen Juden und Heiden.)

Das Bar bündelt Glaubensgeheimnisse zu Trinität, Inkarnation, Kreuztod, Höllenfahrt und Eucharistie. Es eröffnet mit der bereits bekannten Veranschaulichung des eucharistischen Geschehens im Kircheninnenraum, durch die die Geheimnisse der Menschwerdung, der ungeteilten Trinität im Altarsakrament und des Kreuztodes als Teil praktizierter gemeinschaftlicher Frömmigkeit verstanden werden können.

In der dritten, ebenfalls altbezeugten Strophe des Bars ist die Perspektive des Sprechers die eines Betenden, der um Gottes Gnade ersucht, um auf eines der großen Themen mittelalterlicher Theologie auszugreifen: die trinitarische Einheit als wesenhafte Dreiheit. Für die Darstellung des Themas werden zwei Metaphern genutzt, zum einen die des Seinsflusses durch die drei als (Wesens-)formen bezeichneten göttlichen Personen und damit einhergehend die Vorstellung vom Verfließen der Konturen (v. 48: *ein wesen durch die drien vloz*), und zum anderen die Metapher des Flechtens. Beide zusammen veranschaulichen das Glaubensgeheimnis und rechtfertigen die Wirkkraft des Wunderbaren als Waffe gegen die Ungläubigen, v. 55–57: *gevlochten uz, gestricket in, / ane ende und ane beginnes schin: / sus gilte ich tjost gein juden und gein heiden.*

Der Frauenlob-Adept, der die beiden Strophen zum Bar anfüllt, inkludiert eine mittige Strophe, die Glaubenswahrheiten zu präsentieren scheint (v. 33: *ich glaub*) und damit an die in der ersten Strophe aufgerufene Frömmigkeitspraxis anschließt. Betont wird zunächst der Einzelfall dessen, was geglaubt wird, nämlich Menschwerdung und Anwesenheit Gottes im Altarsakrament – bis hierher wird die Argumentation bündig fortgeführt –, doch vordergründig geht es dann um die Ausgrenzung der Ungläubigen und die Vernichtung von Ketzern. Der rechte Glaube ist nachgerade konventionalisiert und der Unglaube wird zum Sakrileg. Er wird mit Verdammnis und Tötung kurzgeschlossen (v. 30: *und sol in seczen auf ein rost*) – wohl im Anschluss an die für die Ketzerinquisition zur Zeit Frauenlobs üblichen Verbrennungen.[4] Der mit den altbezeugten Frauenlobstrophen verbundene Geltungsanspruch ist hier möglicherweise kirchenpolitisch instrumentalisiert, vielleicht um alternative Frömmigkeitsformen radikal abzuweisen, denn in der Verszeile vor dem grausamen Tötungswunsch für den *untreue*[n] (v. 28) Mann wird das theologisch zentrale Thema der Transsubstantiation auf laienhafte Weise angerissen: *das sich got wandel in ein prot* (v. 27). Die Wendung gegen den Unglauben erfährt durch die dritte Strophen eine Ausweitung auf Juden und Heiden, doch durch den Vorlauf der zweiten Strophe erscheint die für Frauenlob typische (pseudo-)theologische Reflexion der dritten Strophe marginalisiert.

Den Zusammenhalt der drei Strophen stiften Momente des Wunderbaren und Paradoxen, wie das lebendige Brot (v. 14), die Taufe Gottes (v. 38), die Dreieinigkeit (v. 50) und die in allen drei Strophen dargestellte Glaubenspraxis – eine Tendenz der gesamten meisterlichen Dichtung. So passen sich die neuen, wenn auch für Frauenlob untypischen Inhalte den Inhalten der altbezeugten Strophen an. Das gilt gleichermaßen für die Modi ihrer Inszenierung und Präsentation: Erfahrung und Lektüre (GA VII,2) gehen dem rechten Glauben, der Bestrafung der Ungläubigen und der priesteranalogen Unterweisung voraus (S-GA VII,204A2); sie werden dann flankiert vom Gebet und vom Kampf gegen Juden und Heiden (GA VII,4).

Im Rahmen der meisterlichen Barkonzeption ist die theologische Spekulation bzw. Reflexion für die Kontur des meisterlichen Ichs immer wieder wissensgeschichtliche Rechtfertigung einer gemeinschaftsstiftenden, auf das Seelenheil gerichteten Wir-Identität: *dar an lag unser hochstes hail* (v. 37), die hier allerdings recht drastisch konturiert ist in der Art der Ausgrenzung Andersgläubiger. Diesem Zweck dient im Rahmen des meisterlichen 3er-Bars letztlich auch die für die frauenlobische Manier bestimmende virtuose metaphorische Gestaltung des theologischen Wissens.

Mein zweites Beispiel sind Mehrfachüberlieferungen eines Bars, an denen sich Stabilität und Wandel dessen, was man unter der frauenlobischen Dichtung bzw. Manier verstanden haben mag, gut ablesen lassen. Zwei Meisterliederhandschriften der zweiten Hälfte des 15. Jahrhunderts (k und Hb6) überliefern ein dreistrophiges *memento mori* (S-GA VII,214), das in der um 1524–1526 in Augsburg geschriebenen Handschrift des Valentin Holl (Nb1) durch vier Plusstrophen zum 7er-Bar ergänzt wurde.[5] Die Kurzfassung des 15. Jahrhunderts stellt die Unausweichlichkeit des Todes heraus, indem sie zunächst exemplarische Figuren für Macht und Weisheit aus literarischer und historischer Tradition benennt (Artus, Ahasveros / Xerxes, König Alexander, Aristoteles, Absalom) und zudem betont, dass Kaiser, Könige, Grafen, Fürsten und auch die Juristen allesamt dem Tod anheimgefallen sind. Der Tod ist trotz Klugheit und Weisheit unausweichlich, da ihn Gott selbst als Teil des Lebens angenommen habe: *got selber hie dem tod nit wolt entwichen* (S-GA VII,214, v. 19). Im Modus des Gebets sucht das Sprecher-Ich

4 Vgl. ALEXANDER PATSCHOVSKY: *Häresie*, in: *Lexikon des Mittelalters* 4 (1999), Sp. 1933–1936.

5 Das 7er-Bar geht wohl auf einen Augsburger Druck Johann Ottmars zurück, der „nicht nach 1514“ entstanden sein dürfte, vgl. S-GA [Anm. 4], Bd. 1, S. 19.

dann nach Antwort auf die Frage, wohin alle die exemplarischen Gestalten aus Heldenepik und Artusdichtung kamen. Die Antwort wiederholt und verstärkt die Gewissheit der Unausweichlichkeit des Todes. So ist es denn nur folgerichtig, dass das klagende Ich der dritten Strophe dem Tod als einer gottgegebenen Notwendigkeit gegenübertreten wird. Einzig individualisierend ist die persönliche Klage um die Fülle verborgener Kunst und Meisterschaft, die mit dem Tod nicht mehr entborgen werden kann: *Und all min kunst verborgen, / die mir in minem hertzen lit, / der wil der tot nit achten* (S-GA VII,214, v. 45–47), *die muß in mir verderben* (S-GA VII,214, v. 54). Das zum Frauenlob-Bild gehörende Selbstlob der sogenannten Selbstrühmungsstrophe (GA V,115) greift hier nur implizit und recht verhalten. War es dort die gegenüber den alten Meistern besondere Kunstfertigkeit des überhöhenden und aus der Fülle schöpfenden Schmückens: *ich*, *Vrouwenlob*, *vergult ihr sang* [...] *uz kessels grunt gat min kunst* [...] (GA V,115, v. 5–7), so liegt die Fülle der Kunst hier im Herzen verborgen.

Auch sonst sind die Merkmale der frauenlobischen Manier, etwa rhetorisch-stilistische, nivelliert. Weder finden sich Genitivmetaphern, Vergleiche oder Exempla, noch spielen Rangstreitigkeiten oder künstlerische Ansprüche eine zentrale Rolle. Und auch die anaphorisch verknüpften Verse 24–33 durch die gleichlautende *war kam*-Frage sind stilistisch kaum prägnant; sie stellen allenfalls den monotonen Duktus des *Memento mori* heraus. Allein der Ton kann den Gedanken an die frauenlobische Manier noch aufrufen, doch Inhalt und Gestaltung repräsentieren vor allem eine Tendenz der meisterlichen Dichtung, die wohl im Gebet gesehen werden muss.[6]

Die Langfassung ist keine eigenständige Fassung, sie ist eine *dilatatio materiae*, insofern den exemplarischen Gestalten über vier Strophen weitere Repräsentanten für Macht und Reichtum aus der griechischen, römischen und biblischen Geschichte, aus der heldenepischen und frühneuzeitlichen Romantradition hinzugefügt werden (unter anderem Absalom, Achilles, Amelung, Hannibal, Helena, Hektor, Josua, Kaiser Julius, Melusine, Menelaos, Nero, Nimrod, Kaiser Otto, Ortwin, Paris, Reimund von Lusignan). Die Verbindung mit dem thematischen Kern des Bars, dem *memento mori*, leisten meist anaphorische Fragen wie: *waz halff* bzw. *waz moecht gehelfen*.

Mit der Distanz zu Autor, frauenlobischer Kontur und Manier steigt entsprechend die Tendenz zur Verflachung. Tradierenswert sind geistliche und theologische Themen, aber dann vor allem der Ton und damit eine metrisch-rhythmische Strophenform, die kunstvoll und insofern auch nachahmenswert für die Tradition der Meistersinger gewesen war.[7]

Ein zweiter exemplarischer Fall der Mehrfachüberlieferung führt diesen Umstand noch eindringlicher vor Augen: Mit der Doppelfassung einer *Prophezeiung der Jungfrauengeburt* liegt im Grünen Ton ein Text vor, der einerseits bis zum Ende des 16. Jahrhunderts tradiert und andererseits im Gegensatz zum *memento mori* in zwei voneinander abweichenden Fassungen überliefert wurde. Als 3er-Bar (S-GA VII,212A) ist dieser Text im 15. Jahrhundert überliefert (k und Kr2) und auch im 16. Jahrhundert (Hb7). Als 5er-Bar (S-GA VII,212B) liegt die *Prophezeiung* in fünf Handschriften aus dem 15.

[6] Einen Überblick über die thematische Ausrichtung der meisterlichen Dichtung in den beiden Großbereichen (Glaubensgeheimnisse, Lehre / Mahnung / Lob) bieten Jens Haustein und Karl Stackmann, S-GA [Anm. 4], Bd. 1, S. 56–61.

[7] Dazu maßgeblich Brunner [Anm. 3] und Baldzuhn [Anm. 5].

und 16. Jahrhundert vor (Hb6, um 1500; Mü8, um 1500; Tr1, um 1500; Bn3, 1517/18; Br2, 1597–1603). Beide Fassungen sind narrativ. Die Konzeption gibt jedoch keinerlei Kontur eines Erzählers zu erkennen. Das Geschehen als ein szenisch arrangiertes wird in den Vordergrund gerückt, und es lassen sich nirgends Aufschlüsse über eine Vorstellung vom Autor oder über dessen meisterliches Vermögen finden. Beide Fassungen nehmen ihren Ausgangspunkt beim Lukasevangelium (Lc 2,25) und der Prophezeiung der Jungfrauengeburt. Die Kurzfassung bietet eine Vorgeschichte zum Lukasevangelium: Der Greis Simeon liest von der Jungfrauengeburt und bezweifelt die Menschwerdung. Im Zorn über Buch und Schreiber zerstört er die Schrift (Str. 1).[8] Als er zurückkehrt, ist die Schrift, goldfarben nun, wieder an Ort und Stelle. Simeon lässt seine Zweifel fallen und bittet Gott, ihm seinen *übermut* (S-GA VII,212A, v. 37) zu vergeben (Str. 2). Er bittet zudem darum, dass Gott ihm die Gnade erweisen möge, seine Zeit auf Erden zu verlängern, sodass es ihm vergönnt wäre, Gott in Händen halten zu können: *spar mir daz leben mine, / biss ich dich seh in miner hant!* (S-GA VII, 212A, v. 54f.) Die Kurzfassung stellt das Geschehen im Vorfeld der Verkündigung durch den Heiligen Geist dar. Veranschaulicht werden Simeon in seinem Zweifel und Gott in seiner unendlichen Güte. Die Geschehensmomente sind zwar miteinander verknüpft, doch ist der narrative Duktus der einer Und-dann-Struktur. Eine direkte Motivierung der Ereignisse im Sinne eines Auseinander-Folgens liegt nicht vor.

Auch die längere Fassung hat diese Vorgeschichte, doch fügt sie nach der zweiten Strophe, die mit der Bitte um Vergebung endet, eine dritte ein, in der kohärent an das vorausgehende Geschehen angebunden wird: Gott vergibt Simeon und lässt ihn in den Himmel schauen. Simeon sieht die drei Personen im Kreis der Engel. Teil des wunderbaren göttlichen Wirkens ist eine andere Vision, die Daniel gewährt wird, insofern dieser die Vereinigung Gottes mit Joachims Tochter schaut, eben jene Jungfrauengeburt, die Simeon gelesen und zerstört hatte (Str. 3). Die szenische Umsetzung der Schau ab S-GA VII,212Ba, v. 51 folgt nicht dem Buch Daniel, doch stellt sie über das Motiv der Schau einen Zusammenhang mit der Schau Simeons her. Simeon bittet im Anschluss um eine Verlängerung seiner Lebenszeit, um des inkarnierten Gottes ansichtig werden zu können (Str. 4). Dieser Wunsch wird ihm vom Heiligen Geist gewährt. Auch hier drängt die Langfassung auf Folgerichtigkeit und Stimmigkeit der Geschehensmomente: In der fünften Strophe wird durch das Gewähren des Wunsches die Szene der Darbringung Christi im Tempel motiviert. Nachdem Maria Christus gebar (S-GA VII,212Ba, v. 84f.), bringt sie ihn in den Tempel und reicht Simeon den inkarnierten Gott. Simeon bedankt sich für die ihm von Gott gewährte Gnade und weist Maria auf das Martyrium des Heilands hin: *‚Maria', sprach herr Simeon, / ‚ein Swert wirt durch dein hertze gan, / wann du in sehen wirst in jamers pflichte'* (S-GA VII, 212Ba, v. 93–95).

[8] Diese Form der Buchprophezeiung steht in einer Reihe mit der Prophezeiung in *Zabulons Buch* aus dem *Wartburgkrieg*-Komplex und dem Umgang mit sakrosanktem Wissen in der *Brandan*-Legende. Beide Texte kennen bereits das Motiv vom Auslöschen des Buchwissens. PETER STROHSCHNEIDER: *Der ‚Oberkrieg'. Fallskizze zu einigen institutionellen Aspekten höfischen Singens*, in: *Text und Kultur. Mittelalterliche Literatur 1150–1450*, hg. von URSULA PETERS, Stuttgart / Weimar 2001 (*Germanistische Symposien Berichtsbände* 23), S. 482–505. Vgl. PETER STROHSCHNEIDER: *Der Abt, die Schrift und die Welt. Buchwissen, Erfahrungswissen in der Brandan-Legende*, in: *Scientia Poetica* 1 (1997), S. 1–34.

Tr1 bietet eine variante Fassung dieser fünften Strophe. Das Geschehen der Geburt, das in der besprochenen Langfassung (Hb6, Mü8, Bn3, Br2) auf anderthalb Verszeilen begrenzt ist, erfährt eine Detaillierung im Umfang von neun Verszeilen. Vergegenwärtigt wird dabei die der christlichen Gemeinschaft wohlbekannte Weihnachtsgeschichte: *ein engel, der seit uns die mer. / zu der winachten daz geschach* (S-GA VII,212B5b, v. 80f.). Der an das Lukasevangelium angelehnten Darstellung wird im Blick auf die Tiere an der Krippe ein Detail hinzufügt. Dieses Detail ist möglicherweise dem Pseudo-Matthäusevangelium entnommen,[9] das auch wirksam wurde für die mittelalterliche Ikonographie; möglicherweise wird auf die bereits frühchristlich-westlich nachweisbare ikonographische Umsetzung der Geburt in der Krippe mit Ochs und Esel rekurriert.[10] Die szenische Darstellung in Tr1 endet mit der Übergabe des Kindes in Simeons Hände. Eine Vorausdeutung auf das Martyrium und die Schmerzen Marias in Anlehnung an das Lukasevangelium erfolgt hier nicht.

Beiden Varianten der Langfassung ist es um eine Nähe der Darstellung zum biblischen und heilsgeschichtlichen Wissen zu tun, Variante Ba rekurriert insbesondere auf das Lukasevangelium und Variante Bb ergänzt ein anschauliches Detail einer stärker ausgeschmückten apokryphen Fassung der Geburt Christi. Aber vor allem steht die narrative Kohärenz im Vordergrund der Konzeption und eine verstärkte Anschaulichkeit der Menschwerdung. Das wiederholt eingesetzte Motiv der Sichtbarkeit im Diesseits und Jenseits verbindet die Geschehensmomente über die fünf Strophen hinweg.

So interessant in diesem Fall Fassungsfragen, die verschiedenen Rekurrenzen auf biblisches, apokryphes und ikonographisches Wissen sowie die Möglichkeiten der Kohärenzbildung in einem lyrischen Textgefüge sind, so wenig ergiebig ist dieser achtfach im Grünen Ton Frauenlobs überlieferte Text für die Frage nach Stabilität und Wandel der frauenlobischen Manier. Die Interessenverschiebung auf dem Weg zum Meisterlied von der literarisch-rhetorischen Kontur des Frauenlob-Bildes hin zur Übernahme und dann möglicherweise zur Erprobung der meisterlichen tonalen Form zeichnet sich gerade anhand dieses Beispiels ab. Könnerschaft im Sinne eines dichterisch herausragenden, überlegenen und valorisierenden Vermögens spielt keine Rolle mehr. Gleiches gilt für den frauenlobischen Habitus des selbstbezüglichen artistischen Anspruchs, die Logik der Überbietung und die Reflexion der handwerklichen Fertigkeiten. Argumentative Verfahren der Persuasion sind nicht an die für die frauenlobische Manier zentrale metaphorische Rede geknüpft. Die Fähigkeit zu einer dem Erzählen analogen und mit narrativen Zügen angereicherten, folgerichtigen Darstellung in lyrischen Strophengefügen ist keine explizit die frauenlobische Manier kennzeichnende Kompetenz, sodass letztlich in erster Instanz vor allem der Ton die Stabilität des Frauenlob-Bildes repräsentiert. Meisterschaft ist Tonmeisterschaft, das Wiederverwenden der Strophenform. Eine Umset-

[9] Das apokryphe Kindheitsevangelium ist in seiner Wirksamkeit für die mittelalterliche Literatur und Ikonographie nicht zu unterschätzen; überliefert ist es unter anderem in der *Legenda aurea* und es hat mit einzelnen Geschichten Eingang in *Biblia-pauperum*-Darstellungen, aber auch in Marienleben, wie die *Maria* des Priesters Wernher, gefunden.

[10] *Lexikon der christlichen Ikonographie*, Bd. 2 ([1970]1994), Sp. 86–120, hier Sp. 91f. Im Gegensatz dazu wurde für die Geburt Christi in der orientalischen und byzantinischen Ikonographie eine Grotte bzw. Höhle bevorzugt, ebd., Sp. 95.

zung der Liedform und damit der Strophenzahl kann, ausgehend von der Varianz der Strophenfügungen, nicht maßgeblich gewesen sein.

Eines darf allerdings hinsichtlich der thematischen Ausrichtung der Töne nicht vergessen werden. In der Praxis der Meistersinger kursierten seit dem 15. Jahrhundert sogenannte ‚meistersingerliche Kataloge' als Ausdruck einer „meistersingerliche[n] ‚Literaturgeschichte'", die nicht nur die Namen der alten Meister, sondern daneben auch eine Vorstellung, die man mit ihnen verband, enthielten.[11] Wenn auch die Angaben meist falsch waren, so ist doch Frauenlob als ein *Doctor Theologiae* gelistet, und diese Vorstellung mag einer der Gründe für die extreme thematische Fülle biblischer, heilsgeschichtlicher, theologischer und frömmigkeitspraktischer Themen gewesen sein, die in seinen Tönen oder in den ihm nur zugewiesenen Tönen überliefert wurde. Auf dem Weg zum Meistergesang konturierte die meisterliche Dichtung des 15. Jahrhunderts ein Frauenlob-Bild, das kaum mehr der alten Manier der Könnerschaft entsprach, sondern eher einer verbreiteten pseudo-literaturgeschichtlichen Vorstellung der frauenlobischen Dichtung folgte.

VI Frauenlobische Meisterschaft im Modus des Wettstreits?

Mit der konservativen Kolmarer Meisterliederhandschrift etabliert sich ein meistersingerlicher Liedtyp, der Typus des Fürwurfs und Straflieds.[12] Dieser Typus ist kein Alleinstellungsmerkmal des tradierten Frauenlob-Bildes. Allerdings bewahrt er eine der zentralen Facetten von Meisterschaft: die Logik der agonalen Überbietung, die bereits aus den altbezeugten Tönen Frauenlobs bekannt ist. Gerade das in der Forschung etablierte Bild Frauenlobs kennt diese Logik, welche als Teil der Selbstbeschreibung und des Selbstlobs gerade den Langen Ton Frauenlobs in der frühen Überlieferung prägt. Zu denken ist an die Streitkonzeption der 16 Strophen im Langen Ton der Großen Heidelberger Liederhandschrift C und an die sogenannte Selbstrühmungsstrophe (GA V,115), die das kunstvolle Singen mitsamt dem besonderen Gegenstand im Modus der Überbietung von der Kunst der alten Meister abhebt.

In dieser Tradition der Überbietung, die immer wieder auch von der Vorstellung eines Sängerstreits getragen wird, stehen die in k überlieferten Bare mit agonaler Thematik. Im Langen Ton sind das sechs Bare[13] und im Grünen Ton zwei (S-GA VII,215A; VII,206B), von denen beide im 15. Jahrhundert nochmals in einer zweiten Fassung überliefert wurden (S-GA VII,215B; VII,206A). Unabhängig vom Ton lassen sich in k bei rascher, an den Barrubriken orientierter Sichtung des *Repertoriums der Sangsprüche und Meisterlieder* (RSM) eine ganze Reihe von 3er- und 5er-Baren mit agonaler Thematik ausmachen.[14] Gestellte und gelöste Rätsel, die gleichermaßen agonal strukturiert

11 BRUNNER [Anm. 3], S. 12.

12 BURGHART WACHINGER: *Sängerkrieg. Untersuchungen zur Sangspruchdichtung des 13. Jahrhunderts*, München 1973 (*MTU* 42), S. 316–319; BALDZUHN [Anm. 5], S. 489f.

13 Vgl. Anm. 26.

14 RSM [Anm. 26] [1]Fraw/2/513, Straflied; [1]Frau/2/517a und b, jeweils Fürwurf und Rätsel; [1]Frau/2/548, Straflied; [1]Frau/4/508a, Streit zwischen Frauenlob und Regenbogen; [1]Frau/4/516, *frawenlops rat*: Rätselstreit zwischen Frauenlob und Regenbogen; [1]Frau/5/504ab, jeweils Fürwurf; [1]Frau/5/511ab, jeweils Fürwurf; [1]Frau/7/508, Straflied; [1]Frau/8/509, Straflied; [1]Frau/9/501a,

sein können, sind noch gar nicht vollständig mitgezählt. Die Rubrizierungen weisen explizit Straflied und Fürwurf aus (z. B. [1]Fraw/2/513: *Ein strafleit gein eim tummen senger* bzw. [1]Fraw/5/504b: *Aber ein fürwurff und der sint funffe*). Das Supplement ediert 11 Meisterlieder mit agonaler oder kunstbezogener Thematik. Wettstreit, Rätsel, Lob der Kunst und Lob des Gesangs sind inbegriffen.[15] Die Überlieferungsträger dieser Meisterlieder sind beinahe ausschließlich im 15. Jahrhundert zu finden. Der relativ breit überlieferte Typus des Fürwurfs bzw. Straflieds „ruht auf dem Prozeß der spätmittelalterlichen Verschriftung einer alten Aufführungs-*kunst* auf",[16] die vor allem auf k basiert. Doch dahinter geht der agonale Texttyp sowohl auf die alten Strophen mit Sängerstreitthematik in C und J zurück, die unter anderem auch auf den chronikalisch und literarisch überlieferten Sängerkrieg auf der Wartburg, den sogenannten *Wartburgkrieg*, rekurrieren.[17] Es liegt damit kein verschriftetes Brauchtum vor, vielmehr kann man davon ausgehen, dass eine schriftlich rezipierte und insofern fiktionale agonale Streitsituation weitergeführt wurde. Die Kolmarer Meisterliederhandschrift hat dabei eine Schlüsselrolle inne. Ihr Ruf war im stadtbürgerlichen Kreis der Meistersinger des 16. Jahrhunderts beachtlich, sodass das in ihr überlieferte Bild zur meistersingerlichen Vorstellung vom Streit der Sänger beitrug.

Die Meistersinger des 16. Jahrhunderts nutzten die Töne der alten Meister, nutzten insbesondere auch die Kolmarer Meisterliederhandschrift und ahmten die Form des Fürwurfs im Sinne einer meisterlichen Aufführungsform nach.[18] Sie achteten im Gemerk, der Vortragssituation im Meistersingerwettstreit, vor allem auf die Strophenform des Tons, auf die Zahl der Silben und das vorgegebene Metrum. Sie folgten im Wettstreit genauen Anweisungen, den sogenannten Tabulaturen, deren Einhaltung von den Kunstrichtern präzise überwacht wurde. Wenn jedoch eine der Maßgaben für den Vortrag im Rahmen eines Meistersingerwettstreits des 16. Jahrhunderts darauf zielte, dass die ‚alte Liedordnung' eingehalten werden musste, dann existierte keine Vorstellung vom ursprünglichen „Erscheinungsbild der Gattung",[19] der literarischen Entwicklung von der tendenziell selbstständigen Einzelstrophe zum übergreifend umgesetzten Lied- bzw. Barverbund. Ein solcher Wandel wurde im 16. Jahrhundert nicht wahrgenommen bzw. war nicht mehr bekannt.[20] Wenn zudem eine korrekte Umsetzung der ‚alten Liedordnung' über Sieg oder Niederlage im Meistersingerwettstreit entschied, wenn das Erweitern eines 3er-Bars zum 5er-Bar oder die Entnahme eines 5er-Bars aus einem 7er-Bar

Fürwurf; [1]Frau/9/519a, Fürwurf; [1]Frau/9/520[N]a, Fürwurf; [1]Frau/9/523, Fürwurf; [1]Frau/23/10[N]a, Fürwurf.

15 Vgl. S-GA [Anm. 4] V,205; V,219; V,225; V,233; VII,206; VII,215A und B; VIII,214; VIII,218; X,201; XII,209; XII,210.

16 BALDZUHN [Anm. 5], S. 490.

17 Zusammenfassend FRIEDER SCHANZE: *Wartburgkrieg*, in: *Killy* 12 (1992), S. 144–146, und BURGHART WACHINGER: *Wartburgkrieg*, in: [2]*VL*, Bd. 10 (1999), Sp. 740–766.

18 „In der von Jörg Wickram 1546 gegründeten Kolmarer Gesellschaft etwa sollte vor jeder Sitzung von dem Gewinner des letzten Wettstreits ein Fürwurf vorgetragen werden." BALDZUHN [Anm. 5], S. 491, Anm. 70.

19 Ebd., S. 486.

20 Ebd., S. 488, führt BALDZUHN dies auf den Umstand zurück, dass die „alten Einzelstrophen der Sangspruchdichter [...] seit dem ausgehenden 14. Jahrhundert nicht mehr in neue Vorträge eingebaut wurden" und ihre Eigenständigkeit so in Vergessenheit geraten konnte.

als Verstoß gewertet wurden, dann kann auch diese Regelung nur als eine ephemere, an die Vortragspraxis der Meistersinger geknüpfte Regelung gegolten haben, und dann ist auch die Liedform, mithin ein konkreter Barverbund, nur für die Vortragssituation im 16. Jahrhundert von Belang.[21]

In der schriftlichen Überlieferung des 16. Jahrhunderts existieren bezüglich der Strophenzahl unterschiedlich lange Meisterlieder nebeneinander. Für die schriftliche Überlieferung, das zeigen die beiden Beispiele, das *memento mori* und die *Prophezeiung der Jungfrauengeburt*, spielten die Gemerkregeln keine Rolle. Schriftlich konzipierte Meisterschaft ist auf dem Weg ins 16. Jahrhundert nicht an bestimmte Vortragsregeln, sondern vornehmlich an die Umsetzung der Strophenform des Tons gebunden.

So lässt sich denn schließen, dass sich die Kontur frauenlobischer Manier mit zunehmender historischer Distanz zum Autorcorpus und zu den frühen Überlieferungsträgern verliert. Lassen sich Facetten des Frauenlob-Bildes für die Hauptüberlieferungszeugen der echten Töne, für C, J, F und auch noch für k, vor dem Hintergrund sich ändernder Interessenlagen, sich wandelnder Gebrauchszusammenhänge noch recht gut bestimmen, so verwässern die auf die Meisterschaft bezogenen Facetten vom späten 15. ins 16. Jahrhundert hinein und die Kontur der frauenlobischen Dichtung verliert sich beinahe zur Gänze. Maßgeblich bleiben die Vorstellung vom *Doctor Theologiae* und ein entsprechendes theologisch-spekulatives Wissen, ergänzt um ein gemeinschaftlich praktizierbares Marienlob. Bewusst bleibt auch der Streit mit Regenbogen,[22] doch allein die metrisch-musikalische Form der Töne, die den Namen Frauenlobs tragen, hat wirklich Bestand. Überlieferungsfähig sind damit zuletzt all jene Inhalte, die in einen echten oder unechten Ton Frauenlobs gekleidet werden.[23]

[21] „Die Lieddichtung der Meistersinger [ist] konzeptionell vorwiegend mündliche Dichtung“, ebd., S. 497.

[22] WACHINGER [Anm. 38], S. 280–298.

[23] Zu bedenken ist in diesem Zusammenhang eine Beobachtung von HORST BRUNNER [Anm. 3], S. 8, der schon früh auf eine Arbeit am Muster der Töne hinwies, darauf nämlich, dass die Töne im Meistergesang stilistisch bedingten Veränderungen unterlagen, die von der regelmäßigen Einführung des Auftakts über die Vermehrung der Reime bis zur Umarbeitung der Melodieführung reichen.

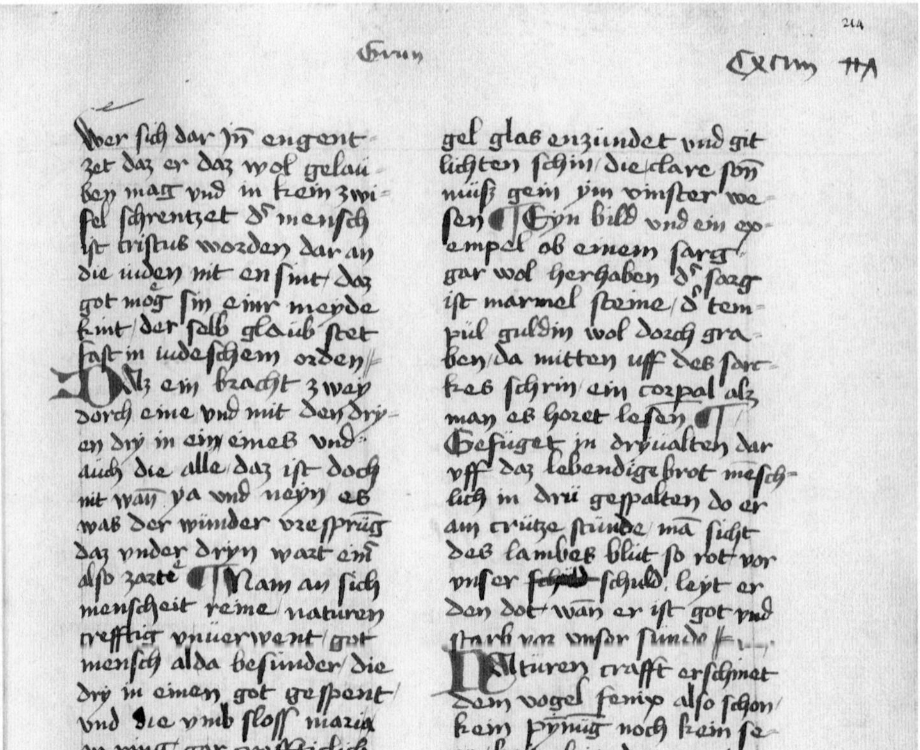
214

Wer sich dar jn engent-
zet daz er daz wol gelau-
ben mag vnd in kein zwi-
fel schrentzet d[er] mensch
ist cristus worden dar an
die iuden mit en sint daz
got möge sin einr meyde
kint der selb glaub stet
fast in iudeschem orden
Daz ein bracht zway
dorch eine vnd mit den dry-
en dry in ein eines vnd
auch die alle daz ist doch
nit wan ya vnd neyn es
was der wunder vrsprung
daz vnder dryn wart ein
also zarte Nam an sich
menscheit reine naturen
treffig vnuerwent got
mensch alda besunder die
dry in einen got gespent
vnd die vmb sloss maria
an ring gar trefflich
ein cristen glaub da war-
te Nature wart zu
brochen da gottes son mit
geiste kam nam an sich
menschlich sachen in der
junc frauwe libe daz was
wol aller wonder hort
got was vnd wart mensche
daz wort got wunderer
von dir vns mit vertrybe
Mary du gottes tempel
in dir sin geist gewidept
was gar lut vnd gar rey-
ne vil clar dan ein spie-
gel glas enzundet vnd git
lichten schin die clare son
muss gein im vinster we-
sen Eyn bild vnd ein ex-
empel ob einem sarg
gar wol hergaben d[er] sarg
ist marmel steine d[er] tem-
pul guldin wol dorch gra-
ben da mitten uff des sar-
kes schrin ein corpal als
man es horet lesen
Gefuget in dryualten dar
vff daz lebendige brot mensch-
lich in dru gespalten do er
am crutze stunde ma sicht
des lambes blut so rot vor
vnser schuld leyt er
den dot wan er ist got vnd
starb vor vnser sunde
Naturen crafft erschmet
dem vogel fenix also schon
kein frynug noch kein se-
re kein leit daz get im
doch mit an also daz er nit
lidet not wan er die cron
ob allen vogeln treyde
kein tot im nit enpiniet
sagt vns die schrifft gar
offenbar sin lip vom tod
enpfromdet sin federn
die sint blutig far als im
die gotheit daz gebot die
menscheit starp so daz der
tot die gotheit nie berur-
te wan es was mit ein wu-
der geist vatter son daz
ist ein strick Auch mit wan

Hs. k, 7er Bar zu Sakrament und Eucharistie mit der inkludierten altbezeugten Strophe GA VII,2.
Quelle: Bayerische Staatsbibliothek München, Cgm 4997, fol. 214r,
urn:nbn:de:bvb:12-bsb00105055-7

9 Spuren Heinrichs von Meißen auf der Opernbühne – Fiktion und Rezeption in Frauenlob-Libretti des 19. Jahrhunderts

DENNIS DISSELHOFF

I Einleitung

In der zweiten Hälfte des 19. Jahrhunderts, also auf dem vorläufigen Höhepunkt einer bis in die heutige Zeit andauernden Frauenlob-Rezeption, entstanden in vergleichsweise regelmäßigen Abständen drei Opern, deren Titelheld Heinrich von Meißen ist: Eduard Lassens *Frauenlob* (1860), Robert Schwalms *Frauenlob* (1882/1885) sowie Reinhold Beckers *Frauenlob* (1892). Es mag vielleicht überraschen, dass gleich drei Opera der musikdramatischen Frauenlob-Rezeption mehr oder minder erfolgreich uraufgeführt werden konnten – aber in Anbetracht der „Hochkonjunktur", welche die „Beschäftigung mit mittelalterlicher Literatur und Kultur" ab 1800 in Europa erlebte,[1] hat auch Frauenlob seinen Weg auf die deutschsprachigen Opernbühnen[2] gefunden. Wie das Gros der in dieser Zeit erwachsenen musikalischen und literarischen Frauenlob-Rezeption[3] sind

[1] Die ideengeschichtliche und imaginative Rezeption der Musik, Kultur und Literatur des Mittelalters beginnt bereits im 18. Jahrhundert, vgl. ANNETTE KREUTZIGER-HERR: *Ein Traum vom Mittelalter. Die Wiederentdeckung mittelalterlicher Musik in der Neuzeit*, Köln 2003, S. 15–129, hier S. 28.

[2] Die ‚Mittelalter-Oper' ist im 19. Jahrhundert ein vielschichtiges Phänomen, welches immer wieder in Analogie mit dem Œuvre Richard Wagners gesetzt wird, wenngleich Wagner aber keineswegs als ihr Begründer, sondern eher als Schöpfer besonders erfolgreicher Opern dieser ‚Gattung' gelten darf, vgl. MATTHIAS MEYER: *Vom Ende (und Neubeginn) des Mittelalters in der Oper*, in: *Bilder vom Mittelalter. Eine Berliner Ringvorlesung*, hg. von VOLKER MERTENS und CARMEN STANGE, Göttingen 2007 (*Aventiuren Sonderband*), S. 75–94, hier S. 77. Einen Überblick zum Themenreichtum dieser ‚Gattung' gibt JENS MALTE FISCHER: *Singende Recken und blitzende Schwerter. Die Mittelalteroper neben und nach Wagner – ein Überblick*, in: *Mittelalter-Rezeption. Ein Symposion*, hg. von PETER WAPNEWSKI, Stuttgart 1986, S. 511–530, hier S. 525–530.

[3] Im 19. Jahrhundert entsteht ein vielfältiges, aber vor allem fiktionalisiert rezeptives Mittelalterbild von Frauenlob. Zum besonderen Identifikationsmoment, dem legendenhaften Begräbnis im Dom zu Mainz, vgl. auch JUDITH LANGE / ROBERT SCHÖLLER: *Von Frauen begraben. Zur Generierung des Frauenlob-Bildes in Mittelalter und Neuzeit*, in: *Rezeptionskulturen. Fünfhundert Jahre literarischer Mittelalterrezeption zwischen Kanon und Popkultur*, hg. von MATHIAS HERWEG und STEFAN KEPPLER-TASAKI, Berlin / Boston 2012 (*Trends in Medieval Philology* 27), S. 210–225. Wenngleich sich im 19. Jahrhundert die Frauenlob-Rezeption als internationalisiertes Phänomen ausbreitet, beginnt sie doch regional in Mainz bereits im späten 18. Jahrhundert mit der Wiederbelebung des ‚Frauenlob-Kults' durch Niklas Vogt, vgl. hierzu WOLFGANG DOBRAS:

auch die musikdramatischen Auseinandersetzungen mit dem spätmittelalterlichen Dichter als Zeugnisse jenes Mittelalterenthusiasmus fast gänzlich in Vergessenheit geraten. Nur der jüngsten Oper hat man sich unter anderer Fragestellung bereits literaturwissenschaftlich angenommen.[4]

Im Folgenden sollen konzeptuell angewandte und rezeptive Verfahren der Aneignung unterschiedlicher Frauenlob-Bilder in den drei Opernlibretti anhand ausgewählter Textausschnitte untersucht werden. Das Hauptinteresse meiner Überlegungen ist – mit Ausnahme der Einleitungen zur jeweiligen Libretto- und Operngenese – vorrangig kein musikwissenschaftliches, sondern ein librettologisches.[5]

II Frauenlob-Rezeption im ‚langen' 19. Jahrhundert – eine Retrospektive

Das Phänomen der Frauenlob-Rezeption – sowohl auf der Opernbühne als auch im literarischen Text – greift die ab 1800 wahrnehmbare Tendenz zur Verarbeitung des ‚Historischen' als Aneignung von Narrativen aus längst vergangenen Tagen auf. Vornehmlich blickten Literaten dabei auf das Mittelalter zurück, welches „im 19. Jahrhundert eine seiner Hochzeiten hatte [...] – und das gilt nicht nur für Deutschland, sondern ist eine europaweite Erscheinung."[6] Frauenlob blieb, so konstatieren JUDITH LANGE und ROBERT SCHÖLLER, „im kollektiven Bewusstsein breitester Publikumsschichten stets präsent, wie ein Blick in Sagen- und Märchenbücher, Gedichtsammlungen, Journale und historische Romane offenbart".[7]

In Frankreich und England, aber vornehmlich in Deutschland schreiben Autoren über den ‚Meistersinger vom Rhein' – so feierte er auch zu Beginn des 19. Jahrhunderts

Meister Heinrich Frauenlob: Ein Dichterfürst und sein Nachruhm in Mainz, in: *Verborgen – Verloren – Wiederentdeckt. Erinnerungsorte in Mainz von der Antike bis zum 20. Jahrhundert*, hg. von JOACHIM SCHNEIDER und MATTHIAS SCHNETTGER, Darmstadt / Mainz 2012, S. 45–66, im Besonderen hier S. 49–52.

[4] Bereits 2006 verwies ANDREA SCHINDLER in einem Beitrag zur Mittelalterrezeption als Epigonentum Wagners auf die jüngste hier betrachtete Oper (Reinhold Beckers *Frauenlob*), vgl. ANDREA SCHINDLER: *Wagners Erben. Mittelalterrezeption am Ende des 19. Jahrhunderts*, in: *Musicorum. Le livret en question*, éd. par LAURINE QUENTIN et ALBERT GIER, Tours 2007, S. 325–342. Dass SCHINDLER auf Beckers Oper aufmerksam wurde, ist nur der Tatsache zu verdanken, dass diese als einzige (!) in FISCHERS wegweisender Zusammenstellung von Mittelalter-Opern im Zeitraum von 1860 bis ca. 1930 verzeichnet ist, vgl. FISCHER [Anm. 2], S. 526. Das Libretto stand bisweilen immer als ein „Stiefkind" der Literatur-, Musik- und Theaterwissenschaft abseits der großen akademischen Diskurse, „da im Grunde alle drei Disziplinen für eine Analyse notwendig wären", vgl. ANDREA SCHINDLER: *Mittelalter-Rezeption im zeitgenössischen Musiktheater. Katalog und Fallstudien*, Wiesbaden 2009 (Imagines Medii Aevi. *Interdisziplinäre Beiträge zur Mittelalterforschung* 23), S. 8.

[5] Als literaturwissenschaftliche Teildisziplin konnte der Romanist ALBERT GIER die Librettologie, deren Untersuchungsgegenstand „[a]ls literarischer Text [...] vor dem Hintergrund des Systems literarischer Gattungen und mit den Methoden der Literaturwissenschaft zu analysieren [sei]", etablieren, vgl. ALBERT GIER: *Das Libretto. Theorie und Geschichte einer musikoliterarischen Gattung*, Darmstadt 1998, S. 17.

[6] Vgl. MEYER [Anm. 2], S. 75.

[7] LANGE / SCHÖLLER [Anm. 3], S. 210–211.

einige Gastauftritte in englischsprachiger Literatur: Reiseschriftsteller hielten ihre Eindrücke vom Rhein als Zeugnisse internationalisierter Rheinromantik künstlerisch-rezeptiv fest.[8] So veröffentlichte zum Beispiel James Robinson Planché 1832 ein Gedicht in drei Strophen, mit einer Einleitung versehen unter dem Titel *Frauenlob, the last of the Minnesingers*[9] in seiner Sammlung *Lays and Legends*. Bald darauf folgten ihm Joseph Snowe, der das Begräbnis Frauenlobs 1839 in Form einer Erzählung in seine Sammlung *The Rhine, Legends, Traditions, History from Cologne to Mainz*[10] aufnahm, und noch im selben Jahr der Amerikaner Henry Wadsworth Longfellow mit einem Abschnitt in seinem Roman *Hyperion: a Romance*.[11] Dennoch ist die englischsprachige Frauenlob-Rezeption nicht nur als ‚Reiseschriftstellerei' zu charakterisieren – zwei Sonette, die 1844 anonym in der Sammlung *A Rosary from the Rhine*[12] unter den beiden sehr ähnlichen Titeln *Frauenlob's Tomb, in the Dom at Mentz* und *Frauenlob's Tomb* veröffentlicht worden waren, sind romantisierte Mittelalter-Imitationen *par excellence*. Die Sonettform deutet auf William Shakespeare, der den englischen Rheinromantikern als Inbegriff und Symbol schöpferischen Genies galt[13] und welcher hier in den gleichen Rang mit Frauenlob gesetzt wird, um beide Autoren zu verklären.

Das Phänomen der neuzeitlichen Frauenlob-Rezeption in Deutschland ist in diesem Rahmen – im Gegensatz zur recht überschaubaren ‚frauenlobischen' Rheinromantik der Engländer – angesichts der schier unübersehbaren Masse an literarischen Texten kaum annähernd ausschöpfend erfassbar. Dennoch hat diese künstlerisch-produktive Rezeption ihren maßgeblichen Anteil an der Popularisierung des Frauenlob-Bildes im 19. Jahrhundert: „Ein breiteres Publikum wurde schließlich mit den beliebten Anthologien und Sagensammlungen erreicht, in denen Frauenlob als Verkörperung des romantisch verklärten Sängers einen überaus prominenten Platz einnimmt."[14] Überwiegend prävaliert in diesen Texten das Motiv des legendenbehafteten Begräbnisses im Kreuzgang des Mainzer Domes.[15] WOLFGANG DOBRAS zufolge bestimmen auch „der Lobpreis des

8 Vgl. GISELA DISCHNER: *Ursprünge der Rheinromantik in England. Zur Geschichte der romantischen Ästhetik*, Frankfurt a. M. 1972 (*Studien zur Philosophie und Literatur des neunzehnten Jahrhunderts* 17), S. 263.

9 J[ames] R[obinsson] Planché: *Lays and Legends or The Rhine*, London 1832, S. 10–11.

10 Diese Frauenlob-Erzählung bildet den Schlussteil: Joseph Snowe: *The Rhine, Legends, Traditions, History, from Cologne to Mainz*. 2 Bde., London 1839, S. 465–467.

11 Henry Wadsworth Longfellow: *Hyperion: a Romance*, Boston 1839. Longfellow hat in seinem Roman mehrere Reiseeindrücke verarbeitet, vgl. LANGE / SCHÖLLER [Anm. 3], S. 223.

12 Beide Sonette sind in dieser Sammlung aufeinanderfolgend abgedruckt, hier: *A Rosary from the Rhine* [Widmung mit I. R. C. signiert], London 1844, S. LX–LXI.

13 Vgl. DISCHNER [Anm. 8], S. 263.

14 LANGE / SCHÖLLER [Anm. 3], S. 220.

15 Dafür haben LANGE und SCHÖLLER, die auch einen umfassenden Überblick der hierzu entstandenen Texte geben, eine plausible Erklärung gefunden: „Dass der Begräbnis-Legende eines deutschen Dichters des Spätmittelalters im 19. Jahrhundert international eine gewisse Aufmerksamkeit zuteil wurde, verdankt sich neben der Reichweite der auflagenstarken bebilderten Journale auch den ausgedehnten Reisen, die die Schriftsteller der Zeit mit Vorliebe in die romantischen und geschichtsträchtigen Uferlandschaften des Rheins und bisweilen nach Mainz führten", vgl. ebd., S. 221–223. Dieses Motiv der Frauenlob-Rezeption kann als umfassend erforscht gelten, vgl. auch LUDWIG PFANNMÜLLER: *Frauenlobs Begräbnis*, in: *PBB* 38 (1913), S. 548–559 und

weiblichen Geschlechts sowie die Begründung des Meistergesanges" als zwei weitere motivische „Stränge" die neuzeitliche Frauenlob-Rezeption.[16]

Grundlage aller Auseinandersetzung mit Frauenlob im ‚langen' 19. Jahrhundert waren aber nicht ausschließlich Reiseimpressionen und Produkte der zeitgleich einsetzenden oder bereits vorangegangenen literarischen Begeisterung für Frauenlob, sondern auch das erstmals einer breiteren Öffentlichkeit zugängliche textphilologisch edierte Œuvre Heinrichs von Meißen. Einen entscheidenden Impuls[17] erhielt diese Rezeption durch die Aktivitäten JOHANN JAKOB BODMERS, der das Frauenlob-Textcorpus der Manessischen Liederhandschrift in seiner Edition *Sammlung von Minnesängern aus dem schwæbischen Zeitpuncte*[18] erstmalig 1759 im Druck vorlegte. Schlagartig waren nun plötzlich *Marienleich* und 30 Sprüche, unter anderem auch die sogenannte ‚Selbstrühmung', öffentlich zugänglich.[19] Auf diese Ausgabe folgte zu Beginn des 19. Jahrhunderts BERNHARD JOSEPH DOCENS frühgermanistisch-akademische Auseinandersetzung mit Frauenlob, die den ersten Bemühungen einer wissenschaftseditorischen Erfassung und Nutzbarmachung der Texte Heinrichs von Meißen zugerechnet werden kann.[20] 1804 veröffentlichte er einen mehrteiligen Aufsatz mit dem schlichten Titel *Heinrich Frauenlob*[21] in Johann Christoph von Aretins Zeitschrift *Aurora*; vier Jahre später legte er 1807 in seinen *Miscellaneen*[22] Texte als *Sammlung noch ungedruckter Gedichte von Heinrich Frauenlob* vor. GEORG CHRISTIAN BRAUN veröffentlichte 1831 den nach dem Faksimile der Manessischen Liederhandschrift edierten *Marienleich* und eine weitere Arbeit zu Frauenlob in den *Quartalblättern des Vereines für Literatur und Kunst zu Mainz*[23] – die erste ‚größere' Frauenlob-Ausgabe folgte sieben Jahre später mit FRIED-

UWE RUBERG: *Frauenlob-Gedenken. Das Begräbnis des Dichters im Mainzer Domkreuzgang*, in: *Domblätter. Forum des Dombauvereins Mainz e. V.* 3 (2001), S. 77–83.

16 Vgl. DOBRAS [Anm. 3], S. 62.

17 Vgl. ANGELIKA KOLLER: *Minnesang-Rezeption um 1800. Falldarstellungen zu den Romantikern und ihren Zeitgenossen und Exkurse zu ausgewählten Sachfragen*, Frankfurt a. M. u. a. 1992, S. 14.

18 JOHANN JAKOB BODMER: *Sammlung von Minnesängern aus dem schwæbischen Zeitpuncte. CXL Dichter enthaltend; durch Ruedger Manessen, Weiland des Rathes der Uralten Zyrich.* Zwei Teile, Zürich 1758–1759.

19 Zum Textcorpus Frauenlobs in der Manessischen Liederhandschrift vgl. GISELA KORNRUMPF: *Vom Codex Manesse zur Kolmarer Liederhandschrift. Aspekte der Überlieferung, Formtraditionen, Texte. Teil I: Untersuchungen*, Tübingen 2008 (*MTU* 133), S. 174.

20 Vgl. KOLLER [Anm. 17], S. 166–167.

21 BERHARD JOSEPH DOCEN: *Heinrich Frauenlob*, in: *Aurora* 92, S. 365–367; *Aurora* 93, S. 369–371; *Aurora* 99, S. 393–394 und *Aurora* 100, S. 397–398 (alle 1804).

22 BERN[HARD] JOS[EPH] DOCEN: *Miscellaneen zur Geschichte der teutschen Literatur, neuaufgefundene Denkmäler der Sprache, Poesie und Philosophie unserer Vorfahren enthaltend.* Zweyter Band, München 1807, S. 268–286.

23 GEORG CHRISTIAN BRAUN: *Unserer Frauen Lied (Heinrich Frauenlobs Gedichte aus Handschriften und Druckwerken gesammelt*, in: *Quartalblätter des Vereines für Literatur und Kunst zu Mainz* 2 (1831), Heft 3 (S. 3–16) und Heft 4 (S. 3–8) sowie GEORG CHRISTIAN BRAUN: *Heinrich Frauenlobs Dichtungen*, in: *Quartalblätter des Vereines für Literatur und Kunst zu Mainz* 3 (1832), Heft 1 (S. 3–24), Heft 2 (S. 3–12), Heft 3 (S. 3–18) und Heft 4 (S. 3–33).

RICH HEINRICH VON DER HAGENS *Minnesinger*-Ausgabe.[24] Bis zum Erscheinen der bis weit ins 20. Jahrhundert standardmäßig zitierten Frauenlob-Edition[25] LUDWIG ETTMÜLLERS (1843) beschränkte sich das breit zugängliche Œuvre Heinrichs von Meißen weitgehend auf die hier aufgezählten Texte.

In welchem Ausmaße Komponisten und Librettisten der Frauenlob-Opern in der inspirativen Konzeptionsphase vereinzelt auf diese Publikationen zurückgegriffen haben, bleibt spekulativ. Allerdings werden die in den folgenden Abschnitten noch aufzudeckenden Interferenzen thematischer, aber auch sprachlich-gestalterischer Art auf elaborierte Kenntnisse der in diesem Kapitel vorgestellten wissenschaftsphilologischen wie rezeptiven Texte hindeuten.

III ‚Sängerkrieger' und Liebesleid – Eduard Lassen und Ernst Pasqué: *Frauenlob* (1860)

Die dreiaktige Oper *Frauenlob*[26] Eduard Lassens (1830–1904) und seines Librettisten Ernst Pasqué (1821–1892), welche den Beginn der musikdramatischen Frauenlob-Rezeption im 19. Jahrhundert markiert, war als Fortsetzung der bereits erfolgreichen Kooperation[27] zwischen Komponist und Textdichter entstanden und wurde am 22. April 1860 im Großherzoglichen Hoftheater in Weimar zum ersten Mal gespielt[28] – für die Uraufführung war eigentlich der Geburtstag der Großherzogin Sophie am 8. April 1858 angedacht.[29] Gegen die Annahme, die Oper sei zu diesem früheren Datum unvollendet gewesen, spricht ein auf den 13. März 1858 datierter Brief des Komponisten: „‚Frauenlob' habe ich so gut wie fertig. Mittwoch hat sich Liszt bei mir angesagt, um es zu lesen. Er ist empört, daß man nicht meine Oper gewählt hat, er that sein Möglichstes dafür[.]"[30] Lassen hatte also in keinem anderen als Franz Liszt, seinem unmittelbaren Vorgänger als Kapellmeister in Weimar, einen Unterstützer gefunden, dessen Engagement

[24] *Minnesinger. Deutsche Liederdichter des zwölften, dreizehnten und vierzehnten Jahrhunderts aus allen bekannten Handschriften und frühen Drucken gesammelt und berichtigt, mit den Lesarten derselben, Geschichte des Lebens der Dichter und ihrer Werke, Sangweisen und Lieder, Reimverzeichnis aller Anfänge und Abbildungen sämmtlicher Handschriften*, hg. von FRIEDRICH HEINRICH VON DER HAGEN. 4 Bde., Leipzig 1838–1856, ND Aalen 1962/63.

[25] *Heinrichs von Meissen des Frauenlobes Leiche, Sprüche, Streitgedichte und Lieder*, hg. von LUDWIG ETTMÜLLER, Quedlinburg / Leipzig 1843 (*Bibliothek der gesammten deutschen National-Literatur I*, 16).

[26] Das Libretto ist 1860 in Weimar bei Fr[iedrich] Tantz erschienen, vgl. *Frauenlob. Romantische Oper in drei Aufzügen. Text von Ernst Pasqué, Musik von E[duard] Lassen*, Weimar 1860.

[27] Für Lassens Mittelalter-Oper *Landgraf Ludwigs Brautfahrt*, die am 10. Mai 1857 im Großherzoglichen Theater zu Weimar uraufgeführt wurde, hatte Pasqué ebenfalls das Libretto verfasst, vgl. *Landgraf Ludwigs Brautfahrt. Romantische Oper in 4 Akten. Nach dem Französischen bearbeitet von Ernst Pasqué. Musik von Eduard Lassen*, Weimar 1857.

[28] Zwei Aufführungen sind in Weimar bezeugt, die Oper *Frauenlob* wurde noch einmal am 24. Mai gespielt, vgl. ADOLF BARTHELS: *Chronik des Weimarerischen Hoftheaters 1817–1907. Festschrift zur Einweihung des neuen Hoftheater-Gebäudes 11. Januar 1908*, Weimar 1908, S. 131.

[29] Vgl. ADELHEID VON SCHORN: *Das nachklassische Weimar. Zweiter Teil: Unter der Regierungszeit von Karl Alexander und Sophie*, Weimar 1912, S. 98.

[30] Dieser Brief liegt ausschnittsweise ediert vor, Zitat ebd.

aber dennoch keine Aufführung 1858 erwirkte. Später, nach den Aufführungen in Weimar, wird Lassen aus Brüssel am 1. August 1860 *Frauenlob* betreffend an Liszt schreiben: „*j'ai donc le temps et voici quel est mon plan: je fais traduire le ‚Frauenlob' et je m'arrange avec Kahnt*[...] *pour le Klavierauszug avec paroles allemandes et françaises.*"[31] Obschon ein solches Vorhaben neben einer Popularisierung der Oper auch eine Internationalisierung der Frauenlob-Rezeption bedeutet hätte, blieb ein im Druck bei C. F. Kahnt verzeichneter Klavierauszug unauffindbar. Die nicht vollzogene Drucklegung ließ ein Reüssieren außerhalb Weimars unmöglich werden und *Frauenlob* geriet in Vergessenheit. Im Folgenden eine Zusammenfassung der Opernhandlung:

> In Pasqués Libretto-Konzeption prävalieren inhaltlich die Leitmotive ‚Liebe', ‚Erlösung' und die ‚Wirkungsmacht der Kunst im ewigen Kampf zwischen dem Guten und dem Bösen'. Immer wiederkehrend ist das Motiv des Sängerstreitens um die Liebe der weiblichen Protagonistin Hulda – zwar unterliegt im ersten Aufzug Barthold, Regenbogen genannt, noch im ersten Wettsingen der Kunst Frauenlobs (vgl. S. 5), mit dämonischer Unterstützung kann er aber dann die zweite Dichterfehde für sich entscheiden (vgl. S. 15–17): Klingsohr war an ihn herangetreten und hatte ihn zum Teufels-Pakt verführt (vgl. S. 8). Für eine Leier und die darin eingebundene Kunstfertigkeit eines im Hörselberg eingeschlossenen historischen Sängers (vgl. S. 8–9) verzichtet Barthold mit dem dritten Anspielen der Zauberharfe, welche künstlerische Falschheit und Dilettantismus symbolisiert, auf sein Seelenheil (vgl. S. 11). Pasqué variiert dieses Paktmotiv im zweiten Aufzug und verbindet es mit dem der irdischen Lust; so klingt Bartholds Lied noch zu Beginn wie der Jubelsang auf die Schöpfung Gottes und der Preis der Jungfrau Maria durch Frauenlob, wird dann aber immer erotischer („Herz an Herzen, im feurigen Kuß", S. 17). Hulda, überwältigt vom verzauberten Sang, flieht daraufhin mit Barthold in einem Kahn nach Ingelheim (vgl. S. 25) – in Mainz wartet man indes vergeblich auf die Braut. Der letzte Aufzug wird in folkloristischer Couleur von singenden Winzern eingeleitet (vgl. S. 26); Barthold stimmt mit ein – einmal kann er noch mit der Zauberharfe singen. Frauenlob, Humprecht und Klingsohr erreichen das liebestrunkene Paar (vgl. S. 30). Um Hulda aber endgültig zu gewinnen, muss Barthold jetzt unausweichlich ein drittes Mal die verfluchte Harfe schlagen; verzweifelt vertraut er sich seinem einstigen Freund Frauenlob an: „Sieh diese Harfe! – Mich schaudert's! // Gefeit ist sie durch Höllenmacht" (S. 34). Der Meister versteht, entsagt Hulda und verzichtet auf die Hochzeit (vgl. S. 35).

Ein Kenner des überlieferten mittelhochdeutschen Œuvres Frauenlobs und dessen fassbarer Lebensspuren bemerkt bald, dass der Titelheld der gleichnamigen Oper wenig mit Heinrich von Meißen gemein hat; Pasqués Konzeption geht wahrscheinlich keine lange Auseinandersetzung mit den bis etwa 1860 zugänglichen Frauenlob-Editionen voraus. Stattdessen konzipiert der Librettist sein romantisches Mittelalterbild aus den Versatzstücken vorangegangener Mittelalterrezeption als dramaturgisch gelungene, aber historisch unhaltbare Verschmelzung von Wartburgwelt, Rheinromantik und Frauenlob-Legende. Insofern haben Pasqués Kenntnisse der mittelhochdeutschen Strophen auch nur

[31] *Briefe hervorragender Zeitgenossen an Franz Liszt. Nach den Handschriften des Weimarer Liszt-Museums mit Unterstützung von dessen Custos Geheimrath Gille. Zweiter Band: 1855–1881*, hg. von LA MARA [Pseudonym für MARIE LIPSIUS], Leipzig 1895, S. 279–281, hier S. 280.

spärlich Aufnahme in das Libretto gefunden. Dennoch lassen sich aber mindestens[32] zwei Prätexte eindeutig identifizieren: Novalis‘ fragmentarisch gebliebener Roman *Heinrich von Ofterdingen*[33] (1799) und E. T. A. Hoffmanns Erzählung *Der Kampf der Sänger*[34] (1819) – beiden Texten entnahm Pasqué wohl die Einbindung von Klingsohr in einen fiktiven Sängerwettstreit auf der Wartburg. Hieraus kann ein weiteres, prominenteres Zeugnis der *Wartburgkrieg*-Rezeption folgen, das im gleichen Atemzuge zu nennen ist: Erheblichen Einfluss auf Pasqués Konzeption hat wohl auch Richard Wagners Oper *Tannhäuser und der Sängerkrieg auf der Wartburg*[35] (1845) genommen; *Frauenlob* ist motivisch von der Gegenüberstellung religiös-mythisierter Enthaltsamkeit und der durch Sexualität und Erotik verdorbenen Liebe geradezu durchdrungen.[36] Das ist nicht verwunderlich, darf doch angenommen werden, dass Autor und Komponist im übermächtigen Wirkungskreis Liszts in Weimar mit den frühen, vor allem mittelalter-rezeptiven Opern Wagners in Berührung gekommen sind.[37] Pasqué internalisierte das ‚wagnerische‘ Opernkonzeptionsverfahren und transformierte so ebenfalls verschiedene als mittelalterlich geltende Stoffe (Sagen und Mythen) in seiner Oper eklektisch zu einem ganz individuellen Frauenlob-Bild. Im eigentlichen Sinne rezipiert *Frauenlob* damit weniger explizit Wagner als die romantisierte Auseinandersetzung mit dem

32 Im Wesentlichen rezipieren die Wartburgenthusiasten im 19. Jahrhundert die literarische Tradition des mittelhochdeutschen *Wartburgkrieges* – Nacherzählungen, Sagensammlungen und fiktiv-künstlerische Umsetzung verklären die Wartburg zum Nationaldenkmal, vgl. WOLFGANG SCHIEDER: *Die Wartburg als politisches Symbol der Deutschen*, in: *Deutsche Meister – böse Geister? Nationale Selbstfindung in der Musik*, hg. von HERMANN DANUSER und HERFRIED MÜNKLER, Schliengen 2001, S. 15–35, bes. S. 22–25. Weitere mögliche Inspirationsquellen für *Frauenlob* verzeichnet PAUL RIESENFELD: *Heinrich von Ofterdingen in der deutschen Literatur*, Berlin 1912. Vgl. vertiefend hierzu auch ETIENNE FRANÇOIS: *Die Wartburg*, in: *Deutsche Erinnerungsorte.* Bd. 2, hg. von ETIENNE FRANÇOIS und HAGEN SCHULZE, München 2009, S. 154–170, und HERFRIED MÜNKLER: *Die Deutschen und ihre Mythen*, Reinbek 2010, S. 301–327.

33 Novalis: *Heinrich von Ofterdingen*, in: Novalis: *Schriften*, hg. von PAUL KLUCKHOHN und RICHARD SAMUEL, Bd. 1, Stuttgart 1960, S. 183–389.

34 *Der Kampf der Sänger*, in: *Die Serapionsbrüder. Gesammelte Erzählungen und Mährchen*, hg. von E[rnst] T[heodor] A[madeus] Hoffmann, 2. Bd., Berlin 1819, S. 41–173.

35 Richard Wagner: *Tannhäuser und der Sängerkrieg auf der Wartburg. Romantische Oper in drei Aufzügen. Dresdner und Pariser Fassung. Text vom Komponisten*, Leipzig 1980.

36 Latente Parallelen zu Wagners Oper sahen auch Zeitgenossen eher problematisch; „das neue Produkt [*Frauenlob*] – ein umgekehrter Tannhäuser – welches sich in Text und Musik an R. Wagner lehnt, [ragt] nicht über das gewöhnliche Niveau derartiger Erstgeburten hinaus [...]“, vgl. *Nachrichten*, in: *Süddeutsche Musik-Zeitung* 9 (1860), Nr. 19, S. 75f., hier S. 75.

37 „Er [Lassen] lernte *Liszt*, und durch diesen *Wagner*'s Werke kennen“, vgl. R[ichard] P[ohl]: *Opernmusik. ‚Frauenlob‘. Romantische Oper in drei Aufzügen. Text von Ernst Pasqué. Musik von Eduard Lassen*, in Fortsetzungen erschienen in: *NZfM* 52 (1860) No. 20, S. 174f., No. 21, S. 187f., No. 23, S. 202f., No. 24, S. 211–213, No. 25, S. 224f. und No. 26, S. 231f., Zitat S. 175. Aus einem Brief Lassens an Liszt vom 29. November 1856 geht hervor, dass er Wagner bewunderte: „*J'ai su qu'à l'occasion de votre fête, Wagner avait fait exécuter plusieurs parties de ses ‚Nibelungen‘, espérons que Weimar aura bientôt l'ouvrage entier, et puissé-je être assez heureux pour m'y trouver en ce moment; car je suis avide de savoir comment Wagner aura traité musicalement les colossales figures de son poème et comment il aura rendu vivantes les passions de ses héros plus grands que nature*“, vgl. LA MARA [Anm. 31], S. 95.

Mittelalter in der Oper des 19. Jahrhunderts.[38] Diese Verfahrensweise ist eher kritisch bewertet worden; so fragt der die Oper *Frauenlob* besprechende Rezensent in der *Neuen Zeitschrift für Musik*: „Hat er seine Individualität zu wahren vermocht, trotzdem er der Wagner'schen Richtung folgte?"[39] So glich für Pasqué das Abfassen des Librettos wohl einem Balance-Akt – der Text verliert in diesem Konzeptionsmodus zwar augenscheinlich den Anspruch auf künstlerische Authentizität, die bewusste Adaption verschiedener Stoffe generiert aber den Wiedererkennungswert. Kulminierende Motive mittelalterlicher oder zeitgenössischer Herkunft sollten vom Opernpublikum begeistert goutiert werden. Diese epigonalen *modi procedendi* trugen letztlich aber zu einer Degradierung *Frauenlob*s zur ‚Kapellmeisteroper' bei, was unter anderem auch zur Folge hatte, dass ihr ein Reüssieren außerhalb Weimars versagt blieb.

Drei Lieder[40] – in den Operntext integriert und Frauenlob in den Mund gelegt – zeugen im Besonderen von Pasqués künstlerisch-virtuosem Umgang mit Mittelalter-Motivik und Frauenlob-Rezeption. So entnimmt Pasqué der bereits zu Frauenlobs Lebzeiten beginnenden und in der Meistersinger-Zeit aufblühenden Rezeption, welche Bezug auf Texte nimmt, „die Frauenlob und Regenbogen in den Mund gelegt sind und in denen die beiden miteinander streiten oder auf ihre Streitigkeiten Bezug nehmen",[41] die ambivalent ausgestaltete Figurenkonstellation „Heinrich von Meißen, genannt Frauenlob" und „Barthold, der Schmied, genannt Regenbogen" (vgl. S. 2). Zugunsten der dramatischen Anlage des Textes konzipierte Pasqué eine fiktive Sängerkonkurrenz zwischen Regenbogen und Frauenlob auf Grundlage eines Motivs, welches ausgehend vom Mittelalter bis lange ins 16. Jahrhundert als Bestandteil der Frauenlob-Rezeption nachweisbar ist[42] und auch Eingang[43] in die neuzeitliche Rezeption beider Sänger gefunden hat.

[38] Die Mittelalter-Oper „ist nun freilich nicht Wagners eigene Entdeckung, sondern seit dem ausgehenden 18. Jahrhundert eine der Haupttraditionslinien der deutschen Auseinandersetzung mit der Vergangenheit[…]. Wagner ist keinesfalls der erste, der im 19. Jahrhundert in seinen Bühnenwerken ein Bild vom Mittelalter kreiert", vgl. MEYER [Anm. 2], S. 77. Einen wertvollen Überblick über das Phänomen der Mittelalterrezeption in der Oper des 18. Jahrhunderts gibt CHRISTIAN SEEBALD: *Libretti vom ‚Mittelalter'. Entdeckungen von Historie in der (nord)deutschen und europäischen Oper um 1700*, Tübingen 2009 (*Frühe Neuzeit* 134).

[39] P[ohl] [Anm. 37], S. 175.

[40] Zum ersten Mal präsentiert Frauenlob seine Kunst im Sängerstreit gegen Regenbogen (vgl. S. 4); erneut stimmt Frauenlob ein Wettstreitlied an, nachdem ihn Regenbogen zur Revanche aufgefordert hat (vgl. S. 15f.); ein letztes, von Frauenlob gesungenes Marienlob beschließt in der finalen Ensemble-Szene Frauenlobs fiktives Künstlerwirken (vgl. S. 36).

[41] BURGHART WACHINGER: *Sängerkrieg. Untersuchungen zur Spruchdichtung des 13. Jahrhunderts*, München 1973 (*MTU* 42), S. 280–298, hier S. 280.

[42] Vgl. MICHAEL BALDZUHN: *Frauenlob-Rezeption in der Kolmarer Liederhandschrift (cmg 4997)* [Mag. Arb. (masch.)], Münster 1988, S. 59. Vertiefend hierzu auch MICHAEL BALDZUHN: *Minne in den Sangspruchtönen Regenbogens. Eine Überschau in typologischer Sicht*, in: *Sangspruchdichtung. Gattungskonstitution und Gattungsinterferenzen im europäischen Kontext. Internationales Symposion, 15.–18. Februar 2006*, hg. von DOROTHEA KLEIN, TRUDE EHLERT und ELISABETH SCHMID, Tübingen 2007, S. 187–242.

[43] Exemplarisch hier VON DER HAGEN [Anm. 24], S. 633f.

Wahrscheinlich dienten ihm hierfür als Vorlage auch die in der ETTMÜLLER-Ausgabe edierten Strophen des *wip-frouwe*-Streites.[44]

Um die Hand Huldas, der Tochter des Bürgers und Meistersängers Humprecht, findet also in Mainz ein „Kampf der Sänger“ (vgl. S. 3) statt – auf das verklungene Lied Bartholds stimmt Frauenlob vier Wettstreitstrophen an, die erste lautet:

Der Frauen zart, holdselig Geschlecht,
Das sing ich laut, und traun, – mit Recht!
Ist's doch dem Manne jeder Zeit
Ein Born des Glücks, ein Trost im Leid!
Ein Stern, der immer golden scheint,
Ob's Herz voll Lust, ob's Auge weint!
Drum sagt: Ist es nicht wohlgethan,
Heb' ich zu singen an
In hellen Tönen, in hohen Weisen
Die holdsel'gen Frauen vor Allem zu preisen. (S. 4)

Hier gewinnt Pasqué aus der Ausdeutung des programmatischen Namens ‚Frauenlob‘ das thematische Sujet, in welches der Titelheld zunächst einführt und sich dann selbstbewusst mit künstlerischem Anspruch („singen“, „helle Töne“ und „hohe Weisen“) verteidigt. „[M]it Recht!“ prätendiert er seinen Künstlernamen, welchen er im künstlerischen Vortrag immer wieder – so scheint es – aktualisieren muss. Hieraus folgt die thematische Grundlegung durch einen motivischen ‚Lobpreis des weiblichen Geschlechts‘ als Leitmotiv der Frauenlob-Erinnerung.[45]

Und du, Maria, hohe Frau
Die thronet über'm Himmelsblau;
Du reine Magd, du Königin,
Steig' du herab mit frommem Sinn,
Kehr' du in's Herz der Frauen ein,
Daß all' wie du, so fromm und rein!

Wem Gott dann solche Frau bescheert,
Der halt' sie hoch, der halt sie werth!
Und liebe sie herzinniglich,
Dann öffnet auf der Erde sich,
Durch sie, für ihn ein Himmelreich! –
Durch sie ein Glück dem keins ist gleich.

Nun sagt: Ist es nicht wohlgethan,
Heb' ich zu singen an
In hellen Tönen, in hohen Weisen
Die holdsel'gen Frauen vor Allem zu preisen! (S. 4)

44 ETTMÜLLER [Anm. 25], Nr. 150–172 (S. 107–118).
45 DOBRAS [Anm. 3], S. 62.

Die an die mittelalterliche Kanzone angelehnte Form – hier bilden die ersten beiden, metrisch identischen Teile somit als Stollen den Aufgesang und die variierte Wiederholung des letzten Abschnitts der Einleitung den Abgesang der Strophenform – sowie ein marginaler Verweis Pasqués[46] lassen die rezeptive Verwendung bezeugter Metra Heinrichs von Meißen vermuten, welche der Librettist vermutlich einer der ihm zugänglichen Frauenlob-Editionen entnommen hat.[47] Ob damit nun schon ein Beweis elementarer oder sogar elaborierter Kenntnisse mittelhochdeutscher Texte erbracht ist, möchte ich bezweifeln. Dass diese Überlegung indes nicht abwegig ist, scheint die hybride inhaltliche Anlage des abgedruckten Marien- und Frauenlobs zu belegen – Maria, die Königin des Himmels, wird als rein und fromm zum Idealbild für das weibliche Geschlecht stilisiert.[48] Vergebens sucht man aber die mariologisch motivierte scholastisch-mystische Ausdeutung der Inkarnation und der Trinität[49] oder die Begriffshierarchie verschiedener Bezeichnungen für das weibliche Geschlecht.[50] Da Pasqué sein Marienlob epo-

[46] „Die Melodie der sechs folgenden Verse ist von Heinrich von Meißen, genannt Frauenlob. XIII. Jahrhundert" (S. 4).

[47] Im Abgleich mit den Strophenformen der in der Göttinger Ausgabe *Frauenlob (Heinrich von Meissen): Leichs, Sangsprüche, Lieder. 2 Teile.* Auf Grund der Vorarbeiten von HELMUTH THOMAS hg. von KARL STACKMANN und KARL BERTAU. *Bd. 1: Einleitungen, Texte; Bd. 2: Apparate, Erläuterungen*, Göttingen 1981 (*Abh. d. Akad. d. Wiss. in Göttingen, Philol.-hist. Kl. III*, 119/120) [= GA] verzeichneten und als authentisch geltenden Spruchtöne konnten keine Übereinstimmungen festgestellt werden. Wahrscheinlicher ist deshalb, dass Pasqué hier die Bauform des ‚Thüringer Fürstentons' der Ausgabe ETTMÜLLERS entnommen und frei interpretierend rezipiert hat – fünf Frauenlob zugeschriebene Sprüche im Ton dieser Bauform lagen in Edition vor, vgl. ETTMÜLLER [Anm. 25], Nr. 403–407 (S. 225–227). Allerdings gleichen sich der ‚Thüringer Fürstenton' und Pasqués Text lediglich in ihrer 16-zeiligen Strophenform. Auf- und Abgesang umfassen jeweils acht Zeilen bei gleichbleibender Reimstruktur (ausschließlich Kreuzreime), vgl. HORST BRUNNER: *Formgeschichte der Sangspruchdichtung des 12. bis 15. Jahrhunderts*, Wiesbaden 2013 (Imagines Medii Aevi. *Interdisziplinäre Beiträge zur Mittelalterforschung* 34), S. 64. Rezeptionsästhetische Interferenzen – das *Fürstenlob* des *Wartburgkrieges* ist in der Strophenform des ‚Thüringer Fürstentons' gedichtet, vgl. hierzu JAN HALLMANN: *Studien zum mittelhochdeutschen Wartburgkrieg. Literaturgeschichtliche Stellung – Überlieferung – Rezeptionsgeschichte. Mit einer Edition der Wartburgkrieg-Texte*, Berlin / Boston 2015, passim, und auch WACHINGER [Anm. 41], S. 33–65 – sind vermutlich erneut auf den Wartburgenthusiasmus des 19. Jahrhunderts zurückführbar.

[48] Die Ausgabe ETTMÜLLERS [Anm. 25] versammelt zahlreiche Texte mit mariologischem Bezug, einige, für eine Rezeption infrage kommenden Texte seien hiermit aufgeführt: Ebd., Nr. 2 (S. 32f.), Nr. 20 (S. 41), Nr. 139–149 (S. 101–107), Nr. 208–230 (S. 127–133), Nr. 286–291 (S. 164–167) und Nr. 386–388 (S. 218f.).

[49] Das gilt im Besonderen für Frauenlobs exzeptionellsten Text, den *Marienleich*, vgl. hierzu LUDWIG PFANNMÜLLER: *Frauenlobs Marienleich*, Straßburg 1913 (*Quellen und Forschungen zur Sprach- und Culturgeschichte der germanischen Völker* 120); BURGHART WACHINGER: *Frauenlobs* Cantica canticorum, in: *Literatur, Artes und Philosophie*, hg. von WALTER HAUG und BURGHART WACHINGER, Tübingen 1992 (*Fortuna Vitrea* 7), S. 23–43, und BARBARA NEWMAN: *Frauenlob's Song of Songs. A Medieval German Poet and His Masterpiece*, Pennsylvania 2006.

[50] Hier verweise ich vor allem auf das Thema des *wip-frouwe*-Streites als künstlerischer Umsetzung des programmatischen Namens ‚Frauenlob' *par excellence*, vgl. WACHINGER [Anm. 41], S. 197, und MARGRETH EGIDI: *Höfische Liebe: Entwürfe der Sangspruchdichtung. Literarische*

chenspezifisch definierte, liegt also in der Idealisierung Marias insoweit keine unmittelbare Beeinflussung durch altbezeugte Strophen vor. Entsprechend der epochenhistorischen Gestaltung der Oper ist im Marienlob der männliche Wunsch nach reiner Liebe und irdischem Glück ebenso eingehegt wie die im 19. Jahrhundert von der Frau geforderte demutsvolle Unterwerfung dem männlichen Geschlecht gegenüber.[51] 1854, bekräftigt durch das Dogma der Unbefleckten Empfängnis unter dem Pontifikat Pius IX.,[52] wird dieses neue Frauenmodell – in der marianischen Frömmigkeit des 19. Jahrhunderts vor allem vom unbefleckten Reinheitsgedanken geprägt[53] – unmittelbar vor Entstehung der Oper in den Mittelpunkt des häuslich-theologischen Interesses gerückt.[54]

Dementsprechend übernahm Pasqué als Reminiszenz dieser religiösen Umbrüche also ein für ihn zeitgenössisches Motiv, welches in *Frauenlob* immer wieder konträr und fast parabolisch zum Entwurf der irdischen Lust der Antagonisten thematisiert wird und ebenso wie die vermeintliche Namensübereinstimmung der Buhlschaft Frauenlobs und Regenbogens Hulda mit der Venus an die Oper *Tannhäuser* erinnert.[55]

Bei genauerer Betrachtung ist außerdem erkennbar, dass die fiktive Frauenlob-Figur hier auch ein romantisches Kunstverständnis postuliert, welches aus der Liebe erwächst und sich zugleich divergent als biedermeierliche Verarbeitung der Liebe durch die Kunst charakterisieren lässt.[56] Der mittelalterrezeptiven Intention des Librettisten entsprechend könnte man annehmen, Frauenlob erhebe den Anspruch auf mittelalterliche *meisterschaft*, indem er seine Kunstfertigkeit im Aufzählen musikterminologischer Sprachzeichen codiert. Allerdings dient sein Preislied nur einem einzigen Zweck, nämlich der Werbung um die Hand Huldas. Paradoxerweise stellt sich erst später im Handlungsverlauf der Oper heraus, dass die schöpferische Kraft der romantischen Liebe durch die Institutionalisierung der Ehe gefährdet ist.[57] Frauenlobs finale Entsagung und

Verfahrensweisen von Reinmar von Zweter bis Frauenlob, Heidelberg 2002 (*GRM-Beiheft* 17), S. 245–277.

51 Vgl. RUDOLF SCHLÖGL: *Sünderin, Heilige oder Hausfrau? Katholische Kirche und weibliche Frömmigkeit um 1800*, in: *Wunderbare Erscheinungen. Frauen und katholische Frömmigkeit im 19. und 20. Jahrhundert*, hg. von IRMTRAUD GÖTZ VON OLENHUSEN, Paderborn u. a. 1995, S. 13–50, hier S. 33.

52 Vgl. BARBARA STAMBOLIS: *Religiöse Festkultur. Zu Umbruch, Neuformierung und Geschichte katholischer Frömmigkeit in der Gesellschaft des 19. und 20. Jahrhunderts*, in: *Geschichte und Gesellschaft* 27/2 (2001), S. 240–273, hier S. 247 und S. 255.

53 Vgl. GÜNTER ESSER: *Zur Geschichte der Marienverehrung – ein Überblick*, in: *Internationale kirchliche Zeitschrift* 99 (2009), S. 4–32, hier S. 23.

54 Vgl. SCHLÖGL [Anm. 51], S. 34.

55 Venus ist Frau Holda – Tannhäuser ist zwischen der reinen und frommen Liebe zu Elisabeth und der Verdammnis der irdischen Erotik der Venus hin und her gerissen, vgl. Wagner [Anm. 35], passim. Die Bezeichnung „Frau Holda" für die Venus fällt ebd., S. 22.

56 Vgl. CHRISTIAN BEGEMANN: *Kunst und Liebe. Ein ästhetisches Produktionsmythologem zwischen Klassik und Realismus*, in: *Zwischen Goethezeit und Realismus. Wandel und Spezifik in der Phase des Biedermeier*, hg. von MICHAEL TITZMANN, Tübingen 2002 (*Studien und Texte zur Sozialgeschichte der Literatur* 92), S. 79–112, hier S. 98.

57 Zur Entstehungszeit der Oper *Frauenlob* bedeutete das Ehegelübde für eine Künstlerpersönlichkeit im Wesentlichen die Aufgabe des romantischen Motivs der Unerreichbarkeit von Liebe und Sehnsucht, vgl. ebd., S. 92 und S. 107.

Hinwendung zu Maria ist letztlich die Wahrung des romantischen Künstlerideals, welches sich erst in Distanz inspirativ entfalten kann. In der Folge kompensiert er den erotischen Verzicht im künstlerischen Selbstfindungsprozess.[58]

Entsprechend ist diese Entwicklung in der Opernhandlung bereits von Anfang an vorgezeichnet. So dankt Frauenlob der Gottesmutter mit den Worten: „Maria, dir hab' ich vertraut, // Du gabst mir Sieg, dich preis' ich laut" (S. 5). An anderer Stelle ist eine vorsätzliche Ambivalenz des Namens ‚Frauen-Lob' betont, indem sein Träger als „Sänger der Frauen" (S. 13) tituliert wird. Ferner propagiert Frauenlob in seinem zweiten Gesangsauftritt *in extenso* die reine, anti-erotische und von idealisierter Unerreichbarkeit geprägte göttliche Liebe, die zugleich sein romantisches künstlerisches Selbstverständnis als „Schwebezustand zwischen inspirierender Liebesbegegnung und Liebesverzicht"[59] inszeniert. Inwieweit aber Pasqué hier die Idee einer ‚Erlösung durch die Kunst' im Sinne Wagners gekannt und rezipiert hat, vermag ich nicht zu beurteilen. Allerdings erfüllt sich die Erlösungshoffnung in *Frauenlob* im Gegensatz zu Wagner in der Hinwendung zum mariologisch repräsentierten Christentum.[60] Frauenlob erfährt ‚Erlösung', indem er seine Liebe allusiv als ‚Erlöser' opfert[61] und sich *in toto* Maria widmet: „Dir sei geweiht mit frommen Sinn // Fortan mein Lied [...] Maria, Himmelskönigin, // O nimm mich ganz zu Eigen hin" (S. 36).

Als Konsequenz der vorangegangen Überlegungen ist zu vermuten, dass die Spuren Heinrichs von Meißen in dieser musikdramatischen Rezeption Reminiszenzen einer längeren Auseinandersetzung mit den mittelhochdeutschen Frauenlob-Texten frühgermanistischer Editionsbemühungen darstellen. Die Eindrücke dieses Quellenstudiums lassen sich als eigensinnige und freie Interpretation im Libretto nachweisen. Dennoch stellt sich bei näherer Betrachtung die Frage, in welchem Umfang tatsächlich Altbezeugtes Eingang in Pasqués Konzeption gefunden hat. Vielmehr fällt auf, dass er Mittelaltermotivik kolportierend in die gesellschaftlichen Diskurse seiner Zeit integrierte und mit einer bestimmten Richtung der zeitgenössischen Frauenlob-Rezeption unierte, um somit nachromantisierend einen Traum vom Mittelalter inszenieren zu können.

[58] Vgl. WOLFGANG LUKAS: *‚Entsagung' – Konstanz und Wandel eines Motivs in der Erzählliteratur von der späten Goethezeit zum frühen Realismus*, in: TITZMANN [Anm. 56], S. 113–149, hier S. 125.

[59] BEGEMANN [Anm. 56], S. 106.

[60] Vgl. CLAUS-DIETER OSTHÖVENER: *Erlösung. Transformationen einer Idee im 19. Jahrhundert*, Tübingen 2004 (*Beiträge zur historischen Theologie* 128), S. 177.

[61] Vgl. S. 25f.: „Mein Leben, mein Alles setz freudig ich ein // Sie zu erlösen von Sünden und Pein. // Und müßt' ich selbst opfern meiner Liebe Glück, // Ich führ' sie dem Leben, dem Himmel zurück!"

IV Sterben im ‚goldenen' Mainz – Robert Schwalm und Wilhelm Jacoby: *Frauenlob* (1882/1885)

Die Oper *Frauenlob*[62], deren Libretto – von Wilhelm Jacoby (1855–1925) abgefasst und 1882 veröffentlicht[63] – Robert Schwalm (1845–1912) in Musik gesetzt hatte, markiert chronologisch den zweiten musikdramatischen Beitrag zur Frauenlob-Rezeption. Eine historische Rekonstruktion der Operngenese erweist sich aber als schwierig: Bis auf die erste Aufführung am 6. Dezember 1885 im Stadttheater zu Leipzig ist keine weitere bezeugt.[64] Aufgrund eines Krankheitsfalles musste die geplante Uraufführung (4. Dezember) ausfallen.[65] Zwei Jahre später, 1887, wird der Operntext in Mainz zwar ausschnittweise erneut einer größeren Öffentlichkeit zugänglich gemacht;[66] ein expliziter Verweis auf eine musikalische Aufführung fehlt aber hier. Wenngleich sich später der Mainzer Musikverlag Schott einer Drucklegung des Klavierauszugs[67] annahm, konnte die Aufnahme in das Programm des renommierten Verlagshauses die Bekanntheit der Oper anscheinend nicht weiter beflügeln.

Die rezeptiven Spuren Frauenlobs sind auch – obwohl der Librettist prologisch erklärt: „Die Handlung dieser Operndichtung ist frei erfunden. Historisch sind nur die Personen des Titelhelden, des Königs und des Kurfürsten, sowie das denkwürdige Leichenbegängniß Frauenlobs" (S. 3) – in dieser Opernkonzeption nachweisbar.

> Die städtische Welt des Meistergesanges bildet die Staffage des Librettos; 1. Akt: Die Mainzer Handwerksmeister und ihre Lehrjungen schmücken ihren Markt- und Domplatz (vgl. S. 5–7). Zum fröhlichen Treiben gesellt sich auch der ‚zingaresk' fiedelnde Böhme Dalibor mit seiner Tochter Vlasta, die sich im Ladengeschäft des Goldschmiedes Weiland mit Armspangen, Ketten und Diadem schmückt und des Diebstahls bezichtigt wird (vgl. S. 10). Der verliebte Weiland, der beim Bürgermeister Dietrich Guldenrade um die Hand von dessen Tochter Maria anhalten will, greift beschwichtigend ein (vgl. S. 13–14). Endlich zieht der Titelheld unter enthusiasmierenden Rufen des Volkes in die Stadt ein (vgl. S. 15). Ihm eilt Maria,

62 Die in Klammern angegebenen Verweise beziehen sich im Fließtext wie auch in den Anmerkungen des vorliegenden Abschnitts auf das Libretto: Wilhelm Jacoby: *Frauenlob. Operndichtung in vier Acten*, Wiesbaden 1882.

63 Die Oper *Frauenlob* entsteht nicht als Kooperation zwischen Komponist und Textdichter; Jacoby veröffentlicht bereits im August 1882 seine Operndichtung in der Erwartung einer baldigen Vertonung seines Textes. Im Vorwort ruft er aus: „Möge auch der lichten Gestalt Frauenlobs, einem Lieblingshelden der deutschen Frauen, ein Componist erstehen, der zur dramatisch-musikalischen Belebung und Erhebung des rheinischen Troubadours die rechten Töne findet" (S. 3).

64 Vgl. Georg Hermann Müller: *Das Stadt-Theater zu Leipzig vom 1. Januar 1862 bis 1. September 1887*, Leipzig 1887, S. 280.

65 Vgl. *Neue und neueinstudierte Opern*, in: *NZfM* 81 (1885) No. 2, S. 512.

66 In einer Gedenkausgabe zum Gutenbergfest 1887 sind die ersten beiden Szenen des dritten Aktes abgedruckt, vgl. *VIII. Aus Frauenlob, Operndichtung von W. Jacoby. In Musik gesetzt von R. Schwalm*, in: *Gedenkblaetter zur Gutenbergfeier am 50. Jahrestage der Errichtung des Gutenbergdenkmals zu Mainz 14. Aug. 1837*, hg. von den Vereinigten Mainzer Buchdruckern und Buchhaendlern, Mainz 1887, VIII. S. 3–11.

67 Vgl. *Frauenlob. Oper in 4 Aufzügen von Wilhelm Jacoby. Musik von Robert Schwalm. Vollständiger Klavierauszug*, Mainz [o. J.].

ihn sehnlichst erwartend, entgegen, um beim väterlichen Freund um Fürsprache für Weilands Vorhaben bei ihrem Vater zu bitten (vgl. S. 16–18). Er sichert ihr Hilfe zu, obwohl er sie heimlich liebt.
2. Akt: Außerhalb der Stadt, unweit eines Kreuzweges, haben Dalibor und Vlasta ihr Landstreicher-Lager aufgeschlagen (vgl. S. 23) – im Lichte des Sonnenuntergangs träumt Vlasta, vor dem Zelt sitzend, von Weiland, der ihr plötzlich in Begleitung ihres Vaters entgegenkommt. Obwohl ihn Dalibor das Singen lehren soll, betrinken sich beide maßlos – im Rausch steckt er Vlasta einen Ring an den Finger (vgl. S. 31). Frauenlob lässt sich singend mit seiner Harfe, seinem Liebeskummer Ausdruck verleihend, an einem Marienbildnis nieder (vgl. S. 28).
3. Akt: In der Stadt findet ein großes Fest statt, König Johann von Böhmen und Kurfürst Peter von Aspelt thronen inmitten eines großen Festsaals (vgl. S. 33–34). Vor illustrer Gesellschaft fordert Weiland Frauenlob zum Sängerwettstreit auf (vgl. S. 37), den der Meister für sich entscheiden kann und einen Wunsch vom König zugesprochen bekommt: Selbstlos erbittet er für Weiland Marias Hand (vgl. S. 40–41). Als jedoch Weilands Kumpanei mit Dalibor auffliegt, ist Guldenrade nicht mehr mit einer Heirat einverstanden (vgl. S. 42).
4. Akt: Todessehnsüchtig sinkt Frauenlob am Ufer des Rheinstromes in sich zusammen; der geldgierige Dalibor will sich nun final der „verzauberten" Harfe Frauenlobs mit Hilfe seiner liebeskranken Tochter bemächtigen (vgl. S. 45–46) – sie schwört ihm, Frauenlob mit einem vergifteten Trank zu töten (vgl. S. 48 und 51). Frauenlob stirbt, niedergeschmiegt an ihn haucht auch Vlasta im Suizid ihr Leben aus. Die Oper endet mit der Darstellung des Leichenbegräbnisses im Kreuzgang des Mainzer Domes (vgl. S. 55–56).

Jacoby kannte mindestens die lyrischen Übertragungen ausgewählter mittelhochdeutscher Texte der ETTMÜLLER-Ausgabe, die Alfred Börckel in seine Verserzählung *Frauenlob. Sein Leben und Dichten*[68] eingebettet hatte. Wie aus dem Vorwort seiner Operndichtung hervorgeht, entnahm der Librettist dieser literarischen Rezeption die Schilderung der Grablegung im Domkreuzgang. Vergleicht man beide Texte, ist die Überlegung nicht abwegig, dass der Verserzählung auch die spätmittelalterliche Welt des städtisch-bürgerlichen Meistergesanges und andere Motivik entnommen ist. Allerdings rezipiert Börckel kolportierend die Vorstellung, Frauenlob habe in Mainz mit der Errichtung einer Meistersinger-Schule die Tradition des Preissingens begründet,[69] was schon zu Jacobys Lebzeiten bezweifelt wurde,[70] zumal die Welt der Meistersinger historisch erst nach Frauenlobs Tod 1318 nachweisbar ist – als Begründer ihrer Kunst war er bei

[68] Alfred Börckel: *Frauenlob. Sein Leben und Dichten*, Mainz ^{2}1881. Wie DOBRAS [Anm. 3], S. 60–62, festgestellt hat, rezipierte Börckel die Behauptung des Mainzer Gymnasiallehrers Nikolaus Müller, Frauenlob sei, dem Mainzer Patriziergeschlecht „zur Meise" zugehörig, im frei erfundenen Haus zum „Güldenwürfel" geboren worden.

[69] Vgl. ebd., S. 62.

[70] ETTMÜLLER kann bspw. nicht mit Bestimmtheit feststellen, ob Frauenlob und Regenbogen der ersten Mainzer Singschule angehört haben, vgl. ETTMÜLLER [Anm. 25], S. XXVI–XXVIII. Ich bezweifle aber, dass Jacoby die frühgermanistischen Ausführungen ETTMÜLLERS vorlagen, auch Anklänge in *Frauenlob* lassen sich eher auf die Lektüre des Textes von Börckel zurückführen, als dass sie ein elaborierteres Studium edierter mittelhochdeutscher Strophen belegen.

den Meistersingern hochverehrt, was imitierende Rezeption zum Anlass hatte.[71] Gleichwohl könnten auch Wagners Oper *Die Meistersinger von Nürnberg* (1868),[72] deren Quellen[73] und andere, das Mittelalter der Meistersinger rezipierende Texte[74] den Nachahmungseifer Jacobys angeregt haben. Man kann deshalb vermuten, dass in *Frauenlob* vorrangig Erfolg generierende Konzeptionsmodi gelten, zumal auch beinahe alle dramaturgischen Entscheidungen letztlich im Sterben des Titelhelden und der daran anschließend im ‚lebenden Bild' theatralisch inszenierten Grablegung kulminieren. Hierdurch mag der Anschein erweckt werden, der Librettist habe seine Konzeption lediglich der popularisierenden Wirkung wegen mit dem beliebtesten Motiv[75] der Frauenlob-Rezeption beschließen wollen. Dies gilt insbesondere auch für den Rückgriff auf das in der Oper des 19. Jahrhunderts ähnlich beliebte ‚Zigeuner-Sujet'.[76] So treten die Antagonisten Dalibor und Vlasta klischeehaft im Gewand böhmischer Fahrender auf, die vor der Stadt in Zelten lagern. Dalibor verkörpert als Musiker[77] mit seiner Fiedel (vgl. S. 7–10) ebenso wie seine des Diebstahls[78] bezichtigte Tochter (vgl. S. 11f.) den Inbegriff des ‚Zigeunerischen'. Als Konsequenz der vorangegangen Überlegungen wäre damit auch die in *Frauenlob* latent dargestellte Motivik der Rheinromantik,[79] welche spätestens seit

[71] Vgl. KARL STACKMANN: *Probleme der Frauenlob-Überlieferung*, in: *PBB* 98 (1976), S. 203–230, hier S. 207, und ANNETTE GEROK-REITER: *Der Mainzer Dichter Frauenlob: Narr oder Dichterfürst?*, in: *Mainz im Mittelalter*, hg. von MECHTHILD DREYER und JÖRG ROGGE, Mainz 2009, S. 131–143, hier S. 134.

[72] Richard Wagner: *Die Meistersinger von Nürnberg*, Mainz 1868.

[73] DANIELLE BUSCHINGER zählt Wagners Quellen für die Konzeption der Oper *Die Meistersinger von Nürnberg* auf; ihm dient unter anderem auch E. T. A. Hoffmanns Erzählung *Meister Martin der Küfner und seine Gesellen* (1819) (in: Hoffmann [Anm. 34], S. 385–519) als Vorlage, vgl. DANIELLE BUSCHINGER: *Das Mittelalter Richard Wagners*, übersetzt von RENATE ULLRICH und DANIELLE BUSCHINGER, Würzburg 2007, S. 124–128. Ebendiese Erzählung Hoffmanns kannte Jacoby mit hoher Wahrscheinlichkeit auch.

[74] Seit der frühen Romantik wird die Lebenswelt der Meistersinger immer wieder als Phantasma des Künstlerhandwerkers literarisch verarbeitet, vgl. BERNHARD SCHUBERT: *Der Künstler als Handwerker. Zur Literaturgeschichte einer romantischen Utopie*, Königstein i. Ts. 1986.

[75] Die Schilderung, dass „[e]ine so große Menge Weines über sein Grab gegossen, daß der ganze Kreuzgang überschwemmt wurde", entspricht kaum der historischen Wirklichkeit, dazu RUBERG [Anm. 15], S. 82f.

[76] Das Interesse am ‚Zigeuner' im 19. Jahrhundert ist gespalten, zum einen gehörte er zu einer „gefährlichen, asozialen Klasse", zum anderen beeinflusste er „die neue Empfindsamkeit, […] die neue Romantik", vgl. RUDOLPH ANGERMÜLLER: *Zigeuner und Zigeunerisches in der Oper des 19. Jahrhunderts*, in: *Die ‚Couleur locale' in der Oper des 19. Jahrhunderts*, hg. von HEINZ BECKER, Regensburg 1976 (*Studien zur Musikgeschichte des 19. Jahrhunderts* 42), S. 131–159, hier S. 132.

[77] „Tanz, Musik und Gauklertum sind in der Oper des 19. Jahrhunderts fest mit dem Zigeuner verbunden. Auf der Bühne tragen diese ‚zigeunerischen' Künste zur Kurzweil bei", ebd., S. 142.

[78] „Die landläufige Meinung bezichtigte oder bezichtigt den Zigeuner als Dieb. Er stiehlt sozusagen alles, was ihm unter die Finger kommt", ebd., S. 139.

[79] Bspw. Dalibor: „Wenn's ihm geläng', von Rhenus Thron // Den Riesenschatz zu rauben. // O goldner Nibelungenhort" (S. 9); Frauenlobs Heimweh nach Mainz: „Des Heimweh's Bangen mich ergreift. // Ihr Städte all' am Rheingestade, // Du blumenreiches Thalgefild, // Ihr Burgen, denen ich mich nahte" (S. 16), und Frauenlobs Abschied von Mainz: „Du hehrer Dom, ihr

ihrer Wiederbelebung 1840 als Bestand ‚deutschnationaler' Identität in vielfältiger Form in der Musik rezipiert wurde,[80] den Modi der erfolgsgenerierenden Rezeption zuzuordnen.

Trotz derartiger dramaturgischer Entscheidungen blieb der einschlagende Bühnenerfolg und das (inter-)nationale Reüssieren dieser im Wesentlichen auf die Usancen des Leipziger Stadttheaters abgestimmten „Capellmeistermusik", wie man der Rezension des *Musikalischen Wochenblattes* 1892 entnehmen kann, aus:

> Ein besserer Musiker und eine liebenswürdigere Persönlichkeit – wenn auch kein wahrhaft schöpferischer Geist und Dramatiker – tritt uns aus Robert Schwalm's ohne Vorwort veröffentlichter Oper „Frauenlob" entgegen, und wenn wir die Musik dieses Werkes im Allgemeinen wohl mit Fug und Recht als sogenannte Capellmeistermusik, und zwar vorwiegend als „altdeutsche Capellmeistermusik" bezeichnen müssen, so dufteten uns aus derselben doch manche lieblich anmuthsvolle Melodieblüthen entgegen, welche uns eine Aufführung des „Frauenlob" überall da, wo für den Titelhelden des Werkes oder für den Componisten oder den Verfasser des Librettos, Hrn. Wilhelm Jacoby, Sympathien vorhanden sind, wohlberechtigt erscheinen lassen würden.[81]

Die rezeptiven Spuren Heinrichs von Meißen zeigen sich in *Frauenlob* überwiegend im solistischen Gesangsauftritt, in welchem der Titelheld immer wieder regenerativ im Rückgriff auf die zeichenhaften Überreste der Frauenlob-Rezeption sein künstlerisches und religiöses Selbstverständnis konkretisiert. Als Folge dieser Inanspruchnahme motivischer Grundmuster der Erinnerung, wie ‚Frauenlob' oder ‚Begräbnisszenerie', werden fiktive Mittelalterbilder als authentische Vergangenheit historisierend inszeniert. Mit der Konstituierung eines zeitgenössisch inspirierten Mittelaltertraums geschieht infolgedessen aber auch simultan die Destruktion aller originären ‚Motiv-Spuren' Frauenlobs. Mithin prävaliert deshalb in den folgenden Versen die Ästhetisierung der destruierten und fragmentarischen Motive der Frauenlob-Rezeption, welche einzig auf dem imaginativen künstlerischen Programm des sprechenden Namens beruht:

> Wie hab' die Blumen ich gepriesen,
> Die aufgeblüht der Männerwelt,
> Wie mich als Frauenlob erwiesen,
> Dem Frauendienste mich gestellt!
> […]
> Dem Frauenlob die Frauenlieb!
> […] (am Muttergottesbild.)

Thürm' und Zinnen, // Du Strom der Ströme, stolzer Rhein // […] Du gold'ne Stadt, ich muß dich lassen" (S. 50).

80 Vgl. ANDREAS EICHHORN: *Der Rhein als Symbol. Programm und Bedeutung in der Sinfonik des 19. Jahrhunderts*, in: DANUSER / MÜNKLER [Anm. 32], S. 185–205, bes. S. 185f.

81 Arthur Smolian: *Kritik. Neue Bühnenwerke*, in: *Musikalisches Wochenblatt. Organ für Musiker und Musikfreunde* XXIII (1892) No. 1, S. 2 und No. 2, S. 14f., hier S. 14. Ich vermag nicht eindeutig zu sagen, warum diese Opernkritik erst sieben Jahre nach der erfolglos gebliebenen Uraufführung erschienen ist; das ist vielleicht damit zu erklären, dass der Klavierauszug (o. J.) kurz zuvor bei Schott erschienen war und die Kritik darauf reagierte.

Was du geliebt mit heißem Drang,
Halt' heilig es dein Leben lang!
Entsagen will ich jedem Frei'n!
Nichts soll, Erinnern, dich entweih'n!
[…]

Kein irdisch Weib sei mehr begehrt,
Dem Herzen jeder Wunsch verwehrt,
Der sich an Erdenliebe hängt,
Nicht einzig auf zum Himmel drängt! (S. 28–30)

Das hier thematisch implizierte Spannungsverhältnis der religiösen Individuation und der profanen schmerzlichen Entsagung verschmilzt mit der programmatischen Ausdeutung des Namens ‚Frauenlob'. Das Entsagungsmotiv ist zwar augenscheinlich nur als kontemplative Sehnsucht nach der Gottesmutter angelegt, *in facto* ist die kompensierende Flucht in die Kunst als Selbstfindung[82] aber motivisch in der Exklusion irdischer Welten und Lüste als Büßerhandlung im später avisierten Klostergang (vgl. S. 49) impliziert. In *Frauenlob* ist das ‚Entsagen' ein biedermeierlich nachklingendes Konzept der bürgerlichen Selbstdisziplinierung.[83] Hier entspricht das Motiv der Flucht zu Maria der gleichen Kunstauffassung wie der des Reinholds in Hoffmans *Meister Martin der Küfner und seine Gesellen* als „dauerhafte Objektivierung im allegorischen Bild anstelle der realen Geliebten".[84] Somit wird verständlich, dass diese mariologisch begründete Kunstauffassung kurz darauf erneut im öffentlichen Gesangsvortrag bestätigt werden muss:

Wohl ist die Singkunst werth der Liebe,
Denn Liebe ist auch ihr Geschenk,
Und welcher Meister sie auch übe,
Stets sei er dessen eingedenk.
Wohl treibt sie mancher für die Gasse,
Wohl ruft manch Lied zu Kampf und Streit,
Zum Tanze auch, zu buntem Spasse,
Doch ist's ein Sang für kurze Zeit.
Das Wahre nur, das Gute, Schöne.
Was einzig uns harmonisch scheint,
Das sei das Heil im Reich der Töne,
Weil freudvoll es die Menschheit eint!
(mit innigem Aufblick nach Oben)
Und wo gäb's ein Bild, das uns treuer versöhnt,
Von Wahrheit und Schöne und Güte bekrönt,
Als deines, du Mutter des Heilands und Herrn,
Um Himmel der lieblichste, mildeste Stern!
Dir tönt meine Harfe, dir tönet mein Sang,

82 Vgl. LUKAS [Anm. 60], S. 125.

83 Vgl. ebd., S. 137.

84 Das entnehme ich der Studie SCHUBERTS [Anm. 74], S. 75f. Der Erzählung Hoffmanns kann Jacoby dieses Marienmotiv auch inspirativ entnommen haben, da er wahrscheinlich den Text kannte und in der Konzeptionsphase für *Frauenlob* studierte.

Du bist mein Geleite auf jeglichem Gang,
Du Licht meiner Tage, du Traum meiner Nacht,
Du Ziel, das die Sehnsucht sich einzig erdacht,
Du göttliche Rose im himmlischen Thau,
Du gnadenerfüllte jungfräuliche Frau! (S. 36)

Festzuhalten ist zunächst, dass die inhaltliche und formale Zweiteilung, die wegen der abweichenden Versmaße vielleicht eine mittelalterliche Stollenstrophe anzudeuten versucht, den Liedtext zwar in ein ‚Lob der Kunst' und ein Marienlob in klimatischer Steigerung[85] aufspaltet, diesen Gegensatz aber zugleich textkohärent wieder aufhebt, indem das floskelhafte „Wahre nur, das Gute, Schöne" mariologisch ausgedeutet wiederholt wird: „Von Wahrheit und Schöne und Güte bekrönt". Somit zeigt sich, dass Frauenlob seine Künstlerauffassung als mariologisch begründetes Erlösungskonzept postuliert. Es mag deshalb den Anschein erwecken – vergleicht man die in den *Meistersingern von Nürnberg* „vor dem Hintergrund der romantischen Inspirationslehre und ihres Mythologems von des Künstlers Himmelfahrt sowie ihrer Marienikonologie" konzipierte Künstleridee des Schusterliedes Hans Sachs'[86] mit der Kunstauffassung in *Frauenlob* –, dass Jacoby hier epigonal Wagner und somit zugleich auch Hoffmann folgte. Entsprechende Überlegungen gelten außerdem für das im Handlungsverlauf zum Motiv modifizierte angekündigte Selbstopfer, welches vorerst nur als Entsagungsmotiv in der selbsttröstenden Wahrung der religiösen Kunst eingeführt wird. Auch Wagner kannte den „romantische[n] Liebesverzicht und Entsagungsimperativ".[87] Einhergehend mit der zuvor erfahrenen Liebesenttäuschung und dem Verzicht auf die Hand Marias hatte Frauenlob bereits endgültig den weltlichen Lüsten entsagt und damit erst die frei getroffene Entscheidung zum Selbstopfer ermöglicht.[88] Als Konsequenz dieser lebensverneinenden Grundhaltung des Titelhelden legt sich der ‚Schleier des Todes' auf die Seele des Opern-Frauenlob, welcher zwischen Entsagung und selbstopfernder Handlung hin und her gerissen in Todessehnsucht versinkt:

Ich bin ein kalter, todter Mann,
Dir lacht der Erde buntes Weben
Mich trifft des Klosters Grabesbann.
[…]
Nun, da mein Singen ausgerungen,
Die Welt mich zu den Todten zählt,
Durch höchste Macht ich bin bezwungen,
Sei auch für sie [seine Harfe, D. D.] das Grab gewählt[.] (S. 52–54)

[85] Unter dem Titel *Maria. (Die kleine Litanei zur Morgen-Anmuthung)* druckte Börckel ein, unter Verwendung anaphorischer Versanfänge, ähnlich gestaltetes Marienlied ab, vgl. Börckel [Anm. 68], S. 9.

[86] Vgl. SCHUBERT [Anm. 74], S. 78.

[87] Vgl. ebd., S. 83f., Zitat S. 84.

[88] Vgl. KATJA MALSCH: *Literatur und Selbstopfer. Historisch-systematische Studien zu Gryphius, Lessing, Gotthelf, Storm, Kaiser und Schnitzler*, Würzburg 2007 (*Epistemata. Reihe Literaturwissenschaft* 607), S. 161.

Der ‚Heimkehrer' wählt hier frei und sehnsüchtig nach religiöser Erlösung das Selbstopfer. Entsprechend sind im Motiv der Sehnsucht zugleich der Schmerz des Abschieds von der goldenen Stadt und dem mythischen Rhein sowie auch das Sehnen nach dem erlösenden Tod chiffriert. Infolgedessen steht Frauenlob erlösungsmotivisch im Zentrum eines „Heilgeschehens, das [...] eine höhere als die geltende Wahrheit zu offenbaren sucht."[89] Die Sepulkral-Motivik der ‚Begräbnisszenerie' markiert zugleich im dramaturgischen Gefälle den Höhepunkt eines inszenierten Übergangsritus, an dessen Ende die Erlösungshoffnung in Maria erfüllt wird. Dem aber steht diametral entgegen, dass das Begräbnis-Zeremoniell in *Frauenlob* eigentlich nur den vorläufigen Endpunkt des angekündigten „rite de passage" als Angliederung an das Totenreich[90] darstellt und die Erlösungsfrage für Frauenlob noch unbeantwortet bleiben muss.

Spuren elaborierter Kenntnisse der Verse Heinrichs von Meißen kann ich darin nicht aufdecken. Der Rückgriff auf die epochenhistorisch beliebte Entsagungs- und Selbstopfer-Motivik ermöglichte letztlich im Besonderen die Schilderung der rezipierten ‚Begräbnisszenerie' „[m]it der Blumen süßem Duft, // Mit des Weines edler Spende" (S. 56).[91] Hingegen sind an anderer Stelle fragmentarisch einige wenige Versatzstücke des mittelhochdeutschen *wip-frouwe*-Streites als nachweisliche Mittelalterrezeption in den fingierten Sängerstreit zwischen Titelheld Frauenlob und Antagonist Weiland eingebunden. Rezeptive Bezüge zur sogenannten „Definitionsstrophe"[92] des *wip-frouwe*-Streites bleiben in der Exklamation Weilands „lustvoll ird'sche Paradies!" (S. 38) erkennbar – Jacoby lag entweder der bei ETTMÜLLER so edierte mittelhochdeutsche Vers „*Wunn Ird'sch Paradîs*" oder aber die Übertragung bei Börckel vor: „die irdische Paradiesessonne".[93] Auf dieser Textgrundlage baut die ganze polemische Argumentation des Sängerwettstreites auf; formelhaft beschließt Weiland seine Strophe mit den Worten „Der Schöpfung Krone ist das Weib!" (S. 38), auf die Frauenlob programmatisch antwortet: „Die Krone nur der edlen Frau!" (S. 39). Es muss somit gefragt werden, ob Jacoby hier tatsächlich „Weib" und „Frau" begriffsdefinitorisch voneinander abgrenzt und

[89] Vgl. ebd., S. 158.

[90] ARNOLD VAN GENNEP versteht die „rites de passage" der Bestattung als rituelle und zeremonielle Angliederung des Verstorbenen an das Totenreich, vgl. ARNOLD VAN GENNEP: *Übergangsriten. (Les rites de passage)*, aus dem Französischen von KLAUS SCHOMBURG und SYLVIA M. SCHOMBURG-SCHERFF. Mit einem Nachwort von SYLVIA M. SCHOMBURG-SCHERFF, Frankfurt a. M. / New York ³2005, S. 142f.

[91] An dieser Stelle rezipiert Jacoby Versatzstücke des Narrativs der ‚Begräbnis-Legende', vgl. auch die Regieangabe: „[D]er Sarg selbst, worin die Leiche Frauenlobs offen zu Tage liegt, mit Rosen reich bedeckt, wird von Frauen in weißem Gewande getragen; umgeben wird er von einer zweiten Schaar Frauen, welche brennende Kerzen und Weinkrüge in den Händen tragen" (S. 55–56). Vgl. hierzu RUBERG [Anm. 15], S. 82f.

[92] Diesen Begriff prägt WACHINGER [Anm. 41], S. 280–298, bes. S. 193 und S. 196–200, für die Strophe, in der Frauenlob „*wip*, *maget* und *vrouwe*" als drei Bezeichnungen der physischen Stadien des weiblichen Geschlechtes definiert.

[93] Börckel übertrug in seinem *Frauenlob* unter Quellenangabe auch einige mittelhochdeutsche Verse, die er der Ausgabe ETTMÜLLERs entnahm, deren Schriftbild auch das abgedruckte Zitat folgt, vgl. Börckel [Anm. 68], S. 101f., und ETTMÜLLER [Anm. 25], Nr. 150 (S. 107). Diese Strophe ist in der Göttinger Ausgabe [Anm. 47] ediert: GA V,102.

somit die vermutlich eigene Setzung Frauenlobs rezipierte[94] oder ob es sich hier nur um die programmatische Definition des mittelhochdeutschen „*vrowenlop* als Gipfel des allgemeinen Lobs des weiblichen Geschlechts“[95] in romantischer Umformung handelt. Jacoby variierte dieses Motiv zwar mindestens genauso virtuos wie sein eigentlicher ‚Urheber‘: „Bei Frauenreiz die Frauenehre! // Bei Frauen schöne Frauenzucht!“ (S. 39), dennoch sind die hier erkennbaren Spuren nicht konzeptuell in die Handlung eingebunden. Jacoby entnimmt seinem Prätext Stilistik, Motivik und wenigstens die programmatische Auslegung des Namens, bindet diese aber nur epochenhistorisch umgeformt in sein Libretto ein.

Festzuhalten ist, dass es sich bei Jacobys *Frauenlob* um einen eigenständigen Libretto-Text handelt, welcher unabhängig von einer ‚Komponist-Librettist-Bindung‘ als Mittelalter-Oper nachträglich vertont worden ist. Abzugrenzen ist die Konzeption von ihren Prätexten insoweit, weil sie als ‚Kapellmeister‘-Oper vor allem reüssieren sollte, was zur Folge hatte, dass viele beliebte Motive mit dem Narrativ ‚Frauenlob‘ uniert worden sind.

V Ein ‚Verismo-Frauenlob‘? – Reinhold Becker und Franz Koppel-Ellfeld: *Frauenlob* (1892)

Die musikdramatische Rezeption Frauenlobs findet mit Reinhold Beckers (1842–1924) 75. Opus vorerst ihren Abschluss – das Libretto zu *Frauenlob*[96] war von Franz Koppel-Ellfeld (1838–1920), einem Schauspielkritiker, Theaterdichter und Schriftsteller, unter Benutzung der Romanvorlage *Frauenlob*[97] von Gerhard von Amyntor abgefasst worden. Becker hatte die historische Erzählung 1890 auf Empfehlung des ihm freundschaftlich verbundenen Koppel-Ellfeld gelesen und darin einen geeigneten Operntext erkannt: „Beide verabredeten, daß letzterer [Koppel-Ellfeld] in, allerdings sehr freier, Anlehnung an den Roman einen Operntext schreiben soll[t]e.“[98] Der Text zu *Frauenlob* entstand dabei kooperativ „[i]n zahlreichen gemeinsamen Beratungen“ zwischen Komponist und Textdichter.[99] Spätestens 1891 lag Becker der vollständige Operntext vor, sodass er während eines Aufenthaltes im österreichischen Gastein mit der Komposition beginnen konnte.[100] Am 8. Dezember 1892 erlebte die Oper bei ihrer Uraufführung in der Dresd-

94 Vgl. EGIDI [Anm. 50], S. 249; hierzu auch: BEATE KELLNER: Vindelse. *Konturen von Autorschaft in Frauenlobs ‚Selbstrühmung‘ und im ‚wip-frouwe-Streit‘*, in: *Autor und Autorschaft im Mittelalter. Kolloquium Meißen 1995*, hg. von ELIZABETH ANDERSEN u. a., Tübingen 1998, S. 255–276, hier S. 263.

95 WACHINGER [Anm. 41], S. 200.

96 Libretto: *Frauenlob. Oper in drei Aufzügen von Franz Koppel-Ellfeld. Musik von Reinhold Becker*, Dresden [o. J.]. Alle Seitenangaben der in diesem Abschnitt zitierten Passagen beziehen sich – wenn nicht anders angegeben – auf diese Ausgabe.

97 Gerhard von Amyntor: *Frauenlob. Ein Mainzer Kulturbild aus dem 13. und 14. Jahrhundert*, 2 Bde., Leipzig 1885.

98 Vgl. OSKAR FISCHER: *Sein Leben und sein Werk*, in: *Reinhold Becker. Sein Leben und sein Werk*, hg. im Auftrage des Vereins für Geschichte Dresdens, Dresden 1932, S. 7–59, hier S. 42.

99 Vgl. ebd.

100 Vgl. ebd., S. 43.

ner Königlichen Hofoper großen Erfolg:[101] „Die Aufnahme der Oper beim Publikum war begeistert. Das Haus war ausverkauft und König Albert, bekanntlich ein großer Musikfreund und -kenner, wohnte der Vorstellung bei.“[102] Der Erfolg war so einschlagend, dass in den kommenden Jahren weitere unzählige Aufführungen, unter anderem in Berlin, Mainz, Köln, Aachen und Posen folgten.[103] Ein vom Komponisten besorgter Klavierauszug erschien zeitgleich in Dresden in Kommission bei F[ranz] Ries (Plötner & Wagner).[104]

Frauenlobs historisch rekonstruierbare Biographie hat mit der mittelalterlich idealisierten Lebenswelt im Operntext wenig Verbindendes, da die Libretto-Konzeption im Wesentlichen nur ihrem Prätext, der Romanerzählung Amyntors, folgt. Ich verzichte auf eine eigene inhaltliche Zusammenfassung und drucke die gelungenere von SCHINDLER ab:

> Heinrich von Meißen, so das Libretto, ist nach vielen Jahren in seine Heimat Mainz heimgekehrt und verliebt sich dort in Hildegund. Deren Verehrer Servazio entdeckt mit Hilfe der Zigeunerin Sizyga, die mit Frauenlob noch eine alte Rechnung offen hat, dass dieser den Vater Hildegunds getötet hat – im erzwungenen Zweikampf aus Notwehr, wie Frauenlob selbst versichert. Hildegund wendet sich von ihm ab und stimmt der Hinrichtung zu; erst das Erscheinen des Kaisers selbst, in dessen Diensten Frauenlob steht, führt die Wendung herbei, und Hildegund bekennt sich zu ihrer Liebe. Das intrigante Paar Servazio und Sizyga hat aber noch einen Trumpf im Ärmel: einen von der Zigeunerin gebrauten Todestrank, den Servazio als Zeichen der angeblichen Versöhnung reicht. Hildegund trinkt ahnungslos und sinkt zu Boden, Frauenlob folgt ihr in den Tod.[105]

Die fiktive Frauenlob-Figur inkludiert im Libretto im Gegensatz zur historischen Wirklichkeit mindestens drei konträre Identitäten. Als Träger des Taufnamens „Heinz Dietherr zur Meise“ (S. 38) ist er zum Tod durch den Rat der Mainzer Patrizier verurteilt; in der Gunst des Kaisers steht er als Ritter ‚Heinrich von Meißen‘ und das Volk kennt und liebt ihn als ‚Frauenlob‘ (vgl. S. 39). Damit entspricht die Konzeption des Titelhelden im substituierenden Selbstverständnis nicht einem historisierend verklärten, sondern neuromantisch erträumten Mittelalteridealbild des Wilhelminismus, welchem die Oper letztlich ihren einschlagenden Erfolg verdankt – so berichtete die *Allgemeine Kunst-Chronik* bereits einen Tag nach der Erstaufführung am 9. Dezember 1892: „Franz Koppel's Frauenlob zeichnet in schönen, wollautenden Versen wirkliche Menschen, wahre, tiefe Empfindungen, poetische Situationen und gibt uns ein farbenfrisches Bild aus dem

[101] Vgl. F[RIEDRICH] A[DOLF] GEISSLER: *Seine Werke*, in: *Reinhold Becker* [Anm. 98], S. 60–167, hier S. 145f.

[102] Ebd., S. 146.

[103] Vgl. dazu ebd., S. 149–151.

[104] *Frauenlob. Oper in drei Akten. Dichtung von Franz Koppel-Ellfeld componirt von Reinhold Becker. Opus 75. Clavierauszug vom Componisten*, Dresden [o. J. (wahrscheinlich 1894)].

[105] SCHINDLER [Anm. 4], S. 334.

Leben der Vergangenheit.“[106] Zweifelsohne steht diese „farbenfrische“ Mittelalterrezeption[107] im Bemühen um die Etablierung eines ‚deutschnationalen‘ Opernkanons in der musikdramatischen Nachfolge Wagners.[108] SCHINDLER zufolge internalisierte der Librettist nämlich in Grundzügen die Hauptidee der Oper *Tannhäuser*: Der „Erlösungsgedanke ist in *Frauenlob* nur knapp angedeutet: Der zum Tode verurteilte Sänger fleht Hildegund nicht um Gnade, sondern nur um Verzeihung an, um beruhigt sterben zu können.“[109] Diese Reminiszenzen an *Tannhäuser* synchronisierte Koppel-Ellfeld wahrscheinlich auf Drängen Beckers, der die Oper bereits früh kennengelernt hatte und dadurch zum begeisterten Verehrer Wagners geworden war,[110] mit dem Mittelalterbild des Romans von Amyntor. Becker war spätestens mit dem Vorsitz des Richard-Wagner-Vereins zu Dresden gänzlich zum „Wagnerianer“ und somit zum Wagner-Epigonen geworden.[111] Das konnte *Frauenlob* zwar vor der Degradierung zur ‚Kapellmeister-Oper‘ bewahren, provozierte aber zugleich umso härtere Kritik in der Frage der Eigenständigkeit:

> Wenn wir „Frauenlob“ nach dem von Wagner gegebenen Maasstabe messen wollten [...], so würde das kritische Urtheil wenig Anerkennung ausdrücken dürfen. [...] Versuchen wir deshalb, unser Urtheil über diese Oper ganz unabhängig zu bilden. Es resumirt sich dahin, dass an allen Stellen, wo der Componist in Wagner'sche Fusstapfen gewandelt ist, er „falsch am Ort“ gewesen, da aber, wo sein individuelles Vermögen sich selbstständig entfaltet hat, er den Genuss eines feinen, vornehmen Kunstwerk bietet. [...] Aber dieser heut so weit verbreitete Irrthum fast aller durch Wagner verlockten Componisten soll uns nicht den Genuss an „Frauenlob“ verleiden.[112]

In dieser Rezension klingt nicht einfach nur die Kritik an der fehlenden Autonomie der Konzeption nach; verdeutlicht wird zugleich auch die Ausweglosigkeit, in welche sich die deutsche Opernszene[113] angesichts der konzeptuellen Mittelmäßigkeit dieses Wag-

106 Vgl. C[laire] v[on] Glümer: *Theaterbriefe*, in: *Allgemeine Kunst-Chronik. Illustrierte Zeitschrift für Kunst, Kunstgewerbe, Musik, Theater und Literatur* XVI/26 (1892), S. 663f., hier S. 663.

107 Ähnliches auch in der Rezension von Hugo Dinger: *„Frauenlob", Oper in drei Aufzügen von Franz Koppel-Ellfeld, Musik von Reinhold Becker*, in: *Musikalisches Wochenblatt* [Anm. 81] XXIV (1893), No. 3 (S. 33f.), hier S. 34: „Die sinnige, schlichte Poesie des deutschen Mittelalters breitet sich duftig über dem Ganzen aus [...]. Die ehrwürdige Poesie der deutschen Dombauhütten [...] [,] Thron, Altar und reine Minne, die hohen Güter unserer deutschen Vorfahren, grüssen uns aus diesem Minnesängerstück.“

108 Vgl. MATTHIAS NÖTHER: *Als Bürger leben, als Halbgott sprechen. Melodram, Deklamation und Sprechgesang im wilhelminischen Reich*, Köln u. a. 2008 (*KlangZeiten. Musik, Politik und Gesellschaft* 4), S. 83. Auch für MEYER [Anm. 2], S. 80, ist die thematische Grundlegung in einer Mittelalter-Oper im 19. Jahrhundert Hinweis auf die Tradition Wagners.

109 SCHINDLER [Anm. 4], S. 334.

110 Vgl. FISCHER [Anm. 98], S. 10.

111 Vgl. GEISSLER [Anm. 101], S. 147.

112 Dinger [Anm. 107], S. 33f.

113 Um 1900 sind die Hauptströme der Wagnerismus, die Märchenoper und der deutsche Verismo, vgl. JENS MALTE FISCHER: *Zwischen Wagnerismus und Verismo. Irr- und Auswege des deut-*

ner-Epigonentums manövriert hatte.[114] Das neuromantische, an Wagner anknüpfende Mittelalter-Sujet in *Frauenlob* wird jedoch, als ‚deutschnationaler' Gegenentwurf zum italienischen Opernverismo,[115] den Patriotismus des wilhelminischen Kaiserreichs aufgreifend, nicht kritisiert. In der *Neuen Zeitschrift für Musik* ist deshalb zu lesen: „Jetzt gerade, jetzt zur üppigsten Blüthenzeit des Neuitalienercultus, hat der Erfolg eines deutschen Bühnenwerkes um so mehr Bedeutung".[116] In der enthusiastischen Aufnahme der Oper *Frauenlob* vermutet F[RIEDRICH] A[DOLF] GEISSLER eine Demonstration „gegen die damals im Höhepunkt ihrer Zugkraft stehenden veristischen Opern-Einakter […] zugunsten einer […] aus deutschem Gefühl und Bewußtsein erblühten Opernmusik."[117]

Erwartungsgemäß ist somit der singende Titelheld in *Frauenlob* prototypisch als ‚deutschnationaler' Künstler eingeführt; „Frauenlobs Lied", in zwei Strophen gegliedert, beginnt deshalb programmatisch:

> Zu deutscher Frauen Lob erwählt
> Sei des Lebens höchstes Ringen,
> So lang' ein Athem mich beseelt,
> Will ich das Lob der Frauen singen.
> Von Frauen stammt das höchste Gut,
> Das dem Mann zu Theil kann werden,
> Nur wer am Frauenherzen ruht,
> Kennt Himmelswonne schon auf Erden.
>
> Ihr lieben Frauen, hold und rein,
> Ob früher Tod, ob hohes Alter
> Mein Loos auf Erden möge sein,
> Euch tönet, euch mein voller Psalter.
> Zu deutscher Frauen Lob erwählt
> Sei des Lebens höchstes Ringen
> So lang' ein Athem mich beseelt,
> Will ich das Lob der Frauen singen. (S. 21f.)

Vergeblich sucht man assoziative Bezüge zur mariologisch geprägten Lobpreisung der beiden vorangegangenen Frauenlob-Opern oder Anklänge an Versmaße. Fragmentarisches Marienlob wirkt im Libretto als Nachhall einer langsam verblassenden und religionsmotivischen Linie der Frauenlob-Rezeption nur noch wie Staffage: „Das ew'ge

schen Opernlibrettos um 1900, in: *Archiv für Musikwissenschaft* 69/2 (2012), S. 142–153, hier S. 144.

114 Vgl. ULLA ZIERAU: *Die veristische Oper in Deutschland. Eine Untersuchung zur Entwicklung der deutschen veristischen Oper vom Plagiat zur Eigenständigkeit*, Frankfurt a. M. u. a. 1994, S. 68.

115 Der italienische Opernverismo überrollte in den 1890er Jahren die deutschsprachigen Theaterbühnen; mit der Aufführung von Pietro Mascagnis Einakter *Cavalleria rustica* am 3. Januar 1891 in Hamburg trat der Opernverismo eine Art Siegeszug auf den deutschsprachigen Bühnen an, vgl. ebd., S. 82.

116 Bernhard Vogel: *Eine neue Oper*, in: *NZfM* 89 (1893), No. 51, S. 537f., und No. 52, S. 550f., hier S. 537.

117 Vgl. GEISSLER [Anm. 101], S. 146.

Licht dort am Marienbild, // Wo ich so oft der Andacht Gluth gestillt. […] O heil'ge Jungfrau, stets mir hold“ (S. 29). Die dogmatische Marienverehrung der Mitte des 19. Jahrhunderts geht in *Frauenlob* in eine an Vergebungs- und Heilserwartung gebundene und volksnahe Marienfrömmigkeit über: „O Königin der Himmelsschaar, // Bezeug', daß aller Schuld ich bar“ (S. 36). Ausschlaggebend dafür war vielleicht die Neubelebung der Frömmigkeit und Marienverehrung ab 1850 als bewusste Wendung gegen jeden religiösen Intellektualismus.[118]

Koppel-Ellfeld inszenierte das programmatische ‚Frauenlob‘ nunmehr nicht mehr rezeptiv auf Grundlage literarischer oder gar mittelhochdeutscher Prätexte, sondern betonte in Rückbezug auf die nationalistische Prägung des Kaiserreichs das Lob ‚deutscher‘ Frauen: „Mein letztes Wort in deutschen Gau'n: // Dem Kaiser Heil, und Heil den Frau'n!“ (S. 53). Im Gegensatz zum erklärten Programm im Namen des Titelhelden geht es in *Frauenlob* vorrangig um die Wahrung deutschnationaler Kunstideologie – „Die frommen Sänger, […] // Zu edlem Thun die rohe Menge lenken, // In Zeiten des Verraths und der Gefahr // Zum Kampf begeistern für Thron und für Altar!“ (S. 43).

Es liegt also insoweit in dieser Ausgestaltung keine Rezeption vor, die unmittelbar auf das Mittelalter oder die Lektüre mittelhochdeutscher Verse zurückführbar ist. Bei genauer Betrachtung stellt sich dennoch die Frage, ob überhaupt historische Spuren Heinrichs von Meißen in Koppel-Ellfelds *Frauenlob* nachweisbar sind. Die Ausgestaltung der antagonistischen Sizyga verweist erneut, wie bereits SCHINDLER festgestellt hat, auf das Zigeuner-Sujet.[119] Einhergehend mit ihren Überlegungen ist somit zugleich das Motiv der ‚Femme fatale‘ feststellbar, da sie final als Rächerin zum Verhängnis Frauenlobs wird, indem sie beschwörend erklärt: „Hab' ich erkannt, den ich sah? // […] Ob seinem Haupt seh' ich den Blutbann schweben, // Rache einst schwur ich, kann nicht verzeihn, // Der Sohn meines Todfeinds darf nicht leben“ (S. 10). Daraus folgt, dass Sizyga hier in Täter-Opfer-Umkehr ihr Rachebedürfnis legitimiert, indem sie ihr Rachemotiv an ein zuvor an ihr begangenes Unrecht bindet.[120] Mithin konstruiert Sizyga somit subjektiv in der Täterschaft Frauenlobs ein wechselseitiges Heldenbild. Dennoch ist dieser Diffamierung Frauenlobs zum Täter der Dualismus aus ‚Gut‘ und ‚Böse‘ beigeordnet, welcher in der Opernhandlung den binären Paarkonstellationen Sizyga/Servazio und Hildegund/Frauenlob entspricht.[121] So implizieren die Figuren der Sizyga und des Servazio „di Bolognia“ (S. 3) adversative Stereotype zum eigentlichen Helden der Oper *Frauenlob* in der Verkörperung des ‚Antinationalen‘ und ‚Antiveristischen‘. Es schmerzt vielleicht an dieser Stelle besonders, dass sich Koppel-Ellfeld mit der Darstellung des ‚Antideutschen‘ einer gesellschaftlichen Grundtendenz nicht entziehen konnte. Anders ausgedrückt ist *Frauenlob* als „monumentale Oper nach Wagner“ der Entwurf einer älteren Identifikationsidee mit dem nationalen Bewusstsein des Wilhelminischen

118 Vgl. MICHAEL KLÖCKER: *Das katholische Milieu. Grundüberlegungen – in besonderer Hinsicht auf das Deutsche Kaiserreich von 1871*, in: *Zeitschrift für Religions- und Geistesgeschichte* 44/3 (1992), S. 241–262, hier S. 244.

119 SCHINDLER [Anm. 4], S. 334f.

120 VERENA SCHUCHTER: *Textherrschaft. Zur Konstruktion von Opfer-, Heldinnen- und Täterbildern in Literatur und Film*, Würzburg 2013 (*Film – Medien – Diskurs* 45), S. 162.

121 Das Motiv ist bei Wagner nachweisbar, vgl. BUSCHINGER [Anm. 73], S. 54.

Kaiserreichs.[122] An der Schwelle zum neuen Säkulum stehend, greift *Frauenlob* wohl auch gerade deshalb die Motive der Jahrhundertwende auf – ich möchte daher mit einer Betrachtung des diachron fassbaren literarischen Motivs des ‚Liebestodes' schließen. *Frauenlob* endet in der Erfüllung der einleitenden Prophezeiung Sizygas (vgl. S. 7) mit dem Tod des Protagonisten-Paares. Nicht gleichzusetzen ist der Tod Frauenlobs und Hildegunds mit dem Motiv des romantischen ‚Liebestodes': Wenngleich diese Setzung zwar an das gemeinsame Sterben als romantischen ‚Liebestod' erinnert, handelt es sich im eigentlichen Sinne eher um das literarische Motiv des Todes zweier Liebender durch Intrigen, zumal der diametral dazu stehende eigentliche Beweggrund des ‚Liebestodes' als „Verlangen [nach] im Tode gesteigerte[n] erotische[n] Ekstasen" in Koppel-Ellfelds Konzeption in der öffentlichen Inszenierung des Todesmoments nicht zum Tragen kommt.[123] Erst mit Isoldes Liebestod in Wagners Oper *Tristan und Isolde*[124] (1865) mag das Paradigma als „Bezeichnung für den Tod zweier einander liebender Menschen [...] üblich geworden sein".[125]

Zwar mag das Motiv des ‚Liebestodes' an das Gedankenkonzept der religiösen Mystiker um 1300 erinnern,[126] allerdings ist davon auszugehen, dass Koppel-Ellfeld diese Analogie und andere, dem Mittelalter entlehnte Motivik nicht kannte oder zumindest nicht explizit umsetzen wollte. Jedenfalls schließt *Frauenlob* in ‚deutschnationaler' Couleur mit dem inszenierten Begräbnis-Zeremoniell (vgl. S. 54) durchaus konventionell.

VI Zusammenfassung

Abschließend lässt sich hinsichtlich der eingangs formulierten Fragestellung summieren, dass ein Teil der Faszination, welche Frauenlob auf die Dichter der hier behandelten Operntexte ausgeübt hat, auf die frühgermanistisch rekonstruierte Biographie und das Œuvre Heinrichs von Meißen zurückführbar bleibt. Zunächst ist allerdings zu unterscheiden, dass diese weitgehend „wissenschaftliche" Umformung – verglichen mit der „produktiven" und „reproduktiven" Vereinnahmung der narrativen Frauenlob-Legende

[122] Vgl. HELMUT LOOS: *Die deutsche monumentale Oper nach Wagner*, in: *Studia musicologica* 52, 1/4 (2011), S. 363–372, hier S. 364.

[123] ERWIN KOPPENS Erkenntnisse zum literarischen Motiv ‚Liebestod' lassen sich auf *Frauenlob* anwenden; zumindest zeigt sich, dass der *terminus technicus* ‚Liebestod' nicht ausschließlich immer ein romantischer sein muss, vgl. ERWIN KOPPEN: *Dekadenter Wagnerismus. Studien zur europäischen Literatur des* Fin de siècle, Berlin / New York 1973 (*Komparatistische Studien* 2), S. 172, Zitat S. 171.

[124] Richard Wagner: *Tristan und Isolde*. Textbuch mit Varianten der Partitur, hg. von EGON VOSS, Stuttgart 2002.

[125] GERHARD SCHULZ: *Liebestod. Gedanken zu einem literarischen Motiv*, in: *Resonanzen. Festschrift für Hans Joachim Kreutzer zum 65. Geburtstag*, hg. von SABINE DOERING u. a., Würzburg 2000, S. 375–389, hier S. 381. Vgl. hierzu auch ELISABETH BRONFEN: *Liebestod und* Femme fatale. *Der Austausch sozialer Energien zwischen Oper, Literatur und Film*, Frankfurt a. M. 2004.

[126] BURGHART WACHINGER: *Hohe Minne um 1300. Zu den Liedern Frauenlobs und König Wenzels von Böhmen*, in: *Wolfram-Studien* 10 (1988), S. 135–150, hier S. 149.

– konzeptuell gesehen nachweislich nur verschwindend geringen Einfluss auf die Ausgestaltungen der Frauenlob-Figur auf der Opernbühne des 19. Jahrhunderts hatte.

Es ist unstreitig, dass der literarischen Erinnerungsarbeit der Librettisten ein Studium zugänglicher Informationen zu Frauenlob in unterschiedlichem Maße vorangegangen sein musste. Dennoch ist hier die Differenzierung zwischen wissenschaftlichen und fiktionalisiert-rezeptiven Informationen von tragender Bedeutung: Waren bis zum Konzeptionszeitpunkt der ersten Oper zwar nahezu alle mittelhochdeutschen Texte Heinrichs von Meißen in Editionen öffentlich im Druck verfügbar, ist allerdings zu bemerken, dass diesem als authentisch geltenden und vor allem originalsprachigen Material eine weitaus größere Anzahl von Produkten fiktionalisierter Frauenlob-Rezeption gegenüberstand. Dies hatte mitunter zur Folge, dass die Autoren der Libretti fast ausschließlich als ‚Rezeption vorangegangener Rezeption' auf spezifisch-thematische Motive, wie das Programm des Künstlernamens oder die ‚Begräbnis-Legende', welche nachweislich dem Narrativ späterer Rezeption entnommen ist, zurückgegriffen haben. Es ist deshalb nicht verwunderlich, dass überhaupt nur für Pasqué und Jacoby eine Kenntnis edierter mittelhochdeutscher Verse angenommen werden darf, während Koppel-Ellfeld fast ausschließlich seiner literarischen Romanvorlage folgte. Jacoby kam wahrscheinlich auch nur über die Lektüre der Erzählung Börckels mit Übertragungen von mittelhochdeutschen Versen, die der Ausgabe ETTMÜLLERs entnommenen waren, in Berührung.

Entsprechend sind deshalb die in den Opern interferierenden und im Folgenden aufgezählten Motivlinien nur bedingt immediat als ‚wissenschaftliche', also ‚intellektualisierte' Aufnahme von mittelhochdeutschen Textfragmenten in die Operntexte identifizierbar. So lassen sich die 1. durch den vorangehenden Heldentod eingeleitete ‚Begräbnisszenerie' bei Jacoby und Koppel-Ellfeld, 2. der fingierte Sängerwettstreit in den Konzeptionen von Pasqué und Jacoby und 3. die erotisierte Spannung zwischen weltlichem Frauen- und geistlich-motivischem Marienlob sowohl auf den originären mittelhochdeutschen Text wie auch auf die neuzeitlichen Narrative der Frauenlob-Rezeption zurückführen. In der Liebe zur Mutter Gottes, dem buchstäblichen Frauen-Lob, opfern die Titelhelden aller drei Opern zwangsläufig ihren Anspruch auf das profane, par excellence romantische Künstlertum und zugleich auch den sündhaften Kunstneid.[127] – Die Kunst ist ihres augenscheinlichen Zweckes der repräsentierenden und ‚liebeswerbenden' Selbstdarstellung beraubt und somit nur noch artifizieller Ausdruck einer bereits erfahrenen göttlichen Gnade.

Abzugrenzen ist diese Form der Rezeption mittelhochdeutscher Texte sowie die Aufnahme von Themenbereichen, die der Lebenswelt des Mittelalters entnommen sind, von „produktiver" wie „reproduktiver", aber auch „politisch-ideologischer" Übernahme motivischer Mittelalterimagination. Als Folge des Erstarkens nationalpolitischen Bewusstseins und der nachklingenden deutschen Romantik sind nicht nur die Frauenlob-Opern, sondern die gesamte Ideenwelt des zeitgenössischen, zum Erinnerungsort verklärten Frauenlobkultes, historisierend von Nationalpatriotismus sowie rheinromantischem und wartburgweltlichem Lokalkolorit geradezu durchdrungen. Von diesem literarischen Dekor des Zeitgeistes oftmals überladen, kolportierend dargestellt und in ro-

[127] Bereits BRAUN hat festgestellt, dass in der Hingabe im Marienlob die Aufgabe des Kunstneides impliziert ist, vgl. BRAUN [Anm. 23], Heft 4, S. 17.

mantischer Couleur nahezu bis zur Unkenntlichkeit entstellt, offenbart sich die dramaturgische Ausgestaltung der Frauenlob-Figur deshalb als wenig mittelalterlich. Als Spiegelung zeitgenössischer Ideen und Ideale tritt Frauenlob im pseudomittelalterlichen Gewand auf die Opernbühne und wird zum Agens einer Tendenzkunst als *art engagée*.

Musikgeschichtlich gleicht das Phänomen der Frauenlob-Rezeption im Musikdrama einem opernhistorischen Abriss für die zweite Hälfte des 19. Jahrhunderts. Konzeptuelle und motivische Interferenzen der Operntexte Wagners und der Frauenlob-Libretti konnten zeigen, dass sich die musikdramatische Rezeption Frauenlobs geradezu epigonal an den Themen der Opern *Tannhäuser und der Sängerkrieg auf der Wartburg* oder *Die Meistersinger von Nürnberg* orientiert hat. Folglich verbindet alle drei Frauenlob-Konzeptionen, dass sie dem Genre der ‚Oper nach Wagner' und auch infolgedessen den „vier Gruppen der Wagner-Nachfolge"[128] zuzuordnen sind: Für Pasqués *Frauenlob* – als Beispiel der frühen, schon zu Lebzeiten des Vorbildes beginnenden Wagner-Nachfolge – lässt sich somit die direkte Beeinflussung durch das Erlösungsmotivs der Oper *Tannhäuser* vermuten. Hingegen klingt das Motiv der vierten Gruppe, der „Legenden- und Erlösungsoper" in Jacobys *Frauenlob* zwar an; überwiegend handelt es sich bei dieser Oper aber um ein an Rhein- und Rheingauromantik partizipierendes „volkstümliches" und zugleich „pathetisches" Musikdrama.[129] Ob die jüngste Oper *Frauenlob* eher der Gruppe „Legenden- und Erlösungsoper" oder das ‚pathetische Moment' der ersten Gruppe zuzuordnen ist, muss offenbleiben. Die Grenzen, die zwischen diesen vier Gruppen verlaufen, sind zumindest *in summa* fließend und übergreifend.[130] Deshalb verwundert es auch nicht, dass angesichts des „unwiderstehlichen Sog[es] der Wirkung Wagners"[131] das Phänomen der Frauenlob-Oper im 19. Jahrhundert immer wieder neu am Erfolg des Œuvre Wagners gemessen werden muss. Somit stellt sich bei genauerer Betrachtung die Frage, ob die Frauenlob-Opern gerade deshalb in Vergessenheit gerieten, weil sie als Konzeptionen, die „aus der Verkrampfung heraus […], wenn man jemandem nachfolgen, ihn aber nicht nachahmen will",[132] entstanden waren und als regressiv und antiautonom in der deutschsprachigen Opernlandschaft ab 1850 wahrgenommen wurden. Mithin befeuerte auch die schlechte Kritik in der zeitgenössischen Musikpresse – welche die „wagnerianische Oper", wie JENS MALTE FISCHER feststellt, schon immer hatte[133] – das fast vollständige Vergessen des Opernbühnen-Frauenlobs.

128 FISCHER [Anm. 113], S. 149. Nach FISCHER ist die Wagner-Nachfolge in vier divergierende Gruppen zu unterteilen: „1.) die pathetische oder wie man schon sagte, die ‚Recken-Oper', 2.) die humoristische und volkstümliche Oper, 3.) die Märchenoper und 4.) die Legenden- und Erlösungsoper" (ebd., S. 149f.).

129 Vgl. ebd.

130 Vgl. ebd.

131 FISCHER [Anm. 2], S. 514.

132 Ebd.

133 FISCHER [Anm. 113], S. 149.

10 Poetische Grabbeigaben: Literarische Frauenlob-Rezeption in Deutschland seit dem 18. Jahrhundert

MARCO LEHMANN

I Name und Grabmal: Grundkoordinaten neuzeitlicher Frauenlob-Rezeption

In seiner berüchtigten Polemik gegen August von Platen erhebt Heinrich Heine an einer Stelle den Vorwurf, dieser zeige sich bei seinen Angriffen auf ihn wenig galant. Unter Anspielung auf die homoerotische Tönung von Platens Lyrik gibt er seinem Kontrahenten zu bedenken, es stehe ihm zwar frei, ihn selbst und andere als Dichter abzulehnen; es sei aber merkwürdig, dass Platen in seinen Widersachern nicht wenigstens das Geschlecht achte, „da wir keine Weiber sind, sondern Männer“.[1] Um dieses Argument weiter zuzuspitzen, beruft Heine sich auf einen mittelalterlichen Gewährsmann:

> Es bleibt dieses immer ein Mangel an Delikatesse, mancher Jüngling wird deshalb an seinen Huldigungen zweifeln, da jeder fühlt, daß der Wahrhaftliebende auch das ganze Geschlecht verehrt. Der Sänger Frauenlob war gewiß nie grob gegen irgendein Weib, und ein Platen sollte daher mehr Achtung zeigen gegen Männer.[2]

Man darf Heine, in dessen Œuvre sich beispielsweise recht deutliche Bezugnahmen auf die Lyrik Walthers von der Vogelweide finden, insgesamt eine mehr als flüchtige Bekanntschaft mit der deutschen Poesie des Mittelalters zutrauen.[3] Es fällt deshalb doch auf, dass die Referenz auf Heinrich von Meißen hier einigermaßen oberflächlich bleibt, nämlich einzig und allein über die Semantik von dessen Beinamen Frauenlob läuft. Natürlich mag dies dem Kontext geschuldet sein, in dem es Heine – in für seine Verhältnisse schon recht forcierter Form – nur darum geht, einen weiteren, überdies fragwürdigen Witz auf Platens Kosten zu machen.[4] Heines Vorgehen erscheint zugleich aber

[1] Heinrich Heine: *Reisebilder*, in: Heinrich Heine: *Sämtliche Schriften*, hg. von KLAUS BRIEGLEB, Bd. 2, München [2]1976, S. 97–605, hier S. 466.

[2] Ebd.

[3] Heines Gedicht *Die Linde blühte, die Nachtigall sang* (Heinrich Heine: *Sämtliche Schriften*, hg. von KLAUS BRIEGLEB, Bd. 1, München 1968, S. 85) etwa baut mit den Elementen Linde, Nachtigall und Rabe eine Konstellation auf, die stark an Walther erinnert (vgl. z. B. *Do der sumer komen was* mit den Elementen *linde*, *nahtegale* und *krâ*). Auch Heines berühmtes kleines Gedicht *Blamier mich nicht, mein schönes Kind* (ebd., S. 237) setzt die Kenntnis des mittelalterlichen Topos von der Linde als dem Ort einer amourösen Begegnung voraus, den es kunstvoll verkehrt.

[4] Heines homophobe Ausfälle gegen Platen, von denen die zitierte Passage entschieden eines der harmloseren Beispiele darstellt, hatte dieser seinerseits durch antisemitische Angriffe auf Heine provoziert.

symptomatisch für die neuzeitliche literarische Frauenlob-Rezeption,[5] die in bemerkenswertem Ausmaß von dem Textcorpus abgekoppelt ist, das die Überlieferung diesem Dichter zuordnet.[6] Zeigt Heinrich von Meißen sich in seiner Lyrik als ein mit allen Wassern der Theologie und der neuplatonischen Naturphilosophie gewaschener *poeta doctus*, so entzündet sich die Phantasie moderner Autoren, so sie sich überhaupt mit ihm beschäftigen, eher an den Assoziationen, die der Dichtername Frauenlob zulässt. Dabei tritt oftmals noch die keineswegs unplausible Möglichkeit in den Hintergrund, dass Heinrich sich diesen in erster Linie als Verfasser eines besonders komplexen *Marienleichs* erworben hat: Frauenlob wird dann als Inbegriff eines Sängers in den Blick gebracht, der die Frauen schlechthin verherrlicht habe.[7]

Bereits Niederschlag dieser Vorstellung ist die legendarische Schilderung von Frauenlobs Grablegung, die sich in einem Zusatz zur Chronik des Matthias von Neuenburg findet. Im Jahre 1317, an der Vigil des Andreastages,[8] sei der Leichnam Heinrich Frauenlobs zu Mainz unter lautem Klagen von Frauen in den Dom überführt und dort im Kreuzgang bestattet worden. So viel Wein sei an seinem Grab vergossen worden, dass der Kreuzgang vollständig überflutet worden sei. Die maßlose Trauer der Frauen, das hebt der Bericht ausdrücklich hervor, rührte aber daher, dass der tote Dichter zu Lebzeiten das ganze weibliche Geschlecht mit Lob überhäuft hatte (*propter laudes infinitas, quas imposuit omni genere femineo*).[9] Diese, wie man wohl unterstellen darf, in ihren Details phantasievolle Erzählung wird in der auf Traditionsbildung bedachten Historiographie des Meistersangs weitergegeben, der Frauenlob als eine Stifterfigur in Anspruch

[5] Hinweise zur modernen literarischen Frauenlob-Rezeption finden sich bei: JUDITH LANGE / ROBERT SCHÖLLER: *Von Frauen begraben. Zur Generierung des Frauenlob-Bildes in Mittelalter und Neuzeit*, in: *Rezeptionskulturen. Fünfhundert Jahre literarischer Mittelalterrezeption zwischen Kanon und Populärkultur*, hg. von MATHIAS HERWEG und STEFAN KEPPLER-TASAKI, Berlin / Boston 2012 (*Trends in Medieval Philology* 27), S. 210–225. Ich konzentriere mich im Folgenden, mit der Ausnahme von Stefan Georges Frauenlob-Gedicht, auf Rezeptionszeugnisse, die LANGE und SCHÖLLER unbeachtet lassen oder nur im Vorbeigehen erwähnen. Vor allem zum lokalen Fortleben Frauenlobs in Mainz vgl. außerdem WOLFGANG DOBRAS: *Meister Heinrich Frauenlob: Ein Dichterfürst und sein Nachruhm in Mainz*, in: *Verborgen – Verloren – Wiederentdeckt. Erinnerungsorte in Mainz von der Antike bis zum 20. Jahrhundert*, hg. von JOACHIM SCHNEIDER und MATTHIAS SCHNETTGER, Darmstadt 2012, S. 45–66.

[6] Signifikant in dieser Beziehung erscheint, dass Frauenlob in Ludwig Tiecks wirkungsmächtiger Textsammlung *Minnelieder aus dem schwäbischen Zeitalter* (1803) nicht vertreten ist, obwohl diese durchaus auch spätere Lyriker wie Gottfried von Neifen oder Steinmar berücksichtigt.

[7] Zur Deutung des Dichternamens vgl. beispielsweise UWE RUBERG: *Frauenlob-Gedenken. Das Begräbnis des Dichters im Mainzer Domkreuzgang*, in: *Domblätter. Forum des Dombauvereins Mainz e. V.* 3 (2001), S. 77–83, hier S. 81.

[8] Der originale Grabstein im Mainzer Dom nannte, wie Abschriften bestätigen, ebenfalls diesen Tag, also den 29. November, als Todesdatum, als Todesjahr aber 1318; vgl. RUBERG [Anm. 7], S. 78.

[9] Zu dem Zusatz in der Chronik des Matthias von Neuenburg vgl. LANGE / SCHÖLLER [Anm. 5], S. 211f. (hier ist auch der lateinische Originaltext wiedergegeben) sowie ANNETTE GEROK-REITER: *Der Mainzer Dichter Frauenlob: Narr oder Dichterfürst?*, in: *Mainz im Mittelalter*, hg. von MECHTHILD DREYER und JÖRG ROGGE, Mainz 2009, S. 131–143, hier S. 133. Vgl. auch die Einführung in diesem Band.

nimmt.[10] Am Ende des 16. Jahrhunderts findet sie, ins Deutsche übertragen und um weitere biographische Annahmen ergänzt, Eingang in Cyriacus Spangenbergs Abhandlung *Von der Edlen unnd Hochberüembten Kunst der Musica*, was zu ihrer Bekanntheit in der neueren Literatur wesentlich beiträgt.[11] Tatsächlich erweist sich die Geschichte von der Bestattung des Sängers durch Frauenhand als zentrales Element der modernen Rezeption Heinrichs, das nur ganz ausnahmsweise einmal ausgespart bleibt, wenn in größerem Zusammenhang von ihm die Rede ist.

Die Legende von der Grablegung ist auch noch im ersten Viertel des 18. Jahrhunderts immerhin so prominent, dass der bedeutendste deutsche Lyriker der Frühaufklärung, Johann Christian Günther, ohne umständliche Erläuterungen auf sie anspielen kann. Nachdem er in einem Gedicht zur bevorstehenden Hochzeit seines Bruders dem Gedanken Raum gegeben hat, ein schönes Mädchen könne den „Bau der ganzen Welt durch seinen Leib zu Schanden“[12] machen, fügt Günther hinzu: „Ich führe diesen Saz aus keinem Ehrgeiz an, / Um, wie dort Frauenlob, in Wein versenckt zu werden“[13] – also, so ist zu verstehen, nicht zu dem Zweck, dem weiblichen Geschlecht durch überzogene Schmeichelei nach seinem Ableben Anlass zu ähnlich exzessiven Trauerbekundungen zu geben. Es ist dann wohl die Zerstörung von Frauenlobs ursprünglicher Grabplatte im Mainzer Dom 1774 und ihre Ersetzung durch eine Nachbildung 1783, die dazu geführt hat, dass die Erzählung von Frauenlobs Bestattung einer breiteren Öffentlichkeit ins Bewusstsein gehoben und in der Folge vielfach literarisch bearbeitet worden ist.[14] Der erneuerte Grabstein wartet denn signifikanterweise in seinem unteren Teil, und dies sicherlich als moderne Zutat,[15] auch mit einer Darstellung des legendären Leichenzugs in Form eines Reliefs auf. Dass von der Restauration des Grabdenkmals ein wichtiger Impuls auf die Wirkungsgeschichte Frauenlobs ausgegangen ist, wird schon durch deren ausgeprägten regionalen Bezug nahegelegt: Gerade in Mainz selbst interessierte man sich für einen Autor, den man als ‚Mainzer Dichter‘ vereinnahmen konnte. Überdies lassen sich, wie wir gleich sehen werden, direkte Verbindungslinien zwischen dem Plan zur Wiederherstellung der Grabplatte und der literarischen Beschäftigung mit Frauenlob im späten 18. Jahrhundert erkennen.

[10] Zur Literaturgeschichtsschreibung der Meistersinger vgl. HORST BRUNNER: *Die alten Meister. Studien zu Überlieferung und Rezeption der mittelhochdeutschen Sangspruchdichter im Spätmittelalter und in der frühen Neuzeit*, München 1975 (*MTU* 54), S. 12–30.

[11] Zum biographischen Porträt Frauenlobs bei Spangenberg vgl. LANGE / SCHÖLLER [Anm. 5], S. 215. Direkt von Spangenberg leiten sich zwei in einer Meisterliederhandschrift überlieferte Gedichte aus dem 17. Jahrhundert her, die Frauenlobs Bestattung gestalten; vgl. ebd., S. 215f. Einen Eindruck vom Fortleben Spangenbergs gibt E. T. A. Hoffmanns mit der Institution des Meistersangs befasste Erzählung *Meister Martin der Küfner und seine Gesellen* (1818), die eine Figur seines Namens auftreten lässt (und nebenher auch den Frauenlob-Ton erwähnt).

[12] Johann Christian Günther: *Sämtliche Werke. Historisch-kritische Gesamtausgabe*, hg. von WILHELM KRÄMER, *Bd. 6: Gelegenheitsdichtungen von Beginn der Leipziger Zeit bis zum Tode (1717–1723)*, Leipzig 1937, S. 66.

[13] Ebd.

[14] Zu dem Einfluss der Erneuerung des Grabdenkmals auf die Frauenlob-Rezeption vgl. LANGE / SCHÖLLER [Anm. 5], S. 217.

[15] Vgl. RUBERG [Anm. 7], S. 81f.: „Alle Indizien sprechen dafür, daß diese Darstellung dem Grabmal erst 1783 bei seiner Erneuerung beigefügt worden ist.“

Ich werde mich im Folgenden zunächst dem Drama *Heinrich Frauenlob oder der Sänger und der Arzt* des Mainzer Historikers Nicolaus (oder auch Niklas) Vogt zuwenden, einem Text, der Heinrich noch deutlich unter den diskursgeschichtlichen Voraussetzungen des 18. Jahrhunderts in den Blick bringt. In einem zweiten Schritt lasse ich Gedichte des 19. Jahrhunderts Revue passieren, die – von Franz Wilhelm Jung bis Stefan George – die Legende von Frauenlobs Begräbnis in eine balladeske Form überführen. In einem dritten Abschnitt schließlich diskutiere ich Texte wie Otto von Loebens *Guido* oder den Frauenlob-Roman Gerhard von Amyntors, die Heinrich als Figur in einem größeren Erzählzusammenhang auftreten lassen und insofern genötigt sind, eine Biographie oder doch Bruchstücke einer solchen für einen Dichter herbeizuimaginieren, von dem historisch wenig mehr bekannt ist als Ort und Zeitpunkt seines Todes.

II Porträt des Minnesängers als Misanthrop und Hypochonder: Nicolaus Vogts Drama *Heinrich Frauenlob oder der Sänger und der Arzt* (1792)

Die These, die Frauenlob-Rezeption habe eine wichtige Anregung durch die Wiederherstellung des Dichtergrabs 1783 empfangen, ist zumindest für Vogts kleines Drama *Heinrich Frauenlob oder der Sänger und der Arzt* nicht von der Hand zu weisen. Denn Vogt (1756–1836), der sich vor allem als politischer Schriftsteller und Lehrer Metternichs einen Namen macht, nimmt bereits an der Restauration der Grabstätte entscheidenden Anteil,[16] bevor er wenige Jahre später seinem Interesse an Frauenlob in mehreren Anläufen auch eine literarische Wendung verleiht.[17] Die Konstellation, die in seinem Dramolett entworfen wird, ist durch das Spannungsverhältnis zwischen Frauenlob und einem gewissen Eichspalter bestimmt – hinter Letzterem dürfte sich niemand anderes verbergen als der historisch als Erzbischof von Mainz und Förderer des Dichters verbürgte Peter von Aspelt.[18] Eichspalter wird zwar als „Doktor in allen Fakultäten"[19] vorgestellt, Frauenlob gegenüber tritt er jedoch, wie der Untertitel des Stücks es ankündigt, vor allem als Mediziner auf. Er sucht die Gunst des Prinzen Johann von Luxemburg zu gewinnen, indem er dessen Werbung um die böhmische Prinzessin Elisabeth vorantreibt; für diesen Zweck wiederum sucht er Frauenlob einzuspannen, der seinerseits in Elisabeth verliebt ist und deshalb von Eichspalter im Dunkeln darüber gelassen wird, dass sein lyrischer Vortrag einem andern den Weg ebnen soll. Das Vorhaben des Doktors erfährt eine zusätzliche Komplikation durch Frauenlobs Menschenscheu und Hypochondrie, die ihn zunächst daran hindern, mit der Prinzessin in Berührung zu treten; Eichspalter ist entsprechend bemüht, ihm den pathologischen Charakter seines Ver-

16 Zu Vogts Biographie vgl. WOLFGANG BALZER: *Mainz. Persönlichkeiten der Stadtgeschichte*, Bd. 2, Ingelheim a. R. 1989, S. 174. Zu seiner Bedeutung für den Entwurf des restaurierten Grabdenkmals vgl. RUBERG [Anm. 7], S. 178.

17 Vogt lässt Frauenlob auch noch in einer Erzählung und in dem Epos *Die beiden Bäume des Lebens* auftreten; vgl. dazu DOBRAS [Anm. 5], S. 58f.

18 Zur Identität von Eichspalter und von Aspelt vgl. PETER STERKI: *Mit Narrenkappe und Lorbeerkranz. Die Musikerfigur in der deutschen Literatur von Reichhardt bis Grillparzer*, Norderstedt 2009, S. 85. Das Kapitel, das STERKI Vogts Drama widmet (ebd., S. 84–91), bietet vor allem eine Zusammenfassung des Stücks.

19 Nicolaus Vogt: *Heinrich Frauenlob oder der Sänger und der Arzt*, Mainz 1792, S. 10.

haltens vor Augen zu führen. Das intrigante Manöver des Arztes ist letztlich von Erfolg gekrönt; und Elisabeth entschwindet, kaum dass Frauenlobs Lied verklungen ist, „hastig“[20] mit dem Herzog von der Bühne. Frauenlob selbst stirbt sogleich aus enttäuschter Liebe, was Vogt die Gelegenheit verschafft, sein Stück mit einer Reinszenierung der legendären Bestattung des Dichters zu beschließen.

Ein psychisch nicht sonderlich stabiler Dichter, der in unglücklicher Liebe zu einer Prinzessin entbrennt, ein Gegenspieler, der sich als Sprachrohr der „Weltklugheit“[21] geriert: Man muss sich nicht allzu weit umsehen, um gewahr zu werden, an welchem alsbald hochgradig kanonisierten Werk der deutschen Literaturgeschichte Vogt mit seinem Frauenlob-Drama Maß nimmt. Wenn Elisabeth auf dem Höhepunkt des Stücks dem Titelhelden einen selbstgeflochtenen Kranz überreicht, um sein poetisches Talent auszuzeichnen, schwinden letzte Zweifel daran, dass Goethes nur wenig älterer *Torquato Tasso* die zentrale Folie für Vogts Frauenlob-Imagination darstellt.[22] Nicht nur durch diesen zitativen Bezug gibt Vogts Schauspiel sich als Text zu erkennen, der fest im literar- und diskursgeschichtlichen Umfeld der eigenen Zeit verankert ist. Vogt unternimmt insgesamt keine größeren Anstrengungen, das in seinem Drama vergegenwärtigte Geschehen als historisch abständig zu markieren. Frauenlobs Geschicke werden vielmehr im Rückgriff auf eine Semantik und ein Motivrepertoire verhandelt, die überall den Stempel des späten 18. Jahrhunderts sehen lassen. Besonders sinnfällig wird das, wenn das Drama den Dichter als „Narren“[23] und „Sonderling“[24] stigmatisiert, dessen notorische Ungeselligkeit sich nicht zuletzt als Mysophobie äußert, als Angst, sich durch Kontakt mit anderen eine Erkrankung zuzuziehen. So kann Frauenlob sich beispielsweise nicht überwinden, einem bettelnden Kind, dem er ein Almosen gegeben hat, die Hand zu reichen; er unterliegt sogar einem veritablen Waschzwang.[25] Die Melancholie, die das literarische Vorbild Tasso in Goethes Stück kennzeichnet, kehrt bei Vogts Frauenlob demnach in den Abschattungen der Misanthropie und Hypochondrie wieder – Verhaltensmuster, die im zeitgenössischen Kontext als typische Erscheinungsformen einer schwarzgalligen Disposition betrachtet werden.[26]

Nicht weniger deutlich tritt die Signatur des 18. Jahrhunderts an dem Umstand zutage, dass Frauenlob bei Vogt implizit und explizit mit dem Attribut „blöde“[27] belegt wird. ‚Blödigkeit‘ meint diskursgeschichtlich eine Artikulationshemmung, die vor allem bürgerliche Intellektuelle befallen konnte, sobald sie sich sozial höher stehenden Perso-

[20] Ebd., S. 70.

[21] Ebd., S. 18.

[22] Vgl. Johann Wolfgang von Goethe: *Torquato Tasso*, in: *Werke. Hamburger Ausgabe in 14 Bänden. Bd. 5: Dramatische Dichtungen III*, hg. von LIESELOTTE BLUMENTHAL und EBERHARD HAUFE, S. 73–167, hier bes. S. 86–88 (Erster Aufzug, dritter Auftritt; v. 470–565).

[23] Vogt [Anm. 19], S. 34.

[24] Ebd., S. 16.

[25] Vgl. etwa ebd., S. 40, wo Elisabeth aus der Beobachterposition heraus kommentiert: „Seltsamer Mensch – sieh jetzt wäscht er sogar seine Laute – er sollte sich doch verheurathen.“

[26] Vgl. HANS-JÜRGEN SCHINGS: *Melancholie und Aufklärung. Melancholiker und ihre Kritiker in Erfahrungsseelenkunde und Literatur des 18. Jahrhunderts*, Stuttgart 1977, insbes. S. 45–72.

[27] Vogt [Anm. 19], S. 30.

nen, zumal Adligen, zu präsentieren hatten.[28] Es überrascht so nicht, dass die entsprechende Befangenheit sich bei Frauenlob besonders dann zeigt, wenn er mit der Prinzessin Elisabeth in Kontakt treten soll, wobei seine Verliebtheit natürlich als verschärfendes Moment hinzutritt. Vogts Drama setzt aber auch die Kehrseite der ‚Blödigkeit' in Szene, wird Frauenlob doch schließlich gerade von Elisabeth zum *poeta laureatus* gekrönt. Der Text trägt so der paradoxen Begriffsevolution Rechnung, die dazu führt, dass am Ende des Jahrhunderts ‚Blödigkeit', die ja dem Bedeutungskern nach ein Unvermögen, die rechten Worte zu finden, bezeichnet, zum Merkmal des (poetischen) Genies erklärt werden kann,[29] wie prominent in Schillers *Über naive und sentimentalische Dichtung*[30] – dass dem ‚dumpfen' Genie die Zunge dort stockt, wo ‚glatte' gesellschaftliche Konversation gefragt ist, gilt der entsprechenden Sichtweise gerade als indirekte Beglaubigung einer Sprachmächtigkeit, die sich der Kanalisierung durch kommunikative Normen entzieht.

Innerhalb der Frauenlob-Rezeption nimmt Vogts Drama eher eine Außenseiterposition ein. Zwar rekurriert, wie erwähnt, auch bereits Vogt auf die Überlieferung von der Beisetzung des Dichters, die förmlich dazu einlädt, sie im theatralischen Medium nachzustellen. Sein Porträt Heinrichs als neurotischer ‚Sonderling' – eher „Frauenscheu"[31] denn Frauenlob, wie Elisabeth spottet – hat aber ebenso wenig Schule gemacht wie sein Versuch, an der Figur des mittelalterlichen Lyrikers den Gegensatz zwischen psychisch gefährdeter Dichterexistenz und abgeklärter politischer Weltklugheit zu exemplifizieren, den er von Goethe übernommen hat. Bemerkenswerterweise bleibt seine Annäherung von Frauenlob und Tasso rezeptionsgeschichtlich trotzdem nicht ohne Echo. Victor Hugo schildert in seinem Reisebericht *Le Rhin* auch einen Besuch im Mainzer Dom, bei dem ihm die Grabstätte Frauenlobs mitsamt dem Bildnis des Dichters ins Auge springt, das diesen, wie ihm auffällt, als einzigen unter all den Fürsten und Bischöfen aufrecht und wachend zeigt. Bei dieser Gelegenheit charakterisiert Hugo Frauenlob als „*ce Tasse de Mayence*"[32].

[28] Zur Begriffsgeschichte vgl. GEORG STANITZEK: *Blödigkeit. Beschreibungen des Individuums im 18. Jahrhundert*, Tübingen 1989 (*Hermaea*, NF 60).

[29] Vgl. ebd., S. 186–203.

[30] Vgl. Friedrich Schiller: *Über sentimentalische und naive Dichtung*, in: Friedrich Schiller: *Sämtliche Werke. Bd. 5: Erzählungen; Theoretische Schriften,* hg. von PETER-ANDRÉ ALT, ALBERT MEIER und WOLFGANG RIEDEL, München 2004, S. 694–780, hier S. 705: „Den kindlichen Charakter, den das Genie in seinen Werken abdrückt, zeigt es auch in seinem Privatleben und seinen Sitten. […] Es ist *bescheiden*, ja blöde, weil das Genie immer sich selbst ein Geheimnis bleibt, aber es ist nicht ängstlich, weil es die Gefahren des Weges nicht kennt, den es wandelt." (Herv. i. Orig.)

[31] Vogt [Anm. 19], S. 30.

[32] Victor Hugo: *Le Rhin II*, Paris 1842, S. 133; vgl. LANGE / SCHÖLLER [Anm. 5], S. 223f.

III Lyrische Bestattungsrituale: Frauenlobs Grablegung im Gedicht

III.1 Friedrich Wilhelm Jung: *Heinrich Frauenlob* (1806/1818)

In den intellektuellen Netzwerken um 1800 nimmt Franz Wilhelm Jung (1757–1833) eine nicht uninteressante Position ein.[33] Seit 1786 ist er als Hofrat für den Landgrafen von Hessen-Homburg tätig, einen Fürsten, der für seine aufklärerische Einstellung bekannt ist. Jung avanciert hier zum Mittelpunkt eines Zirkels von Intellektuellen, die mit den Werten der Französischen Revolution sympathisieren. In dieser Zeit freundet er sich mit Isaak von Sinclair und mit Hölderlin an. Nachdem er sich angesichts des Radikalisierungsschubs der Revolution 1792 mit dem Landgrafen entzweit hat, tritt er 1798 in französische Dienste über und ist nun im erneut besetzten Mainz unter anderem bildungspolitisch aktiv. So versucht er etwa, die Berufung Fichtes auf einen Philosophielehrstuhl nach Mainz zu erreichen. Publizistisch tritt er als Übersetzer des *Contrat social* und des *Ossian* hervor. Auch Jean Paul zählt zu seinen Briefpartnern.

Als Vorwurf seines zunächst 1806 veröffentlichten[34] Frauenlob-Gedichts wählt Jung, wie verschiedene Lyriker im 19. Jahrhundert nach ihm, die legendären Umstände der Bestattung des mittelalterlichen Dichters. Diese stellt Jungs Text seinen Lesern in nicht weniger als 35 Strophen vor Augen. Die Sprecherposition des Gedichts ist als diejenige eines Fremden modelliert, dem erst erläutert werden muss, was es mit dem nächtlichen Begräbniszug durch die „verschlungenen Gassen“[35] der Stadt auf sich hat. Von Frauenlob hat das Ich des Textes, wie sich zeigt, aber durchaus schon gehört: „Frauenlob? – Ach seine Kunde / Scholl mir, fernes Landes, schon, / Denn von Munde schwebt zu Munde / Seines Namens süßer Ton“.[36] Die Zentralpartie des Gedichts bildet eine längere Reflexion auf die Beziehungen zwischen den Geschlechtern; diese sollen, so will es wenigstens Jungs Text, durch Frauenlobs lyrische Produktion eine entscheidende Wende zum Besseren erfahren haben. Die einschlägigen Beobachtungen werden dabei einer gewissen Bertha in den Mund gelegt, die sie an der Bahre des toten Dichters vorträgt.

Jungs Gedicht sucht in gleich mehreren Hinsichten Rückhalt bei Texten und Konzepten der Weimarer Klassik. Es gibt sich etwa sichtlich Mühe, der mittelalterlichen Szenerie, die es vorstellt, eine antikisierende Einkleidung zuteil werden zu lassen. So wird der Mainzer Dom zum „Tempel“ stilisiert, in den der tote Frauenlob im „Triumphe“[37] einzieht; ein „Kranz“ von „Lorbeer“, „Fackelglanz“[38] und der allgegenwärtige

[33] Zu Jungs Biographie und seinem intellektuellen Profil vgl. Gerhard Kurz: *Die Freiheit und das Übel auf Erden. Franz Wilhelm Jung: Hofrat, Republikaner, Liberaler*, in: *Mainz – ‚Centralort des Reiches‘. Politik, Literatur und Philosophie im Umbruch der Revolutionszeit*, hg. von Christoph Jamme und Otto Pöggeler, Stuttgart 1986, S. 122–137.

[34] Und nicht 1819, wie Lange / Schöller [Anm. 5], S. 217, angeben; auch die zweite Auflage des Gedichts erscheint nicht 1819, sondern, aus gutem Grund, 1818.

[35] Franz Wilhelm Jung: *Heinrich Frauenlob. Ein Gedicht. Gewidmet den Bewohnern von Mainz*, Mainz 1806, S. 3.

[36] Ebd.

[37] Ebd., S. 7.

[38] Ebd., S. 6.

Wein tun ein Übriges, um die Totenfeier in einen paganen Anspielungshorizont einzurücken. Die zweite Auflage des Gedichts, die Jung sehr bewusst 1818, also im fünfhundertsten Todesjahr Frauenlobs, herausbringt, macht diese klassizistische Ausrichtung denn auch gleich eingangs durch ein Goethe-Motto kenntlich: „Die Stäte, die ein guter Mensch bewohnt, / Ist eingeweiht; nach hundert Jahren klingt / Sein Wort und seine That dem Enkel wieder.“[39] Bei den Versen handelt es sich um ein (leicht entstelltes) Zitat aus *Torquato Tasso*[40] – auch Jung nähert Frauenlob also, obschon indirekt, dem italienischen Dichter respektive dessen theatralischem Wiedergänger in Goethes Werk an.

Namentlich mit Blick auf die in seinem Gedicht betriebene Geschlechterpolitik ist augenfällig, dass Jung über eine weite Strecke Schiller'schen Vorgaben folgt. Waren die „Sitten“ zwischen Männern und Frauen vormals „roh“,[41] so durchlaufen – schenkt man Berthas Ausführungen Glauben – beide Geschlechter in der Bekanntschaft mit Frauenlobs Liedern eine ästhetische Erziehung, die es ihnen erlaubt, sowohl ihre Umgangsformen in den wechselseitigen Beziehungen als auch ihr jeweiliges Empfindungsrepertoire zu raffinieren. Insbesondere das naturwüchsig-wilde Wesen der Männer soll sich kraft der „Zaubertöne“[42] Frauenlobs so geläutert haben, dass sie sich dem anderen Geschlecht gegenüber nicht länger als „Tyrann“[43] aufführen:

Schöner denn das Jagdgetümmel,
Süsser denn des Bechers Lust,
Senkt, o Milde, sich dein Himmel
In der Männer rauhe Brust.
Ihre Kraft ward weise schonend,
Sanft ihr Ernst, und feucht ihr Blik,
Und das Weib, den Menschen menschlich lohnend,
Fand und gab ihm häuslich Glük.[44]

Aber auch die Frauen haben, wie das Gedicht in einer metrisch[45] und rhetorisch hervorgehobenen Wendung („den Menschen menschlich lohnend“) verdeutlicht, an dem ästhetisch induzierten Humanisierungsprozess teil, der hier beschworen wird; im Gefolge von Frauenlobs Auftreten „fühlten“ auch sie, wie der Text behauptet, „feiner“,[46] augenscheinlich nicht zuletzt aufgrund des Moments von Reziprozität, das Jung als wesentlich für das Geschlechterverhältnis herausstellt.

Jungs Phantasie befriedeter Geschlechterbeziehungen leitet sich direkt von Schillers Theorem her, die Gesellschaftsfähigkeit des Menschen lasse sich durch ästhetische Erfahrungen steigern; nicht weniger offen liegt zutage, dass sein Gedicht sich in zahlrei-

39 Franz Wilhelm Jung: *Heinrich Frauenlob. Ein Gedicht. Gewidmet den Bewohnern von Mainz*, Mainz ^{2}1818, S. 6.

40 Vgl. Goethe [Anm. 22], S. 75 (v. 80–82); bei Goethe steht „betrat“, nicht „bewohnt“.

41 Jung [Anm. 35], S. 10.

42 Ebd., S. 12.

43 Ebd., S. 10.

44 Ebd., S. 11.

45 Der vorletzte Vers jeder Strophe in Jungs Gedicht variiert das Metrum durch eine zusätzliche Hebung.

46 Ebd., S. 12.

chen sprachlichen und motivischen Details an Schillers Lyrik anlehnt. Wenn Bertha zunächst beklagt, in den alten Zeiten seien den Frauen „Recht und Würde" vorenthalten geblieben, um sodann zu frohlocken, dank Frauenlobs Liedkunst ständen sie nun „[l]euchtender in ihrer Würde" da, kommen wenig Zweifel daran auf, dass Schillers *Würde der Frauen* einen zentralen Referenztext für Jungs Gedicht darstellt. Entsprechende Lektürespuren sind tatsächlich unschwer nachzuweisen; sie nehmen etwa die Gestalt von verräterischen Parallelformulierungen an. So variiert Jungs schon zitierte Wendung „der Männer rauhe Brust" Schillers „des Mannes kalte Brust"[47]. Die Evokationen harmonischer Häuslichkeit im Frauenlob-Poem („Naht das Weib der Gäste Schwarme, / Lenkt sie, weis' und still, ihr Haus, / Ruht ihr gar der Säugling in dem Arme: / Achtend weicht ihr Jedes aus"[48]) wiederum gemahnen stark an berühmt-berüchtigte Verse aus dem *Lied von der Glocke*: „Und drinnen waltet / Die züchtige Hausfrau, / Die Mutter der Kinder, / Und herrschet weise / Im häuslichen Kreise".[49]

Die Zusammenrückung Frauenlobs mit dem Dichter der *Würde der Frauen*, die Jung implizit vornimmt, stellt in der ersten Dekade des 19. Jahrhunderts keineswegs einen Einzelfall dar. In ihrem Gedicht *Schillers Todtenfeier* ruft beispielsweise die Lyrikerin Wilhelmine Müller (1767–1806) ihre Geschlechtsgenossinnen dazu auf, dem „Mann, der Frauen Würde sang",[50] eine Gedächtniszeremonie auszurichten, die dem Begräbnis des Mainzer Poeten nachempfunden ist. Schiller wird hier bündig als moderner Frauenlob identifiziert: „Kommt, bringet nun, wie Moguntina's [sic] Frauen, / Ein Opfer unserm Frauenlob!"[51] Und der Literarhistoriker BERNHARD DOCEN merkt in einem Aufsatz von 1804 mit Blick auf Frauenlob an: „[...] wie interessant würde es dann nicht seyn, bei diesem Dichter in einem Abstande von nun beynahe fünfhundert Jahren vielleicht etwas Ähnliches anzutreffen, wie in unseren Tagen mit poetischer Fülle und dem Ernste des Philosophen der vortreffliche Schiller ein Lied von der Würde der Frauen gesungen hat"[52].

Für die Rolle des Friedensstifters, der Mann und Frau durch seine poetische Aktivität miteinander versöhnt, wird Frauenlob bei Jung in auffälliger Form semiotisch präpariert. Das Gedicht stattet ihn nämlich selbst mit femininen Zügen aus, inszeniert ihn mithin von vornherein unter einem androgynen Vorzeichen. Ausdrücklich hält der Text fest, dass Frauenlob, auf der Totenbahre liegend, „geschmükt wie eine Braut" anzusehen ist; unterdessen „[w]allt sein Haar" „säuselnd in den Lüften"[53]. An anderer Stelle

[47] Friedrich Schiller: *Würde der Frauen*, in: Schiller [Anm. 30], *Bd. 1: Gedichte; Dramen 1*, S. 218–220, hier S. 219.

[48] Jung [Anm. 35], S. 13.

[49] Friedrich Schiller: *Das Lied von der Glocke*, in: Schiller [Anm. 47], S. 429–442, hier S. 433.

[50] Wilhelmine Müller: *Gedichte*, neue umgearbeitete Aufl., Karlsruhe 1822, S. 140.

[51] Ebd.

[52] BERNHARD JOSEPH DOCEN: *Heinrich Frauenlob*, in: *Aurora. Eine Zeitschrift aus dem südlichen Deutschland* 92 (1804), S. 365–367, hier S. 366; zum Zitat vgl. ANGELIKA KOLLER: *Minnesang-Rezeption um 1800. Falldarstellungen zu den Romantikern und ihren Zeitgenossen und Exkurse zu ausgewählten Sachfragen*, Frankfurt a. M. u. a. 1992, S. 276; allgemein zur Annäherung von Frauenlob und Schiller im 19. Jahrhundert vgl. auch DOBRAS [Anm. 5], S. 64.

[53] Jung [Anm. 35], S. 6.

dient die Figur des Polyptotons[54] dazu, der Annäherung Frauenlobs ans weibliche Geschlecht rhetorisch Nachdruck zu verleihen, wenn der Dichter wie folgt angesprochen wird: „Glühend für des Weibes Rechte […] / Botst du *sanft*, dem *sanfteren* Geschlechte / Deines Innern Heiligthum.“[55] Auch wenn Frauenlob als „schöne Seele“[56] charakterisiert wird, setzt dies, zumal innerhalb des Schiller'schen Bezugsrahmens, der für den Text in Anschlag gebracht werden muss, einen effeminierenden Akzent.[57]

Indem es ihn zum Versöhner im Geschlechterkrieg stilisiert, eignet Jungs Gedicht Frauenlob eine quasi-mythische Qualität zu. In diesem Zusammenhang gewinnt der Umstand an Prägnanz, dass der Text, weil er eben den legendarischen Bericht über seine Bestattung poetisch bearbeitet, den Dichter nur als Toten in den Blick bringt. Frauenlob gerät so in die Nähe von mythischen Gestalten, die einen Gegensatz überwinden, dabei selbst jedoch zugrunde gehen oder dem Bereich der Sichtbarkeit entzogen werden. Er rückt, anders gesagt, in die Position eines ‚verschwindenden Vermittlers‘[58] ein. Unter diesem Aspekt erhellt auch, warum das Gedicht Frauenlob mit Christus- respektive Dionysos-Allusionen umgibt,[59] ihn also in eine Reihe mit Gottheiten stellt, die erst in die Unterwelt hinab müssen, bevor sich jene „Unsterblichkeit“ an ihnen bewährt, die Jungs Text auch dem mittelalterlichen Dichter – sogar in doppelter Ausführung[60] – verheißt. Die untergründige Annäherung von Christus und Dionysos markiert im Übrigen einen Punkt, in dem man einen Einfluss seines Freundes Hölderlin auf Jung annehmen kann, obschon natürlich das philosophische und poetische Interesse an den Analogien zwischen diesen mythischen Figuren um 1800 auch bei anderen Autoren anzutreffen ist.[61]

[54] Das Polyptoton ist eine rhetorische Strategie der Wiederholung, die mit der „flexivischen Änderung des Wortkörpers“ (HEINRICH LAUSBERG: *Elemente der literarischen Rhetorik*, München [7]1982, S. 91 [§ 280]) arbeitet, also unterschiedliche grammatische Formen desselben Wortes zum Einsatz bringt.

[55] Jung [Anm. 35], S. 14 (Hervorhebung M. L.).

[56] Ebd., S. 16.

[57] In seiner Abhandlung *Über Anmut und Würde* (in: Schiller [Anm. 30], S. 433–488) bestimmt Schiller zum einen Anmut als den „Ausdruck einer schönen Seele“ (ebd., S. 470), und merkt zum anderen an: „Man wird, im Ganzen genommen, die Anmut mehr bei dem *weiblichen* Geschlecht […] finden“ (ebd., S. 469, Herv. i. O.).

[58] Vgl. FREDRIC JAMESON: *The Vanishing Mediator; or, Max Weber as Storyteller*, in: FREDRIC JAMESON: *The Ideologies of Theory. Bd. 2: The Syntax of History*, London 1988, S. 3–34.

[59] Die Christus-Konnotation tritt beispielsweise zutage, wenn es über Frauenlob heißt: „Da nun über seine lange / Nacht, gewältzt, der Stein sich legt“ (Jung [Anm. 35], S. 16); Dionysos ist hier angesichts des dominanten Weinmotivs natürlich ohnehin eine naheliegende Option mythologischer Stilisierung, vgl. etwa Verse wie die folgenden von Bertha gesprochenen, die eine direkte Verbindung zwischen Frauenlob und dem Wein etablieren: „Oft bekränzten wir beim Mahle, / Dankbar=festlich überlaubt, / Deines Rheinweins thauende Pokale, / Bogen Rosen Dir ums Haupt“ (ebd., S. 14). Als eine subtile Anspielung auf das Mythologem vom zerrissenen Gott liest es sich, wenn, unmittelbar bevor der Text Frauenlobs Unsterblichkeit feiert, von seinem „zerrißne[n] Herz[en]“ (ebd., S. 17) die Rede ist. Die klagenden Frauen lassen sich vor diesem Hintergrund als domestiziertes Gegenbild zu den Mänaden verstehen.

[60] Vgl. ebd., S. 17: „Heinrich ist mit nichten todt! Er lebet / Doppelter Unsterblichkeit!“

[61] Vgl. dazu MANFRED FRANK: *Der kommende Gott. Vorlesungen über die Neue Mythologie*, Frankfurt a. M. 1982, S. 285–360.

In einer Vorbemerkung zu seinem Poem breitet Jung aus, was ihm als, wie er glaubt, gesichertes Wissen über Frauenlob zu Gebote steht:

> Heinrich Frauenlob, ein Mainzer Dichter des vierzehnten Jahrhunderts, sang fast ausschließlich zu Ehren des weiblichen Geschlechts: daher der Name; sein eigentlicher ist nicht bekannt. Er dichtete in deutscher Sprache, in welcher er die alten Regeln des Gesangs wieder einführte, unter andern: Unser Frauen=Lied, das Hohelied, das Lied gegen einen, der aus frommem Wahn, den unehlichen Stand dem ehlichen vorgezogen.[62]

Jung ist sich demnach keineswegs darüber im klaren, dass die Kennzeichnungen ‚Unser Frauen=Lied' und ‚das Hohelied', die er in der Tradition vorfindet, ein- und denselben Text meinen: eben Frauenlobs großen *Marienleich*.[63] Den folgenden Hinweis auf einen lyrischen Widerspruch Frauenlobs gegen eine Herabsetzung des Ehestands konnte er dem biographischen Abriss bei Spangenberg entnehmen.[64] Eher als Frauenlobs poetische Produktion ist für Jung offenkundig der Mainz-Bezug des Dichters von Interesse, den er umstandslos absolut setzt („ein Mainzer Dichter"). Sein Text ist denn auch nicht allein „den Bewohnern von Mainz" gewidmet; im Gedicht selbst versichert die Sprecherfigur überdies: „Goldnes Mainz, dein Volk ist bieder!"[65] – eine Aussage, die sich mit Blick auf die bewegte Mainzer Geschichte seit 1792 nicht ganz so konventionell ausnimmt, wie sie auf den ersten Blick erscheint, muss man doch bedenken, dass die Mainzer sich zumindest zur Zeit der Republik dem Vorwurf des Verrats am Vaterland ausgesetzt sahen.[66] Jung publiziert sein Poem 1806, in demselben Jahr, in dem er, augenscheinlich aus Enttäuschung über die politische Entwicklung in Frankreich,[67] Mainz verlässt. Wie das Frauenlob-Gedicht bezeugt, hat die Solidarität mit den Einwohnern der Stadt seine Desillusionierung angesichts des Umschlags der Revolution in die napoleonische Autokratie überlebt.

III.2 Vom Läuten der Glocken: Balladendichtungen zwischen Jung und George

Seit den zwanziger Jahren des 19. Jahrhunderts avanciert die Legende von Frauenlobs Bestattung zu einem beliebten Sujet balladesker Ausgestaltung. Heute weitgehend ver-

62 Jung [Anm. 35], S. 2.

63 Frauenlobs Langgedicht ist streckenweise als Variation des biblischen Hohenlieds angelegt und firmiert deshalb in der Überlieferung zum Teil auch unter dem Titel *Cantica canticorum*.

64 Vgl. Cyriacus Spangenberg: *Von der Musica und den Meistersängern*, hg. von ADELBERT VON KELLER, Stuttgart 1861, S. 131: „Dahär Er auch den Nammen bekhommen, Daß Er Doctor Frawenlob genennet worden, welcher lieder mann noch ettliche hatt, Allß eines so sich Anfähet, Ich binn genannt der Frawen Lob zu diser Zeitt etc. Vnnd Ist gestellet wider einen, so der Jungfrawen standt dem Ehlichen standt fürgezogen".

65 Jung [Anm. 35], S. 19.

66 Zur Mainzer Stadtgeschichte vgl. FRANZ DUMONT: *Mayence. Das französische Mainz (1792 / 98–1814)*, in: *Mainz. Die Geschichte der Stadt*, hg. von FRANZ DUMONT, FERDINAND SCHERF und FRIEDRICH SCHÜTZ, Mainz 1998, S. 319–374.

67 Hierzu passt, dass Jung 1814, also pünktlich in dem Jahr, in dem die Franzosen abziehen, nach Mainz zurückkehrt.

gessene *poetae minores* wie beispielsweise Adelheid von Stolterfoth (1800–1875), Wolfgang Müller von Königswinter (1816–1873), Carl Grüneisen (1802–1878) oder Wilhelm Smets (1796–1848), aber auch der sich noch in den Randzonen des germanistischen Kanons behauptende Anastasius Grün (1806–1876) oder der eher noch aufgrund seiner philologischen Arbeiten bekannte Karl Simrock (1802–1876) fügen ihren teils umfangreichen literarischen Œuvres jeweils ein Frauenlob-Gedicht ein. Die relative Popularität des Stoffes muss augenscheinlich im Zusammenhang mit einem um die Mitte des Jahrhunderts verbreiteten Interesse daran gesehen werden, die Rheinregion und die mit ihr assoziierten Geschichten in geradezu enzyklopädischer Manier lyrisch auszuwerten. So erscheint etwa von Stolterfoths Gedicht *Frauenlobs Tod* 1835 in einem Band mit dem umständlichen Titel *Rheinischer Sagen-Kreis. Ein Ciclus von Romanzen, Balladen und Legenden des Rheins, nach historischen Quellen bearbeitet von Adelheid von Stolterfoth, Stifts-Dame.*[68] Kommt das Frauenlob-Poem der Stiftsdame so in unmittelbarer Nähe zu einem Gedicht zu stehen, das sich als *Die Sage von der Lurley* ankündigt, so inseriert Müller von Königswinter seine Version vom Begräbnis des mittelalterlichen Lyrikers 1851 in eine Textsammlung, die den Namen der berühmten Wasserfrau schon im Titel führt: *Lorelei. Rheinische Sagen.*[69] Georg Freudenberg wiederum weist seine Verserzählung *Heinrich Frauenlob* 1864 eigens als *Ein Rheinisches Gedicht* aus.[70] Man muss den zutiefst epigonalen Charakter dieser literarischen Unternehmungen, die versuchen, Anschluss an die Rheinromantik von Brentano bis Heine zu gewinnen, und sich im langen Schatten von Texten wie *Ein Fischer saß im Kahne*, *Zu Bacherach am Rheine* oder *Ich weiß nicht, was soll es bedeuten* einrichten, wohl nicht eigens herausstreichen. Zum guten Ton im Rahmen dieser literarischen Formation gehört es auch, sich durch eine Widmung oder ein Motto zu Ludwig Uhland als Vorbild zu bekennen; dessen Anverwandlung mittelalterlicher Stoffe und Motive in balladenhaften Gedichten hat offenkundig nicht zuletzt für mehrere der hier einschlägigen Frauenlob-Texte poetologisch Pate gestanden.[71]

Unterscheidet sich das ästhetische Profil der meisten dieser lyrischen Auseinandersetzungen mit Frauenlobs Grablegung allenfalls geringfügig, so überrascht es kaum, dass sich auch inhaltlich deutliche Überschneidungen zwischen ihnen ausmachen lassen. Gleich mehrere Autoren verfallen etwa darauf, ihre Schilderungen des Begräbniszuges dadurch einzuleiten, dass sie das Bild der von Menschenmengen verstopften Mainzer Gassen evozieren und ihm eine Tonspur unterlegen, die sich aus Glockenläuten, Grabgesängen und / oder dem Weinen der Trauergemeinde zusammensetzt. Schon am Beginn von Jungs Gedicht hieß es: „Wem, in den verschlungnen Gassen, / Wogt so

[68] Adelheid von Stolterfoth: *Rheinischer Sagen-Kreis. Ein Ciclus von Romanzen, Balladen und Legenden des Rheins, nach historischen Quellen bearbeitet von Adelheid von Stolterfoth, Stifts-Dame*, Frankfurt a. M. 1835, S. 3f.

[69] Wolfgang Müller von Königswinter: *Lorelei. Rheinische Sagen*, Köln 1851, S. 96–99.

[70] Georg Freudenberg: *Heinrich Frauenlob. Ein rheinisches Gedicht*, Wiesbaden 1864.

[71] Wolfgang Müller zu Königswinter stellt seinem *Lorelei*-Buch ein Widmungsgedicht an Uhland voran, Wilhelm Smets seinen gesammelten Gedichten (Wilhelm Smets: *Gedichte. Vollständige Sammlung*, Stuttgart / Tübingen 1840; hierin: *Heinrich Frauenlob's Bestattung*, S. 211f.) ein Uhland-Motto. Carl Grüneisens Gedicht kommt unter einem Uhland-Motto zu stehen, vgl. Carl Grüneisen: *Hans [sic] Frauenlob, von Maynz. Romanze*, in: *Morgenblatt für gebildete Stände* 180 (Sonnabend, 28. Juli 1827).

spät, der Menschenstrom? / Viele weinen, Viel' erblassen; / Dumpf erschallt's vom alten Dom.–"[72] Den Reim von „Dom" auf „Menschenstrom" lässt sich auch Müller von Königswinter nicht entgehen: „Das ist das Grabgeläut vom mainzer [sic] Dom! / Entlang die Gassen wogt ein Menschenstrom".[73] Anastasius Grün variiert die von Jung vorgegebene Konstellation, indem er den Blick zunächst auf die entvölkerten Teile der Stadt lenkt: „In Mainz ist's öd und stille, die Straßen wüst und leer, / Nur Schmerzgestalten ziehen im Trau'rgewand einher, / Nur Glockentöne schwirren gar bange durch die Luft, / Nur *eine* Straße füllt sich, und *die* führt in die *Gruft*."[74] Bei Adelheid von Stolterfoth findet die Klangkulisse aus Jungs Anfangsstrophe folgendes Echo: „Es läuten alle Glocken / Zu Mainz mit Trauerklang / Und durch des Domes Hallen / Tönt ernster Grabgesang."[75] Und aus Carl Grüneisens Frauenlob-Gedicht schallt es den Lesern nur wenig anders entgegen: „Viel dumpfer Glocken Läuten / Hört man die Stadt entlang, / Und Klage durch die Straßen / Und schweren Grabgesang."[76]

Man sieht rasch, dass man die ästhetische Komplexität dieser Balladen hoffnungslos überstrapazieren würde, wollte man sie intensiver daraufhin befragen, wie sie sich mit Frauenlobs lyrischer Produktion auseinandersetzen. Von dieser nehmen sie lediglich an, dass sie der Verherrlichung des weiblichen Geschlechts gegolten habe, während ihr eigener Fokus ganz auf der, in der Diktion der Zeit, ‚Sage' von Frauenlobs Bestattung durch seine Verehrerinnen liegt. Ihr gewinnen sie Wendungen ab, die entweder sentimental oder humoristisch-anzüglich ausfallen können. Die erste Option realisiert Adelheid von Stolterfoth, indem sie – möglicherweise die Inszenierung der Bertha-Figur bei Jung fortführend – eine der Trauernden herausgreift, die das Geschehen aus größerer Entfernung schweigend beobachtet und der Frauenlob „[i]hr Glück und ihre Ruh"[77] genommen haben soll. Der Text schließt mit der Aussicht, dass diese „bleiche Jungfrau"[78] dem Dichter wohl alsbald ins Grab nachfolgen werde. Implizit spielt er ihre stumme Passion so gegen die theatralischere Aufführung der anderen Trauernden aus: Während diese Frauenlob als Grabgaben Blumen, Wein und Tränen hinterhersenden, ist die Jungfrau im Begriff, sich selbst zu geben. Die frivoleren Potentiale, die dem Stoff innewohnen, finden sich demgegenüber bei Karl Simrock ausgereizt. Simrock ist mit den grundlegenden Koordinaten mittelalterlicher Liebessemantik hinreichend vertraut, um seinem Gedicht eine Anspielung auf die Komplementärkonzepte von Minnedienst und Minnelohn einzufügen. Letzteren reduziert sein Gedicht freilich recht unverblümt auf eine erotische Gratifikation. Der Sprecher des Textes behauptet, nur Frauenlobs Beispiel zu folgen, wenn er verkündet: „So ist ein Dienst des andern wert, / Umsonst will ich nicht singen: / Die in die Laube mich begehrt, / Der soll mein Lied erklingen."[79]

72 Jung [Anm. 35], S. 3.
73 Müller von Königswinter [Anm. 69], S. 96.
74 Anastasius Grün: *Heinrich Frauenlob*, in: *Anastasius Grüns Werke. Dritter Teil: Lyrische Dichtungen II*, hg. von EDUARD CASTLE, Berlin u a. 1909, S. 199f., Herv. i. O.
75 von Stolterfoth [Anm. 68], S. 3.
76 Grüneisen [Anm. 71].
77 von Stolterfoth [Anm. 68], S. 4.
78 Ebd., S. 4.
79 Karl Simrock: *Frauenlob*, in: Karl Simrock: *Gedichte*, Leipzig 1844, S. 265f.

In einem gewissen Abstand zu der biederen ästhetischen Programmatik dieser Texte, die ihren Gegenstand frei von Irritationsmomenten für den sei's empfindsamen, sei's humorvoll-behaglichen Selbstgenuss der Rezipienten aufbereiten, bewegt sich Anastasius Grüns Bearbeitung der Frauenlob-Legende. Dies gilt zumindest für das zweite Gedicht, das er unter dem Titel *Heinrich Frauenlob* verfasst: In ihm setzt Grün, nachdem er im ersten Anlauf noch ein anakreontisch-erotisches Register bedient hatte, nun einen deutlich anderen Akzent.[80] Zwar handelt es sich auch bei dieser jüngeren Version noch um ein Frühwerk Grüns;[81] sie aber gibt bereits, durch diverse eher konventionelle Elemente hindurch, einen Blick auf die politisch-emanzipatorischen Implikationen frei, die sich für die Dichtung des späteren Paulskirchen-Parlamentariers als wichtig erweisen werden. Sobald der Trauerzug bei Grün nämlich das Innere des Doms erreicht, bedeutet der Text seinen Lesern recht unvermutet, dessen Altar gebe „statt Heil'genbildern der Menschheit Wappen" zu sehen, um dieses dann näherhin als schlichtes „weißes Kreuz [...] auf rabenschwarzem Grund"[82] zu bestimmen. Eine Raumsphäre, die *per se* als katholisch-sakral codiert ist, wird so quasi handstreichartig säkularisiert. Diese ikonoklastische, potentiell religionskritische[83] Volte verbindet sich im Gedicht mit einer nationalistischen Aufladung des Sujets, deren Bezugsgröße hier, anders als einige Jahre später in Grüns für die Literaturgeschichte des Vormärz wichtigen *Spaziergängen eines Wiener Poeten* nicht etwa Österreich, sondern „das deutsche Vaterland"[84] ist. Am Ende des Textes steht die Aufforderung an die „deutschen Sänger", ein Loblied anzustimmen, das exklusiv den „deutsche[n] Frauen"[85] gelten soll. Die mittelalterliche Vergangenheit Deutschlands, für die *pars pro toto* die Frauenlob-Legende einsteht, die Grün aber auch durch die Form der Nibelungenzeile aufruft, wird vom Gedicht demnach als Objekt nationaler Selbstvergewisserung in Anspruch genommen. Um sich in Grüns Sinne für diesen Zweck zu qualifizieren, muss das Mittelalter allerdings zunächst offenbar aus seiner Verknüpfung mit dem Katholizismus herausgelöst werden, wie die Romantiker, zuvörderst Novalis mit seinem Essay *Die Christenheit oder Europa*, sie wirkungsmächtig im historischen Bewusstsein der Zeitgenossen festgezurrt hatten. Das Frauenlob-Gedicht lässt so zumindest schon erahnen, was in vielen von Grüns reiferen Texten und der Literatur des Vormärz insgesamt klarer zutage tritt: Dass nationale Affekte hier im Widerstand gegen eine restaurative, spätfeudale Ordnung geschürt werden, die ein Bündnis mit dem Klerus unterhält, um ihre hierarchische Struktur als gottgegeben zu rechtfertigen.

80 Zu den Unterschieden zwischen den beiden Frauenlob-Gedichten vgl. DIETMAR SCHARMITZER: *Anastasius Grün (1806–1876). Leben und Werk*, Wien u. a. 2010 (*Literatur und Leben* NF 79), S. 80f. SCHARMITZERs abwertend gemeinter Vergleich der Bauart des jüngeren Gedichts mit „modernen Videoclips" (ebd., S. 81) erscheint allerdings wenig überzeugend.

81 Die beiden Frauenlob-Gedichte sind zuerst 1825 und 1826 veröffentlicht worden; vgl. ebd., S. 456.

82 Grün [Anm. 74], S. 199.

83 Dass Grün hier „der Menschheit Wappen" als Kreuzeszeichen interpretiert, lässt sich ideengeschichtlich mit vielfältigen Bestrebungen zwischen Hegel und Feuerbach in Verbindung bringen, Anthropologie als den wahren Kern von (christlicher) Theologie herauszuschälen.

84 Grün [Anm. 74], S. 200.

85 Ebd.; Grün hebt das Syntagma „deutscher Frauen Preis" hervor.

III.3 Stefan George: *Frauenlob* (1895)

Im Durchgang durch einige der Balladendichtungen seit 1820 wird sichtbar, dass Stefan George sich bereits in eine recht umfangreiche literarische Reihe einschreibt, als er seinerseits am Ende des Jahrhunderts ein Frauenlob-Poem[86] verfasst – diese Reihe dürfte allerdings größtenteils unterhalb der Wahrnehmungsschwelle des Lyrikers anzusiedeln sein, der als einer der wenigen in Deutschland zu dieser Zeit Orientierung bei Mallarmé und Verlaine sucht, mit denen er auch persönlich bekannt ist. Gedichttitel wie *Tagelied* oder *Vom Ritter der sich verliegt* aus dem *Buch der Sagen und Sänge* (1895) bezeugen, dass der Frauenlob-Text, der ebenfalls in dieser Sammlung erscheint, im Horizont einer einlässlicheren Beschäftigung Georges mit mittelalterlicher Literatur gesehen werden muss.[87] Dies kann jedoch nicht darüber hinwegtäuschen, dass den Großdichter aus Bingen, wie so viele weniger bekannte Autoren vor ihm, nicht zuletzt ein regionaler Bezug dazu bewegt haben dürfte, sich die Legende von Frauenlobs Bestattung lyrisch anzuverwandeln.

Von den Bearbeitungen dieses Stoffs durch seine Vorgänger, wie wir sie uns vor Augen geführt haben, unterscheidet Georges Ansatz sich radikal. Zwar hebt sein Text mit einer – stark stilisierten – Beschreibung des mittelalterlichen Mainzer Stadtbilds an; die Vergegenwärtigung von „schneckenbögen an gebälk und tür“ und „türmen die an die sterne rühren“ dient aber, anders als man es erwarten könnte, nicht etwa unmittelbar als Kulisse für eine dann folgende Schilderung des Trauerzugs zu Ehren des toten Dichters. Vielmehr ist es, wie sich nachträglich erweist, Frauenlob selbst, der spricht und sich als „sänger eures ruhms“ an den weiblichen Teil der Stadtbevölkerung adressiert. Nachdem sich am Ende der – bedeutungsvoll verkürzten – dritten Versgruppe der Tod des Sprechers ankündigt („Ich fühle friedlich schon des todes fuss“),[88] gibt das Gedicht einem strukturellen Bruch statt, der sich selbst dann kühn ausnimmt, wenn man ihn nicht auf der Folie der älteren Behandlungen des Sujets liest: Die letzte Versgruppe setzt neu ein, indem sie einem heterodiegetischen Erzähler das Wort erteilt, der nun Frauenlobs berühmtes Begräbnis ausmalt. Die Darstellung der Trauerfeier greift durchaus auf topische Elemente wie das anscheinend unvermeidliche Läuten der Glocken („Bei der glocke klage“) zurück, wartet jedoch auch mit neuen, unerhörten Details auf. Wohl exklusiv nur in diesem Text werden Frauenlob nicht nur Wein und Blumen ins Grab mitgegeben, sondern, in einer Art hyperbolischer *dépense*, auch „edelsteine“ – ein

[86] Stefan George: *Frauenlob*, in: Stefan George: *Werke. Ausgabe in zwei Bänden*, hg. von ROBERT BOEHRINGER, Bd. 1, München ^{4}2000, S. 84–86.

[87] Allgemein zu Georges Mittelalter-Rezeption vgl. UTE OELMANN: *Das Mittelalter in der Dichtung Georges. Ein Versuch*, in: *Geschichtsbilder im George-Kreis. Wege zur Wissenschaft*, hg. von BARBARA SCHLIEBEN, OLAF SCHNEIDER und KERSTIN SCHULMEYER, Göttingen 2004, S. 133–145, sowie CHRISTIAN KIENING: *Das Mittelalter der Moderne. Rilke-Pound-Borchardt*, Göttingen 2014 (*Figura* 1), S. 64–66. Die Pointe des Frauenlob-Gedichts verfehlt KIENING allerdings: „Häufig ist die Perspektive auf die mittelalterlichen Gegebenheiten eine eigentümliche: Das Frauenlob wird post mortem artikuliert, gewissermaßen parallel zur Grablegung des Dichters“ (ebd., S. 64).

[88] Die erste und vierte Versgruppe umfassen zehn, die zweite elf, die dritte aber nur sieben Verse. Man beachte auch den kunstvoll verfehlten Reim „grusse“ / „busse“ / „fuss“.

ästhetizistisches Accessoire, auf das George offenbar nicht verzichten mag.[89] Ähnlich wie Grün, obschon mit einer anderen Ausrichtung, unterzieht zudem auch George die Raumzone des Doms einer semantischen Umbesetzung. So erkennen die trauernden Damen in Frauenlob den „toten priester ihrer schönheit“ und schicken ihm die sepulkralen Opfergaben in einer Geisteshaltung mit auf den Weg, die der Text ausdrücklich als „[f]romm“ kennzeichnet. Die semiotischen Energien des Sakralen, wie sie sich mit dem Begräbnisritual respektive seinem Schauplatz verbinden, werden hier vollständig in die rhetorische Beschwörung einer Kunstreligion absorbiert, als deren Hohepriester sich George wie kaum jemand sonst in Szene zu setzen wusste.

Zwischen den beiden Teilen des Gedichts, der Rede Frauenlobs und dem Bericht des heterodiegetischen Erzählers, ergeben sich verschiedene Korrespondenzen. Diese sind vor allem darauf berechnet herauszustreichen, dass dem Dichter nach seinem Tode von weiblicher Seite jene Anteilnahme zuteilwird, über deren Ausbleiben er sich zu Lebzeiten beklagt hatte. So fragt Frauenlob in der dritten Versgruppe enttäuscht: „Welche träne und welche milde busse / Gab antwort je auf meiner leier tränen?“ Die Antwort, die der Dichter vermisst, findet sich im Schlussteil des Textes, der festhält, dass die trauernden Damen – nun endlich – Tränen vergießen. Das Gedicht führt so vor, wie sich das „leben voll *zäher* bürden“,[90] als das Frauenlob seine Sängerexistenz charakterisiert, in die „zähren“ der Nachwelt übersetzt. Diese Anlage des Textes hat nun den vor dem Hintergrund der Tradition überraschenden Effekt, dass sich seine letzte Versgruppe wie eine imaginative Wunscherfüllung des sterbenden Lyrikers liest. Zu dem Eindruck, man habe es mit einer narzisstischen Phantasie zu tun, trägt nicht allein bei, dass die zuvor ja offenbar eher abweisenden Frauen nun als Leidtragende einer kollektiven „witwenschaft“ reklamiert werden. Es fällt auch auf, dass die Damen im Verlauf von Frauenlobs Ausführungen zunehmend rhetorisch mortifiziert und Bildern oder Statuen angeglichen werden: Der Lyriker spricht sie als „[b]leiche freundinnen“, als „zierden im fest- und jubelsaale“ und schließlich als „Herrinnen mächtig und unbewegt“ an. Im Zuge eines semiotischen Austauschprozesses haucht ihnen erst der Tod des Dichters wieder Leben ein, so dass sie genug Beweglichkeit zurückgewinnen, um seinen Sarg zum Dom zu transportieren. Dass der Übergang zum Schlussteil des Gedichts auf einer allusiven Ebene als Animation von Bildern inszeniert wird, betont die imaginative Qualität, mit der die Schilderung der Trauerfeier ausgestattet ist. Hält man sich im Übrigen noch einmal vor Augen, dass das Frauenlob-Gedicht im Zusammenhang mit einer umfassenderen Mittelalterrezeption Georges betrachtet werden muss, so drängt sich die Frage auf, ob Vorlagen für die Struktur seines Textes nicht gerade im Bereich der Minnelyrik zu suchen sind. Denn diese kennt schließlich die Figur einer genießerischen Vorwegnahme des eigenen Todes, die den Dichter, indem sie ihm seinen Nachruhm oder die Reue der

89 Auffällig ist, dass die Edelsteine gemeinsam mit dem Wein und den Blumen ins Grab ‚gegossen‘ werden. Die semantische Engführung von Juwelen und Bewegungsmustern des Fließens findet sich ansonsten oft in der Beschreibung künstlicher Paradiese; vgl. etwa Baudelaires *Rêve parisien* oder Georges *Ihr hallen prahlend in reichem gewande* aus dem *Algabal*-Zyklus.

90 Hervorhebung M. L.

Dame vor Augen stellt, für die Versagungen entschädigt, die er zu Lebzeiten zu erdulden hat.[91]

IV Phantastische Biographien: Erzählen von Frauenlob

IV.1 Heinrich Graf von Loeben: *Guido* (1808)

Einen frühen Auftritt als Romanfigur erlebt Frauenlob in Otto Heinrich Graf von Loebens *Guido*, den dieser 1808 unter dem extravaganten *nom de plume* Isidorus Orientalis an die Öffentlichkeit bringt.[92] Loebens in Vergessenheit geratenes, von den Zeitgenossen aber durchaus mit einiger, obschon oft kritischer, Aufmerksamkeit bedachtes Opus steht literaturgeschichtlich in der unmittelbaren Nachfolge des *Heinrich von Ofterdingen*; was der zum Zeitpunkt der Publikation einundzwanzigjährige Verfasser seinen Lesern zu bieten hat, darf mit einer boshaften, jedoch nicht unzutreffenden Kennzeichnung Clemens Brentanos als „des Novalis zweite[r] Teeaufguß“[93] angesprochen werden. Für die Rezipienten, die mit dem *Ofterdingen* vertraut sind, hält Loebens Text zahlreiche *déjà-lu*-Momente bereit, so etwa, wenn der mittelalterliche Dichter Guido auf seinem Weg durch den Roman mit Kaufleuten und Bergmännern zusammentrifft oder auf ein Buch stößt, das auf geheimnisvolle Weise mit seiner eigenen Geschichte verwoben erscheint. An die Stelle der berühmten Blauen Blume als romantischer Sehnsuchtschiffre tritt bei Loeben ein „violette[r] Karfunkel“, der aus dem Diadem des Gottes Uranus stammt und als „Talisman“[94] des hier mit diesem assoziierten Goldenen Zeitalters figuriert. Zwar ist auch dieses Motiv in weniger prominenter Form im Roman des Novalis bereits vorgebildet,[95] es geht jedoch wohl nicht zuletzt auf Loeben zurück, wenn der

[91] In Heinrichs von Morungen *Sach ieman die vrouwen* (MF 129,14ff.) beispielsweise wünscht das Sänger-Ich sich am Ende des Gedichts, die Geschichte seiner unglücklichen Liebe solle, wenn auch nur in ganz kleiner Schrift, auf seiner Grabplatte zu stehen kommen, um dort von denen gelesen zu werden, die über diese hinwegschreiten und so von der *vil grôzen sünde* der Dame erfahren. Die Möglichkeit, dass zu den Rezipienten der Liebesanklage in diesem phantastischen Szenarium gerade auch die grausame Minneherrin selbst zählt, soll dabei sicherlich mitgedacht werden.

[92] Zu Loeben und seinem Roman im literargeschichtlichen Kontext allgemein vgl. GERHARD SCHULZ: *Einführung*, in: Isidorius Orientalis (Otto Heinrich Graf von Loeben): *Guido. Faksimiledruck nach der Ausgabe von 1808*, hg. von GERHARD SCHULZ, Bern u. a. 1979 (*Seltene Texte aus der deutschen Romantik* 3), S. 5*–24*; THEODOR ZIOLKOWSKI: *Heidelberger Romantik. Mythos und Symbol*, Heidelberg 2009, S. 108–115.

[93] Clemens Brentano: *Briefe. Bd. 2: 1810–1842*, hg. von FRIEDRICH SEEBASS, Nürnberg 1951, S. 36. Brentanos gleichzeitige Beteuerung, bei Loeben handele es sich um einen „rührend gute[n] Mensch[en]“ (ebd.), nimmt sich aus dem Munde des Urhebers der Auffassung, gute Leute seien in der Regel schlechte Musikanten, besonders ironisch aus. Zu der Briefstelle vgl. SCHULZ [Anm. 92], S. 20*.

[94] Loeben [Anm. 92], S. 21.

[95] Auch bei Novalis taucht der „Karfunkel“ (Novalis: *Heinrich von Ofterdingen*, in: Novalis: *Schriften. Bd. 1: Das dichterische Werk*, hg. von PAUL KLUCKHOHN und RICHARD SAMUEL, Stuttgart [2]1960, S. 181–369, hier S. 218) im Rahmen einer märchenhaften Binnenerzählung (des ‚Atlantis-Märchens‘) auf; ihm sind hier „unverständliche Chiffren“ (ebd.) eingraviert. Auch bei

Karfunkel in der Folgezeit häufig als ein Zentralrequisit der Romantik behandelt wird, zumal auch in parodistischer Absicht.[96] Insgesamt zielt der Ehrgeiz von Loebens Autorschaft offenkundig nicht darauf, einen eigenständigen Alternativ- oder Gegenentwurf zum *Ofterdingen* vorzulegen; vielmehr ist es ihm darum zu tun, nachzuholen, was Novalis zwar projektiert hatte, aber nicht mehr poetisch umsetzen konnte: die Ausweitung des romantischen Künstlerromans zum kosmologischen Weltgedicht. Entsprechend begegnet uns Guido zum Ende des Textes hin beispielsweise auf einer „Höllenfahrt",[97] auf der er in einen Dialog mit dem Teufel verwickelt wird, während das Schlussbild des Romans Planeten und Sterne zeigt, die sich ‚anfassen' und mit „Milchstraßen" und „Ewigkeiten"[98] zum „Walzer [...] um Gott"[99] zusammenfinden.

Im zweiten Teil des Romans, überschrieben *Im Reich der Minne*, lernt Guido auf einem Empfang des „bekannte[n] Fugger aus Augspurg"[100] den jungen Sänger Heinrich kennen. Über dessen Identität lässt der Text seine Leser nicht lange im Unklaren, legt er ihm doch die Verse in den Mund: „Dienst der Frauen ist mein Leben, / Frauenlob mein Lied und Sinn".[101] Wird gemäß den Konventionen, die sich im späteren 19. Jahrhundert für den historischen Roman ausbilden, eine geschichtlich bezeugte Gestalt oft als Mentor des fiktiven Helden in Anspruch genommen, so ist es im *Guido* gerade umgekehrt; hier bietet sich Heinrich Frauenlob dem Protagonisten als „Jünger"[102] an. In dem Kunstgespräch, das sich zwischen beiden entspinnt, bleibt es Guido überlassen, Loebens epigonaler Schreibweise mit einer Überlegung, die deutlich *pro domo* artikuliert wird, die poetologische Absolution zu erteilen: „Was in dich selbst eingedrungen ist, das ist dein geworden und du giebst es als dein Eigenthum zurük."[103] Frauenlob hingegen treibt den programmatischen Anachronismus des Romans auf die Spitze, wenn er als historische Figur, die gerade eine Neuerfindung aus dem Geist der Romantik erfährt, seinerseits zu einer Erläuterung des Wortes ‚romantisch' ausholt:

> Ich weiß nicht – wenn ich oft keinen Namen für mein Verlangen habe, und weinen möchte vor schmerzlichem Vergnügen, und hinaus, hinaus in's Kühne und Grüne, in's Blaue und Graue – da ruf' ich: romantisch, nun wird die Brust mir frei und treu, als ob ich es nun besäße, als ob ich's in der Gestalt eines Mädchens mit beiden Armen auf ewig umschließen könnte.[104]

Novalis wird der Karfunkel als „Talisman" (ebd., S. 219) bezeichnet und mit der „Wiederkehr eines ewigen goldenen Zeitalters" (ebd., S. 225) in Verbindung gebracht. In den Vorarbeiten des Novalis findet ein Karfunkel als „talismanisches Kleinod des kaiserlichen Hauses" (ebd., S. 337) Erwähnung.

96 Vgl. SCHULZ [Anm. 92], S. 11*f.

97 Loeben [Anm. 92], S. 309.

98 Ebd., S. 359.

99 Ebd., S. 360.

100 Ebd., S. 178.

101 Ebd., S. 183.

102 Ebd., S. 198.

103 Ebd.

104 Ebd., S. 200f.

Loebens in seiner Handlungsführung sprunghafter Roman verliert Frauenlob alsbald aus den Augen; promoviert zum „Doctor Heinrich Frauenlob“[105] begegnet er den Lesern jedoch später noch einmal bei einem Sängerwettstreit am Hofe Friedrichs des Zweiten, an dem unter anderem auch Walther von der Vogelweide und Wolfram von ‚Eschilbach‘ teilnehmen. Offenkundig hat Loeben dieses Turnier als Gegenstück zum Sängerkrieg auf der Wartburg in seinen Text eingebaut, den Novalis mit dem Namen seines Titelhelden aufruft und den er seinem Roman wohl auch, obschon möglicherweise in einer sehr eigenwilligen Version, integrieren wollte.[106] Wolfram erinnert denn bei Loeben auch sogleich an den Wettstreit am Hofe des „Landgraf[en] von Düringen“[107] und nennt unter den mit ihm bei dieser Gelegenheit konkurrierenden Sängern auch ausdrücklich Heinrich von Ofterdingen; an späterer Stelle findet in dem Vortrag eines anderen Wettbewerbers sogar Novalis selbst unter seinem Klarnamen Friedrich von Hardenberg Erwähnung[108] – ein weiteres Beispiel dafür, wie Loebens *Guido* seinem unbekümmert anachronistischen Verfahren eine selbstreflexive Wendung abgewinnt.

Ein letztes Mal zitiert der Roman Frauenlob in seinem großen Finale herbei. Er bedient sich dabei einer gewissen Flora; diese verspricht Guido, der inzwischen als König herrscht, ihn wieder mit Heinrich zusammenzuführen. Bei sich trägt sie einen Krug, der bis zum Rand „mit blauen Veilchen“[109] gefüllt ist; diese „Violen“,[110] die sich unschwer als das Produkt einer Kreuzung zwischen Blauer Blume und violettem Karfunkel erkennen lassen, sollen den besonderen Vorzug aufweisen, „auf Meister Hans Sachsens Grab’ erwachsen“[111] zu sein. Als Flora sie auf den Boden ausstreut, erscheint tatsächlich umgehend Frauenlob: „[E]r war in der nämlichen Tracht, als an jenem ersten Abende zu Nürnberg, auch sein Eintritt, sein Gesang war derselbe“.[112] Anschließend bittet sich Heinrich von Guido aus, zum „Theaterdirector“[113] ernannt zu werden; in dieser Funktion will er, so kündigt er an, Vögel und Pflanzen, Steine und Gestirne, Wolken, Bäche und Menschen „vielerlei miteinander reden lassen“.[114] Frauenlob findet in Loebens Roman so seine Bestimmung als Zeremonienmeister im großen romantischen Naturtheater, das auch die Schlusspartien des *Heinrich von Ofterdingen* hätten in Szene setzen sollen.

Loebens *Guido*, der großzügige Anleihen etwa auch bei Ludwig Tiecks *Franz Sternbalds Wanderungen* macht, ist treffend als „Potpourri der Romantik“[115] charakterisiert worden. Mit nicht geringerer Berechtigung darf man mit Blick auf den Roman von einem Potpourri des Mittelalters sprechen. Wie sich schon den wenigen Hinweisen zum Handlungsverlauf, die wir hier gegeben haben, entnehmen lässt, ist Loeben an histori-

105 Ebd., S. 270.

106 In Hardenbergs Notizen zum Roman heißt es: „Über den Streit auf der Wartburg und die ‚letzte‘ Verklärung noch reiflich nachgedacht. […] Keinen Streit auf der Wartburg. Mehrere Szenen an Kaiser Friederichs Hofe“ (Novalis [Anm. 95], S. 347).

107 Loeben [Anm. 92], S. 265.

108 Vgl. ebd., S. 270.

109 Ebd., S. 341.

110 Ebd.

111 Ebd.

112 Ebd.

113 Ebd.

114 Ebd.

115 Schulz [Anm. 92], S. 9*.

scher Akkuratesse in einem selbst unter romantischen Vorzeichen auffälligen Maße desinteressiert. Frauenlob tritt als Zeitgenosse Friedrichs II. und Walthers von der Vogelweide auf; zugleich ist er mit dem Augsburger Kaufmann Fugger bekannt und hat am Ende gar noch Hans Sachs überlebt. Die geschichtliche Chronologie ist außer Kurs gesetzt; das Mittelalter wird als Imaginationsraum reklamiert, in dem alles, was den Stempel dieser Epoche trägt und sie im romantischen Verständnis repräsentiert, als gleichzeitig behandelt werden darf. Als Dokument von Frauenlobs Nachleben betrachtet, bewegt Loebens Roman sich deutlich abseits der Hauptströme der Rezeptionsgeschichte. Weder die Bestattung des Dichters noch auch nur der ansonsten obligatorische Mainz-Bezug spielen hier eine Rolle. Wenn Frauenlob später im Roman als Doktor auftritt, deutet dies darauf hin, dass Loeben mit einer Tradition vertraut war, die auf Spangenbergs biographischen Abriss zurückgeht.[116] Auch die wirkungsgeschichtliche Linie, die Frauenlob als Gründungsfigur des Meistersangs beansprucht, war ihm offenbar bekannt; dies macht die im Roman vorgenommene eigenwillige Assoziation mit Hans Sachs wahrscheinlich. Die Verbindung zum Meistersang, das zeigen auch andere Frauenlob-Fiktionen, z. B. der Roman Gerhard von Amyntors, konnte wiederum nahelegen, Heinrich als Teilnehmer an einem Sängerwettstreit vorzustellen, wie ihn der *Guido* in Szene setzt.[117] Was Loeben veranlasst hat, seinem fiktiven Minnesänger Guido gerade Frauenlob als Schüler zu Seite zu stellen, ist angesichts dieser insgesamt eher spärlichen Bezugnahmen auf die mit Letzterem verknüpfte Überlieferung nicht leicht auszumachen. Mit Blick auf Loebens enthusiastische Novalis-Nachfolge könnte für ihn die zeitgenössische, von Ludwig Tieck vertretene und von August Wilhelm Schlegel der ausdrücklichen Zurückweisung für wert befundene Annahme bedeutsam gewesen sein, Heinrich Frauenlob sei mit Heinrich von Ofterdingen identisch.[118]

IV.2 Alfred Börckel: *Frauenlob. Sein Leben und Dichten* (1881)

Es ist wohl unvermeidlich, dass auch Frauenlob schließlich in das Blickfeld eines Genres gerät, das in der zweiten Hälfte des 19. Jahrhunderts in zahllosen Varianten die Vergangenheit und mit besonderer Vorliebe das ‚deutsche Mittelalter' literarisch bewirtschaftet. Das Unterfangen, Heinrich zum Helden eines historischen Romans zu machen, wie es letztlich Gerhard von Amyntor in einem umfangreichen zweibändigen Opus realisiert, sieht sich jedoch der offenkundigen Schwierigkeit gegenüber, dass über dessen Lebensumstände kaum etwas bekannt ist – ein Problem zumal im Horizont einer Ro-

[116] Spangenberg [Anm. 64], S. 131, gibt an, Frauenlob sei „nach ettlicher meinung ein Doctor Theologiae gewesen".

[117] Es erscheint zudem nicht unplausibel, dass Frauenlob sich in der ‚Selbstrühmung' implizit selbst zum Teilnehmer am Sängerkrieg auf der Wartburg stilisiert; vgl. Burghart Wachinger: *Kommentar*, in: *Deutsche Lyrik des späten Mittelalters. Text und Kommentar*, hg. von Burghart Wachinger, Berlin 2010, S. 609–1022, hier S. 878.

[118] Zu dieser Identifikation vgl. Achim Hölter: *Ludwig Tieck. Literaturgeschichte als Poesie*, Heidelberg 1989 (*Beihefte zum Euphorion* 24), S. 302; Josef Körner: *Einleitung*, in: August Wilhelm Schlegel: *Geschichte der Deutschen Sprache und Poesie. Vorlesungen, gehalten an der Universität Bonn seit dem Wintersemester 1818/19*, hg. von Josef Körner, Berlin 1913 (*Deutsche Literaturdenkmale des 18. und 19. Jahrhunderts* 147), S. I–XXXVIII, hier S. XXIII.

mangattung, die in ihrer zeittypischen Ausprägung durchaus ein positivistisch getöntes Interesse an der Überprüfbarkeit dessen nimmt, was sie ihren Lesern als geschichtliche Wirklichkeit vor Augen rückt. Hier schafft 1881 der Mainzer Bibliothekar Alfred Börckel (1851–1928) Abhilfe, indem er die Öffentlichkeit in geradezu sensationell anmutender Detailfülle über das Leben und Sterben des mittelalterlichen Lyrikers unterrichtet. So lässt er seine mutmaßlich verblüfften Leser wissen, dass Frauenlob nicht etwa in Meißen, sondern in Mainz, in einem Haus „Zum Güldenwürfel",[119] zur Welt kam; er sei den Zeitgenossen folglich auch gar nicht als Heinrich von Meißen, sondern als Heinrich zur Meise bekannt gewesen, dem Wappentier seiner Familie entsprechend. Börckel vermag nicht allein Frauenlobs Eltern, sondern sogar seine Amme namhaft zu machen (eine gewisse Monika, „gebürtig / aus dem nahen Bretzenheim"[120]); er berichtet, wie der angehende Dichter sich an den antiken Klassikern, zugleich aber auch „in ritterlichen Künsten"[121] übt, wie er von den verschiedenen aufeinander folgenden Mainzer Kurfürsten gefördert wird und immer wieder auf Reisen geht, wie er sich verliebt und seine Erfahrungen in Gedichte übersetzt. Auf dem Höhepunkt seines Ruhms begründet Frauenlob Börckels Darstellung zufolge schließlich zu Mainz die erste Meistersingerschule, bevor er während eines Sängerwettstreits von einem unterlegenen Konkurrenten, einem „Wälsche[n]"[122] namens Servatio, mittels Gift aus dem Weg geräumt wird, woraufhin Börckels Text mit der Schilderung von Frauenlobs Bestattung ausklingen kann.

Woher nun bezieht Börckel diese staunenswerten Informationen über den Lebensweg des mittelalterlichen Lyrikers? In einem Vorwort beruft er sich auf den Maler und Schriftsteller Nikolaus Müller (1770–1851), auf dessen Notizen er in der Mainzer Stadtbibliothek gestoßen sei. Müller hatte behauptet, für eine von ihm projektierte Frauenlob-Monographie „Handschriften aus dem vierzehnten und fünfzehnten Jahrhundert"[123] exzerpiert zu haben, noch bevor diese bei der Bombardierung von Mainz 1793 vernichtet worden seien. Sein Frauenlob-Buch ist jedoch nie erschienen; der Tod habe „sein Veto dagegen eingelegt",[124] beklagt Börckel blumig, nicht ohne sorgsam den Mantel des Schweigens über den Umstand auszubreiten, dass der besagte Einspruch nach der angeblichen Zerstörung der Handschriften immerhin noch beinahe sechzig Jahre auf sich warten ließ. Man muss wohl nicht eigens betonen, dass Müller gute Gründe hatte, von einer Veröffentlichung abzusehen, handelt es sich bei den vermeintlichen Exzerpten doch um eine kecke Geschichtsfälschung.[125] Ein mögliches Motiv Müllers deutet LUDWIG PFANNMÜLLER in einem Aufsatz aus dem Jahr 1913 an: „Aus den Müllerschen papieren selbst ist zu ersehen, daß sie Brauns arbeiten und Ettmüllers ausgabe bereits voraussetzen, die Müllers angebot zur mitarbeit beide dankend abgelehnt hatten."[126] Entgegen dem Anschein, den Börckel zu erwecken bemüht ist, verhält es sich übrigens

[119] Alfred Börckel: *Frauenlob. Sein Leben und Dichten*. 2., um einen Anhang vermehrte Aufl., Mainz 1881, S. 1.

[120] Ebd., S. 3.

[121] Ebd., S. 13.

[122] Ebd., S. 105.

[123] Ebd., ohne Seitenzählung.

[124] Ebd., ohne Seitenzählung.

[125] Zu Müllers Geschichtsklitterung vgl. DOBRAS [Anm. 5], S. 60f.

[126] LUDWIG PFANNMÜLLER: *Frauenlobs Begräbnis*, in: *PBB* 38 (1913), S. 548–559, hier S. 558f.

auch nicht so, als sei er der erste, der die in Müllers Aufzeichnungen enthaltenen Materialien zu einer Lebensbeschreibung Frauenlobs in Gebrauch nimmt und für ein literarisches Porträt des Dichters ausbeutet. Von Müller aufgebrachte Biographeme, z. B. die Namensform Heinrich zur Meise oder der Giftmord durch den italienischen Rivalen Servatio, finden sich tatsächlich schon in der Fortsetzungsgeschichte *Heinrich Frauenlob*, die die populäre Mainzer Schriftstellerin Kathinka Zitz-Halein 1845, also noch zu Lebzeiten Müllers, in dem Journal *Rosen. Eine Zeitschrift für die gebildete Welt* veröffentlichte.[127]

Vor diesem Hintergrund mutet es doch einigermaßen bezeichnend an, wenn Börckel davon Abstand nimmt, seiner Frauenlob-Darstellung die Form einer wissenschaftlichen Abhandlung zu verleihen, und den Lebensweg des mittelalterlichen Lyrikers vielmehr in gebundener Sprache, in reimlosen vierhebigen Trochäen, präsentiert. Es ist nicht auszuschließen, dass er sich, dem selbstbewusst historiographischen Ton des Vorworts zum Trotz, auf diesem Wege zumindest die Möglichkeit offenhält, für seine Biographie eine poetische Lizenz in Anspruch zu nehmen. Eingebettet in die Lebenserzählung sind zahlreiche Gedichte, deren Urheberschaft der Text Frauenlob zuschreibt. Zum größeren Teil handelt es sich dabei wiederum um Fabrikationen Müllers;[128] einige Lieder sind aber auch der Frauenlob-Edition LUDWIG ETTMÜLLERS entnommen, was Börckel dann jeweils in Fußnoten ausweist. So findet sich beispielsweise unter dem Titel *Falsche Scham* eine neuhochdeutsche Übertragung der Strophe *Kein lieb sol scham gein liebe han*[129] in Börckels Frauenlob-Phantasie eingeschaltet. Im Horizont der biographischen Darstellung soll sich in ihr eine Verliebtheit Heinrichs in eine gewisse Monika von Landskron reflektieren, die, in der Diktion des Textes, „süßen Minnezauber“[130] auf Frauenlob ausgeübt habe. In Übereinstimmung mit der hermeneutischen Doxa seiner Zeit ist es Börckel also nicht zuletzt darum zu tun, die ästhetische Produktion eines Lyrikers an seine Lebensgeschichte zurückzubinden, wobei er die Grenze zwischen den beiden Sphären auch formal, durch die Versifikation der biographischen Erzählung, verwischt. Dass sein Gewährsmann Müller schon vorab für eine prästabilierte Harmonie zwischen der erfundenen Dichtervita und den Frauenlob untergeschobenen lyrischen Elaboraten gesorgt hat, kann Börckels Aufgabe nur erleichtern; in den Fällen, in denen ein authentisch mittelalterlicher Text zugrunde liegt, nimmt der Bezug, wie das obige Beispiel zeigt, eine entsprechend unspezifischere Gestalt an.

[127] Vgl. Kathinka Zitz-Halein: *Heinrich Frauenlob*, in: *Rosen. Eine Zeitschrift für die gebildete Welt*, Nr. 66 (31. März) bis Nr. 92 (6. Mai) 1845.

[128] Zu Müllers Autorschaft vgl. DOBRAS [Anm. 5], S. 61.

[129] Vgl. *Frauenlob (Heinrich von Meissen): Leichs, Sangsprüche, Lieder. 2 Teile.* Auf Grund der Vorarbeiten von HELMUTH THOMAS hg. von KARL STACKMANN und KARL BERTAU. *Bd. 1: Einleitungen, Texte; Bd. 2: Apparate, Erläuterungen*, Göttingen 1981 (*Abh. d. Akad. d. Wiss. in Göttingen, Philol.-hist. Kl. III*, 119/120) [= GA], Bd. 1, XIII,46.

[130] Börckel [Anm. 119], S. 37.

IV.3 Gerhard von Amyntor: *Frauenlob. Ein Mainzer Kulturbild aus dem 13. und 14. Jahrhundert* (1885)

Gerhard von Amyntor (1831–1910) adoptiert für seinen voluminösen Frauenlob-Roman im Wesentlichen das biographische Narrativ, das Müller in die Welt gesetzt und Börckel einer breiteren Öffentlichkeit zugänglich gemacht hatte, nicht ohne es mit Elementen von Raubritterromantik und trivialliterarischer Schicksalsmotivik anzureichern. Auch wenn Amyntors beruflicher Hintergrund militärischer, nicht akademischer Natur ist,[131] folgt sein Text doch recht genau den Gattungskonventionen, die sich für den sogenannten Professorenroman[132] etabliert hatten. Amyntor ist durchgehend daran gelegen, zumindest die prinzipielle historische Möglichkeit dessen, was er aus dem mittelalterlichen Mainz zu berichten hat, darzutun; entsprechend stützt er seine Erzählung durch einen paratextuellen Apparat ab, der sich aus Fußnoten und einer Nachbemerkung samt Quellenverzeichnis zusammensetzt. Dass dieser literarische Geschichtspositivismus in Amyntors Fall ein durchaus schillerndes Ansehen aufweist, verdeutlicht sein Umgang mit Müller und Börckel als den Kronzeugen für Frauenlobs Lebensgeschichte, lässt er doch durchblicken, deren Glaubwürdigkeit nicht ohne skeptischen Vorbehalt zu beurteilen.[133] Für Amyntors Romanprojekt ist offenkundig wichtig, dass es überhaupt Quellen gibt, auf die es sich berufen kann, weniger, dass diese einer kritischen Sichtung standhalten.

Amyntor charakterisiert seinen Roman im Untertitel als *Ein Mainzer Kulturbild aus dem 13. und 14. Jahrhundert*,[134] eine Kennzeichnung, die tatsächlich einigen Aufschluss über die Anlage des Textes gibt. Zunächst einmal schreibt Amyntor, obwohl selbst ohne biographische Verbindungen nach Rheinhessen, ungebrochen die Rezeptionslinie fort, die Frauenlob für die Mainzer Stadtgeschichte zu vereinnahmen sucht. Dies ist im Grunde bereits mit der Übernahme der kuriosen ‚Heinrich zur Meise'-Legende impliziert, die ja unübersehbar eigens zu dem Zweck erfunden worden ist, den Verdacht zu zerstreuen, Frauenlob stamme in Wahrheit aus Meißen. Amyntors Roman setzt die

131 Zur Biographie Dagobert von Gerhardts, der unter dem Pseudonym von Amyntor schrieb, vgl. MARTIN A. VÖLKER: *Richtig leben im Falschen: Über die Autorschaft des Gerhard von Amyntor (1831–1910)*, in: Gerhard von Amyntor: *Eine moderne Abendgesellschaft. Plauderei über Antisemitismus*, hg. von MARTIN A. VÖLKER, Coesfeld 2016, S. 59–98.

132 Zur Poetik des Professorenromans vgl. etwa MORITZ BAẞLER: *Deutsche Erzählprosa 1850–1950. Eine Geschichte literarischer Verfahren*, Berlin 2015, S. 90–100.

133 Mit Blick auf Börckel vermerkt Amyntor im Nachwort zu seinem Roman: „Seine Funde sind bisher durch keinen Vertreter der wissenschaftlichen Quellenkritik verdächtigt worden, und wir haben Personennamen und einige Vorgänge in unserem Kulturbilde seinen Mittheilungen entnommen, in so weit diese letzteren historisch unanfechtbar sein *sollten*, so weit dürfen auch wir für den Kern des von uns Erzählten historische Treue und Glaubwürdigkeit beanspruchen." Vgl. Gerhard von Amyntor: *Frauenlob. Ein Mainzer Kulturbild aus dem 13. und 14. Jahrhundert*, Bd. 2, Breslau ^{4}1898, S. 401f.; Herv. i. O. Später schränkt Amyntor noch einmal ein: „[T]rotzdem sind wir weit entfernt, alles unsern Quellen Entnommene als unanfechtbare historische Wahrheit vertreten zu wollen; unser Werk soll kein kritisches, sondern ein dichterisches sein" (ebd., S. 404).

134 Gerhard von Amyntor: *Frauenlob. Ein Mainzer Kulturbild aus dem 13. und 14. Jahrhundert*, Bd. 1, Leipzig / Berlin 1885.

Mainz-Zentrierung, die er Frauenlobs Biographie angedeihen lässt, vor allem auch erzähltechnisch um, indem er wiederholt dann eine narrative Ellipse einschaltet, wenn sein Held sich auf Reisen macht, und allenfalls in schlaglichtartigen Rückblenden nachträgt, was diesem in der Zwischenzeit widerfahren ist. Erst der zweite Teil des Romans mildert diese Strategie etwas ab, wenn immerhin die Exkursionen des Protagonisten zur Kaiserkrönung nach Aachen und zu Erwin von Steinbach nach Straßburg als Ereignisse der Erzählgegenwart präsentiert werden.

Die Etikettierung des Romans als ‚Kulturbild' lässt an für den Historismus der zweiten Jahrhunderthälfte wichtige Bezugspunkte wie die Kulturgeschichtsschreibung JACOB BURCKHARDTs und GUSTAV FREYTAGs *Bilder aus der deutschen Vergangenheit* (1859–1867) denken. Im literaturkritischen Diskurs der Zeit haften dieser Begriffsprägung jedoch noch präziser definierte und für Amyntors Text letztlich aussagekräftigere Konnotationen an. In einem Essay über *Geschichte und nationale Erziehung* von 1882 sinniert etwa der Literatur- und Allgemeinhistoriker FRANZ HIRSCH über mögliche volkspädagogische Nutzanwendungen der mittelalterlichen Geschichte, die er namentlich gegen „vaterlandslose Sozialdemokraten"[135] in Stellung gebracht sehen möchte: „Es giebt kein besseres Mittel, um Achtung vor dem deutschen Reich und seinem Kaiser zu erziehen [sic], als wenn man ihr [der ‚Volksjugend'] die Glanzzeit der kaiserlichen Ottonen und Hohenstaufer, dann die lange kaiserlose, die schreckliche Zeit [...] vorführt und ihr aus der Gegenwart zeigt, daß der jahrhundertelange Traum von deutscher Macht und Einheit nun endlich Wahrheit geworden ist [...]."[136] Vor diesem Hintergrund misst er dem historischen Roman eine wichtige Funktion für die „kulturgeschichtliche Volksbildung" bei: Ihm komme es zu, „das Wesen und den Charakter irgend einer Zeit zur Anschauung [zu] bringen, ein erschöpfendes *Kulturgemälde* derselben [zu] geben"; dazu dürfe und müsse er „die Überlieferung ergänzen, wo diese nicht ausreicht".[137]

Amyntor bewegt sich mit seinem Roman durchaus in einiger Nähe zu diesen programmatischen Überlegungen von HIRSCH. Auch ihm geht es jedenfalls unter dem Stichwort ‚Kulturbild' keineswegs darum, seine Leser zu einem interesselosen Genießen der Ansichten aus der fernen Vergangenheit im Sinne eines ästhetizistischen Historismus anzuleiten. Gerade im Vergleich mit Börckels Vorlage fällt vielmehr auf, wie nachdrücklich er die Erzählung von Frauenlobs Leben mit Anspielungen auf tagesaktuelle Diskussionen auflädt. Dies wird sinnfällig etwa in der kritischen Thematisierung antijudaistischer Ressentiments, die im Roman überraschend breiten Raum einnimmt. Bereits bei Börckel tritt Frauenlob in einer Episode als Verteidiger der jüdischen Stadtbevölkerung auf, woraufhin er in einen ritterlichen Zweikampf verwickelt wird. Diesen Nukleus entfaltet Amyntor zu einem zentralen *plot*-Element seines Romans: Frauenlob findet bei dem seinen christlichen Kollegen auf dem Feld der Heilkunst überlegenen Rabbi Moises Hilfe für seine kranke Mutter und versucht in der Folge, diesen und seine Familie vor Anfeindungen zu schützen; er muss jedoch hilflos mit ansehen, wie der missgünstige Mönch Otker ein Pogrom anzettelt und durch eine Intrige erreicht, dass Moises so-

135 FRANZ HIRSCH: *Geschichte und nationale Erziehung*, in: *Realismus und Gründerzeit. Manifeste und Dokumente zur deutschen Literatur 1848–1880*, hg. von MAX BUCHER u. a., Stuttgart 1975, S. 491f.

136 Ebd., S. 491.

137 Ebd. (Hervorhebung M. L.)

wie sein Schwager Joseph zum Tode verurteilt werden, wobei der Erstere den Ausweg, sich nach einer Zwangstaufe zum Christentum zu bekennen, heroisch ausschlägt. Von diesen Geschehnissen gehen Weiterungen aus, die noch die späteren Partien des Romans durchdringen; namentlich die für den zweiten Teil bedeutsame Liebe Frauenlobs zu der schönen Hedwig steht gleich doppelt in ihrem Schatten: Zum einen hat Frauenlob Hedwigs Vater im Zweikampf getötet, nachdem dieser ihn als ‚Judenfreund' beleidigt hatte; zum anderen insinuiert ihr der eifersüchtige Rivale und spätere Giftmörder Servatio, Frauenlob unterhalte amouröse Beziehungen zu Moises' Tochter Recha, die der Roman ganz nach der Schablone der ‚schönen Jüdin' zeichnet; ihr hatte Heinrich in Wahrheit aber nur geholfen, den mörderischen Ausschreitungen zu entkommen.

Man erkennt unschwer, dass Amyntor mit diesem Handlungsstrang nicht lediglich darauf abzielt, seinem Text zusätzliches historisches Kolorit zu gewinnen, indem er einen Bilderbogen jüdischen Lebens im Mittelalter in ihn einfügt. Vielmehr reagiert sein Roman gezielt auf die zunehmende Virulenz antisemitischer Strömungen im ersten Jahrzehnt des Kaiserreichs.[138] Diese hatten beredten Ausdruck, um nur ein Beispiel anzuführen, etwa im Berliner Antisemitismusstreit gefunden, den HEINRICH VON TREITSCHKE 1879 lostrat, als er meinte, vor einem „Zeitalter deutsch-jüdischer Mischcultur"[139] warnen zu müssen, und damit den Widerspruch unter anderem seines Historikerkollegen THEODOR MOMMSEN provozierte. Amyntor hatte auf die antisemitischen Tendenzen der Zeit schon 1881 mit seiner Schrift *Eine moderne Abendgesellschaft* reagiert, eine Intervention, die ihm durchaus die dankbare Anerkennung jüdischer Beobachter eintrug.[140] In der narrativen Ausgestaltung des Frauenlob-Romans tritt allerdings schonungslos zutage, dass der Parteinahme Amyntors gegen den Antisemitismus selbst, um das mindeste zu sagen, ein hochgradig problematischer Zug eignet. Die Sympathie, welche der Roman der Figur des Rabbi Moises entgegenbringt, wird mit einer Aufspaltung der Imago des Juden erkauft. So nobel Moises selbst erscheint, so penetrant ist die Figur seines Schwagers Joseph als Montage antisemitischer Klischees angelegt. Dieser, ein „Mann mit gelblichem Angesicht und einen kohlschwarzem [sic] Vollbart", der einen „zuckerhutförmige[n], orangefarbene[n] Hut mit schmalem, herabhängendem Rande"[141] trägt und sich selbstverständlich als Pfandleiher und Wucherer verdingt, begegnet Frauenlob mit einer Mischung aus „sklavischer Scheu" und Zudringlichkeit, auf die Heinrich als „deutscher Ritter"[142] nur mit „Ekel und Entrüstung"[143] reagieren kann. Amyntor schreckt auch nicht davor zurück, dem Rabbi Moises selbst eine partielle Rechtfertigung des christlichen Antisemitismus in den Mund zu legen, wenn er, einer besonders durchsichtigen Logik der Projektion gehorchend, diesen behaupten lässt, seine Vorfahren hätten „[s]chon in Judäa" „die Christen gehaßt und verfolgt mit

138 Informationsreich hierzu HANS-ULRICH WEHLER: *Deutsche Gesellschaftsgeschichte. Bd. 3: Von der ‚Deutschen Doppelrevolution' bis zum Beginn des Ersten Weltkriegs*, München ^{2}2006, S. 924–934.

139 HEINRICH VON TREITSCHKE: *Unsere Aussichten*, in: *Der Berliner Antisemitismusstreit*, hg. von WALTER BOEHLICH, Frankfurt a. M. ^{2}1965, S. 7–14, hier S. 10.

140 Zu den Reaktionen von jüdischer Seite vgl. VÖLKER [Anm. 131], S. 87.

141 Von Amyntor [Anm. 134], S. 189.

142 Ebd., S. 190.

143 Ebd., S. 191.

einem schier unzurechnungsfähigen Eifer".[144] So überrascht es denn auch nicht mehr, mit welch lebhafter Empathie der Roman den Horror behandelt, den Frauenlob die Vorstellung einflößt, als Freund von Juden wahrgenommen zu werden.

Lässt sich, diesen unübersehbaren Ambivalenzen zum Trotz, in der Darstellung mittelalterlicher Judenverfolgungen zumindest im Ansatz eine kritische Distanz zu dominanten diskursiven Strömungen im Kaiserreich erkennen, so darf dies nicht darüber hinwegtäuschen, dass Amyntor insgesamt der zentralen Forderung von HIRSCH getreu Folge leistet, der zeitgenössische historische Roman habe im Spiegel der Vergangenheit die Dignität der nunmehr geeinten Nation sichtbar zu machen und entsprechend die Reichsgründung als den lange herbeigesehnten Zielpunkt deutscher Geschichte zu verherrlichen. Ein gutes Beispiel dafür, wie Amyntors Roman in dieser Hinsicht seinen Lesern mit dem Zaunpfahl winkt, findet sich im Anschluss an eine Schilderung der Schlacht auf dem Marchfeld, die als Bericht Heinrichs in den Text eingeschaltet ist. Amyntor hatte seinen Helden nämlich auf der Seite Rudolfs von Habsburg in dessen Krieg mit Ottokar II. Přemysl geschickt; letzterer hat sein Leben, wie die Rezipienten nun erfahren, sogar quasi zu den Füßen Frauenlobs ausgehaucht.[145] Im Anschluss an Heinrichs Erzählung wartet dessen Zuhörer, der Erzbischof von Mainz, mit einem Kommentar auf, der nicht so sehr für Frauenlob als für die Leser des Romans bestimmt ist und folgerichtig „wie im Selbstgespräche"[146] geäußert wird:

> Der Habsburger bleibt dem Friedrich Hohenzollern zu ewigem Danke verpflichtet; ohne die Bemühungen des Nürnburger Burggrafen wäre er nimmermehr zum Kaiser erwählt worden; sind seine Nachkommen weise, so erinnern sie sich allzeit der Freundschaft des Nürnbergers.[147]

Der Roman unterlegt so dem für das 19. Jahrhundert insgesamt und die Geschichte der Reichsgründung im Besonderen fundamentalen Gegensatz zwischen Habsburgern und Hohenzollern eine mittelalterliche Folie, auf der er diesen beurteilt wissen will. In dem Moment, in dem er den militärischen Triumph des ersten deutsch-römischen Königs aus dem Hause Habsburg[148] vergegenwärtigt, konstruiert er zugleich eine Dankesschuld desselben dem Geschlecht der Hohenzollern (das sich mit diesem Namen allerdings erst seit Mitte des 14. Jahrhunderts bezeichnet) gegenüber, auf die er auch noch Rudolfs zeitgenössische Nachkommen verpflichten möchte.

144 Ebd., S. 197.

145 Die Vorstellung, Frauenlob habe auf der Seite Rudolfs an der Schlacht auf dem Marchfeld teilgenommen, findet sich schon in der Vorrede zu LUDWIG ETTMÜLLERs Frauenlob-Ausgabe, vgl. LUDWIG ETTMÜLLER: *Vorrede*, in: *Heinrichs von Meissen des Frauenlobs Leiche, Sprüche, Streitgedichte und Lieder*, hg. von LUDWIG ETTMÜLLER, Quedlinburg / Leipzig 1843, S. VII–XXIX, hier S. XIX. Sie geht auf die Strophe *Der sehste künig in Beheim ritter wart,* GA V,14 zurück.

146 Von Amyntor [Anm. 134], S. 174.

147 Ebd., S. 175.

148 Die Kaiserwürde hat Rudolf, anders als Amyntors Roman suggeriert, nie erlangt. Es mag sich um ein Versehen Amyntors handeln, der offensichtlich die *Königs*wahl Rudolfs im Sinn hat; signifikant erscheint es aber in jedem Fall, dass er unwillkürlich den auratisch aufgeladenen Kaisertitel ins Spiel bringt.

Noch unverhohlener verfährt der Text in seinem zweiten Teil, wenn er den Vormund Hedwigs, den Gelehrten Adelbald, eine regelrechte Prophezeiung aussprechen lässt. Diese soll offenbar den Romanlesern die Befriedigung bereiten, sie als erfüllt verbuchen zu können:

> [W]ir werden es nicht erleben, aber einst wird ein Kaiser erstehen, der die Bande, die dieses Reiches Herrscher mit Rom verknüpfen, kühn durchschneidet ... dann werden die Pfaffen zetern und lamentieren, aber das Volk wird aufathmen und dem Gesegneten Heil rufen, der es aus Knechtschaft errettet.[149]

Amyntors Roman versäumt zwar keine Gelegenheit, die besondere Nähe Frauenlobs zur Jungfrau Maria zu beschwören; er zeigt unabhängig davon jedoch, namentlich was die Darstellung des Klosterlebens und der Kirchenhierarchie betrifft, deutlich antiklerikale Züge. Adelbolds Weissagung verdeutlicht, was es mit diesen polemischen Spitzen auf sich hat: Das Publikum, das sie vor dem Hintergrund des nur wenige Jahre zurückliegenden Kulturkampfs liest, soll sie auf die zeitgenössische katholische Kirche beziehen, die ja in den siebziger Jahren im preußisch-protestantisch dominierten Reich wegen ihrer ‚Bande' nach Rom misstrauisch beäugt und drangsaliert wurde – dass Bismarck letztlich einlenken musste und der Kulturkampf in einen Kompromiss auslief, lässt Adelbolds auf mythische Überhöhung abgestellte Zukunftsvision freilich geflissentlich unter den Tisch fallen. Von hier aus wird auch einsichtig, warum Amyntor in den späteren Partien des Textes so auffällig viel Raum darauf verwendet, die Intrige des Mainzer Erzbischofs Gerhard von Eppstein zu schildern, die darauf zielt, Adolf von Nassau als König zu stürzen und durch den Habsburger Albrecht von Österreich zu ersetzen – obwohl der entsprechende Handlungsstrang mit Frauenlobs Biographie nur lose assoziiert ist.[150] Indem der Roman sich darauf kapriziert, die Kollaboration eines hohen kirchlichen Würdenträgers mit einem Habsburger auszumalen, lässt er ein aus dem Kulturkampf vertrautes Schreckgespenst antikatholischer Propaganda aufleben, die Vorstellung nämlich, bei den Katholiken handle es sich um potentielle ‚Feinde im Inneren':[151] Die Anschuldigung, die Loyalität der katholischen Kirche im Deutschen Reich gelte eher der (erzkatholischen) Habsburgerdynastie als dem deutschen Kaiser, sucht Amyntors Roman gewissermaßen historisch zu beglaubigen.

Wie setzt der Roman seinen Protagonisten nun als Dichter in Szene? Bemerkenswert erscheint vor allem, dass Amyntors Text eine kritische Perspektive auf den Lyriker

149 Von Amyntor [Anm. 133], S. 310.

150 In gewisser Weise kehrt hier die für den Professorenroman typische Dissoziation zwischen der eigentlichen Handlung und den historischen Wissensbeständen wieder, die über diese vermittelt werden sollen und mehr oder weniger geschickt an ihr ‚aufgehängt' werden (vgl. BAẞLER [Anm. 132], S. 91f.) – in Amyntors Fall verhält es sich so, dass zwar die militärischen Auseinandersetzungen zwischen Adolf und Albrecht in der Umgegend von Mainz statthaben und sich so zwanglos in den lokalen Fokus des Romans einfügen, der Konflikt insgesamt jedoch nur sehr lose mit Frauenlobs Biographie verknüpft ist. Die Einspielung bedeutsamer historischer Ereignisse erweist sich in diesem Fall allerdings keineswegs als Selbstzweck; sie ist vielmehr ideologisch überdeterminiert.

151 Vgl. etwa HANS-ULRICH WEHLER: *Das Deutsche Kaiserreich 1871–1918*, Göttingen [4]1980 (*Deutsche Geschichte* 9), S. 96–100.

Frauenlob entwickelt, die in vielem dem drastisch abwertenden Urteil der älteren Germanistik entspricht – diese kreidete ihm die vermeintliche Unverständlichkeit seiner Verse ebenso wie, basierend auf der sogenannten ‚Selbstrühmung', seine angebliche Hybris an.[152] In Amyntors Roman lässt die Erzählinstanz den Tadel laut werden, Frauenlob habe seine Gedichte „mit fremdartigem Bildwerk überladen[]"[153] respektive „Dunkles und Rätselhaftes" in sie „hineingeheimnißt[]", was ihm zwar den Beifall des Adels und „stolze[r] Frauen"[154] beschert, im Gegenzug aber einen hohen Preis gekostet habe:

> [I]mmer tiefer wurde die Kluft, die ihn von dem einfachen, herzbewegenden Volkssange schied, immer selbstbewußter wandte er sich einer Richtung zu, welche die Anmuth des Unmittelbaren einbüßte und durch eine gewisse Absichtlichkeit und Geschraubtheit zu wirken suchte.[155]

Diese ästhetischen Verirrungen seines Helden, die er einräumen zu müssen glaubt, möchte der Roman vor dem Horizont einer umfassenderen literargeschichtlichen Entwicklung betrachtet wissen. Sie seien Frauenlob durch einen allgemeinen Niedergang lyrischer Ausdrucksformen nahegelegt worden, wie Amyntor ihn, an handelsübliche Dekadenztheoreme anschließend, auf die ‚Blütezeit' des Minnesangs folgen sieht:

> Und da das Volkslied bergab ging und in den Niederungen der Alltäglichkeit sich am Rohen und Platten ergötzte, folgte die vornehme Seele Frauenlob's den Spuren der Kunstpoesie und suchte durch Ueberlegung und gelahrtes Wesen das zu ersetzen, was der Herzschlag des Volkes nicht mehr offenbarte.[156]

Wie man bemerkt, klingt der Vorwurf der Selbstüberhebung, den schon LUDWIG ETTMÜLLER in der Vorrede zu seiner Frauenlob-Edition erhoben hatte,[157] bei Amyntor nur leise an („immer selbstbewußter") – er fügt sich auch schlecht zu der Charakterisierung, die der Text dem Protagonisten ansonsten angedeihen lässt. Der Roman greift vielmehr vor allem auf die für die romantische Ästhetik und etwa auch JACOB GRIMM wichtige Opposition zwischen Kunst- und Natur-/respektive Volkspoesie[158] zurück, um Frauen-

[152] Eine Blütenlese germanistischer Frauenlob-Beschimpfungen findet sich bei GEROK-REITER [Anm. 9], S. 137.

[153] Von Amyntor [Anm. 133], S. 69.

[154] Ebd., S. 70.

[155] Ebd.

[156] Ebd.

[157] Vgl. ETTMÜLLER [Anm. 145], S. XXI: „Ein dagegen nicht anmuthiges erzeugniss der gelehrten bildung ist bei dem Missenære und bei unserem dichter jenes übergrosse selbstgefühl, welches bei beiden sich nur allzu oft in überschätzung der eigenen leistungen und überhebung über andere dichter umwandelt."

[158] Vgl. hier beispielhaft nur eine programmatische Äußerung JACOB GRIMMS: „Man streite und bestimme, wie man wolle, ewig gegründet, unter allen Völker- und Länderschaften ist ein Unterschied zwischen Natur- und Kunstpoesie […] und hat die Bedeutung, dass in der epischen die Taten und Geschichten gleichsam einen Laut von sich geben, welcher forthallen muß, und das ganze Volk durchzieht", vgl. JACOB GRIMM: *Gedanken: wie sich die Sagen zur Poesie und Geschichte*

lobs Dichtung auf einen literaturgeschichtlich problematischen Platz zu verweisen. Die Vorhaltung, Frauenlobs lyrische Produktion gründe in der Entfremdung vom Volk und seinen Sprachformen, wird mit Zuschreibungen wie „Geschraubtheit" und Dunkelheit unterfüttert, die Amyntor dem Handbuch der Manierismusschelte entnimmt; die Möglichkeit, Unverständlichkeit und gesteigerte Artifizialität als positiv besetzte ästhetische Attribute aufzufassen, bleibt dabei selbstredend ausgeblendet.

Zum Idealbild des Dichters stilisiert der Roman demgegenüber nicht ganz überraschend Walther von der Vogelweide, dem er zugute hält, „das Volksthümliche", das Frauenlob nicht mehr zur Verfügung stehe, „mit höchster Kunst"[159] verbunden zu haben. Dieser angeblichen Volkstümlichkeit Walthers sucht Amyntor in einer kuriosen kleinen Episode Kredit zu verschaffen. Während im Rahmen eines Kunstgesprächs der in der mittelalterlichen Überlieferung tatsächlich als Kritiker Frauenlobs verzeichnete Hermann Damen diesen mit Anmerkungen zu seiner Lyrik konfrontiert, die im Tenor mit denjenigen der Erzählinstanz übereinstimmen, durchquert im Hintergrund demonstrativ ein „Dorfmädchen"[160] die Szene. Dieses schreitet „bei einer Linde"[161] vorbei und hat dabei kein anderes Lied auf den Lippen als Walthers *Under der linden*, genauer gesagt dessen in ein altertümelndes Neuhochdeutsch übertragene zweite Strophe.[162] So setzt der Roman, indem er noch einmal die romantische Zusammenrückung von Volkspoesie und Mündlichkeit beschwört, die Phantasie einer widerstandslos alle Schichten durchdringenden Dichtung ins Bild, um sie zugleich gegen Frauenlob auszuspielen.

Es ist von vornherein abzusehen, dass der Text es bei dieser kunstpoetischen Abkapselung seines Helden der nationalen Rezeptionsgemeinschaft gegenüber, die Amyntor sich vorstellt, nicht belassen kann. Tatsächlich dauert es nicht lange, bis Frauenlob, wie der Roman suggeriert, eine Anrufung durch den Volksgeist vernimmt und sich für sie empfänglich zeigt. Die Motivik des Oralen beziehungsweise Auralen wird dabei konsequent fortgeführt:

> Es war die Stimme des Volkes, die Frauenlob also zu hören vermeinte; es war des Volkes Herzschlag, den er in Stunden gesteigerten Gefühles deutlich vernahm, daß er, wie von einem Schicksal getrieben, sehnend die Arme breitete, um sich an die Brust dieses großen liebestarken Volkes zu stürzen und so dessen Schmerz zu stillen […].[163]

Der „Ruf", der an das Ohr des Protagonisten schlägt, wird weiterhin als „kindlich-stammelnd[]" und „vertrauensinnig[]" beschrieben; ‚das Volk' charakterisiert sich selbst als „hilflos"[164] und fleht Frauenlob an, es nicht zu verlassen. Man hat es hier also nicht allein mit einer – rhetorisch überorchestrierten – Personifikation ‚des Volkes' zu tun, son-

verhalten, in: JACOB GRIMM / WILHELM GRIMM: *Schriften und Reden*, hg. von LUDWIG DENECKE, Stuttgart 1985, S. 39–44, hier S. 40.

159 Von Amyntor [Anm. 133], S. 70.

160 Ebd., S. 72.

161 Ebd.

162 Als Kostprobe: „Ich kam gegangen / Zu der Aue, / Da fand ich meinen Friedel dort. / Da ward ich empfangen, / Hehre Fraue! / Daß ich bin selig immerfort." (Ebd., S. 72.)

163 Ebd., S. 176.

164 Ebd.

dern dieses wird zugleich auch infantilisiert. Im Gegenzug imaginiert der Roman, einem im späten 19. Jahrhundert geläufigen Topos gemäß, den Dichter implizit als Führerpersönlichkeit, die das unmündige Volk gewissermaßen an die Hand nimmt. Frauenlobs Biographie bietet nun allerdings auch in der phantastisch ausgeschmückten Version, die Amyntor von Börckel übernimmt, wenig Gelegenheit, diese Vorstellung vom Amt des Poeten zu konkretisieren und narrativ auszufalten. Letztlich sind es vor allem die angebliche Gründung der ersten Meistersingerschule in Mainz und die ihr beigelegte Absicht, Handwerker in die Bezirke der Dichtkunst einzuweihen, die für Frauenlobs in seiner Spätzeit zurückgewonnene Volkstümlichkeit einstehen sollen. Schon Börckel hatte dieser Unternehmung den Zweck der „Volksveredlung / durch die Pflege des Gesanges“[165] zugeschrieben. Bezeugt wird Frauenlobs vermeintliche Volksnähe natürlich nach seinem Ableben auch durch die Anteilnahme der Stadtgemeinschaft, wie sie der Begräbniszug zu seinen Ehren sichtbar macht. Signifikanterweise schränkt der Roman bei dieser Gelegenheit, ähnlich wie das Gedicht Anastasius Grüns, die besondere Affinität seiner Lyrik zum weiblichen Geschlecht, die sich hier noch einmal manifestiert, ausdrücklich auf die „teutschen Frauen“[166] ein. Die verschiedenen Entsprechungen zwischen dem imaginativ überformten Mittelalter und den Diskursen der Gegenwart, die Amyntors Roman hervorzukehren sucht, fügen sich in eine übergeordnete ideologische Programmatik ein, die der Text, wie sich so zeigt, bis zu seinem Schluss nicht aus den Augen verliert: Frauenlobs Lebensgeschichte wird zum Zweck der nationalen Erbauung hergerichtet.

V Ausblick in die Gegenwart

Allem Anschein nach erlischt das Interesse an Frauenlob in der Literatur des 20. Jahrhunderts rasch. Dabei verhält es sich keineswegs so, als ob es nicht sowohl im Bereich der klassischen Moderne[167] als etwa auch in demjenigen der Nachkriegslyrik immer wieder Dichter gäbe, die sich auf die Poesie des Mittelalters als Inspirationsquelle und zitative Folie zurückbeziehen. Vor allem nach 1945 treten, gewiss nicht zuletzt unter dem Einfluss der zünftigen Germanistik, durchaus Textcorpora und Autoren in den Vordergrund, die in der Literatur des 19. Jahrhunderts noch keine größere Aufmerksamkeit auf sich gezogen hatten. Während aber, um nur einige Beispiele anzuführen, Wolframs von Eschenbach *Sîne klawen* oder die Lyrik Oswalds von Wolkenstein von Dichtern wie Hans Magnus Enzensberger, Peter Rühmkorf oder Thomas Kling als Anspielungshintergrund präsent gehalten werden,[168] fehlen in Frauenlobs Fall, soweit ich sehe, entsprechende Rezeptionsspuren. Ein Grund für dieses Abklingen seiner Nachwirkung ist sicherlich darin zu sehen, dass Frauenlob im 19. Jahrhundert, gerade in der ihm zugewiesenen Rolle als mittelalterlicher Vorläufer Schillers, für ein Geschlechtermodell einsteht, mit dem unter den Vorzeichen der literarischen Moderne kein Staat mehr zu

165 Börckel [Anm. 119], S. 59.

166 Von Amyntor [Anm. 133], S. 397.

167 Hinweise hierzu bei KIENING [Anm. 87].

168 Enzensberger spielt auf *Sîne klawen* in seinem Gedicht *Utopia*, Rühmkorf in seinem *Tagelied* an. Kling setzt sich mit Oswald in dem Abschnitt *Hintergrundstrahlung* aus seinem Gedichtband *Fernhandel* auseinander.

machen ist. Auch die Balladenkultur und die Begeisterung für rheinische ‚Sagen‘ brechen als ein Umfeld weg, das der Legende von Frauenlobs Bestattung zu immer neuen lyrischen Reinszenierungen verholfen hatte. Und eine Tradition der intertextuellen Arbeit an Frauenlobs Gedichten selbst, die diese im kollektiven Gedächtnis der Literatur festgeschrieben hätte, existierte abseits des Mittelalters ohnehin nicht.

Gerade unter diesem letzten Gesichtspunkt ist allerdings ein Beispiel von Frauenlob-Rezeption aus der jüngsten Zeit verzeichnenswert. In dem Band *Unmögliche Liebe*, herausgegeben von Tristan Marquardt und Jan Wagner, legen Lyriker der Gegenwart ihre je eigenen Interpretationen von Gedichten des Minnesangs vor.[169] Der von Marquardt und Wagner für die versammelten Arbeiten gewählte Begriff ‚Übertragungen‘ deckt dabei ein Spektrum ab, das von sprachlich modernisierenden Übersetzungen bis zu produktiven intertextuellen Aneignungen reicht. In der Frauenlob gewidmeten Sektion des Bandes sticht etwa der Text Ulrich Kochs als solcher heraus, der zwar noch sichtlich aus der Beschäftigung mit der mittelalterlichen Vorlage hervorgegangen ist, aber doch eher ein eigenständiges Gedicht darstellt. So verwandelt Koch sich den Beginn von Frauenlobs Lied *Mir ist ein wip*[170] (*Mir ist ein wip / so nahen durch die ougen min / gebrochen in das herze. / nun merket, welch ein strazen / si ir hat erkorn!*) auf folgende Weise an: „Mir hat eine sonnengleich / mit nur einem Blick / das Herz verbrannt. / Wißt ihr was davon? / To-xis-che In-jek-tion.“[171] Während Frauenlob also den Topos von der Dame aufnimmt, die durch die Augen des Sängers hindurch in sein Herz einbricht, um sich dort eventuell häuslich niederzulassen,[172] greift Koch hier schon auf die Bildlichkeit des Liebesfeuers voraus, die im mittelalterlichen Gedicht erst in den folgenden Versen eine Rolle spielt. Die Achse Auge-Herz wird dabei so transformiert, dass es nun der Blick (und nicht der Anblick) der Frau ist, von dem die Einwirkung auf das Letztere ausgeht. Indem er sie so zur Handlungsträgerin macht, schmuggelt Koch zugleich die dem Minnesang teure Vorstellung von der Frau als Sonne ein. Die eine prononcierte Sprechweise vorschreibende Fügung „To-xis-che In-jek-tion“ wird von Koch in eine – sich zum Motiv des Liebesbrands komplementär verhaltende – Bildlichkeit der Überschwemmung fortentwickelt, wobei der Bezug auf die Semantik der Sucht erhalten bleibt („Ich werde schleichend geflutet / von dieser Sucht“[173]). Den Anhaltspunkt in Frauenlobs Text für diese Thematik der Abhängigkeit findet Koch offenbar in der Aussage des Sprechers, der Herzschmerz, den ihm das Liebesfeuer bereite, lasse ihn krank zurück (*des hat ein siuche sich erhaben*[174]). Koch knüpft an das mittelhochdeutsche Lexem *siuche* an, aktiviert jedoch eine genuin moderne Bedeutungsfacette: Sucht als Abhängigkeit von toxischen Substanzen. Die Motivik der Flutung, die sein Text aufbietet, tritt so in Gegensatz zu der *heilflut*, von der an späterer Stelle in der Vorlage

[169] *Unmögliche Liebe. Die Kunst des Minnesangs in neuen Übertragungen*, hg. von Tristan Marquardt und Jan Wagner, München 2017.

[170] *Deutsche Lyrik des späten Mittelalters*, hg. von Burghart Wachinger, Berlin 2010, S. 420–424. (Die Göttinger Ausgabe konstituiert den Text anders als von Koch vorausgesetzt.)

[171] Marquardt / Wagner [Anm. 169], S. 224.

[172] Vgl. Friedrich Ohly: Cor amantis non angustum. *Vom Wohnen im Herzen*, in: Friedrich Ohly: *Schriften zur mittelalterlichen Bedeutungsforschung*, Darmstadt 1977, S. 128–155.

[173] Marquardt / Wagner [Anm. 169], S. 224.

[174] Wachinger [Anm. 170], S. 420.

die Rede ist; zugleich ruft Koch jedoch subtil auch die Überlieferung in Erinnerung, bei Frauenlobs Begräbnis sei der Kreuzgang des Doms von Wein vollständig überschwemmt worden.

Die Analyse von Kochs Textverarbeitung ließe sich natürlich durch das Gedicht hindurch weiter fortsetzen. Auch so wird aber schon sichtbar, wie geschickt der Umgang mit Frauenlobs Lied hier als Spiel zwischen Nähe und Verfremdung, Weiterführen und Neuerfinden angelegt ist. Tritt man noch einmal einen Schritt zurück, so bietet der Band *Unmögliche Liebe*, der etwa auch mit Beiträgen von Marcel Beyer, Nico Bleutge oder Durs Grünbein aufwartet, einen Beleg für die ungebrochene Strahlkraft mittelalterlicher Minnedichtung, die bis in die Lyrik der Gegenwart hineinreicht. Solange diese Attraktivität anhält, ist auch die Voraussetzung dafür gegeben, dass über einen längeren Zeitraum weniger beachtete Gedichte, die, wie diejenigen Frauenlobs, auf den ersten Blick fremd und sperrig anmuten, neuentdeckt und wieder intertextuell produktiv gemacht werden können.

Frauenlobs Grabstein im Mainzer Dom.
Quelle: Mainz, Bischöfliches Dom- und Diözesanmuseum, Foto: Marcel Schawe

Auswahlbibliographie zu Frauenlob

Abkürzungsverzeichnis: Zeitschriften, Reihen, Lexika

ABÄG: *Amsterdamer Beiträge zur älteren Germanistik*, 1972ff.
CCCM: *Corpus Christianorum. Continuatio mediaevalis*, 1966ff.
DTM: *Deutsche Texte des Mittelalters*, 1904ff.
FMSt: *Frühmittelalterliche Studien*, 1967ff.
GAG: *Göppinger Arbeiten zur Germanistik*, 1968ff.
GRM: *Germanisch-Romanische Monatsschrift*, 1909ff. [NF: 1950ff.].
JOWG: *Jahrbuch der Oswald von Wolkenstein-Gesellschaft*, 1981ff.
Killy: *Killy Literaturlexikon. Autoren und Werke des deutschsprachigen Kulturraumes*, 2., vollst. überarb. Aufl., 12 Bde., begr. von WALTHER KILLY, hg. von WILHELM KÜHLMANN, Berlin 2008–2012.
MTU: *Münchener Texte und Untersuchungen zur deutschen Literatur des Mittelalters*, 1960ff.
NZfM: *Neue Zeitschrift für Musik*, 1834ff.
PBB: *Beiträge zur Geschichte der deutschen Sprache und Literatur* (Pauls und Braunes Beiträge), Halle 1874ff. / Tübingen 1955ff.
PhStQu: *Philologische Studien und Quellen*, 1956ff.
^{3}RL: *Reallexikon der deutschen Literaturwissenschaft. Neubearbeitung des Reallexikons der deutschen Literaturgeschichte*, 3 Bde., hg. von KLAUS GRUBMÜLLER u. a., Berlin / New York 1997–2003.
^{2}VL: *Die deutsche Literatur des Mittelalters. Verfasserlexikon*. Begr. von WOLFGANG STAMMLER, fortgeführt von KARL LANGOSCH. Zweite, völlig neu bearb. Aufl., 14 Bde., hg. von KURT RUH u. a., Berlin / New York 1978–2008.
ZfdA: *Zeitschrift für deutsches Altertum und deutsche Literatur*, 1841ff.
ZfdPh: *Zeitschrift für deutsche Philologie*, 1969ff.

Textausgaben (nach Erscheinungsjahr)

Minnesinger. Deutsche Liederdichter des zwölften, dreizehnten und vierzehnten Jahrhunderts, aus allen bekannten Handschriften und früheren Drucken gesammelt und berichtigt, mit den Lesarten derselben, Geschichten des Lebens der Dichter und ihrer Werke, Sangweisen der Lieder, Reimverzeichnis der Anfänge, und Abbildungen sämmtlicher Handschriften, hg. von FRIEDRICH HEINRICH VON DER HAGEN. 4 Bde., Leipzig 1838–1856, ND Aalen 1962/63 [= HMS].

Heinrich von Meißen: *Der Kreuzleich und der Minneleich*, hg. von LUDWIG ETTMÜLLER, Zürich 1842 [Mikrofiche-Ausg.].

Heinrichs von Meissen des Frauenlobs Leiche, Sprüche, Streitgedichte und Lieder, erläutert und hg. von LUDWIG ETTMÜLLER, Quedlinburg / Leipzig 1843 (*Bibliothek der gesammten deutschen National-Literatur* 16).

PFANNMÜLLER, LUDWIG: *Frauenlobs Marienleich*, Straßburg 1913 (*Quellen und Forschungen zur Sprach- und Culturgeschichte der germanischen Völker* 120).

KLAPPER, JOSEPH: *Frauenlobfragmente*, in: *Festschrift Theodor Siebs zum 70. Geburtstag*, Breslau 1933, S. 69–88.

Frauenlob: Ausgewählte Gedichte mit versgetreuen Übertragungen, bearb. von BERT NAGEL, Heidelberg 1951.

HILDEBRAND, ALEXANDER: *Frauenlobs Streitgedicht zwischen Minne und Welt. Text und Untersuchungen*, Frankfurt a. M. 1970 [Mikrofiche-Ausg.].

Gedichte 1300–1500. Nach Handschriften und Frühdrucken in zeitlicher Folge, hg. von EVA und HANSJÜRGEN KIEPE, München 1972 (*Epochen der deutschen Lyrik*, Bd. 2).

Frauenlob (Heinrich von Meissen): Leichs, Sangsprüche, Lieder. 2 Teile. Auf Grund der Vorarbeiten von HELMUTH THOMAS hg. von KARL STACKMANN und KARL BERTAU. *Bd. 1: Einleitungen, Texte; Bd. 2: Apparate, Erläuterungen*, Göttingen 1981 (*Abh. d. Akad. d. Wiss. in Göttingen, Philol.-hist. Kl. III*, 119/120) [= GA].

Parodie und Polemik in mittelhochdeutscher Dichtung: 123 Texte von Kürenberg bis Frauenlob samt dem Wartburgkrieg nach der Großen Heidelberger Liederhandschrift C, hg. von GÜNTHER SCHWEIKLE, Stuttgart 1986.

Mittelalter. Texte und Zeugnisse, hg. von HELMUT DE BOOR, Bde. 1–2, München ^{2}1988 (*Die deutsche Literatur. Texte und Zeugnisse* 1).

Sangsprüche in Tönen Frauenlobs. Supplement zur Göttinger Frauenlob-Ausgabe, 2 Bde., unter Mitarbeit von THOMAS RIEBE und CHRISTOPH FASBENDER hg. von JENS HAUSTEIN und KARL STACKMANN, Göttingen 2000 (*Abh. d. Akad. d. Wiss. in Göttingen, Philol.-hist. Kl. III*, 232) [= S-GA].

Deutsche Lyrik des späten Mittelalters. Text und Kommentar, hg. von BURGHART WACHINGER, Frankfurt a. M. 2006 (*Bibliothek des Mittelalters* 22).

Hilfsmittel

BÜHLER, HARALD: *Frauenlob-Index*, Erlangen 1985 (*Erlanger Studien* 59).

LEXER, MATTHIAS: *Mittelhochdeutsches Handwörterbuch. Zugleich als Supplement und alphabetischer Index zum Mittelhochdeutschen Wörterbuch von* BENECKE-MÜLLER-ZARNCKE. ND der Ausg. Leipzig 1872–1878 mit einer Einleitung von KURT GÄRTNER, 3 Bde., Stuttgart 1992.

Mittelhochdeutsches Wörterbuch. Mit Benutzung des Nachlasses von GEORG FRIEDRICH BENECKE ausgearbeitet von WILHELM MÜLLER und FRIEDRICH ZARNCKE, 3 Bde. [in 4], Leipzig 1854–1866 [= BMZ].

Mittelhochdeutsches Wörterbuch. Im Auftrag der Akademie der Wissenschaften und der Literatur Mainz und der Akademie der Wissenschaften zu Göttingen hg. von KURT GÄRTNER, KLAUS GRUBMÜLLER und KARL STACKMANN (Bd. 1), ab Bd. 2, Lieferung 3/4 hg. von KURT GÄRTNER, KLAUS GRUBMÜLLER, JENS HAUSTEIN UND KARL STACKMANN †, Stuttgart 2013ff. [= MWB].

Repertorium der Sangsprüche und Meisterlieder des 12. bis 18. Jahrhunderts, hg. von HORST BRUNNER und BURGHART WACHINGER unter Mitarbeit von EVA KLESATSCHKE, DIETER MERZBACHER, JOHANNES RETTELBACH und FRIEDER SCHANZE, 16 Bde., Tübingen 1986–2009 [= RSM].

Wörterbuch zur Göttinger Frauenlob-Ausgabe, unter Mitarbeit von JENS HAUSTEIN redigiert von KARL STACKMANN, Göttingen 1990 (*Abh. d. Akad. d. Wiss. in Göttingen, Philol.-hist. Kl. III*, 186) [= GA-Wörterbuch].

Forschungsliteratur

BALDZUHN, MICHAEL: *Frauenlob-Rezeption in der Kolmarer Liederhandschrift (cmg 4997)* [Mag. Arb. (masch.)], Münster 1988.

BALDZUHN, MICHAEL: *Die Aufführung als Argument. Zur Funktionalisierung sängerischer Präsenz in Frauenlob GA XIII,5 und einigen verwandten Sangsprüchen*, in: *Studien zu Frauenlob und Heinrich von Mügeln. Festschrift für Karl Stackmann zum 80. Geburtstag*, hg. von JENS HAUSTEIN und RALF-HENNING STEINMETZ, Freiburg i. Ü. 2002 (*Scrinium Friburgense* 15), S. 81–102.

BALDZUHN, MICHAEL: *Vom Sangspruch zum Meisterlied. Untersuchungen zu einem literarischen Traditionszusammenhang auf der Grundlage der Kolmarer Liederhandschrift*, Tübingen 2002.

BALDZUHN, MICHAEL: *Minne in den Sangspruchtönen Regenbogens. Eine Überschau in typologischer Absicht*, in: *Sangspruchdichtung. Gattungskonstitution und Gattungsinterferenzen im europäischen Kontext. Internationales Symposion, 15.–18. Februar 2006*, hg. von DOROTHEA KLEIN, TRUDE EHLERT und ELISABETH SCHMID, Tübingen 2007, S. 187–242.

BARTEL, MARTIN: Sin lib, sin gut mir blibet. *Frauenlob, Frau Welt und seine Alanus-Rezeption im Sangspruch VII,30*, in: *ZfdA* 143 (2014), S. 166–182.

BECH, FEDOR : *Zu Heinrich Frauenlob*, in: *Germania* 26 (1881), S. 267–278; *Germania* 29 (1884), S. 1–30.

BEIN, THOMAS: Liep unde lust. *Beobachtungen zur einem ‚Minneprinzip' Frauenlobs unter besonderer Berücksichtigung von VII, 38–40*, in: *Wolfram-Studien* 10 (1988) S. 159–168.

BEIN, THOMAS: Sus hup sich ganzer liebe vrevel. *Studien zu Frauenlobs Minneleich*, Frankfurt a. M. 1988.

BEIN, THOMAS: *Frauenlob: Maria*, muter gotes, in: *Gedichte und Interpretationen. Mittelalter*, hg. von HELMUT TERVOOREN, Stuttgart 1993, S. 425–440.

BERTAU, KARL: *Über Themenanordnung und Bildung inhaltlicher Zusammenhänge in den religiösen Leichdichtungen des XIII. Jahrhunderts*, in: *ZfdPh* 76 (1957), S. 129–149.

BERTAU, KARL: *Sangverslyrik. Über Gestalt und Geschichtlichkeit mittelhochdeutscher Lyrik am Beispiel des Leichs*, Göttingen 1964 (*Palaestra* 240).

BERTAU, KARL: *Genialität und Resignation im Werk Heinrich Frauenlobs*, in: *Deutsche Vierteljahresschrift für Literaturwissenschaft und Geistesgeschichte* 40 (1966), S. 316–327.

BERTAU, KARL: *Einige Gedanken zur poetisch-musikalischen Struktur und zu einer historischen Folgeerscheinung der Krypto-Polyphonie im ‚Minneleich' des Heinrich Frauenlob (ca. 1260–1318)*, in: *JOWG* 1 (1980/81), S. 139–159.

BIRKHAN, HELMUT: *Ein wenig bekannter Pseudo-Frauenlob aus der Benediktinerabtei Seitenstetten*, in: *Sammlung – Deutung – Wertung. Ergebnisse, Probleme, Tendenzen und Perspektiven philologischer Arbeit. Mélanges de littérature médiévale et de linguistique allemande offerts à Wolfgang Spiewok à l'occasion de son soixantième anniversaire par ses collègues et amis*, hg. von DANIELLE BUSCHINGER, Amiens 1988, S. 13–24.

BLECK, REINHARD: *Sängerwettstreit vor Rostock: die Treffen Frauenlobs mit Herman Damen (1302) und mit Regenbogen (1311/12) auf Rostocker Ritterfesten*, in: *Beiträge zur Geschichte der Stadt Rostock* 23 (1999), S. 23–64.

DE BOOR, HELMUT: *Frauenlobs Streitgespräch zwischen Minne und Welt*, in: *PBB* 85 (1963), S. 383–409.

BROCKHOFF, MARIA ELISABETH: *Heinrich von Meissen genannt Frauenlob, um 1250–1318*, in: *Kulturelles Erbe. 2. Lebensbilder aus sechs Jahrhunderten (Bildende Kunst – Literatur – Musik II)*, hg. von Stiftung Mitteldeutscher Kulturrat Bonn, Bonn 1985, S. 8–12.

BRUNNER, HORST: *Die alten Meister. Studien zu Überlieferung und Rezeption der mittelhochdeutschen Sangspruchdichter im Spätmittelalter und in der frühen Neuzeit*, München 1975 (*MTU* 54).

BRUNNER, HORST: *Die Spruchtöne Frauenlobs. Bemerkungen zur Form und zur formgeschichtlichen Stellung*, in: *Studien zu Frauenlob und Heinrich von Mügeln. Festschrift für Karl Stackmann zum 80. Geburtstag*, hg. von JENS HAUSTEIN und RALF-HENNING STEINMETZ, Freiburg i. Ü. 2002 (*Scrinium Friburgense* 15), S. 61–79.

BRUNNER, HORST / HARTMANN, KARL-GÜNTHER (Hg.): *Spruchsang. Die Melodien der Sangspruchdichter des 12. bis 15. Jahrhunderts*, Kassel u. a. 2010 (*Monumenta monodica medii aevi* 6) [= SPS].

BRUNNER, HORST: *Formgeschichte der Sangspruchdichtung des 12. bis 15. Jahrhunderts*, Wiesbaden 2013 (*Imagines Medii Aevi* 34).

BÜHLER, HARALD: *Zur Gestaltung des lyrischen Ichs bei Cavalcanti und Frauenlob*, in: *Wolfram-Studien* 10 (1988), S. 179–189.

BUSCHINGER, DANIELLE: *Die Zwei-Schwerter-Lehre. Die Hussitenfrage und die Ständelehre von Frauenlob bis zu Oswald von Wolkenstein*, in: *JOWG* 21 (2017), S. 349–361.

CASTELBERG, MARCUS: *Wissen und Weisheit. Untersuchungen zur spätmittelalterlichen ‚Süddeutschen Tafelsammlung' (Washington, D.C., Library of Congress, Lessing J. Rosenwald Collection, ms. no. 4)*, Berlin / Boston 2013 (*Scrinium Friburgense* 35).

CHLENCH-PRIBER, KATHRIN: *Die Gebete Johanns von Neumarkt und die deutschsprachige Gebetbuchkultur des Spätmittelalters*, Habil. masch. Bern 2016 [erscheint in den *MTU*].

CÖLLEN, SEBASTIAN: Gefiolierte blüte kunst. *Eine kognitionslinguistisch orientierte Untersuchung zur Metaphorik in Frauenlobs Marienleich*, Diss. Uppsala 2018. Online verfügbar unter: http://urn.kb.se/resolve?urn=urn:nbn:se:uu:diva-347182

CÖLLN, JAN: *Fürstenlob und Sängerkonkurrenz. Rhetorische Strategien der Sangspruchkommunikation bei Hermann Damen und Frauenlob*, in: *Sangspruchdichtung um 1300. Akten der Tagung in Basel vom 7. bis 9. November 2013*, hg. von GERT HÜBNER und DOROTHEA KLEIN, Hildesheim 2015 (*Spolia Berolinensia* 33), S. 197–232.

DIEHR, ACHIM: *Mediale Doppelgestalt: Text und Melodie in Frauenlobs ‚Minneleich'*, in: *JOWG* 10 (1998), S. 93–110.

DIEHR, ACHIM: *Musikalisches Blendwerk oder strukturierendes Element. Melodische Wiederholungen in den Leichs Alexanders und Frauenlobs*, in: *Farbe im Mittelalter. Materialität – Medialität – Semantik*, hg. von INGRID BENNEWITZ und ANDREA SCHINDLER, Berlin 2011, S. 567–582.

DOBRAS, WOLFGANG: *Meister Heinrich Frauenlob: Ein Dichterfürst und sein Nachruhm in Mainz*, in: *Verborgen – Verloren – Wiederentdeckt. Erinnerungsorte in Mainz von der Antike bis zum 20. Jahrhundert*, hg. von JOACHIM SCHNEIDER und MATTHIAS SCHNETTGER, Darmstadt / Mainz 2012, S. 45–66.

DRÖSE, ALBRECHT: *Antikuriale Polemik in der nachwaltherschen Sangspruchdichtung: Reinmar von Zweter, der Marner, Frauenlob*, in: *JOWG* 21 (2017), S. 31–46.

EGIDI, MARGRETH: *Textuelle Verfahrensweisen in Minnespruchstrophen von Reinmar von Zweter bis Frauenlob*, in: *GRM* 48 (1998), S. 405–433.

EGIDI, MARGRETH: *Höfische Liebe. Entwürfe der Sangspruchdichtung: Literarische Verfahrensweisen von Reinmar von Zweter bis Frauenlob*, Heidelberg 2002 (*GRM Beiheft* 17).

EGIDI, MARGRETH: *Poetik der Unterscheidung. Zu Frauenlobs Liedern*, in: *Studien zu Frauenlob und Heinrich von Mügeln. Festschrift für Karl Stackmann zum 80. Geburtstag*, hg. von JENS HAUSTEIN und RALF-HENNING STEINMETZ, Freiburg i. Ü. 2002 (*Scrinium Friburgense* 15), S. 103–123.

EIKELMANN, MANFRED: Ahi, wie blüt der anger miner ougen. *Todesmotivik und Sprachgestalt in Frauenlobs Lied 4*, in: *Wolfram-Studien* 10 (1988), S. 169–178.

FASBENDER, CHRISTOPH: *,Frauenlobs Sterbegebet' in Johanns von Neumarkt Privatgebetssammlung*, in: *Studien zu Frauenlob und Heinrich von Mügeln. Festschrift für Karl Stackmann zum 80. Geburtstag*, hg. von JENS HAUSTEIN und RALF-HENNING STEINMETZ, Freiburg i. Ü. 2002 (*Scrinium Friburgense* 15), S. 125–144.

FELKER, MARK V.: *A topography of Virtue. Heinrich Frauenlob's didactics*, Göppingen 1983.

FREYTAG, HARTMUT: *Beobachtungen zu Konrads von Würzburg ,Goldener Schmiede' und Frauenlobs ,Marienleich'*, in: *JOWG* 5 (1988/89), S. 181–193.

FREYTAG, HARTMUT: *Zu den Strophen 6 und 7 von Frauenlobs Marienleich*, in: *Wolfram-Studien* 10 (1988), S. 71–79.

FRITSCH-STAAR, SUSANNE: *Bruder Hans. Spiegel spätmittelalterlicher Frauenlobrezeption am Niederrhein*, in: *JOWG* 10 (1998), S. 139–151.

FRITSCH-STAAR, SUSANNE: *Androgynie und Geschlechterdifferenz. Zu Frauenlobs Minneleich*, in: *Zeitschrift für Germanistik* 9 (1999), S. 57–71.

FRITSCH-STAAR, SUSANNE: *Körper – Korpus – Korporale. Zur Eucharistie bei Frauenlob*, in: *Neue Forschungen zur mittelhochdeutschen Sangspruchdichtung*, hg. von HORST BRUNNER und HELMUT TERVOOREN, Berlin 2000 (*ZfdPh* 119, Sonderheft), S. 222–236.

GADE, DIETLIND: *Wissen – Glaube – Dichtung. Kosmologie und Astronomie in der meisterlichen Lieddichtung des vierzehnten und fünfzehnten Jahrhunderts*, Tübingen 2005 (*MTU* 130).

GANZ, PETER F.: *Fortuna bei Frauenlob*, in: *Fortuna*, hg. von WALTER HAUG und BURGHART WACHINGER, Tübingen 1995 (*Fortuna Vitrea* 15), S. 76–87.

GÄRTNER, KURT: *Das Hohelied in Frauenlobs Marienleich*, in: *Wolfram-Studien* 10 (1988), S. 105–116.

GEROK-REITER, ANNETTE: *Der Mainzer Dichter Frauenlob. Narr oder Dichterfürst?*, in: *Mainz im Mittelalter*, hg. von MECHTHILD DREYER und JÖRG ROGGE, Mainz 2009, S. 131–143.

GEROK-REITER, ANNETTE: *Sprachspiel und Differenz. Zur Textur von Minnesangs Ende in Frauenlobs Lied 6*, in: *Texte zum Sprechen bringen. Philologie und Interpretation. Festschrift für Paul Sappler*, hg. von CHRISTIANE ACKERMANN und ULRICH BARTON, Tübingen 2009, S. 89–106.

GEROK-REITER, ANNETTE: *Unort Minne. Raumdekonstruktionen als Neukonzeptualisierung der Minne im späthöfischen Sang*, in: *Unorte. Spielarten einer verlorenen Verortung. Kulturwissenschaftliche Perspektiven*, hg. von MATTHIAS DÄUMER, ANNETTE GEROK-REITER und FRIEDEMANN KREUDER, Bielefeld 2010 (*Mainzer Historische Kulturwissenschaften* 3), S. 75–106.

GEROK-REITER, ANNETTE: *Maria als Reflexionsfigur zwischen Religion, Minnediskurs und Ästhetik. Semantische Traversalen im Werk Frauenlobs*, in: *Religiöses Wissen im vormodernen Europa. Schöpfung – Mutterschaft – Passion*, hg. von RENATE DÜRR u. a., Paderborn 2018 (im Druck).

GLIER, INGEBORG: *Der Minneleich im späten 13. Jahrhundert*, in: *Werk – Typ – Situation. Studien zu poetologischen Bedingungen in der älteren deutschen Literatur. Hugo Kuhn zum 60. Geburtstag*, hg. von INGEBORG GLIER u. a., Stuttgart 1969, S. 161–183.

GRUBMÜLLER, KLAUS: *Autorität und* meisterschaft. *Zur Fundierung geistlicher Rede in der deutschen Spruchdichtung des 13. Jahrhunderts*, in: *Literarische und religiöse Kommunikation in Mittelalter und Früher Neuzeit. DFG-Symposion 2006*, hg. von PETER STROHSCHNEIDER, Berlin / New York 2009, S. 689–711.

HAAGE, BERNHARD D.: *Selvons* ,visio', in: *Medizin in Geschichte, Philologie und Ethnologie. Festschrift Gundolf Keil*, hg. von DOMINIK GROẞ und MONIKA REININGER, Würzburg 2003, S. 245–255.

HARANT, PATRICIA: Poeta Faber. *Der Handwerks-Dichter bei Frauenlob*, Erlangen 1997 (*Erlanger Studien* 110).

HAUSTEIN, JENS: *Autopoietische Freiheiten im Herrscherlob. Zur deutschen Lyrik des 13. Jahrhunderts*, in: *Poetica* 29 (1997), S. 94–113.

HAUSTEIN, JENS: *Zu Form und Funktion stofflicher Konventionalität in Sangspruchdichtung und Meistergesang*, in: *Literatur und Wandmalerei. II. Konventionalität und Konversation. Burgdorfer Colloquium 2001*, hg. von ECKART CONRAD LUTZ, JOHANNA THALI und RENÉ WETZEL, Tübingen 2005, S. 85–94.

HAUSTEIN, JENS: *J und seine frühen Editionen. Mit einem Editionsanhang (B. Chr. B. Wiedeburg an J. J. Bodmer und J. J. Breitinger)*, in: *Die ‚Jenaer Liederhandschrift'. Codex – Geschichte – Umfeld*, hg. von JENS HAUSTEIN und FRANZ KÖRNDLE unter Mitwirkung von WOLFGANG BECK und CHRISTOPH FASBENDER, Berlin / New York 2010, S. 205–235.

HAUSTEIN, JENS: *Grenzgänger. Formexperimente in der Sangspruchdichtung des Marner, Konrads von Würzburg und Frauenlobs*, in: *Sangspruchdichtung um 1300. Akten der Tagung in Basel vom 7. bis 9. November 2013*, hg. von GERT HÜBNER und DOROTHEA KLEIN, Hildesheim 2015 (*Spolia Berolinensia* 33), S. 249–262.

HAUSTEIN, JENS: *Heinrich von Meißen (Frauenlob)*, in: *Sangspruchdichtung. Ein Handbuch*, hg. hg. von DOROTHEA KLEIN, JENS HAUSTEIN und HORST BRUNNER in Verbindung mit HOLGER RUNOW, Berlin / Boston (im Druck).

HAUSTEIN, JENS / KÖRNDLE, FRANZ (Hgg.): *Die ‚Jenaer Liederhandschrift'. Codex – Geschichte – Umfeld*, unter Mitwirkung von WOLFGANG BECK und CHRISTOPH FASBENDER, Berlin / New York 2010.

HAUSTEIN, JENS / STACKMANN, KARL: *Sangspruchstrophen in Tönen Frauenlobs. Aus den Vorarbeiten für die Ergänzung der Göttinger Ausgabe*, in: *Neue Wege der Mittelalter-Philologie. Landshuter Kolloquium 1996*, hg. von JOACHIM HEINZLE, Berlin 1998, S. 74–103.

HAUSTEIN, JENS / STEINMETZ, RALF-HENNING (Hgg.): *Studien zu Frauenlob und Heinrich von Mügeln. Festschrift für Karl Stackmann zum 80. Geburtstag*, Freiburg i. Ü. 2002 (*Scrinium Friburgense* 15).

HELLMICH, PETER: *Die Gelehrsamkeit in der mittelhochdeutschen Spruchdichtung*, Diss. masch. Tübingen 1951.

HILDEBRAND, ALEXANDER: ûz kezzels grunde gât mîn kunst. *Zu Frauenlob 165,7*, in: *Euphorion* 61 (1967), S. 400–406.

HUBER, CHRISTOPH: Wort sint der dinge zeichen. *Untersuchungen zum Sprachdenken der mittelhochdeutschen Spruchdichtung bis Frauenlob*, Zürich / München 1977 (*MTU* 64).

HUBER, CHRISTOPH: *Die Aufnahme und Verarbeitung des Alanus ab Insulis in mittelhochdeutschen Dichtungen. Untersuchungen zu Thomasin von Zerklaere, Gottfried von Straßburg, Frauenlob, Heinrich von Neustadt, Heinrich von St. Gallen, Heinrich von Mügeln und Johannes von Tepl*, Zürich / München 1988 (*MTU* 89).

HUBER, CHRISTOPH: *Frauenlob zum Minneprozeß*, in: *Wolfram-Studien* 10 (1988), S. 151–158.

HUBER, CHRISTOPH: *Herrscherlob und literarische Autoreferenz*, in: *Literarische Interessenbildung im Mittelalter. DFG-Symposium 1991*, hg. von JOACHIM HEINZLE, Stuttgart / Weimar 1993 (*Germanistische Symposien. Berichtsbände* 14), S. 452–473.

HUBER, CHRISTOPH: gepartiret und geschrenket. *Überlegungen zu Frauenlobs Bildsprache anhand des Minneleichs*, in: *Studien zu Frauenlob und Heinrich von Mügeln. Festschrift für Karl Stackmann zum 80. Geburtstag*, hg. von JENS HAUSTEIN und RALF-HENNING STEINMETZ, Freiburg i. Ü. 2002 (*Scrinium Friburgense* 15), S. 31–50.

HÜBNER, GERT: *Lobblumen. Studien zur Genese und Funktion der ‚Geblümten Rede'*, Tübingen / Basel 2000 (*Bibliotheca Germanica* 41).

HÜBNER, GERT: *Die ‚geblümte Rede'. Zur Theorie und Praxis einer poetischen Technik im späteren Mittelalter*, in: *JOWG* 12 (2000), S. 175–184.

HÜBNER, GERT: *Minnesang im 13. Jahrhundert. Eine Einführung*, Tübingen 2008.

HÜBNER, GERT: *Hofhochschuldozenten*, in: *Sangspruchdichtung um 1300. Akten der Tagung in Basel vom 7. bis 9. November 2013*, hg. von GERT HÜBNER und DOROTHEA KLEIN, Hildesheim 2015 (*Spolia Berolinensia* 33), S. 69–87.

HÜBNER, GERT / KLEIN, DOROTHEA (Hgg.): *Sangspruchdichtung um 1300. Akten der Tagung in Basel vom 7. bis 9. November 2013*, Hildesheim 2015 (*Spolia Berolinensia* 33).

HUSCHENBETT, DIETRICH: *Literarische Modelle zur Bewältigung der Gegenwart. Zu Frauenlobs Artus-Sprüchen*, in: *Wolfram-Studien* 10 (1988), S. 190–206.

JACKEL, CHRISTINA: *Ein neuer Überlieferungszeuge von Frauenlobs Marienleich in Klosterneuburg*, in: *PBB* 133 (2011), S. 443–450.

JACKSON, TIMOTHY R.: *Erotische Metaphorik und geistliche Dichtung. Bemerkungen zu Frauenlobs Marienleich*, in: *Wolfram-Studien* 10 (1988), S. 80–86.

KELLNER, BEATE: Vindelse. *Konturen von Autorschaft in Frauenlobs ‚Selbstrühmung' und im ‚*wip-frouwe-*Streit'*, in: *Autor und Autorschaft im Mittelalter. Kolloquium Meißen 1995*, hg. von ELIZABETH ANDERSEN u. a., Tübingen 1998, S. 255–276.

KEMPER, TOBIAS: Der smit von oberlande. *Zu Frauenlobs Marienleich 11,1f.*, in: *PBB* 121 (1999), S. 201–213.

KERN, PETER: *Trinität, Maria, Inkarnation. Studien zur Thematik der deutschen Dichtung des späteren Mittelalters*, Berlin 1971 (*PhStQu* 55).

KERN, PETER: heilvlies und selden holz. *Überlegungen zu Frauenlobs Kreuzleich*, in: *Festschrift für Walter Haug und Burghart Wachinger*, hg. von JOHANNES JANOTA u. a., Bd. 2, Tübingen 1992, S. 743–757.

KIBELKA, JOHANNES: der ware meister. *Denkstile und Bauformen in der Dichtung Heinrichs von Mügeln*, Berlin 1963 (*PhStQu* 13).

KIENING, CHRISTIAN: *Das Mittelalter der Moderne. Rilke-Pound-Borchardt*, Göttingen 2014 (*Figura* 1).

KIRSCH, WALTER FRIEDRICH: *Frauenlobs Kreuzleich*, Dillingen 1930.

KLEIN, DOROTHEA: Poeta artifex *und andere Formen auktorialer Selbstinszenierung im Sangspruch Frauenlobs*, in: *JOWG* 21 (2017), S. 241–259.

KLEIN, THOMAS: *Zur Verbreitung mittelhochdeutscher Lyrik in Norddeutschland (Walther, Neidhart, Frauenlob)*, in: *ZfdPh* 106 (1987), S. 72–112.

KÖBELE, SUSANNE: *‚Reine' Abstraktion? Spekulative Tendenzen in Frauenlobs Lied 1*, in: *ZfdA* 123 (1994), S. 377–408.

KÖBELE, SUSANNE: *Der Liedautor Frauenlob. Poetologische und überlieferungsgeschichtliche Überlegungen*, in: *Autor und Autorschaft im Mittelalter. Kolloquium Meißen 1995*, hg. von ELIZABETH ANDERSEN u. a., Tübingen 1998, S. 277–298.

KÖBELE, SUSANNE: *Umbesetzungen. Zur Liebessprache in Liedern Frauenlobs*, in: *Geistliches in weltlicher und Weltliches in geistlicher Literatur des Mittelalters*, hg. von CHRISTOPH HUBER, BURGHART WACHINGER und HANS-JOACHIM ZIEGELER, Tübingen 2000, S. 213–235.

KÖBELE, SUSANNE: *Frauenlobs Lieder. Parameter einer literarhistorischen Standortbestimmung*, Tübingen / Basel 2003 (*Bibliotheca Germanica* 43).

KÖBELE, SUSANNE: *Verheißung als Erfüllung. Zur Transformation prophetischer Autorschaft um 1300*, in: *Prophetie und Autorschaft. Charisma, Heilsversprechen und Gefährdung,* hg. von CHRISTEL MEIER und MARTINA WAGNER-EGELHAAF, Berlin 2014, S. 169–196.

KÖBELE, SUSANNE: *Evidenz und Auslegung. Effekte bildlogischer Synchronisierung in Frauenlobs Kreuzleich*, in: *Schriftsinn und Epochalität. Zur historischen Prägnanz allegorischer und symbolischer Sinnstiftung*, hg. von BERNHARD HUSS und DAVID NELTING, Heidelberg 2017, S. 145–185.

KÖBELE, SUSANNE: *Frauenlobs ‚Minne und Welt'. Paradoxe Effekte literarischer Säkularisierung*, in: *Literarische Säkularisierung im Mittelalter*, hg. von SUSANNE KÖBELE und BRUNO

QUAST, Berlin 2017 (*Literatur – Theorie – Geschichte. Beiträge zu einer kulturwissenschaftlichen Mediävistik* 4), S. 221–258.

KORNRUMPF, GISELA: *Konturen der Frauenlob-Überlieferung*, in: *Wolfram-Studien* 10 (1988), S. 26–50.

KORNRUMPF, GISELA: *Der Grundstock der ‚Jenaer Liederhandschrift' und seine Erweiterung durch Randnachträge*, in: *Die ‚Jenaer Liederhandschrift'. Codex – Geschichte – Umfeld*, hg. von JENS HAUSTEIN und FRANZ KÖRNDLE unter Mitwirkung von WOLFGANG BECK und CHRISTOPH FASBENDER, Berlin / New York 2010, S. 39–79.

KRAYER, RUDOLF: *Frauenlob und die Natur-Allegorese. Motivgeschichtliche Untersuchungen. Ein Beitrag zur Geschichte des antiken Traditionsgutes*, Heidelberg 1960.

KREIBICH, CHRISTINA: *Der mittelhochdeutsche Minneleich. Ein Beitrag zu seiner Inhaltsanalyse*, Würzburg 2000 (*Würzburger Beiträge zur deutschen Philologie* 21).

KRETSCHMANN, HERBERT: *Der Stil Frauenlobs*, Jena 1933.

KRON, JOSEPH: *Frauenlobs Gelehrsamkeit. Beiträge zu seinem Verständnis*, Diss. Straßburg 1906.

KÜHNE, UDO: Latinum super cantica canticorum. *Die lateinische Übertragung von Frauenlobs Marienleich*, in: *Studien zu Frauenlob und Heinrich von Mügeln. Festschrift für Karl Stackmann zum 80. Geburtstag*, hg. von JENS HAUSTEIN und RALF-HENNING STEINMETZ, Freiburg i. Ü. 2002 (*Scrinium Friburgense* 15), S. 1–14.

LANGE, JUDITH / SCHÖLLER, ROBERT: *Von Frauen begraben. Zur Generierung des Frauenlob-Bildes in Mittelalter und Neuzeit*, in: *Rezeptionskulturen. Fünfhundert Jahre literarischer Mittelalterrezeption zwischen Kanon und Populärkultur*, hg. von MATHIAS HERWEG und STEFAN KEPPLER-TASAKI, Berlin / Boston 2012 (*Trends in Medieval Philology* 27), S. 210–225.

LEWON, MARC: *Meister Heinrich Frauenlob und Frau Musica. Eine neue Deutung der Frauenlob-Miniatur im Codex Manesse*, in: *Sangspruchdichtung um 1300. Akten der Tagung in Basel vom 7. bis 9. November 2013*, hg. von GERT HÜBNER und DOROTHEA KLEIN, Hildesheim 2015 (*Spolia Berolinensia* 33), S. 293–306.

LÜTCKE, HEINRICH: *Studien zur Philosophie der Meistersänger. Gedankengang und Terminologie*, Berlin 1911 (*Palaestra* 107).

MÄRZ, CHRISTOPH: *Frauenlobs Marienleich. Untersuchungen zur spätmittelalterlichen Monodie*, Erlangen 1987 (*Erlanger Studien* 69).

MÄRZ, CHRISTOPH: *Zum musikalischen Stil in Frauenlobs Kreuzleich*, in: *Wolfram-Studien* 10 (1988), S. 125–134.

MÄRZ, CHRISTOPH: *Das* Canticum boemicale *‚Otep myry' und Frauenlobs* Cantica canticorum. *Prüfung einer These*, in: *Studien zu Frauenlob und Heinrich von Mügeln. Festschrift für Karl Stackmann zum 80. Geburtstag*, hg. von JENS HAUSTEIN und RALF-HENNING STEINMETZ, Freiburg i. Ü. 2002 (*Scrinium Friburgense* 15), S. 15–30.

MEYER, CORD: *Der* helt von der hoye Gerhart *und der Dichter Frauenlob. Höfische Kultur im Umkreis der Grafen von Hoya*, Oldenburg 2002.

MEYER, MATTHIAS: *Erotik und Religion: Frauenlobs Marienleich* , in: *Die Lust im Text. Eros in Sprache und Literatur*, hg. von DORIS MOSER und KALINA KUPCZYŃSKA, Wien 2009, S. 55–67.

MEYER, MATTHIAS: *Dialoge – innere Dialogisierung des Wortes – Dissoziierung: Überlegungen zum Dialogischen des Wortes in Frauenlobs Minneliedern*, in: *Aspekte einer Sprache der Liebe. Formen des Dialogischen im Minnesang*, hg. von MARINA MÜNKLER, Bern u. a. 2011, S. 273–292.

MÜLLER, ULRICH: *Untersuchungen zur politischen Lyrik des deutschen Mittelalters*, Göppingen 1974 (*GAG* 55/56).

MURRAY, ALAN V.: *Danish Kings and German Poets: The Political Poetry of Reinmar von Zweter, Rumelant von Sachsen and Heinrich von Meißen between Germany and Denmark*, in:

Von historischen Akteuren zu literarischen Textkonzepten, hg. von BERND BASTERT, TIMO REUVEKAMP-FELBER und ANDREAS BIHRER, Göttingen 2017, S. 149–166.

NEWMAN, BARBARA: *The Artifice of Eternity. Speaking of Heaven in Three Medieval Poems*, in: *Envisaging Heaven in the Middle Ages*, hg. von CAROLYN MUESSIG und AD PUTTER, London 2006 (*Routledge studies in medieval religion and culture* 6), S. 185–206.

NEWMAN, BARBARA: *Frauenlob's Songs of Songs. A Medieval German Poet and His Masterpiece, With the critical text of Karl Stackmann and a musical performance on CD by the Ensemble Sequentia. Directed by Barbara Thornton and Benjamin Bagby*, Pennsylvania 2006.

NOE, ALFRED: *Frauenlob in der Bibliothek von Philipp Eduard Fugger*, in: *Geschlecht – Ordnung – Wissen. Festschrift für Friederike Hassauer zum 60. Geburtstag*, hg. von JUDITH HOFFMANN und ANGELIKA PUMBERGER, Wien 2011, S. 135–147.

NYHOLM, KURT: *Studien zum sogenannten Geblümten Stil*, Åbo 1971.

OBERMAIER, SABINE: *Von Nachtigallen und Handwerkern. ‚Dichtung über Dichtung' in Minnesang und Sangspruchdichtung*, Tübingen 1995 (*Hermaea* 75).

ONO, SHOJI: *Die mannigfaltige Bildung der Spruchdichtung. Heinrich Frauenlob und seine Zeit*, in: *Doitsu bungaku* 77 (1986), S. 12–24.

OSWALD, MARION: Vor miner ougen anger *(1,4): Schauräume und Kippfiguren in Frauenlobs Marienleich. Eine Skizze*, in: *Imagination und Deixis. Studien zur Wahrnehmung im Mittelalter*, hg. von KATHRYN STARKEY und HORST WENZEL, Stuttgart 2007, S. 127–140.

PALMER, NIGEL F.: *Duzen und Ihrzen in Frauenlobs ‚Marienleich' und in der mittelhochdeutschen Mariendichtung*, in: *Wolfram-Studien* 10 (1988), S. 87–104.

PETER, BRUNHILDE: *Die theologisch-philosophische Gedankenwelt des Heinrich Frauenlob*, Speyer 1957 (*Quellen u. Abh. zur mittelrheinischen Kirchengeschichte* 2).

PEPERKORN, GÜNTER: Frawenlobs beichte. *Zur Rezeption einer Sangspruchstrophe in deutschen Privatgebeten des 14. Jahrhunderts*, in: *PBB* 105 (1983), S. 232–250.

PESCHEL, DIETMAR: *Herstellen, was gewesen sein könnte, oder hinnehmen, was überliefert ist – Denkspiel zur Form einer Strophe aus Frauenlobs ‚Unser Frauen Leich'*, in: *Wie soll ich das verstehen? Neun Vorträge über Verstehen, Edieren, Übersetzen mittelalterlicher Literatur*, hg. von DIETMAR PESCHEL, Heidelberg 2015 (*Studien zur historischen Poetik* 20), S. 93–103.

PESCHEL, DIETMAR: *Bald trinkt der Schnee das Sonnenlicht. Dunkelbunte Verse aufgeschrieben. Kleine Beispiele aus Frauenlobs ‚Unser Frauen Leich'*, in: *Wie soll ich das verstehen? Neun Vorträge über Verstehen, Edieren, Übersetzen mittelalterlicher Literatur*, hg. von DIETMAR PESCHEL, Heidelberg 2015 (*Studien zur historischen Poetik* 20), S. 105–120.

PFANNMÜLLER, LUDWIG: *Frauenlobs Begräbnis*, in: *PBB* 38 (1913), S. 548–559.

PFEIFFER, JENS: *Dunkelheit und Licht.* ‚Obscuritas' *als hermeneutisches Problem und poetische Chance*, in: *Literaturwissenschaftliches Jahrbuch* 50 (2009), S. 9–42.

REICHMANN, OSKAR: *Neueste Autorenlexikographie: Problemerörterungen am Beispiel des Wörterbuches zur Göttinger Frauenlob-Ausgabe*, in: *Wörterbücher in der Diskussion II. Vorträge aus dem Heidelberger Lexikographischen Kolloquium*, hg. von HERBERT ERNST WIEGAND, Tübingen 1996, S. 204–238.

RETTELBACH, JOHANNES: *Variation – Derivation – Imitation. Untersuchungen zu den Tönen der Sangspruchdichter und Meistersinger*, Tübingen 1993 (*Frühe Neuzeit* 14).

RETTELBACH, JOHANNES: *Abgefeimte Kunst. Frauenlobs ‚Selbstrühmung'*, in: *Lied im deutschen Mittelalter. Chiemsee-Colloquium 1991*, hg. von CYRIL W. EDWARDS, ERNST HELLGARDT und NORBERT H. OTT, Tübingen 1996, S. 177–193.

RETTELBACH, JOHANNES: *Sangspruchdichtung zwischen Frauenlob und Heinrich von Mügeln – eine Skizze*, in: *Studien zu Frauenlob und Heinrich von Mügeln. Festschrift für Karl Stackmann zum 80. Geburtstag*, hg. von JENS HAUSTEIN und RALF-HENNING STEINMETZ, Freiburg i. Ü. 2002 (*Scrinium Friburgense* 15), S. 145–174.

RÖLL, WALTER: *Lupold Hornburg von Rothenburg, ‚Herr Reinmar ...': Frauenlob und Frauenlob-Nachfolge im 14. Jahrhundert*, in: *Würzburg, der Große Löwenhof und die deutsche Literatur des Spätmittelalters*, hg. von HORST BRUNNER, Wiesbaden 2004 (*Imagines Medii Aevi* 17), S. 251–281.

RÖLL, WALTER: *Zweimal Frauenlob*, in: *Archiv für das Studium der neueren Sprachen und Literaturen* 1 (2005), S. 117–129.

ROSMER, STEPHAN: *Die Tradition des geistlichen Sangspruchs und seine Gestalt um 1300*, in: *Sangspruchdichtung um 1300. Akten der Tagung in Basel vom 7. bis 9. November 2013*, hg. von GERT HÜBNER und DOROTHEA KLEIN, Hildesheim 2015 (*Spolia Berolinensia* 33), S. 307–330.

RUBERG, UWE: *Frauenlob-Gedenken. Das Begräbnis des Dichters im Mainzer Domkreuzgang*, in: *Domblätter. Forum des Dombauvereins Mainz e. V.* 3 (2001), S. 77–83.

SCHÄFER, JÖRG: *Walther von der Vogelweide und Frauenlob. Beispiele klassischer und manieristischer Lyrik im Mittelalter*, Tübingen 1966 (*Hermaea* NF 18).

SCHEER, EVA B.: Ja muz ich sunder riuwe sin. *Zu Frauenlobs Lied 4*, in: Ja muz ich sunder riuwe sin. *Festschrift für Karl Stackmann zum 15. Februar 1990*, hg. von WOLFGANG DINKELACKER, LUDGER GRENZMANN und WERNER HÖVER, Göttingen 1990, S. 170–179.

SCHEER, EVA B.: Daz geschach mir durch ein schouwen. *Wahrnehmung durch Sehen in ausgewählten Texten des deutschen Minnesangs bis zu Frauenlob*, Frankfurt a. M. u. a. 1990.

SCHIENDORFER, MAX: *Wer wem was* vürbaz reichet – *das ist hier die Frage. Zu einer Problemstelle in Frauenlobs ‚Minneleich' (GA III,15,1ff.)*, in: *Studien zu Frauenlob und Heinrich von Mügeln. Festschrift für Karl Stackmann zum 80. Geburtstag*, hg. von JENS HAUSTEIN und RALF-HENNING STEINMETZ, Freiburg i. Ü. 2002 (*Scrinium Friburgense* 15), S. 51–59.

SCHÜLEIN, FRIEDER: *Zur Theorie und Praxis des Blümens. Untersuchungen zur Sprachästhetik in der deutschen Literatur des 13.–15. Jahrhunderts*, Bern u. a. 1976.

SHIELDS, MICHAEL: *Zum melodischen Aufbau des Marienleichs*, in: *Wolfram-Studien* 10 (1988), S. 117–124.

SHIELDS, MICHAEL: *Der springende Punkt. Alternativen zum linearen Text in drei Sangspruchtönen Frauenlobs*, in: *Der philologische Zweifel. Ein Buch für Dietmar Peschel*, hg. von SONJA GLAUCH, FLORIAN KRAGL und UTA STÖRMER-CAYSA, Wien 2016 (*Philologica Germanica* 38), S. 279–307.

STACKMANN, KARL: *Bild und Bedeutung bei Frauenlob*, in: *FMSt* 6 (1972), S. 441–460.

STACKMANN, KARL: Redebluomen. *Zu einigen Fürstenpreis-Strophen Frauenlobs und zum Problem des geblümten Stils* [1975], wieder in: *Mittelalterliche Texte als Aufgabe. Kleine Schriften I*, hg. von JENS HAUSTEIN, Göttingen 1997, S. 298–317.

STACKMANN, KARL: *Probleme der Frauenlob-Überlieferung*, in: *PBB* 98 (1976), S. 203–230.

STACKMANN, KARL: *Frauenlob, (Meister) Heinrich Frauenlob; Meister Heinrich von Meißen der Frauenlob,* in: ^{2}*VL*, Bd. 2 (1980), Sp. 865–877.

STACKMANN, KARL: *Über die wechselseitige Abhängigkeit von Editor und Literaturhistoriker. Anmerkungen nach dem Erscheinen der Göttinger Frauenlob-Ausgabe*, in: *ZfdA* 112 (1983), S. 37–54.

STACKMANN, KARL: *Frauenlob, Verführer zu ‚einer gränzenlosen Auslegung'*, in: *Wolfram-Studien* 10 (1988), S. 9–25.

STACKMANN, KARL: *Magd und Königin* [1988], wieder in: KARL STACKMANN: *Frauenlob, Heinrich von Mügeln und ihre Nachfolger*, hg. von JENS HAUSTEIN, Göttingen 2002, S. 9–33.

STACKMANN, KARL: *Drei Kleinigkeiten zu Frauenlob*, in: *PBB* 111 (1989), S. 240–251.

STACKMANN, KARL: *Frauenlob und Wolfram von Eschenbach*, in: *Studien zu Wolfram von Eschenbach. Festschrift für Werner Schröder zum 75. Geburtstag*, hg. von KURT GÄRTNER und JOACHIM HEINZLE, Tübingen 1989, S. 75–84.

STACKMANN, KARL: O her, du edels krut: *Heinrichs von Mügeln Variation über eine Strophe Frauenlobs*, in: *Festschrift für Walter Haug und Burghart Wachinger*, hg. von JOHANNES JANOTA u. a., Bd. 2, Tübingen 1992, S. 759–768.

STACKMANN, KARL: *Frauenlob (Heinrich von Meissen) – eine Bilanz* [1992], wieder in: KARL STACKMANN: *Frauenlob, Heinrich von Mügeln und ihre Nachfolger*, hg. von JENS HAUSTEIN, Göttingen 2002, S. 34–89.

STACKMANN, KARL: *Frauenlob, Ettmüller und das Mittelhochdeutsche Wörterbuch*, in: *Mittelalterliche Texte als Aufgabe. Kleine Schriften I*, hg. von JENS HAUSTEIN, Göttingen 1997, S. 341–352.

STACKMANN, KARL: *‚Erneuerung in milderer Sprache.' Friedrich Heinrich von der Hagen als Frauenlob-Übersetzer*, in: *Mittelalterliche Texte als Aufgabe. Kleine Schriften I*, hg. von JENS HAUSTEIN, Göttingen 1997, S. 353–361.

STACKMANN, KARL: *Das Frauenlob-Wörterbuch*, in: *Philologie und Lexikographie. Kleine Schriften II*, hg. von JENS HAUSTEIN, Göttingen 1998, S. 233–243.

STACKMANN, KARL: *Frauenlob, Heinrich von Mügeln und ihre Nachfolger*, hg. von JENS HAUSTEIN, Göttingen 2002.

STACKMANN, KARL: *Frauenlob*, in: *Lexikologie / Lexicology. Ein internationales Handbuch zur Natur und Struktur von Wörtern und Wortschätzen / An International Handbook on the Nature and Structure of Words and Vocabularies*, hg. von D. ALAN CRUSE u. a., 2. Halbbd. / Vol. 2, Berlin 2005, S. 1477–1479.

STEINMETZ, RALF-HENNING: *Liebe als universales Prinzip bei Frauenlob. Ein volkssprachlicher Weltentwurf in der europäischen Dichtung um 1300*, Tübingen 1994 (*MTU* 106).

STEINMETZ, RALF-HENNING: *Weltlich-geistliche Tierallegorese in Frauenlobs Lied 4*, in: *Archiv für das Studium der neueren Sprachen und Literaturen* 153 (2001), H. 2, S. 260–279.

STÖRMER-CAYSA, UTA: *Eine Strophe über das Fragen, vielleicht von Frauenlob*, in: *Der philologische Zweifel. Ein Buch für Dietmar Peschel*, hg. von SONJA GLAUCH, FLORIAN KRAGL und UTA STÖRMER-CAYSA, Wien 2016 (*Philologica Germanica* 38), S. 309–324.

STÖRMER-CAYSA, UTA: *Vier Strophen über* hochvart *im Frauenlobnachtrag der Jenaer Liederhandschrift*, in: *Abhandlungen der Geistes- und Sozialwissenschaftlichen Klasse, Akademie der Wissenschaften und der Literatur Mainz 2018*, Nr. 3, Stuttgart 2018 (im Druck).

THOMA, HERBERT: *John of Neumarkt and Heinrich Frauenlob*, in: *Mediaeval German Studies. Presented to Frederick Norman by his Students, Colleagues and Friends on the Occasion of his Retirement*, London 1965, S. 247–254.

THOMAS, HELMUTH: *Untersuchungen zur Überlieferung der Spruchdichtung Frauenlobs*, Leipzig 1939 (*Palaestra* 217).

THOMMEN, HEINRICH: *‚Frauenlob' als Referenz für Franz Wilhelm Jung, Carl Jung und Franz Pforr in den Jahren 1806/1808*, in: *Mainzer Zeitschrift* 109 (2014), S. 187–193.

VESELÝ, LIBOR: *Das Bild der Jungfrau Maria in der deutschen und alttschechischen Mariendichtung. Analyse der rhetorischen Arbeitstechnik – Frauenlobs ‚Marienleich' und die alttschechischen Lieder ‚*Zdráva, královno slavnosti*' und ‚*Sedmero radostś Panny Marie*'*, in: *Deutsche Literatur des Mittelalters in und über Böhmen II. Tagung in České Budějovice / Budweis 2002*, hg. von VÁCLAV BOK und HANS-JOACHIM BEHR, Hamburg 2004 (*Schriften zur Mediävistik* 2), S. 199–217.

VÖLKER, BARBARA: *Die Gestalt der* vrouwe *und die Auffassung der* minne *in den Dichtungen Frauenlobs*, Diss. masch. Tübingen 1966.

WACHINGER, BURGHART: *Sängerkrieg. Untersuchungen zur Spruchdichtung des 13. Jahrhunderts*, München 1973 (*MTU* 42).

WACHINGER, BURGHART: *Von der Jenaer zur Weimarer Liederhandschrift*, in: *Philologie als Kulturwissenschaft. Studien zur Literatur und Geschichte des Mittelalters. Festschrift für Karl*

Stackmann zum 65. Geburtstag, hg. von LUDGER GRENZMANN, HUBERT HERKOMMER und DIETER WUTTKE, Göttingen 1987, S. 193–207.

WACHINGER, BURGHART: *Hohe Minne um 1300. Zu den Liedern Frauenlobs und König Wenzels von Böhmen*, in: *Wolfram-Studien* 10 (1988), S. 135–150.

WACHINGER, BURGHART: *Frauenlobs* Cantica canticorum, in: *Literatur, Artes und Philosophie*, hg. von WALTER HAUG und BURGHART WACHINGER, Tübingen 1992 (*Fortuna Vitrea* 7), S. 23–43.

WACHINGER, BURGHART: *Die Passion Christi und die Literatur. Beobachtungen an den Rändern der Passionsliteratur*, in: *Die Passion Christi in Literatur und Kunst des Spätmittelalters*, hg. von WALTER HAUG und BURGHART WACHINGER, Tübingen 1993 (*Fortuna Vitrea* 12), S. 1–20.

WACHINGER, BURGHART: *Sangspruchdichtung und frühe Meisterliedkunst*, in: *Sangspruchdichtung. Gattungskonstitutionen und Gattungsinterferenzen im europäischen Kontext. Internationales Symposium Würzburg, 15.–18. Februar 2006*, hg. von TRUDE EHLERT, DOROTHEA KLEIN und ELISABETH SCHMID, Tübingen 2007, S. 17–33.

WACHINGER, BURGHART: *Spruchreihen im Lied*, in: *Dichtung und Didaxe. Lehrhaftes Sprechen in der deutschen Literatur des Mittelalters*, hg. von HENRIKE LÄHNEMANN und SANDRA LINDEN, Berlin / New York 2009, S. 327–344.

WACHINGER, BURGHART: *Vermutungen zu den papstkritischen Strophen in Frauenlobs ‚Würgendrüssel'*, in: *PBB* 139 (2017), S. 91–97.

WENZEL, FRANZISKA: *‚Meisterschaft' und Transgression. Studie zur Spruchdichtung am Beispiel des Langen Tons der Frauenlob-Überlieferung*, in: *Das fremde Schöne. Dimensionen des Ästhetischen in der Literatur des Mittelalters*, hg. von MANUEL BRAUN und CHRISTOPHER YOUNG, Berlin / New York 2007 (*Trends in Medieval Philology* 12), S. 309–334.

WENZEL, FRANZISKA: *Meisterschaft im Prozess. Der Lange Ton Frauenlobs – Texte und Studien. Mit einem Beitrag zu vormoderner Textualität und Autorschaft*, Berlin 2012 (*Deutsche Literatur. Studien und Quellen* 10).

WENZEL, FRANZISKA: Meister Heinrich Vrouwenlob *oder vom Umgang mit dem künstlerischen Vermögen*, in: *Wolfram-Studien* 21 (2013), S. 365–385.

WENZEL, FRANZISKA: *Souveränität in der Sangspruchdichtung. Intertextuelle und intradiskursive Phänomene bei Walther und Frauenlob*, in: *Sangspruchdichtung um 1300. Akten der Tagung in Basel vom 7. bis 9. November 2013*, hg. von GERT HÜBNER und DOROTHEA KLEIN, Hildesheim 2015 (*Spolia Berolinensia* 33), S. 167–194.

WENZEL, FRANZISKA: *Transpersonale Meisterschaft. Zu einem diskursiven und gattungsgeschichtlich relevanten Prinzip spätmittelalterlicher Sangspruchüberlieferung*, in: *Schüler und Meister*, hg. von ANDREAS SPEER und THOMAS JESCHKE, Berlin / Boston 2016, S. 681–704.

WIESINGER, MICHAELA: *Frauenlobs Leichs*, in: *Mischungsverhältnisse. Naturphilosophisches Wissen und die Elementenlehre in der Literatur des 13. Jahrhunderts*, hg. von DOROTHEA WIESINGER, Berlin / Boston 2017 (*Hermaea* 142), S. 209–244.

Verzeichnisse

Abbildungsverzeichnis

Verzeichnis der behandelten Frauenlob-Texte

Verzeichnis der erwähnten Dichter, Sänger und Autoren